U0738755

图书在版编目(CIP) 数据

时代变迁中的求索与呐喊：改革开放30年回顾思考／李晓西著.—北京：北京师范大学出版社，2010.1
（当代中国经济学家文库）
ISBN 978-7-303-10678-3

Ⅰ．①时…　Ⅱ．①李…　Ⅲ．①经济发展－中国－文集
Ⅳ．① F124-53

中国版本图书馆 CIP 数据核字(2009)第 220658 号

营销中心电话　　010-58802181 58808006
北师大出版社高等教育分社网　http://gaojiao.bnup.com.cn
电 子 信 箱　beishida168@126.com

出版发行：北京师范大学出版社 www.bnup.com.cn
　　　　　北京新街口外大街 19 号
　　　　　邮政编码：100875
印　　刷：北京新丰印刷厂
经　　销：全国新华书店
开　　本：155 mm × 235 mm
印　　张：41.25
字　　数：616 千字
版　　次：2010 年 1 月第 1 版
印　　次：2010 年 1 月第 1 次印刷
定　　价：66.00 元

策划编辑：马洪立　陈婧思　　责任编辑：马洪立　陈婧思
美术编辑：高　霞　　　　　　装帧设计：高　霞
责任校对：李　菡　　　　　　责任印制：李　丽

当 代 中 国 经 济 学 家 文 库

卷

时代变迁中的求索与呐喊

改革开放30年回顾思考

北京师范大学出版集团
BEIJING NORMAL UNIVERSITY PUBLISHING GROUP
北京师范大学出版社

图书在版编目(CIP)数据

时代变迁中的求索与呐喊：改革开放30年回顾思考／李
晓西著.—北京：北京师范大学出版社，2010.1
（当代中国经济学家文库）
ISBN 978-7-303-10678-3

Ⅰ.①时…　Ⅱ.①李…　Ⅲ.①经济发展－中国－文集
Ⅳ.① F124-53

中国版本图书馆 CIP 数据核字(2009)第 220658 号

营 销 中 心 电 话	010-58802181 58808006
北师大出版社高等教育分社网	http://gaojiao.bnup.com.cn
电 子 信 箱	beishida168@126.com

出版发行：北京师范大学出版社 www.bnup.com.cn
　　　　　北京新街口外大街 19 号
　　　　　邮政编码：100875

印　　刷：北京新丰印刷厂
经　　销：全国新华书店
开　　本：155 mm × 235 mm
印　　张：41.25
字　　数：616 千字
版　　次：2010 年 1 月第 1 版
印　　次：2010 年 1 月第 1 次印刷
定　　价：66.00 元

策划编辑：马洪立　陈婧思　　责任编辑：马洪立　　陈婧思
美术编辑：高　霞　　　　　　装帧设计：高　霞
责任校对：李　菡　　　　　　责任印制：李　丽

序

　　北京师范大学出版社组织出版人文社会科学的学者文库，这是一项非常有价值的工作，反映了出版社领导的远见卓识，也为学者和读者提供了交流的平台。本书是"当代中国经济学家文库"中的一本，从"文库"对文章的代表性和原创性的要求看，这本书实际上是我重新分类排列的精选文集。

　　我先后出过三本文集。第一本《20 年观察与思考》是 1999 年由经济科学出版社出版的，全书按时间顺序编辑，没做分类，论文也未做任何修改。第二本《转轨经济笔记》是 2001 年由广东经济出版社出版的，是由多年发表的小文章汇集而成的。为便于阅读，不是按时间而是按内容分类编辑的。第三本《中国：新的发展观》是 2009 年由中国经济出版社出版的，虽以近 10 年来的论文、文章、讲演为基础，但提纲却是按科学发展观理论来分类的。这次编辑并将要出版的文集，可以说是在前三本文集基础上的再次梳理，是在原有 150 万字基础上再选出的 50 万字。这本文集的涉及面很广，我提炼了七大方面，共选了近五十篇文章。书名暂定为《时代变迁中的求索与呐喊——改革开放30年回顾思考》，表明了态度，表明了背景，更是强调了时代。具体内容翻开书就一目了然，因此，就不想再赘述了。

前三本文集均是本人主动编辑并请出版社协助出版的，而这本文集则是应邀之作。因课题和各类杂事太多，因此在接受邀请时尚有些许为难。但在编选中，却使我不断深化着对北京师范大学出版社的感谢之情，原因有三：一是这毕竟是我从事经济体制改革实践或者说从事经济理论研究与教学30年的一次总体梳理，可以说是自己成果的汇报总稿；二是今年是我60岁寿年，按社会常规是退休的年份了，出此书颇有些自我思忆一生的意义；三是作为一名研究生导师，有责任给研究生们提供一些本人思想的读物，以前出的文集已难找了，而旧文新版，可以让研究生们方便阅读了。

我第一本文集的"序"是这样开头的："人的思想是环境的产物，还是环境是人的思想的产物，实难说清。……当我把过去二十年来的一篇篇论文编纂起来时，深深感受到时代变迁对思路开阔的决定性力量……"，这里特别感恩于时代为我们提供的舞台，并表示了对父母和导师的衷心感谢。第二本文集的"序"中说："我们这一代人，随着改革开放的进展，从中青年走向老年，这些不同年代的小稿子反映了岁月、境况、认识的变迁，也部分地反映了18年来我国经济改革和转轨的进程"，这里特别强调我们这代人在时代舞台上的成长轨迹，并表示了对出版社和帮助我整理稿件的研究生们的感谢。第三本文集的"序"是这样讲的："30年来，国家经济有了巨大变化，社会事业有了长足发展，追今抚昔，令人振奋。本人因有所参与，深感幸运；因有所收获，深感幸福。当我认真撰写30年回顾的文章和编辑多年的论文时，不觉产生思忆一生、期盼安闲的愿望"，这里特别表达了对祖国走向繁荣富强的喜悦之情，也表达了自己对走向新的生活方式的期盼。第三份"序"中所说"撰写30年回顾的文章"指2008年发表的几篇论文，而"编辑多年的论文"主要指21世纪以来在北京师范大学所写的一些文章，"序"中当然也感谢了出版社和协助我编书的研究生，还有这套丛书的组织者——"50人论坛"。

需要说明，为纪念新中国成立60周年，人民出版社邀请我写一本关于市场化进程方面的书。由于2008年我曾组织编写了相关的书，因此，与出版社商定，这次就从一个学者参与改革30年的个人视角来写。当然，这又变成30年相关文章或讲话稿的选集了。为避免与本"文库"文选重复，我将篇幅较大且较规范的论文选入本"文库"集，而将涉及对市场化改革评价或建议的时评类文章，选进《我看市场化》那本集子，因此，两本书文选的重复度很小。

为自己30年的理论研究工作成果自"序"，除了回顾，可能也需要展望。想利用这个机会，转引我几年前对21世纪经济学发展趋势的看法，以奉献给有志于经济理论研究的同仁与同学。2005年5月我受邀参加庆祝北京大学经济学院建院15周年，2007年10月受邀参加庆祝南开大学经济学院成立80周年大会，邀请方都要求嘉宾们谈谈对未来经济学发展趋势的看法。为表恭敬与祝福，我不揣冒昧，提出21世纪经济学发展可能会有的五大趋势。

趋势之一：主流经济学在自我逻辑的基础上深化，或说仍然有自己发展的空间。比如，期权理论和货币区域理论先后得到诺贝尔经济学奖，就反映了这样一种趋势。运用主流经济学基本理念，解释新的经济现象，仍然会推动经济学的发展。再比如，经济学研究会更关注社会性的因素，也就是人与人之间的关系，而研究方法上，博弈论将会得到进一步的发展。还有，经济学研究不再是封闭的系统，甚至不再要先以封闭为起点，再加以开放条件；而是以开放作为基本点，进行讨论和深化基础经济学理论。由于世界经济一体化，包括中国加入WTO，使一国经济与国际经济联系更紧密了，甚至融为一体了。国际经济环境的改变必将会引起相应经济理论的重大调整。作为主流的国际经济学不仅要更多考虑劳动、资本、商品的国际流动，而且将加入各主要国家的国内政策的国际协调分析。因此，国际经济学如国际金融、国际贸易等学科，在自我深化的同时，也会与基础经济学表现为更大程度的合二为一，影响着21世纪经济学的发展。

趋势之二：各分支经济学如转轨经济学、资源经济学、环境经济学甚至气候经济学等，将得到较快发展，并推动基础经济理论的深化。转轨经济学反映了计划经济向市场经济转变的众多国家的实践，具有相当广泛的影响。中国就是其中典型的一个。中国崛起，世界关注，对中国经济问题的研究将会持续在21世纪成为热点。在改革开放的实践中，转轨经济学既表现出与现代经济学共同的一面，也出现了许多独具特色的经验和理论。这如同当年的发展经济学一样，同样在丰富着主流经济学的内容，深化着人们对经济规律的认识。而气候经济学将会成为 21 世纪最引人注目的学科，这当然是因全球气候变化与人类生存发展的关系决定的。

趋势之三：21 世纪除经济学以外的其他社会科学和人文科学，将与经济学进一步融合，对经济学的发展产生重大影响。这里我所讲的人文科学主要指心理学、历史、哲学等，其他社会科学主要包括法学、政治学、社会学等。经济学从政治经济学中似乎独立出来的潮流，可能将出现反复，即政治经济学或经济政治学，将重新成为非常引人注目的显学。这一点，正如马克思当年所做的，在他的体系中融合了政治经济学、哲学、历史唯物主义学等众多学科的情况一样。比如，今天我们在银行和企业的产权分析中，不断提到道德风险等问题，这就使人感到了伦理学的影响。而当初，亚当·斯密确实是先讲"道德情操论"的。再比如，结合心理学的行为经济学已经得到了一次诺贝尔经济学奖。总之，正反合的辩证逻辑仍会起作用。人文科学或其他社会科学对经济学的深刻影响和互相融合，对 21 世纪经济学会有巨大影响，甚至将超过 20 世纪自然科学对经济学的影响。

趋势之四：自然科学对经济学的影响将难以达到 20 世纪的深度和高度。在 20 世纪，数学对经济学的影响很大。由于微积分产生而导致了边际经济概念，由于联立方程导致了均衡理论，由于线性代数导致了投入产出法等。当然，还有物理、化学以及生物学等的影响。这些影响，对经济学几乎是根本性的改造。在 21 世纪，自然科学对经济学的影响相对可能呈下降趋势，这与上面人文科学影响可能情况是相反的。比如，一个明显的例子是，系统论、控制论和耗散结构理论等，虽然已促使经济学深入了一大步，但其对经济学的巨大影响没有持久下来。同样，计量经济学虽然发展很快，但其结果的可适用性，仍然没达到理想程度。原因之一是，由于现实社会中多种因素的影响，难以获得正确的数字结果。而这要从人文科学上找出路。预计数学对经济学发展的影响将会处于一个相对稳定的时期，在 21 世纪的中后期则可能因新的突破而再次崛起。

趋势之五：信息革命对传统经济学构成重大挑战。建立在信息技术发展基础上的经济理念，已形成了对主流经济学强有力的挑战。学者们开始比较理论观点的异同。比如，2002 年的诺贝尔经济学奖得主、普林斯顿大学卡尼曼教授认为：新经济学和传统经济学在以下三个方面有区别：一是在对人的行为假设方面，传统经济学认为人是理性的，而新经济学认为人是有限理性的。二是在理论模式上，传统经济学是规范性的，教育人们应该怎样做。新经济学是描述性的，主要描述人们事实上是怎样做的。三是传统经济学主要研究如何增加人们的财富，但新经济学应研究如何从根本上增加人的幸福。我个人认为，面对这种挑战有可能出现两种结果。一种是新经济理念与传统经济理论逐步融合，合二为一，叫刷新经济理论。举例说，新经济学只要"点击率"，不要利润。但事实上，很难设想长期没有利润企业能生存下去。所谓"点击率"的增加也是为了增加广告费，或是为了将来把网站卖掉后一次性回收投资。总之是考虑利润的，不过形式有些不同而已。传统的成本效益分析绝对仍然有效。因此，出现两种理论合二为一。另一种可能性是，现在新经济中的一些经济现象，的确难以用传统经济学解释。如信息资源再生、共享、复制等特点，可能会引起传统经济学有些规律不再成立。比较典型的例子是边际成本一定上升的理论可能失效。有人讲，软件研制成功以后复制的成本很低，边际成本几乎为零，而价格不一定下降，这是否违背边际成本上升边际收益下降规律呢？又比如计算机、网络的发展改变了传统经济学的很多环境，网络对市场信息不对称是否也会造成理论的修正？等等。这些现象都很难从传统经济学中直接找到答案。因此，有可能在这些理论观点基础上，形成经济学中新的板块。

以上种种，可能误打误中，也可能南辕北辙，愿交留给时间来检验。其实，只要引起读者兴趣，就达到我的目的了。

记得 1979 年 30 周年国庆节时，我填了一首"贺新郎"词，登抄在兰州大学学校黑板报上，赞颂新时代的开始。原词是："革命喜十月，几度风雷长安街，红了枫叶。阵阵关山从头越，老将上马裹铁，重抖擞壮怀激烈。茫茫草地万里程，再一番炒面拌霜雪。奋红旗，挥黄钺。中华崛起动心魄，三十年曲曲折折，好事多磨。炼石补天人安在，悄然诗书事业。老教授烟黄茶烈，正是那丰收季节，喜张衡常卧广寒月。人消瘦，国添色。"小词表达了改革开放后第一届大学生的喜悦与感叹。30 年后，即 2008 年 10 月，在山东社会科学院和山东省泰山学者项目的鼎力支持下，我相邀国内 18 所高校区域经济学的教授们，相聚泰山，登高望远，谈经说文，议今追昔，回顾并展望区域经济学 30 年的发展，并抒发登泰山的感慨。步杜甫公《望岳》名诗韵脚，曾赋小诗一首。现将小诗一并写入本文集的序，作为甲子本命年的纪念。小诗云："卅年知如何？东岳情未了。盘溪百岩秀，登高千里晓。天街伴翔云，松亭闻啼鸟。山高人为顶，回眸群峰小。"小诗表达了回归自然的喜悦和人生无悔的感叹。

　　30 年河东 30 年河西，百年走衰百年崛起，让我衷心祝愿祖国明日更美好！

2009 年 8 月 20 日

目 录

第六篇　社会发展与公共政策

第七篇 经济学基础理论探索

卷

第 一 篇

社会主义市场经济理论的探索

经济体制改革中的
所有制问题

六年前，《经济研究》上发表了一篇关于论
述所有制的有创见的文章。[①] 文章认为，理论界
对所有制的理解比较狭隘，一是表现在只把生产
资料所有制局限在生产关系的一个方面，而不是
从社会主义生产关系总和去考察；二是把所有制
仅仅归结为生产资料的归属问题，忽视了生产资
料的占有、支配和使用等问题。我认为，问题提
得很好，但不彻底，还有狭隘性。需补充的理解
是，不仅要从生产关系总和去考察所有制，还应
从生产力和生产关系统一的角度去考察所有制；
不仅要从生产资料的占有、支配和使用去考察所
有制，还应从占有权、使用权等法律范畴与经济
范畴结合的角度进一步考察所有制。

从理论上继续突破这两方面的狭隘性，是以
搞活企业为重点的城市经济体制改革的迫切需
要。六年来体制改革的实践也为所有制理论向前
推进提供了条件。

本文将以突破这两方面的狭隘性为两条基本

[①] 董辅礽：《关于我国社会主义所有制形式问题》，载《经济研究》，1979 (1)。

线索，探讨经济体制改革中的所有制问题。

一、从法律与经济相结合的角度考察所有制

马克思主义经典作家一贯重视研究所有权的经济内容。马克思说："在每个历史时代中所有权以各种不同的方式、在完全不同的社会关系下面发展着。因此，给资产阶级的所有权下定义不外是把资产阶级生产的全部社会关系描述一番。"[1] 这个思想系统地体现在《资本论》中。列宁曾指出，在研究所有制问题时应研究所有权、占有权、支配权、使用权等概念的经济内容。[2] 在唯心主义盛行的时代，马克思主义经典作家的这些观点，是拨开迷雾的明灯，深刻地揭示了法律范畴的所有权对经济关系的从属性、派生性。

随着社会主义革命的胜利，马克思主义成为社会主义国家指导思想的理论基础。但在所有制理论研究上，出现了一种新的偏向，即强调所有制经济含义的唯一性，忽视法学意义的研究，忽视经济和法律结合的研究。在经济体制改革中，所有权问题日益突出并触动所有制的现实，把这种偏向映射出来了。

下面，从经济和法律结合的角度，考察有关所有制的两对概念。

（一）广义所有制和狭义所有制

有些同志把从生产关系总和的角度来把握的所有制概括为广义所有制，把生产资料所有制称为狭义所有制，对此，我想从经济和法律结合的角度谈点看法。

选择所有制的分类标准，是以所要实现的目标为转移的。离开特定的环境和目标，很难判断各种分类的合理程度。如果是为了认识和改造现实的所有制形态，那么，所有制分类的合理性之一在于，必须使各类所有制能在法律上得到反映。在认识所有制现实形态时，一位南斯拉夫经济学家的观点我是同意的："必须把所有制关系的法律形式当作所有制经济实质的正式组成要素。法律范畴——'使用权'、'支配权'、'占有权'、'满足需要权'、'分配权'等等在经济上包括的不仅是所有制关

---

① 《马克思恩格斯选集》，第 1 卷，144 页。

② 《列宁全集》，第 13 卷，314 页。

系的'法律保护条例',而且包括经济利用财富的方式,目的是通过'法律制度'(即通过社会与国家及其机构的政治力量)达到经济占有。"① 从经济和法律结合的角度来看生产关系总和的广义所有制,它是一种没有所有主体和所有客体的所有制概念,因而是没有相应法律范畴的所有制概念。这种所有制概念用所有制体现的范围代替了所有制本身的范畴,用概念的外延取代了概念的内涵,因而不能令人首肯。从经济和法律结合的角度看生产资料所有制则不同,这个狭义所有制概念强调了所有的客体,与它相应的法律范畴是生产资料所有权。因此,从把握所有制现实形态出发,我不赞成生产关系总和的广义所有制概念,但赞成把生产资料所有制称为狭义所有制。

需要进一步说明的是,应当把对所有制的广义理解和广义所有制区别开来,把对所有制的狭义理解和狭义所有制区别开来。一方面,作为所有制的一种广义理解,把握生产关系总和强调了全面性,同把所有制归为生产关系之一方面的狭义理解相比,体现了所有制关系构造理论体系的完整性;作为广义所有制概念,以生产关系总和为其内涵则表现出模糊性,同生产资料所有制这种狭义所有制概念相比,具有很大的随意性。另一方面,作为所有制的狭义理解,把生产资料所有制归为生产关系三方面之一是欠妥的,是把马克思所有制论简单化了;② 作为狭义所有制的概念,生产资料所有制则具有准确的含义和重要的意义。我认为,如果因批评所有制的狭义理解而把广义理解的正确程度扩大化、唯一化,那就会导致忽视从生产力和生产关系结合的角度考察所有制,忽视从经济和法律结合的角度考察所有制。

赞成狭义所有制(生产资料所有制)概念就意味着,还必须指出什么是广义所有制。基于同一分类标准,即按所有客体来划分广义、狭义所有制,广义所有制就是商品所有制。在《资本论》中,马克思深刻分析了生产资料商品作为不变资本的属性,劳动力商品作为可变资本的属性,论证了商品所有权规律如何转化为资本主义的占有规律。在此基础上,马克思在"资本主义积累的历史趋势"一节中,集中地论述了所有

---

① [南]伊万·马克西莫维奇:《公有制的理论基础》,17页,北京,中国社会科学出版社,1982。
② 孙冶方:《论作为政治经济学对象的生产关系》,载《经济研究》,1979(8)。

制问题，指出私有制灭亡的必然历史趋势。① 从《资本论》中，我们可以看到，广义的所有制就是商品所有制，其所有客体不仅包括生产资料，还包括消费资料和劳动力。

很显然，与商品所有制相对应的法律范畴是商品所有权。

（二）所有制内部结构和外部结构

前面谈到，以所有客体为分类标准，可把所有制形式划分为广义和狭义两种所有制。为分析的需要，我把以所有主体为分类标准而在经济中形成的所有制形式及其关系称为所有制外部结构，把以所有权内含的权能要素在经济中形成的所有制各局部形式及其关系称为所有制内部结构。

显然，所有制外部结构即人们通常讲的国家（或全民）、集体、个体等所有制形式。迄今为止对此研究已有重大成果，突出的是：多元化理论已取代了单一制理论。这方面需进一步研究的是，在国民经济中各种所有制形式合理组合的依据。

什么是所有制内部结构呢？我们知道，所有权包括占有权、使用权、受益权、处理权。②

所有权权能要素在经济意义上的扩展，形成所有制内部三个基本的具有局部性的形式：所有形式、占有形式和实现形式。所有形式只回答所有主体是谁，不包括所有权的其他含义。占有形式是占有权和使用权的对应形式，回答享有占有权的人即占有人如何占有和使用自己或他人的所有物。实现形式又分两种类型。实现形式Ⅰ，是所有者受益权和处理权的对应形式，回答所有权如何通过受益权和处理权而得以在经济上实现的问题；实现形式Ⅱ，是占有和使用者受益权的对应形式，回答占有权和使用权如何通过受益权得以在经济上实现的问题。

为什么提出这一系列形式？这是因为仅从所有制外部形式来描述和解释复杂的所有制现实形态既不充分，也不准确。所有形式、占有形式、实现形式相互之间具有各种关系，或从属，或相对独立，等等；各种形式之间又可以交叉组合，形成不同的所有制内部结构。例如："国

---

① 《资本论》，第1卷，831页。

② 《法学辞典》，421页，上海，上海辞书出版社，1982；《简明社会科学辞典》，63页，上海，上海辞书出版社，1982；《法律常识手册》，北京，商务印书馆，1979；《拿破仑法典》，72页，北京，商务印书馆，1979。

家所有、集体经营",就是所有形式和占有形式的交叉组合,其所有形式是国家所有,其占有形式是集体占有、集体经营。

二、所有制内部结构考察——全民所有制企业所有制关系中的"四权"关系

首先,我们考察所有形式和占有形式的关系。

三中全会以后,经济体制改革围绕提高生产效益问题展开了。无论城市还是农村,都急需调动积极因素,提高劳动生产率。要提高劳动生产率,就必须使生产者有生产的自主权。而生产自主权,意味着对生产资料的占有权和使用权。在这个时期里,经营权与所有权的关系引人注目,占有形式和所有形式的关系问题突出了。在公有制基础上占有形式的相对独立要求,是两权分离论产生的深刻的经济基础。有目共睹,占有形式的相对独立化,使生产者与生产资料的结合方式有了大的改进,我国工农业生产获得大的发展。

占有形式和所有形式的相对分离是不同社会制度下生产发展中出现的共同趋势。美国著名经济学家加尔布雷思认为,资本不再是主要的生产要素,生产资料所有权与经营管理权逐步分离,企业权力逐步归于"技术结构阶层"。[①] 已为中国读者熟悉的美国未来学专家托夫勒认为,"权力不再来自'生产资料'的占有,而是组织手段的控制","既不是工厂主也不是工人成为当权派。跃居权力之巅的是组织者。"[②] 我们且不去评论他们的那套理论,从中起码可得到一个信息:两权分离现象在发达资本主义国家也存在。

马克思关于占有必须受到三种制约的观点,有助于我们理解今天占有形式成为突出问题的经济根源。马克思认为,占有一受占有对象制约,受生产力制约;二受占有人制约;三受实现占有所必须采取的占有方式制约。[③]

生产力的发展,使生产资料本身即占有对象发生重大变化。生产资料内含的科学量更多了,更复杂了。尤其是广泛使用的电子计算机其软

---

① 《国外经济学评介》,第一辑,上海,上海人民出版社,1980。

② [美]托夫勒:《第三次浪潮》,上海,三联书店,1984。

③ 《马克思恩格斯选集》,第1卷,74~75页。

件部分已比硬件部分更重要了。今天，拥有生产资料和拥有生产资料的效用已迥然不同。

生产资料占有人的条件也发生了重大变化。随着资本有机构成的大大提高，占有人使用和支配的生产资料越来越多、越来越复杂；随着生产的社会化，占有人经营和管理企业越来越困难。这就对占有人的专业知识、管理水平、技术水平提出越来越高的要求。

占有方式决定了占有的性质。在社会主义条件下，联合劳动的占有方式，使所有人与占有人、占有人与占有人之间的关系不具有对抗的性质。而在资本主义条件下，所有人与占有人的分离，体现着资本寄生性的加重，反映出资本与雇佣劳动的对抗关系。

在所有形式和占有形式的关系中，充分体现着所有制法律范畴与经济范畴的内在联系。

在经济关系中，我们看到，所有权和经营权分离的过程，既是占有权和使用权向经营权转化的过程，又是经济占有主体明确化、法律化的过程。占有权和使用权延伸到经济关系中，合二为一地转化为占有形式，正是生产过程对占有和使用统一性要求的结果。占有形式独立化中表现出的相对性，占有形式受制约于所有制的特性，正来源于占有权和所有权的性质，即占有权是相对的、暂时的，所有权是绝对的、永久的。

所有制关系不仅体现在生产领域中，还体现在分配领域中。分配关系，最充分地体现所有制的实质。所有形式和占有形式的关系，只是所有制关系在生产领域中的具体表现。因此，要全面研究所有制问题，还必须研究所有制内两有（所有、占有）形式与实现形式的关系。

两有形式与其实现形式互有要求。

两有形式都要求自己的实现形式，不仅如此，两有形式还都要求得到充分的实现形式，即都要求得到最大的生产资料使用效益的转化价值。在实现形式前，两有形式形成对立统一的关系。一方面，所有形式得到实现形式Ⅰ，有赖于占有形式，即有赖于占有主体对占有客体的使用；占有形式得到实现形式Ⅱ，有赖于所有形式，即有赖于所有主体将所有客体转让、承包或租赁。另一方面，在新增价值额既定的条件下，所有者受益额和占有、使用者受益额此消彼长，实现形式Ⅰ和实现形式Ⅱ的充分化互相制约。为实现形式Ⅰ、Ⅱ共同充分化，就必须使两有主体共同关心经济效益增加，关心可资分配的馅饼的增大，而不仅是关心馅饼的分割比例。这就要求两有形式具有相对稳定的实现形式，要求两有权（所有权、占有权）具有合理的、稳定的受益比例。

实现形式要明确化，首先就要求所有形式和占有形式具体化、法律化，要求所有或占有的主体、客体具体化、法律化，要求受益对象具体化、法律化。通俗点讲，这里必须明确是谁受益，凭什么受益，应受益多少的问题。实现形式反对那种两有形式模糊化的观点。比如，最终是你的，相对是我的，最终所有权是国家的，相对所有权是企业的观点。①

经济体制改革发展到今天，随着以工资改革为标志的分配领域改革的开始，改革所有制实现形式问题突出了。如果说，国有企业经济效益与经营权成正比关系的话，那么在今天看来，经济效益归根到底是与占有、使用者受益权成正比关系的。当前突出的问题是，实现形式不稳定，尤其是实现形式Ⅱ不稳定，这极不利于搞活企业，不利于企业和国民经济的发展。比如这些问题：国家与国有企业利润分配比例问题，国有企业留成基金归属问题，国有企业借贷资金形成的固定资产的归属问题，国有企业所购国库券的归属问题，国有企业对固定资产有无处理权问题，国有企业厂长身份问题等，这些都关系到企业长期行为合理化问题。从这些问题中我们可以看到，由于实现形式Ⅱ不稳定，占有形式对所有形式、占有权对所有权产生一种扩张的要求。

我认为，解决占有形式的扩张，主要不是通过所有形式的归还，而是通过改革现行的实现形式。这一点，对关系国计民生、现在占国有固定资产70%、占上缴利税总额70%的5 800个大中型骨干企业是很重要的。改革实现形式，现在最重要的是使所有权具体化，使两有关系法律化。我赞成除少数必需国有的国营企业外，相当一部分大中型骨干企业的固定资产股份化。5 000亿元国有固定资金将保证公有制的基础。国家凭股份多少而相应受益分利（不是税收），这就保证了实现形式Ⅰ的合理化和稳定性，也就保证了实现形式Ⅱ的合理化和稳定性。同时，也使"两权分离"克服其局限性，达到新的阶段。

---

① 赵国良、郭元晞：《论社会主义国家与国营企业关系的二重性》，载《中国社会科学》，1985（1）。

有人主张两权不再分离而统一到企业，这实际上是通过有偿或无偿归还所有形式以满足占有形式。这在部分国有企业，尤其中、小企业是可行的、有益的。但这不能成为我国经济的主导力量，这也是无疑的。

三、所有制外部结构考察——各种所有制形式的合理组合问题

任何一种形式的所有制，都存在内部结构问题，因此，所有制内部结构中经济和法律的关系是贯穿所有制外部结构的共性问题，虽然我们论述的重点是国家所有制。下面，我想从生产力和生产关系结合的角度进一步考察所有制外部结构合理组合问题。

我们知道，所有制关系包括所有者之间，所有者、占有者、使用者、受益者之间错综复杂的关系，也内含着所有者、占有者、使用者、受益者与所有物、占有物、使用物、受益物之间错综复杂的组合关系。在生产资料占有形式突出的情况下，生产资料的占有，不仅涉及所有人与占有人的关系，而且涉及谁占有最适合即占有人支配占有物的能力问题，涉及谁使用最适合即使用人利用生产资料的能力问题。可见，所有制不仅是人与人的经济和法律关系，而且包括人与物的经济和法律关系。

在人与人的关系上，社会主义强调平等的同志关系；在人与物的关系上，不论何种社会制度都强调扩大对物的所有、占有和受益，即经济发展问题。因此，从生产力和生产关系结合的角度考察所有制，可具体归结为从公平性和有效性角度考察所有制的问题。我认为，公平性和有效性的矛盾统一关系，决定着所有制外部结构的组合比例。

强调公有制是社会主义的基本特征，这是源于所有制的公平性原则。马克思主义告诉我们，资本主义分配不平等根源于生产资料所有不平等，社会主义公有制实现了人们对生产资料的平等所有和平等占有，从而实现了平等分配。列宁在《国家与革命》中曾说过："一旦社会全体成员在占有生产资料方面的平等实现以后，也就是说，一旦劳动平等和工资平等实现以后，在人类面前就必然会产生一个问题，要更进一步，从形式上的平等转到事实上的平等，即实现'各尽所能，按需分配'的原则。至于人类会经过哪些阶段，通过哪些实际办法达到这个最

高目的，那我们不知道，也不可能知道。"① 列宁把事实上的分配平等称为"最高目的"，这是引人深思的。从所有制入手以求劳动和分配的平等，这正是马克思主义的一条基本原理。

平等性原则对所有制外部结构的一个基本要求是，必须坚持国有经济在国民经济中的优势地位和主导作用。为此，影响某个时期、某些局部的有效性也是值得的。比如，社会主义国家应控制有关国计民生且具有垄断性的产业，即使这些产业不营利；应追求充分就业和稳定物价的目标，即使参与市场调节的国有经济力量难以避免政策性亏损；应主动承担社会效益大但有风险的产业，即使不增加财政收入甚至失败；应广开公共服务部门，建设公共基础设施，即使是很少收益以至是无偿的投资；等等。这里的平等性，推而广之，就是社会利益问题，共同福利问题。当然，还应指出，税收政策在达到平等性上有不可忽视的作用。

显然，从平等性角度考察所有制是必要的。如果抛弃了传统的公平性原则，我们就会丧失社会主义的基本目标，就会失去为全体人民谋利益的基本原则，就会走向自由放任的无政府经济，而这是不足取的。

但是，在现阶段，更需要从有效性角度考察所有制及其外部结构。这是经济体制改革的实践对所有制提出的新问题。近年来，集体经济和个体经济以及经济联合体的迅速发展，对振兴经济起了巨大作用，与此相适应，所有制外部结构多元化理论趋于成熟；联产承包责任制和国有企业自主权使工农业生产效率迅速提高，推动了国民经济前进的步伐，与此相适应，所有制内部结构多种组合问题也提了出来。从搞活企业角度研究所有制正是源自有效性原则。

可以说，经济体制改革使我们对所有制的看法趋于全面。我们不是要否认含有平等内容的所有制理论，恰恰相反，我们是通过探讨所有制的有效性问题，来丰富和完善所有制理论。

从有效性角度考察所有制外部结构会得出一个结论：所有制形式应从属于经济发展的需要。

所有制形式相对于经济发展是手段，而不是目的。将具有决定性意义的手段视同目的，是有前提的。目的和手段的划分是相对的，但在既定前提下则是绝对的。因此，因强调所有制的重要性而将它视为经济发

---

① 《列宁选集》，第 3 卷，256～257 页。

展的目的是不妥的。一位主张并实施过国有化政策的英国工党领导人曾说："人们之所以往往把国有化当作目的，并或多或少把它和社会主义等同起来，是因为一向有人把它看作必然达到预期目的的唯一可采用的手段。而不是把它看作实现社会主义理想的一种手段。"[①] 资本主义国有化必然走向国家垄断资本主义，而不是社会主义。这是我们与此论断大前提的根本区别。若仅作为小前提看，此论断是有道理的。我认为，国有化不是目的，公有制也不是目的，其作为经济发展的手段也不是唯一的。且不说所有制结构只是多种经济结构中之一种，尽管极为重要；更何况整个经济结构对经济发展的作用也不是唯一的。

认为所有制形式从属于经济发展的原因，还在于从决策论角度看，所有权仅仅是经济决策权的基础之一。如果说，在产业革命时期，资本所有权是生产决策权的主要基础；那么，经济发展到今天，特殊的生产资源——信息的支配，则成为决定决策的日益重要的因素。[②] 从现实情况看，从生产关系一般[③]角度看，这种分析还是有一定道理的。马克思主义早就指出所有制是历史范畴，所有制及其观念随时代变化而变化是顺理成章的事情，是不足为奇的。

总之，我认为，体现在所有制外部结构中的平等性和有效性原则不可或缺，又互相制约。一味追求效率，就会牺牲平等；一味追求平等，就会牺牲效率。所有制外部结构的合理组合，取决于对这一对原则的全面考虑、搭配选择。

长期以来，我们盲目追求所有制内部结构的国营化，追求所有制外部结构的单一化，致使经济发展曲折、缓慢。我相信，随着经济体制改革的深入，我们一定可以建立起合理的所有制结构，在社会主义方向上，把经济发展推向新阶段。

作者说明

这篇文章是在 1985 年参加了全国中青年经济理论工作者天津会议后，受金立佐、吴稼祥二人《论我国企业的股份制改革》一文的启发而写的。在天津会议上，围绕着国有企业可否搞股份制展开了讨论，争论

---

① ［英］盖茨克尔：《社会主义与国有化》，7 页，北京，商务印书馆，1962。
② ［美］埃冈·约伯格等：《比较经济体制》，35 页，北京，商务印书馆，1984。
③ 张闻天：《关于生产关系的两重性问题》，载《经济研究》，1979（10）。

的焦点是对承包制和股份制的评价。显然，国有企业改革日益成为重要话题，而采用股份制形式进行国有企业改革，作为一个新问题，更引人注目。我支持股份制改革的观点，但认为对股份制改革的论证是不够的，尤其是理论深度还不够。因此，回北京后，用了半年多时间，对所有制问题进行了研究，写了大量读书笔记，从所有制的理论高度，对股份制的合理性加以肯定。稿成后，正值兰州大学刘家声教授到北京向我约稿，我就将《论经济改革中的所有制问题》一文交给他，后发表在《兰州大学学报》1986 年第 3 期上。发表时，压缩了 3 000 字，我感到颇为可惜。

本文有几点是值得注意的。一是强调了从法律与经济结合的角度来考察所有制。几十年来，遵循马克思的理论，把从法律角度认识所有制视为"法学的幻想"，是唯心主义的分析方法。本文一反这种传统观念，认为单从经济方面理解所有制是不够的，还需要有法律的角度。应当说，这对当时的传统观念是一次冲击。基于法律判断标准，我认为"国有企业"的提法优于"全民所有制"企业的提法。"全民所有制"在法律上无法界定。我这样讲，是对一种公认的改革理论的再改革。了解这一段理论讨论史的人都知道，改革初期，一个大的突破，恰恰是强调了"全民所有制"提法优于"国有企业"，认为前者是社会主义生产关系的总和，而后者仅是生产关系的一个方面。而我从法律角度分析，认为"国家所有"比空泛的"全民所有"，更接近实际。二是，对涉及占有、支配和使用的地方（这是董辅礽老师在 20 世纪 80 年代早期对传统所有制理论给予突破的一个贡献，即认为所有权不仅是所有，还包括占有、支配和使用。这在当时给我们很大的启发），我在占有、支配和使用三个词后，加上了"权利"，即强调是占有权、支配权和使用权，这也是想向法律含义靠近。三是提出了所有制内部和外部结构划分的问题，认为"所有权外部结构即人们通常讲的国家（或全民）、集体、个体等所有制形式。迄今为止已有重大成果，突出的是：多元化理论已取代了单一制理论。需要进一步研究的是：在国民经济中各种所有制形成合理组合的依据。所有制内部结构是所有形式、占有形式和实现形式。实现形式又分为两种，一种是所有权如何通过受益权和处理权而得以在经济上实现；另一种实现形式是占有和使用者（即经营者、管理者）的受益权的对应形式，回答占有权和使用权如何通过受益权得以在经济上实现的问题。""我赞成除少数必需国有的国营企业外，相当一部分大中型骨干企业的固定资产股份化。5 000亿元国有固定资金将保证公有制的基础。国家凭股份多少而相应受益分利，就保证了实现形式的合理化和稳定性。"显然，我是从国家与国有企业的分配关系角度支持股份制的。四是在本文章中，提出了"所有制形式相对于经济发展是手段，而不是目的"的重要观点，提出了要"从生产力和生产关系的结合角度而不是单纯从生产关系角度考察所有制的外部组合"，"具体归结为从公平性和有效性角度考察所有制"，这也是一个很重要的观点。这些观点的提出，在经济学界可以说是比较早的。

这篇文章在当时并没有引起什么争议，也没有产生什么影响。有人说，可能是因为杂志是西北一所大学的校刊，在全国的影响有限；我则认为，可能因为我还是一个研究生，人微言则轻。

深化改革的战略选择

——市场化改革研究报告[①]

一、改革战略的选择——市场化

（1）深化改革有多种思路，主要有：以企业改革为主的配套改革、以宏观协调为主的配套改革、以建立市场体系为主的配套改革三种。这三种改革思路都有一个根本性的不足。首先，搞活企业，改造企业经营机制，这决不是企业本身可以解决的。搞活企业，关键是解决好国家与企业的关系。解决国家与企业的关系，矛盾的主要方面是国家，要靠国家经济体制的改革。其次，建立和完善市场体系，关键在于通过改革建立市场型管理体制。体制的合理是体系合理的前提条件。再次，国家宏观调节诸环节的合理化，不单纯是国家对企业调节方式的转变，即由直接管理向间接管理的转变，而且是国家对整个经济管理方式的转变，是国家经济体制性质、组织、方式、效能的根本改造。由此可见，以上三方面的

---

① 参加本报告研讨的有：王逸舟、樊纲、王振中、李庆曾、宋则、刘溶沧、范棣、杨仲伟、巩文波。

改革思路，都必须以建立新型的国家经济体制为前提。

（2）从经济体制改革中，从混沌的整体中，分解出企业、市场、宏观调节这三方面，抓得很准。但是，改革的实践要求从"一分为三"复归于"合三为一"，即把搞活企业、建立市场体系、完善宏观调节都归根于新的经济体制的重新塑造上。在这三方面的努力中，都面临着对国家经济体制根本改造后重新确立的需求。

（3）国家经济体制改革，经历了削弱计划型体制，引进和扩展市场体制的改革时期。现在，出现了计划外的一套管理准则、办法和规定，形成了新旧体制转换中出现的"双轨体制"。在"双轨体制"条件下讨论深化改革有一个基本的、或明或暗的要求。这就是，当我们提出以搞活企业为主，以建立市场体系为主，或以实现国家间接调控为主的改革思路时，都面临一个现实的问题，即是在"双轨体制"下去搞活企业，去发展完善市场体系，去实现间接宏观调控还是首先要解决"双轨体制"本身的规则不统一、国家管理行为不统一的问题。

（4）我们认为，在"双轨体制"下，搞活大中企业是极其困难的。企业的资产所有者，仍以传统体制中的国家或全民所有者的面目出现，资产的经营者，却开始转为市场运行中的主体。因此，"两权分离"不能体现为统一的市场运行中的资产所有权与经营权的分离，而体现为依附于计划、市场两套规则的双轨体制下的"两权分离"。即企业所有权主要体现在计划体制中，按指令进行收益分配和财产处置；经营权却部分地、并日益增多地体现在市场运行中。企业与国家之间的财产关系、分配关系未从实质上摆脱传统格局，企业难以"自负盈亏"，国家仍是"父爱主义"。在这种情况下，企业积累和发展的动力不足，长期行为难以形成，自主经营不能真正实现，经营机制的转变就是局部的、不彻底的，就保持着"一只眼睛盯住市场，一只眼睛盯着上级"的基本格局。

（5）健全、完善市场体系，最重要的标志是市场运行规则的一致性。双轨体制则是市场运行规则不一致性的"合法"体现。双轨制割裂了市场，造成市场信号、行为、功能的紊乱。因此，我们不能设想，在双轨体制下能完善、健全市场体系。实践证明，体制决定着体系。没有新的市场型经济体制，就不可能形成健全和完善的市场体系。

（6）国家宏观调控方式的改变，也受到双轨体制的制约。中央银行的货币政策仍受制于计划和财政，为市场运行而新设立的国家职能部门与为计划体制服务的部门之间难以协调，国家的经济政策因双轨体制而呈现出"多变"的特点。直接干预企业是旧体制的典型特征，间接调节企业是市场体制的通常做法。不同的调节方式并存，使调节系统的信号紊乱，也使企业不知所从。

（7）以宏观调节为主线的配套改革，如果不把重点归到国家经济体制的重新塑造上，就很容易成为对市场参数的设计配套。例如，价税财金联动配套改革是抓主要环节的小配套改革，但以价格参数为配套的起点，尤其是以生产资料调价为轴心的配套，就暴露出这种设想的不足。首先，参数设计配套改革，在很大程度上带有模拟市场的特点，因此，在实行中往往会因实际情况变化而夭折。其次，生产资料调价思路是一种局部性的、以行政提价为主的价格改革思路，本身有很大不足。由于最终消费需求尚不能明确（因控制价格），由于缺乏抑制成本推动型物价上升的市场竞争机制，由于工农产品价格没有通过统一市场达到均衡，因此，生产资料调价必然是以假设现存生产格局合理为出发点，必然是按照人为的计划来判断生产资料供求缺口，必然使工农产品、基础产品和加工品价格开始轮番上涨。在企业无竞争压力和降低成本动力的情况下，提高基础产品价格只会助长涨价风而不能因此转换价格形成机制。

（8）我们认为，应当在搞活企业、健全市场、完善宏观调控的同时，提出并把重点放在建立新型的市场经济体制上。通过市场化，来统领这三方面的改革，即"一化三改革"。

什么是市场化？

市场化最基本的含义有二：一是建立国家调节的市场经济体制，并由此形成统一的市场运行机制和市场体系；二是在短期内实现用市场经济体制取代双轨过渡体制的改革过程。显然，市场化是目标与手段的统一，是体制与体系的统一。

具体讲，市场化还包含这样几条含义。①企业真正成为市场主体，因而将根据市场原则改革所有制，使资产所有者和经营者都能获得风险报酬。②由市场机制配置资源，因而有必要彻底改革价格制度，建立竞争性市场体系。③使收入分配市场化，形成完整的市场经济流程，从而从根本上解决收入分配非市场化而诱发的收入、消费、储蓄或投资行为不合理的问题。④政府对市场的调节应采取以市场参与为主、市场外干预为辅的方式，使市场参数的信号调节和对市场要素的数量引导并行不悖。实现市场化后，市场的扩张与收缩就能同国民经济总量的波动保持周期性的同步联系，并且各种经济总量的波动都能经由市场作出结构性反应。在"市场化的内容"一节中，我们将更具体地解释市场化的含义。

显然，市场化所讲的市场，不仅包括各类产品、要素的市场，更强调并包括国家的市场型管理体制，而且包括了市场主体——企业，是一个广义的"市场"概念。

（9）市场化改革思路属于整体配套改革的思路。我们认为，它与其他改革思路有相同或相似之处，但又有自己的与别的思路不同的一套观点。我们提出以下六点来区分不同思路。

第一，是肯定还是否定双轨体制，换言之，是在双轨体制下去深化改革，还是要改革双轨体制本身；是要建立一种所谓计划与市场结合的双轨模式，还是建立计划内在地统一于市场体制的单轨模式。

第二，是主张长期双轨过渡，还是主张尽快结束双轨体制。

第三，是着重于建立市场体制的配套上，还是着重于市场体系的配套上；是通过体制改革让计划经济力量自己去形成市场运行机制，还是通过参数配套设计实现市场运行机制；是在政策上给各种市场的形成一次开放绿灯，还是按照历史上各类市场形成的顺序按部就班地"发放通行证"。

第四，是狭义的市场化还是广义的市场化，即是把市场看成企业的外部条件，还是看成企业经营、分配、生存、发展的方式；是把市场看成国家宏观调节的对象，还是也看成国家宏观管理的基本框架和行为方式。

第五，是小配套迈小步，还是小配套迈大步，还是大配套迈大步。

第六，是用行政的办法制造一个宽松环境，还是通过改革、发展、市场造市场的功能来创造一个大步改革的起步条件。

此外，在计划与市场、改革与发展、政府在改革中的地位与作用、大步改革的可行性等方面，我们都与其他改革思路有程度不同的分歧。

（10）我们选择市场化改革思路，这主要不是甚至决不是来自对改革思路的理论研究，而是来自对当前经济改革面临的现实的判断，来自对今后经济发展趋势的预期和判断。

我们认为，我国经济改革正处在十字路口，处于双轨过渡体制带来的摩擦、冲突和紊乱之中，这是经济形势中最本质、最突出的矛盾。

在新旧体制并存、经济双轨运行的条件下，宏观调控，宽严两难。调整参数，间接管理，对计划运行不灵；加强计划，直接管理，对市场运行不利。同时维护双轨运行，又使宏观管理行为自相冲突；而且增大了投入管理的人力、财力、物力，增加了管理的总成本。我们看到，政府在引进市场机制解决旧体制种种弊病的同时，又不得不用旧体制的种种手段去对付市场运行中出现的问题。关闭市场，限制流通，恢复统购，限制价格，指令贷款，票证供应等，在各地大量出现。但是，行政干预和控制的结果，又在造成下一轮的更大困难。

当前经济中出现的一些问题，如经济效益差、投资和消费膨胀、农业后劲不足、物价上涨的不可控制等，都与双轨体制有密切的关系。旷日持久的双轨过渡，将使计划、市场运行"两无序"，将造就畸形体制，将阻碍改革的深化和经济的发展。东欧社会主义国家经济改革中出现的以恶性通货膨胀为标志的"改革病"，提醒我们在十字路口，必须作出正确的选择。

二、市场化的内容

市场化是以建立市场型管理体制为着眼点，以市场经济的全面推进为标志，以社会经济生活全部转入市场轨道为基本特征的。

它包括，在所有的经济领域和环节，大步推进各类市场的发展，形成完整的市场体系。大步骤、大面积引入包括竞争、风险、供求机制在内的市场机制，让各种市场参数正常运转起来。建设市场运行中的各种经济组织，通过所有制改革，完善市场基础。通过法律重新确认财产所有权，形成真正的商品交易者。为达到这些目标，就必须改造和完善国家调节经济的职能，改造和健全社会主义经济的计划功能，确立国家对经济有效的计划调节，实现"国家调节市场，市场引导企业"。以维护和稳定市场运行为目标，确立新的财政金融体制和各种市场管理体制。建立和完善各种经济法则和法制机构，依靠法律调解市场运行中各种经济矛盾，保护市场机制的正常运行，实现各种市场行为的规范化。下面，分若干方面加以具体论述。

1. 关于宏观调控体系

应根据市场运行的需要建立宏观调控体系，这是国家经济体制的重要组成部分。国家作为社会的代表，是这种宏观调控的统一主体。政府、中央银行、国有资产委员会均向人民代表大会负责，组成三位一体的宏观调控体系。

宏观调控集中体现在国家对市场运行的调节。调节的目的是使市场机制高效地、正常地、稳定地运行。

国家调节职能表现在：①国家对经济发展进行计划指导，包括对总量发展和结构调整的预测；②国家掌握资本，用输入资本的方法进行短线产品、公共设施投资，调节市场运行，而不是控制价格；③通过货币改革和利率政策，调节价格总水平；④通过税收，调节收入；⑤通过指导性计划、贷款政策和特殊物价税收政策，调节产业结构；⑥制定法规，制定市场规则，保护商品生产者、经营者的合法权益和平等机会，鼓励企业之间的竞争，等等。

2. 关于市场规则的建立

市场规则具有三个功能：一是规定市场活动主体进入市场所应具备的条件；二是激励活动主体为实现收益最大化的目标努力；三是约束市场行为，保护市场活动的有序性和规范性。

我国现阶段市场运行中存在如下主要问题。①产权不明确。商品生产者、经营者的财产权与国家的财产权缺乏明确界定。②不同所有制的企业获取生产要素的条件不平等。③形形色色行政性垄断对市场交易形成干扰。④市场运行规则的不统一，造成市场运行的双轨对立和摩擦。

针对以上问题，我国应建立以下主要市场规则。①产权规则。明确财产所有权关系。②平等规则。指进入市场和获取生产要素的条件对一切商品生产者都是平等的，任何企业或法人进入市场要遵守同样的约束条件。③交易规则。包括竞争与反垄断的规则、价格形成机制正常化规则等。④统一性规则。包括市场运行规则的统一、市场体系的完整、全国市场的统一等。

3. 关于所有制改革

所有制改革包括两方面的内容，一是所有制外部形式的改革，指由单一所有制向多种所有制形式的演变；二是所有制内部形式的改革，指理顺所有制关系中包括的占有、使用、受益、处理这四种财产关系，并将它们法律化。所有制改革的第二方面，关系到大中型国营企业能否成为独立的商品生产者，因此，现阶段成为所有制改革的重点。

我们认为，所有制改革是为了提高企业的经济效益。企业的经济效益是由劳动者的劳动效率、经营者的经营效率与资产的占用、配置的动态效率三方面构成的。劳动者的劳动效率可以通过工资制度的改革与建立劳动力市场去解决，经营者的经营效率可以通过下放经营自主权与承包经营责任制去解决，而资产的占用、配置的动态效率则唯有通过全面的所有制变革才能解决。在国有制经济中，内在地关心资产效率的唯有国家，其他经济主体（包括经营者和劳动者）所关心的只能是收益分配而普遍缺乏关心资产效率的内在动机。同时，在国有制经济中也无法形成评价资产效率的健全的社会机制。在所有制多元化的改革中，我们强调股份制的意义和作用。在各种股份制中，我们又提出一种新的形式，即建立企业新增资产部分为劳动者个人所有的国家—个人股份制。具体内容是：①企业现有资产作股后仍全部归国家所有；②企业利润缴税付息后，积累部分形成的新增资本，作股后按一定百分比，部分股份归国家所有，其余股份大体平均地发给（不是出售给）企业全体职工；股票不可兑现，因此任何人不能抽走企业的实有资本；③国家所持为"优先普通股"，它们是"普通的"，即是拥有投票权的，所得股息率可以（也可以不是）每年像其他普通股一样浮动；但又是"优先的"，一是付息优先，二是企业破产、倒闭时清偿优先；职工所持均为普通股；④企业利润扣税后，主要在股息支付、清偿准备金、积累资金三者之间分配，分配比例由股东大会确定；积累形成的新增资本则再作股按职工人均发放（不按原有股权发放）；⑤国家和职工股票持有者对所持股票有任意处置权，即出卖、转让权；职工被解雇时带走股票，仍可作为股东；社会上任何人可以成为某企业股东；⑥国家利用所得股息进行积累投资，新建厂一旦建成投产，立即按上述相同办法使该新厂成为股份制企业，初次形成的新资产股份全部为国家所有；⑦允许各生产单位、金融机构发售股票和相互参股，特别是鼓励金融机构对企业进行参股，实现以有利于信贷关系中贷方对借方的监督。

4. 关于金融体制

我国金融市场进展缓慢有金融体制方面的两个原因：一方面，作为银行同业拆借市场参与者的专业银行基层行，其交易行为信贷发放与经济利益无直接关系，这就使资金市场缺乏真正的市场主体；另一方面，作为银行体系管理者的中央银行，对专业银行的货币需求及信贷行为，存在"软制约"。其原因在于，一是中央银行不具有独立的货币政策，而是依附于计划；二是行政部门、地方政府在一定程度上"软化"了中央银行货币政策。

①新的金融体制应当有独立于计划的中央银行，有市场化经营的专业银行。为此，专业银行不仅要有企业化经营，更要首先明确产权和分配关系。应实行国家股份制专业银行体制。②发展多种形式的金融机构。鼓励专业银行向综合性银行的演变。鼓励银行之间的竞争。③逐步完成市场利率，即由资金供求决定的浮动利率。④发展资金市场。建立有管理的同业拆借市场，其利率自由议价。

5. 关于财政体制

现行财政体制的诸多弊端，严重妨碍着"市场化"的进程。主要表现有三点：一是"分灶吃饭"的财政体制助长了基于地方财政利益考虑而造成的地区封锁、条块分割，不利于统一市场的形成；二是税种税率的不规范、不统一、不健全，影响了企业之间以市场为舞台的公平竞争；三是国家与企业在分配关系上的不确定性，以及预算约束的软化，不利于使企业成为一个独立的商品生产经营者和真正的市场主体。为此，必须通过加快推行分税制的步伐，为全方位开放的统一社会主义市场的形成和市场体系的建立创造必要条件；通过以统一税种税率、实行利税分渠分流分管为中心内容的税制政策，为财产关系的澄清，企业之间的平等竞争奠定基础；通过国家与企业在责权利关系上的明晰化和预算约束的硬化，取消商业型补贴，限制生产型补贴，使企业经营机制转到以市场为中心的自主经营、自负盈亏、自求发展的完全经济核算制的轨道上来。

6. 关于价格管理体制与价格体系

当前，最突出的问题是价格双轨制。价格双轨制使市场被割裂。它不仅助长了流通费用膨胀引起的成本推动型物价上升，也助长了由于国民收入被挤占出现的超分配而引起的需求拉动型物价上升。同时，它使生产者、经营者和消费者产生错误的供求预期，助长了囤积、惜售、抢购等行为，又造成了结构性的价格上升。因此，必须尽快结束价格双轨制。

新的价格管理体制将具有"三制一体"的新特点，即由参与制、干预制和监督制组成价格管理体制。所谓参与制，指政府依其国有财产所有权代表的身份，对国有经济的产品和劳务，根据产品的社会属性和自然属性，有意识地、程度有别地参与价格制定过程。对特殊的商品，在特定的条件下，可通过参与市场竞争，吞吐物资，来平抑物价，但也应以长期供求为参与的依据。所谓干预制，是指政府依其经济职能和社会经济发展目标，对某些产品在非正常情况下实行最高限价、最低保护价或冻结物价的制度。所谓监督制，是指政府依照法律、法规，管理市场交易行为，监督价格形成的合法性的制度。

价格体系中，价格将依市场结构的不同，形成不完全竞争价格和完全竞争价格。凡是国有经济参与并实行不同程度的价格影响的市场，将形成不完全竞争的价格。凡是在国有经济不参与或参与但不能影响价格水平的市场上，将形成完全竞争价格。完全竞争的价格将在市场中占绝大部分，是市场价格体系中的主体。

7. 关于工资制度

收入分配市场化改革是要害问题之一，其中又以劳动工资的市场化改革最为重要。针对传统体制的弊端，劳动工资市场化改革的总思路是：工资职能在已经基本解决温饱问题的基础上，从人人有份、平均化的温饱型工资制度向解决劳动力资源有效配置的制度转变，劳动力从计划统配向市场化配置转变。具体是：①不同行业、职业的工资水平主要由市场供求状况决定，由劳动合同制来维系；②工资的具体形式、结构不限，但企业工资性支出须全数打入成本，与企业利润截然脱钩，转为与动态的市场工资率挂钩，企业利润代表者与工资获得者之间必须建立制衡机制；③开放劳动力市场，允许企业裁员、增员、更新人员，也允许劳动者择业、待业，组建和参加行业工会；④企业家和营利性科技（人员）阶层及其收入由当事人双方按市场规则决定；⑤与此相适应，国家调节应从劳动力资源的直接计划统配转为以下几项，第一，根据长期趋势为劳动力市场供求双方提供各种职业的动态工资指导线；第二，规定一个时期的最低就业、招工的工资线（下限）；第三，根据劳动生产率、物价指数的提高和国民收入的分配比例，发布各行业工资总额的参考性指数，促进就业、工资结构的合理调整；第四，创造劳动力流动的条件，广为举办职业介绍所和就业网络，改革户籍、住房制度；第五，依靠累进所得税制度，对丧失劳动能力者、待业者及其家属和低收入阶层实行财政转移支付（但不得损害劳动力市场的配置效率和运行规则）；第六，建立社会化的个人生活保障制度，大力兴办个人生活保险业务。

8. 关于商业体制

商业体制改革有实质性突破而无决定性推进。"三多一少开放式"的商业模式不明确、不彻底，改革步骤不连续、不系统，使商业体制改革现已面临无所适从的被动局面。

商业改革的深化必须解决以下三个问题。

（1）分解政府行为和企业行为。要进一步明确，吞吐商品、平抑物价是政府职能而不是企业目标，是特殊调节手段而不是常态调节手段。因此，在特定条件下承担这一责任的企业应获得对等的权益。要按统一的市场运行机制的要求，建立为一切从事商业活动的法人提供指导、进行协调的商业行政管理部门。

（2）造就作为市场主体的商业企业。承包制和租赁制推进了改革，但具有过渡性质。从形成市场主体的要求看，小型商业企业应由租赁制逐步过渡为集体或个体所有制，大中型商业企业除少数实行国有国营外，大部分可推行股份制。

（3）在改革上、法规上允许商业企业综合经营、交叉经营、完全自主经营，做到城乡通开、内外通开。对少数还保留统购包销或双轨制购销的商品，应逐步转为议购议销，按统一的市场规则经营。鼓励商业企业之间的竞争。

9. 关于外贸体制

近一两年来，我国对外经济发展中有三个问题很突出，一是财政补贴出口、高价创汇，而用汇效益不高；二是由于缺乏市场基础，汇率起不到经济杠杆作用；三是国外借款增加很快，但盲目引进、重复引进现象严重。这三方面的问题，其根本原因是传统体制的作用。具体表现在，一是国家出口商品收购价格制度和进口商品调拨价格制度，抑制了市场机制发挥作用；二是外贸企业没有自主经营权，不是自负盈亏的市场主体，受国家财政补贴的导向和制约；三是外贸管理体制中，直接控制和行政干预比重大。

对外经济市场化：①在管理体制方面，要求建立新的市场型的外贸管理体制；②在贸易商品方面，要把指令性贸易商品比重限制在最小限度，让绝大多数贸易商品的价格由市场调节；③在经营方式上，应允许综合经营、交叉经营和多元化经营；④在外汇资金的使用和分配中，要充分发挥市场机制的作用，改变行政分汇的方式；⑤让企业成为自负盈亏的市场主体，使企业具有进出口的选择和决定权；⑥把引进项目的决定权下放给自负盈亏的企业或企业集团，打破由行政部门确定引进项目的做法；⑦实行生产要素在对外经济行业与企业间的自由流动，在整个社会上的自由流动；⑧建立与国际生产要素市场结构相对称的市场体系，其中包括外汇市场、资金市场、黄金市场、股票市场、债券市场等。

10．关于农村改革

农村经济改革事实上是整个经济体制改革的基础。农村形势的好坏，直接影响整个经济体制改革的进程。

现在农业后劲不足，投入减少，效益不高，产业结构不合理，合作组织不健全，尤其是粮食和生猪产需矛盾日益突出。我们认为，关键要从国家政策上找原因。

农村政策中，既有新体制的管理办法，又有旧体制的管理办法。一些合理的政策目标，如产业结构调整、农业规模经营、农民组织健全等，不能通过国家调节下的市场机制来解决，而往往演变成从上到下的指标和任务。尤其是重要农产品的双轨收购制，变相的统派购与市场购销相结合，非但没有计划与市场的长处，反造成很多摩擦紊乱，以致出现了关闭市场，回到统派购的倾向。事实证明，新旧体制不可能长期共存，或者退回去，或者用统一的市场体制来取代双轨体制。

深化农村改革，必须变双轨体制为市场型管理体制，把国家与农民的关系建立在市场关系的基础上，必须发展和健全农村市场体系，通过城乡市场一体化，通过以土地为中心的农村所有制结构改革，使农民成为市场的主体，成为真正的商品生产者，通过指导性计划，用经济的办法，在自愿互利的基础上，指导农民、帮助农民。

三、市场化的方式和进程

市场化的改革是一项复杂的系统工程，在设计市场化的方式和进程时，必须符合市场化改革的内在逻辑要求，同时充分考虑到改革时期各种条件的影响。违背内在逻辑要求的市场化很难取得理想的成果，超越现实条件的改革也注定会失败。

先进国家的商品经济发展史表明市场化是一个自然演化的历史过程。很显然，我国的市场化过程不能走先行国的老路，让市场机制和市场体系随着自然经济的逐渐瓦解而成长起来，正确的选择只能是采取"走大步、快推进"的办法，争取在较短时间内建立起市场经济体制来，从而使商品经济真正成为我国的基本经济形式。"走大步、快推进"的市场化方式需要以下两个方面的支持才能实现。首先，通过改革为改革创造条件，从而加快改革的进程。所谓通过改革为改革创造条件，就是根据改革进程自身的内在逻辑性，通过前期改革为后期改革创造必要条件，缩短从前期改革转向后期改革所需要的准备时间。其次，用市场造市场，即根据市场一致性原则的要求以及产品市场与要素市场相互依存的特点，根据近期的具体情况适时推出某个市场的改革，这个市场在形成的同时又为下一个市场的开放准备了条件，缩短从一个市场到另一个市场的转化时间。这样，市场化的过程就可以大大缩短。

我们设想，市场化可以分为三个阶段，即准备阶段、大步推进阶段及完善体制阶段。

（一）准备阶段

准备阶段的基本原则是，在实行紧缩财政政策从而消除赤字，使货币可供量与预期经济增长率挂钩、进行总量调整的同时，积极用改革的方法为大步推进创造必要条件。我们不同意用行政协调的办法来稳定经济，更不赞成用行政协调的办法来强行紧缩通货，抑制总需求。导致环境混乱、经济增长过热、总需求膨胀的原因可能很多，而改革不彻底和改革措施不配套、旧体制仍然占统治地位，这无疑是一个根本性的原因。相比之下，货币发行过多只是总需求膨胀的派生性原因，财政体制和计划内重点项目投资效益差，财政透支造成 1987 年货币超额发行是原生性因素。不正视这个现实，过分强调压缩生产性贷款规模，造成企业正常生产所需流动资金不足，会导致挫伤总供给的后果。国内外实践证明，紧缩货币，不能解决成本推动型的物价上涨。即使对生产资料价格有所抑制，但对最终消费品价格却是控制不住的。我们必须对总需求膨胀的机制性原因进行系统分析，而不能把本来具有抑制总需求的改革置之不顾，一味强调用高压手段来解决问题。例如，"财政分灶吃饭"，使地方政府的利益同本地区的经济发展捆在一起，为了得到更多的利益，地方政府必然会产生强烈的投资冲动，这将导致总需求膨胀。如果不用改革的办法来治理总需求膨胀，其机制性因素还会存在。既然造成环境混乱的深刻原因是旧体制仍然占统治地位，新旧体制之间的信息失真，因此，对改革的环境提出过高的要求并通过行政协调手段加以实现，则往往事与愿违。我们宁肯在进行某些总量调节的时候，从经济的真正稳定出发，适时推出一些改革措施，为大步推进作准备。

在准备阶段应着手以下方面的改革。

第一，利用目前推行的承包及租赁经营责任制，建立承包、租赁经营者市场，用社会招标等办法，促使建立企业家市场，通过市场选择企业家，促进企业家的成长。产权关系不明和缺乏具有创新意识的企业家，是国有企业长期存在着的两个问题。相对而言，后一个问题要容易一些。企业家集团是商品经济条件下所有权和经营权相分离的产物。承包和租赁经营可以存在于不同的所有制之中。因此，我们可以充分利用目前推行承包制的时机，引入承包者竞争和风险机制，培育企业家集团。

第二，推行分税制改革，切断地方政府同企业资产运用的联系，抑制地方政府的投资冲动，划分中央和地方介入市场的方式和范围。否则，即使把银根抽得再紧，投资冲动也不会消失。而且更重要的是，银根一旦有所放松，地方政府便竭力扩大投资规模，生怕"一刀切"再现，这样势必形成总需求膨胀的高潮，使供求矛盾再次激化，经济增长再次过热。所以，我们认为有必要从1988年开始，搞分税制改革试点，1989年全面推开，用一年左右的时间建立起分税制。为了使分税制发挥效力，可以组建国家税务局，使地方税务部门脱离地方政府的领导，所征税额如数上缴国库，再由中央部门根据分税制原则分配。

第三，建立可贷资金市场。开放为个人投资融资的资金市场。利率应成为调节供求的重要参数。随着经济体制改革的深入，信贷关系已渗透到经济领域的各个方面，银行及其他经营机构同每个企业都发生了信贷关系，已经有了使信贷利率成为调节货币流量进而调节总需求的机制，具备了在生产者企业之间合理分配可贷资金进而提高资源配置效率的初步条件。改革利率体系、建立以中央银行再贷款利率为基准的浮动利率体系的时机已经成熟。可以考虑1988年全面推出利率改革，发挥利率参数对资金供求的调节作用。1988 年还应进行专业银行企业化的改革，利率改革与专业银行企业化的改革有着紧密的内在联系，单项推行难以使银行真正为可贷资金的合理运用负责。把以中央银行再贷款利率为基础的浮动利率体系与控制货币发行的增长速度相结合，能够收到压缩总需求与合理分配资金的双重效应。

第四，推进企业间的横向联合，发展企业集团，完善企业组织制度。从总体水平看，中国工业企业的经营效益都不太高，近期内还不大可能完全靠通过所有制改革来提高经营效益，在这种背景下应大力推广企业承包企业、企业租赁企业，由经营效益好的企业经营效益差的企业，增加有效产出，改善供给总水平和财政收入状况。同时，采取积极措施，推动企业之间的资金联合、技术联合等，发展企业集团。在企业内部，则根据党政分开的原则，争取在两年内全部实行厂长负责制，完善企业组织制度。

第五，制定市场规则。为了维护市场活动的有序性和规范性，从 1988 年起开始制定市场规则并根据实施情况加以修改，尔后使之法规化，使市场活动在市场规则的指导下进行，而且国家的参与和干预活动也应当接受市场规则的指导。在今后两三年内先制定反垄断法，对一些超大型的生产企业（铁路等例外）按照经济合理的原则加以分解和改组，为建立竞争性市场体系作准备。

第六，在准备阶段后期，伺机进行以粮价为中心的价格改革，实行议购议销，把双轨价转变为市场价。为了减少粮价改革可能产生的波动，可以考虑把暗贴改为明贴，使居民生活不至受到太大的影响。农产品价格的正常化，有利于工业品价格全面放开，有利于为全面市场化改革提供基本保证。在粮食问题上我们已错过了一次机会，取消统派购后没能实现议购议销而是演变成了以变相统派购为标志的"双轨制"，这是十分可惜的。可是，粮价问题不解决，不利用市场机制，投入减少、土地转用资源配置不合理问题就解决不了；"以工补农、三挂钩"也不能根本解决而只能缓解问题。怕风险，不敢迈大步，必将导致更大的风险。

第七，扩大市场经济体制的试验区。考虑到中央决定 1988 年在广东进行全面市场经济的试验，我们设想 1989 年将广东试验区扩大至广西、湖南、江西等省，如试验效果较好，则可进一步将长江以南各省作为试验区。在试验区内首先全面放开价格，进行所有制改革，建立竞争性市场体系，政府主要协调试验区与非试验区的衔接方式。

第八，进行房租改革，推进住宅商品化。这一改革虽然影响很大，但都是相对独立的最终消费品的价格改革。住宅商品化有利于回笼大量民间通货，减轻财政负担，有利于产业结构调整和吸收城乡剩余劳动力投入建筑业，有利于推动金融体制改革，有利于引导消费和抑制消费品价格上涨，因而是大步推行改革的前奏。

准备阶段估计需 3～4 年的时间。

（二）大步推进阶段

这个阶段的基本任务是给中国经济换上市场体制的"底盘"，基本原则是在实行紧的财政政策和货币可供量结构性调整政策的前提下，推出所有制改革和市场体系的改革，使市场主体、市场机制和新的宏观调控体系在不太长的时间内建立起来。

第一，所有制改革。改革的实践表明，靠行政扩权让利是极为有限的改革，资产运用与资产风险、资产收益以及经营者利益的关系难以得到科学的界定。在产权关系模糊化的背景下推进市场化的任何努力都会受挫。所以，我们宁肯把所有制改革作为大步推进的起点。在城市经济中，所有制改革以实行多元的股份制为宜，即国家对稀缺品产业参股，法人社团和个人持有各个产业的股份。农村则着力解决土地制度问题，可以提前进行土地转让的改革，解决土地生产率问题。

第二，对工业品价格进行大步改革，争取全部产品价格都实行市场价格，结束双轨制状态，合理分配生产要素。在时序上，可以待所有制改革开始后推出价格改革。

第三，建立资本市场。所有制改革必然要求建立资本市场。资本市场与股份制是互为条件、互为结果的。可以根据所有制改革的进展先建立初级证券市场、后建立次级证券市场，谨慎地组织大规模交易场所。专业银行自有资本实行股份制，用银行股份化的方式完成从专业银行向商业银行的转化。

第四，推行收入分配市场化的改革。所有制改革和价格改革必然要求收入分配市场化。当企业成为市场主体后，收入分配脱离市场化的要求，可能导致企业行为发生某些不利于市场化进程的变异，特别是不利于竞争性市场的运行。此外，没有收入分配市场化的改革，市场价格也难以真正发挥作用。可以考虑把价格改革与收入分配市场化的改革在时间上衔接起来。

第五，积极推行宏观调控体系的转换改革。宏观调控体系的设计在准备阶段就应完成，在实施过程中只作技术性修改。新的宏观调控体系将坚持政府在市场内参预、市场外调节的原则。政府的参与主要表现为调整市场要素的进出数量，如购买和出售股份资产，采购某些稀缺资源等。市场外调节表现为参数调节和法规约束，如执行垄断法、土地交易法等。在步骤上应当保持市场发育成长与宏观调控体系转换的同步性。

第六，在这个阶段的后期，放开外汇额度市场，减少国家对外汇额度的控制。

此外，还应就财政体制、税制等进行根本性改革。这些改革如得以实现，市场经济体制的基本框架就树立起来了。我们估计，大步推进的改革用五年左右的时间可以完成。

（三）完善阶段

市场经济体制的基本框架建立起来后，还需要进行一些后续改革，以提高市场经济体制的运行效率。后续改革包括两个方面：一是因条件不具备而有意识推后的改革；二是带有修残补缺性质的改革。就前一方面而言，最重要的是全面放开劳动力市场和外汇市场。推迟放开劳动力市场的基本考虑是，大步推进的改革可能会产生较大的震荡，如果此时放开劳动力市场，劳动力的流动缺乏有力的吸纳机制，尤其是农村大量剩余劳动力的存在，容易使短期失业的现象加剧。所以，晚开放劳动力市场或许更有利。外汇市场推迟到完善阶段开放，可以把国家外汇市场同事实上存在的黑市市场打通，合为一个市场，国家制定最低牌价，由外汇银行买进卖出，从而使外汇市场真正运行起来。至于修残补缺性质的改革本身带有很浓厚的随机性质，需伺机作出抉择，我们没有必要而且也不可能在这里把它设想得很详细。估计用三年左右的时间就可以完成完善市场经济体制的任务。如果我们的改革能够付诸实施，一个运行灵活、调节有方的市场经济体制就会成为现实。

作者说明

当时，正逢国家体改委在几大科研单位和大学征集改革思路和方案。市场化改革的思路，被纳入中国社会科学院改革大思路课题研究中。社科院刘国光副院长和财贸所所长兼经济片秘书长张卓元研究员对我们的研究给予了有力的支持。这篇报告是 1987 年最后两个月完成的，发表在《经济研究参考资料》1988 年 7 月号上。此时，我已在英国伦敦经济学院做访问学者，是好友王逸舟托人捎到英国的。

这是比较系统地阐述市场化改革思路的一份总报告，是继我和宋则《从双轨制到市场化》一文之后，又半年研究而形成的成果。这篇报告不仅是个人的成果，更是集体的成果。我的多位学友参与了这一课题，他们每个人就市场化改革的某一领域提交了分报告。我作为此项活动的组织者，承担着总报告和价格改革市场化分报告。本总报告第二部分的内容吸纳了分报告诸多成果，由忠东博士汇总了初稿。黄小祥博士承担总报告第三部分的初稿。我自己执笔了总报告第一部分，并对总报告全文进行了修改和统稿。还应提到的是：最初的市场化报告总论《市场化改革思路的主要特征与内容——深化改革的战略选择》，署六个人的名字，发表在 1987 年 11 月的《世界经济导报》上。此文后获 1993 年《中国经济年鉴》改革以来优秀论文二等奖（一等奖空缺），此后，被 2005 年中国社会科学院经济所选编的《中国经济学百年经典》收录。

我国转向市场经济的战略、内容及其他

　　本文不仅对市场经济的基本理论进行有针对性的探讨，而且还从走向市场经济的具体途径、困难和战略、策略进行总体的阐述。社会主义市场经济是伟大的历史性尝试，只有勇气、胆略和才识还不够，还应相信人民在创造市场经济方面的天然本领，要与人民一起，去迎接新世纪的挑战。

　　本文从四个方面论述了"通往市场经济之路"。第一部分是要清除"通往市场经济之路"的思想障碍，要真正明白市场经济，相信市场经济，才能大干市场经济。通过正面阐述包括产权明晰、交易自由、企业平等等内容的市场经济的基本理论，以消除人们对市场经济的一些顾虑、担心和不信任。第二部分重点阐述了向市场经济过渡的战略，是激进与渐进的结合，既不能只搞渐进式改革，也不能不顾条件去搞激进式改革，二者必须结合。文中用了突变论的理论对此进行了论证，并认为现在到了改革迈大步的关键时刻了。第三部分论述了向社会主义市场经济转变的主要内容，即：政府干预适度化、社会管理法制化、宏观调控规范化、市场主体多元化、国有私有平等化、经济运行市场化、计划调节间接化、经济特区全国化、对外开放国际化。第四部分主要针对当前经济发展中的问题，针对市场经济发展与计划体制的种种摩擦和冲突，提出要用市场经济的原则和办法来解决这些新问题，不能再用计划经济的传统办法来解决这些问题了。文中对现实中大量存在的传统管理办法和计划体制的政策倾向，表示了担忧，提出了批评。

社会主义市场经济是社会主义条件下的市场经济，这种市场经济是混合经济的一种形式。世界上不少经济学家都提出了"混合经济"的概念，认为这是公有经济与私有经济的混合，是计划经济与市场经济的混合，认为两种不同社会制度在趋同发展。日本则是公开宣布自己是混合经济的制度。法国、德国和北欧一些国家在市场经济的体制上加上了不少计划的因素，因此，被一些学者称为带有社会主义因素的市场经济。当然，世界上的"混合经济"也不是一种模式，因为不同的国家在各自不同的体制条件下吸收了一些曾被视为相反的因素，形成了各具特色的"混合经济"。进而言之，"社会主义"类型甚多，"市场经济"的类型也甚多，我们是哪一种类型的"社会主义"与哪一种类型的"市场经济"的结合呢？由于我们的"出身"、经历和偏爱，我们这种"社会主义市场经济"是通过对传统的社会主义的实际改造和对古典的市场经济的理论改造而使之产生共同语言的。前者，可以用"社会主义从科学走向现实"来概括，后者可以用"市场经济从初级走向文明"来概括。我们主张的社会主义，其最终的目标，就是为了让社会的一切成员都过上好日子，而这是在共产党领导下进行的；我们心目中的市场经济，是现代文明的市场经济，是以人的价值为本原、以个人利益与集体协作为基础的优化配置资源的经济体制。用"社会主义"改造"市场经济"，我们发掘了"市场经济"中现代化的文明因素；用"市场经济"改造"社会主义"，我们则得到了"社会主义"的经济运行效益。"双向改造"使我们得到了一个完整意义的"社会主义市场经济"。

建立社会主义市场经济新体制，这是人类历史上的创举，是社会主义发展史上的创举。把市场经济与社会主义联系在一起，这是对马克思主义的伟大超越。马克思主义并没有"社会主义市场经济"的理论，马克思本人甚至没有提出"市场经济"这个概念。在马克思主义中，社会主义与市场经济（即马克思说的"信用或货币经济"）是不相容的。因此，我们如果硬要把"社会主义市场经济"说成是马克思主义的内容，是很不适宜的。在科学社会主义的创始人看来，随着资本主义生产力的高度发展，社会生产力与生产关系之间的矛盾将导致无产阶级革命，导致一个没有阶级、没有剥削、没有压迫的新社会的诞生。这个社会不存在商品经济，不存在价值规律，国家以社会的名义对生产资料实行公有，国家也就开始了自己走向消亡的过程。这个社会就是共产主义社会，而社会主义是从资本主义走向共产主义的过渡阶段。

在新的历史条件下，中国共产党人从改革的实践出发，提出"社会主义市场经济"，这在社会主义的历史上是了不起的大事，这也促使我们对马克思主义进行新的思考。我们尊重马克思主义的经典作家们，把他们对社会进步的思考视为人类思想史上最伟大的成果，把他们的学说视为最有价值的一种学派。但是，社会主义经济改革的实践，要求我们不能再教条地对待马克思的学说，必须进一步突破一切过时的、教条的理论，从发展社会生产力的实际需要出发，总结人民的实践，创造新的理论，否则，社会主义市场经济的发展就是困难的。例如，如果我们不能从实际出发，不能正确评价资本的作用，不能正确评价企业家（或厂商）在创造社会财富上的作用，不能正确评价各社会阶级之间的合作关系，不能正确评价私有经济和公有经济各自不同的作用，不能正确评价国际经济中发达国家的作用，等等，我们就不可能在确立社会主义市场经济体制中迈出有实质性意义的步伐。

"社会主义市场经济"引发的对现实经济关系的思考是相当深刻的，引发的对马克思主义的反思也是相当深刻的。经济学家的天职是为富国富民而进行研究。历史无数次地证明，这是一条艰辛之路。

一、消除通向社会主义市场经济的思想障碍

走向社会主义市场经济，首先需要清除思想认识方面的障碍。不能否认，从上到下，对市场经济有各种不同的认识和想法，是正常的。既然我们是从高度集权的计划经济体制中演变出来的，我们就不能否认几十年来的计划经济给我们思想上打上的深深烙印。但是，如果我们不主动地清理这些旧的观念，不能换脑筋，我们就不可能实现向社会主义市

场经济的成功转轨。尤其重要的是，领导这场伟大改革的决策者，对市场经济理解和相信到什么程度，是真干市场经济还是害怕市场经济，这对我们能否成功实现改革目标是至关重要的。因此，换脑筋，是从上到下都要认真做的事。

那么，在现实中，到底有哪些认识不利于市场经济的发展呢？存在什么样的思想障碍需要克服呢？

1. 对什么是"市场经济"缺乏了解，因而不能有力地解决经济生活中出现的各种问题和矛盾

比如，当外汇调剂市场上外汇紧张外币升值时，不是从如何扩大外汇来源入手解决问题，而是把价格管制起来，结果，有行无市，场外交易增多。为什么就不能用市场经济的办法来解决这种问题呢？我想，对市场经济的不熟悉和对计划经济的一套办法太熟悉，使有些领导同志容易用传统办法来解决市场经济的矛盾。这是应克服的。

什么是市场经济？有人说，就是法制下的能人经济，而我们现在是一种"狂人经济"，还不是市场经济；有人说，政府与企业的关系由父子关系颠倒过来时，就是从计划经济变为市场经济了；有人说，市场经济就是资本主义经济，舍此无二；有人说，市场经济就是政府不干预的经济；等等。各种理解，不一而足。

我认为，市场经济，从狭义上讲，是对经济运行的一种调节手段，是社会资源的一种配置方式，是经济运行的一种方式。从广义上讲，市场经济又不仅仅是一种方式或手段，而是一种经济制度，是使市场供求能自由调节产需的运行方式得以实现的经济制度。

这个定义强调了把市场经济作为运行方式和运行框架的一致性。

在西方经济学的各类词典中和中国经济学家的论述中，对市场经济的解释是有区别的。有的强调了市场经济是一种调节方式，有的强调了市场经济是一种经济制度，也有的认为市场经济既是一种调节方式，又是一种经济制度。当然，市场经济作为一种经济制度，我个人不把它理解为社会基本的政治经济制度，而理解为一种配置资源的经济制度。

《现代经济学辞典》（戴维·W·皮尔斯主编）对"市场经济"的解释是："一种经济制度。在这种制度下，有关资源配置和生产的决策是以价格为基础的，而价格则是生产者、消费者、工人和生产要素所有者之间的自愿交换产生的……市场经济通常也包含着生产资料私人所有

制，即资本主义的经济。然而在社会公有制条件下，市场经济在一定
程度上也发挥作用。"由此同样可以肯定的是，辞典的编者也把市场
经济视为一种经济制度，强调其是通过自由贸易和市场价格来进行资
源的配置的。值得注意的是，皮尔斯认为市场经济"通常"也包含私
有制，包含资本主义经济。这是事实。但从现在观点来看，社会中有
相当多的"不通常"，社会主义市场经济作为一种历史尝试，应当说
是"不通常"的。但不能说是不存在的，也不能现在就断言是不符合
发展规律的存在。皮尔斯本人也承认，市场经济在生产资料私有和公
有的条件下，程度不同地发挥作用。我们进一步的推论是，市场经济
作为一种资源配置调节方式是肯定的，而作为一种"经济制度"理解
时，不是人类发展史上的某种社会形态，而是一种为资源配置提供组织
框架的经济制度。

　　这一点不妨引用美国经济学家 D·格林沃尔德主编的《现代经济词
典》加以佐证。他是这样来概括"市场经济"的："一种经济组织方式，
在这种方式下，生产什么样的商品，采用什么方法生产以及生产出来以
后谁将得到它们的问题，都依靠供求力量来决定。"这里是把市场经济
作为一种经济组织方式，与社会形态无关。

　　中国经济学家大多数是从资源配置方式角度来定义市场经济的，最
有影响的是吴敬琏教授的解说。他说："'市场经济'一词，是在 19 世
纪末新古典经济学兴起以后才流行起来的。新古典经济学细致地剖析了
商品经济的运行机制，说明它如何通过市场机制的运作有效地配置资
源，市场被确认为商品经济运行的枢纽，从此，商品经济也就被通称为
市场经济。所谓市场经济（market-economy）或称市场取向的经济
（market-oriented economy），顾名思义，是指在这种经济中，资源的配
置是由市场导向的。所以，'市场经济'一词，从一开始就是从经济的
运行方式，即资源配置方式立论的。它无非是货币经济或商品经济从资
源配置方式角度看的另一种说法。"① 可见，吴教授是从资源配置方式
角度给"市场经济"定义的。中国经济学家中的主流观点认为，市场经
济，是指以市场机制为基础的社会资源的配置方式。这种定义与中国特
定的背景有关，因为，从资源配置方式角度提出市场经济，能为更多的

---

　　① 吴敬琏：《论作为资源配置方式的计划和市场》，载《中国社会科学》，1991（6）。

同志所接受。事实上，以吴敬琏教授为代表的主张市场取向改革的一批中国的经济学家们，从体制角度分析市场经济或说竞争性市场体制的观点、论文甚至论著，亦不在少数。需要指出的是，这种从体制上定义或分析市场经济的观点，其结论是应当或必须进行市场取向改革，这与一些否定在社会主义条件下搞市场经济的学者结论相反，后者认为市场经济既然是一种经济制度，就只能是、必然是资本主义的经济制度。

进一步明确什么是"市场经济"，我想对我们讨论如何走到"市场经济"，是有很重要的意义的。

2. 第二种认识方面的障碍，是口头上相信实际上不相信市场经济能起到配置资源的基础性作用

在有些同志看来，市场经济是一种带有极大盲目性的经济，比如，出现了民工潮，就好像这是市场经济的产物，在计划经济下，不可能出现这种现象。这实际上是相信计划经济的有序性和可靠性，而担心市场经济运行的无序性和盲目性。进而，对市场经济运行中的资源配置总有怀疑。对此，我不想过多的指责任何人，我想简单说说，市场经济会有序地配置资源的道理。

任何社会，都必然会遇到三个基本而又相互关联的问题：生产什么和生产多少，如何生产，为谁生产？

具体讲，任何一个社会都要解决以下问题。①在可供选择的物品和劳务中，哪些生产多少，哪些要少一些，哪些要多一些。例如是多生产一些食物还是多生产一些衣服？是多生产一些汽车还是多生产一些大炮？②进一步的问题是由哪些人，用何种资源何种技术来生产这些物品？谁缝衣服？谁种地？用针还是用缝纫机做衣服？用刀耕火种还是用拖拉机种地？③谁来享用这些物品或从这些生产出的物品中受益？换言之，社会产品如何来分配给不同的个人和家庭？按一种什么规则来分配？

这三个问题是一切经济制度所共有的，但是不同的经济制度以不同的方式来解决这些问题。按马克思主义的观点看，前两个问题是生产方式问题，后一个问题是分配方式问题，生产方式决定了分配方式。生产方式是由人征服自然的能力即生产力和人与人在生产中的关系即生产关系所构成的。生产力主要是人和生产工具。生产力与生产关系的矛盾运动决定着人类经济方式的不断进步。显然，马克思主义对这个问题是用

了一种高深的理论加以说明的。

市场经济运行中是如何利用市场价格制度发挥作用的呢？可以从以下这几个方面来了解。①每样东西（商品、劳务）都具有价格。社会上所有的人都要同价格打交道，他们按一定价格得到收入，按一定价格购进商品或劳务。②如果对一种商品或劳务的需求增加，就会使商品或劳务的价格上升，会使其产量增加。反过来，如果一种商品和劳务的需求减少，就会使商品或劳务的价格下降，使其产量下降。③如果一种物品的数量超过了人们的需求量，价格就会下降。低价格则可以扩大这种物品的消费量。④生产要素的价格也受供求的调节。对生产要素（劳动、土地、资本）需求增加时，生产要素价格（劳动的价格表现为工资，土地的价格表现为地租，资本的价格表现为利率）上升；反之，生产要素的供给大于需求时，其价格则下降。

这种主要按市场供求调节社会生产和需求的过程是市场经济的典型特征，是市场经济精巧机器每时每日逐步调节产需达到接近或说达到均衡的过程。这种过程本身就是一种自动运行的经济制度，被经济学家们称为市场经济制度。从市场经济运行中我们会发现这样一种造成供求均衡的因果关系。①生产什么东西取决于消费者的"货币选票"，消费者每日每时的购买使企业得到了资金，以开出工资、租金和利息，构成生产者的收入。生产者的收入又转化为消费金再转化为"货币选票"，开始了一个新的运行周期。②如何生产取决于不同生产者的竞争。最能降低成本的生产方式将在竞争中取胜，并成为如何生产的持续不断的答案出现。③为谁生产取决于生产要素市场的供给与需求，生产要素的供求决定了工资率、地租、利息和利润，这些构成了个人的日常收入。

以上所说的，我想是每一个人用常识和经验都能理解的东西。正是这样一种机制，在配置着社会各种资源。因此，市场经济的似乎混乱或缺乏人管的表面现象之后，是有经济规律在发挥作用的，是有序的。计划经济与市场经济相反，在表面的有序性后面，是人主观意志的随意性在起相当大的作用。

3. 误认为国有制的大中企业越多，就越是社会主义，因而，在产权制度改革上，进一步，退两步，没有勇气甩包袱，没认识到产权明晰是搞市场经济的基础

为什么我们清理"三角债"先清后欠，剪不断，理还乱？一个主要

的原因，是发生在国有制企业之间、国有制企业与国有银行之间的"三角债"，是最难用法规加以约束的。都是国家的，欠不欠，还不还，似乎就没有法律责任了。这是一种商业信用的危机，其根源在于产权制度上出现了问题。因此，国有企业的产权清晰化改革不能停步。

为什么产权问题对搞市场经济是最重要的问题？产权，就是指财产权，不仅是消费资料所有权，还包括生产资料的所有权，在市场经济中，都应有一个明确的归属。什么东西是谁的，这一点是清楚的，不是含糊的。这是交换经济的基础条件，是人们交换行为合法化、秩序化的保证。

请设想在一个由供求力量决定生产和消费的经济运行制度中，如果人们对用于交换的物品是谁的不清楚，如果一个人不是出售自己的或自己组织的商品，如果交易不是在商品的合法所有者之间进行，将会出现什么问题？这将会出现经济秩序大乱，或根本没有经济秩序，将可能退回到人类的蒙昧时代。劳动力不是劳动者所有的，而可能是被战争的胜利者所占有的，因此，劳动没有相应的报酬；土地没有所有者，谁先占有是谁的，或谁抢到手是谁的，当然不会有土地的价格和地租的存在；生产的物品没有所有者，可能是原始公有社会，也可能是战争之下的社会，这时没有交易尤其是公平交易的必要；生产资料没有或不知所有者，引起的是抢夺或荒废……总之，在没有或失去所有权保护的社会中，交易就失去了意义，弱肉强食的生物学规律就代替了人类自我约束的平等规律。传统的计划经济条件下，对相当比重的国有经济而言，存在名义上的所有权，但实际上所有权是不清楚的。因为所有权总以全民的名义出现，在很多情况下，也就没有了所有者。因而，交易中就失去了基础，交易条件就发生了扭曲。

市场经济条件下，对一切个人、法人的财产权，法律都给予保护。国有财产与私有财产，都是神圣不可侵犯的。在我国社会主义市场经济条件下，对所有权的保护和产权进一步的清晰化，是发展市场经济的基础，是亟待进一步解决的问题。

4. 计划经济条件下训练出来的管理人员，对市场交易自由化是相当不熟悉的

在他们看来，市场交易的条件、场所、内容、时间等，都不应由交换者来确定，而应由管理者来确定。如果市场自由交易，就会秩序混

乱，就会大量出现偷税漏税，就会出现各种不正之风。但是，这恰恰是一种误解。不仅对一般的农贸市场我们应当贯彻交易自由化的市场经济原则，对种类复杂的市场，我们更应贯彻这一原则。政府在市场交易的管理中，最重要的职能是服务。现在，改革以来，政府对市场交易干预在大大减少，但在不同的环境下，又常以各种形式出现。比如，干预价格、干预交易双方自愿议定的条件等。我们有时用"规范化"的口号（虽然这是正确的），否认人民群众在创造社会主义市场经济上的首创性，否认交易自由的合理性。

为什么交易自由是符合市场经济原则的呢？什么是交易自由呢？

交易的自由，就是人们可以按自己的愿望实现不同使用价值的自由交换，企业可以在国内与国际市场上自由进行商贸活动。

交易自由，首先是参与交易的自愿原则。我愿意用我的商品或劳务与你的商品或劳务进行交换，而你也愿意用你的商品和劳务与我的商品、劳务进行交换，这时，交换才能发生并实现。如果一个人不愿意参加这种交换活动，与他相关的交换活动就不能发生和实现。同时，一方愿意另一方不愿意时，一方不能强迫另一方进行交换。任何第三方都没有理由强迫此双方或其中一方参与交易，这是交易自由的基本内容之一。其次，交易的条件（交易客体、价格、数量和地点）也是双方共同议定的，是双方自由地无强迫地达成的。交易什么是由交易双方来确定的，每一方都有自己的出售或购买的自由。交易条件都体现着自由的精神。如果一方价格（或数量或成交地点等）不被另一方所接受，交易也就不能继续进行下去了。在现代市场经济中，尤其在国际贸易中，交易的条件变得非常复杂，因此，交易自由就更为重要。这就要求交易的国家间不搞贸易保护主义，不搞非关税壁垒和关税壁垒，保障国际间的贸易是自由的。

交易自由化还包括一层含义，就是保护自由竞争。对生产厂家而言，在出售自己的商品时，会与其他出售同样产品的厂家发生利益上的冲突。此时，不能用强制的手段来干预其他厂家的经营，只能通过在市场上的公平竞争来进行自我利益的保护。在公平的竞争中，成功者没有责任去承担失败者的义务，因为参与竞争是自由的。

我们必须充分认识交易自由的作用，在我们的经济转轨中，力求用此原则来衡量我们的管理工作。

5. 传统的计划经济把企业按所有制划分为三六九等，造成企业没有平等地位，不能在同一起跑线上竞争

如把全民所有制企业看成是最优秀的，要给予特殊的照顾；对外开放以来，又把三资企业看成是需要给予优惠的。不同所有制归属的企业，为什么是不平等的？为什么不能从社会和经济效益角度来评价企业是否优秀？现在到了彻底打破这种传统等级观念的时候了。

在当前经济生活中，各类企业都在要求平等化，这是好的现象。实际上，我们对任何一种企业提供优惠的背后，都仍存在某种歧视。对国有企业偏爱，同时赋税更多；对三资企业优惠，同时控制内销；对乡镇企业支持，同时没有"倾斜"；对私营经济放松政策，但不能作为依靠。凡此种种，都使企业一条腿长的同时，另一条腿短。企业都是"跛子"，经济发展怎么会平稳？

市场经济要求市场主体平等化，那么什么是市场主体的平等化？

市场主体平等化，指所有市场主体，不论是个人之间还是企业之间都在政治上是平等的，政府给予的外部经济条件是平等的。这里有四层含义。一是在一个国家内，不同类型的企业是平等的，在各种交换中规则应是一样的，其产品的贸易在各环节中受到同等的待遇。在我国，最突出的问题是，应使不同所有制企业平等化。我们不能对国有企业优惠而对私营或三资企业歧视，也不能反过来，歧视国有企业而优惠非国有企业。现在，我国一些政策规定中存在对各类企业一方面优惠另一方面歧视的一种"双扭曲"问题。二是对来自不同国家的进口产品应一视同仁不应厚此薄彼，这就是关贸总协定中的最惠国待遇问题。同样，我们也要求别的国家在对待我国出口产品时，应与对待其他国家的产品一样，不要歧视。三是对国内外产品一视同仁、平等相待的问题，即国民待遇问题。这使进口产品在一个国家市场上处于与其国内产品同等的竞争地位上。第二和第三层含义，是贸易平等的内容，但由于是发生在国与国贸易之间，因此，是国与国之间贸易平等问题。我国要达到这一点，有必要成为关税贸易总协定的成员国。四是对个人来讲，作为生产者，平等化最主要的含义是机会均等；作为消费者，在货币面前人人平等，每个人都享有消费自主权；作为经营者，人与人之间在市场经济中是按同一规则即市场规则来进行贸易的。

企业的平等要求，不能再被我们漠视了。如果我们真想搞社会主义

市场经济，我们就要大力推进企业平等化的进程，使企业能在平等的竞争中尽快地成长起来。

二、向社会主义市场经济过渡战略是渐进与激进的结合，现在到了改革迈大步的关键时刻

为什么说，激进与渐进的结合是实现社会主义市场经济的战略？为什么认为"中国经济改革之成功，是因为中国选择了渐进改革的方略"的观点有片面性呢？因为，中国经济改革的全过程表明，改革是主客观各种力量合力的结果。想快时不一定快得起来，想慢时不一定慢得下来。有时快，有时慢，有时大突破，有小收缩，是一个进进退退、快快慢慢的复杂过程。这里，我们既要反对不创造条件加快改革的论调，又要反对不顾客观条件而想大干快改的倾向。如果说，病人伤口愈合时需要时间，那么开刀时则需要快。不能把改革的战略简单化，而且在实践上，我们在十几年的改革中，有时快点，有时慢点；有时一下动了若干方面，有时则只出台少许改革措施；搞农村改革和特区开放，步子算是大的，而企业承包和调整价格，从计划经济与市场经济的性质区分上，步子就不算大。改革就是这样走过来的。正因为如此，我们认为中国改革是激进与渐进的结合战略在实际中发挥了作用。

用量变引起质变的理论来解释我国经济改革战略选择虽有一定说服力，但已显得理由不够充分。因为，这种理论过分强调时间上的顺序性，而没强调时间上的同时性；过分强调了质变对新事物产生的意义，而低估了量变对新事物产生的作用。正因为如此，人们宁肯把改革说成是"渐进"的，也不说成是"量变"的。这种渐进或激进的提法，更接近于"突变论"的一些基本思想。因此，我不妨用"突变论"的一些观点来说明经济改革的战略选择问题。

在经济改革中，经济运行机制的渐变和突变是同时存在的。不仅突变是达到新旧体制转换的方式，渐进也是达到新旧体制转换的方式。我们在看到突变作用的同时，不能忽视渐变的作用。同时，在承认渐变作用的时候，也不能忽视突变的作用。改革的质变过程不单是一个突变的过程，也是包括渐变的过程。换言之，突变、渐变都是经济改革的重要内容。我们既要重视经济改革中的突变，又要重视经济改革中的渐变；

在探寻市场化改革的战略时，不仅要看一些突变的经济事件，也要看一些自发的、渐变的经济事件。同时，当经济改革处于关键点时，我们就要强调突变的特殊作用，反对长期双轨过渡的纯渐变观。因为，突变论认为，在关键点上，控制变量与状态将发生重大的脱节。对突变而言，临界点是一个关键的点。当控制变量超过临界点后，系统就不再响应，控制变量与状态变量就失去了相关关系。在临界点上，控制变量的微小变化，对系统都将产生重大的后果，而这种后果可能是积极的、成长的，也可能是破坏的、崩溃的，正因为如此，我们在改革的关键时刻，必须格外谨慎。同时也要有充分的思想准备，当我们微小的政策出台时，若经济系统出现大的涨落，则表明我们的经济运行机制已突破了变化的临界点。当此之时，要静以待变，要让体现在人民群众与传统体制的各种形式在斗争中交手，不要急于干预，因为在突变发生时，干预是不起作用的。

如上所述，突变是在失控下发生的。往往是我们没有预料到的一些事件，会对经济形势的发展起很大作用。例如，乡镇企业的兴起和发展是出乎人们预料的，其在国民经济中的作用也是超出人们预料的。这可以看成是一个突变，一个重要事件的成长的突变。在经济改革中，这种情况不少，关键在于我们如何去利用突生的新生事物，打破僵局，走出困境。

当然，这是属于上向突变，使事物成长的突变，有利于经济发展的突变。还要注意，有另一类突变，即下向突变，它使事物发展趋于崩溃和死亡。我们在经济改革中要提高警惕，防止这类突发事件干扰经济的健康发展和改革的深入。

改革具有不可逆性。突变论认为，单值区域的因变都是可逆的，控制因素及其引起的状态变化可以沿正反两个方面变动。而在分支曲线临界点处发生的突变是不可逆的。改革造成了双重体制，即出现了折迭曲面，而不是单值，因此，经济运行机制已具有不可逆的发展势头。现在，我们面临许多困难和问题，我们已不能靠原有的机制来解决这些问题，而只能坚持改革、深化改革，用市场经济的规则来解决这些问题，用市场经济的规则来约束我们传统的管理办法，只有这样，向社会主义市场经济的过渡才有可能成功。

现在，我和相当多的朋友们都认为，向市场经济的改革已到了迈大步的时候了。尽管我们改革中还有许多渐进的措施,但新旧体制的矛盾和冲突已到了不用全力不能解决的关键时刻了。突变已不会很远了,我们要准备迎接新体制的诞生。

这样的结论不是耸人听闻的鼓动,不是只凭热情的猜想。在经济改革的海潮中,我们已嗅到市场经济新体制海浪不可阻挡的鲜腥味。

其理由如下。

收入分配关系变动和政府职能转换涉及权力和利益的重新划分,这是改革中最要害的深层矛盾。改革开放以来,很多改革办法只要出台,就很快被接受了,并迅速进展。如农村大包干,实行十五年承包不变,农民放鞭炮庆祝;发展多种所有制经济成分,只要政策允许,很快就发展起来了,根本不用政府太操心;对外开放,引进外资,只要政策对头,投资环境好,外商如潮水似的进来。这些方面的改革,进行都快,有一种强烈的推动力。但是政府本身权力的不断减少和重新分配,国民收入格局中各种分配关系的重新组合,这对相当一部分人来讲,是痛苦的。权力和利益的重新分配,使市场经济原则进入了政治领域,计划经济权力的失落,又使计划者把权力变成了商品。各种利益绞在一起,就使改革在变形,使新经济体制胎位不正。对此,我们不能久拖不决,否则,新旧利益的刚性都会使进一步的改革难以推进。

还有一个人所共知的事实,就是从去年提出社会主义市场经济以来,市场经济的实践就已不顾理论是否精巧,大步往前推进。这股潮流是从群众、从基层、从地方开始的。这已使中央的决策还没有能规划出全盘改革措施时,就已经面对传统宏观管理工具、方式与自发的市场经济潮流的激烈冲突了。群众要干,政府怕乱,成了这一时期中一个很明显的特点。可以说,市场经济已不是按政府的规则一点点地成长,而是以不规范的方式,迅猛地发展,迫使我们的思想要不断地从人民中汲收营养,和人民一起,去创造一种具有中国特色的市场经济。如果我们跟不上这个形势,一味埋怨形势发展太快,去限制市场经济的发展,就可能挫伤人民的积极性,甚至损伤人民的经济利益,这就不利于社会主义市场经济的建立。形势在要求我们改革迈出大步伐。

国际经济政治形势也要求我们改革开放迈出大步。苏东改革作为激进的休克式疗法,现在出现了比较严重的经济和社会问题,这使我国经济改革战略选择得到了广泛的赞同。但是,苏东经济基础比我国好得多，现在西方正在拼命给予财力和政治的支持，因此，有可能会经过一段时期后，追上我国经济改革的步伐，到那时，由于它们改革的彻底性，它们体制摩擦会大大小于中国的改革，因此，就存在把中国经济甩在后面的危险。一旦出现这种情况，中国改革的压力就会倍增，现在潜存的矛盾就会激化，社会也就可能走向动荡。因此，我们要快点改革，不能再拖下去了。西方国家对中国改革抱矛盾的心理，既想使中国成功，又害怕中国成功。一些强硬派领导，从多方面在给中国经济发展找麻烦。如果中国经济改革真能迈出大步，真能解决若干关键问题，真能使中国在市场经济道路上前进一大步，就会使西方国家对中国的看法进一步发生变化，会使更多的人从中国的敌人变成朋友。但这样的时间已不会太多了。因为，每日每时的政策选择都在向全世界宣布，中国是真搞市场经济还是迷恋计划经济。因此，每一次政策选择，正确的在争取朋友，错误的在增加敌人，也在增加中国进入国际经济社会的困难。总之，中国经济转轨期不会太长，不下定决心，在较短时期内，通过一系列配套的法规、政策把经济引向市场经济轨道，就必然会使中国经济在痛苦中摇摆，甚至促使计划体制复辟。

三、向社会主义市场经济转变的主要内容

（一）政府干预适度化，社会管理法制化

政府干预应该适度化。市场经济条件下，市场调节是基础，政府干预要大大减少，对经济的影响要有分寸。这表现在以下几个方面。一是宏观调控间接化，就是在宏观调控中，减少政府的直接调控，要多采用经济的办法、符合价值规律要求的办法来调节经济活动，这里尤其是指对企业经济活动，一般不应干预，对国有企业的干预也应减少，且以经济手段为主，不要搞指令性计划，不要用行政命令干预企业管理。二是政府在运用货币政策和财政政策时，在市场机制运行正常的情况下，一般应以中性政策为主，在不得已的情况下，运用反周期的政策时，也应充分注意到市场自我恢复和发展的能力。三是在市场调节不能解决的一些范围、领域，或市场调节失灵的地方，政府应适度地进行有助于市场运行的调节活动。比如在分配中，市场调节下往往会使一部分人生活陷于困境，政府应有各种社会保障制度来解决在市场竞争中处于不利地位

的弱者的基本生存问题。

在当前经济发展中，我们看到这样一种现象，由于转轨中秩序的某些混乱，政府以及学者们，提出"规范化"的口号，如"证券市场规范化"、"股份制改革规范化"等。"规范化"本身是需要的，是建立社会经济秩序所必需的。但是，"规范化"不应只"规范"群众的行为，不规范政府的行为。比如，在一些地方自发的股市上，我们看到了一些很不规范的东西。但我们是否应想一想，这些股市产生的背后是否有一定的经济规律在起作用？是否应看一看，群众是如何自发地维持交易的秩序。群众说，一些官员利用权力买了原始股票，赚了第一笔钱，为什么就不让我们炒一炒二手股？成千上万的人热情地投身于市场经济的热潮中，这是好事还是坏事？这时候的"规范化"一定要谨慎引导和注意保护人民的经济利益，不能因为我们的"规范化"使很多人经济受到损失，造成群众对政府的不满。

我想，我们一定要承认，人民群众是创造社会主义市场经济的主体。从市场经济产生和发展的历史看，市场经济的一个重要属性是人民性。首先，市场交换活动具有普遍性。人民的需要是广泛的、千差万别的，没有任何一个主体能同时满足千百万人的各类需求。但市场却每日每时地在满足人民的需求。如何满足呢？就是通过市场的交换，把自己的产品出售给别人，同时从别人那里换回自己需要的产品。没有任何一个人能只靠自己的产品生存。与自给自足的自然经济相比，市场经济在交换活动的广度上具有明显的普遍性；与计划经济相比，市场经济在交换活动中的普遍性表现在商品的范围更大，在交换中按价值规律的成分更重，参与市场交换的主体更为广泛。其次，市场经济与自由和平等是相关的。市场主体平等化，内外贸易自由化，这是市场经济的基本原则。市场经济诸多的其他原则，如交易的自愿和公平原则、消费者主权原则、财产权保护原则等，都最充分体现了人的平等、自由的权利。正因为市场经济的形成、发展以及原则，贯穿了人民性，所以我们搞"规范化"要承认人民对市场经济的创造，要尊重人民，保护人民的利益。

政府干预适度化的现实意义在于，现在政府的宏观调控处于最没有力量的阶段。财政大量赤字，无力对经济发展进行调控；金融货币政策除了计划经济下形成的办法外，对现在出现的大量问题显得力不从心。人民的创造正使传统的金融体制被包围在各种非银行金融机构的蚕食之中。政府现在如何顺应这种形势，承认市场的力量，规范市场的作用，是比我们对总需求进行货币财政调控更为重要的事。

社会管理法制化，就是指对市场及其运行按法规进行管理，不以领导者个人意志干预市场经济活动。尤其重要的是，按所有权法则和平等原则，进行市场交易的监督。我们强调用法律手段给市场调控一个基本的框架，这是稳定市场正常运行的最重要的问题。如果我们没有完整的市场管理的法律以及市场交易规则，进入市场的经济人的活动就是不规范的或不知所措的。

市场经济，说到底是法制经济。市场运行中的各个方面，要靠法律来保护。这是因为法律具有规范性，对人们行为准则，有普遍的约束力，人人必须遵守；法律具有公平性和公开性，不分等级贵贱，法律面前人人平等。经济法还具有稳定性和整体性的特点，这对经济的稳定发展是极重要的。当前，重要的是提高法制观念，完善经济法规，培养执法人才，形成符合市场经济运行客观规律的法规体系。

现在，是我们如何通过立法让群众放手去干事的问题，不是政府继续包揽各式各样发展经济"大事"的老皇历了。

（二）宏观调控规范化，按市场经济原则革新财政、金融体制

社会主义市场经济的建立与健全，是与宏观调控体系的健全与完善分不开的。国家通过各种市场法则的健全，使市场能依一定的运行规则正常运转起来，这是国家实现对市场宏观调控的基础。同时，要通过多种手段去实施管理和调控，这里包括法律的手段、经济的手段、行政的手段。没有健全的市场法规，市场是不能向健康的方向发展壮大的，经济主体的行为就将是动摇不定的、充满投机倾向的。在一个健全的市场经济中，对市场运行调控是靠经济手段来实现的，这里包括一系列的调节杠杆，如税收杠杆、信贷杠杆、利率杠杆、价格补贴杠杆，以及对管理对象的收费，等等。换言之，在对市场的宏观调控中，国家的财政政策、货币政策、产业政策、价格政策等都将发挥作用。

需要指出的是，现阶段，由于我们财政和金融的困难，对经济的宏观调控是乏力的，有必要在搞好市场法规建设的同时，加快财政和金融体制改革。下面，对如何建立市场经济下的财政和金融体制谈点看法。

首先，谈谈关于按照市场经济的要求，规范财政体制和财政政策。

按市场经济产权明晰化要求，财政部门应进一步理顺与国有资产管理局的各自职责范围，支持、参与明确国有资产代表人身份和地位的改革，坚持利税分流的改革。在财政体制适应产权明晰化改革的同时，财政部门应支持产权关系明确的各类企业的形成和发展，应支持国有企业向明晰产权方向迈进的股份化改革，应支持相当一部分国有企业由承包制向股份制的转换。要限制或停止对产权不清的项目投资，主要是国有国营企业项目的投资。

按市场经济关于企业平等化的要求，应统一税制和规范财政政策。目前税制不统一，税负不平衡，税率双轨制（内外税率），各类企业对此都有意见。国有企业认为税负比其他类型企业的重，影响平等竞争，要求按三资企业的一些优惠的税收办法来对待国有企业，或者就设法变成或真或假的三资企业；乡镇企业、集体企业认为国家对国有企业的税收是可以讨价还价的，名义税负与实际税负是不一致的，而自己各种负担太多，希望规范化；三资企业认为没有享受到国民待遇，虽有税收方面的优惠，但没有财政和金融方面的倾斜政策，因此，他们更希望能在经营方面按市场原则来竞争，认为没有经营的市场化就没有企业真正的利润，税收优惠也就意义不大。总之，各类企业都在要求市场的平等原则，这将意味着需要我们以平等原则来统一税制和规范财政政策。深化财政体制改革，就要有利于企业的平等化进程。公平税负以鼓励竞争、优胜劣汰、预算硬化以逼迫国有企业走向市场。

按市场经济贸易自由化的要求，深化财政体制改革，就应克服地方财政包干的弊病，根除产生地区分割、市场封闭的根源，以促进全国统一市场的形成。我们应看到，解决中央与地方财政关系是深化财政体制改革的中心环节之一，是打破地区封锁的关键之一。与此同时，国家财政应坚持实行并进一步完善对出口产品的退税政策，按国际上允许的办法对国际化经营予以支持，但财政部门应减少对企业外贸自由化和国际化的倾斜式扶植政策，如财政对进出口的补贴，对创汇的各种鼓励，应鼓励企业按国际惯例进入国际市场，真正实现国内外市场的对接。

按市场经济宏观调控间接化的要求，深化财政体制改革，就应变财政对经济的直接调控为有效的间接调控。市场经济中，财政作为宏观调控的重要手段之一，应更多体现间接调控的特征。传统计划体制中，财政直接调控经济是主要的方式。改革以来，财政直接调控经济的方式有了很大变化，但这种变化还不能称之为有效的间接调控，而是一种直接的虚拟调控，也就是说，是直接调控的弱化和虚化，还没达到间接调控这一步。比如，对企业的承包中，由于把税也包含进去，且一定几年不变，结果出现这样一个特点，就是收入增长快的企业税收比重相应下降，收入增长慢的企业，税收比重反而高，这就使税收缺乏弹性，不能对经济起一种自稳定的调节作用。这与市场经济要求税制能自动起一种反周期的作用相违背。总之，我们现在需要提高中央财政在财政收入中的比重，不是为了提高直接去搞经济建设的能力，而是为了加强间接调控的能力。为实现这一点，我们要在增加中央财政收入的同时，减少中央财政的直接支出，要研究出政府间收入转移的一套办法来。

按市场经济管理法制化的要求，深化财政体制改革，就应变国有经济财政为全民财政。改革前，财政收入的绝大部分来自国有企业。现在，财政收入的 3/4 仍来自国有企业。财政收入的这种结构，使我国财政工作在很大程度上，是围绕国有经济开展的。从社会主义市场经济的角度看，这样做是有很多弊病的。一是国有企业的税负往往偏重，二是容易忽视非国有企业的作用，制定的财政政策往往不符合这部分经济的实际，不利于非国有经济的发展。如果我们要大力发展社会主义市场经济，就应把财政政策的对象转向全社会，以此确定财政政策和组织日常的财政工作。

按市场经济大社会小政府的要求，财政就应大大减少行政经费开支。市场经济中，很多经济活动应由社会来管理，而不应让政府包揽。政府机构应大大精简，人员要少而精。现在，我国财政支出中相当大的部分用于行政经费，这不仅没能提高办事效率，反而增加了办事的手续和层次，既导致企业不满意，也降低了政府调控经济的财力。市场经济的一条重要原则就是，相信企业、相信群众、相信社会，很多事情让市场来调节，让社会自己来组织，效果反而更好，政府可以把精力和财力花在大的方面，花在只有政府才能组织和办成的那些事情上。

其次，再谈谈按照市场经济原则，创新金融体制及货币政策。

按照市场经济产权明晰的原则，国家银行也有一个产权定位的问题。众所周知，银行是市场经济高度发展的产物，而不是计划经济发展的产物。马克思对银行制度是高度关注的，他把现代资本主义社会称为货币经济、信用经济，而没有称为市场经济，就是一个例证。现在的国家银行，包括中国人民银行和几大专业银行，财产关系都是一个没有解决的问题。专业银行的企业化，如果仅仅是给自主的经营权的话，这个改革还是半市场化的，还不能解开中央银行与专业银行、财政与银行、计委与银行之间的连档关系，不能使中央银行相对独立，也不能使专业银行真正企业化，变成市场的主体。解决国有银行的产权关系，这是早晚的事。如果银行对自有资金和用户存款（例如财政存款）的所有权都分不清，对盈利到底是谁的都弄不清，又怎么可能使银行回归市场呢？如果中央银行与专业银行的财产关系分不清，准备金和再贴现制度有多大作用也就令人怀疑了，如果国家银行资金归属权弄不清，那么，财政资金与信贷资金又如何能真正区分开呢？

不解决专业银行的产权问题，保持专业银行作为国家银行的垄断经营地位，是有代价的，这个代价就是专业银行要作为国家计划的附属物，要跟着财政政策跑，要承担大量的政策性贷款任务。改革以来，专业银行已深深认识到这个代价的分量。如果我们逐笔查一下专业银行的资产负债情况，就可以理解政策性贷款对专业银行的压力。可以说，不管银行的盈亏，给银行下达政策性贷款计划，这对银行是一种负担，甚至是一种灾难。

专业银行体制改革下一步究竟应如何进行？我在此仅提出不成熟的建议供参考。一是几大专业银行具体再分一下工，看哪个干脆承担政策性贷款职能，哪些进一步转化为市场经济中的商业银行，不再承担作为国家银行的一些责任；或者把一两个大专业银行化解为若干地方银行。二是通过股份化方式，解决产权不清、政企不分问题，在此基础上，把政策性贷款与经营性贷款区分开来。做不到这一条，要求银行提高自身的经济效益和贷款质量，是无从谈起的。三是如果现有的专业银行无法向单一的市场经济主体转化，可扩展类似交通银行、深圳发展银行这样一些股份制银行，使我国市场经济中能形成几个大的名副其实的商业银行，让其按市场规律经营，使银行的竞争真正能搞起来。换言之，专业银行商业化要是无法取得实质进展，就不妨鼓励和允许从市场经济中或从已有金融机构中产生或发展成若干个企业化银行——商业银行。

需要强调的另一点是，应按市场经济原则，把现行的以计划管理为主的金融体制改革为市场经济中的金融体制，把以计划为主的货币政策工具，改革为市场原则的货币政策工具。

我们现在使用的货币政策工具，在很大程度上是计划经济中的货币政策工具。我国的综合信贷计划是以计委的计划为基础制定的。在市场经济中，中央银行的综合信贷计划如何形成应当重新考虑。计委计划不应作为综合信贷计划的"基础"，而只是一种重要的"参考"。综合信贷计划中的现金发行计划和贷款规模计划是否还应作为一种指令性计划下达省分行然后分到专业银行，也值得研究。我国经济的市场化趋向和将建立的市场经济体制，将会使现行的以信贷计划为中心的金融宏观调控体系失灵。前几年的货币发行计划和贷款计划，与实际结果的偏差之大，已反映出这个问题。在中央已明确提出建立社会主义市场经济体制的今天，在市场化改革已加快的今天，如果货币政策及金融调控手段不进行根本性的改革，就无法适应经济发展的需要。货币政策的改造，根本问题是从计划为主变为市场调节为主，要打破对信贷计划作用的迷信。

货币政策要靠政策工具去实现，但我们手中可用的货币政策工具是很不健全的，有的是扭曲的。在社会主义市场经济的大旗下，我们应当思想更解放一点，胆子更大一点，应大胆学习和借鉴发达市场经济国家金融体制和货币政策的成功经验。利率杠杆无疑是需要进一步完善的。国民收入格局的巨大变化，个人消费基金的极大增长，已使利率作为筹资工具的作用大大增强了。现在利率还是计划经济中的杠杆，还有一个进一步市场化的问题。银行竞争一旦搞起来，市场利率一旦真正形成，利率调节经济的作用会更有效。在这个基础上，国家银行的利率制定也将有一个真正的参照标准，货币政策也就会更灵了。

前一段改革中，我们也试行过一些西方市场经济中的货币政策工具，如搞金融债券和大额可转让定期存单，搞一些金融机构的竞争，等等。但由于我们整体的经济环境不同于发达市场经济国家，因而一些办法学过来就走了样，产生了一些负作用。现在，我们有了社会主义市场经济这个大思路、大背景，情况就不同了。我们应当把市场经济中有关的货币政策工具都研究透，一样样的分析比较，尽快地推行之，或创造条件实行之。

证券市场的发展为我国货币政策公开市场操作提供了一个初步的框架。以证券市场为中心发展资金市场，这项改革阻力相对小一些，现在应因势利导，尽快地培育，并上下规范化，促其推动金融体制其他方面的改革。在此基础上，中央银行可以介入资金市场，介入外汇市场，进行公开市场业务，调节货币流量和人民币供应。

总之，没有财政金融体制的大胆改革，我国宏观调控就不能适应社会主义市场经济的需要，甚至会与市场经济发展相抵触。

（三）市场主体多元化，国有私有平等化

企业能否具有活力是经济发展的关键，市场经济体制又是促使企业搞活的基本条件。企业是市场的主体，是繁荣经济、发展经济的基础部分。

社会主义市场经济的微观基础，到底应是什么样的结构？我认为，国有经济为主导，多种经济成分为主体，各种所有制企业一视同仁，搞一个混合经济的微观基础，是十分必要的。

在社会主义市场经济条件下，要不要国有经济为主导？这是一个有争议的问题。对此，我的回答是肯定的。国有经济的主导作用，我认为不需要多去证明，只要看看市场经济国家的财政学就明白，一个国家的国有经济和公共产品对经济发展和社会公平起着不可替代的作用。在这个意义上，我把国有经济的比重变化，看成是一种财政政策，但是，不能把国有经济为主导，简单地理解为国有经济或国有企业的产值一定要在国民生产总值中占大头，这是没有意义的。国有经济成分占多大比重，完全要依经济发展的需要来定，而不是根据某种意识形态来定。同样，也可以这样去理解"公有制为主导"的提法。公有制为主导，是社会主义市场经济的本质特征之一，但这与传统社会主义中公有制为主体已有了很大区别，即公有经济占总产值的比重是否最大已不是最主要的，公有经济主要是对社会经济发展起一种稳定和导向的作用，创造各种条件以利于各种经济成分的发展，同时，促进和协调社会实现公平的分配。社会主义市场经济要求生产资料公有为主导，但不反对生产资料的私人占有。公有财产固然神圣不可侵犯，私有财产也是神圣不可侵犯的。

既然如此，就要求我们对"公有制"有一个广义的理解，不能只把国有制理解为公有制，还应把集体所有制也理解为公有制，甚至公有制也应包括合作制和国家控股的股份制。同时，国有制大中型企业中的大部分必须实行股份制，这种股份制企业一方面是由国家通过自身的股份来加以调控的，另一方面，又是以市场规则为其运行的基础的。而对一些关系国计民生、国家经济命脉的产业和企业，国家所有制是要保持

的，也应保持的，但这个比例应控制在尽量小的范围中，且随经济的发展不断缩小这个比例。如果我们过高地保留国有制企业的比例，在社会主义市场经济条件中，就会因经济中的双重规则而使市场经济与国有制的矛盾激化。

在社会主义市场经济条件下，对非国有的经济成分，如对三资企业、乡镇企业、私营企业要允许其自由地发展。既然我们要搞市场经济，就应平等对待各种企业，就不必要去规定谁是经济的主体，谁是经济的补充。国有经济为主导，不是说国有制企业是高人一等的企业。这是两个概念，绝不应混淆。乡镇企业的发展及其发挥的作用，已经成为国家经济的台柱之一，它繁荣了经济和市场，增加了劳动就业，为国家提供大量税金（1992 年可超过 500 亿元），提供了大量出口商品，为农业每年提供几百个亿的发展资金，这能说仅仅是国民经济的补充成分吗？三资企业对我国经济发展起的作用也不容低估，近几年新增的创汇中，三资企业起到举足轻重的作用。国外评价中国经济将迈入世界五强，主要根据就是中华经济圈的形成，是大中国的经济组合而产生的震撼世界的力量，我们应承认这个现实，继续鼓励三资企业发展。私营经济在市场经济条件下，将会成长为经济的基础力量，这是经济发展的客观规律。我们应该支持私营或民营经济发展，让它们在经济中担起更多的责任，如改造和建设国家现阶段没有力量去搞的一些短线产业。产业结构调整绝不是国有经济的家务事，而是各种经济成分都负有责任的事。只有这样，我们经济的发达才是指日可待的。当然，另一方面，我们也将通过法律和经济的手段来调控它们，不用担心它们的发展会带来什么不好的社会结果。如果没有这样一种胆识和魄力，就没有资格去奢谈社会主义市场经济。事实上，没有广泛的私有经济的发展，公有制本身的发展也会出现问题，这就是历史的辩证法。而私有经济的发展，将使公有制企业与市场经济有一个更好的结合。

（四）经济运行市场化，计划调节间接化

经济运行市场化，就是指在经济运行中，以市场供求自由调节为基础，解决供求矛盾，达到经济的不断增长。其中又有以下三层含义。一是经济参数形成的市场化。利率、价格、汇率、工资率等，都是现代市场经济的参数，其形成主要是靠市场供求自由调节形成的，而不是主要靠政府干预来形成的，为此，各国政府都在减少大规模的政府干预。二是市场主体的自由决策和平等竞争，市场主体能完全以市场参数的变化来进行决策，而不是从非市场因素出发来进行经营决策。在战争或政治动乱中，经营决策就不能不从非市场因素出发，但这意味着经济运行非市场化因素的增加。三是各种分类市场是以经济原因形成并以市场规则为经济联系的纽带，各种经济参数形成了有机的联系。例如，劳动力市场上的工资率，资金市场上的利息率，商品市场上的价格，土地市场上的租金或转让费，证券市场上的各种指数，等等，在健全的市场经济中，呈现出规律性的联系，一个参数的变动，会规律性地影响其他参数的变动。这种现象，是证明经济运行市场化的重要标志，要实现经济运行的市场化，必须进一步按市场经济要求彻底改造计划调节系统。

十几年改革的经验表明，新的计划体制应体现这样一个原则，经济的长期发展战略和宏观经济要计划指导，计划指导也要尊重价值规律；微观经济主要由市场调节，市场调节也要有计划的引导。这里的宏观经济指什么呢？主要指：国民经济的发展方向、长远战略目标速度和重大的比例关系，如工农业生产的比例关系，基础工业、基础设施同加工工业的比例关系，积累和消费的比例关系，社会总需求与社会总供给的比例关系，国际收支的比例关系，一、二、三产业的比例关系，等等。宏观经济为什么要进行计划指导呢？因为社会主义经济是社会化大生产，其长期的发展与近期的发展要协调，各种经济杠杆调节经济的范围和力度要协调，各行各业的发展需要协调配套，产业政策、分配政策和总体发展战略要协调，总之，全社会经济总体上的均衡、持续发展需要进行计划调控。

怎样进行宏观经济的计划管理呢？主要有以下几个方面。

以国家计划部门为牵头部门，制定符合本国国情、切实可行的中长期经济发展战略和产业政策，对社会经济活动进行总体上的指导；以长期计划目标为龙头，以阶段性计划（如年度计划）为中心而协调财政、金融政策；国家以国家财产所有者的身份，通过国家资产管理机构，参与市场经济活动，以创造良好的市场环境，引导和影响各种所有制经济成分的资源配置，这里主要指搞好公共的生产系统，此系统包括邮电、电力、交通等，它将为市场正常运行提供社会公共物质产品。公共生产系统产品的直接社会性客观上要求代表社会共同利益的社会共同体——国家资产管理机构实行统一的直接经营，并通过这一系统来引导社会的投资；通过对涉外经济的计划，调节国际收支，增强国力；涉外经济主要包括对外贸易、对外经济和技术合作、对外引进资金和人才以及国际上的汇兑等，对经济波动进行调整，以实现经济的持续、稳定增长。

总之，在社会主义市场经济中，正确处理好运行市场化与计划指导的关系，将有助于经济的稳定和发展。

（五）经济特区全国化，对外开放国际化

为大步推进我国市场经济的发展，尽快实现国内外市场经济的对接，对外开放应在以下四个方面取得新的进展。

首先是把经济特区的特殊政策推向全国。

计划经济条件下，兴办经济特区，是为了进行对外开放的试验，是为了发挥经济特区技术窗口、知识窗口、管理窗口和对外政策窗口对内对外辐射的枢纽作用。经济特区的许多特殊政策、灵活措施，在很大程度上，就是市场经济的运行规则。如实行多种形式的企业竞争，尤其是鼓励三资企业和私营企业的政策，放开价格实行市场调节为主的政策，以香港经济法规为模式而制定的一系列特区经济法规，小政府大社会的政府宏观调控的种种新方式等。其中，不少的经验已被实践证明是有效的，对特区经济发展乃至对全国经济发展起到了积极推动作用的。如果说，在计划经济条件下，经济特区应有一种特殊的政策来实行外向经济的话，那么，在市场经济条件下，这些特殊政策就已成为了普遍适用的政策，应当推而广之。

特区经验的全国化已成为我国进一步发展外向型经济的重要内容，成为我国进行社会主义市场经济的必然途径。当然，这还需有一个过程，需要作进一步努力。一方面是特区经验本身还有待全面地向市场经济运作的规则提升，另一方面，全国广大地区还有一个从本地实际出发学特区、向市场经济过渡的过程。但从现在开始，我们应该迈出这一步。

其次是按关贸总协定的要求，加快外贸体制改革，大步降低在进出口贸易中的行政干预，变数量控制为关税调节，一步步实现对外贸易的自由化。

我国提出社会主义市场经济与要求恢复在关税贸易总协定中的地位是同步的。关税贸易总协定是以市场经济运行规则为基础制定的，对计划经济国家有歧视性的条件。我国提出搞社会主义市场经济，有利于恢

复在关贸总协定中缔约国的地位，有助于我国外贸的大发展。但是，这对我国进一步的外贸体制改革也提出了相当急迫的要求。主要是要减少对出口商品的国家补贴，减少对进出口商品的许可证控制（即直接的数量控制），大步降低进口关税，形成与国际贸易条件相应的平等的贸易条件。换言之，关税和非关税壁垒都要降低到国际（至少是发展中国家的）标准上。这意味着多年来封闭的或半封闭的国门要大开了。

"入关"首先意味着国内经济运行将加快参照国外市场经济运行规则，中国企业将按国际惯例办事。这是中国市场经济确立的标志。"入关"对中国的外贸乃至所有的部门经济都是一场革命。"入关"的冲击波是巨大的，中国的产品将不仅在国际市场上而且在国内市场上，都面临激烈的挑战和竞争。如果中国民族工业经过这次竞争而顽强地生存和发展起来，就会使中国的经济出现一个伟大的转折，即中国经济真正进入了国际市场竞争之中，真正成为了国际经济的一个有机组成部分。

再次，引进外资上新台阶——把计划经济条件下对外资的优惠政策变为在市场经济条件下对中外企业的一视同仁，变双向扭曲的不平等为平等的国民待遇，加快三资企业与中国经济的一体化进程。

各国为吸引外商投资，都在利用税收方面的优惠政策。但是，对外商而言，最理想的投资环境，并不是税收的优惠，而是政治稳定、经济发展快、政策透明、市场法规健全。尽管我们认为给了外商足够的税收优惠，但外商仍然不满意，认为在很多方面歧视他们。例如，认为平价原材料只有国有企业能有配额，贷款比国内企业困难，政策对他们不透明，国内市场限制他们销售产品，等等。而国内企业也不满意，认为三资企业享受优惠，不仅营业税是三年减二年免，而且从国外进口工作用小轿车免税，企业自主权高于国内企业，使国内企业很难与之竞争。显然，存在一个双向扭曲问题，即国内外企业都在一方面受到优惠的同时，在另一方面感到受了歧视。要真正解决这个问题，就应一步步把对外商的优惠政策和对国内企业的倾斜政策都取消，使一切在国境内的中外企业都有一个平等竞争的条件和环境，换言之，使外商及其产品享受国民待遇。

在引进外资中，从去年以来已显露出一个苗头，就是中华经济圈雏形的形成，这是我国市场经济条件下引进外资上一个新台阶的标志之一。所谓中华经济圈，指港、澳、台资本与内地经济的一体化，如果广而言之，则还包括了世界各地来中国内地投资的华人资本。经济圈的形成，说明外资的深入程度，不仅是点，而且成面；不仅量大，而且运营辐射力强。进一步开放，在市场经济条件下进一步引进外资，就要促使经济圈的形成和完善，使其在内地经济起飞中起到牵头的作用。与此同时，我们不能排斥其他国家与地区的来华投资，尤其是日本与美国。我们应在亚太经济网中加强与各国联系，欢迎一切来华的外商。

最后，国内市场国际化和国内外经济一体化。

市场经济运行有其内在的规律，国内市场经济与国际市场经济有其共同遵循的规则，如果说，任何国家的市场都不能不与国际市场相关联的话，那么，市场经济国家的国内市场更是与国际市场联系密切。我国社会主义市场经济的改革方向，意味着我国市场与国际市场的联系发展到一个新的阶段。

在社会主义市场经济条件下推进对外开放，应加快实现国内市场国际化的步伐，应加快国内经济与世界经济的一体化进程。

国内市场国际化，是指从国际经济发展和分工的全局出发，规划我国在世界经济中的地位和作用，统筹配置国内外两个资源为我所用，开拓国内外两个市场发展我国经济，以取得我国经济发展的最优途径。要实现国内市场国际化，就要进一步向国际社会开放我国的市场，实行自由贸易的国际贸易政策，就要使国内价格向国际市场价格靠拢，最终实现国内价格国际化；就要进一步改革汇率制度，使人民币走向国际化，成为可以自由兑换的国际性货币；就要在生产、销售、消费等领域中推进国际化标准，使国内产品取得国际化产品的资格。在这方面，我国经济多年改革开放，已取得相当大的进展，但真正实现国际化，还需要经过艰苦的努力和体制的完善过程。

国内市场国际化，是国内外经济一体化的一个阶段。最终，我们还要实现国内外经济的一体化。经济一体化，就是指一国经济通过对外开放，与世界各国经济联系越来越紧密，以至于同他国经济进而与世界经济形成一种彼此依赖、相互依存的经济有机体的过程。我国经济若想与世界经济一体化，就应在对外开放的诸多方面加大力度，使外贸、外资、人才和技术交流成为我国经济中的一个有机组成部分，也使我国经济在国际金融体系中、国际贸易体系中、国际生产分工体系中，成为一个有机的组成部分。我们只有顺应世界经济发展潮流发展本国经济，才能少走弯路，才能实现赶超，才能为中华腾飞创造良好的条件。

最后要指出的是，我国是在社会主义市场经济条件下参与国际化过程，我国社会主义的基本属性和中国经济的特色将使我国对外开放具有自己的特点。我们要正确对待资本主义创造的文明和经济成就，同时也要不断完善建立在市场经济基础上的社会主义；我们要吸收国外的先进技术和管理经验，同时也要发挥中国人的聪明才智，创造和继承古今中外一切好的技术和管理经验；我们要学习和借鉴外国的文化和精神财富，也要继承和发扬中国人五千年文化和传统中有益的财富；我们要坚持对外开放，但我们不能不要自主、自立、自强的精神和自力更生的志气，舍此，我们的对外开放就会失去坚实的基础。

四、运用市场经济的原则，解决当前计划体制与市场经济摩擦中的矛盾；解决经济发展中遇到的新问题，这是走向社会主义市场经济的重要一步

万里长征，始于足下。走向社会主义市场经济，要从今天开始，一步步地向前走。当此之时，最重要的是政策的选择。对眼下各种问题和矛盾如何评价、如何解决，这对高层决策者是一个相当严峻的考验。判断经济大是大非的标准仅仅在于，是用传统计划经济中形成的已熟悉的办法，还是摸索着用新的可能风险较大的市场经济的原则和办法来解决新问题、新矛盾。用前者，似乎保险，但不能真正解决市场经济与计划经济引起的摩擦和冲突，只能使我们更远离社会主义市场经济，只能埋下更大的冲突的根子；而用后一种办法，可能在当前需要有非凡的勇气和高超的领导艺术，但会不断推进我们一步步走向社会主义市场经济。

下面，我对当前经济形势中的若干问题、矛盾进行分析，并提出解决的初步建议。这是以我对浙江、四川最新的调查为实例，以全国经济1992 年和 1993 年一季度经济发展状况为背景来进行剖析的。

（一）价格问题：两位数价格指数条件下的宏观调控选择

浙江、四川两省一季度的社会零售物价指数都达到了 10％，这是近年少有的。据两省物价部门的预测，今年社会零售物价指数肯定会突破两位数。价格上升中有这样一些特点：如农村物价上升一反往年，上升较快；服务业价格上升幅度最大，教育、医疗、住房等方面费用支出

有相当大的增加，城市中粮食和副食品价格上升快，而建材价格居高不下，农用生产资料价格上升也引起了农民的不满。价格上升中有多种原因，如去年粮食价格先调后放的影响，有货币发放过多的滞后影响，有固定资产投资增长过快对生产资料价格的拉动，也因居民通货膨胀预期而出现的购物需求增大，等等。价格上升较快不仅是这两个省的情况，全国的情况也是同样的。今年一季度，全国社会零售物价指数，接近两位数。

今年出现的通货膨胀，使宏观决策处于两难选择的境地。一方面，如果用较强的控制手段，紧缩银根，将会使经济发展受到压抑，一些即将完工的项目搁浅，相当多的企业生产能力和支付能力出现困难，合资企业因中方资金不能到位而难以履约，等等，这将会使经济发展付出较大的"整治成本"，会使我们力求持续 9% 的发展势头受到一定挫折。但如果放任物价上涨，社会一旦承受不了，就会出现不安定，而且，即使没有发展到社会不稳的地步，对通货膨胀引起的后果也不能不设法减轻。两位数的价格指数前的宏观调控，将需要高超的领导艺术。为经济发展多蓄水而又不使水坝大堤崩塌，是要在科学判断基础上，冒一定风险的。

在继续大步推进经济改革和谨慎地保护经济发展势头的条件下，减弱通货膨胀压力和控制通货膨胀恶性爆发，可能是较适宜的政策选择。

对通货膨胀"减压控发"是有可能性的。首先，证券市场的发展，对居民购买力的分流起了相当大的作用，这已被去年的实践证明。而这种"分流减压"达到一定限度后，作用就大大下降了，我们应把握住现在"分流减压"难得的时机。其二，消费品市场仍将维持基本平衡格局。据原商业部对 731 种主要商品供求的排队分析，供不应求的只有 10%。如果说这个分析过于乐观不易被接受，那么供不应求不会成为主要倾向应是可以接受的结论。其三，经济发展快的本身意味着相当一部分产品的供给能力提高了，这有助于缓解价格上涨势头。其四，近年来农业生产丰收，提供了稳定价格的基础条件。其五，价格上涨是在银行储蓄已成为负利率条件下发生的，提高利率的调控政策尚有相当大的操作空间。至于一些投入产出率低于贷款利息率的企业，一些因贷款利息提高而成本加大，需要提高产品价格的企业，自会有市场规则来解决。其六，积历年教训，通货膨胀恶性爆发通常是从若干经济发达的城市开始的。我们可以搞一支反通货膨胀的"快速反应部队"，按新中国成立初克服通货膨胀的办法，及时组织货源来压住一些价格敏感地区的抢购风，进而稳定全国市场。其七，减弱城乡居民通货膨胀预期对防止通货膨胀恶性爆发有重要意义。正如同步震荡可震垮一座桥一样，同步抢购也能造成正常库存条件下的商品短缺。这就要求我们的政策和宣传要正确引导。其八，对国营粮食要有新的要求，不能利用放开粮价的机会，搞垄断性高价，牟取高利甚至暴利。只要稳住粮价，农副产品价格就不会有太大涨幅。其九，适度的控制新投资的货币投放，也会起到控制通货膨胀的作用。但这是把双刃剑，不能用过头。其十，"反垄断"和鼓励竞争，建立必要的价格调剂基金等，将对防止通货膨胀爆发起重要作用。

通货膨胀恶性爆发主要不是表现在抢购商品上，而是表现在因价格上涨影响人们的基本生活引致上街请愿或银行挤兑风潮。这方面我们还是可以提出若干对策的。如研究价格上涨对不同阶层的影响，然后有针对性地解决最关键的环节，据我对两省调查，城市的离退休干部、职工和效益不高的国有企业职工对价格上涨承受力最弱。设法做好这部分人的生活安置，整个社会就不会因一定程度的通货膨胀而发生大的问题。

（二）社会集资问题，现行金融体制与市场经济发展产生的体制摩擦

去年全国贷款控制住了，货币没控制住，一个主要原因，就是国家银行系统外的资金运营急剧扩张。其中，社会集资是一个重要的方面。浙江省去年定向募股 20 多亿元，银行贷款增长 120 亿元，而同期非银行金融机构贷款增长达 90 亿元，今年以来社会集资已达 40 亿元。四川省去年国家银行新增贷款 210 亿元，全省累计发行各类证券 60 亿元，城市信用社、农村信用社和金融信托公司等新增贷款达 76 亿元。四川省人民银行反映，由于社会集资、房改、农村信用社实行资产负债管理等多种原因，各专业银行资金均感紧张。

当然，社会集资和直接融资的迅速发展是有客观原因的。经济发展中资金来源单靠国家银行难以解决，一些按市场供求导向产生而效益高的项目，尤其是乡镇企业和私营企业的项目，难以得到国家银行的贷款，就只好利用社会集资和直接融资加以解决。不能否认，这对 1992 年经济高速发展，起了相当大的作用。

去年银行对社会集资和非银行金融机构的直接融资还是持肯定态度

的，今年以来由于整个金融形势的紧张，银行对社会集资的压力已有难以承受之感。因此，对社会集资和非银行金融机构的融资，提出较多的批评。对此问题，是应该进一步加以研究的。

从调查情况分析，直接融资的发展，确与市场经济的发展有内在关系。为进一步发展社会主义市场经济，用行政办法限制直接融资的发展是不适宜的。反过来，倒是需要用市场经济的办法来改革间接融资的体制。这一方面是要改革中国人民银行单纯控制信贷规模的传统办法，逐步实现对货币供给量的调控，即变对银行资金的管理为对整个社会资金的调控，这虽然有困难，但不能久拖不决。另一方面，要放开对专业银行的束缚，使其能与直接融资进行平等的竞争。现在的银行利率，实在太脱离货币政策的基本要求，根本没有一点竞争能力，因而把大量存户推向了直接融资方面。实际上，城乡居民对国家银行的信任程度是大大高于一些非银行金融机构的。而且，市场经济发展的实践表明，社会集资和非银行金融机构不可能取代银行在市场经济中的重要地位。

在社会集资上，确实也存在一些问题。由于一些地方计划上马的项目太多，因此，过大规模的社会集资也出现了。据浙江工商银行反映，绍兴搞市区工程要56亿元，算上技改等，需要100亿元，全市各项存款不过90多亿元。这种情况已比较普遍。过大的社会集资和直接融资的病根，是超过财力许可的投资计划。这种过热是需要解决的。但解决的办法，似应寻找符合市场经济规则的路子，其中一条原则是：国家对国家的资金应控制，但不干预非国家资金的使用。对国家资金的控制也应定出若干规则，不宜一刀切。另一个问题是要防止把社会集资与国有企业股份制改造混为一谈。股份制在改造国有企业产权关系上，主要是解决国家与企业的合理分利关系，由此使企业的产权得到保护，并相应促成企业的长期行为，对这些企业而言，改制问题是主要的，集资问题是次要的或有待以后再解决的。真正能上市的股份公司只能是少数，对这些企业（不论是国有还是非国有）"建制"问题是首要的，即按国际惯例建立股份制的企业制度，因而利用股份集资是顺理成章的。"改制企业"搞股份集资，将会因企业缺乏经济效益而埋下许多隐患。

（三）宏观管理问题：宏观调控乏力与职能管理部门垄断经营并存

从浙江、四川两省情况看，宏观调控难度很大。货币政策对整个社会资金已难以调控，财政政策的调控也是相当乏力的。浙江去年财政赤字 7 亿元，且不论这个数字中水分如何，但财政不是很有力量是肯定的。四川财政更是无力，赤字 11 亿元，去年有的县连工资都发不出来。其财政方面有以下特点：出现了财政收入与经济增长不同步，企业收益与企业上缴不同步，财政支出与财力增长不同步，支出中工资增长与事业经费增长不同步。

在对总需求宏观调控力量不足条件下，在经济制度处于创新的特殊条件下，中央政府宏观调控的重点到底应放在什么方面？

现阶段，按社会主义市场经济制定若干法规并依法协调各方面的行为可能是最重要的。对转变中的经济体制来讲，许多旧的规则已经不适应了，新的规则还在摸索之中，因此，第一位的任务是清理旧规则树立新规则，使经济尽快走向有序化，让各种矛盾的解决有一个章法可循；其次才谈得上如何利用政府手中的经济力量，使整个经济快点、稳点。

市场经济条件下的政府行为和领导方法，已成为当前的一个突出问题。据浙江反映，各县、乡镇中党政领导直接抓生产经营项目，直接分钱调物、定进度、定方案等，行政推动、直接参与、政企不分是普遍现象。基层同志称这是"市长经济"而不是"市场经济"。这种情况虽然对经济发展起到一些促进、督促、激励的作用，但负作用也不小，出现攀比产值、重复布点等老问题，而且市场经济所必要的许多事被搁置或被忽视，抓了具体市场，没抓市场规则。浙江省政策研究室同志提出，在市场经济体制下，省、市、县乃至乡镇政府抓经济应该抓什么、如何抓，需要在实践中尽快摸索出办法来。

对政府要重点抓市场规则这一点，对四川的调查也使我深有感触。四川省一些企业反映，现在政府干预已大大减少了，企业现在不是要求政府再放权让利，而是希望在经济运行中，有章可循，有法可依，希望政府能成为企业经济运行中的保护神。例如，一些企业对兼有管理和经营双重职能的行业部门作风很有意见。反映比较多的如：供电、铁路、邮电以及工商、财税、公安、环卫、银行等部门。这些行业部门和管理部门，构成了企业的经营环境。企业搞不清，它们算不算宏观调控的部门。但这些部门中的"有偿服务"或变相收费，企业感到受不了。有些不合理的做法，地方政府也管不了。过去企业与政府中的主管部门还可以争吵，现在企业对这些条条职能部门有意见还不敢提。有的企业领导说，现在讲究"勾兑"，不知什么是法规。原来政府曾经提出过纠正行业不正之风这个正确的口号，现在看来，在新的形势下，这个问题到了从政府职能转变高度来认识的时候了，到了用法规明确各种部门、机构职能和工作方式的时候了。法规不明时，这些管理部门或经营机构，也不知应按什么原则办事，是市场原则呢？还是非市场原则？

（四）投资体制，民间投资重要性不容低估

在近两年的经济发展中，出现了投资对经济发展产生巨大推动的局面。去年经济的高速发展，与社会的大投资是分不开的。没有社会大量的持续的投资，经济要保持9%的速度持续增长是不可能的。

但是，对民间投资的重要性认识是不够的。如果说经济"过热"，首先是要向民间投资开刀；如果说上项目，银行最后才能考虑给民间投资项目的贷款。在人们的印象中，民间投资不能解决基础设施和能源、交通问题，只能搞一些短平快的小生意。这种观念到了该根本扭转的时候了。

民间投资的重要性在于：我国国民收入分配格局的变化，使个人收入所占份额大为提高，城乡居民存款已过一万亿元，而几十万个百万富翁，不少人把钱存在国外银行，或大量挥霍，不愿或不敢再扩大投资；不少人手持现金量大大提高，但不准备投入生产之中；相当多的富裕起来的农民，在盖房送礼、红白事上过度花费；等等。可以肯定地说，我国民间投资有相当大的潜力。民间投资对解决我国日趋严重的就业问题有重大意义，对解决产业结构不合理的问题有不可低估的作用。那种认为民间投资不能搞基础和能源、交通的观念是一种错觉，不是民间资本不能搞这些事，而是因为这部分短线或瓶颈产业本身还被计划体制束缚得太紧，其低廉的价格信号不是告诉社会它的短缺，而是它的过剩。民间投资更重要的一点是，它具有自我约束、自担风险的特点，因此，其效益相对是高的。

民间投资没形成高潮的原因，一是政策上对民间投资并没有提高到与国家投资同等重要的地位。在计划经济中，民间投资不是主体，但在市场经济中，民间投资就是主体，这个观念此时不树立，还要等到什么年头？影响民间投资有多种因素，比如，对民间投资，政策到底是鼓励还是限制，是长期保护个人的资本还是会出现新的"反资"运行？这些不明确，就使相当一部分个体、私营经济，在已获得相当的收入后，不思进取，不愿扩大再生产，宁愿去大肆挥霍或境外存款。二是在转轨期间，办民间企业相当不易。申办难、要求多、起点高，使相当一批人不敢去找麻烦。三是民间企业经营环境还不够好，现在市场规则和计划管理混在一起，企业不知该怎么办。一些行业管理部门，说是行政管理部门，又有垄断经营，说是服务企业，"有偿服务"又是无选择性的。这些使民间企业感到无所适从。四是各种摊派多，尤其对一些本小利微的小本生意，压力太大。

现在，我们需要给民间投资以更放心的投资政策，形成民间投资长治久安的政治环境，为民间投资开拓更广泛的途径，如各种规范化的社会筹资渠道，以平等的政策对待民间企业，这才会使民间投资出现如外商投资那样的高潮来。

（五）外向型问题：改革措施如何与国际惯例衔接

今年一季度，外向型经济发展中出现不少问题，有外贸出口下降的问题，有外汇调剂市场有行无市的问题，有引进外资中中方资金和土地参股中的问题，有开发区过热的问题，等等。下面分述之。

关于外汇管理的问题。对外汇调剂市场的价格控制，成为当前一个比较引人注目的问题。据浙江省外汇调剂中心反映，去年以来外汇价格上升较大，曾达到 1 美元兑换 8.9 元人民币。这使得有些国家对我国出口政策施加了压力。今年外管总局要求把价格限到 1 比 8.2，执行结果出现了有行无市，大量的交易转入场外和地下，而且外汇调剂价格上升近 0.4 元。据了解，改革以来，浙江曾搞过三次行政限价，结果每次都使外汇市场价跃升，人民币贬值更厉害。在外汇管理中执行"投向序列"控制，也有相当难度。投向序列要管外汇使用投向的物资，这在实际中很难做到。这种因为外汇短缺而控制交易内容的办法，还是计划经济的思路。现在应考虑的问题是，如何通过市场经济的办法，增加调剂市场上的外汇投放，例如，如何使我国银行能在外汇贷款方面表现出热情，而不是因为怕风险而把外汇存放在国外。

一季度以来，与全国一样，浙江、四川外贸出口下降。浙江今年 3 月 10 日前，全省综合统计下降 18%；四川截至 3 月中旬，出口增长 5%，低于去年年均增长 12% 的水平，且感到出口后劲不足。据了解，外贸出口下降的原因主要是：银根抽紧后，出口生产和对外贸易中流动资金不足，影响了出口；专用税票办法对合理解决工贸关系是有利的，但在实施的初期阶段，外贸企业还感到不适应，影响了出口积极性；一些有了出口权的大中型生产企业，不愿负担创汇上交任务，因此，影响了出口任务的完成；在三资企业、乡镇企业、自营出口企业多头出口的格局下，国营外贸公司的上交外汇任务使外贸公司感到不平等，因而影响了"大贸"的出口；等等。有些同志针对以上这些情况，提出要对外贸专业公司给予政策"倾斜"，实行出口奖励政策，限制非国家外贸公司的出口等。显然，这又是开出了一个计划经济的药单。我认为，对于国营外贸出口下降，不用过于紧张，从外贸体制改革的发展趋势看，国营外贸出口比重下降是必然的，外贸企业对改革措施出现一些不适应也是正常的。但外贸改革一定要坚持，工贸关系要在市场经济原则基础上加以确认，收购制要继续破除，代理制和扩大自营出口方向是完全正确的。现在，在外贸企业与经贸部、财政部的关系上，我认为出口创汇的指令性计划到底有多大意义要进行重新评估。企业创汇应从市场出发还是从计划出发，这是要明确的。这一条是影响国家外贸企业出口的最重要的因素。国家从外贸企业得到高价创来的外汇，又平价或低价分给一些重点项目，这又有多大必要性？为什么重点项目不能通过外汇调剂市场平等地得到外汇？国家即使要补贴重点项目，何不补在明处，财政拨款或贴息让其自己考虑用汇问题就行了。平价分汇，带来用汇效益不高，甚至倒汇，这是计划经济思路的结果，不是市场经济的措施。

在引进外资方面，一些从事实际工作的同志反映，前几年制定的有关法规有必要进行修订，因为有些内容已与当前的现实有较大距离。比如，由于汇率变动以及牌市汇价差扩大，中外合资中的出资有了问题。按规定，外商美元等外币要按合理签署日的官方外汇牌价折合人民币来合资，外商显然感到吃亏；或者，中方以人民币出资，折成美元合股，按规定，中方应用官定汇价，但外商也感到吃亏，不同意这个汇价。因此，在实际合资中，很多项目都是变通后达到的。还有，对三资企业所有出口收汇都要经外管局核销的办法，旨在减少我国外汇短缺问题，但把非国有企业会计的事让国家管理部门去做，似乎道理不通。企业最关心收不收得到汇。我们用行政办法去监管三资企业收汇，效果并不理想。三资企业如果不愿把外汇拿到中国内地来，办法是很多的。一个宽松的调剂外汇的环境，才有利于企业的收汇积极性。总之，现在有相当多的引进外资的办法，不是市场经济的办法，不是实事求是的办法，逼着基层干部搞变通执行，这已经到了非改不可的时候了。

作者说明

这是一篇集中反映我对社会主义市场经济认识的文章，是有代表性的一篇论文。本文被收入 1993 年 7 月江苏人民出版社编的《我的市场经济观》一书，交稿大约是 1992 年年底。这个时候，对市场经济的研究就全国而言是刚开始。由于这方面研究有一些思想积累，交稿较快。这个稿子现在看来，也是比较成熟的。全文 3 万多字。出版社编辑在本文前加了一个简介，比较全面地介绍了论文的倾向性和主要内容，这里就利用这个简介，不再赘述了。据我所知，集中老中青三代经济学家合作的《我的市场经济观》一书，在社会上有较大反响。

要说明的是，有关社会主义市场经济理论我还有两本合作的专著，一本是与张卓元老师合作的《市场经济概论》一书，另一本是《社会主义市场经济论》，由我组织编著，与卢中原、宋则和房汉廷合作完成，书稿近 30 万字。第一本专著如期出版，是北京工业大学出版社 1993 年出版的。后一本，由于种种原因，没能出版。我写的 10 万字中有部分章节，作为论文公开发表过。

渐进与激进的结合：经济为主导的中国改革的道路

现在，一种普遍的说法是：中国改革是渐进式改革。进一步的看法是，中国由于实行了渐进式改革，所以取得了成功；而苏东由于实行激进改革，所以改革付出的成本过大，经济在相当一段时期内陷入困境。我认为，以渐进还是激进来归纳或区分中国改革与苏东等改革的特点，虽很简明，但并不很准确。如果我们与外国学者讨论中国改革道路，可能讲讲"渐进式"改革也没什么不好，或许这也能满足他们对中国改革特点的疑问了，但是，对中国学者而言，讲中国改革道路是"渐进式"，可能过于"苍白"，似乎是就表面现象而下的结论。就中国改革情况而言，作为十几年的目睹者和参与者，我认为情况不那么简单。与其说是"渐进式"，不如说是"渐进与激进"的结合；与其概括为"渐进式改革"，不如概括为"经济为主导"的改革。下面，就这个问题，谈几点个人的看法，供对此有兴趣的中外学者们讨论。

一、"渐进"，是中国改革中诸多特点的一个，并不是唯一的特点

用任何一个短词来概括中国改革道路，可能都有片面性。正如 20世纪 80 年代中后期，我们用"市场化"来呼吁加快改革时，得到"市场化三个字不准确"的评价一样。然而，"市场化"提法尽管"不准确"，今天已成为大家常用的语言，成为越来越含有明确内容的专用名词。同样，我们也不能要求用三五个字概括出中国改革的全部内容和整个过程。但是，这三五个字，最好能概括出改革道路最重要的特点，使人们能体会到中国改革与苏东改革的最主要的区别。

以"渐进式"概括中国改革道路，以激进式（"大爆炸"、"休克疗法"）来概括苏东改革道路，确实使人感到二者明显的区别。但是，这是什么样的区别呢？最突出的感受是改革速度的区别，达到改革目标的时间上的区别，以及改革全面还是局部推进的区别。换言之，使人感到，中国是用较长的时间，运用局部推进的方式，用较缓的步伐，一步步达到改革的目标；而苏东各国是在相当短的时间内，在所有领域里，用很快的步伐全面地去达到改革目标。这是多数人对"渐进式"与"激进式"提法的理解。

事实情况比这种概括更复杂。诚然，中国改革中有渐进的时段，有渐进的过渡措施，有渐进的战略演变，但谁能否定中国改革也存在"重点突破，全面推进"的阶段？谁能否定中国改革时快时慢的事实？谁能否定中国改革在中国历史上不过也是短暂的时间？而且，即使苏东改革，又岂是只有过"休克"的短暂时期，其改革至今也没有结束。"休克"只是他们改革过程中的一部分、一个阶段，并不能表明全过程。

或许有人会讲，渐进式是比较而言的，与苏东大爆炸式的激进改革相比，中国是渐进的。或许有人会讲，激进式并不否定改革也存在渐进的时候，但从总体上讲，是激进的。按此说法，"渐进式"改革是相对于苏东的、中国式的激进式，是带有激进因素的渐进式。然而，如果对渐进式的理解，要加上很多的条件，是如此之相对，我们真不妨去寻找更简明的提法。

二、"摸着石头过河"并不等同于"渐进式"

小平同志提出的"摸着石头过河"被一些学者解释为改革的"渐进式",这个理解是有问题的。"摸着石头过河"最基本的含义是改革的实践性和探索性,而不是改革的速度快慢。摸石头过程有快有慢,有的石头在河水浅处,一摸就摸到了,改革可以进行得快一点,脚点一下石头就要赶快跳过去,慢了身体就难保持平衡,就会掉到河里;有的石头不好摸,就要探索,改革的摸索过程就可能会长一点,慢一些。但不好摸的石头一旦摸着了,改革的进展也可能会很快。这里取决于三个因素,河的宽度,摸的难度,以及过河的速度。"改革的河"总体上讲是宽的,石头有深有浅,过河速度时快时慢,因此,"摸着石头过河"并不等同于改革的渐进性。恰恰相反,如果我们把摸着石头过河全过程都加以观察,就会发现改革的快与慢是相合的,"阶段性的激进"是时有发生的。

三、对中国"渐进式改革"具体论据的疑问

以上所述,颇有"侃"的味道。下面想谈得更具体、更深入一些。论证中国改革"渐进式"的文章不少,观点也不少,但只能就其主要的略加分析。

有学者认为,渐进式改革的一个特点是增量改革,在原有的计划体制外又发育出了市场体制的成分和运行机制,这是中国改革被称为渐进式改革的重要理由。这种说法确实说出了中国改革的一个特点。但是,这不是中国改革的唯一特点,不能概括中国改革全貌。中国改革其实是增量改革与存量改革同时进行。现在讲的财政体制的改革,肯定是存量改革更为突出,财政体制外的财政收支,是否能作为成功的改革,还很成问题。计划体制改革、金融改革、投资体制改革、企业改革、存量改革和增量改革都在进行。而农村改革,尤其是家庭联产承包制的推行,使存量一下换了"底盘",把三级所有、队为基础,变成了家庭经济为主,诸如此类,情况是比较复杂的。如果进一步分析,就会发现增量改革起源于存量管理方式改革,换言之,放出厂一块,让利了一块,才长出了一块,没有存量管理体制改革,就难有增量的生存发育。增量改革进展

快于存量改革，查其原因，也都是与存量资源转移相关。因此，中国改革难以用"增量改革"一言以蔽之。至于说，改革成功在增量发展，不能靠存量的改革，这也是很绝对的提法。增量改革不全是成功的，存量改革也不全是失败的。价格原来全是计划，现在大部分成了市场价格，这不仅是非计划产品价格市场化，计划产品价格也市场化了。价格市场化就是增量存量都改革了。三资企业发展很快，但不论企业管理还是对三资企业的管理，也并非没有问题，也并非全部成功，相当多的三资企业也办不下去了。同样，国有企业改革中，虽然大部分大中型企业改革仍然没有取得成功，但也有相当部分的中小型企业改革是成功的。

有学者认为，大爆炸式、激进式改革最本质特点是综合配套，因此，如果承认改革的配套性，就否定改革的渐进性。反过来，认为中国改革成功是渐进式，不是大爆炸，就是承认，它不是配套的全面改革。中国改革具有非配套、非全面性的特点，因此，是"渐进式的"。这种论证让局外人看不明白，因为这是20世纪80年代中国改革派对改革策略争论的延续，当时集中在争论"双轨制"还是配套改革。其实，大爆炸式的改革本质上并不是配套与否的问题，也不是价格与企业改革孰先孰后的问题，尽管在实践中，价格改革可能会快一些，而国有企业改革则是较长时间的事。问题的实质是，大爆炸本质上是政治体制改革主导下的经济改革，时间短仅是现象，本质上则是以西方式的市场经济为标的的彻底改革。"配套"似乎有"全面"的含义，但其实不尽然。配套同样有大配套、小配套，有参数配套、体制配套。完全不配套的改革是不存在的，改革各方面总是相关的。中国改革同时性的大配套，应当说是尚无前例的；但异时性的大配套，则是存在的，至今也没有完结。当然，这里讲的配套更多是从改革的客观过程出发的。由此，既得不出"只有激进"的结论，也得不出"只有渐进"的结论。

有学者认为，渐进式改革源于中国改革是"先试点、后推广"的做法，这种说法未免简单化了。"试点"就范围而言，可能是由点到面渐进的；就其内容讲，可能是从计划体制向市场体制的根本性的转变，是激进的。由试点到推开，从时间上看，似乎是逐步的，即渐进的，但多长时间是渐进，多长时间是激进，本身是相对的，没有绝对的标准。三年试点，是否算渐进？半年试点，是否该算激进？这些问题都得不出什么结论。广东、福建对外开放，先行一步，从地域上说，似乎是渐进，但从开放的内容上，很难说是渐进的，对此二省开放，不少人认为是具有根本性变化的，是激进的。重大的结论需要重要的论据。"试点"之论据，难以作为说明改革道路的重大论据。

四、判断改革道路，不能离开对改革目标的认识，把中国改革说成是渐进式改革，容易误解改革目标的合理性

中国改革的目标是社会主义市场经济，这是我们概括"道路"时非常重要的一个考虑因素。这个目标，是非常现实且合理的。我认为，运用现代市场经济的理论和实践，改革传统的只讲阶级斗争的社会主义；运用古往今来众多的社会主义思想，包括马克思主义的社会主义，运用近百年社会主义运动的正反经验来丰富社会主义，将使我们获得现代意义上的社会主义；而运用社会主义对劳动者的关心，对集体意识的重视，对社会福利的强调，改革旧式的自由主义的市场经济，使我们的社会主义市场经济不同于古典的市场经济。这种市场经济与社会主义的双向改造，将校正我们的改革目标，使我们既能稳妥前进，对社会负有平稳过渡的责任；同时，又能符合时代潮流，走世界各国经济成功发展的道路。[1]

如果从这样一种改革目标看，我国改革存在两层重大含义，一层是经济体制从传统的计划经济转向市场经济，这是重大的根本性的转变；另一层是政治体制保持社会主义，但要丰富和改进传统意义上的社会主义。就是说，在政治体制方面，我们强调了继承性，强调了稳定，强调了政治改革的后继性。虽然，我们在经济改革中，遇到不少问题，需要政治改革的配合，但这毕竟是在经济改革的相关点上进行的。政治体制改革不是没有进行，但毕竟是局部的。这样一种状态下，经济改革相对政治改革就成为激进的了。显然，中国改革具有以经济改革为主的改革特征，是渐进与激进的结合。

---

[1] 田惠、肖瑞：《李晓西和他的双向改造论》，载《三资企业》，1993（4）。

五、"渐进式"还是"激进式",在不同的背景和条件下,有很不相同的意义,因此,会导致不同的改革方略

20 世纪 80 年代末期,市场化改革的口号,曾被认为是激进的口号,现在,则被广泛地接受,并不再被认为是激进的口号。最初提出"市场化",是在具体的背景下,是针对价格双轨制带来的众多弊端而提出来的。1986 年年底到 1987 年上半年,我们曾就市场化问题写过一些文章,涉及改革是"激进"还是"渐进"问题。当时我提出,双轨制可以破旧,但不足以立新。"双轨制的实践证明,新旧体制的转换单靠走小步,靠逐渐增减双轨经济比重的办法难以奏效。前期改革以破为主,走小步是必要的,它可以为迈大步做准备,但若长期走小步,很可能使新体制在发育过程中蜕变,产生一种违反商品经济规律的畸形体制。"针对有人对市场化是"激进"的指责,我们回答道:"市场化配套改革是否想毕其功于一役?是否考虑过经济环境的制约?市场化配套改革是一种战略思想,不是战术思想。在推进市场化的进程中,显然会有不同的阶段,会有一定的顺序和步骤。但是,改革是一场革命,是一种质变过程。改革的长期性并不排斥改革的全面推进。不能把发展和改革对立起来,以渐变压改革,以阵痛否认改革,总之,我们主张改革要从双轨过渡的思路转向市场化改革的思路。"[1]

1988 年,我们提出大步推进市场化改革的三阶段设想,这三阶段是准备阶段、大步推进阶段和完善体制阶段,分别用 3～4 年、5 年和 3 年时间,也就是 12 年左右时间,即在 20 世纪末,把计划经济底盘换成市场经济的底盘。12 年时间,在我们看来,仍然是"走大步,快推进"的办法,而不是市场经济国家自然演变的长过程。[2] 显然,这里对"渐进"还是"激进"的理解并不是与苏东"休克疗法"比较的,而是与市场经济自发形成过程比较的。与 500 天改革计划比,12 年就是长期的改革设想了,而与上百年的市场演化史比较,12 年在历史上又是相当

---

① 李晓西、宋则:《从双轨制到市场化》,载《财贸经济》,1987 (12)。
② 李晓西、黄小祥、忠东:《深化改革的战略选择》,载《经济研究参考资料》,1988 (106)。

短暂的，是快速的。

由于利用"激进"或"渐进"改革这种口号来概括改革道路，在不同情况可能产生不同的作用，因此，要格外注意不要把某种口号绝对化。要看是什么人在讲，具体目的是什么，而不能以口号判断是非。有些人讲"渐进"是为了推进改革，取得改革成功，也可能有的人讲"渐进"，恰恰是相反的目的。离开具体的目的，这个口号是难以说得清的。但我们要避免被利用，不要在改革要迈大步时大讲"渐进"，在改革要完善时大讲"渐进"，致使对改革实践产生不利影响。

六、用"渐进"还是"激进"来概括改革道路，有较明显的主观性痕迹，带有把客观过程简单化的误导作用

用渐进还是激进来区别改革的不同道路，易给人以一种印象，似乎改革道路是由改革方略决定的，而改革方略是因不同进展速度的方案选择决定的，结果，改革道路成为了主观选择的结果。比如，苏联最初提出的 500 天改革方案，就是给人短时期完成改革选择的印象，也因此，被归为激进式改革道路。我认为，改革道路是主观选择与客观校正多次矛盾运动后的轨迹。在某种意义上，一旦改革方向有了模糊的认同，改革过程中目标与手段的相互作用就经常发生，主观与客观的作用就互相影响。各种矛盾交织在一起，共同影响改革的过程。而且在改革道路轨迹形成中，客观性力量一般显得更强有力，是更深层的原因。

我在《我国转向市场经济的战略、内容及其他》一文中，曾写道："为什么认为'中国经济改革之成功，是因为中国选择了渐进改革的方略'的观点有片面性呢？因为，中国经济改革的全过程表明，改革是主客观各种力量合力的结果。想快时不一定快得起来，想慢时不一定慢得下来。有时快，有时慢，有时大突破，有时小收缩，是一个进进退退、快快慢慢的复杂过程。这里，我们既要反对不创造条件加快改革的论调，又要反对不顾客观条件而想大干快改的倾向。如果说，病人伤口愈合时需要时间，那么开刀时则需要快。不能把改革的战略简单化。在实践上，十几年改革中，我们有时快点，有时慢点；有时一下动了若干方面，有时则只出台少许改革措施；搞农村改革和特区开放，步子算是大

的，而企业承包和调整价格，从计划经济与市场经济的性质划分，步子就不算大。改革就是这样走过来的。正因为如此，我们认为中国改革是激进与渐进的结合战略在实际中发挥了作用。"[①]　在另一本书中我写道："中国经济改革是渐进与激进的结合，区域推进与全面推进的结合，破旧与立新的结合。在改革的速度上，有时强调激进，有时强调渐进；在改革的步骤上，有时强调局部推进，有时强调全面展开；在改革的对象方面，有时强调以改革传统体制为主，有时强调通过扩展新体制来缩小传统体制作用范围等。这些改革方略，不是人为设定的，而是客观形势逼出来的。改革之所以出现如此多样复杂的局面，是因为在有如此众多人口和如此之大的国土上进行探索性改革，其进展不可能是整齐划一的，不能不是波浪式的。今天我们回顾昨天的改革，不能不感到一种客观力量推着我们前进。如果我们只强调某一方面，我们就会陷于形而上学的幻想中。如果我们强调了多方面的统一性，同时强调了其中某一方面的主导作用，我们的思路就符合了辩证的思维。这种思维方式最初并没有为我们创造出一种改革战略，但却有助于我们去认识改革的轨迹，有助于我们总结出更符合实际的战略来。"[②]　这些几年前发表的观点，仍然是我信奉的，多次引述，是想表明自己多年来的一贯想法及其进展。

七、超越"渐进"、"激进"来分析中国改革道路的理论尝试

中国一批中青年学者进行的新制度经济学或过渡经济学[③]研究成果表明，不少主张或同意"渐进改革"的学者，并不否认在不同情况下渐进式改革与激进式改革有一个成本与效益的比较问题，有一个各国的具体条件问题，不能绝对化。这一点，我深以为然。制度经济学的观点在解释中国改革的规律方面，已有了不少收获，但我认为，运用制度经济

---

　　① 李晓西：《我的市场经济观》，635页，南京，江苏人民出版社，1992。

　　② 李晓西：《经济"怪圈"之谜——对经济改革的哲学分析》，150页，北京，中国社会科学出版社，1993。

　　③ 盛洪：《中国的过渡经济学》，105页，上海，上海三联书店、上海人民出版社，1994。该书中有十篇关于"制度"或"过渡"方面的论文，部分涉及"渐进式"问题。

学证明渐进式改革的合理性方面．还是不能使人满意的，或者，制度经济学目标本身不是去证明改革的"渐进性"，而是包括比渐进性更重要的论题和结论。比如，讲制度结构中正式规则和非正式约束的共存，制度变迁始于非正式约束，非正式约束源于文化，其演进是渐进的，因此，改革是渐进的。其实，中国经济改革不是市场经济因素自发演变形成规则的过程，更不是自发形成非正式约束的过程，因此，这与改革的渐进性是没有多大关系的，起码在实践中很难发现这种关系。从成本尤其是交易成本分析制度形成，是制度理论的内容。有学者分析认为，渐进式改革成本低于激进式改革，在一定条件下这可能有一定道理。但是，这不能证明，我们改革总成本等于渐进改革总成本时的选择是最优的。改革成本是由"实施成本"和"摩擦成本"共同组成的，是部分渐进改革成本加上部分激进改革成本组成的。改革收益大于改革成本，改革成本付出就是有价值的。单纯就改革成本比较来分析应"渐进"还是"激进"，很难得出符合实际的结论。不仅改革成本的计算是困难的，改革收益的计算也是困难的。

有一种理论不是从渐进或激进角度来分析改革道路的。这种理论认为苏东改革是以新古典理论的"校正价格"、"校正所有制"以实现"帕累托最优"为理论依据的，其改革中出现的诸多问题不是操作问题，而是新古典理论本身出了问题。中国改革比较成功，则是因为没有按新古典的一套理论去推行改革。这种理论极为欣赏熊彼特关于新古典主义经济学事实上是一种实物交换经济的理论，并将其视为批判新古典理论的基础。他们认为新古典学派主张的货币中性论，货币只在实质经济中起名义制动器（nominalanchor）作用：货币总供应量决定价格总水平，相对价格则由经济体系中的实质供求决定。由此得出了改革的一个方略是，控制货币，放开价格，实现资源有效配置。苏东改革循此思路而出现了问题。中国改革没按这种办法走，符合现代的"内在增长理论"的内核。这种理论强调新的生产要素如组织形式比价格对资源配置有更为重要的作用，由此，中国双轨制价格在资源配置中的利更突出而弊更小了。其次，这种理论认为"校正所有权"也是不必要的。现代市场经济中比如银行中贷大于存，就是一种有益的软约束。中国国有企业是处在中央、地方和职工等多重所有权下的，共同的所有者在行使剩余控制权。由此更进一步提出，这种共同剩余控制权意义下的共同所有制给经济民主打下基础，进而也有助于政治民主的实现。而帕累托最优作为静态目标，不能成为改革的追求目标。总之，这种理论认为，中国改革超越了新古典理论，如同日本一样，是因为"有很多事做得不对，所以成功了。"①

从西方经济学自身的理论矛盾中来分析苏东改革与中国改革的成败，我认为是很有启发性的。但我认为，现在否定新古典学派对中国改革的理论借鉴意义，还为时过早。从超越新古典到政治民主与市场经济的同时造就，这些想法，与中国的现实离得远了一些。从中国建立市场经济的过程看，新古典学派的基本观点还是很有价值的。其价格理论和所有权理论，一直在中国改革中起到相当重要的作用。依我之见，一种理论产生是需要社会条件的，市场经济理论是与古典的更与新古典的学说是紧密相关的。尽管有多种理论学派，但就其对市场经济研究的深度而言，就其对政策的影响而言，就其对人们经济智慧的开发而言，就中国目前经济的现实和理论水平而言，新古典经济学还远未过时，还是最应注意研究的一种市场经济理论。

八、中国改革与苏东改革道路的区别

如果要概括为一句话，我认为，中国改革是经济为主导的改革道路，苏东走的是政治为主导的改革道路。从本质上讲，中国改革的道路是东亚模式，而苏东则是没有成功先例的独特的苏东模式。

被世界银行称为实绩优良的亚洲经济实体 HPAES（日本、四小龙以及东南亚三国），是东亚模式的代表者。尽管这些国家或地区，其经济发展并不是采用了同样的方式，以至专家们认为并不存在一个简单统一明确的东亚模式，但专家们还是认为，存在某些共同的经验。世行政策调研报告《东亚经济奇迹》中写道："一些经济学家和政治家认为，东亚奇迹根源于该地区政府机构的高质量及集权性质。他们把东亚的政治体制形容为'开发性政府'。在这种体制下，深思熟虑的经济干预的设计和执行是由强有力的、不受政治压力影响的经济官僚来完成的。我们认为'开发性政府'模式忽略了政府—私营部门合作的中心作用。

---

① 崔之元：《中国实践对新古典主义政治经济学的挑战》，载《社会科学学报》，1995（7）。

HPAES 在倾向于'集权'或'家长式'领导的同时，也善于倾听技术精英和私营部门领袖的意见，并赋予他们一定的自主权。"从这段论述中，我们可以看到，世界银行报告对东亚发展共同经验中，提出了几条值得人们研究的规律：一是政府高质量与集权倾向；二是强有力的经济官僚；三是倾听技术精英和私营部门领袖的意见。不论是否承认东亚模式，但政治上的集权和经济的市场化、自由化，却是东亚发展快的几个国家与地区曾有过或正存在的最重要的特征。东亚经济发展过程中，最引人注目的现象之一是：其经济市场化和自由化走在政治民主化的前面。在经济起飞阶段，政治上以及在经济决策上，是集权的。政府在经济起飞中发挥了相当大的作用，表现在宏观管理和调控上的干预程度是相对大的、强的。有学者在归纳渐进式改革特点时，提出"充分利用已有的组织资源，保持制度创新过程中制度的相对稳定和有效衔接"说明"中国经济改革的核心是建立市场经济制度，实现经济发展战略的转变，而不是改变社会主义制度本身"，[①] 这点我是同意的。但从这点出发，则应得出一个更为实质性的概括，就是中国改革道路是以经济为主导的。这一点，比其他的概括比如"渐进式"更重要。

经济为主导，并不是否认中国改革中也有过的若干政治体制改革的举措，更不是否认政治改革的重要性，它只是认为，已有过的政治体制改革举措，是在经济体制改革所涉及的一些方面展开的，是经济改革所必需的。但是，根本性的民主政治体制的建立，是需要条件的，不能操之过急。中国当前进行的这样一场伟大的改革，正如小平讲的是一场革命，并不是经济生活自发演变出现的，而是由政治家顺应时代潮流而领导的，或者说是政府主导的。这样看来，中国改革就是以政府为主导的、以经济体制改革为主的改革道路。这种发展格局与趋势，与东亚各国和地区的发展轨迹确是有很多的相似性。

作者说明

经济科学出版社是经济学家们最熟悉、最有感情的一个出版社。这个出版社拥有极富创新精神的策划人，有一批非常活跃的编辑队伍。近

---

① 林毅夫等：《论中国经济改革的渐进式道路》，见盛洪：《中国的过渡经济学》，上海，上海三联出版社、上海人民出版社，1994。

年来，围绕改革的重大题目、热门题目，组织了很多有影响的书，其中一本就是《中国改革道路选择》。该书是 1996 年 10 月出版的，专门讨论中国改革道路是渐进的还是激进的，有吴敬琏、樊纲、林毅夫等多人的文章。我提交的文章题目是：《渐进与激进的结合：经济为主导的中国改革道路》。这是在编辑金梅、谢锐两位女士的催促下，才写出来的。

　　经济学界的主流观点，认定中国经济改革是渐进式改革。书中吴敬琏教授对此似有不同观点，我也有不同意见。如果要让我回答，"中国改革是渐进还是激进的"？我的答案是："二者的结合"；要回答"你对中国改革道路有何概括"？我的回答则为："经济为主导的东亚式改革道路。"我在文章中从多方面论述了我的观点，其中一些是多年来一直坚持的。应当说，我的观点是极具个人特色的，是自己理论体系的一部分。但由于时间关系，写这篇文章过程中，资料收集不足，论证深度不够，个人对此文章也不是很满意的。文章发表后，作为非主流观点，居然也没人来争论，时间一长，自己的兴趣点也就转移了。

市场经济的人民性

当我们在赞成社会主义市场经济时，除了因为市场经济对经济发展有着显著的作用外，我们还应该从文化和伦理的角度对市场经济给予肯定的评价。从模糊的感觉出发，大家会感受到市场经济的广泛性，人人平等参加，人人都在自由地进行选择，这与其他经济运行似乎有区别。理论的任务，就在于分析这种感觉，看它是否有道理或仅仅是一种错觉。本文标题已经点出了我的一个结论，这就是，我把这种感觉概括为市场经济的人民性。

一、什么是"人民性"

（一）从"人民"到"人民性"

毛泽东给人民下的定义是："人民这个概念在不同的国家和各个国家的不同的历史时期，有着不同的内容。拿我国的情况来说，在抗日战争时期，一切抗日的阶级、阶层和社会集团都属于人民的范围，日本帝国主义、汉奸、亲日派都是人民的敌人。在解放战争时期，美帝国主义和他的走狗即官僚资产阶级、地主阶级以及代表这些阶级的国民党反动派，都是人民的敌人，一切反对这些敌人的阶级、阶层和社会集团，都属于人民的范围。在现阶段，在建设社会主义的时期，一切赞成、拥护和参加社会主义建设事业的阶级、阶层和社会集团，都属于人民的范围，一切反抗社会主义革命和敌视、破坏社会主义建设的社会势力和社会集团，都是人民的敌人。"[1] 这个定义比较清楚。我们认为，"人民"这个概念是一个集合概念，是一个客观的事实，应当按法律来判定。因此，我们认为，在古代社会，以民为其身份的所有人的总称为"人民"。近代社会中，人民是宪法所认定的公民的总称，由于宪法有时期性和地区性，因此，"人民"的范围也与时期、地域有关。

"人民性"到底是什么？"人民性"不是说人民的"性格"或"性质"，而是着重于人民的意愿和利益。其第一层含义是，当一种经济制度是按大多数人的意愿来创造的，是由大多数人建立或促成的，这种经济制度就具有了人民性。第二层含义是，当一种社会制度能使人民自己维护自己的利益，追求自己的幸福，使社会成员都具有追求和维护自己利益的平等权利，都享有自我选定交换方式的自由，这就是具有人民性的社会制度。在此条件下，人民能自主、自立、自强，能去做自己认为要做的事，而不是去做别人让做的事。

从广义角度讲，"人民性"就是承认人民是历史的动力和主人，是物质和精神财富的创造者。

(二)"人民性"与"为人民性"：市场经济与计划经济的区别

"人民性"在政治领域与经济领域的表现是有区别的。熊彼特在其名著《资本主义、社会主义和民主主义》中指出："古典的民主学说中有两个假定，一是认为人民的幸福是共同的、一致的；二是假定功利可以满足人民的幸福。"从这两个假定中，可以推出一条逻辑，就是人民可以选出代表来代表自己的利益，同时，可以由他人通过功利使人民都获得幸福。显然，这给"为人民性"提供了论据。但是，这两个假定是有缺陷的。人们对幸福的理解及其满足的方式是千差万别的，如果在政治领域中，人们不得不通过代言人来代表自己的利益，那么，在经济领域，尤其是个人消费领域中，别人是无法代表自己的。而这一点，正是

---

① 《毛泽东选集》，第5卷，364页。

市场经济中人民性的集中体现。市场经济的人民性与古典民主论不同，它认为每个人的需求和满足方式是不同的，别人是不能代替的，每个人幸福的满足，主要是靠自由交易换取的，是通过市场实现的。

计划经济是以"人民性"的捍卫者身份出现的。但实际上，计划者在保卫"共同的幸福"的时候，却否认了个人特殊的幸福，否认个人自由选择的消费权，因而，反而损害了个人的幸福。更进一步讲，计划经济本质上是一种精英经济思想，认为社会的经济活动，可以靠计划部门的优良计划来总体安排，生产、消费都可由一部分社会上的精英来计划。这些精英是具有为人民服务的精神和自我牺牲的精神，有比群众高的智慧和才干，因而，能把众人的事办好。但近一个世纪的实践证明，计划经济的"为人民性"，尽管其动机是高尚的，效果却是低下的。在经济领域中，"为人民性"并没有成为"人民性"，反而因忽视个性、过度强调共性而异化为非人民性。

市场经济的人民性，是指其自身具有的"人民性"。在这里，人民是真正的物质财富和精神财富的创造者，是自由地有时也是痛苦地选择生活方式和消费方式的主人。尽管市场经济中人民性经常受到"资本"力量的干扰，但"人民资本"或说"人力资本"的出现和地位的提高，使人民性顽强地表现出来。

二、市场经济具有最大的人民性

市场经济具有人民性，这是相比较而言的。任何一种经济，都是以人民作为其中的主体来运行的。原始社会、奴隶社会、封建社会、资本主义社会和社会主义社会的经济中，人民总是生产力的主体，总是推动经济向前发展的主力。当然，在奴隶社会和封建社会中，少数的奴隶主和地主，拥有大量的生产资源，他们限制了大多数人聪明才智的发挥，限制了大多数人对分配和消费方式的选择。因此，人民性受到了压抑和扭曲。但即便如此，在其不占主导地位的市场经济中，也体现出了人民性的一面。在资本主义社会中，尤其是现代资本主义市场经济中，人民性的体现就更为突出。总之，不论在什么样的社会制度中，只要存在市场经济，那么市场经济中的人民性就比别的经济形态表现得更为集中和强烈。

我们可以从以下四方面来观察市场经济中"人民性"突出的原因。

(一) 参与市场交换活动的普遍性

市场经济说到底，是一种交换经济，是与自给自足不同的商品经济。人民的需求是广泛的、千差万别的，没有任何一个主体能同时满足千百万人的各类需求。但市场却每日每时地在满足人民的需求。如何满足呢？就是通过市场的交换，把自己的产品出售给别人，同时从别人处换回自己需要的产品。没有任何一个人能只靠自己的产品生存。与自给自足的自然经济相比，与传统的计划经济相比，市场经济交换活动的广度具有明显的普遍性：一是商品的范围广泛；二是在交换中按价值规律办事；三是参与市场交换的主体更为广泛。

(二) 选择生活和消费方式的自由度更高

市场经济中，人们对生活的选择权和消费自主权得到较充分的发挥。在奴隶社会中，广大奴隶的生活方式和消费方式是无自主权的，是被奴隶主来安排的；在封建社会中，农民的生活方式和消费选择只有极小的自由，地主以及土地资源决定了农民生活的基本方面；在早期的资本主义社会中，工人的生活方式和消费选择也是极为有限的，资本家和机器决定了工人生活和消费的主要方式；在计划经济条件下，人们的生活方式、消费方式和消费选择也是有限的，由计划者来决定居住地点和条件，决定可供消费的主要物品，等等。现代市场经济条件下的人民大众，生活地点可以自由选择，生活方式可以自由选择，消费方式具有充分自主权利。强迫人民以这样或那样的方式来生活或消费，是违反宪法的，是侵犯人权的。市场经济条件下，行政的干预最少，人们生活方式和消费方式的自主权体现在贸易自由和自愿上，体现在就业和迁徙自由上，体现在对私人生活隐私权的保护上，体现在以货币经济体现出来的一切平等上。

(三) 参与生产活动的自主

不同的经济制度下，人民参与生产活动是有不同的限制的。不要说奴隶不能自由地从事生产活动，在计划经济下，群众也不能自主地参与生产活动——对个人拥有生产资料是限制的，对雇工人数是限制的，对产品品种和数量是限制的，对把发明变为产品的所有环节都是限制的。而在市场经济条件下，人民参与生产活动是有完全的自主权的——人民有开办企业的自主权，有经营企业的自主权，有开拓市场的自主权，有进出口贸易的自主权，有选择银行的自主权，有购买证券的自主权。总之，人民可以在自己愿意的领域中去投资、去创业、去发展。更为重要的是，市场经济下的产权明晰原则使人民的财产权得到最大限度的保护，而这是人民参与生产最重要的条件。

（四）制定规则的首创精神

在所有经济形态中，只有市场经济中的规则是最具有人民性的。因为，市场经济要求最广泛的参与者共同来生产、交换、消费，这样大家才能有共同发展的机会。但是，大家都来干，就会出现经济中的各种矛盾和冲突。解决这些矛盾，要靠平等地谈判，靠力量的均衡。而这一切，取决于人民。因为，只有协调好各种矛盾，才能使大家都生存和发展下去。这里的协调，就是产生规则的过程。市场经济中大量的法规，最初并不是少数官员或学者根据某种理论来创造的，而是来自人民群众在生产和交换活动中的利益协调的要求来规定的。但在非市场经济的发展中，规则主要产生于官员与计划者。

三、大社会与小政府：对"市场经济人民性"的新注释

市场经济的人民性，在很大程度上体现在政府与社会的关系上，或说政府与人民的关系上。政府无所不管，人民没有经济自主权，就谈不上人民性；政府放任不管，各种矛盾与冲突无人协调，各种秩序无人维护，也不能保证经济的人民性。在这里，有一个如何摆好二者关系的问题。大社会与小政府，这可能是对人民性一种较好的体现。这就是说，既不是无政府主义，也不是集权政府；既不是民粹主义，也不是无组织的群众。这里是政府领导下的社会，是尊重社会的政府。人民性得到了发挥，同时，无政府的混乱又得以防止。

我国海南省实行了完全不同于内地的政策，这里提出了一个响亮的口号，就是"小政府、大社会"。其经济中的主要政策就是，多种所有制平等竞争，以市场调节为主。早在1988年海南省党代会和人代会第一次会议的正式报告中，就明确提出海南省实行"社会主义市场经济"。

搞市场经济与小政府有无必然联系？与大社会有无必然联系？大政府能否搞市场经济？"小政府、大社会"论指出："在海南，任何人在讨

论'小政府、大社会'时，都不可避免地要同时讨论'多种经济成分并存'与'社会主义市场经济'。我们很难指望一个对'多种经济成分平等竞争'、对'社会主义市场经济'持怀疑或否定态度的人，会真心实意地赞成'小政府、大社会'。"[1] 为什么呢？因为小政府与市场经济是紧密相关的，大社会也是与市场经济紧密相关的。小政府、大社会就是相信人民的组织能力，相信人民在投资和交易中的首要作用，相信人民自己在组织市场和发展市场方面的不可取代的地位，相信人民天然是市场经济运行的主体；换言之，也是相信政府不必要也不可能包揽经济发展的所有职责，不必要也不可能去人为地制造一个"虚拟的市场及模拟的市场价格"，不必要也不可能代替人民去制订消费计划和生活方式的选择。这一切，更进一步讲，就是基于市场经济本身具有人民性的本质属性。

"大社会、小政府"这个方针，说到底是相信人民群众在市场经济中能够自己管理自己，能够自己组织好经济活动。这就是市场经济人民性的充分体现。

由海南经验引发了人们的思索。这就是，在社会主义市场经济条件下，政府到底应该干什么？如何充分发挥人民的首创精神？

四、市场经济的人民性与社会主义的民主性是什么关系

社会主义民主与市场经济的人民性，各有自己的空间。前者主要是政治问题，或说是政体问题，后者主要是经济问题。前者包括社会主义如何产生政府及其领导人这个问题，后者则论述的是作为市场主体的人民（企业、个人），如何更好地发挥自己的聪明才智的问题。民主政体触角不应伸得太远，不能直接干预市场经济的人民性。

如果以上的判断可以成立的话，社会主义的民主与市场经济的人民性进一步的区别就在于，前者必须诉诸更多的理智，后者则为人民的生活需要所自发形成。大多数人在政治和经济的重大领域中，并不总是专家，而往往会受外界的影响，往往用感性代替理性。正因为如此，在市

---

① 廖逊：《小政府大社会》，7页，海口，三环出版社，1991。

场经济的人民性分析中，我们看到，在各个历史阶段上，人民从解决近期利益出发，不自觉地推进市场经济发展。因此，在市场经济人民性不足的时候，需要用社会主义的民主加以启发与弥补。这里体现了市场经济的人民性与社会主义民主性的互补关系。在这个意义上，我们可以说，社会主义民主意识的形成，会大大有助于社会主义市场经济的发展，会有助于人民自觉地发挥创造性。总之，在社会主义条件下，市场经济的人民性有助于形成社会主义的民主制度，而社会主义的民主进程，也会有助于推进市场经济新体制的建设。

把社会主义与民主政体对立起来的观点是错误的，资产阶级学者中对此持异议者也大有人在。熊彼特认为："在适当的社会环境下，社会主义发动机可以按照民主原则运行。"他说："按某种意义说，民主程序的现代形式和现代机构，正像民主本身的基本原则一样，是资产阶级世界的结构和问题的自然结果。但这不能成为它们应该和资本主义一起消失的理由。大选、政党、议会、内阁和总理仍然可以证明是处理社会主义秩序可能保留下来以便作出政治决定的议事日程的最方便的工具。这种议事日程中将免除所有现时因私人利益冲突和调节私人利益的必要性而引起的项目。"

民主政体与市场经济的人民性并不是一个东西，有时一致，有时也可能不一致。非民主的政府与市场经济的人民性，并不总是相对立的。有时，政府过多干预有损市场经济的人民性，有时，民主也使政府的行政效率受损。但当政府认识到市场经济的人民性并大力推进市场经济时，市场经济的人民性就得到更大发展。改革中，有人希望政府处于一种低效状态，以减少干预能力，但低效的管理不利市场发展的后果与政府过多干预是一样的。对一个发展中国家来讲，彻底的政治民主应建立在经济充分发展的基础上。丰富的物质条件和普及的教育程度，是现代民主的基础条件。东亚一些国家和地区，其成功的经济都昭示着一个朴素的真理：经济发展到一定高度，真正的民主化过程才能顺利开展，民主政体才能一步步建立起来。

我们知道，社会民主党的社会主义是民主社会主义。"民主社会主义"是在20世纪50年代社会民主党对社会民主主义运动提出的新纲领、新理论的集中体现。其理论上的新特点在于，首先，强调了议会多党制对社会主义的意义，认为这是社会主义民主的最好形式，并认为民

督。国家土地也是全民的财产，不能划为各地政府的财产。出让国家土地必须价格合理，通过协议方式的低价转让土地，损害了国家利益，也损害了人民的利益。

其次，我们要反对把权力转化为资本。在向市场经济的过渡中，有些手中掌握一定权力的人，趁机以权谋私，利用职权为自己捞取金钱。通过权力攫取金钱是有损人民利益的。因为，权钱交换给少数人提供了优惠，造成了市场经济中竞争的不平等，甚至造成了对法律的破坏；同时掌握权力的人之间产生极大矛盾，少数违法违纪者大发横财，忠于职守的人却清贫如洗，这就会瓦解权力的合法基础，最后导致权力由腐败走向崩溃。权钱交易双方都将在国民收入分配中获取较大份额，这是以多数人收入减少为代价的，是对人民利益的损害。

有些人认为发国家财的少数暴发户虽然是从国家墙上"搬砖"，但个人消费总是有限的，毕竟会为国家作贡献，而这是向市场经济过渡中不可避免的"原始积累"过程。有些人甚至公然讲，通过金钱买下执政党，是走向市场经济的必然代价，也是最优选择。我们认为，这些损害了人民利益的理论，是不能为多数人接受的。如果市场经济就是以损害多数人利益为代价的经济制度，我们就宁肯不要这种市场经济。市场经济本质上是具有"人民性"的，"反人民性"不是真正的市场经济的特征，而是少数人为谋取私利的理论"黑旗"。

（三）"主人公"地位问题

在市场经济中，作为劳动人民主体的工人、农民地位是否在下降，市场经济中的"人民性"是否主要是交换与消费领域中的自主权，而不是生产领域中的"人民性"？非也。首先，在社会主义市场经济中，工人和农民的地位将定位在合理的位置上。"文化大革命"中对工人、农民的地位名抬实贬，这是不符合历史事实的，也不符合生产力发展的要求。按工人、农民在生产力中的作用，而不是从革命的政治的角度来给予评价，才能真正体现出市场经济的人民性。其次，工人与农民在交换与消费领域中的自主权的大大增加，这也是肯定的。但在生产领域中，工人、农民的自主权也并没有失去其应有地位。中国农民通过联产承包责任制，有了生产自主权，这是事实。工人阶级通过企业改革，有了对工作选择的相对自由，有了竞选担任企业领导的机会，有了属于自己的一份股份，有了多劳多得的分配制度使自己更能"凭本事吃饭"，这一切，都说明工人在生产中有了更多的权利。

有些人之所以认为在搞市场经济中，工人阶级地位要下降，是针对知识分子和企业领导人地位上升而提出来的。但这是一种十分有害的想法。知识分子与工人阶级本来就不是对立的范畴，姑且不说政策规定"知识分子属于工人阶级"，工人本来就可以通过学习成为知识分子，工人由劳力者成为劳心者，或说成为"白领"，这是社会发展的趋势，是我们通过努力要尽快实现的。企业领导作为企业家阶层，也属于工人阶级的大范畴。尽管管理者与被管理者经常发生矛盾，但从阶级属性上把二者对立起来是极为有害的。除了国有企业的领导与工人不应如此划分，即使是私营企业，劳资之间也不仅是利益的冲突，更有共同创造企业财富和社会财富的一面。过去，我们否认了这一条，结果，使生产力长期落后不前，这个教训应吸取。当然，国家有责任来解决劳资矛盾，有责任保护工人，因为，我们决不否认资本对劳动存在剥削的一面。

作者说明

1992年以后，社会主义市场经济成为经济体制改革的目标，中国经济改革走向了新阶段。中国经济体制改革公认具有政府主导性，那么，人民在创造新经济体制中处于什么地位呢？近几年，在市场经济发展中，确实出现了人民的创造性与政府规范化之间的矛盾，这是引发本文的最初动机。本文认为市场经济是人民自己创造的经济，因此，一方面市场经济具有广泛的民主性，是合理的体制；另一方面，也说明政府在主导改革时，要尊重人民对新经济体制的创造。同时，文中也表露出对公有财产重新分配中出现的不公平问题的担忧。

本文是从政治与经济结合的角度，论述市场经济的文章，与我其他的经济学文章相比，有些不同的特点，请读者自己来感受。文章是原组织编写的《社会主义市场经济论》一书中的一章。本文由《天津社会科学》1994年第3期发表。

完善法制与经济体制改革

改革开放以来，是中国历史上最重视法制建设的年代。中国在经济体制改革和对外开放中遇到过许多法律问题，需要从法律与经济结合的角度来解决。完善法制，对推进中国的经济体制改革，加快中国市场经济发展步伐，更好的适应全球化以及构建和谐社会都具有非常重要的意义。下面，我从 20 多年的经济改革中选取一些实例，来谈谈我对法律与经济改革结合的几点体会。

一、承认法律，为经济体制改革提供了理论基础

把法律引入到对所有制的理解，对经济改革有重要作用。所有制问题是马克思主义认定的核心，是判断经济制度的最重要标尺。古人对所有制问题的重要性也有过论述，商鞅在《商君书》中说："一兔走，百人逐之，非以兔可分以为百也，由名分之未定也，夫卖兔者满市，而盗不敢取，由名分已定也，故名分未定。"对所有制的理解和讨论，关系到改革能否有基础的理论，能

否取得各方共识。从所有制理论到所有权的法律界定，涉及很多基本理论，也关系到国有企业改革或说是各种所有制企业的评价和发展问题。

（一）从法律与经济结合的角度考察所有制

在 1985 年天津召开的第二届全国中青年经济理论工作者会议上，采用股份制形式进行国有企业改革作为一个新问题引人注目。学者围绕着国有企业可否搞股份制展开了讨论，争论的焦点是对承包制和股份制的评价。我支持股份制改革的观点，但认为对股份制改革的论证是不够的，尤其是理论深度还不够。1986 年我在《兰州大学学报》第 3 期上发表的《论经济改革中的所有制问题》，从所有制的理论高度，从法律角度来思考所有制，对股份制的合理性加以肯定。

一是强调了从法律与经济结合的角度来考察所有制。几十年来，遵循马克思的理论，把从法律角度认识所有制视为"法学的幻想"，是唯心主义的分析方法。但是单从经济方面理解所有制是不够的，还需要有法律的角度。基于法律判断标准，我认为"国有企业"的提法优于"全民所有制"企业的提法。"全民所有制"在法律上是无法界定的[①]。从生产关系总和来把握的所有制概括为广义所有制，把生产资料所有制称为狭义所有制，从经济和法律结合的角度看，生产资料所有制概念强调了所有的客体，更有助于改革的操作。

二是强调了占有权、支配权和使用权，是向法律含义的靠近，也是向现实的靠近。早在 20 世纪 80 年代早期，董辅礽老师对传统所有制理论给予突破，提出了从占有、支配和使用等方面理解所有制。现在，即国有企业改革是否要突破承包制的时候，我理解要更具体地引进权能的法律范畴，理解所有制和所有权。由此，我们可以看到，所有权和经营权分离的过程，既是占有权和使用权向经营权转化的过程，又是经济占有主体明确化、法律化的过程。所有形式和占有形式具体化、法律化，要求所有或占有的主体、客体具体化、法律化，要求得益对象具体化、法律化。改革的实现形式，最重要的是使所有权具体化、法律化。因此，我赞成除少数必须国有的国营企业外，相当一部分大中型骨干企业

---

① 目前流行这么一句话似可做补充解释："全民企业人人都有份，人人都无份；人人都有权，人人都无权；人人都负责，没人去负责。"

的固定资产股份化。

（二）从法律角度深化对产权的认识

1988 年在英国伦敦经济学院做访问学者时，我在研究两权分离理论的局限性并提出"两者分离"时，发现无论是英美法系的国家或者是大陆法系的国家，他们的公司法都承认双重所有权，这对解释股份公司的产权关系很有帮助。

尽管"两权分离"理论对企业获得经营自主权具有很大意义，起了很大作用，但我们必须看到"两权分离"理论还有很大的局限性。我国目前主要是在以"两权分离"理论为依据去搞活企业，而只靠"两权分离"理论去搞活企业是不够的。因为"两权分离"存在着逻辑矛盾。所有权包含了占有权、使用权、受益权、处分权，而"占有、使用、处分"这些权力本身又构成经营权。也就是说，所有权本身就包含着经营权，那两权如何分离得开？

因此我认为，"两者分离"的说法要优于"两权分离"。"两者分离"是以两权的统一为基础的，是建立在两权统一基础上的两者分离。所有者不仅仅享有了所有权，实际上还享有了部分经营权，比如股东就享有部分经营决策权，如对企业经营方向的干预；经营者不但享有经营权，也享有部分所有权，如对所有权中的占有、使用、受益、处分权的享有。但是如果是两者分离，那么就会产生两者都有所有权了；而两者都有所有权好像与物权中的所有权排他性有矛盾。对这个问题的解释就需要从法律角度来理解"双重所有权"的含义和内容。

双重所有权是指对资本的双重归属关系，主要是指在股份公司中对财产的双重所有。这种双重所有权是通过法律形式来决定的。"双重所有权"必须以股份制企业为基础，是对资本权益的所有，但不是对资本品的所有。西方国家无论是英美法系的国家或者是大陆法系的国家，他们的公司法都承认双重所有权。"双重所有权"的概念是生产力高度发展的产物，它突破了物权的概念，也突破了我们现在所讲的所有权包括四权的框架。实行"双重所有制"，国有国营制企业既存在一种企业的法人所有权，又存在一种国家作为股东的股东所有权。如果没有股份制，企业就只能搞承包，而绝对搞不了双重所有权。

二、遵守法律，保证了经济体制改革按规则行事

依法执政，依法管理，这是经济体制改革的重要保障。一方面，要建立市场经济的法规，要把市场化改革的成果用法规形式加以保障和巩固；另一方面，要用法规来制约行政权力，以提高执政水平。这在完善宏观调控中是非常重要的。

国有企业改革是经济体制改革中的关键问题之一，在这个过程中同样需要按照法律规则行事，需要在法律框架下明确国有企业改革的目标和手段，对现代企业制度进行法律思考。

（一）从依法执政看完善宏观调控

党的十六届四中全会通过的《中共中央关于加强党的执政能力建设的决定》，提出了要"科学执政、民主执政、依法执政"，这是完善政府宏观调控的重要依据。为了实现我国的宏观调控目标，同样有赖于科学合理且完备的法律制度体系的保障。首先，宏观调控要有法律根据；其次，宏观调控要作用于宏观领域；再次，作为一种国家行为，公权力运用要规范且有制约机制。

一般来讲，宏观调控的目标包括物价稳定、减少失业、促进增长和实现国际收支平衡，而运用的手段在各国立法中主要是货币政策和财政政策。宏观调控是需求管理，不是供给管理。宏观调控解决的是短期问题，供给管理则包括解决中长期问题。对经济形势的分析，我们应当将需求管理与供给管理相结合，但不要把两者混为一谈。比如，土地管理是供给管理，政府完全有权利根据土地的相关法律来管理好土地，但是宏观调控是需求管理，是对经济短期变化的干预，因此，不应把土地作为宏观调控的内容。即使土地信贷影响了资金供求，影响短期的形势变化，也不要因此将它作为宏观调控内容。但不论是需求管理，还是供给管理，都有一个法律授权问题，都要注意依法行政，特别注意对企业产权和决策权影响的法律根据。

我国已初步形成完整的市场经济法律体系，构成了我国政府宏观调控的法律边界。这些法律包括市场主体法律制度，如《公司法》（1999年修订）、《合伙企业法》、《个人独资企业法》；包括规范市场主体行为的法律制度，如《合同法》、《票据法》、《保险法》、《证券法》、《担保

法》等；包括市场管理秩序的法律，如《标准化法》、《反不正当竞争法》、《消费者权益保护法》、《产品质量法》等；包括宏观调控方面的法律制度，如《预算法》、《审计法》、《税收征收管理法》、《价格法》等。但是，由于各方面的原因，我国的市场经济法律体系不仅存在法律规定的真空，而且现存法律之间也存在着不协调之处。我国政府宏观调控的法律边界还需要进一步完善。

（二）从法律角度思考现代企业制度

随着国有企业改革的推进，对现代企业制度要求也更加迫切。如何理解现代企业制度的概念，必须借助法律。有人认为只要产权清晰，就具有了现代企业制度的基本条件；但是市场经济国家的夫妻店很难说就是现代企业制度。也有人主张广义理解现代企业制度，即"企业按《公司法》加以改造，组成现代的公司制度，就是实施了现代制度"；但新组建公司和非国有企业也不见得一定是现代企业制度。我认为，判断是否是现代企业制度，要从生产和生产力两方面来判断。仅仅产权关系清晰、政企分开、权责清楚等生产关系方面的条件是不够的，还必须具有相当的生产规模和生产水平，才谈得上搞现代企业制度。众所周知，现代企业制度是生产力高度发展后才出现的，尤其是跨国公司出现后才日益受到人们的重视的。当生产和经营规模达到相当程度后，管理模式就发生了相当大的变化，按 18 世纪的工厂管理办法就难以行得通了。因此，现代企业制度实为现代化大企业的组织和管理制度。

现代企业制度与《公司法》二者既有联系也有区别。二者的联系是，《公司法》[①] 是建立现代企业制度的法律依据，现代企业制度是《公司法》在管理学领域的反映。二者的区别主要在于：①现代企业制度不是法律用语，是管理学的用语，它包括各种公司组织形式，具有比较笼统和广泛的含义，而《公司法》里提出的"有限责任公司"、"股份有限公司"都是具有严格的法律含义的企业形式；②《公司法》为建立现代企业制度提供了法律的根据，但《公司法》又不仅仅是现代企业制度的公司规范，而是对所有的公司都有约束力的法律；③现代企业制度对国有企业改革提出方向，对各类企业发展提供了市场经济的空间，具

---

① 各国公司法规范的公司范围不同。我国的《公司法》仅规范两类公司：有限责任公司和股份有限公司。国有独资公司是有限责任公司的一种。

有较强的现实意义，而《公司法》不仅对现在，而且对今后都将产生重大的实际作用，其法律意义是长远的。

三、执行法律，维护改革和对外开放的信誉

在经济转轨中，立法与执法都非常重要，尤其在维护改革和对外开放的信誉时尤为突出。我国加入 WTO 之后，在经济改革进一步推进的同时，也确实面临很多新问题。有些问题是通过针对新环境的立法来规范和解决的，有些则是在立法的基础上，通过加强执法来解决的。

目前我国执法水平不高，其中原因有立法程序与质量的问题；有执法队伍素质和数量问题；有法规之间存在矛盾的问题；还有公民或企业法律意识不强的问题；等等。立法与执法，都涉及一个经济学的分析，即法律的供求关系和结构如何均衡。这对提高我国立法和执法水平，维护对外开放信誉是有重要意义的。我们可以通过以下两个对外开放中经济和法律结合的实例来说明这一点。

（一）在反倾销中，欧美国家对我国法律的看法

北京师范大学经济与资源管理研究所承担了商务部委托的关于中国市场经济发展程度的研究报告，在回复欧美对我国法律的疑问时，发现相当多的部分是对执法的质疑，但我们的回答，多是从立法角度回答的。或者说，立法方面的回答比较有力，但执法方面的回答显得比较薄弱。

以《会计法》为例，2004 年欧盟提出的第 18 个问题就是，关于中国《会计法》实际实施，尤其是公司遵守该法程度的详细情况。我们从以下 6 方面对质疑做了回答：①中国已形成了完善的会计法规体系；②中国会计标准与国际会计准则已基本一致；③中国会计法规在企业中全面实施；④允许外籍中国注册会计师以合伙制或有限责任制形式在华设立执业机构；⑤企业会计账目的真实性得到保证；⑥对违法、违规的企业和中介机构进行严厉的制裁。

以上 6 点中，我们对与立法相关的①、②回答得比较详细，对执法的回答就不是太到位。比如，我们回答说，到 2003 年年底，中国已形成以《会计法》为核心、较完整的四层次会计法规体系。第一层是2000 年 7 月 1 日实施的新《会计法》；第二层是 2001 年 1 月 1 日实施的

《企业财务会计报告条例》；第三层是 1992 年至 2003 年陆续发布的《企业会计制度》、《企业会计准则》及其具体准则；第四层是 1996 年 6 月发布并实施的《会计基础工作规范》和 2001 年 6 月发布并实施的《内部会计控制规范——基本规范（试行）》。我们还介绍说，中国会计标准与国际会计准则已不存在重大原则性差异，通过对 25 个会计相关项目进行比较研究，可以看出双方在财务报表基础、会计信息质量特征、存货期末计价、在建工程期末计价、无形资产摊销、收入确认标准、借款费用资本化金额的计量方法、会计估计变更、关联方关系及其交易的披露、租赁的会计核算、现金流量表、建造合同、资产负债表日后事项、或有事项 14 个项目中在会计准则上完全一致或内涵一致。会计要素的分类及其定义、短期投资末计价、存货发出计价、长期投资期末计价、固定资产折旧方法、固定资产期末计价、借款费用的确认原则、会计政策变更、会计差错更正、企业合并等 11 项与国际会计准则上也有部分一致。中国会计标准得到国际会计准则委员会（IASC）和世界银行的充分肯定。但对企业会计账目真实性的执法调研，就感到困难很大，工作量也是我们承担不了的。

从此例中，我想可以引起大家对立法与执法关系的进一步思考。

（二）制定《外资保险公司管理条例》时的想法

我国加入 WTO 之后，国内一些行业必将面临更加严峻的竞争，有必要制订相关法规对一些行业的市场秩序进行规范。例如 2000 年 12 月我参与讨论制定《外资保险公司管理条例》，讨论中，我发现了一些问题，也提出了四点想法。

第一，要明确制定一部法律或法规的目的。比如制定《外资保险公司管理条例》，其目的是为了保护投保人还是为了保护国内保险公司？或者也是为了保护国外保险公司？其实，我认为制定的这一法规的目的，重点应是保护投保民众的利益。其次，可能有保护国内保险公司的一些意思，但也必须考虑，要对国内外保险公司走向平等管理。总之，要在明确目的的基础上才能制定好具体条款。

第二，要处理好制定本法规要依据的原有法规的排序问题。制定《外资保险公司管理条例》时要涉及《外商投资法》、《合同法》和《保险法》等。由于涉及外商，还要考虑有关的国际法，比如 WTO 规则要求。对诸多作为制定新法规依据的法规之间出现不一致时，依什么法规为准，这就是一个法规的采信排序问题。[①] 如果一定要排序，建议暂时按先 WTO 规则，后涉外法规，再国内法的顺序考虑。而在时间上，则应是先立的法应尊重后立的法，即后立的法排序靠先。在一些情况下也可制定一些过渡性条款，比如关于外资全资保险公司要在中国入世 2 年后才允许设立的问题，在条例中可考虑搞附则。

第三，要明确法规、政府行政规定与市场规则各自管理的范围。法规是保护市场及主体的，不是限定市场动作的具体形式的。因此，制定本法规时，若提出外资保险公司必须是什么组织形式，是否只能股份制，不能有限责任公司等，不要规定太死。又如，出资的币种是否不能是人民币，也不要太限制。总之，政府产业管理的内容不要进入本管理条例了。

第四，要考虑对等原则。考虑外国制定的同类法律，对我外资公司进入是如何管理的。在这层意思上讲，应与国外保险法规定的关系相对等。你宽一点，我也宽一点；你控制得严，我也用同样的办法对待你的公司。但国家多了，各国制定的同类法规又不完全一样，这要求我们找重要的国家，找各国规定中的共性，以求"对等"。

四、完善法律，维护经济改革中的和谐社会原则

经过改革我国经济已经发展起来了，财富增多了。但是，各种社会矛盾也在突出，如贫富差距、城乡差距、区域差距还在继续拉大。因此，关注社会公平、让各个社会群体都能共享经济增长的成果，成为当前一个重要的议题。正是在这个意义上，我认为"和谐社会"的提法非常及时，非常有必要。从本质上看，保证效率和公平的和谐，才是最大

---

① 实际上法律上对此是有规定的：我国《民法通则》第八章"涉外民事关系的法律适用"第 142 条规定："涉外民事关系的法律适用，依照本章的规定确定。中华人民共和国缔结或者参加的国际条约同中华人民共和国的民事法律有不同规定的，适用国际条约的规定，但中华人民共和国声明保留的条款除外。中华人民共和国法律和中华人民共和国缔结或者参加的国际条约没有规定的，可以适用国际惯例。"根据该条，在涉外关系的法律适用上，法律适用的先后顺序是：国际条约、国内法律、国际惯例。在国内法律的适用上，有以下规则：特别法优于普通法（适用于特定地域或特殊主体或特定事项的为特别法，而适用于一切地域或一切主体或一切事项的为普通法）；强行法优于任意法（强行法要求必须遵守，如宪法、刑法、行政法）；例外规定排除一般规定；新法优于旧法。

的和谐。"和谐社会"的思路，是既关心和支持弱势群体，也要鼓励投资和发展。

创造和谐社会离不开效率，而资源的有效配置依赖于市场经济体制。市场经济体制本身就是需要一系列的法律制度来确立并维持其运行的，市场经济归根结底是法制经济。只有建立适应市场经济发展的法律制度，才能保证市场的有效性。同样，如果没有法律的保护，市场秩序就会走向混乱，无法保证资源有效配置。"和谐社会"并不"抑富"，而是主张"为富要仁"，同时鼓励"处贫思变"；"和谐社会"主张适度调控收入差距，实现人尽其力，财尽其用，致富帮贫，"贫富和谐"。

例如，如何看待和解决当前劳资关系上常见的冲突？面对100多年来的种种解决思路，我认为，对这一问题的解决，不是要工人联合起来，在法律之外举行斗争，而是应该诉诸法律，在法律框架内保护工人利益，或促成劳资和谐，或取缔不法资本，最终使得劳动者得到他们应得的部分，同时也要让资本所有者有信心、有动力继续投资扩大生产。

五、结束语

以上四点体会，都在说法律的重要性。但辩证法告诉我们，没有绝对的，事情总是相对的。《南方周末》2005年3月31日刊登陈创东的文章，指出法律并非万能。认为相信法律能解决一切问题，是"立法迷信"，会导致简单化的社会治理策略：一事发生后，媒体时评往往以亟待立法而收笔，同时，公共管理者也会以"相关立法即将启动"来消释公众的质疑。曾有人问：为什么汉高祖攻破秦都，只需与咸阳父老约法三章即"杀人者死，伤人及盗抵罪"10个字便可保天下大治，汉末，律法汗牛充栋，"法网严密"，却为什么难免天下倾覆？那就是因为，法律本身并不是万能的。这里表达的意思我是同意的。当然，对一个法律尚不健全，执法尚有困难的国家来讲，法律的重要性也是不可怀疑的，只是不要简单化和唯一化就好。

作者说明

本文是我的博士生和晋予根据2005年4月5日晚我在清华大学法学院明理楼做的关于健全法律与经济改革的讲演整理而成的。我的博士生、董念清副教授对法律部分提出很好的意见，这里再次对他二人表示谢意。

这次讲演是清华大学法学院复建十周年院庆的活动之一，王晨光院长出席并做了致辞。第二天，清华大学法学院研究生会以"李晓西教授在我院做了精彩讲座"为标题做了报道，并认为报告"理论联系实际，提出了一些很独到、新颖的观点，极大地拓宽了学生的视野，使大家受益匪浅。"

《理论前沿》杂志 2005 年第 15 期登载时加的编者按说："本文是根据李晓西教授不久前在清华大学法学院的讲演稿整理而成的。文中提出的观点，反映了一位经济学家是如何体会法律重要性的。观点很有新意，特此刊出，供大家参考。"文章后被《中国战略观察》2005 年第 9 期和《新华文摘》2005 年第 21 期全文转载。

社会主义市场经济应该是什么样子

——以广东省顺德市为例

一、社会主义市场经济下的政府体制应是什么样子

近几年，越来越多的地方政府在反思，作为一级政府，到底职能是什么？要干些什么？争论比较集中的是，政府对经济建设怎么抓？这是关系到政府职能是否明确的大问题。如果政府全面地抓全市的经济建设，那么作为经济建设主体的企业，就将成为政府抓的主要对象。在这样的指导思路下，就会派生出一堆抓企业的各类部门，就会使企业感到自己可以做的，政府总在上边或旁边不放手；而自己干不了的，政府也没有精力去做。我跑了不少地方，发现有些地方政府领导头脑中装了很多项目，谈起这些项目将产生的价值和效益，非常激动，并决心抓出个名堂来。这到底是不是好现象？我很怀疑这些地方领导有精力和时间把若干个项目一抓到底，抓几年热情不减，各种问题都能有充裕的时间和精力去找到最

优的决策方案。且不说这些项目的意义和可行性与推荐者的真知灼见有很大关系。据我观察，真正能干成这种大项目的能人轻易不去推荐什么，因为对其中的难度是有经历的，有实践经验的。依我之见，政府对经济建设这一大摊事，应以支持、协调、引导为主，不要直接去抓、去干。多年来，地方政府形成了一种认识，政府主要是抓经济的，进一步讲，要抓项目、抓企业、抓市场的安排。这种看法是否正确？顺德市政府的回答很干脆："不正确！"我很赞赏他们的看法，确实是深刻的，非常人之所见。政府就是要从经济建设的重负下解放出来，让企业按照市场引导去搞经济建设，政府为企业搞好各种服务就行了。如果总是对企业能否管好自己不放心，老在为企业发展操心，政府与企业的关系就难以真正做到政企分开。这应是对政府干什么的最重要的一个界限。

如果我们确定了这样一种对政府职能的界定，那么相应对政府的行政管理体制就会有完全不同于目前占传统地位的新举措。当前，在中国的各级政府中，其职能划分和机构设置上存在的最主要问题就是把应由企业这类市场经济主体干的事揽到自己身上，体现为政企不分，把国家组织全社会经济发展的职能，错误理解为政府直接办企业、搞经济。具体讲，有这样几种表现形式。一是党政两套班子同时在管社会行政事务，造成机构重叠，办事扯皮，行政效率不高。顺德市在机构改革前，仅重叠机构多达100多个：市委设农委，政府设农办；市委有组织部，政府有人事局；市委设纪委办，政府再设个监察局；等等。二是政府本身的管理机构分工过细，机构多了，职责反而不清了。如，管理工业的有四个局：工业局，农林局，二轻局，乡镇企业局；管理农业的有五个局：农林局，水产畜牧局，绿化委办公室，糖业办公室，饲料办公室。三是政府管理机构本身也存在政企不分的问题，如商业局和供销社，既有行政管理职能，又从事商业经营活动。四是行政机构中的立法与执法关系不清，行政管理部门自立法规，习惯于用各式命令来管理社会事务。五是直接抓经济活动，方便了政府机构直接从企业取得利益，助长了小金库，助长了乱收费、乱罚款。

顺德市党政领导看到了这个问题。1993年年初，趁市委、市政府换届之际，经请示省委批准，进行了机构改革，主要内容是"上合下并，政企分开"。改革目标是：建设一个既体现党的领导又调动各方面积极性的行政领导框架；建设一个层次少、人员精干、职责分明、富有效率的行政管理机构；建设一个依法行政、公开透明行政的行政机构。同时，健全和完善监督机构。"上合"就是建立"一个决策中心、五位一体"的市领导架构。市人大主任、党员正副市长、政协主席、纪委书记，均为党委会成员，党委会成为几套班子的联席会议。为解决党政领导分工的重复交叉，对全市的各项工作，只分工一名常委会成员主管，以明确权责。"下并"就是委、办、局该并就并，不并就精兵简政，不再设归口管理机构，撤销全部委、办，各局直接由市委、市政府领导。对原有机构，实行同类合并，如市委办与市政府办合署办公，纪委与监察局合署办公，计委与统计局合并为计划局，文化局与体委合并为文体局。有的并旧改新，如撤销经委和乡镇企业局，成立工业局，负责全市工业的行政管理；撤销农委、农办、农林局、水产畜牧局、绿委办、糖办、饲料办和农业基地公司，成立农业发展局，负责全市农业的行政管理；撤销外经贸委、财办、口岸办、商业局，成立贸易发展局，统管全市的内外贸。财政局、公安局、教育局、环保局、计划生育局等保留、强化。"政企分开"，就是把存在政企不分的行政机构进行分离，把行政职能归主管机构，原部门转为企业或事业单位，如商业局改革为商业总公司，其行政职能归到贸发局；广播电视局改为广播电视总公司，其行政职能归口宣传部；人才交流中心从原人事局中划分出去，变成纯事业单位。更为重要的一项政企分开是表现在投资方面。现在政府确立了新的投资观念和参与投资的程序，基础建设和社会福利项目的投资，以政府为主，并以政策引导，鼓励民间资本和外资参与；凡是外资和民间资本可以办、有能力办的项目，民间自己去办，民间办不到又非办不可的项目，如高新技术项目，政府进行导向性投资；政府投资由过去直接投向企业转为投资基础设施和社会公益事业；形成规模化的社会筹集、企业融资、个人注资、外商投资的多元化投资体系，初步形成混合型经济的格局。

为真正高效地实现政府职能，顺德市提出了"行政"六标准，即"依法行政，规范行政，透明行政，高效行政，服务行政，廉洁行政。"就中国的情况看，这六标准中各级政府最需要熟悉的是"依法"和"透明"。地方行政管理，执行的是全国人大通过的各项法律和中央、国务院的各项政策、法规。为更好地执行，地方可以颁布一些具体的规划和办法。这些地方法规是局部性的、时效较短的，只具有"准法律"效力。顺德先后出台了《中心城区总体规划》等 14 个地方性法规，涉及市场管理、社会保障、城乡规划建设、环境保护、安全生产、劳资关系等，使各项工作有具体法规可依。所有出台的政策规定，都在《顺德报》上公布，这就透明了。再比如群众关心的土地问题，顺德市规划国土局近两年来加强内部管理，实行项目联审、发证双签，并每月发布一次《顺德规划国土通讯》，公开审批项目，接受监督。行政事业性收费公开，干部招聘公开，公共工程招标公开，规定凡政府投资 100 万以上的公共事业建设工程和 50 万元以上的装修工程，一律实行公开招标。公路沿线的加油站，统一规划设点，招标建站、限期经营。行政事业单位财政管理实行收支两条线制度。透明了，老百姓就知道该如何办了。

由于经济发展，市财政力量相当强了，在社会治安等关键性公共服务方面，该市也搞得颇有成效，他们投放巨资建设了全市社会服务指挥中心、信息服务中心和党政军警培训中心，大大强化了社会管理和服务。

二、市场经济中的政府与企业关系应如何摆

政府定位不是政府"自己"的事，而是体现在与其他关系的界定上，就转轨国家而言，一个最重要的关系，是解决好政府与企业尤其是国有企业的关系。这个问题解决得好，政府职能才算真正"定"了"位"。这是一个相当难的题目，尽管我们改革开放近 20 年了，但从全国情况看，这个问题并没有解决。如果下一个判断，只能说，现在处于这个问题解决的前夕。为什么这些年都没能解决呢？首先，因为改革直到 1992 年党的十四大，才确定了建立社会主义市场经济体制，之前，市场化的进展并没有真正触动政府机构的市场化方向的改革，而仅仅是从精兵简政角度进行的。十四大以后，强调了以政府职能转变为中心的机构改革，这才使行政体制改革走上了与社会主义市场经济适应的方向。而这仅仅只有五年。其次，市场化改革是由政府领导进行的，政府机构一方面充当着改革的领导者，一方面又充当着改革的对象，这个关系是相当难摆好的。为什么说现在面临解决的前夕呢？因为现在地方政府普遍已认识到政府与国有企业的关系与以前应有根本性改变，尤其是东南沿海一带，这种认识已成为共识，每一位市长都会讲出一番自己的体会。在中西部

地区这种认识相对弱一点，理论上也许认识到了，但很多地方政府还不得不依赖国有企业为其出财、出力、出车，还没有真正体会到仅靠税收和正当收费运转政府的甜头，但也有变化，正在努力向东南沿海地方政府学习和仿效。南风已劲吹，不久北方也会绿草竞发的。

顺德在这方面的改革在全国是有超前性的。前几年顺德人搞静悄悄的产权改革，取得了很大成功。现在他们已不再满足于"静悄悄"了，而愿意让人们看看他们的实践效果，愿意与大家共同分享改革的经验。改革开放以来，顺德以大办乡镇企业为主要形式，开始了工业化的进程。经过十几年的努力，基本完成了农村工业化。到 1992 年时，全市工农业总产值 175 亿元（按 1990 年不变价），工农业产值比例已从 1978 年的 49∶51 转变为 92∶8。在农村工业化进程中，形成了"三个为主"，即公有经济为主、工业企业为主、骨干企业为主。据 1993 年调查统计，工业企业注册资本，公有经济占 74%，外资占 25%。1992 年时，市政府抓的企业多达 1 000 多家，从立项上马、贷款筹资、任命干部、生产营销、分配计划等都要管。地方政府成了"集团公司"的"大老板"。政府越管越多，越管越粗，决策失误也越来越多；企业成了政府附属物，失去了自主权，越来越没有活力。正是在这样一个背景下，顺德市开始了政府与企业关系上的彻底改革，在实行政企分开、政资分离、转变政府职能方面下了大工夫。

首先，开展了以产权制度改革为核心的企业制度改革，按照"抓住一批、放开一批、转让一批"方针，全面清产核资，进行资产评估，产权界定，明确归属，对公有制企业进行公司化、股份制改造。在此过程中，摸清了公有资产家底，盘活了公有资产存量，优化了公有资产配置。政府部门不经产权代表同意，不能调动国有资产，公司制企业人事任免由董事会决定，政府不干预。审计逐步由社会中介公开、公正地进行。

其次，在政企分开的基础上，进一步促使政资分离。建立公有资产新的管理体制和运营机制。由过去政府直接管理企业变为通过公有资产管理委员会—公有资产投资管理公司—公有全资、控股、参股企业三层架构，对公有资产实行管理。把原来由财政部门直接对公有资产的管理，转变为由公有资产管理机构来间接管理。政府不直接参与企业生产经营活动，而是通过加强对投资管理公司和公有资产的保值增值考核，确保对公有资产的有效管理。过去主管经济的行政部门真正与主管的企业脱了钩，从直接干预企业经营转到政策引导、协调和监督。政府部门不再有直属企业，不再从企业直接取得非正常利益。企业也再不能从主管或直属部门那里取得任何特殊优惠。企业作为市场的主体，具有了真正按市场需求组织产销的权力，具有了内部管理的全部权力。这意味着市场将主要由企业来安排，而不是由政府来安排，正是在这样一种环境中，必然会产生出真正的企业。

最后，如果让我们就政府、市场二者关系来对企业定位的话，我想讲的有三句话：安排市场是企业的天职；安排市场是企业生存、发展的基础；安排市场是众多企业对千百万消费者各种需求提供多样化供给的过程。只有在企业没法安排，或按市场调节程序难以安排的市场上，才需要政府来组织安排、必要时组织供给的全过程。

三、社会保障体系——社会主义市场经济的基本条件

政府与企业各自定位后，解决的主要是"二者不能过度联系"，但进一步的问题是，不能没联系。政府干预企业经营属过度联系，但政府对失业问题不能不管，对不能只靠企业解决的职工养老、看病、工伤等问题，也不能不问。过度联系，企业没活力；失去联系，社会不安定。这是问题不可分割的两方面。我认为，社会保障体系，就是政府与企业建立正常的联系网络，对企业职工而言，这是安全网；对政府而言，这是与群众的联心网。现在凡为政府行政定位者，凡为国有企业改革深化而探索者，都不约而同地发现，这个网络实在太重要了，不能没有。有人认为什么地方率先建立社会主义市场经济体制初步框架，这一条应是判断的重要内容。

改革之初，顺德市已初步建立了若干方面的社会保障。近两年来，他们加大力度，深化和完善这项改革，逐步建立起社会共济和自我保障有机结合的社会化保障体系。主要内容如下。

一是建立社会保障机构，健全各项保险制度，加大保险覆盖面。首先是成立了顺德市社会保险事业局，具体负责社会保障制度的执行和业务的开展，各项保险基金的征集、管理与运作，保险基金的安全、增值以及各项保险金的给付。全市全面推行了养老保险、医疗保险和工伤保

险。养老保险由社会共济和个人储蓄相结合。企业每月按工资总额10％为每个在职职工投保，职工本人以工资5％作投保储蓄；企业转制前已离退休的人员按每人每年工龄600元的标准投保。其次，医疗保险方面，实行了门诊包干制度和住院医疗保险制度。门诊包干制度按照工龄分三个档次发给；住院医疗保险则取消了原有赔付额度为1万元的档次，规定除个别亏损企业经主管部门审核同意可为员工投保赔付额度2万元（年投保金额180元）的保险档次外，其余企业要为职工投保无限额（年投保金额280元）的住院医疗保险；同时，在农村推行住院医疗保险。此外，还设立了工伤保险。工伤保险基金根据不同行业危险程度和工伤事故发生频率划分为年缴保费72元、84元和96元三个档次，全部由用人单位支付，补偿分为致残补偿和死亡补偿。目前，全市有24.3万人参加了养老保险，54.2万人参加了住院医疗保险，22.4万人参加了工伤保险。1996年，退休人员养老金发放标准是市属平均每人每月340元，镇属人月均300元。今后还将按价格上涨幅度进行调整。

二是实行划分贫困线制度，做好困难救济工作。对农村月人均收入不足150元，城镇月人均收入不足200元的贫困户，每人每月补足至150元和200元，这些贫困户的子女入学读书，免收学杂费。对无经济来源、无工作能力的"三无户"，由市政府拨专款给予定期救济，每人每月补贴180元。对"五保户"则每人每年补贴2 500元。同时，做好伤残军人优抚工作。对全市伤残军人，由市统一向德安保险公司投保无限额档次的住院医疗，并对没享受公费医疗的在职、在乡伤残军人，统一发给门诊医疗证，实行公费医疗。还设立职工解困基金，帮助一些有实际困难的职工。

顺德市社会保障的建立，较好地解决了企业的冗员负担包袱，解决了企业之间的社会负担不平均、不合理的现象，为企业创造了平等竞争的环境，也使企业职工和困难人员解决了后顾之忧，为改革的顺利实施创造了稳定的社会环境。当然，社会保障体系是相当复杂的，如何处理社会保障与商业保险的关系，还有待进一步的探索。

四、市场经济中精神文明定位初探

如果以为建设社会主义市场经济体制没有道德这类属于精神文明的

部分，社会主义市场经济建设本身也会发生困难。从某种意义上讲，"社会主义"这几字中，就蕴涵着中外多少代先哲们对高尚文明境界的追求，也是对"市场经济"效率背后公平性理想的强调。

这些年，顺德人在建设物质文明的同时，没有忽视精神文明建设。顺德全市11个镇，文明镇就达9个，占全市的82%，而文明户比重高达85.5%。这是非常大的成果。以"兴教育才、人人参与"为主题筹集教育基金的活动，吸引了全市1 500个集体捐款，50多万个人捐款，共筹得人民币8 005万元，港币1 330万元。市、镇教育基金已达1.6亿元。一批高水平的幼儿园、中小学、医院、派出所等相继建成。全市现有大中小学317所，其中完全中学14所，职业中学16所，成人大中专学校5所，全面普及了九年制义务教育，高中普及率达82%。全面实施初级卫生保健，全市现有医疗卫生机构17个、农村卫生站（室、所）153间，市属医院和镇级医院分别达到国家二级甲等、二级乙等医院标准。文体事业蓬勃发展，全市有各类体育场馆1 040个，影剧院、文化馆（室）、图书馆、歌舞厅等遍布全市城乡。企业文化和群众性活动十分活跃，有各类文化协会、社团130多个。1996年举办各种较大规模文体活动300多次，全年共获各类体育竞赛冠军70个，市男女龙舟队和均安镇农民女子篮球队多次参加国际、国内比赛，屡获冠军。此外还拥有面向全省发行的《顺德报》、广播电台、无线电视和有线电视台。近年来，在精神文明建设方面，有46个单位，79个个人荣获省委、省政府和国家部级以上的表彰或奖励。短短五年中，顺德获得了"全国双拥模范市"、"全国少儿教育先进市"、"全国卫生医疗先进市"、"广东省小康达标市"等多种称号，反映了其精神文明建设的成就。

上述精神文明的成果使我产生这样几点感想。一是顺德精神文明搞得好，与物质文明发展快是相关的，后者是基础，前者才能有大的物质投入。二是精神文明在一定意义是人类更高的追求，是生活得更美好的目的。当人们物质生活满足后，更多的需求将在精神文明方面。三是精神文明是一个很广的概念，包含多方面的内容，有些内容本身就是生活的质量问题，因此，离开物质文明发展精神文明是不可想象的。

如果要对道德在市场经济中做一个定位分析的话，我想说，市场经济绝不是笼统地反道德的，市场经济有初级阶段和现代之分；道德有传统和现代、社会公德、职业道德、传统美德等多种类型，道德有可继承的、全人类公认的，也有打上时代或阶级烙印的。因此，市场经济自发力量破坏了有些道德可能是有利于社会进步的，而另一些破坏则可能是反社会的、反文明的，这需要具体分析。但可以肯定一点，由市场经济必然产生的金钱至上观念将会因种种恶果而被越来越多的非金钱观所限制，非金钱观是社会稳定和具有凝聚力所必需的，这一点将会随着时间推移而更加清楚。

作者说明

本文是顺德调查后的体会。本来有很多感想，但没时间写出来，准备不写了。后《国际经济评论》邵滨鸿、王宇女士不断催稿，只得赶写，这篇文章算是对调查有个交待，对杂志有个交待了。本文发在《国际经济评论》1997 年第 12 期上。文章写得比较粗，但基本内容还是有新意的，当然不是写作人的水平，而是顺德人的新意。文章中不少内容是顺德有关部门提供的，尤其是市委宣传部。因此，比较真实、具体。不久前，香港一家杂志把有关我的几篇文章编成一个传记体的介绍，其中一部分就是从本文中撷取的，可见，本文还是有引人关注的地方。

文章前面有杂志编辑部加的一段编者按，引在此省我再写简介了："本世纪在我国建立社会主义市场经济的初步框架是一项艰巨的任务，就全国范围而言，有可能是东南沿海省市在这方面先行一步，然后在全国扩展，这是本文的一个主要观点。不久前，国务院研究室李晓西博士应邀去广东顺德市进行了一次很有价值的调查，他以顺德为例论证了上述观点，并从四个方面具体说明了社会主义市场经济的初步框架应该是什么样子。"

去顺德有很多人，老一辈经济学家如刘国光、童大林、张卓元等，年轻一些的有丁宁宁、李扬等。大家参观了若干家全国有名的家电企业，听取了政府的介绍，确实有不少感受。

文章题目比较活泼，是比较活跃的邵滨鸿和王宇两女士起的。邵滨鸿女士是中央电视台东方之子的主持人之一，和我有多次交往，比较熟悉了。她俩为文章起的这个题目，好像是对我研究的一个"警告"，在告诉我，你的一切研究不算什么，你才刚刚介入"社会主义市场经济应该是什么样子？"这个题目，一切从零开始，继续努力吧！

卷

第 二 篇

经济增长方式的转变

我国经济增长分析

　　经济增长，在传统体制下，主要是如何解决供给的问题，如何围绕短缺进行投资的问题，是一个资源约束的问题。但在市场经济条件下，逐步变成了如何解决供给要适应市场的问题，变成了需求管理的问题，变成了解决市场约束的问题。当然，这其中，包含着政府职能的转变，包含着投资、消费与经济增长的关系，包含着对新增长点的认识和选择。下面分四个方面进行分析。

一、我国经济增长格局发生了什么变化

（一）经济增长格局有了很大变化，但真正的根本性变化还未实现

　　记得 1997 年年底，大家为高增长、低通胀的大好局面而兴奋，认为那是了不起的成绩。但没料到，一转入 1998 年，经济增长就难上加难。8％的 GDP 增长速度，在前几年能轻易超过，但 1998 年就花了天大力气来力争。为什么？应该

说，经济增长格局确实发生了很大变化。总需求不足成为明显事实，反映在市场上，是全面的疲软。几乎没有供不应求的商品。这是好事，也是企业头痛的事。

我认为现在的经济增长格局中总供求关系有了很大变化，需求不足是严重的，但不能说发生了根本性变化，不能说已进入过剩经济和供过于求的新阶段。为什么？我的理由，一是"消费不足"与"消费不起"并存，消费不起矛盾更为突出。贫困人口5 000万，下岗职工1 000万，农民收入相对下降，因此，消费不起是大问题。消费不起意味着分配体制上存在着较大的问题，需要进一步改革。二是"现实的购买力不足"与"潜在的购买力充足"并存。所谓"过剩"，是指产品相对于购买力而言的。东西多货币少，存在缺口。现在购买力潜力很大，城乡居民存款达6万亿，是相当大的数额，表明具有巨大的潜在购买力。但由于种种原因，潜在购买力没有转化为现实购买力。所以说，商品相对于购买力过剩，是表面的、暂时性的。三是不仅总需求存在不足的问题，总供给也存在有效供给的问题。供给结构调整，更多的是在国有企业改革的题目下进行，而不是在产业政策或产业结构调整的旗号下进行，但同样属于经济增长中的问题，同样与总供求紧密相关。我们不能因为现在需求不足问题突出，就忽略了这些年来对结构调整努力的重要性。在经济增长时，我们不能只看需求问题；在讲改革时，也不能只讲供给结构调整问题，也有一个有效供给是否充足的问题。四是"过剩阶段"的提出，与经济政策调整变化速度超过经济增长格局变化速度有关系。经济政策从控制速度、控制过热转向争取速度，扩大内需；财政政策从从紧走向实际上的从宽；货币政策从松，发生得很快，比经济过程变化速度快。这一方面反映了政策没有在新情况出现时就及时调整，因此，当时反应慢了；另一方面，又反映了决策人决心大，一旦认为要调整，就马上动手，全面性扭转，并迅速把需求政策上升为主要的政策面，把多年传统的供给为主的宏观政策放在第二位。应当说，这是正确的。但也要看到，政策变化快，也就使人们对一些问题的判断容易过激，一种潜意识可能是认为政策变化与发展阶段变化是一致的。其实，政策在发展阶段不变时也要调整，何况发展阶段中又有多个小阶段，情况是复杂的。

根据上面的分析，显然，我不同意现在"供大于求新阶段"或"通货紧缩阶段"的提法。划分阶段不能只根据供求，只根据政策变化，而应从主要矛盾的性质来判断。我认为现在仍是改革开放的大阶段，是需要正确处理改革、发展和稳定三者关系的转轨阶段。现在供求关系的变化，不过是转轨中出现较大波动的一个时期。退一步讲，如果要单从供求关系判断阶段，我认为也只能说是温饱基础上的基本充裕而已，仅是低水平发展阶段上的一个临时供大于求的站点。中国经济全面的过剩，还需要"住"、"行"两大需求得到满足后，才有可能。而这需要较长期的努力。

（二）从工业竞争力看我国经济增长

判断中国工业的竞争力，是件相当不容易的事。这里需要回答的问题是：改革以来，中国工业竞争力是提高了还是下降了？当我查阅有关资料时，感到有些材料在说明我国工业竞争力在下降，有些材料在说明我国工业竞争力在上升。如何对这些复杂矛盾的事实进行抽象，提出一个客观的符合实际的结论，是一道难题。下面提出这样几个观点，供大家参考。

1. 中国工业结构市场化方向的变革，使工业整体的竞争功能在提高

系统工程有一个原理，系统的功能是由结构决定的。这一点对我们分析工业系统可能是适用的。离开结构分析，工业系统成千上万个企业，情况各异，很难判断。我们可以找到各种结构，比如，按盈亏将企业划类分析，按通常用的工业大中小行业的统计分类来分析，将重要工业产品单独进行分析，按所有制分类分析等。

我国工业经济迅速发展，是推动国民经济增长的主导力量。从1980年到1996年年末，我国工业资产总额已达85 730亿元，比1980年增长了16倍；工业增加值达29 083亿元，增长了5倍；工业总产值增长了9倍；上交税金增长了13倍。一些重要工业产品如煤炭、钢、水泥、布的产量跃居世界第一；化肥、化纤、发电量居世界第二位；家用电器、计算机、通讯器材和轿车等，发展很快；从90年代起，工业品短缺已基本解决。这些经常引用的数据，说明了中国改革以来工业经济发展很快。至于中国工业经济竞争力，比改革前有所提高。中国产品出口当时是以农副产品和原材料为主，现在机电产品成为第一位的出口产品，船舶出口在国际市场上已排在第三位，仅次于日本和韩国。

但是，从整体上讲，从参与国际市场竞争来讲，我国工业竞争力还

是比较弱的。因为我国工业发展走的是高速度、低效益的外延型扩张道路，结构问题没有解决。一是基础工业滞后于一般加工业，我国基础工业产品价格与国际市场平均价格相比，没有什么优势。半数以上的加工业产品生产能力利用率在 60% 以下。二是企业规模结构不合理，在适合大规模生产的行业，我国企业规模普遍偏小。三是工业的地区结构严重趋同。要提高我国工业整体的竞争力，必须有一个合理的、总体效益高的产业结构。

三资企业、乡镇企业、私营、个体企业按市场机制运作，经营灵活，国有企业普通产品可参与市场竞争，紧俏产品价格控制。应当承认，三资企业的竞争力是最强的，既有技术优势，又有管理优势。联营企业中很多是股份制企业，在技术和制度方面，也是比较强的。国有工业企业技术相对较强，但企业产权制度、管理制度正处于改革之中，加上历史欠账太多，因此，竞争力大受影响。在总体上，城镇集体、乡镇企业和个体户，技术还很难能比得上国有大企业，但是在市场运作方面比较适应，因此，发展比较快。根据中国社科院经济所的一项调研成果，1978 年到 1990 年，乡镇企业利润比国有企业平均高出 40% 到 80%，资本产出率也更高。城镇集体企业位居较高水平的乡镇企业和较低水平的国有企业之间。结论是，排除企业面向市场程度以及出口进展情况来看，不分所有制的情况，总体上讲，中国工业的盈利能力在整体上是下降的。国有企业尤其如此。

2. 我国国有工业从整体上看，潜在竞争力在下降，市场占有率在下降

国有工业资产仍是工业资产的主体，但是国有工业的产值、增加值、销售收入、利税等指标在全部工业的同类指标中所占份额明显低于其资产份额。国有工业必须进行战略性调整。

国家统计局工交司有一个统计，它们将国有工业销售收入的行业比重与总资产的行业比重的比值作为竞争力系数，即单位资产的产出占有的市场份额，这里产出指标用的是销售收入，这是反映市场占有率的重要指标。系数等于 1 是个平均值，就是说，你的资产在行业中占到多大比重，你的市场销售也占到同样比重，这就相称了。系数大于 1，表明竞争能力高于行业平均水平，系数越大，表明竞争力越强。1994 年国有工业行业小类亏损连续三年以上的达 312 类，1995 年有 345 类，

1996 年上升到 382 类。在所列的 240 个小行业中，竞争力系数达到平均水平 1 的仅 9 个，其余 231 个行业的竞争力都低于平均水平。其中低于 0.8 的达 80%。有 57 个小行业低于 0.5，照相机及器材制造业仅为 0.1，销售占有率相比资产占有率太低。总之，这些都反映出这些亏损的小行业中国有部分的竞争能力较差。当然，这种办法，是反映竞争力的一种办法，销售比例在很大程度上可以反映出市场占有率，应当说这个竞争系数是比较好的指标。

（三）从国际竞争力排序变化，看我国经济增长在世界上的反映

中国工业竞争力在世界市场上的位次正在提高。国家竞争力由众多指标组成，直接涉及工业竞争力的指标至多有 20 个，而判断国家竞争力的指标为十个大类，几十个方面，两三百项指标。我国国家竞争力在各国世界竞争力排行榜上处于上升趋势，这说明工业竞争力也是提高的势头。

瑞士洛桑国际管理发展学院（IMD）每年都发表关于各国世界竞争力的排行榜。这种排行是按八到十个大类，四五十个方面，两三百项指标对近 50 个国家进行的综合评价。这些指标 2/3 源于统计，1/3 源于企业家调查。1993 年世界竞争力报告首次列入了中国，当年在与俄罗斯、印度等转轨国家比较中，中国名列第 1 位。1994 年中国加入分项目比较，但未参加总评排序。1995 年是第一次参加全部项目比较并排序，排名第 34 位。1996 年上升为第 26 位。世界竞争力的有关报告及其排行榜中对中国的评价，在一定程度上反映了我国经济的优势和与发达国家的差距。

1. 我国国际竞争力优势分析

第一，经济增长速度列世界前沿。有 4 项为第 1 位，即 GDP 增长率、人均 GDP 增长率、国内总投资增长率、个人消费支出增长率。而工业生产增长率、服务业增长率、零售业增长率同列第 2 位。国内储蓄额增长率、固定资产总值和农业增长率同列第 3 位。

第二，中国经济管理体制改革取得显著成效。在"政府作用"这一要素中，排名列前的有 12 项，排名列后的仅 4 项。指标显示，中国政府对经济干预程度低，而经济的市场化程度比较高。比如，税收占 GDP 的比重低（第 3 位），政府开支占 GDP 的比重低（第 2 位），对企业补贴低（第 11 位），政府政策透明度高（第 7 位）等。而"少数企业主导市场的程度"列第 2 位的评价，表明市场竞争已成为我国社会经济生活中重要内容。综上，反映了我国政府制度改革取得的长足进展，计划经济向市场经济转轨取得的成就。

第三，"国际化"成果获得世界承认。在"国际化程度"要素的十个具体指标中，七个列前，三个列后。吸收海外直接投资（第 2 位）、进、出口的年均增长（第 2 位和第 5 位）、贸易顺差（第 7 位）、在进出口商品与服务中的表现（第 11 位）以及对外国投资者的保护程度（第 1 位）等指标，均排名前列。

第四，基础设施和社会科技有较大进步。在"基础设施"要素中，我国能源自给率、空运旅客数、电脑使用量占全球使用量之比等，分列第 6 位、第 4 位和第 12 位。在"科学技术"方面，我国研究与开发资源列第 6 位，其中开发专职人员总数，列第 2 位，专利的年均增加率，列第 7 位。

2. 我国国际竞争力相对落后的方面

被归纳列后的 51 个指标，我国与发达国家差距主要如下。

第一，人均指标落后。在"国内经济实力"要素中，相对列后的是人均 GDP（第 43 位）、人均个人消费支出（第 45 位）、人均零售额（第 43 位）等指标。要提高人均指标，在发展经济的同时，必须在相当长的一段时间内，坚定不移地控制人口增长，持久地搞好计划生育工作。

第二，经济管理效率不高。在"政府管理"和"企业管理"两个要素中，"官僚主义妨碍企事业发展"、"政治制度是否适应当今经济挑战"两指标，列第 46 位和第 39 位。劳动生产率、公司业绩和管理效率分列第 36 位、第 28 位和第 36 位。

第三，金融体制不健全。融资能力列第 45 位，金融服务列第 34 位，股票市场列第 32 位，中国国内企业在取得国外资金和国内信贷方面列第 43 位，国内的资金市场和银行对外资企业平等相待列第 42 位。

第四，国际化程度还不高。参与国际分工程度不高（第 45 位），与国际信息网络联接还很不够（第 45 位），企业经理的海外邮件很少（第 44 位），国内公司进入国外资本市场困难较大（第 43 位），具有国际管理经验的高级管理人员数量还不多（第 44 位）。

第五，基础设施落后。"基础设施"总评价列第 40 位，其中技术基础设施列第 45 位，运输基础设施列第 44 位。

二、如何寻找和培育新的经济增长点

（一）寻找新的经济增长点需要广开思路

在市场经济条件下，在供大于求的环境下，寻找新的经济增长点需要广开思路。

1. 从与发达国家经济史比较中看新的增长点

我们正在向发达国家迈进，正在经历发达国家曾经历过的发展阶段。因此，曾经在发达国家中起过支柱作用的产业，现在也会在我国经济发展中起支柱作用。比如初期的钢铁业、化工业和后来的房地产建筑业、汽车制造业等。发达国家中现在正发挥支柱作用的产业，将来也会是我国经济发展中的支柱产业，如服务产业和信息产业。我们可以根据发达国家的经济史，搞出一个支柱产业清单来。

2. 从世界市场分工体系变化规律看新的经济增长点

新经济增长点不仅要看它在国内经济结构演变中是否合理，也要看它在世界经济结构中起什么作用。我们有些产业，是从发达国家和地区转移过来的，这些产业在一定时期内肯定会有发展，但从长远看也可能会在结构调整中继续向落后地区再转移。我们要承认我们的差距，接受这种转移，同时，也会在发展后向外再转移。这样形成的产业结构是合理的、可接受的。相信在加入世界贸易组织后，在国际大流通中，还会面临新的分工，形成结构调整中的一种外力推动。

3. 从现有部门中找增长点

就中国国情而言，传统产业不是淘汰的问题，而是产业升级的问题。产业升级中会出现新的经济增长点，也可能形成新的增长面。比如，在发展煤炭业上就需要新的思路。世界对煤炭使用在控制，而石油价格又很便宜。中国该怎么办？中国应从环保角度搞煤化工，市场前景很大，但需要政府引导和支持。中国能源还要靠煤。煤的利用没有过时，关键是经营煤的观念太落后，企业只想捞一把，不顾环境，搞短期行为，这需要从制度上给予约束。

4. 从对具有公共性产品的投资上寻找新经济增长点

国家向基础设施投资是完全正确的，但同时还可以在具有公共性的产业上投资，这也是必要的。这可以看作是在经济不振条件下实施的反周期政策措施。这种性质的产业不少，比如，军工产业，它的发展需要国家支持，它应得到比一般产业更多的财政帮助。这不仅是因为国家需要安全产品，而且是因为军工企业发展后，可向社会转让高新技术。美国军工就是高科技的领头羊。又比如，发展环保业也是具有公共性的产品。从市场盈利角度看，私人资本不愿投，至多是参与。政府应当发展这个产业，比如城市的垃圾改造，政府责无旁贷。同时，可以用各种办法引导和支持私人企业从事和发展环保产业。

5. 从知识经济发展方向看新的经济增长点

当前，一个需要尽快发展的行业是具有高技术含量的服务业。这类服务业有很大的发展潜力，对经济的作用很大。另一个需要尽快发展的行业是信息产业，包括信息业的硬件，如电话网、数据网等，也包括具有各种用途的软件。信息业的发展对促进国民经济发展作用很大。根据美国的经验，在发展知识创新时，一定要注意"三结合"，即知识创新、技术创新、产业创新三方面要结合起来，单纯的知识创新是不足以形成新的经济增长点的。

（二）培育新的经济增长点需要制度创新

制度改革和创新对经济增长有巨大的作用。中国现在再次进入了一个制度"瓶颈"阶段，现在需要在前20年改革的基础上改革加创新，才能创造出一批新的经济增长点，形成一个经济增长面。

首先要谈谈人才形成方面的制度"瓶颈"。形成新的经济增长点关键要有人才的涌现。人才是企业发展的关键，也是形成经济增长点的基础之基础。在管理和技术人才的问题上，需要制度有新的安排。现在企业管理水平普遍不高，其中一个原因是现有制度难以合理配置管理人才资源。由于管理人才难以流动，企业家市场没有形成，一些有管理才能的人没有机会表现，加之国有企业在管理人才的选拔上存在行政式规章，管理人才和技术人才的报酬中没有创新的内容，因此，没有形成管理人才和创新型技术人才大量涌现的局面。民营企业在这方面好一些。比如深圳华为集团，作为一家高科技民营企业，实行技术入股，调动了科技人员的创造力和责任心，短短几年，已创造了上百亿产值，于私于公均大有好处。很多国有企业制度中没有这种制度安排，使真正有创造力和管理水平的人才或流失，或应付一般性工作。因此，要真正搞好经济结构调整，需要从制度上鼓励管理和技术人才的涌现和成长。

光大银行证券研究所所长黄江南有一个研究成果不错，对认识制度对经济增长的作用很有说服力。他认为，要使住房成为新的经济增长点只需略为改变一下有关制度。商品房大量积压，很重要的原因是房价太高，消费者买不起。房价之所以太高，一个重要原因是土地批租，这是从香港学来的办法。香港土地少，需要高度集中管理，搞土地批租是正确的。我们实行土地批租，各级政府从中一次性获取相当数额的租金，大大提高了商品房的成本，使房子价格大大升高了。美国实行土地征税，不是一次性收地租，而是每年收地产税，房主要自己承担。每年交的数额小，国家一直有收入，而商品房价格就大大下降了。征收的房地产税也还是为房地产服务，用于交通和水电等。按此办法，北京房价会下降一半，就会形成私人购买商品房的高潮。房价下降和交房地产税，对房地产开发商的暴利和囤积房源的行为，是有力的抑制。所以，制度调整或改革，会直接有助于经济增长点的形成和发展。

（三）支持经济增长需要发挥资本市场的作用

资本市场对经济的影响越来越大，对经济结构的扶优扶强作用越来越明显。1998年1月至10月发行新股93家，发行基金5家，共募集资金835亿元。截至10月底，上市公司已达860家，其中A股公司809家，B股公司106家，H股公司43家，累计募集资金4100亿元。最重要的资本市场——股票市场，已有3300万股民。1998年年初时，长虹集团在资本市场融资后，很快使其市场占有率达到了40%。通过资本市场可以迅速进行产业结构的调整，使有效益有成长性的企业得到资本市场支持而扩张性发展，没有市场效益的企业得不到资本市场的支持而受到抑制，这本身就是进行产业结构的调整。资本市场还是促进企业改进内部治理结构的重要手段，凡是要上市的公司，都要对内部结构进行符合现代企业制度的改造。

国有资产结构优化是存量调整中的重点。存量调整有多种方式可以采取，利用资本市场调整存量结构是重要的一种。现在我们正在进行重组和并购，但重组和并购的机制和法规尚不健全，操作中有很多困难。这个制度问题不解决，结构调整就失去了重要途径。国有资产存量调整，要允许换股并购，这种做法，不增加企业负债，很有用。"联合"也是一种办法，需要继续进行。存量调整中要发展高新技术，让高科技企业得到更多的资金。现在国有股与法人股不能转让上市，已成为资本市场中结构调整的大问题，需要解决。国有资产转到非国有，也是存量调整中经常遇到的问题。"卖"只是一种办法，不是唯一的。还有一种办法，可以把企业的日常经营权让给非国有经营者，并以契约办法定出双方的权责。现在银行有不少贷款收不回，不如允许银行持有国有企业股票，效果比贷款可能还好。

利用证券化解决银行不良资产。现在国有银行和国有企业都有大量的不良资产，是否可以让证券公司把不良资产买过来，重新组合后，卖出去。这是各方都愿意的，也是受市场欢迎的。这种办法，在国外非常流行，是与金融衍生品并列的新的金融分析技术。这样一来，经营不善要关闭的金融机构或企业，在政府监管下，由商业银行或金融公司来托管处理，大大减轻了政府因行政性关闭而背上的包袱。

当然，资本市场要承担支持经济增长、结构调整的重任，本身制度需要进一步健全。首先，中国资本市场还不成熟，国家应通过法律加强对资本市场的管理。资本市场突出的问题是投机性太强，投机性资金多达几千亿，因此，重要的工作是把投机市场转为投资市场。在管理上要逐步向国际规范靠拢。资本市场一定要建立公平竞争机制，比如，简化对上市公司的行政性审批，否则设租寻租，容易造成腐败。对优质企业上市要放开，按国际通例，审批权应下放到交易所，证券会监管交易所。取消上市额度分配，强调上市所需要的统一、规范条件，打破地方政府对上市公司的限制。其次，资本市场本身还需要进行改造、提高。现在资本市场上投资者轻业绩、重消息，券商重收益、轻安全，上市公司重筹资、轻转制，管理层重审批、轻战略，这些都是要改进的。当前特别是要注意提高上市公司质量，促使上市公司加快技术改造。最后，资本市场还需要在发展中创新。发展股市的同时，要大力发展债券市场。通过债券市场，利用可转换债形式，支持国有大企业存量资产的调整。企业债券要进一步完善和入市，国有股和法人股也要伺机入市，这些都将有助于发挥资本市场的功能和作用。

三、政府在促进经济增长方面负有重要责任

（一）政府在经济增长中的行为方式分析

实现经济增长方式的转变，是今后 15 年经济和社会发展的重要方针，有必要认真领会其精神实质。经济增长方式转变包括多方面内容，这里仅就增长方式根本性转变中的政府行为，谈几点个人的理解①。

第一，增长方式的根本转变，说到底，是要提高经济效益。《建议》中明确指出："积极推进经济增长方式转变，把提高经济效益作为经济工作的中心。"可见，增长方式转变，与提高经济效益是紧密相关的。不论是微观的还是宏观的经济，没有效益，就谈不上增长方式的根本转变。因此，经济工作以效益为中心，仍然是最重要的，经济效益的提高是增长方式转变的主要目的。

第二，实现增长方式转变要靠政府、企业、市场的合力，基础是企业。在计划经济条件下，增长方式转变或增长目标的实现，主要靠政府、政府可以统筹投资、安排项目、集中财政，因此，把增长方式由粗放型转为集约型主要靠政府、靠计划。在市场经济基础上，增长方式的转变，关键靠企业。没有企业经济效益的普遍提高，就没有增长方式的根本转变。如果每一个企业都自觉地以效益为中心，降低消耗，降低成本，提高投入产出比率，增长方式的转变就一定可以实现。

第三，企业采取什么样的生产方式，与市场是分不开的，与效益是分不开的。政府支持企业发展，归根到底，要尊重企业的自主权，要支持国有企业政企分开的改革，支持企业以效益为中心来组织生产和经营。

第四，从粗放型到集约型的转变，既是从宏观总体上讲的，也是对多数企业适用的。但就每个企业来讲，如何达到最佳效益，是扩大外延式的投资，还是提高内涵的技改，是多用人力，还是提高人均资本占有率，诸如此类问题，都还要从自己的实际出发，从实现增长方式转变的目的出发，进行微观行为的决策，不能简单地套用固定的模式。

---

① 这一段是我在《中国工业经济》1996 年第 2 期上发表的《增长方式根本转变中的政府行为》的概要。

第五，为达到提高经济效益的目的，为转变增长方式，政府要在发展和健全市场机制和市场规则上继续下工夫。没有健全的市场，就没有真正的供求平衡，就没有真正的宏观效益和微观效益。

第六，作为国民经济的增长方式转变，不仅是产值的增长，还包括组织生产、流通、消费的方式的进步在内。这就要求进一步转变政府管理职能，进一步进行政府的机构改革，以达到更科学、更有效地实施政府管理的目的。

第七，增长方式转变，应搞好科学管理。不仅企业要努力实现科学管理，政府对经济的管理也有一个科学化的问题。科学管理不仅是要管好供给，还包括要使需求管理为主要内容的宏观调控更加科学化，这也是今后努力的一个重要方面。

第八，增长方式转变，是以体制转变为基础的。没有经济体制的根本转变，就不可能实现增长方式的根本转变。这是《建议》所强调的，也是这十几年来处理改革与发展关系得出的重要结论。正因为这样，政府为了转变增长方式，就要在深化改革方面下大工夫、真功夫。离开改革、离开体制转变，来追求增长方式转变，是难以达到目标的。

（二）政府要从制度上促进经济增长

第一，政府有责任维持好市场秩序和投资环境。现在投资者反映投资环境存在很大问题，主要问题是混乱。新经济增长点一出来，可能就因为秩序混乱被破坏了，发展不起来了。比如，不少高科技项目，本来可能成为支柱产业，但专利保护差，假冒伪劣多，一哄而起快，各种关系难，多次碰钉子，已影响了众多企业的投资决策。如果政府在维持市场秩序上做得更好一些，企业就会在自己认定的经济增长点上去投资、去发展。让市场选择新的经济增长点，政府提供企业运作的制度环境和规则，就会使经济出现新的发展局面。

第二，政府要从制度上支持高新科技发展。高科技今天还不能说已成为新的经济增长支柱，还在艰难的发展中。我国每年专利几万项，为什么转化不了？一个重要原因是企业创办难度太大。对高新企业应从四个方面给予支持。一是要让高科技人才组建高新企业的成本降低，比如，美国微软公司总裁比尔·盖茨最初创业就是在大学一个宿舍里搞起来的，按我国有关规定，这种条件不能申办企业。二是要能得到资金支持，这需要有风险投资，需要一批风险投资机构。三是要低税扶植，使高风险投资的运作成本下降。美国 20 世纪 80 年代立了若干法规，就是为了做到这一点。四是降低破产成本。高新技术企业关闭破产是正常的，国外高科技企业成功的也是不到 5％，60％要有挫折。制度上要使之能再度复生。总之，要"生得容易，活得轻松，死得安乐，再生有望"，这就使高新技术能逐步形成强劲的发展势头。

第三，更多地从中长期角度看待经济结构调整方向和力度。经济结构调整有一个服从于年度目标还是服从于中长期目标的关系问题。在经济结构调整中，一部分产业和产品的调整有利于当前经济增长，更大的一部分则对当前影响不大而是有利于今后经济增长。两者必须要兼顾，使有利于短期发展的投资与有利于中长期发展的投资有一个合理的比例。需要正确处理国家投资与社会投资的关系，国家多考虑些中长期的经济增长安排，企业则从当前市场出发进行投资选择。今年政府特别强调了财政性投资方向是基础设施和公共项目，而不能像以前那样大量投向加工业，这是完全正确的。虽然短期对拉动需求作用有限，但中长期的作用将很大，花这个成本非常值得。当然，可能其中还会有更好选择，比如，同样是修路，农村修路就可以搞以工代赈，国家投入一点资金，就可调动大量的劳动参加，这对短期经济发展作用就很大了。

第四，通过制度促使企业投资者把握好投资方向。当前有一种倾向是国有企业投资搞黑箱运作，个人得好处，企业亏损，这一定要纠正。在资本市场的增量调整中，要给民营企业同等待遇，有效益合条件者，可以上市，不要被所有制限制。在一定意义上讲，国家资本和社会资本，要更多用于新体制，这样效果可能更好一些。有人讲，改造旧的，成本高于建设新的，新建一个企业比改造一个企业，更容易形成新体制。这句话确实反映了利用增量调整结构，以新代旧的作用和意义。

第五，多用一些市场化办法支持国有企业改革。国有企业改革遇到了很多困难，国家对国企改革已采取了多种办法，但能否通过比较市场化的办法，运用社会的钱通过资本市场运作来支持国企改革？比如，能否释放国有股，搞一个"国企改革风险投资基金"。以上海交易所为例，尚未流通的国有股发行总额为 500 亿元人民币，总市值可达 4 600 亿元。如果将这部分国有股按市值出售，立即可获 4 600 亿元，可作为国有企业改革风险投资基金，推动国有企业技术改造和创新。再比如，纺织业改革，国家在压锭减产上给了很大支持，是否还可以从市场方面给予支持。有的中国企业到美国收购纺织品名牌，然后到各国组织纺织品生产和销售，很成功，但也很困难。政府能否在企业需要支持的地方，从政策上给予支持？类似这种办法很多，关键是如何从中发现既合于国际惯例又利于经济结构调整的做法，加以规范和扶持。不是给企业资金，而是给企业市场化的条件。

（三）政府利用国债进行直接投资带动经济增长分析

政府对财政性投资负有责任，这方面涉及很多问题，下面重点分析一下国债发行与财政性投资。

最典型的是 1998 年。1998 年发国债是财政政策中引人注目的一步。1998 年年初人民代表大会还在讲减少赤字 100 亿元，但进入 1998 年二季度就同意发行了 1 000 亿元国债，变化很大。1998 年利用国债扩大投资的政策应当说是完全正确的，但也需要进一步明确以下几个问题。

发行国债的基本原则是什么？我认为要把握好这样三条原则。一是透支未来，要造福后代。我们发国债，是用了以后的钱，就要多干为后人服务的事，不能这代人就消费了。现在搞基础投资，搞环境保护，就是为后人服务，因此，透支未来是可以被接受的。二是要做到发债有度，还债有序。一方面，借债总是要非借不可再借，不能只顾眼前，不管今后。因此，要慎重决策，控制好数量。另一方面，还债要有序，就是与借什么债、多长期限有关，不要使还债太集中，一年内还的量太大，这也是门学问。三是发债、用债与还债要统筹考虑，三者要形成整体的合理性。发债规模与用债效益是相关的，用得好，可以多发点；用得不好，发得少也危险。因此，发债人有权对用债人提出要求，用债人有责任用好国债资金。二者应当有一个法律形式来保证权责。用债人和还债人对债务的承担，要责任清楚，不能没有规定，没有法律文件。否则，地方官五年卸任，借钱有人，还钱无主，这不行。

影响发行国债规模的因素是什么？我想主要有这样几方面：一是经济发展的需求，比如，现在经济发展要求扩大内需，要求国家财政投资带动，这就需要发一定的国债，这是发国债的基础条件；二是国债的使用方向，即钱用来干什么，在短期或中长期能起什么作用，有作用可多发一些，有作用也意味着还债可能性高一些；三是要考虑对价格总水平的影响，在转轨国家中，财政赤字对通货膨胀是有相当大的影响的，财政赤字数量虽不大，但是高能货币，是创造货币的货币，影响很大，比如，现在借国债，就要对价格走势有一个分析，要考虑是否把通货膨胀反弹起来，把社会零售价格指数控制在 10％以下是绝对必要的；四是要考虑已有的债务基础和对债务负担的承受能力，现在特别要指出的是，中国的国债有名义与潜在的两种情况，现在发国债都是名义的、可见的。实际上，中国潜在的国债规模很大，包括多年来国家对职工和居民的多方面欠账，这也是国家的债，要逐步偿还。还有，其他综合部门的准国债，比如，大型国有企业的企业债券，最终会成为财政负担，要特别小心。还有政策性银行的国债，1998 年数额相当于财政国债的 4 倍以上，这些金融国债游离于现口径的国债之外，是中国人民银行批准的，但最终与财政是有干系的。在某种意义上，国家财政成为最终的保险公司，这是非常令人担心的，也是要小心操作的。

以发国债为核心的财政政策如何与货币政策配合？发国债虽然是财政政策，但对正在经济体制改革中的中国而言，还具有更为重要的意义，就是如何有利于和服务于金融体制改革和货币政策的运用。发行国债对扩大央行的公开市场操作是有很大用处的，尤其是短期国债在公开市场操作中，最为灵活，见效最快，是较理想的货币操作器具。现在证券市场上的回购业务，也与此有一定关系。当然，财政本身从降低风险出发，偏好中长期国债。而保险公司尤其是人寿保险对长期国债则有很大需求，这与财政偏向是一致的。总之，金融与财政之间，应在此问题上有更深入的协调，达成一致。由于短期国债利率会影响贷款的基准利率，因此，在利率上也有一个协调问题。总之，发国债，既要安全，又要可能，还要谨慎。

特别需要强调的是，国债使用效益还应提高。通过发国债得到的财政资金，以什么方式再借或投出去，效果相差很大。现在首先需要研究地方政府如何使用好中央借贷的资金，提高资金使用效益。中央政府为地方政府发国债，地方向中央财政借债金，这一定要有程序，有套制度，那种"不要白不要，不用白不用"的想法和做法肯定是不行的，一定要用好，这是有成本的，一定要还，这是有规则的。具体用财政资金也有很多办法可选择，比如，有一些资金，可以变成政府的杠杆资金，以少博多，推进社会资本发挥作用；比如，搞重点项目和产业的贴息、参股，组织好对中小企业贷款的担保基金等，一方面降低了企业成本，有助于银行降低风险，另一方面也使政府资金能调动更大量的社会资金去扩大内需。

（四）我国 1998 年投资的新特点

1998 年我国投资出现了与 1993 年不同的高潮，这是政府倡导的高潮，而不是由下而上自发产生的高潮。1998 年投资历程还没走完，这里作个不充分和不完整的归纳。

一是中央和地方两级政府对投资的积极性很高。中央政府加快了审批新项目的进度，有的是国务院直接批的，有的是计委批的，审批速度都比往年快。中央投资决心大，中央直属项目的进度快。地方项目储备不足，现在正在抓紧做方案，这是多年没有的现象。但地方和企业包袱重，配套资金难以一步到位。

二是投资方向和结构良好。在固定资产投资中，基础设施投资增长快，农业投资增长快，农林水利交通城建增长快，房地产增长快。还有，西部地区投资增长快，如交通公路建设拨款项目，财政资金投向中西部比重达 70% 以上。

三是今年投资是财政和银行配合行动。国家财政投资是资金来源的一方面，另一方面是要求银行的贷款配合。在 1998 年中一个阶段里，加大投资力度的最大问题是落实银行贷款。今年由国家计委和经贸委推荐项目给商业银行，商业银行自己审批。银行今年设立了中期（1～3年）的贷款科目，这使流动资金贷款增加了，房地产投资多了，中长期贷款有所增长，基建贷款情况好于技改贷款情况。但也存在着贷款困难的一面：一些地方和部门由于项目储备差，没有主动与银行接上，没有给银行有关材料，银行只知道项目名称，不见具体材料，没法干；企业欠息多，核减利息积极性高于贷款积极性；商业银行控制风险管理在起作用，有些信贷员反映，早贷早下岗，晚贷晚下岗，不贷不下岗，有不愿多贷承担责任的问题；各地资金不平衡，总行的一级调度并不是容易的。总之，由于国家专业银行贷款损失大大高于可核销的指标，银行经济效益近年是下降的，因此，扩大信贷也确实有困难。

四是这次政府机构改革，部门机构调整对投资影响不大。初期不少人担心部门的大调整会影响投资，但事实上这没有成为问题。因为加大投资力度的多是保留的部门。当然，有些能源部门的投资有影响，但不是重点。财政部门为了防止机构变动影响搞了预拨资金。

五是今年投资高潮出现时，各地普遍反映没有好项目储备，企业也反映项目准备工作不足。前期项目储备不足，临时突击就在所难免。比如，铁路设计院反映每天加班也干不完。

四、我国经济增长展望

（一）1999 年中国经济增长态势预测：平步移动，中位盘整

1999 年，对国内经济发展而言，既有促进经济上升的因素，也有牵制经济上升的因素，这两方面综合的结果，将决定着经济的增长趋势。有哪些因素促进经济回升呢？明年政策取向肯定会继续扩大内需，这从政策层面强化了回升的推力；十五届三中全会决议预示着，明年农村政策对提高农民收入会有促进；今年增加的投资在明年将有更大的拉动作用；今年的大水灾后投资需求和消费需求都大大增加了；对中小企业的鼓励政策今年已出台一些，具体效果可能在明年显现；明年小城镇建设将会有新的进展，对城乡投资和消费需求有新的带动；中国经济相对稳定，明年外商直接投资预计还会保持今年较高的增长态势；住房货币化和投资资金转化作用，消费拉动作用可望略大于今年；各种生产要素储备比较充足，也是经济增长的一个有利条件。

但也有相当多的因素使我们不敢过于乐观。不利经济发展的因素，一是消费拉动有限，表现在四个方面：干部、职工、农民收入增长都有限；未来支出（住房、医药、教育等）的预期压力大，影响了即期的消费；潜在购买力转化为现实购买力的渠道比较传统，比较少；企业开发能力低，因此，创造新需求能力低，开拓新产品的新消费领域有限。二是投资拉动有限：基础投资对长期增长有利但对近期经济拉动有限，产业链不够长；国家资本投资对社会资本的调动力度不足；国企投资欲望不足，民间企业投资欲望也不是很旺。三是出口拉动有限：亚洲购买力不旺，影响出口；本币贬值的国家在同类产品上与我国的竞争将加剧，它们在渡过市场混乱阶段后，产品竞争力将全面提高；今年出口的增加，很大一块是来自对俄罗斯和拉美的出口，它们的经济情况正在恶化，将影响我们对它们的出口；美国多年贸易逆差，可能要对中国进口继续甚至扩大限制，要搞贸易保护主义。由此可见，明年出口不容乐观。

根据以上两方面的综合分析，参照多家研究机构的预测结果，我认为 1999 年中国经济形势是平步移动，中位盘整，增长率与 1998 年差不多，不会有大上或大下的惊人之变。

面对这样的形势，我认为明年中国经济发展对外要继续坚持开放，积极参与世界金融新体系的建设；对内要二元经济双提升，既要大力发展农村经济，继续先辈大禹、李冰父子没有搞完的基础水利工作，又要在现代经济层面上，参与国际竞争，参与经济全球化过程。

（二）注重消费对未来经济增长的特别重要意义

由于市场约束，扩大内需越来越重要。扩大内需中，特别要注重消费需求的增长。但是，近年来，消费支出一直很有限，为什么？我认为这与转轨阶段人们消费行为的特点分不开。

由计划转轨到市场，消费行为就是从一种计划下的超稳定向市场下的变动中的稳定转化，出现的是不稳定的动荡较大的消费和储蓄行为。这种不稳定式的消费和储蓄行为的特点是：消费支出不稳定，有的年很高，有的年很低；储蓄心态不稳定，受价格变化、利率变化的影响大；商品市场、资本市场和劳动市场发展很快，人们难以一下适应。比如，对股票、证券的发展，涉及消费者的金融资产选择的问题，我国家庭还需要有一个从不适应到适应，从不明白到参与的过程。比如，商品市场上的新商品出现很快，对购物有很大吸收力，同时，对高档耐用品的购买方式也正在发生变化，比如买房买车中的专项贷款，就是新出现。这些，都使转轨中消费行为呈现出不稳定的特点。就社会而言，消费行为二元化，贫富差距在拉大，同时，这两种社会群体的消费行为很不相同，挥霍式消费与高恩格尔系数的消费并存。最突出的还是不稳定的收入带来的支出行为的不稳定。人们的收入方式正在发生变化，一部分人走向市场，完全按市场经济办法来获得收入，但也分两种情况，一种是市场中的高收入层，到 1996 年年底，全国年收入在 5 万元以上的高收入户已有 600 万户，家庭资产在百万元以上约有 100 万户，另一种是市场经济中的低收入层，这两种人收入都不稳定，变化较大。相当一部分的人是双轨制收入，靠单位拿一份工资（但因改革，单位本身变化相当大），再从计划外获得一些收入；还有一部分人仍然是以计划一轨的收入为主，收入相对稳定，但长期收入的前景不明。二是预期的支出不稳定：住房制度、社会保障制度、医疗卫生制度、教育制度等正处于改革之中，尚未最后定形，有的办法是改革后又再改，需要一步步完善。但总趋势是，住房、上学、看病，越来越多要靠个人账户支出，因此，使人们在转轨中消费心理很难稳定，处于不安和等待之中。由于收支两个不稳定，造成预期的可支配收入的不稳定，人们难以把握到底有多少钱是在无选择支出后可用于选择性消费支出的，甚至不能保证未来收入能否保证支出。在这样的情况下，消费心理极不稳定。90 年代以后，人们在养老、医疗、各类保险和子女上学需求等方面的长期储蓄动机大为提高，表现为消费支出的下降。

（三）21 世纪经济增长展望

影响我国经济中长期增长的因素是什么？从供给方面看，主要是劳动、资本、技术和土地等，这是古典经济学的观点，但无疑是有作用的；从需求方面看，扩大内需是重要的，主要是消费、投资和净出口。但还应考虑，供给本身对扩大需求如何发生作用？就是要提供有效供给，使需求得以扩张。而一个重要的理论和实践问题是：中国巨大的潜在需求如何才能释放出能量？

判断增长速度高或低的依据什么？一是与潜在增长速度比；二是与过去的速度比；三是与过去若干年比如 10 年、5 年的平均增长速度比；四是与周边国家的增长速度比；五是与世界经济发展的平均速度比。通过这些比较，来判断我国经济增长速度的高或低，合理或不合理。

就中国的情况看，多数传统产业并不是过剩的产业，而是需要升级的产业。消费者永远需要基本的生活用品。传统产业只要及时升级，满足消费者需求的升级，就可以继续发展。

1999 年到 2001 年跨世纪的 3 年中，可以将治水作为主线在全国进行国土大整治，多搞运河，南水北调，甚至可以搞雅鲁藏布江引入黄河的工程。我们这一代，一半人去干大禹、李冰当年的工作，一半人去干国际上竞争的事，才可能既不落后，又不失根本。跨世纪的 3 年还应成为扶农壮农年，加大财政支农，但要以市场的办法支农。修高速公路，可能不如修农村公路网，少量资本投资，大量人工，可能转化为消费的比重大大提高。以工代赈是好办法。农民多出劳，多得钱，提高收入，才能扩大农村这个大市场，这是拉动内需的根本之策。跨世纪的 3 年中，可否将财政资金中一部分，组织下岗职工搞环保？工资可低一些，多点劳动投放，多为后代造点林。

明年 50 周年大庆对经济是一个刺激因素，1999 年作为本世纪的最后年头，也有相当多的题目可以做，跨世纪的 3 年题目要做够，自然会有巨大的效益。

到公元 2000 年后，中国经济将会进入新的阶段，将可能再次起飞。这是我的一种预感，但愿也很可能成为现实。

作者说明

这是应厉以宁教授和董辅礽教授所约而写的。两位老师多年来组织一批中青年学者坚持双月理论讨论会，并不断推出新成果。本文后来作为一章收入到两位教授主编的《21 世纪初的中国经济》一书中。本文是 1998 年 12 月完成的。文章分析我国经济增长格局的变化，提出了寻找和培育新的经济增长点的途径，分析了政府在促进经济增长方面的重要责任，还对我国经济进入新世纪的增长进行了展望。内容很丰富，也有些庞杂；观点有不少新意，但论证还显得不够集中。这些，反映了我当时工作太忙，难有大块时间专门研究某一问题的实际情况。光阴如梭，董辅礽教授离开我们已 15 年时间了。借用介绍文章背景的机会，再次对为推进中国经济改革和中国经济理论研究做出重大贡献的董辅礽教授表示深深的怀念之情。

中国经济增长的真实性之谜

凤凰电视台《世纪大讲堂》主持人阿忆：我们经常从电视里、广播里听到中国经济正在高速增长，但我们又看到邻居的阿姨和叔叔下岗了，我们的经济增长到底是否真实？我们就请李教授给我们带来他的讲演报告，报告名字叫《中国经济增长真实性之谜》。

李晓西教授：我想以八股方式开讲。首先"破题"。本题目是经济学、哲学和法学的结合。如果我想讲，所有不真实之和接近于本质的真实，因为世界本质是对立统一的；所有真实之和会达到总体的真实，这是局部与整体的关系。这是不是哲学？如果我说，具有行政权力的机关故意不真实有违法之可能，这是否扯出法律问题？中国经济真实基础如何？能否实现持续的发展？宏观经济增长与微观经济增长的关系是怎样的？这肯定是经济方面的问题。中国经济增长的真实性，不完全是个短期问题，也是一个中国经济中长期的发展问题。这样破题是想给大家这样一个印象——中国经济增长的真实性是一个很综合的问题。

一、提出中国经济增长真实性的背景

今年年初以来，国外一些报刊发表了一些文章，对中国经济增长的真实性表示怀疑。其实，这个问题几年前国内经济学界曾讨论了一阵，现在由国外返销回来了。当前国内就业和社会保障方面存在着诸多有待解决的问题，人们对中国经济的发展潜力表示担忧。这些都是可以理解的。国内外都有学者对中国经济增长有不同看法，一种认为好得很，是"一枝独秀"；另一种看法则认为"非常差，假象掩盖真相。"有人说，水落才能石出。GDP 就是水，水分挤了危机就出来了。到底如何看？这是当前一个具有挑战性的题目。

前两年有一本非常流行的小册子叫做《萧条经济学的回归》，是美国著名的经济学家克鲁格曼写的。克鲁格曼曾在东亚经济发展最好的时候，预言东亚经济迟早要出事，结果真的出了事。很多人为此很推崇他，他的话大家都认为不是随便谈谈而已。那本书中他专门写了一段中国经济，他还做了一个让中国人疑惑不已却又不寒而栗的设问：说1998 年亚洲国家多米诺骨牌往下倒，下一个是中国吗？有人引用克鲁格曼这句话，说下一个垮台的国家是中国。但书中克鲁格曼又说，可能。但中国政府充分认识到这个风险，并通过扩大公共支出在克服这个风险。日本则可能进入流动性陷阱。今天我看到，他的前一半观点得到了广泛传播。所以，希望大家看书时要看完。当然，要指出的是，这个问题本身是尖锐的，是一个值得我们认真考虑的。不能回避它。

这个题目对搞经济学的同学来讲，非常有意义。在五六十年代的时候，美国经济也出现了经济增长之谜。这是经济增长贡献度之谜。学者们在讨论，到底是什么因素促成了美国经济的持续增长？超过传统增长因素而作出贡献的新因素是谁？资本投入下降的情况下，经济高速增长，是劳动在起作用吗？后来发现是投入的劳动起了巨大作用，但是这个劳动不是一般的劳动。传统经济学把劳动的投入当作同值因素来看待，而新发现的是劳动是不同值了，它的知识含量高了，因此产生了人力资本的学说，为此学说有两个人得了诺贝尔奖：一个是舒尔茨，一个是贝克尔。概括说，解释清楚美国五六十年代的经济增长之谜，造就了两个诺贝尔经济学奖得主。所以我说，讨论这个问题对青年人来讲，甚至对我们来讲还是有某种诱惑力的。当然，今天讨论的问题不是破解中国经济增长之谜，而是讨论中国经济增长真实还是不真实，是真实性之谜。题目有区别，我们涉及面就可能更广、更复杂。但是否也会促进某种理论的新突破。

二、中国统计数据真实否，GDP 是否高报了

首先要指出，统计方法造成真实度不高是水平问题，统计中故意造假就是态度问题。首先看几个数据。

一是金融机构存款。此数变化比较能反映经济规模的增长。1978年中国金融机构存款余额是 1 135 亿，2001 年中国金融机构存款余额是143 617 亿，增长 127 倍，同样远高于 GDP 的增长倍数。从金融机构存款占 GDP 的比重看，1978 年是 31.3%，2001 年提高到 150%，这一比重的大幅度提高与中国经济从产品经济向商品经济或市场经济转化过程中的货币化程度不断提高有关，但更重要的是中国经济金融深化程度不断提高的结果。为什么要用银行的数字？因为这个数字是在账上趴着的，这个数字的增长应该是非常高的，它的增长在 130 倍左右，比我们GDP 增长高得多，同时它在 GDP 中占的比重从 30% 多到现在的150%，那增长是毫无疑问的。

二是人民生活的指标。国家统计局公布的指标有反映居民消费结构变化的。城市居民恩格尔系数已降到 40% 以下，农村降到 50% 以下。今年前两个月新增电话就有 1 700 万部。如果在欧洲这是吓死人的数字，从中可以看到家家户户装电话了。据说我们移动电话的数字在全世界现在已经是第一了。社会消费品零售总额由 1978 年的 1 559 亿增加到 2001 年的 37 595 亿，增长 24 倍；城市居民消费额由 1978 年的 505亿增加到 2001 年的 23 543 亿，增长 47 倍，扣除消费价格因素，实际增长 10 倍，同样高于 GDP 的增长倍数。1978 年中国城乡居民储蓄存款的年底余额是 211 亿，到 2001 年年底这一余额已达到 73 762 亿，名义增长 350 倍，即使扣除物价上涨因素，其增长倍数也在 100 倍左右，远高于 GDP 的增长倍数。这些数字说明什么？说明人民生活的提高是有据可查的。

三是中国进出口贸易规模的迅速扩大以及持续保持顺差、外汇储备

大量增加，今年 3 月底外汇储备余额为 2 276 亿美元，同比增长 17%。这就是国家的钱的情况。当然外汇储备增多也会有很多结构性的问题，包括存款都会有结构性（问题），但外汇储备增长的事实证明我们经济是靠增长才换回的。所以说，中国经济增长的真实性是可靠的。

三、关于宏观看好和微观不看好的差异问题

现在围绕这个真实不真实，还有一个问题是有一种说法是宏观看好，微观不妙。这个提法出现好几年了，也不是今天刚提来的，就是说宏观形势一说这么好那么好，什么增长是多少了，好像形势很好，但其实微观形势很不妙。你找到企业聊一聊，或者是跑到乡镇里面，问问财政情况都不怎么样，都欠账，因此说这个东西也是反映我们形势不真实，我想这个问题是存在的。记得在 2000 年分析年经济形势时，我曾用以下几句话概括当前经济形势的特点：一是宏观指标好，微观不平衡；二是政策取向对，体制尚未顺。扩展开来讲，其中反映了矛盾的观点，有成绩也有严重的问题和潜在的危机。

现实中许多民众和企业感觉微观经济形势较差。产生这一错觉的原因，一是增长因素很多体现在 GDP 上，但改革中出现的下岗、破产等体现在企业身上；二是增长快的是非国有经济部分，但这部分的情况反映并不充分，困难多出在国有经济部分，这部分反映情况很快，据社会学研究，困难企业的呼声一般会高于发展好的企业的呼声；三是宏观和微观的指标都是多项组成的，人们一般习惯用单一主指标比较，但其实，宏观的指标中有并不理想的指标，如宏观经济四大目标，其中之一是就业情况，这方面问题比较大。但人们在谈宏观时多用 GDP；其实微观中有很好的指标，如一部分产业和企业情况会很好，比如油价上涨时石油企业就很好，但社会上听不到这种声音。因此，容易产生错觉。

还有一个单一指标判断宏观形势的问题。事实上，宏观也好，微观也好，它的指标都是一个很复杂的指标体系，不是单一的。但是我们现在容易用单一指标来判断。比如说宏观指标我们现在容易用 GDP，好像经济增长速度怎么怎么样就说明宏观形势很好。实际上宏观经济学目标起码有四个，有经济增长速度、物价指数即要平稳、币制稳定，以及失业情况。用这四个指标判断宏观经济那就相对客观一些了。比如，失

业指标不理想，下岗这么多，就不要总说宏观都好。换言之，说宏观形势好，但不是全好，中间也有不好；同样说微观不好，也不是全不好。

四、短期 GDP 即使是真实的，但中长期高速发展肯定是不真实的吗

有一种看法是，中国以短期的掠夺式动员维持短期增长，动员了太多的资源，透支了未来，会使中长期增长无力，甚至崩溃。可以归纳为一种新看法，即认为中国经济近期好得不真实，或说从中长期看，中国经济增长高评价是不真实的，这是一个要分析的论调。

限于时间，就分析两个重要的例证吧。

一是财政政策如何看？所谓资源动员得太多了，在很大程度上是指财政政策，积极的财政政策下，发国债 3 000 多亿，这样做应不应该？是否透支未来？我个人认为完全是应该的。1997 年以后，整体经济需求不足，就得刺激需求，趁这个机会一边刺激需求，一边赶紧把基础设施搞起来，是有长远好处的。国债投资确实也存在低效益和贪污问题，但将国债投资全归为腐败问题，肯定是以偏概全。比如说 1998 年长江闹洪灾，大家都很紧张，这两年长江大堤及其他江河湖海大概有 3 万多公里堤坝进行了维修。多少年没有的好机会，这几年有了，这不是件好事吗？这时候不修，等到需求特旺的时候再搞积极财政政策，再搞国债投资，那时候就会加剧通货膨胀。再说修路。1998 年到 2001 年，四年中利用国债投资铁路新线 4 000 多公里，公路 2.55 万公里，其中，高速公路 8 000 公里。有些人说很多高速公路修了没有车跑，这些情况有没有？有，但不是很多。我们不妨对比一下，国家在改革开放之前的几十年，拿了财政很多钱干什么了呢？不是搞基础建设而是去建企业。好多企业今天看已濒临破产，与其这样，当初搞基础建设可能更好。现在多建设一些公路、铁路有什么不好？还债问题如何看？或然债务加起来确实很大，但最关键的是年度的还债量，长期的债务是要长期来还的。有些讨论不是说扩张的财政政策对不对，而且说永远这么做对不对。永远做当然不对，我也不承认，当然不能说发国债要永远发下去，凭什么永远发下去？当经济发冷或说经济萧条的时候，通过这样的办法把经济刺激起来让它恢复到正常的轨道，走得热一点、旺一点；但如果已很

旺、很热了，要通货膨胀了，这个时候就要压制它，财政政策就要紧缩了。所谓宏观政策不就是反周期调控吗？所以扩张的财政政策不会永远这样做。在财政政策讨论的时候，我曾说过透支未来是不可怕的，关键是能不能造福后代。如果用得不当，造福不了后代就可怕；如果用得好，而且用得还能把钱赚回来，还能提供间接的赚钱机会，让大家都能多赚，那就没有什么危险。当然，政策实施中问题也是很多的。不正确的政策，根本在于体制上存在问题，如中央财政应多收少支，扩大转移地方才对；要控制中央财政花钱的方式等。这些涉及财政体制、税制的改革，另有机会再谈吧。但据此不论中国中长期增长，理由仍是很不充分的。

二是货币政策如何看？对货币政策大家现在也存在一些疑问，觉得贷款很多都给了那些效益不好的国有企业，这样的货币投放，坏账要增加，不良资产要上升，这问题提得好，但有误区。错在哪儿呢？说中国的国有银行不良债务在 50% 以上了，这肯定有夸大成分的。这个问题没必要过于夸大，关键是要看它变化的趋势怎么样，要看政府的改革是往什么方向走。为什么？比如说有一种"长子情结"，这是难免的。当年的国有企业都是共和国的"长子"，支撑了国家这么多年，而且是利税大户，主要利税 60%～70% 是靠他们。到了今天他们有困难了，当父母的有个"长子情结"是很正常的。现在问题是正在形成"次子情结"、"幺儿情结"。现在几乎所有的省都制定了支持私营经济发展的条例，比如说，我们去苏州做过调查，苏州对民营经济的支持，力度非常大。他们原来的乡镇企业，以集体为主的乡镇企业现在大部分转向三资企业，有一部分转向完全的民营经济，像浙江民营经济发展是很快的。因此可以说，政府宏观政策总的倾向是一步步地给予各种所有制企业平等的待遇，这就走向公平了。当然这有个过渡期，比如"三减两免"的政策，马上全部取消不行，已经签订的合同不能随意变更的，只能一步步走向平等。这个过程，加入了 WTO 以后，已经启动，且势不可挡，我们是有信心的。

五、中国经济保持中长期高速发展潜力在哪里

中长期发展到底有没有增长潜力？我认为是有的。看经济发展有没有潜力，一要看需求，二要看供给。我们在需求方面的潜力是很大的。

比如说我国西部现在还很穷，与东部相比差距较大，但正是这个差距造成了我们经济增长的巨大潜力之一。就像水一样，水位差，才造成水可以流。我们现在区位的收入差，也才能造出我们将来经济增长的动力。一些发达国家，大规模的项目搞得差不多了，没地方搞了，所有他们就很羡慕我们，你们还有那么大一块地方可以搞。是，我们很落后，但正因为此，我们还有很大一块地方可以搞项目。我们现正在设计多少万公里的高速公路，多少万公里的悬浮式地铁，大家可以算一算这些账，这些项目需要大量的资金，都是对我们经济非常大的需求。

在供给方面，劳动资本是最主要的，一般的劳动力在中国是最丰富的。中国的劳动力尤其是农村的劳动力，经过培训很快就熟悉并成为熟练工人，这个能力是很强的。看看珠三角吸收了多少农民子弟。说农民素质低，是不公平的。他们素质并不低，几年时间很快变得非常聪明能干。再一个看高科技人员。我们高科技人员量按人口比例算，在全世界不算很高，但实际总量可大的不得了，超过若干个国家。我们既贫穷又强大。经济持续高速发展，并不需要人人都成为高科技人才。比如，假定WINXP软件是1 000个人设计出来的，中国找出1 000个这方面的技术人才是不成问题的，但一个小国家，可能真找不到这么多人才，而这个软件可以服务上亿人。新经济告诉我们，高科技成果的转让成本越来越低了，很快会普及的。我的意思就是说，我们有相当多的高科技人才。在加入WTO的讨论时，有些国外专家就提出，中国东南沿海很发达，中国有氢弹原子弹，还有什么航天器，怎么是发展中国家呢？没有一个发展中国家能够把这些东西送上天的。确实，我们的科学家可以把航空器送上太空，而这些科学家占中国的整体人口比例很小，但科学家总量是好多国家没法比的，这就是中国的特点。当然，客观讲，我们仍是发展中国家，我们的人均产值和收入还是很低的，我们还有很多穷人，我们的中西部还没有那么发达。但我们高素质的劳动力是充分的。这就说明我们的增长是有潜力的。

金融资本我们也不缺，银行有那么多储蓄余额可以用，我们现在有将近8万亿的存款。外资对我们也很看好。连续几年外资增长都很快，连续几年都是四五百亿美元。今年一季度外商投资增长大概是100%。现在国际市场上的资本过剩而不是短缺，只要投资环境好，只要我们经济制度改革得好，就会给外商一个坚定的信心，就会使大量的资本到中国来，这是毫无疑问的。

总的说来，需求没多大问题，供给也没多大问题。需求前面有拉的，供给后面有推的，这个车还能走不快吗？

六、是认识不到没有反映真实，还是表达水平有限没有反映真实，还是为某种利益而歪曲真实

中国经济增长的巨大成绩真实吗？巨大成绩与严重问题共存不可能吗？中国经济和中国经济转轨充满着矛盾，是认识与实际的差距还是实际本身的矛盾？

去年年底，大家估计今年入世第一年，由于税率下调，进口会增加，但一季度进口同比却是下降的，与去年同比下降17％，这样一个简单的逻辑推理，结果不真实？这显然是认识上出的问题。显然，有一种真实性是指，我们没认清世界本身，在理论或宣传中出现了不真实，这在哲学上被称为认识论的问题。

表达不清楚也会反映不了真实，而这是常常发生的。事物确实很复杂，我们在认识它的时候不是那么简单的。比如说，今年一季度增长了7.6％，大家说不错呀，去年全年7.3％，四季度才6.6％，不错，但是你要是和去年一季度8.1％比，你不是还是低嘛，那么你说你应该怎么样表述？你认为它是好还是不好？显然，如何表述非常不容易，需要有高水平。

还有一个问题是为了某种利益，去故意讲不真实的话，那这个问题就比较严重了。现在是存在这样的问题的。

回到大家关心的统计数据真实性上来。许多统计数据无法作假，但的确也有些统计指标可以作假，比如产值、税收等。统计上要说一点水分也没有，这种想法是形而上学的，事实上也不可能，我们也不需要做这种辩护。但我认为，随着这几年我们国家加强了科学统计和统计打假工作，所谓的"水分"从总体上来讲会越来越少。在我看来，一种水分是系统性误差，某一指标今年有水，明年有水，后年有水，但因为统计上常常用的是同比增长数字，所以，系统性误差相对来说问题不大。还有一种随机性误差。比如说突然间来个什么事，增加一笔，那么这个东西是有影响的。但是随机性误差我们会发现一些规律。比如各地要提干

部的时候，我们发现有些人想把产值报高，但是如果说要增税，他就会赶快把产值报低。再比如当国家说要拿笔钱扶贫时，一些地方就会"报穷"，而当国家有重大技术进步项目要找个有发展能力的地方投资时，就又有地方争着"报富"。因此，总体上看，有很多这样的因素可以互相抵消。我相信这种"水分"从总体上讲会越来越少。现在的问题是看我们能不能运用比较科学的统计体系来统计。国家统计局在这方面做了很多工作，其统计数据的真实性世界银行已予以认可。

　　总之，我想说，在看问题的时候，要勇于承认成绩和问题的共存，不要说成绩的时候就没有问题，也不要说问题的时候就不论成绩。我们祖先说中庸，很有道理，当然，只要有重点，中庸就叫辩证了。讲问题时要冷静，不要让情绪主导分析。比如说，说中国经济是掩盖长期真实，要出事了，或反过来，说中国按现在的购买力评价算，已经进入发达国家的水平，都不能让人接受。好也存在、坏也存在，都在一块，这就是中国。

七、问题及其认识论

中国经济增长中的泡沫问题有多严重

　　对中国经济的泡沫如何看，也与如何看待中国经济增长的真实性有关。实际上这个问题涉及资产价格问题，主要是金融资本这一块。中国金融深化程度（金融资产占 GDP 的比重）的快速提升是否反映了中国经济存在泡沫问题？谈到这一点，需要首先明确经济泡沫产生的原因。一般而言，经济泡沫的来源主要是资产价格膨胀，即房地产价格和股票价格的膨胀，与存贷款关系不大。中国经济发展中曾出现过房地产泡沫，如 20 世纪 90 年代的海南房地产热，但 1993 年实行双紧政策之后，这种房地产泡沫就逐步消失了。此外，如果说有股市泡沫也只能是 2001 年之前，因为 2001 年中国股市大幅度下跌，现在的上交所股指在 1 600～1 700 点，比 2000 年的最高水平（2 200 多点）跌了 30%。此外，从金融深化程度的国际比较看，中国的金融深化程度要远低于日本，也低于韩国，当前中国经济是存在泡沫问题，但有限，不是想象的那么严重。

　　泡沫是不是真实的？泡沫本身是真实的，但泡沫可能掩盖了我们的视线。我们现在希望看到的是水，我们希望这个水是真实的，我们希望喝到的是水，不要喝泡沫。有一种理论说泡沫是过程中间不可避免的，这句话从哲学上讲绝对站得住。从经济学上讲，不要过度宣传这句话，过度宣传的话会给那些想搞泡沫的人以理论基础。

这里我想强调，我们想给搞知识资本的人，想给搞实业的人多一点动力，不要有一天大家都不想干事了，都只想搞虚拟资本这一块了。我觉得这不是中国的致富之道。致富还是要有大批的人搞真实的资本。当然，还有一些要搞虚拟资本。虚拟资本和虚拟经济肯定要发展，但票证使得我们越来越离开真实，它会有一个比重，不能成了无根之木、无源之水，否则到了那一天就很危险了。

腐败问题对中国经济真实性的影响

真实性还涉及对腐败的判断。腐败增大了中国经济的不真实性。比如可能虚报业绩也可能少报少上税，影响统计数据的真实性。显然，这涉及政治问题。正因为我们现在存在这么多腐败问题，使得我们对真实世界的看法往往带着悲观的情绪。腐败会损害政府的形象、党的形象、国家的形象，甚至国民的形象。这是我们肌体上的非常糟糕的一个毒瘤。可怕的是这个毒瘤控制起来非常难，反腐败没有停止，但腐败这个东西照样滋长，而且还非常严重。在这一点上我愿意特别申明一下，我们今天在讲中国经济增长真实性的时候，我说经济增长是真实的，绝对不意味着我们想替那些腐败去辩护。希望我们在这个真实性的讨论中间，尽量少受政治性因素的干扰，完全从客观的角度来分析这个问题。

客观地看待世界，辩证地看待世界，理性地塑造自我

我想最后说三句话。客观地看待世界，辩证地看待世界，理性地塑造自我。世界既然是复杂的，世界既然是辩证的，世界既然是对立统一的，那么我想我们应该客观地看待它。复杂问题需要辩证地看待，不能太简单化。不是为政府政策去辩护，不是为腐败辩护，只是认知事物的本来面目、客观面目。既不是唱衰中国，也不是高呼万岁。我们只是为增进大家更全面、辩证地看待复杂问题而努力，为解决问题而努力。

要理性地塑造自我。什么叫理性地塑造自我？就是说如果我们有了一个辩证的想法，我们在解决这些问题的时候，要树立信心，要坚持改革，不能因为有了问题我们就放弃自己，或者有了问题就完全算了。改革过程中该学习还要学习，该做什么还得做什么，推进中国历史是大家

共同来做的。所以希望大家做稳健的改革派，扎实的建设派。只要具有自己的主见，迈着自己坚定的步伐，我们这个民族就是有希望的，我们经济增长的长期性就是没有问题的。

你如何看"假话重复一千遍就是真理"这句话

主持人：谢谢李教授。下面咱们看一看来自凤凰网站网友对您的提问。第一位网友叫做"洗桑拿的毒蘑菇"。他说，您说所有的不真实加起来就是真实，这个哲学命题可能成立，但作为一个研究历史的学生却不敢苟同。所有的不真实加起来就是真实，这不就是戈培尔为希特勒制造的那个反动舆论"假话重复一千遍就是真理吗"？

答：这位网友提到戈培尔有名的话，即"谣言重复一千遍就成为了真理"，和我讲得好像还不是一回事。我用的是加法即"所有的不真实加起来就是真实"，他是用了一个什么法？不是加法，是重复法吧。我说的是各个不真实加起来，他说的是某一个不真实去重复一千遍，显然逻辑上是不一样的，这是第一。第二，即使有相似之处，辩证法不见得是只对好人用的，对坏人来讲它也有这个规律来限制它。当然，这位网友说的也不见得就是错的。他第一句话是说他同意我，因此我就按他第一句话来理解。他给我了例子，让我找到这个例子与我观点的区别，并没有动摇我的观点，因此我觉得他还是同意我的。至于戈培尔说的那句话，现在广告不就一千遍地在宣传，你不就去买了吗？说广告商都在学戈培尔，可能不见得，广告毕竟不是谣言。

关于"豆腐渣工程"

问：有人说，现在很多地方还有贫困人口亟待脱贫，与其搞这么多公路，甚至建了一些"豆腐渣工程"，还不如把钱发给最穷困的人。对此，您怎么看？

答：救助贫困人口，这个没有错。但国债支出也有结构问题。扶贫所用的财政资金，大部分是在救济项下的，主要来源于税收，这是不需要偿还的。但国债资金是要偿还的，对投资的直接或间接效益有较高要求。因此，国债资金与扶贫资金的来源、使用是有区别的。当然，不排除少量国债资金用于扶贫救济。至于说国债投资中有没有问题，肯定会有；出现了"豆腐渣工程"，或者项目盲目地往上报，向国家要钱，有没有？有！存在问题当然要解决，但那是另一个层面的事了。

经济学家的看法为什么常常不一致

问：李教授，我想问一下，对经济问题为什么经济学家的看法也常常不一致？

答：经济学家会有不同的看法，为什么会产生？这个原因就太复杂了。但是我想起码有这样几点，一是受的教育和生活背景不一样，知识结构不一样。前几天参加一套著作的发行会，一位老学者说，我每天早上看到太阳出来的时候，感到新的一天又开始了，真好。他又说，我的一位朋友说，每天早上看到太阳出来的时候，感到离死亡又近了一步。同样的事情，两种生活态度或者也因知识结构不同，反应就不同了。二是性格可能不一样，因此偏好不一样。经济学家讨论关于经济形势是好是坏的时候，我经常发现如果认为经济形势不好的人，不管什么时候，总在讲形势如何不好；而认为经济形势好的人，不论什么时候，都在讲形势如何好。至于我，是一个谨慎的乐观派，希望看事情复杂一点，乐观一点，但是不回避问题。看来学者们的心理曲线有差异，看法也就有差异。三是学派归属问题，就是形成了对事物系统的看法和知识框架了。因此有不同的观点，很正常。当然，对于一个具体的数字经济学家们有七八种看法，这确实有点问题，这使得我们不得不考虑这个数字是怎么产生的。四是水平不一样，可能也有关系。典型的例子就是20世纪20年代哈佛大学经济周期的预测，全世界的大危机没有预测出来，历史就把这个研究所淘汰了。我想从中的启示是，让历史去淘汰那些经常说了以后被事实证明是错假的经济学家，让历史给那些被事实证明判断正确的经济学家更多的机会，让他们的声音更大一些。

作者说明

2002年6月3日，凤凰电视台《世纪大讲堂》第71期约我专讲"如何看待中国经济增长的真实性？"主持人是阿忆先生。事后，参加大讲堂的《光明日报》经济部主任孙明泉博士专门整理了对话稿，发表在中经网和《光明日报》上；《新民周刊》采访部主任韩波把我的演讲进行了一些文字整理，加了几个小标题，刊发在《新民周刊》上。这里所载，既根据当时录音整理，也吸收了这两篇文章上的内容，同时参考了我当时的讲演提纲。鉴于本部分专讲经济增长问题，因此特意列入以供读者参考。

从经济学角度看资源配置
与管理

　　人类进入工业文明持续 400 年的繁荣背后，是资源的巨大浪费和环境的严重恶化。现在，是该反思的时候了。从经济学角度研究资源配置与管理，与现代西方公共政策学研究的方法和领域有某些相同之处。这是我在经济理论研究道路上进行的一次尝试，也是力图从文理科相结合方面进行的探索。我的想法得到不少同仁的关注，也得到新闻界的关注。

一、资源与资源管理

　　问：从资源科学角度，您认为应对资源如何分类？

　　答：资源科学把资源分为三大类，一是社会资源（学），包括人力资源、资本资源、科技资源和教育资源等。作为经济学家，我们的研究涉及这方面比较多。二是综合资源学科，从地理学、生态学、经济学、信息学和法学等角度来研究资源，形成种种交叉学科，如资源学，为多种学科交叉形成。三是部门自然资源学，包括气候资源学、生物资源学、水资源学、土地资源学、矿产资源学、能源资源学、药物资源学等学科。

问：从经济学家角度出发，您认为资源经济管理中最重要的是什么？

答：显然，经济学家比较一致的看法是，资源配置的方式是最关键的，是经济学研究的重点。人类社会发展至今，有多种方式在配置各种资源。我们大家最熟悉的是两种配置方式，即计划配置和市场配置。传统计划经济下，各种资源，主要是由政府来进行安排的，这曾被认为是最公平有效的配置资源的方式。但实践证明，这种方式，忽视了人民在创造历史中的主动性和创造性，忽视了人们需求的复杂性和生活的多样性，因此，使社会生活越来越单调。正如有的学者讲的，传统计划经济下，船行的方向明确，但动力不足。如果出现而且确实出现了重大决策的失误，对国民经济的影响就是全面性的、灾难性的。我们改革，就是要纠正这种偏向。我们在 1992 年选择了市场经济，即选择了由市场作为配置资源的主要方式。实践证明，这种选择是正确的。

问：在资源配置方式已经取得共识的情况下，经济学家最关心的还有什么？

答：不论中国还是外国，不论经济学家还是自然科学家，现在在讲到资源利用和管理时，都关心一个经济的可持续发展问题。这个问题，实际上是表明了一个基本事实，就是人类社会在经历了工业化带来的繁荣后，资源尤其是自然资源，已不能支撑社会的长远发展。地球上大片地区生态系统被破坏了，环境被污染了，不可再生的资源被过度耗取了。因此，现在，经济学家和各类专家，都共同关心生态和环境，并把这作为资源管理中最重要的内容。因此，我们看到，各种资源利用的介绍中，生态和环境保护被列为最基本的要求。

问：您认为什么资源可称为战略性资源？

答：战略性资源，用我自己的概括是，主要指硬体资源而不是软体资源。我认为战略资源应具备三个特点或说存在三种矛盾，即需求的基础性或刚性（比如人们吃、穿、用、行、安全等需求）与供给难以永续性的矛盾，需求额的扩张性（巨大且不断增大）与供给的稀缺性的矛盾，产品价格的低预期值（因其使用者的普遍化）与保护或开发的边际成本递增的矛盾。

我们祖先对战略性资源的认识很有意思。他们曾从哲学高度概括出五类资源：金、木、水、火、土。依我的理解，金者，指矿产资源；木者，指植物资源可引申到生物资源；水者，就是水资源；火者，引申为能源资源，特别值得关注的是石油资源；土者，即土地资源。以上五种资源也是现代人公认的最具战略性意义的资源。

二、生态、水和土地资源的简单分析

问：我国生态资源情况如何，能作一介绍吗？

答：权威的回答要请这方面的专家。我仅谈点学习体会。

据我所知，中国是世界上生物资源最丰富的国家之一，但生物资源保护和利用的任务十分艰巨。我仅粗浅地看了一下植物和动物这两类生态资源。1984年我国政府首次将388种珍稀濒危植物作为国家重点保护植物。有专家认为，我国需要用50年时间，才能使森林覆盖率达到25%左右，基本解决荒漠化和水土流失造成的生态环境问题。用50年时间恢复山川秀美的生态环境，有部门测算需要几万亿资金。动物资源情况也不容乐观。世界上的动物经科学描述的有109万种，中国动物种类约为世界种类数的10%，但动物资源保护和永续利用上存在很多问题。比如，中国野生动物资源中有不少种类已成为濒危物种，仅哺乳动物中就占30%～40%，约有150～200种，中国至今还没有一个完整的包括高等和低等濒危动物的"红色目录"。总之，保护生态资源任务艰巨。科学研究表明，生态环境被破坏，过度利用，化学污染和气候变化，都会造成生物资源的枯竭。

问：我们在保护生态资源方面作过什么样的努力？

答：多年来，我国政府和各界也在这方面作出了艰苦的努力。1956年，中国科学院在广东肇庆建立了以保护南亚热带季雨林为主的我国第一个自然保护区。至1993年年底，我国自然保护区数量已达700多处，面积占国土面积近7%。1994年，由中国国家环境保护局和国家技术监督局共同发布，并开始实施了三个类别的自然保护区，即自然生态系统类自然保护区、野生动物类自然保护区、自然遗迹类自然保护区，这对生态资源保护起到了一定作用。据我国科学家估计，由于多年努力，中国生物技术整体水平在发展中国家处于领先地位。而与西方发达国家相比，则有 5～10 年的差距。近 20 年来，生态环境保护的观念和制度在逐步形成。这里举一个例子，从 1981 年到 1998 年，我国环境污染治理逐步开始了较大规模投资，投资总额达 3 600 亿元。从年度情况看，其占 GDP 比重处于逐步增加态势，但还没达到 GDP 的 1％。从保护生态环境的需要看，还应增加这方面投资。

党中央前不久公布的《十五计划建议》中提出"三个力争"：要力争在信息技术、生物技术、新材料技术、先进制造技术、航空航天技术等关键领域取得突破……力争在集成电路、计算机、光电子材料、生物工程药物、生物芯片、农业生物工程等领域实现产业化……力争在基因科学、信息科学、纳米科学、生态科学和地球科学等方面取得新进展。由此可以看到，在技术、工程和研究三方面，党中央和政府都强调了生物科学和生物技术的重要性。

问：您认为生态资源的供求前景如何？

答：去年 5 月 22 日，美国《时代》周刊发表斯坦·戴维斯的一篇文章，他认为，每一种经济形态都要经历形成、成长、成熟和消亡阶段。生物经济阶段是从 1953 年发现 DNA 开始的。而人类基因组测序的完成和公布，标志形成阶段完成，进入了成长阶段。与此同时，因特网的出现，则表明信息经济已进入成熟阶段。因此他认为，从现在开始的 25 年里，将发生一件事，就是处于成长期的生物经济时代将取代已进入成熟期的信息经济时代。他认为，最早被生物经济时代改造的 4 个行业是制药业、保健业、农业和食品行业（我要加一个环境工程行业）。生物技术在今后 20 年里将把得病治疗为主变成无病预防为主，将把农场变成超级生物工程的制造工厂。他还预言，2025 年以后，当生物经济进入成熟阶段后，将会全面改变非生物行业。当然，他也不否认生物经济会带来负作用。他说：工业时代是污染和环境恶化，信息时代是隐私权难保护，生物经济时代则是伦理受到冲击。生物学的发展，使人类不仅认识生命，而且将操纵生命。克隆技术、转基因食品、人种改良等，只是这场冲击的一小部分。

认为 21 世纪生物学将成为最重要领域并付诸实施的科学家很多。事实上，现今欧美大制药公司开发的新药品中 40％ 是以基因组合为基础的。1999 年年底，已有 47 种转基因作物农产品投入市场。生物技术与信息技术结合造就了一个新名词：生物芯片。基因抢夺战也已经开始了。基因是一种有限的资源，人体共有 10～14 万个基因，人类基因组只有一套。发现一个少一个，谁占有较多基因专利，谁就将在人类基因的商业开发方面抢得先机。可以说，基因专利的多少决定着将来生物技术企业生存空间的大小。科学家已提出了可能运用生物技术的种种领域和关于商业机会的长长名单。信息界巨子比尔·盖茨也称：下一个创造更大财富的人将出现在基因领域。生命科学的重要性已不容怀疑了。当然，生物经济只是生态资源中最引人注目的一个部分。

放眼世界，我们在应对新世纪生态资源保护和利用方面，将面临重大而严峻的挑战。生态资源是人类赖以生存发展的环境和使社会生产正常进行的物质基础，我们必须珍爱它，保护它。

问：近些年出现了黄河断流、大中城市缺水，您如何看我国水资源的供求前景？

答：1995 年世界银行发表的数据表明，占全球人口 40％ 的 80 个国家水资源严重不足。美国《时代》杂志曾发表一文，认为"水是下次战争的根源"。

我国占有世界 22％ 的人口，而淡水资源只占世界 8％，被联合国列为全世界人均水资源短缺的贫水国之一。我国水资源人均 2 400 立方米，仅相当于世界平均水平的 1/4；单位耕地面积占有水资源只有世界平均水平的 1/2。现在每年缺水量接近 400 亿立方米，全国有 400 多个城市供水不足，全国 90％ 以上城市水环境恶化。水资源的时间分布极不均衡，空间分布也极不均衡。我们的母亲河——黄河，进入 20 世纪 80 年代以来，多次出现断流，这成为我国水资源开始缺乏的标识性象征。

更严重的问题是，我国水资源利用效率低，工业用水重复利用率约 40％～50％，落后美国、日本 30 年，农业用水损失率高达 60％，生活用水中也存在普遍的浪费现象。

怎么办？一是要节约用水。工农业用水要节约，社会一切用水要节约。二要治污，减少污水排放，增加可用水量。三要养水，要保护环境，涵养水源。四要合理配置水资源，搞好余水区向缺水区的调配工程。同时，要利用价格杠杆，促进水资源高效利用。五要加强水资源管理的法制建设。

今年 7 月，我收到西安交大霍有光教授寄给我的一本书，名为《策解中国水问题》，他在书中对 21 世纪中国面临的水问题作了分析，并对几大调水工程提出自己的主张。他认为水问题是两大类，一是水荒，即缺水；二是水害，即水分布不均引发的洪水和干旱。他提出解决中国水问题的基本思路：一是把水害治理好，二是把水资源利用好，三是把生态建设好。他认为解决中国水问题的基本途径是：一要开源，二要节流，三要保护。我不认识这位教授，但他在信中误认为我是研究中国水问题的专家，使我很惭愧。在此，我要向关心中国水问题的真正的专家们（我个人不是水问题的专家），包括霍教授，表示自己由衷的敬意。

问：您认为土地是最大的国有资产，那应如何管理好土地呢？

答：这个问题很大，很专业。这里只想谈几点思路。

首先，管理好土地的重要任务之一，也是经济发展的历史需求之一，是必须盘活存量土地。土地是国家最大的资产，3 万亿的国有资产也赶不上土地价值。土地世世代代都存在，效益是无尽的。发挥土地效益是土地管理的关键问题。5 年前在国土局开会，我曾提出，这可以成为下一步改革巨大的推动器，起码是二级推动力。现在看来，土地利用与开发，已成为各级政府相当关注的问题。上海发展快，尤其是基础设施建设发展快，其中重要的原因之一，是充分利用了土地资源，做好了土地使用权转让和租用的文章。

其次，从制度上解决好土地收益的分配问题。在土地上收益的钱该怎么拿？归谁所有？是征土地税呢还是和房地产税一起走？中央和地方怎么来分？这都应该明确。美国的情况是这样，市（市比县小）收房地产税，中央收周转税，地方收附加税。我认为，在我国经济体制改革中，土地收益上财富流失是很大的，既有非法和违规操作，也有制度不健全的原因。

三是当前,对中西部地区的支持,是土地管理上的一个重要方面。中西部地区的荒山荒地很多,怎样发挥土地的最大效益,推动中西部地区经济发展,也是值得研究的。不久前我去青海调研,深深感到利用好土地是一篇事关大局的文章。美国阿拉斯加州,把一些荒地无偿地出让给爱斯基摩人,让他们来开发。我希望我们国土管理部门,在保护土地的基础上,对合理配置土地资源也有进一步的制度安排,这将对中西部地区乃至全国经济发展有很大帮助。

顺便谈一点感想是:土地管理也有一个在政策体系中定位的问题。我认为土地管理不是宏观调控的内容,而是国家管理的组成部分。因为,宏观调控政策总的讲是短期政策,应该是需求调控,也就是总量控制。而土地的供给往往要考虑中长期利益,土地管理机构是行政执法机构,它应该是执法的。所以,土地管理机构作为行政执法机构,可以从长期观点调控土地。仅从短期观点来配置土地,肯定会出事。

三、更好地认识和配置好资源

问:作为各级政府的领导尤其是年轻的市长们,如何来管理好资源?

答:首先是清楚自己到底有多少资源。事实上,弄清家底不是很容易做到的。一个国家,一个省或市,甚至一个人,主要资源是什么,如何组织,如何发挥效益,都是复杂的事。作为一个市长,对他的管理范围内,有多少资源,需要有一个基本的估量。如果我们从社会的、自然的、全方位的资源着眼,其资源将是很大的。

政府在资源配置中不能缺位,但也不能越位。市场应该拥有配置资源的基础性地位,这是由市场配置本身的诸多优点决定的。首先,来自市场的供求关系所反映出的信息比较真实,有利于企业和生产者紧跟这种信息做出自主决策。其次,这种自主决策有利于树立比较公平的竞争环境。第三,这种自主决策如果失误,只是局部性的失误,如果是政府代而决策就有可能是全局性的失误。对于战略性的资源,比如土地、水、能源和某些重要的矿产,政府干预或者管制的程度大一些,是合理的、必要的。尤其是资源大省,如果失去政府的主导作用搞无政府主义,那将是一场灾难。但是,对于一般竞争性的资源,政府最好是淡出而交由市场调节。这里的政府淡出，当然也不意味着无政府主义，政府依然可以通过投资政策导向和产业结构调整等宏观调节手段，对资源的配置发挥自己的主导作用。一句话，在资源配置上，政府是主导，市场是基础，两者不可偏废。

面临新的形势青年领导者迫切需要提高自身的素质，这种素质不光是科学文化素质，而是由多种因素组成的综合素质。首先，当然要有合格的政治素质。其次，要有比较高的独立解决问题的能力，而且要有创新精神，勇于打破陈规陋习。再有，当一个好的领导者，一定要有宽容精神，注意协调各方关系，切不可搞帮派主义。最后，努力提高科学文化素质，多接受一些新东西。

问：怎么才能促成资源的合理有效流动？

答：就全球而言，资源分布的不均衡是普遍现象，而我国在这方面更加突出一些。从我国东西部资源占有方面的差异来看，大致情况概括就是：东部缺地缺矿，西部缺钱缺人。那么，只有使资源合理有效的流动起来，才能解决由于资源的不均衡而引发的经济不均衡问题。为此，中央提出了"西部大开发"的战略决策，这非常及时也非常英明。

但是，怎么才能促成资源的合理有效流动？在初期，政府的直接号召和组织能起些作用，比如一帮一的对口支援等，但终归不是长久之计。从长远来看，利益驱动才是资源流动的源泉，所以还是要依靠市场的基础性作用，以及政府为培育市场、改善投资环境、人才环境而做出的一些实际举措。要让东部的各类人才和企业觉得在西部确实有金可淘，这样才能流动起来。

要想吸引东部的资金甚至是海外的资金，西部的地方政府除了做好优惠政策和简化手续等文章外，尊重市场的规律和投资者的自主选择也是必须要练的"内功"。树立这一观念非常重要，因为以前我们有过这样的教训。比如，有的地方政府为了急于给当地效益不好的国企脱困，把引进的资金全输给了那些市场前景并不看好的项目，结果最终伤了人家投资者的心。同样，要想吸引人才到西部去，除了在物质上提高水平，恐怕在人才政策上也要提高水平。在这方面一定要改变过去片面强调人才占有的观念，而要树立起"但求所用，不求所留"的新思维。人才政策完全可以更加灵活多样，不一定非得用户口、住房等条件去拴住人,"飞鸟型"的人才使用方式值得提倡。甚至,现在利用互联网这种技术手段,人不一定去西部也完全可以发挥作用。

交通和基础设施建设同样非常重要。只有尽快加强这方面的建设,才能使东部的人才和企业家觉得西部实际上并不遥远,这样才能让人、财、物等各类资源更好地向西部地区流动。

问:您从经济学家角度,讲了不少关于资源科学的理论。您是否认为社会科学与自然科学结合特别重要?

答:你问得非常好。这确实是我长期思考的一个问题。经济学受自然科学影响很大,没有联立方程,就没有均衡思想的产生;没有微积分,就没有边际分析的产生。至于计量经济学,就更是经济学与数学结合的产物。因此,我们在研究资源的利用和配置方面,一定要重视社会科学与自然资源科学的结合。这里可举出一个典型的例证,经济学诺贝尔奖得主美国经济学家索洛,提出资源最优耗竭理论中的第一条件即资源品价格等于其边际生产成本加影子价格,这里影子价格指要从未开采此资源的机会成本角度来理解。经济学家从经济科学角度,为不可更新自然资源的最优耗用速度和条件提出了根据,其意义是巨大的。

问:您正在组建的北师大经济与资源管理研究所,这是否是您这种观念的一种实践?

答:这是其中一个重要原因。还有另一方面甚至说更重要的原因,是来自北师大领导对这种结合的重视。他们希望尝试这种结合,希望与校内相关的院系进行有机的配合,希望有一种较新的科研机制,与多年的经验与成果进行对接。因此,这个所的名字,来自北师大的领导们。我在中国社会科学院进行研究和带博士生的时候,在国务院研究室进行区域经济课题研究的时候,就开始了与北师大理科主要是资源环境方面专家的合作,并参与了其培养博士生的工作。我认为这种合作对我有深刻的影响。

问:最后还要问一个问题,您认为在从事资源管理研究时,需要什么方法论?

答:辩证法的认识论是不可少的。20世纪70年代初期,罗马俱乐部提出不可再生资源相对人类利用的速度是有限的，认为"增长的极限"将在 20 世纪末或 21 世纪初发生，这被称为悲观派；美国未来学者西蒙在其《最后的资源》一书中提出，人类的资源是没有尽头的，这被称为乐观派。我们不要简单地否定这两种似乎矛盾的观点。恰恰相反，我们要从悲观派那里学会如何高度警惕资源被破坏的后果，进而保持好资源，节约并高效利用资源；还要从乐观派那里学会如何不断探索利用资源的新思路和新技术，努力争取 21 世纪乃至永续发展的前景。这有点像是孔子讲的中庸，但其实是辩证法，这将是我们进行研究和实践非常重要的一个理论基点。

作者说明

新世纪以来，各方对资源及其配置越来越关心，越来越多的学者也纷纷开始在这方面开展研究。2000 年年底，中国经济 50 人论坛年会——《新世纪中国经济展望》在人民大会堂召开，要求我在会上作一个主题发言，题目是《新世纪我国战略性资源的状况和对策》。讲演稿后来部分内容发表于《学习时报》2001 年 2 月 26 日，名为《我国的战略性资源问题》；部分内容发表于《中国石油》2001 年第 4 期，名为《新世纪我国战略性资源的状况和对策》。2001 年我调到北京师范大学工作以后，陆续有《人民日报（市场报）》、《经济日报》、《中国青年报》等多位记者就此题目进行采访。《中国青年报》2001 年 9 月 6 日登载一篇贾双林记者对我的采访，题目是《资源、政府和市场一个都不能少》。2001 年北京开达经济学家咨询中心何伟老师征集当年有关的理论研究稿件，我就将几次采访稿进行了汇总和编排送交，题目是《从经济学角度看资源配置与管理》，发表在《中国市场经济论坛文稿（开达）》第 1 期（选集）上。收入本书时，对原稿有一些删减。

《中国青年报》的《青年时讯》刊载："作为由中国青年报主办的'全国青年市、县长论坛暨资源经济高知班'的特邀顾问及讲座专家，李晓西研究员在本届论坛上将为那些肩负新世纪中国经济建设重任的基层青年领导者，传授自己多年对资源与经济问题的研究心得。而他所领衔的北京师范大学经济与资源管理研究所，是国内目前唯一的专注于资源与经济发展关系的研究机构，也是本届论坛的协办单位。"

质量理念的新拓展

不久前十届全国人大四次会议通过的《中华人民共和国国民经济和社会发展第十一个五年规划纲要》（以下简称《纲要》）中，39 处提到了"质量"。这反映出质量问题在我国经济发展的新形势下，具有越来越重要的意义，质量理念在改革开放的实践中也大大拓展了。本文分别从质量载体、质量领域、质量生态和质量范围四个方面，阐述对质量理念新拓展的理解。

一、质量载体：从企业为主拓展到既有企业也有国民经济整体

传统的"质量"多指产品质量，换言之，质量载体是微观的具体的一种物质；进一步，还包括企业的服务质量，这也可以看作是一种"产品"质量。而在新形势下，质量不仅包括企业产品质量，还包括经济发展和增长质量，即从宏观角度考虑的质量。《纲要》不仅赋予了传统的产品质量新的内涵，还将质量理念拓展到宏观与微观主体。

《纲要》提出"提高钢铁产品档次和质量"和"以节约能源资源、保护生态环境和提高产品质量档次为重点，促进建材工业结构调整和产业升级。"这里明确指出是产品质量，更准确地说是钢铁、建材等原材料工业产品的质量，对"质量"的理解也与国际国内相关管理机构及学术界有着共同性。按照国际标准化组织（ISO）制定和颁布的《ISO9000：2000 质量管理体系——基础和术语》中"质量"的定义[①]，"产品质量"是指产品的"一组固有特性满足要求的程度"。《中华人民共和国产品质量法（2000 年修订版)》规定，产品质量应当符合三项条件，即：产品不存在危及人身、财产安全的不合理的危险，有保障人体健康、人身财产安全的国家标准、行业标准的，应当符合该标准；具备产品应当具备的使用性能；符合在产品或者其包装上注明采用的产品标准，符合以产品说明、实物样品等方式表明的质量状况。[②] 《纲要》还提出要提高"农药质量"和"建筑物质量"，完善"兽药质量监察"系统和"产品质量的信用记录"等，显然，这些都属于产品质量。就我国产品质量看，还是存在不少问题的。除了存在着达不到以上三条标准的普遍问题外，还有一些生产品和消费品存在消费者不满意的方面。比如，目前一些产品质量不能保持持续性，不能按照产品创新、发展、成熟、规模生产的生命周期保持并提高质量，往往在市场需求量大的情况下，只顾产品的数量而不能保证产品质量，出现一种"萝卜快了不洗泥"的现象，结果，企业产品的生命周期就可能缩短了。再比如，当前产品过度包装的不正常情况非常严重。过度包装不仅占有了产品的正常成本，不利于产品质量的保持和提高，还造成资源浪费，产生过多垃圾。据统计，北京市每年处理垃圾的费用高达 10 亿元，其中处理过度包装垃圾的费用占了相当大的比例，如果减少不必要的过度包装，可以节省 2 亿元[③]；在很多情况下，过度包装还侵犯了消费者的权益，因为它造成的产品成本上升被商家转嫁到消费者身上。

从微观角度来看，企业质量理念也在新形势下有所拓展，这主要体现在企业要发展自主知识产权和知名品牌上。目前，我国自主创新能力

① 韩福荣：《质量生态学》，32 页，北京，科学出版社，2005。
② 全国人民代表大会常务委员会：《中华人民共和国产品质量法（2000 年修订版）》，2000-07-08。
③ 晴正：《拒绝"过度包装"势在必行》，载中国法治网，2005-09-16。

远低于发达国家。全世界 86％的研发收入、90％的发明专利都掌握在发达国家手里，80％的研究开发由世界 500 强企业创造和拥有，而我国高新技术增加值仅为制造业的 8％，2/3 的企业没有研发活动。同时，我国自主品牌在国际竞争中现状不好。目前占全球 10％的知名品牌占据了 60％的市场份额。2005 年 8 月 1 日出版的美国《商业周刊》发布的全球品牌 100 强，美国品牌过半，而中国企业无一上榜。我国是最大的纺织品服装出口国，但是有品牌的服装不到出口额的 1％。[①]《纲要》提出"十一五"时期要努力实现"自主创新能力增强，研究与试验发展经费支出占国内生产总值比重增加到 2％，形成一批拥有自主知识产权和知名品牌、国际竞争力较强的优势企业"的目标，这对我国企业通过创新而提升质量有重要意义。

综上，质量管理部门要继续对传统的产品质量进行监管，应把标准化工作与质管工作结合起来；企业也要以卓越的质量目标统率产品开发、设计、生产、销售等环节，要重视发展自主知识产权和知名品牌，还要重视结合资源节约型社会的构建之机，提高企业产品质量的生态性。

另一方面，在《纲要》中，特别提出了经济发展和增长质量，这是一种新拓展的质量概念，或说是一种以宏观主体为载体的质量理念。这种理念的提出，是与我国改革与开放的实践进程分不开的。我国经济快速增长，从 1978 年的 3 624 亿元增加到 2004 年的 136 876 亿元，按可比价格计算，年均增长 9.4％。但在经济的迅猛增长中，出现了一种倾向，即注重经济增长数量的提高，忽视经济增长质量的提升。据统计，在我国国内生产总值增长中，至少有 18％是依靠资源和生态环境的"透支"获得的。[②] 在经济增长高速度的同时，我国还存在着经济增长成果分配不公平的问题，存在着经济结构趋同化的问题，存在着人民群众多方面需求不能满足的问题。因此，把经济增长速度作为唯一目标，甚至不惜以盲目建设、资源大量消耗、环境污染、效益降低等为代价，是不可取的。我们在考察经济增长数量的同时，也要进行质量的考察。

经济发展和增长质量的提高表现在多个方面。就"十一五"时期而

① 参见国家发改委张莉局长在"第十三届中国质量论坛"上的讲话，详见 http：//live. news. sohu. com/news_broadcast1/file/news_1962005-11-01-10-53. html，2005-10-29。

② 葛柱宇：《GDP 中的 18％来自环境"透支"》，载《京华时报》，2004-04-25。

時代變遷中的求索與吶喊

言，主要体现在以下五个方面。第一，在经济增长中降低消耗。据统计，2003 年我国 GDP 约占世界的 4%，但为此消耗的资源，包括原油、原煤、铁矿石、钢材、氧化铝、水泥等，分别约占世界消费量的 7.4%、31%、30%、27%、25% 和 40%。[1] 其结果就是，贫瘠的自然资源无法支撑高资源耗费的经济粗放型增长。2004 年，我国万元 GDP 能耗 1.58 吨标准煤，增长 5.3%。[2] 《纲要》要求到 2010 年，单位国内生产总值能源消耗比 2005 年降低 20% 左右，这意味着"十一五"时期年均节能要达到 4.4%。第二，基本遏制生态环境的恶化。我国经济快速增长对生态环境造成了巨大压力，生态环境形势十分严峻。比如，2004 年我国人均森林覆盖率大约只有 0.1 公顷，相当于世界平均水平的 1/5，美国人均水平的 1/10。[3] 《纲要》明确指出，在未来五年内，要使"生态环境恶化趋势基本遏制，主要污染物排放总量减少 10%，森林覆盖率达到 20%，控制温室气体排放取得成效。"第三，在经济增长中保持国际收支基本平衡，这也是在《纲要》中提出的"十一五"时期要努力实现的目标。在贸易问题上，我们不仅应当彻底转变观念，放弃以追求顺差为目标的传统做法，确立以国际收支平衡为目标的政策，综合权衡经常账户和资本账户，而且要加快从贸易大国到贸易强国的转变，从数量扩张为主转向质量和结构提升的轨道，使我国的开放型经济达到新水平。第四，协调经济增长与社会发展。虽然 20 世纪 90 年代前期我国就已提出经济与社会协调发展问题，但真正引起人们高度重视还是在"非典"时期。2003 年"非典"暴露出我国公共管理体制存在的很多问题，暴露出经济与社会发展不够协调的严峻现实。此后，国家加强了这两方面的协调，在完善社会发展体制方面做了很多工作。第五，重视以人为本的经济发展和增长。以人为本的经济发展和增长就是要重视提高人们的生活质量。"生活质量"是一个源于西方的概念。1958 年，美国经济学家加尔布雷斯（J. K. Calbraith）在《富裕社会》一书中首次提出"生活质量"的概念，他认为这个世界的目的不是消费，而是生活的效益和享受，这就是生活质量。1971 年，美国经济

---

① 《"增长方式转变"引发基金风格转变》，载《北京现代商报》，2005-10-25。

② 中华人民共和国国家统计局：《中华人民共和国 2004 年国民经济和社会发展统计公报》，2005-02-28。

③ 清华大学国情研究中心：《国情与发展》，96 页，北京，清华大学出版社，2005。

学家罗斯托在《政治和增长阶段》中提出了"追求生活质量的阶段"，并认为该阶段的主导部门是"质量部门"，罗斯托的"生活质量"包括两个方面：一个是自然方面，即居民生活环境的美化和净化（罗斯托曾以污染为例讨论这一问题）；另一个是社会方面，即社会教育、卫生保健、交通、生活服务、社会风尚乃至社会治安等的改善。[①]《纲要》充分体现了以人为本的理念。在其实现的目标要求中，提出"城镇居民人均可支配收入和农村居民人均纯收入分别年均增长5%，城乡居民生活质量普遍提高，居住、交通、教育、文化、卫生和环境等方面的条件有较大改善"，甚至专门提出了要"提高老年人生活质量，保障老年人权益"，要"加强对医疗卫生服务行为、服务质量和药品市场的监管，降低药品虚高价格"，在文化生活方面也有具体的要求，比如要"推进文化创新，实施精品战略，繁荣艺术创作，提高文化艺术产品质量"、"加强西藏、新疆等地区广播电视设施建设，扩大覆盖范围，提高收听收看质量"等。

总之，从《纲要》中，我们看到了一种新的质量理念，就是要正确处理经济增长的数量和质量关系，把提高经济发展和增长质量放在重要的位置；还看出经济发展和增长质量的提出，给质量理念注入了新的生机。现在，宏观与微观主体共同承载"质量"这一理念。

二、质量领域：从工业为主拓展到各类行业

传统的质量理念多局限在工业领域内，这与新中国成立后我国走上工业化道路是分不开的。经过几代人的努力奋斗，我国经济形势已发生了翻天覆地的变化。在新形势下，质量理念不仅涵盖了工业领域，还拓展到各类行业。在《纲要》中，除了提出要"巩固和提高轻纺工业"、"提高建筑质量"等工业产品质量问题外，还将质量理念拓展到农业、金融业、高等教育等行业。

在《纲要》中，强调要"提高耕地质量"，要"促进农产品质量等级化"、健全"农产品质量安全"体系。"农产品质量"可分为两大类：

---

① 冯立天：《中国人口生活质量再研究》，1～6页，北京，高等教育出版社，1996。

一是产品本身的生物学特性指标，二是食物卫生安全指标。[1] 消费者对农产品质量的要求是不断变化的，从不太注重质量向高度重视质量变化，从关注产品本身的生物特征向关注食品安全变化。从污染的途径和因素考虑，农产品的安全问题，大体可分为物理性污染、化学性污染、生物性污染和本底性污染四种类型。而我国农产品质量安全工作的重点是要解决化学性污染及其相应的安全隐患。20 世纪 90 年代，各地政府开始重视农产品质量安全问题。2001 年，经国务院批准，农业部启动了"无公害食品行动计划"，并首先在北京市、天津市、上海市和深圳市四个城市进行了试点。2003 年，"无公害食品行动计划"在全国范围内全面开展。经过几年的努力，我国农产品质量安全体系建设成效显著，保障能力明显加强，农产品质量安全整体状况明显改善。据农业部2005 年的前三次例行监测，按照 CAC 标准判定，我国 37 个城市蔬菜农药残留监测结果平均合格率为 94.2％；[2] 一个以农业国家标准为龙头、农业行业标准为主体、地方农业标准为基础、企业标准为补充的全国农产品质量标准体系框架已初步形成。当然，我们也要看到，我国农产品质量安全问题并没有完全解决：高毒禁限农药仍未绝迹；无公害农产品、绿色食品和有机食品总量发展规模不够，难以满足消费者的需求；农产品和农用生产资料市场秩序有待进一步规范等。如果这些问题不能得到妥善解决，我国农业就难以持续发展。

《纲要》还将质量的领域扩展到金融行业。《纲要》中指出要"健全金融体系，完善服务功能，创新服务品种，提高服务质量。"截至 2004年年底，银行业金融机构总资产达到 30 余万亿元人民币，与改革开放初期的 1980 年相比增加一百余倍。[3] 金融资产数量越多，质量越重要。金融资产质量，可以与我们通常对金融资产盈利性、安全性和流动性的关注结合起来。我们要加强对金融资产质量的管理，合理控制资产总量，优化结构配比，降低资产组合的整体加权风险，促进流动性、安全性和盈利性的协调运作。要使金融业更好地服务于国民经济发展，更重要的还要提高服务质量。这表现在很多方面；主要是：规范发展多种所有制形式的中小银行以及证券公司、财务公司、融资租赁公司、基金管

① 柯炳生：《提高农产品竞争力：理论、现状与政策建议》，载《农业经济问题》，2003 (2)。
② 于猛：《我国农产品质量安全水平大幅提高》，载《人民日报》，2005-08-21。
③ 潘功胜：《复苏中国银行业的资本意识》，载《21 世纪经济报道》，2005-05-19。

理公司等非银行金融机构；鼓励金融创新，稳步发展综合类金融服务，支持发展网上金融服务；积极发展面向中小企业的融资和小额信贷；完善支付结算体系，提高支付清算效率；健全金融市场的登记、托管、交易、清算系统；发展境外金融服务和外汇风险管理，为企业跨境经营提供便利服务和外汇避险工具等。

高等教育质量一直是世界各国普遍关心的问题，《纲要》对此也给予了特别的关注。1998年，世界高等教育大会在《21世纪的高等教育：展望和行动》中提出，高等教育的质量是一个多层面的概念，包括高等教育的所有功能和活动，包括教学与学术计划、研究与学术成就、教学人员、学生、校舍、设施设备、社会服务和学术环境等，还包括国际交往工作、知识交流、相互联网、教师和学生流动、国际研究项目等。当然要注意本民族的文化价值和本国的情况。应该考虑多样性，避免用一个统一的尺度来衡量高等教育质量。[①] 建立中国高等教育质量保障体系是我们跨入21世纪后所面临的重大任务。近年来，我国高等教育事业实现了数量上的超常规发展，但师资力量不足、学生素质不高、学生就业困难等现象日益突出，高等教育自身发展状况也迫切要求提高教育质量。[②] 因此，《纲要》提出要"提高高等教育质量"，"把高等教育发展的重点放在提高质量和优化结构上，加强研究与实践，培养学生的创新精神和实践能力"，"稳步提高高等教育大众化水平，稳步发展普通本专科和研究生教育，提高高层次人才培养质量"。这对实现科教兴国战略，提升我国学术水平和社会服务能力，有着非常重要的意义。[③]

三、质量生态：从产品实体质量拓展到实体与环境两种质量

传统的质量理念多局限在实体范围内，注重的是产品等物质实体质量的提高。而在《纲要》中，质量理念还拓展到环境领域，提出了环境

---

① 陈威：《高等教育质量概念的理论研究》，载中国网，2004-09-13。
② 王处辉：《转型中高等教育的反思与构建》，333页，合肥，合肥工业大学出版社，2003。
③ 马凯等：《〈中共中央关于制定国民经济和社会发展第十一个五年规划的建议〉辅导读本》，410页，北京，人民出版社，2005。

质量问题。《纲要》提出"尽快改善重点流域、重点区域的环境质量。"这里的"环境"主要指生态环境，是需要人类加以保护的自然环境；这里的"环境质量"也就是"生态环境质量"，即生态环境的优劣程度。[①]

"环境质量"的提出与我国当前经济发展所面临的严峻形势是分不开的。我国面临生态环境的恶化。首先，主要污染物的排放量大。2003年，我国主要水污染物化学需氧量超过环境容量的62%，二氧化硫排放量超过环境容量的81%；城市空气污染仍处于较重水平，监测的340个城市中有27%属于严重污染。其次，污染结构发生变化。工业污染所占比重下降，生活污染比重在上升。2003年，我国生活污水超过工业废水，占废水排放总量的53%。农村面源污染呈加重趋势，一些大城市出现了煤烟和汽车尾气复合型污染，室内空气污染也日显突出。最后，生物多样性遭到破坏。野生物种的栖息地遭受破坏，外来物种入侵加剧；土地和森林退化，河流断流，湖泊萎缩，滩涂消失，天然湿地干涸，生态失衡十分突出。[②] 如果继续走"先污染、后治理"的发展道路，要保证2020年经济总量在现有基础上翻两番，污染负荷会增加4～5倍。[③] 这不仅意味着中国自身的增长难以持续，而且对全球环境的影响也将是灾难性的。因此，"环境质量"的提出，作为质量理念的新拓展，有着重要的现实意义。我们一定要按照《纲要》提出的要求，加大环境保护力度：坚持预防为主、综合治理，强化从源头防治污染，坚决改变先污染后治理、边治理边污染的状况；以解决影响经济社会发展特别是严重危害人民健康的突出问题为重点，有效控制污染物排放，尽快改善重点流域、重点区域和重点城市的环境质量；加大"三河三湖"等重点流域和区域水污染防治力度，加大重点城市大气污染防治力度，加快危险废物处理设施建设，妥善处置危险废物和医疗废物。我们相信这些措施的落实，对提高我国环境质量、保证我国经济社会健康发展有重大意义。

---

① 中国环境监督总站：《中国生态环境质量评价研究》，5页，北京，中国环境科学出版社，2004。
② 解振华：《以科学发展观为指导全面加强新时期环境保护》，载国家环保总局网站，2004-06-03。
③ 侯伟丽：《中国经济增长与环境质量》，2页，北京，科学出版社，2005。

四、质量范围：从国内范围的质量理念拓展到对外贸易质量和利用外资质量

传统质量理念的承载对象比较单一，范围也相对较窄。随着我国经济发展和对外开放的深入，质量理念的范围得到进一步拓展。这里，我们重点分析对外贸易质量和利用外资质量。

《纲要》提出要"促进对外贸易由数量增加为主向质量提高为主转变"。2004 年，我国外贸进出口总额达到 1.15 万亿美元，跃居世界第三位。虽然对外贸易数量取得了长足发展，但是，我国的外贸增长是建立在较高资源和能源消耗基础上的，出口产品附加值低、经济效益差。对外贸易的质量不高，主要表现在以下方面。①我国货物贸易迅速增长，服务贸易发展相对滞后。1997—2003 年我国服务贸易出口年均增长 11.3％，而货物贸易出口年均增速高达 30.2％。2003 年，我国货物贸易出口位居世界第四位，占世界货物贸易的比重为 5.9％；而服务贸易出口居世界第九位，占比仅为 2.5％。[1] ②我国位于国际产业分工链条的低端，出口贸易额的 55％以上来自加工贸易。2004 年，我国加工贸易机电产品出口占加工贸易出口比重的 73.1％，占机电产品出口比重的 74.2％。高新技术产品 90％以加工贸易形式出口，其中，位于高新技术产品出口前列的大宗商品如笔记本电脑、等离子彩电及 DVD 等商品 95％以上也是以加工贸易形式出口。[2] ③我国高耗能、高污染和资源性产品出口过快增长。2004 年我国钢坯、钢材、未锻轧铝、铁合金、焦炭分别出口 605.8 万吨、1 423 万吨、168 万吨、219 万吨和 1 501 万吨，同比分别增长 312.1％、104％、34.8％、20.5％和 2％；尽管国家已取消了铁合金等 17 种商品（2005 年 1 月 1 日实行）和钢坯等商品（2005 年 4 月 1 日实行）的出口退税，2005 年上半年钢坯、钢材、未锻轧铝、铁合金、焦炭出口仍增长较快，分别比上年同期增长 262.4％、154.1％、21.9％、17％和 16.2％。[3] ④我国技术进口以引进国外生产

---

① 刘雪琴：《加快我国对外贸易增长方式转变的必要性》，载商务部研究院网站，2005-08-04。
② 范尜：《2004 年加工贸易呈现七大特点》，载《国际商报》，2005-02-25。
③ 国家发展和改革委员会等：《关于做好控制高耗能、高污染、资源性产品出口有关配套措施的通知》，2005-07-28。

线和机器设备等硬技术和成熟技术为主，专利和专有技术、尚未商业化技术引进较少。2004 年我国技术进口合同总金额 138.6 亿美元，其中成套设备、关键设备、生产线和技术咨询、技术服务所占比重达到 52.3%，专业技术所占比重仅为 29.8%[①]。为提高对外贸易的质量和效益，《纲要》提出要按照发挥比较优势、弥补资源不足、扩大发展空间、提高附加价值的要求，积极发展对外贸易，并具体要求到 2010 年货物贸易、服务贸易进出口总额分别达到 2.3 万亿美元和 4 000 亿美元。为此，应优化进出口商品结构，扩大具有自主知识产权、自主品牌的商品出口，控制高能耗、高污染产品出口，鼓励进口先进技术设备和国内短缺资源，完善大宗商品进出口协调机制；发展加工贸易要提高产业层次和加工深度，增强国内配套能力，促进国内产业升级；大力发展服务贸易，不断提高层次和水平；要健全外贸运行监控体系，完善外贸管理体制，实现对外贸易增长方式的转变。

《纲要》还提出要"提高利用外资的质量"。"利用外资质量"是指引进和利用的外资对利用方产生效应的优劣程度。截至 2004 年年底，全国累计合同利用外资 10 966 亿美元，实际利用外资 5 621 亿美元。2004 年，我国实际利用外资 606.3 亿美元，占当年固定资产投资总额的 7.16%。[②] 虽然我国利用外资的数量已经不小，但是质量方面还存在较大问题，主要表现在以下方面。①农业和服务业实际利用外资过少。经计算，2004 年我国实际利用外商直接投资的 71% 集中在制造业，农业和服务业所占比重分别仅为 1.8% 和 23.2%。而全球跨国投资总额中有 60% 属服务业领域，该领域的大量资金和成套技术与管理能力正是我国发展所迫切需要的。②中西部利用外资数量偏低。据统计，2005 年 1～7 月东部地区实际吸收外资占全国的九成；中部和西部地区分别仅为 6.7% 和 3.1%。[③] ③对引进的技术的消化吸收能力较弱。多年来，我国引进技术的投入与引进技术消化、吸收、创新投入的比重只有

---

① 马凯等：《〈中共中央关于制定国民经济和社会发展第十一个五年规划的建议〉辅导读本》，368～369 页，北京，人民出版社，2005。

② 同上书，380 页。

③ 赵晋平：《2006 年我国利用外资形势展望》，载《中国经济时报》，2005-12-02。

1∶0.07，而日本和韩国的这一比例高达1∶8左右。[①] 我国对外资消化吸收能力的不足制约了企业自主创新能力的提高，限制了国内知名品牌的发展和国际竞争力的提升。④引进外资的社会效益不高。一些外商为转嫁环境污染，投资于农药、油漆、染料、清洗剂、造纸等高污染行业，给我国社会环境造成不良后果。为提高我国利用外资的质量，《纲要》提出要抓住国际产业转移机遇，继续积极有效利用外资，重点通过利用外资引进国外先进技术、管理经验和高素质人才，把利用外资同提升国内产业结构、技术水平结合起来。为此，要加强对外资的产业和区域投向引导，促进国内产业优化升级和技术创新。着重引进先进技术、管理经验和高素质人才，做好引进技术的消化吸收和创新提高；继续开放服务市场，有序承接国际现代服务业转移；吸引外资能力较强的地区和开发区，应注重提高生产制造层次，并积极向研究开发、现代流通等领域拓展，充分发挥集聚和带动效应。

五、结束语：质量问题关系到可持续发展与和谐社会的构建

在一般情况下，质量问题影响的仅仅是一个个独立的企业或个人。但在经济全球化、人类面临种种困扰的当今，质量问题直接关乎企业的市场竞争力，关乎经济社会的可持续发展，关乎当代和后代人的福祉；质量问题影响的不仅是个体，也影响到整个社会的稳定。我们经常看到，因各种质量问题引发了社会冲突，增加了社会不和谐的因素，有的甚至发展到剧烈对抗的程度。因此，站在可持续发展战略和建设和谐社会的高度来看质量问题，会使我们对质量问题有更深的理解，也必将促进质量理念的拓展和提升。

作者说明

本文稿是被逼出来的。记得是2005年10月在沈阳市召开第十三届中国质量论坛，作为中国质量万里行促进会常务理事，我被邀请参会并

---

① 马凯等：《〈中共中央关于制定国民经济和社会发展第十一个五年规划的建议〉辅导读本》，369页，北京，人民出版社，2005。

做主题讲学。会议上我做了《"十一五"规划建议与质量理念》的主题发言。完全是因为会议发言而促使我学习了"十一五"规划建议和温家宝总理关于制定第十一个五年规划的说明。学习中我很有感慨，因为中央关于"十一五"规划建议中有 11 个地方提到质量的问题，总理的说明中有 7 处提了质量问题。我把这些质量归为 8 类，经济增长质量、产品质量、资产质量、对外贸易质量、利用外资质量、高等教育质量、环境质量、生活质量。可以说，这完全不是我们传统上讲的产品质量的狭隘质量观了。《中国质量报》2005 年 11 月 1 日头版对我的讲演内容做了介绍，王惜纯记者在报道中说："在刚刚结束的第十三届中国质量论坛上，北京师范大学经济与资源管理研究所所长李晓西教授的深刻剖析，引起众多媒体的关注。长期从事宏观经济研究的李晓西教授，对质量有着独到的见解。经过仔细研究，李晓西教授发现，上述两个文件涉及多方面的质量，这说明，新形势下质量具有特别重要的意义。他分析说，质量是提高国际竞争力的重要因素。"此后，正逢北京师范大学学报潘老师来约稿，我就请我的博士生张江雪就质量问题搜集整理资料并在我讲演稿基础上形成了本篇文章。文章题目是《质量理念的新拓展》，发表在《北京师范大学学报》2006 年第 2 期上。文章作为共同的劳动成果，是以两人的名义发表的。文章被《高等学校文科学术文摘》2006 年第 3 期和《新华文摘》2006 年第 13 期转载。

2006 年 3 月十届全国人大四次会议正式通过了《中华人民共和国国民经济和社会发展第十一个五年规划纲要》，提出了一种新的质量理念。中国质量报记者王惜纯又来约稿，促使我与张江雪改写了一篇文章，以《"十一五"规划质量理念解读》为题，发表在《中国质量报》2006 年 6 月 7 日第八版上，是一个整版。

可持续发展的成本效益分析

　　成本效益分析，是实现可持续发展的主要分析方法之一。可持续发展成本至少包括自然环境成本、资源成本、经济成本和社会成本，可称为"全成本"；效益可以用财富的概念来代替，财富包括人造物质财富、自然物质财富、人力资本财富和精神财富，这四部分财富的增量，可称为"全财富增量"。在此分析基础上，可以用"净财富增量"的概念来表示一个国家或地区在一定时期内可持续发展的净效益。"净财富增量"大于 0 是可持续发展的必要条件。借用世行"调整后的储蓄净额"指标，实证分析 1998—2002 年中国的净财富增量，提供了一个意义不同的思路。总之，成本效益分析，必须在净财富增量大于 0 的条件下进行。为此，要建立和完善可持续发展的制度与法制，要利用市场机制和民众力量搞好环保，要做好成本分析基础工作，要制定中长期投资规范。这些是实现可持续发展的主要政策思路。

一、从"科学发展观"看可持续发展成本收益分析的重要性

坚持以人为本，全面、协调、可持续的科学发展观，是我们党从新世纪新阶段党和国家事业发展全局出发提出的重大战略思想。可持续发展是科学发展观的重要组成部分。要实现可持续发展，就要促进人与自然的和谐，实现经济发展和人口、资源、环境相协调，坚持走生产发展、生活富裕、生态良好的文明发展道路，保证一代接一代地永续发展。

中国在实现可持续发展的进程中，面临着种种困难和阻力。其中，传统的经济增长理论和社会习惯性理念，造成一种"成本效益理念误区"，即：把人造成果当成分子求其大，把自然之物当成分母而求其小；把降低成本和追求利润当作唯一的目标，以压缩治理污染成本来追求增加企业利润；重视当前生活水平的提高，忽视后代生活水平状况是否能保持或超过当代人的问题。要实现可持续发展，必须要在观念上突破传统，在战略上有新的思考。其中一个重要方面，是要在可持续发展的成本与效益问题上有更明确的认识。

二、"全成本"概念是理解可持续发展成本问题的关键

在人类历史的绝大多数时期，经济增长的速度是极其缓慢的。但从产业革命以来，西欧的经济增长开始加速，这种快速增长的势头还逐步扩展到北美和世界其他地区。特别是近百年来，世界许多国家都取得了人类历史上从未有过的快速增长。但从20世纪后半期开始，人们逐渐意识到，这种经济的快速增长并非没有代价。我们可以看到，伴随着经济的发展，空气污染正在扩大，淡水稀缺正在加剧，土壤沙化正在加速，森林破坏失去控制，生物多样性正在消失，渔业资源正在缩减，等等。与此同时，收入不平等的现象正在扩大。20个最富国家的人均收入已经达到20个最穷国家人均收入的37倍。这一比率在过去40年间

翻了一番。[①] 近 20 多年来，中国取得了全球领先的经济快速增长，但同样也出现了环境污染加剧、收入差距扩大等严重的问题。正是这些问题的存在，使人们逐步意识到：经济发展的成本，不仅仅是传统的企业会计和经济学教科书中所说的劳动力和资本的消耗。从可持续发展的角度考虑，经济发展的成本包括了以下几方面。

一是自然环境成本（natural environmental cost，简称 NC），指人类经济活动所造成的环境退化，主要涉及空气、水体、土壤、草原、森林和生物多样性等方面。2002 年，我国环境保护部门监测的城市中，近 2/3 的城市空气质量达不到空气质量二级标准。部分城市二氧化硫污染严重，酸雨控制区内 90％以上的城市出现了酸雨。我国近海海域中，东海、渤海水质较差。营口、盘锦、长江口、杭州湾、三门湾、乐清湾、泉州湾、九龙江口等海域污染较重，为劣四类海水。在各大内河中，辽河、海河水系污染严重，劣五类水体占 60％以上；淮河支流及省界河段水质较差；黄河水系总体水质较差，支流污染普遍严重。主要湖泊氮、磷污染较重，导致富营养化问题突出。其中滇池草海为重度富营养状态，太湖和巢湖为轻度富营养状态。我国 90％的可利用天然草原有不同程度的退化，并以每年 200 万公顷的速度递增。全国水土流失总面积达 356 万平方公里，占国土总面积的 37.1％；其中水蚀面积 165 万平方公里，占国土总面积的 17.2％；风蚀面积达 191 万平方公里，占国土总面积的 19.9％。[②]

二是资源成本（resource cost，简称 RC），指的是经济活动所造成的资源消耗。目前我国 90％以上的能源、80％以上的工业原料、70％以上的农业生产资料都来源于矿产资源，30％以上的农业用水和饮用水也是来自属于矿产资源范畴的地下水。自 20 世纪 90 年代以来，我国矿产资源的消耗呈激增态势。据测算，按照现有探明储量和消耗速度，中国目前已探明的 45 种主要矿产中，到 2010 年可以满足需要的只有 21 种，到 2020 年仅剩 6 种。其中，供需矛盾最突出的当属石油和铁矿石。保守预计，到 2010 年，中国石油需求量约为 3 亿吨，2020 年为 3.9 亿吨。而 2020 年前

---

① World Bank，*World Bank Report* 2000/2001：*Attacking Poverty*，Oxford University Press，Oxford，2002.

② 国家环保局：《2002 年中国环境状况公报（国家环保局 2003 年 5 月 30 日发布）》，详见国家环保局网站。

后中国石油的高峰产量约为 2 亿吨，缺口额接近 2 亿吨，必须通过海外供给获得，对外依存度接近 50%。此外，今后 20 年，中国还将缺铁 30 亿吨，缺铜 5～6 亿吨，缺铅 1 亿吨，都需大量进口。[①]

三是社会成本（social cost，简称 SC），指的是经济发展所带来的对公众福利的不利影响和对社会和谐的损害。任何社会都存在平等与效率的权衡。为效率而牺牲平等的经济增长往往会带来对公众福利的漠视，进而造成对社会和谐的损害。我们常常可以看到，在经济增长的同时，劳动者的劳动安全和劳动卫生得不到切实的保障，消费者的消费安全成为问题，工业污染无处不在，公民的健康受到严重的威胁；在经济增长的同时，公民接受普遍义务教育的权利受到忽视和侵犯，特别是利用童工现象增多，为生计和赚钱迫使女孩子退学的现象十分普遍；在经济增长的同时，收入的两极分化，医疗制度的市场化方向改革，多数民众在看病就医方面，出现了很多新的困难，需要通过完善医疗保障来解决，公共卫生体系更需要重建；在经济增长的同时，社会伦理道德和价值观念遭到商业意识的扭曲，在新的适应社会主义市场经济的一套观念形成前，整个社会的不和谐状态，社会成员缺乏健康的心态和社会秩序失范的现象，还难以消除。凡此种种，都是只追求经济增长有可能造成的社会成本。

四是经济成本（economic cost，简称 EC），是指经济发展所必需的劳动力、厂房、机器设备、货币资本等项要素的投入。这个成本不完全等同于传统意义上的"总成本"，因为它不包含资源作为原材料投入的那部分。

以上分析表明，可持续发展的成本至少包括了环境成本、资源成本、经济成本和社会成本。我们把这四种成本的总和称为"全成本"（whole cost，简称 WC）。之所以称为"全成本"，一方面是要与已有的企业"总成本"（total cost）相区别，另一方面也可以更准确地反映出可持续发展的成本具有全面性。全成本的计算公式为：

$$WC = NC + RC + SC + EC$$

[①] 李宝林：《新世纪前期中国"资源安全"不可小觑》，载《中国国情国力杂志》，2004（2）。

三、"全财富增量"与"净财富增量"

效益的本质是人类福利（welfare）。由于福利的增进不容易度量，所以我们用财富（wealth）的概念来代替。财富指的是一个国家或者地区所拥有的提供人类福利的能力。财富包括人造物质财富（man-made wealth）、自然物质财富（natural wealth）、人力资本财富（human resource wealth）、精神财富（spiritual wealth）。人造物质财富是指人类生产的各种物质资产的价值；自然物质财富是指大自然所赋予的土地、空气、生灵、水、矿产等各种资源；人力资本财富是指人们通过对自身教育、健康和营养的投资而具有的创造福利的能力；精神财富是指人类在长期生产生活实践中所积累的文化以及信任网络、共同的价值观等。

一定时期可持续发展的效益主要可以体现为在这段时期内财富的增加，包括人造物质财富增量（man-made wealth increment，简称 MWI）、自然物质财富增量（natural wealth increment，简称 NaWI）、人力资本财富增量（human resource wealth increment，简称 HWI）和精神财富增量（spiritual wealth increment，简称 SWI）。我们把这四部分增量的总和称为"全财富增量"（whole wealth increment，简称 WWI），即：

$$WWI = MWI + NaWI + HWI + SWI$$

在以上分析的基础上，我们可以用"净财富增量"（net wealth increment，简称 NWI）的概念来表示一个国家或地区在一定时期内可持续发展的净效益，其公式为：

$$NWI = WWI - WC$$
$$= (MWI + NaWI + HWI + SWI) - (NC + RC + SC + EC)$$

"净财富增量"大于 0 是可持续发展的必要条件；如果净财富增量小于 0，则表明这种发展是不可持续的。而净财富增量大于 0 只是可持续发展的一个必要条件，而非充分条件。原因主要在于以下两点：一是净财富增量的计算没有考虑人口的因素，如果一个国家或地区的财富净增长率小于人口净增长率，那么其人均财富将逐年减少，这样的发展显然是不可持续的；二是净财富增量没有体现"强可持续性"与"弱可持续性"的区别。"强可持续性"的观点强调的是各种资源之间是不可互相代替的，而"弱可持续性"的观点则认为各种资源之间是可以相互代替的。尽管强可持续性和弱可持续性的争论还未有定论，但人们普遍认同可持续发展必须遵守以下三条原则：一是可再生资源的利用速度，如土壤、水、森林、鱼类等资源的可持续利用速度不能超过再生速度；二是不可再生资源（如化石燃料、优质矿石等）的利用速度不能超过以可持续的方式利用可再生资源的代替速度；三是污染物的排放速度不能超过环境对这些物质的循环、吸收和无害化处理速度。更进一步地，按照强可持续性的观点，在追求财富总量不断增加的同时，还必须对关键的自然资源加以保护。只有这样，才算是实现了可持续发展。

四、净财富增量的度量——借用世界银行"调整后的储蓄净额"

在对净财富增量作定性分析的基础上，如何运用可获得的数据进行定量的分析？世界银行的"调整后的储蓄净额"测度值得我们借鉴。

一般来说，在国民经济核算体系中，对于流量的核算远远成熟于对于存量的核算。造成这种状况的原因主要有两个。一是就经济学理论研究而言，虽然古典经济学家很关注国家财富总量问题，但到了近代，特别是"凯恩斯革命"以后，宏观经济学的视角主要放在经济活动的不稳定性上，以 GDP 为基础的经济增长率成为理论研究和实际经济管理所关注的中心问题，经济核算的重心也就自然而然地放在了这个方面。二是就实际操作而言，存量核算比流量核算要困难得多。困难既表现在资产实物资料的搜集上，也表现在资产价值的估算上。在环境经济核算当中，也同样面临相同的问题。人们所关注的往往是如何将经济过程对资源环境的利用纳入当期产出的核算，并以此为基础来评价经济的增长速度，但往往却忽略了资产存量核算的重要性。正是在这个意义上，世界银行所开展的关于国家财富的度量就具有特别的价值。

1995 年 6 月，世界银行环境部发表了《监测环境进展——关于工作进展的报告》，首次提出了国家财富的概念，并探讨了具体的测度方法。[①] 世界银行还定义了真实储蓄率（genuine savings）指标作为监测财富动态变化即可持续发展的判断依据。真实储蓄率是指 GNP 减去总消费、生产资产折旧即自然资源损耗和环境退化之后的余值占 GNP 的比重。1997 年，世界银行环境部发表了评价国家财富的最新研究报告《扩展对财富的衡量——环境可持续发展指标》。[②] 随后，世界银行在 1998 年 1 月发布的题为《估算国家财富：方法与结果》的研究报告中，公布了 1994 年 92 个国家人均财富的最新测算结果。[③] 此后，世界银行开展了每年对各国"真实储蓄率"的研究，并将"真实储蓄率"改名为"调整后的储蓄净额"（adjusted net savings）。其计算公式为：国内储蓄总量－（固定资本消耗量＋能源枯竭＋矿藏枯竭＋森林净存量枯竭＋二氧化碳损害＋尾气损害[④]）＋教育支出＝调整后的净储蓄。世界银行构建的所有这些指标，都是按照 GNI 的百分比[⑤]来计算的。

可以看出，"调整后的储蓄净额"的计算，与净财富增量的计算，在根本思路上是大体一致的，考虑的核心议题都是国家财富存量的增量。这两者之间可以基本上形成如表 1 所示的一一对应关系。

虽然这两个指标体系关注的都是财富存量的增量问题，但我们从表 1 中能发现，两者之间并不是完全一致的，主要的区别集中在以下两个方面。

1. 两个体系所包含的范围不同

在我们所构建的"净财富增量"的指标体系中，在考虑成本问题时，设置了世界银行体系中所没有的"社会成本"；而在考虑效益问题时，设置了世界银行体系中所没有的"自然财富增量"。因为在经济发展过程中，自然财富不仅仅因人类的利用而存在逐渐耗减的趋势，而且

---

① World Bank, *Monitoring Environmental Progress：A Report on Work in Progress*, Washington, D. C. , 1995.

② 世界银行：《扩展衡量财富的手段——环境可持续发展的指标》，北京，中国环境出版社，1998.

③ World Bank, *Estimating National Wealth：Methodology and Results*, Environmental Economics Series, Paper No. 57, Washington, D. C. , 1998.

④ "尾气损害"是从 2003 年的报告开始新添的指标。

⑤ 2002 年以前的报告算的是 GDP 的百分比，从 2002 年的报告开始使用 GNI 的百分比。

— 171 —

表 1　净财富增量与调整后的储蓄净额的对应关系

单位：占 GNI 的百分比，2002 年

本文指标	全财富增量（WWI）				全成本（WC）							净财富增量（NWI）
	人造物质财富增量（MWI）	人力资本财富增量（HWI）	自然财富增量（NaWI）	精神财富增量（SWI）	自然环境成本（NC）			资源成本（RC）		经济成本（EC）	社会成本（SC）	
世界银行指标	国内储蓄总量	教育成本	未计算	未计算	森林净存量枯竭	二氧化碳损害	尾气损害	能源枯竭	矿藏枯竭	固定资本消耗量	未计算	调整后的净储蓄
东亚及太平洋地区	38.8	2.2			0.1	1.8	0.8	3.4	0.3	9.2		25.5
欧洲及中亚地区	22.7	4.8			—	2.1	0.6	9.7	0.1	10.5		—
拉美及加勒比地区	19.3	4.2			0.0	0.5	0.5	5.2	0.6	10.3		6.3
中东及北非地区	23.4	5.2			0.0	1.3	0.9	26.3	0.1	10.0		−10.0
南亚	23.1	2.9			1.0	1.5	0.7	2.2	0.3	9.0		11.3
撒哈拉以南非洲地区	15.9	5.1			0.7	1.1	0.4	8.1	0.5	10.2		0.0

数据来源：World Bank：2004 World Development Indicators.

也存在着增加的趋势，这种增加包括两部分：一是自然财富非人为的自然增加，如天然林木的生长，海洋鱼类种群的繁殖，等等；二是人类活动如植树造林等带来的自然财富增加。另外，与我们所设置的"精神财富增量"相对应的世界银行指标是"社会资产"和"知识"，但世界银行没有对这部分进行测算。

从上述分析可以看出，相较于世界银行"调整后的储蓄净额"的指标体系，我们的"净财富增量"的指标体系在反映经济、社会和环境三个系统的成本和效益问题上，力求更全面一些。按照经济、社会和环境三个系统的区分，我们的"净财富增量"公式还可以写成如下形式：

净财富增量 ＝净经济财富增量＋净社会财富增量＋净环境财富增量
　　　　　　＝（人造物质财富增量－经济成本）＋（人力资源财富
　　　　　　增量＋精神财富增量－社会成本）＋（自然财富增
　　　　　　量－自然环境成本－资源成本）

即：NWI＝（MWI－EC）＋（HWI＋SWI－SC）＋（NaWI－NC－RC）

2. 两个体系的概念理解上有难易程度的区别

首先，我们选择使用"净财富增量"的表述而不是"调整后的储蓄净额"的表述，是因为如果选用后者，我们对储蓄将会有两个理解：一是狭义的货币银行学意义上的"储蓄"；二是广义的世界银行所用的"真实储蓄"或者"调整后的储蓄净额"。相比之下，我们认为前者表述更不容易平生歧义。

另外，我们设计的指标，与世界银行指标的内涵并不完全一致。比如说，世界银行的"国内储蓄总量"与我们构建的"人造物质财富增量"的内涵并非完全一致，因为储蓄转化为投资，投资再变成固定的物质财富，这中间有一个时滞，而且也无法实现100％的转换。

尽管存在以上区别，但我们仍然认为，世界银行的"调整后的储蓄净额"，来自非常多的国家的调查，投入了巨大劳动，是一笔可借用的重要资料。因此，我们把其近似地等同于"净财富增量"来进行我们的理论分析。

从表1可以看出，世界各个地区在2002年的净财富增量有很大的差别。东亚及太平洋地区的数值达到24.5％，这主要得益于该地区长期以来的高储蓄率；而中东和北非地区的净财富增量为－10.0％，这主要是因为该地区大量开采石油，能源消耗的量很大，国家在其他方面取得的财富增量远远不足以弥补能源消耗带来的损失。而这一年的数据中更有意思的是，撒哈拉沙漠以南的非洲地区的净财富增量为0。这表明仅就总量意义而言，该地区也没有满足可持续增长的要求。

五、中国净财富增量的度量及分析

我们借用世界银行的指标，来考察 1998—2002 年五年间中国净财富增量的情况。

表 2   1998—2002 年中国的净财富增量

单位：占 GNI 或 GDP 的百分比

本文指标	全财富增量（WWI）				全成本（WC）						净财富增量（NWI）
	人造物质财富增量（MWI）	人力资本财富增量（HWI）	自然财富增量（NaWI）	精神财富增量（SWI）	自然环境成本（NC）			资源成本（RC）		经济成本（EC）	社会成本（SC）	
世界银行指标	国内储蓄总量	教育成本	未计算	未计算	森林净存量枯竭	二氧化碳损害	尾气损害	能源枯竭	矿藏枯竭	固定资本消耗量	未计算	调整后的净储蓄
1998	42.6	2.0			0.4	2.3		1.5	0.3	8.1		32.0
1999	40.1	2.0			0.3	2.5		1.4	0.3	8.3		29.4
2000	39.7	2.0			0.1	2.4		3.2	0.2	9.1		26.8
2001	40.1	2.0			0.1	2.2	1.0	2.8	0.1	9.2		26.6
2002	43.7	2.0			0.0	2.2	1.0	2.7	0.2	9.0		30.7

数据来源：World Bank：2000-2004 World Development Indicators.

表 2 显示，1998—2002 年五年间，中国的净财富增量始终处在 30％左右，这主要归功于中国保持着 40％左右的高储蓄率，同时在固定资产消耗、二氧化碳损害等方面保持着基本稳定的态势。

从世界范围来看，中国这种财富增长的幅度是十分突出的。表 3 比较了中国、印度和全世界在 1998—2002 年五年间的净财富增量情况。

表 3　1998—2002 年中国、印度及全世界的净财富增量比较

单位：占 GNI 或 GDP 的百分比

	1998	1999	2000	2001	2002
中国	32.0	29.4	26.8	26.6	30.7
印度	10.3	9.0	12.2	11.8	9.8
全世界	13.3	15.0	12.0	12.9	8.8

数据来源：World Bank：2000-2004 World Development Indicators.

表 3 显示，1998—2002 年，全世界的净财富增量在 9％～15％的区间上下波动，而印度的净财富增量则徘徊在 10％左右。造成中印两国之间如此显著区别的主要原因，是印度的储蓄率为 20％左右，只有中国的一半。

当然，储蓄率并不能完全说明问题。储蓄率并非越高越好。有学者指出，印度的储蓄率比中国低很多，是因为印度人把更多的钱用于消费，因此印度拥有稳定的国内需求，为其经济的稳定增长创造了一个健康的环境。而中国则常常苦于内需不足和国际市场不稳定。

但问题还有另一面。如果把人口增长率的因素也考虑进去的话，我们又将得到另外一幅图景。中国通过卓有成效的计划生育政策，已经实现了人口的低增长。印度虽然也采取控制生育的政策，但由于宗教等诸多因素的影响，人口增长率一直比较高。因此，如果从人均财富存量的角度来审视的话，我们将会发现在可持续发展进程中，中国领先印度的优势更突出。[①]

六、净财富增量与绿色 GDP 的比较

所谓"绿色 GDP"是一个比较宽泛的概念，它反映了人们试图将环境因素引入以 GDP 为核心的国民经济核算的思考。概括起来，"绿色 GDP"的实施存在两种不同的解决思路。第一种思路相对简单，就是在现行体系的基础上进行调整，从 GDP 中扣减资源环境的成本，实现所谓 GDP 指标的"绿化"（greening）。H. E. Daly 给出了一个比较有代表

[①]　Dasgupta，Partha，Valuing Objects and Evaluating Policies in Imperfect Economies，*Economic Journal*，2001，11（471）.

性的公式:

$$SSNNP = NNP - DE - DNC$$

其中,SSNNP 是可持续的社会国民生产净值,NNP 是 GNP 减去固定资产的折旧后所得的国民生产净值,DE 为国防支出,DNC 为自然资产的折旧。[①]

按照这种直接对 GDP 进行扣减的办法,对资源贡献和环境影响的核算是在 SNA 之外展开,并从 GDP 总量中直接扣除的,因而无法将资源环境的成本分解到具体的经济部门和机构,也无法反映不同地区和不同部门之间经济活动、资源利用和环境影响之间的复杂联系。

第二种思路是全面改造现有的国民经济核算体系,建立全新的生态产出指标,从而完整体现环境与经济的相互关系。但这种思路比较彻底,操作难度大,而且在国际上不易达成共识。为了保持国际可比性,联合国对此进行了大量的研究,并在 1993 年公布了修订后的 SNA。新的 SNA 较原来的版本(SNA1968),不仅体系本身大为简化,而且新设置了一个附属账户"环境与经济核算体系"(SEEA)。此后,联合国一直在努力完善 SEEA。该体系的目的在于,在尽可能保持现有国民核算体系概念和原则完整性的前提下,将资源环境因素引入核算体系中。环境成本、环境收益、自然资产以及环境保护支出均以与国民核算体系相一致的形式,在附属账户中列出。SEEA 在传统 SNA 的基础上作了如下修正。

①SEEA 以经资源环境因素修正的生态国内生产净值 EDP 而不是 GDP 作为主要指标,有助于客观评价可持续发展的现状和未来可持续发展的潜力。②SEEA 扩展了自然资产核算的范围。SNA 的资产核算范围仅限于经济资产,包括生产资产和非生产的自然资产,其中自然资产的核算范围只包括那些为所有者带来直接经济利益的部分。而 SEEA 将资产范围扩大到未包括在经济资产中的自然资产。③SEEA 区分了两类不同的环境成本:一类是资源数量耗减和环境质量退化所带来的虚拟成本,另一类是以环境保护形式支出的实际发生成本。在原有的 SNA 账户中,没有考虑第一类成本,而且将第二类成本混在各种费用当中作

---

① H. E. Daly, Towards a Measure and Sustainable Social Net National Product, in: Y. Anmad et al. eds., *Environment Accounting for Sustainable Development*, UNEP-World Bank Symposium, 1989.

为增加值计算，这一点是很不科学的。

根据以上介绍，我们对净财富增量与绿色 GDP 的比较集中于以下几点。

①两者都是以 GDP 为基础的。虽然我们在净财富增量的定性分析中，并没有说明它的度量以什么为依据，但事实是很清楚的：以 GDP 为中心的国民核算体系，迄今为止依然是刻画宏观经济运行的最有效的工具。很难想象我们可以完全抛开这套体系另立一套。这也是我们为什么选择世界银行的"调整后的国民净储蓄"（它以 GDP 或 GNI 为基础）作为净财富增量的近似值。②两者都面临着估值的困难。无论是净财富增量还是绿色 GDP，当讨论不进入市场交易的环境成本时，估值就成为一个最突出的困难。而要衡量诸如社会成本、精神财富等的价值，就更加难以着手。当前，对于财富存量的准确估算就是一个巨大的困难。这也是为什么世界银行在 1995 年和 1998 年所发表的对世界各国财富存量的估算前后两次差别很大，而且迄今也还没有推出新版的根本原因。③就近期而言，绿色 GDP 能够提供一个更为完整的核算体系。绿色 GDP 所代表的环境经济核算是现实中有用和有效的可持续发展测度方法。它以国民经济核算为基础，体现了实践的连续性。而且，这样的核算体现了两个平衡关系，第一是围绕 GDP 所形成的当期流量平衡，第二是资产从期初到期末的动态平衡，从而使核算形成一个完整的体系。而净财富增量的计算还不能提供这样完整的体系。④从长远来看，净财富增量代表着一个更加合理的方向。由于绿色 GDP 脱胎于 GDP，尽管它已经修正了 GDP 不能反映资源消耗和环境退化的不足，但它同样带有 GDP 本身存在的其他不足。比如，GDP 是反映交易量的一个流量指标，因此各年度的不同数值体现的是规模增减的关系，而无法累积加总；GDP 只能反映通过市场交易的经济活动，而不能反映没有进入市场的自给自足性生产活动，后者不仅在一些发展中国家仍占有重要的地位，而且与进入市场的经济活动一样也会造成环境退化和资源耗减。而绿色 GDP 把环境和资源的成本全部算在进入市场的经济活动头上，这显然是有失偏颇的。正是在这种意义上，净财富增量有效克服了 GDP 的这些"先天不足"。一方面，净财富增量的计算方法涵盖了全部经济活动的全部收益与全部成本；另一方面，净财富增量反映的是既有财富存量在一定时期增加的部分，因此不同年份的净财富增量是可以连续加

总的。正是在这一点上，净财富增量的计算，提供了一个有意义的不同思路。

七、实现可持续发展道路的建议

十六届三中全会《关于完善社会主义市场经济的决定》，提出了"五个统筹"：即统筹城乡发展、统筹区域发展、统筹经济社会发展、统筹人与自然和谐发展、统筹国内发展和对外开放的要求，其中，统筹经济与社会发展，统筹人与自然和谐发展，是可持续发展的大思路。具体讲，就是要在净财富增量大于 0 的约束条件下，组织和配置资源。成本与效益分析，必须在这个大思路下进行，才可能取得真正的进展。

我们提出以下 8 方面的政策思路：

（1）建立和完善可持续发展的制度。要建立可持续发展的体制和制度保证。包括：资源公平有效分配的制度；健全经济政策，利用税收手段、环境认证、许可证交易等鼓励企业清洁生产，提高资源利用率，处理三废，从事生态建设等；完善政绩考核制度，不能使各级政府只关心短期效益，没有长远发展的安排。当前的一个关键问题，是在城市扩大和土地资源的再配置中，保护好可供长远发展的土地资源。

（2）完善可持续发展的法制。这方面内容很多，我们认为当前重要的是：节约能源要有一定的强制性；环境污染要征税；利用和开发自然资源和环境资源要受监督，过程要透明；等等。

（3）要利用市场机制力量搞好环保。现在有一种错觉，似乎可持续发展只能是政府全背起来，不要利用市场机制。这不对。我们认为，要把环保中的相当部分，由公益性转入国家经济性产业，"谁治理谁受益"，把需要变成供给，把支出化为收益，发展环境产业；同时，可实行"谁污染谁付费"，治理污染要计入成本，这样才能形成对企业行为的市场约束机制。

（4）要动员受害的民众成为环保的先锋。现在的环保工作，经常表现为有关政府部门在与破坏环境的企业斗争。政府当先锋，由于管理力量有限，往往达不到目的。因此，一定要形成环保的群众基础。要把政府环保行为扩展为公众的环保行为，要让相关利益群体成为环保先锋，政府部门才可能成为有权威的裁判员。与此同时，要重视非政府组织的作用，成立各类非政府的环保组织，通过民众的力量，来实现生态和环境资产的保护和增值。

（5）利用全成本概念，进行系统化的可持续发展组织工作。就是说，要统筹解决可持续发展问题。如优化广泛的资产组合，协调好自然资产、社会资产、人造资产和人力资产的配套；解决好环保部门与各部门在可持续发展中的协作关系；解决好综合效益与单项效益的关系等。

（6）通过自然资源管理资产化，做好成本分析的基础工作。即对自然资源要有合理定价，实现资产使用和交易有成本、有价格的制度，这要求国家强化自然资源的产权管理，并制定使自然资源高效利用的制度和法规。

（7）通过经济运行循环化，降低发展成本，提高经济效益。具体讲，就是要将"环境"问题纳入经济内部，将环境变为生产力要素，在一定制度框架下，形成经济和环境的良性循环。这一方面是成本的节约，另一方面体现为收益的增加。

（8）搞好可持续发展的中长期投资规划。我国正在进入老龄化社会，目前是以较小成本过渡到可持续发展规律轨道的一次机会。因为人口增长趋于稳定，随着人口结构变化和赡养率下降，储蓄潜力逐步增加，投资潜力因而也较大，因此，在 21 世纪初要抓住最后的机遇，做到为可持续发展投资。

作者说明

本文也是接受会议邀请发言形成的。2004 年 1 月，中国环境文化促进会等单位主办第二届"绿色中国"论坛，主题是"实施绿色战略是可持续发展的必然选择"。我作为中国环境文化促进会的常务理事，还需认真准备一下发言。我发言的题目是："可持续发展的成本效益分析"，主要谈了四个问题：可持续发展的成本效益分析具有重要意义；可持续发展的成本类型与特点；可持续发展的效益如何判断；实现低成本可持续发展道路的建议。2004 年 1 月 12 日《中国环境报》对我的讲演有一个录音摘要整理的报道稿，《绿叶》杂志则于 2004 年第 2 期全文登载了我的讲演。回校后，又遇上校学报约稿，于是就让赵少钦博士为我再收集资料并补充内容，形成了现在这个稿子。对照看，框架和内容基本接近，但与国外研究成果对比方面，有了较多的增补。《北京师范大学学报（社会科学版）》2004 年第 4 期全文登出，题目仍为《可持续发展的成本效益分析》，作者加署了赵少钦博士。本文发表后，被 2004 年第 5 期《高等学校文科学术文摘》摘了 3 000 字，校学报为此还奖励本文作者 1 000 元。后来，本文又被评为第九届北京市哲学社会科学优秀成果二等奖。

国内外资源经济学的研究

一、自然资源和能源经济学的内涵与外延

三卷本的《自然资源和能源经济学手册》涵盖了自然资源和能源经济学当前的理论，深入探讨了贯穿整个自然资源经济学的概念，考察了应用于自然资源及能源问题的分析工具，并包括了一些对当前最重要的自然资源经济学问题进行经济分析的例子。这是两位主编在"编者序"中对这本手册的评价，翻译过程中，我们深切感受到了这一点，非常认同这个评价。可以说，本书主编在"序言"中，对自然资源和能源经济学的发展过程做了非常有根据的总结，对本书的结构、特点和主要内容以及一些特别新颖的观点，做了非常详尽的介绍。认真研读主编的"序言"，对希望了解这一学科的读者来讲，是非常必要的第一课。

作为"译者序"，这里只是具体补充一些相关史料，提供一些研读中的体会而已。

　　《自然资源与能源经济学手册》是《经济学手册》的第六分册。本分册共分三卷 27 章。即将翻译出版的是第一卷。正如主编所介绍的，本书"第一卷和第二卷探讨环境经济学和可再生资源经济学，第三卷探讨能源和矿产经济学。"

　　《自然资源与能源经济学手册》的主编是两位著名的学者：阿兰·V·尼斯和詹姆斯·L·斯威尼。他们是这一研究领域最主要的代表人物。

　　阿兰·V·尼斯（Allen V. Kneese）教授是美国未来资源研究所（Resources for the Future）的高级学者，也是美国环境与资源经济学家协会（Association of Environmental and Resource Economists）的第一任主席。美国未来资源研究所（RFF）成立于 1952 年，是世界上最早的资源与环境经济学的专门研究机构。阿兰·V·尼斯在这个研究所从事资源与环境经济的研究整整 40 年，直到他 2001 年 3 月 14 日去世。这 40 年，人类对环境和资源的认识，从担心越来越多的废弃物和污染，到整合自然科学和社会科学开创资源与环境经济学，走过了艰辛的探索历程。阿兰·V·尼斯教授是这支队伍中当之无愧的领军人物。他早期从事发展经济学研究，而后的 40 年中，他既成为了环境经济学的奠基人，也为生态经济学和资源经济学的形成做出了重大贡献。1990 年，他曾获得了第一届 Volvo 环境奖。现在以中文出版他主编的手册，希望借此对他生前贡献表达深深的敬意。

　　詹姆斯·L·斯威尼（James L Sweeney）博士是斯坦福大学经济政策研究院高级研究员，是管理科学与工程学教授。他在斯坦福大学生活和工作了 40 年。曾担任过能源建模论坛（Energy Modeling Forum）主席、能源研究所（Institute for Energy Studies）主席、工程经济系统学院（Department of Engineering-Economic Systems）院长等职务。他的研究领域集中在经济政策与分析，尤其是能源、自然资源和环境研究方面。1975 年，詹姆斯·L·斯威尼教授曾获得联邦能源管理杰出服务奖（Federal Energy Administration Distinguished Service Award），1999 年他被选为美国能源经济学会（U. S. Association for Energy Economics）高级研究员。

　　两位教授的简历使我们由衷地感慨，他们担任《自然资源与能源经济学手册》的主编是多么合适！

　　《自然资源与能源经济学手册》的书名会引起读者提出一个问题，

即自然资源与能源经济学到底是一门什么学科？根据我们在翻译过程中对全书的理解，并结合我国已有的相关论著看，认为"自然资源与能源经济学"即可理解为"资源经济学"，是一门社会科学与自然科学交叉的边缘科学。

资源经济学一般被认为起源于 20 世纪 20 年代末的土地经济研究。更早些有 17 世纪威廉·配第的经济学名言"土地为财富之母，劳动为财富之父"，可称为资源经济学的早期萌芽。1929 年伊利（Ely）和莫尔豪斯（Morehouse）合著的《土地经济学原理》出版，这是部门自然资源学，标志着资源经济学的正式起步。1940 年，伊利和韦尔万（Wehrweln）发表了《土地经济学》。这两本著作为资源经济学早期的著作。此后，哈罗德·霍特林（H. Hotelling）发表了《可耗竭资源的经济学》，从稀缺资源的利用和分配入手，提出了可耗竭资源的保护和稀缺资源的分配问题。20 世纪 60 年代，正值以石油危机为代表的自然资源短缺时期，这一学科注重研究不可再生资源短缺和合理利用的问题。不少专家认为，正是从 20 世纪 60 年代起，在古老的土地资源经济学基础上形成了资源经济学。但由于研究者大都是从事不同资源开发利用的科技人员，他们带来了自身专业的特点，没有形成统一的规范理论。70 年代，围绕着自然资源开发利用与治理保护问题，形成了自然资源经济学、生态经济学与环境经济学三足鼎立的格局，西方资源经济学进入兴盛时期。这一时期，资源经济学既注重资源的稀缺和保护问题，也高度重视资源利用的环境问题和可再生资源利用问题。如查尔斯·豪（Charles W. Howe）的《自然资源经济学》，论述了自然资源的属性、共享资源的管理、自然资源非市场效益的评价、稀缺度量、自然资源最优利用条件、项目经济分析、帕累托效率等。进入 70 年代后，资源经济学已经形成了完整的学科体系。1975 年克鲁蒂拉、费舍尔著的《自然环境经济学——商品性和舒适性资源价值研究》由未来资源研究所出版；80 年代，比较注重资源利用和分配的研究，并关注社会政治因素的影响。1981 年美国阿兰·兰德尔（Alan Randall）的《资源经济学：从经济角度对自然资源和环境政策的探讨》就是其中的代表作，这本书同样是由未来资源研究所出版的。20 世纪 80 年代末到 90 年代，受可持续发展思想的影响，开始更加系统地从资源要素、环境生态、技术手段、经济发展、社会进步等方面，综合研究资源开发利用中的经济问题和社会问题，以实现资源可持续利用。

资源经济学既是公共政策学或称为政府经济学，又具有独特的人本主义思维；它既内含着代内公平和代际公平的伦理判断，又具有联系实际以问题导向性的逻辑思维；它既重视运用经济学的实证分析和规范研究方法，又强调自然科学方法的必要性。总而言之，我们可以说，资源经济学是一门边缘性学科、交叉性学科、综合性学科。

资源经济学与经济学到底是什么关系呢？窃以为经济学与资源经济学的区别点有三方面：一是前者将资源作为研究对象之一，后者以资源为研究对象；二是前者有自己成体系的分析方法，后者要借助经济学和自然科学两方面的方法来进行分析；三是前者关注供求的实现条件，后者关注供求实现的有限性。其实，两者的共同点也可以从这三个区别点归纳出来，即都要研究自然资源，都要用经济分析方法，都要研究供求关系。共同点是大的，区别点则是进一步细化发现的。

以上概括有一种倾向，即承认资源经济学是一门独立的学科，而不仅仅是经济学的应用类子学科。这是有争议的。因为就当前资源经济学发展现状看，资源经济学因其包含内容多，运用方法多，尚没有完全统一和规范的一套理论和方法，甚至研究对象的内涵和外延也很不清晰。因此，不少学者认为它还不是一门成熟的学科，也就不能视为一门独立的学科。美国的阿兰·兰德尔（Alan Randall）就认为资源经济学是微观经济学的一个分支，是研究自然资源和环境政策的一门应用经济学。这个理解是有道理的，但近 20 多年对资源经济学的界定也有了很大变化。这些年来资源经济学发展得很快，这个学科的基本统一与规范，也有了很大进展。就本手册提供的理论看，资源经济学可以说已达到相对的成熟程度。本书表明的一个态度就是要通过对资源和能源各分支的研究，促进形成一个自然资源和能源的经济学体系，而不仅仅再局限于运用经济学来分析自然资源和能源。另一方面，经济学本身也是一个庞大体系，也很难说完全规范统一。比如，就本手册而言，主编者就特别强调了福利经济学理论。

如果这种理解是可以接受的，那么对资源经济学的大致定义就可以这样说：这是一门研究资源开发、利用、保护和管理中的经济问题以及各种经济关系的科学。这个定义可能比一般讲资源经济学是运用经济学原理去研究资源配置问题的概括更符合现实的情况。

读者在浏览《自然资源与能源经济学手册》目录时，看到本手册包括了生态经济学和环境经济学，比如，在本手册"可再生资源利用的生物经济学"一章中，作者不仅从资本存量角度考察可再生资源，而且运用了生物学的知识，如天然种群的生物机制、生物体和增长过程的特点、种群的动态行为等，分析了自然种群的生物经济模型，世代交叠和非世代交叠模型。这是经济与自然科学结合的一例。一个新问题是：生态经济学与资源经济学是什么关系？从第 3 章我们又看到，资源经济学把环境经济学包括在其中了。这一章是专门分析环境经济学的空间特征。自然，环境系统的空间维度包括环境区域和空间范围，是需要确定的。资源尤其是污染物在空间扩散的介质、形式和方法也是很重要的。如何解决当然构成另一个内容，即环境政策的制定、实施及存在的问题，这也是本章集中讨论的一个重要问题。环境经济学与资源经济学是什么关系？虽然在本手册中已出现了相当多的部门经济学，但这三门学科之间的关系在当前是受到国内外广泛关注的。

生态经济学、环境经济学和自然资源经济学的研究对象在很大程度上是重叠的。人类不仅将环境看作可耗用的自然资源的源泉，而且在研究许多环境问题时，也常常将环境本身看作一种自然资源。同样，人类也将生态看作自然资源。从这个意义上讲，这三门学科的最大共同点是研究对象的共同性。同时，因为都以经济活动为研究对象，所以又同属经济科学。在早期的学科"圈地运动"中，这些学科自划地盘，自封老大。但是，进一步发展的趋势却是，三门学科的进一步分化和各自独立。这三门学科研究对象确实具有越来越明显的矛盾特殊性，反映着人类社会经济活动的需求和三种不同供给对象即自然资源、自然环境和自然生态之间的矛盾。我是赞成这个判断的。混沌状态总会走向清晰，这是不可阻挡的。合久必分，然后可能在更高阶段上有一个正反合的回流。在这里，特别要指出的是，作为本手册的延续，《环境经济学手册》第一卷已于 2001 年出版。《环境经济学手册》编者在序言中明确提到，《环境经济学手册》是《资源经济学手册》的继承。

综上所述，本手册对 20 世纪末资源经济学研究成果进行了一次全面系统的梳理，是资源经济学研究的集大成，可能至今尚无出其右者。

二、试析我国学者在自然资源和能源经济学方面的论著

在我的书架里，放着不少资源经济学相关的专著。出版时间较早的可能要属克鲁蒂拉、费舍尔著的《自然环境经济学——商品性和舒适性资源价值研究》和阿兰·兰德尔著的《资源经济学——从经济角度对自然资源和环境政策的探讨》。这两本著作都是 20 世纪七八十年代的书了，而翻译到我国则是 80 年代末期或 90 年代初期的事了。

中国研究资源经济学也有相当长的时间了。章植先生的《土地经济学》是 1930 年由黎明书局出版的，这是我国第一部土地经济学的研究著作。20 世纪 40 年代有朱剑农先生的《土地经济原理》和张丕介先生的《土地经济学导论》等，但真正较系统地研究资源经济学是 20 世纪 80 年代之后。1981 年中国人民大学派遣吴增芳同志前往德意志联邦共和国哥廷根大学进修研究资源经济学，1984 年吴增芳同志在中国农业科学院自然资源与农业区划研究所讲授了农业资源经济学，此后，在中国人民大学设置了资源经济学硕士点。1984 年，中国农业科学院牛若峰研究员以美国《自然资源经济学》（1979 年）和苏联《自然资源利用经济学》（1982 年）为基础编写了《资源经济学和农业自然利用的经济生态问题》。1988—1989 年，黄亦妙、樊永廉编著出版了《资源经济学》。施以正翻译的《资源经济学》（1989）也是一本较有影响的著作。中国人民大学环境经济研究所的马中自 1989 年起与未来资源研究所（RFF）合作并主持出版了《RFF 环境经济学丛书》，包括《自然资源经济学》和《理论环境经济学》等共十余本，全面、深入地介绍了西方资源与环境经济学的研究成果，在一些高等院校、科研单位也相继成立了资源经济教研室和研究室。

20 世纪 90 年代后，我国一批资源经济学的成果问世。如孙鸿烈主编的《中国资源科学百科全书》、史忠良的《资源经济学》、徐晓峰等编著的《资源资产化管理与可持续发展》、李金昌的《资源经济新论》等。进入 21 世纪后，资源经济学及其相关学科的书籍越来越多了。如王子平等著的《资源论》、林爱文等人著的《资源环境与可持续发展》，等等，这里就不一一列举了。国外的相关翻译本也不少了，如威廉·

J·鲍莫尔等著的《环境经济理论与政策设计（第二版）》，罗杰·珀曼等著的《自然资源与环境经济学：第二版》。20 世纪 90 年代末期，资源与环境经济学和人口经济学合并为一个新的学科，即人口、资源与环境经济学。中国人民大学、南开大学、复旦大学、武汉大学、北京大学、北京师范大学、厦门大学、中南财经大学等成为首批设立人口、资源与环境经济学博士点或硕士点的单位。

我国的环境经济学起步于 20 世纪 70 年代末，1978 年提出要建立和发展我国的环境经济学。80 年代，许涤新、于光远、厉以宁、曲格平等著名经济学家和环境保护工作者对环境经济学给予了特别的关注，并开始了环境经济学的研究工作，成为我国环境经济学事业最早的开拓者。1983 年，童宛书、黄裕侃出版了《环境经济问题》一书，此后，《环境经济学概论》（甘泽广等主编，1987）、《环境与经济发展学》（张忠谊，1987）等相继出版。1986 年，熊必俊等根据世界上第一本《环境经济学》的第二版翻译出版中文版本，是较早的一本译著类教科书。90 年代，中国的环境经济学也进入了飞速发展的阶段。1992 年，清华大学张兰生等人合著的《实用环境经济学》（清华大学出版社），是我国第一部环境经济学教材。1994 年，中国环境科学研究院王金南所著的《环境经济学：理论·方法·政策》出版，系统论述了环境经济学的基本概念、理论基础、分析评价方法以及政策应用等。1995 年，厉以宁教授与章铮博士合作完成了《环境经济学》（中国计划出版社，1995）一书，探讨了有关环境经济学理论、方法与政策等问题，并用较多的篇幅探讨了因中国的现状而导致的特殊的环境经济学问题。1998 年，北京大学留美归来的张帆博士出版的专著《环境与自然资源经济学》，作为一部面向研究生、本科生的中级教科书，系统地介绍了西方经济学对资源与环境经济学的阐述。此期间还有不少同类著作，均扩大了环境经济学的影响。

生态经济学在 20 世纪 80 年代初也起步了。1980 年，我国著名经济学家许涤新提出"加强研究生态经济问题，建立我国生态经济学"的倡议。1982 年第一次全国生态经济学讨论会召开。1987 年，由许涤新教授主编的《生态经济学》（浙江人民出版社，1987）出版，标志着我国生态经济学学科理论的初步形成。此后王干梅的《生态经济理论与方法》（四川省社会科学院出版社，1988），王松的《自然资源利用与生态经济系统》（中国环境科学出版社，1992），姜学民、徐志辉的《生态经济学通论》（中国林业出版社，1993）等，均出版问世了。资源生态经济学是资源与环境经济学的一个相关分支学科，山东社科院马传栋的《资源生态经济学》（1995）的出版，代表这一学科的创立。而90年代初，排泄资源经济学也悄然兴起，1997年欧阳培主编的《排泄资源经济学》的出版标志着这一学科的正式创立。

作为译者，我更倾向于多介绍而不是过多评价资源经济学的成果。对这门重要的学科，我自己的正式介入是比较晚的。大约在7年前，我在一个关于资源经济的讲演中说："20世纪的100年中，用来形容我们国家特色最多的三个成语是：历史悠久、人口众多、地大物博。在跨入21世纪的时候，我们对这三个成语似乎有了更深刻的认识：历史悠久固然令人自豪，但不能因此背上'光荣的历史包袱'；'人口众多'早在20年前就被社会各界公认为不能再作为自以为好的指标，计划生育工作上升到国策的高度；'地大物博'的喜悦，近年来也因很多科学家研究成果的理性质疑，蒙上一层忧患的外纱，需要进行认真的讨论了。"

中国是否真的地大物博？如何利用好土地和资源，如何实现资源进而实现经济的可持续发展？这正是资源经济学要研究的内容，也是21世纪中国与世界面临的重大问题。"科学发展观"重要的内容之一，就是要提高国民经济发展的质量，就是要求我们提高对资源的利用效率，减少对生态和资源的破坏。

三、阿兰·V·尼斯和詹姆斯·L·斯威尼主编的《自然资源和能源经济学手册》的六个特点

在翻译全书过程中，我们对原著的优点、特点乃至弱点有了较多体会。我把这些体会概括为六个方面，供读者在阅读本书时做一个参考。

第一，本书写作风格不统一。本书不是一本教科书，不是由一个教授统编下来的，而是由资源与能源方面多位专家就各自研究的领域来写的，是由不同国家不同母语的专家撰写的。因此，在体现各个分支领域最高水平的同时，也出现了术语、分析方法、遣词造句的很大不同。因此，这本水平很高的论文集中，不少章节行文过于简洁艰深，我们虽尽力理解之，但因也不能离开原文太远，有些段落看上去仍然要多想多

思，不是一看就明白的。

第二，本书中数理分析内容较多。研读本书需要一定的数学基础。本书中有大量的模型和计量分析。比如，第 6 章里，专门讨论了国民经济投入—产出模型（national input-output models）如何应用于环境问题；第 10 章是通过抽象的经济学推理，论证运用排污费（effluent fees）作为政策工具的观点；在第 17 章中集中讨论了单个资源矿藏的最优开采决定模型（价格外生）和在竞争市场或垄断市场上的价格与开采量决定模型；第 22 章考察、评估了可耗竭资源供给的数理模型方法，讨论了不同类型的模型间的区别；在第 27 章中，运用一般均衡模型来分析自然资源和环境政策对经济增长的影响。

第三，本书涉及多学科。这本手册像一本百科全书，涉及的学科范围非常广，除了经济学术语之外，我们遇到了大量生态学、法律、地质、资源学、矿物学、伦理学、哲学等方面的词汇，可以说天文地理、人文百科，无所不有。因此，阅读本书尤其是理解本书观点需要较广泛的知识面。而且，涉及的每一学科也均很有深度。比如，在本手册"福利经济学与环境"一章中，作者引用了大量经济学知识来分析环境问题，如借用了均衡概念和一般市场均衡模型，提到了生产者、消费者及消费者理论、效用最大化、社会福利函数、资产价值等经济学概念，提到并运用了帕累托效率、林达尔均衡和科斯定理等经济学重要概念等。再比如，诺贝尔经济学奖得主美国经济学家索洛，提出资源最优耗竭理论中第一条件，即资源品价格等于其边际生产成本加影子价格，这里影子价格要从未开采此资源的机会成本角度来理解。这类观点就需要一定的经济学知识，不是一看就明白的。

因此，该手册对学科建设和专业深造非常有价值，但不是一本普及性读物，读者对此要有思想准备。

第四，本书理论很前沿。比如，在本书中，分析对象——自然资源——没有变，但分析方法和思路有了变化。如第 12 章和第 13 章，探讨的都是土地利用问题，但不是以传统的方式把土地当作农业生产中一项生产要素来分析，而是研究野地（wildlands）除产出木材外的娱乐和美学价值，并运用资产定价模型来分析研究土地市场。而在第 15 章，探讨了用于休闲目的的自然资源供应问题，重点关注森林、河流、峡谷和海湾等资源。与之相联系的是个人的空闲时间、运输服务、家庭资源分配、自然资源设施的机会成本等研究。这就要求我们在原有经济知识基础上，有一个与以前同类学科的比较分析，才能较全面地掌握这一领域的知识。

第五，本书为现实服务的目的性很强。随着对资源可持续利用和环境保护问题的关注，这本 20 世纪出版的书，其价值不仅没有下降，反而在上升。本书所论述的内容，是全球经济和各国经济中越来越突出的问题。比如，在第 25 章中，讨论了与能源安全相关的经济理论、实践及政策。大家知道，对能源安全、环境保护和经济增长这三大目标的权衡，在制定能源政策甚至国家经济战略中，具有非常重要的位置。本书涉及大量的具体问题，如环境政策的经济分析、环境保护和环境项目评估、投入—产出模型、可再生资源利用、非再生资源和耗竭性资源的利用、矿物资源储备与信息等，均是现实中大家越来越关心的问题，因此，本书的现实意义非常之大。既然如此，就需要读者对现实情况有一定了解，也需要对现实问题的解决抱有兴趣，才能更好地体会。

第六，本书直接和间接地分析了与中国有关的问题。比如，在第16 章中，日本著名学者都留重人对中国环境保护方面做出了肯定的评价。我们感谢作者的善意。但是我想指出，我们翻译的手册，成书时间已有十余年了。都留重人对中国环境保护的肯定，是在 80 年代工业化尚未全面推进且废旧物回收工作颇有成效的情况下做出的。但近二十年来，情况发生了根本性的变化。中国环境污染已经到了触目惊心的程度。因此，我们一定要清楚地认识到，中国在环境保护方面的挑战是相当严峻的，需要下大力气来解决。从间接角度看，本手册的分析对中国也具有现实的意义。我们从本手册中还看到，许多研究领域中国学者还未真正触及，定量分析和机制设计还很薄弱，新方法的引进也还存在很大不足。从本手册中学习如何节约使用自然资源，提高经济增长质量，确保资源永续利用，以实现社会可持续发展，将会使我们受益匪浅。

最后，可能还要说明一下，本手册涉及学科多、内容深，我们的水平有限，因此，译文的正确性和术语的准确性还是不能完全保证的，虽然我们想了多种办法尽了最大努力来做好翻译。比如，本手册中 Outdoor Recreation 全部翻译为"户外休闲"，但网上多数使用的是"户外游憩"这个词，这两个词进一步的区别，我们就真有些困惑了。类似情况不少，我们在本手册后记中还会再做些说明。

20 世纪 70 年代初期，罗马俱乐部提出不可再生资源相对人类利用的速度是有限的，认为"增长的极限"将在 20 世纪末或 21 世纪初发生，这被称为悲观派；美国未来学者西蒙在其《最后的资源》一书中提出，人类的资源是没有尽头的，这被称为乐观派。中国人可能要从悲观派那里学会如何高度警惕资源被破坏的后果，进而保持好资源，节约并高效利用资源；可能还要从乐观派那里学会如何不断探索利用资源的新思路和新技术，搞好对自然资源勘查、评价、开发、利用，努力争取到下世纪乃至永续发展的前景。

作者说明

本文是阿兰·V·尼斯和詹姆斯·L·斯威尼主编的《自然资源与能源经济学手册》一书的译序。本手册的翻译出版，是很多人共同努力的结果。"译序"同样也是很多人共同劳动的结果。提供资料和修改意见的博士后和研究生有：万会、王静、赵少钦、周武光、孙荟欣、张恽、刘一萌等。具体完稿时间是 2007 年 10 月。我在黄山开会，手里就带着大家提供的相关资料。用了一周时间写完。由于"译序"查阅了很多资料，也提出若干新看法，因此列在这里，是有价值的。这本译著是由经济科学出版社出版的。

中国经济转轨、挑战及周期

国外很多专家和学者都十分关注中国经济问题，我向各位简要分析一下中国经济转轨及挑战。这是一个相当大的题目，我想选几个大家可能关心的问题讲一讲。

一、中国经济为什么能够持续20多年高增长？今后还能否持续

这里要讲一个三匹马拉一个四轮车的故事。经济可持续增长的原因到底是什么呢，我归结为：三匹马与四个轮子，市场经济使马放松了，轮子加油了。

这里先给大家列出一些基本的数据：中国1978年GDP为3 600亿元人民币，人均为380元；而到了2005年，GDP达到18万亿元人民币，人均达到14 000元。按可比价格计算，中国2005年的GDP与1978年相比，增加了12倍多，26年间年均增长10.3%；人均GDP增长了近9倍，26年年均增长9.8%。可以说，中国经济高增长持续了20多年，比其他10个发展最快的经

济主体平均高出二到三个百分点。据初步预测，2007 年中国经济增长率将保持在 8％以上。而据世界银行公布的数据，加入世贸组织以来，中国经济增长对世界经济增长的平均贡献率达到了 13％。

显然，这里的"三匹马"指的是消费需求、投资需求和出口需求，其实归根到底还是一个市场问题。首先看消费需求，中国的国内需求潜力巨大，其消费潜力和消费需求正处于上升阶段。其次是投资需求，据统计，中国投资率在 35％～45％之间波动，而 1960—2003 年世界各国平均投资率在 25％以下。最后是外部需求，也就是一国货物和服务净出口。中国 2005 年的外需率在 5％～6％，而美国为－4％左右，日本是 1％～2％（2003）。而"四个轮子"指的是资本、劳动、技术和资源，这是一个供给能力问题。首先是资本增长：高额国内储蓄已经占到国内生产总值的 40％，中国从 1979 年开始有外商投资，截至 2006 年年底，实际到位外资共达 7 040 亿美元。其次是劳动力投入：中国劳动力供给非常充足。再次是技术进步：中国科技部曾按索洛的办法预测过，在 1979 年至 1998 年期间，科技进步对 GDP 的贡献达 40％以上，当然，这个估计可能是比较高的。最后是资源转换：以市场为导向，加快产业结构调整，促进中国经济发展。此外，还有制度安排的作用，市场经济体制和宏观调控的日趋完善，也给中国经济发展提供了制度保证。

中国经济今后还能否持续增长？我认为，中国经济还可以持续地较高增长 10 年以上。

先来看拉动中国经济"三匹马"的发展趋势：消费需求将一步步提高，美国消费率在 80％～90％，日本在 70％～80％，中国在 45％～55％，中国拥有近 13 亿人口，潜在的国内市场容量巨大，地域辽阔，需求呈阶梯性特点，市场需求不足将持续存在；投资需求将有所下降，中国国内年储蓄率会有所下降，转化消费部分会增加一些；利用外资也可能有所下降，应平等相待，平常对待。今后 10 多年中国保持近 35％以上的投资率仍然可能；而出口需求也将一步步走向进出口的基本平衡。

在"四个轮子"中，资本、技术将会越来越强劲。正如哈佛大学经济学教授索洛指出的："从长远的角度来看，技术进步才是经济增长的决定因素。"哈佛大学另一位经济学教授曼昆的新增长理论强调了资本不仅包含物质资本，还应该包含人力资本，可能改变资本规模报酬递减的趋势，从而可以很好地解释经济的持续增长问题。中国劳动力丰富，工资成本低，这种情况在相当长的时间内仍将保持，但劳动力潜力 10 年后会下降。中国有的农业专家认为，我国在现有的农业生产水平下，农业仅需要 1.5 亿至 1.8 亿常年劳动力。现在，中国农村仍有 1.6 亿至 1.9 亿左右的农业富裕劳动力。而资源方面，从整体看，现在就难以承受持续的高增长。实地调查和各种资料都给我们一个很强的信息：高投入、低产出、高污染和大量占用土地的工业化和城镇化现象已普遍存在，在各地只是轻重程度不同而已，资源和环境压力急剧增加。据统计，2003 年我国的 GDP 约占全球 GDP 总量的 4%，但极不相称的是，原煤消耗占全球的比重达到 31%，铁矿石消耗的比例达到 30%，钢材、氧化铝和水泥的消耗占比分别高达 21%、25% 和 40%。能源消费弹性系数从 1991 年的 0.55 增加到 2004 年的 1.50，增长了 200%。我国人均土地面积大大低于世界平均水平，而土地过度开发十分严重。据报道，香港开发了 100 多年，到 2003 年年末已开发的土地只占可利用的土地的 22%[①]，而我国东部许多城市，甚至包括一些县级市，城镇未开发土地所剩无几。此外，生态破坏问题严重。据统计，2004 年全国因环境污染造成的经济损失为 5 118 亿元，占当年 GDP 的 3.05%[②]，据了解，这种环境污染损失成本的计算还只是其中一部分，可谓冰山一角。

综上，有三个轮子还能转，三匹马虽有调整但还有潜力因素，这驾车还是可以继续增长，只是速度可能有所下降。据分析，按 7%～9% 的比例再增长 10 年是没有问题的。

二、中国收入分配差距有多大？如何解决

为了说明中国收入分配差距的基本情况，我把它归结为："一只大喇叭，三只中喇叭，两只小喇叭。"这里用"喇叭"是说中国收入差距在扩大，而且已经发出声音了。

首先来看大喇叭。基尼系数是国际上衡量一个国家收入分配差距的重要指标，一般认为在 0.5 以上就说明收入差距相当悬殊。根据商务部

---

① 来源于香港特别行政区《香港 2003》。

② 根据国家统计局和环保总局 2006 年 9 月提供的《中国绿色国民经济核算研究报告 2004》。

研究成果，从 1978 年至 1986 年期间，我国居民基尼系数一直维持在 0.3 左右，1986 年后变大，2003 年我国的基尼系数达到了 0.45～0.5 之间，超过了 0.4 的国际公认的分配不良警戒线。根据《世界银行发展报告 2003》的统计，我国基尼系数达 0.456，在 17 个人均 GDP 1 000～2 000 美元国家中位于第 7 位，高于其他 10 个国家。我国不同收入群体分布形态不够理想，呈现出两头大、中间小的分配格局。据统计，户均金融资产最多的 20% 的家庭拥有城市金融资产总值的比例目前约为 66.4%，[①] 而户均金融资产最少的 20% 的家庭拥有城市金融资产总值的比例仅为 1.3%，户均金融资产在中等和中等偏上的 40% 的家庭仅拥有城市金融资产总值的 27%。中等收入和中等偏上收入群体只占总人数的 28.62%，而低收入和中等偏下收入群体合计为 64.15%。

其次看三只中喇叭。第一只中喇叭是城乡居民收入差距拉大。改革开放后特别是 1996 年以来我国城乡居民收入和生活水平显著提高，但城乡居民间的收入差距拉大是不争的事实。1996 年以来，我国城乡居民的收入差距总体上呈现出扩大趋势。从 1978 年城市居民人均 340 元提高到 2004 年的近 10 000 元，农村居民则从 130 元提高到近 3 000 元。而城乡居民名义收入差距比从 1978 年的 2.57：1 扩大到 2004 年的 3.21：1。这样的差距在世界上是最高的几个国家之一，据统计，2004 年，占总人口 60% 的农村人口，只占有 23% 的全国义务教育经费，仅享有 25% 的公共卫生资源。如果考虑到城镇居民还享受诸如住房、医疗、教育等福利因素和各种津贴、奖金等隐性收入，这一差距估计达到 4.5：1 或 5：1。第二只中喇叭是地区居民之间收入差距扩大。从人均 GDP 来看差距：东部人均 GDP 与西部人均 GDP 之比由 1999 年的 3：1 扩大到 2004 年的 3.2：1；西部人均 GDP 仅为东部的 31%；人均 GDP 最高的上海已经达到了 5 649 美元（当年美元），最低的贵州仅为 435 美元，最高和最低收入之比达到了 13：1。第三只中喇叭是行业间收入差距较大。金融、电信、电力、通讯、新闻出版等垄断性行业的收入水平明显高于其他行业。收入最高的证券业是收入最低的农业的 6.1 倍。而且这只是名义差距，由于行业间存在着收入不透明等因素，实际差距还远大于此。

---

① 国家统计局城调总队课题组：《家庭金融资产的分布》，载中国统计信息网，2002-09-27。

最后，还有两只小喇叭。收入差距问题不仅是城乡之间的，城镇和农村内部的两极分化也十分严重。据统计，2003 年，城镇居民内部收入差距基尼系数达 0.37，农村居民内部收入差距的基尼系数也达 0.37。

接下来的问题是，在经济发展过程中为什么会出现收入差距扩大呢？

对此，国内的专家有许多不同的观点，比如，成思危认为是由于三次分配理论及其反作用，初次分配一定要讲效率，二次分配要讲公平，三次分配要讲社会责任。财政部副部长楼继伟认为，目前中国收入分配相当不均，更为严重的是起点不公平和过程不公平。厉以宁为低收入群体增加收入"开药方"，对策之一是设法增加就业机会，对策之二是使低收入者提高适应于现有和新的就业岗位的能力。中央党校教授周天勇认为机会公平才能实现真正的财富分配公平——"至少在 20 年之内，'公平'都提不到优先的地位。"全国政协委员牛文元建议建立五大基本国家补偿制度。

我们认为，根据库茨涅兹的"倒 U 型"收入分配假说，在由传统经济向工业化的发展初期，随着经济快速增长，居民收入分配差距将逐渐拉大，当经济发展到一定阶段后，收入分配差距达到最大值，随着收入水平的进一步提高，收入分配差距将逐渐缩小。具体原因很多，这里提出三点。①从国民收入初次分配看，市场机制发挥着调节作用，要素收入差距拉大。区域间发展不平衡，区域间收入差距也在拉大。②国家财政在国民收入再分配上功能远没有效发挥。我国收入调节的税制体系尚不完善，国家财政用于转移支付的能力有限，还没有足够的实力平衡居民的收入差距。③违法收入，黑色、灰色收入控制不住。如官员的贪污腐败，非法经济如走私贩私、毒品交易的存在，假冒伪劣、掠夺式开采等活动治理不佳等，制度外分配加剧了社会的不公平分配。

我们去年承担了国家社科重大项目——"我国地区间居民收入分配差距研究"，预计三年完成。在这项课题中，我们选择了 10 类典型区域，其中重点调研 4 种。这 10 类是：①新的功能区；②省内中心与边沿地区；③城市郊区失地农民集中区；④收入分配不公引发的案件多发区；⑤产业集聚区；⑥问题集聚区；⑦资源富集区；⑧资源枯竭区；⑨贫困区；⑩库区。而我们选择进行调研的 4 个典型地区是：①"十一五"规划纲要提出的限制开发区居民收入情况研究；②资源富集区居民收入分配问题研究；③产业集聚区居民收入分配问题研究；④大城市城乡结合部地区居民收入问题。

为更加深入了解中国地区间居民收入分配差距问题，我们曾在山西省和山东省就此进行了调研。下面的案例我们就是从企业与机关事业单位退休金差距悬殊，从而引发突出矛盾的角度来揭示我国居民收入分配差距问题的。2006年7月1日我国开始实行新的公务员工资制度，这是新中国成立以来第四次大的工资制度改革①。1985年以前，机关事业单位和企业退休费比例基本为1∶1。据国家统计局统计，1990年养老保险制度改革时，我国机关、事业、企业退休人员的平均退休金每月分别为143元、148元、134元，差距很小。目前，机关事业单位和企业退休金差距在2～3倍左右，个别省市相差幅度还要更大。一些中西部地区，这种情况更为突出。在调研中我们获悉，山西省2005年曾两次出现上千企业退休人员因退休金偏低集体围坐省政府请愿的事件，影响很大。在山东省威海市，去年上访案件有178起、近5 000人次，其中企业退休职工上访4 084人次，占上访人数的80%。虽经各级政府努力矛盾已有所缓解，但并没有从根本上解决。退休国企职工反映：到企业或机关工作，都是服从党和国家安排，同是社会主义建设者，同样享受退休待遇，为什么退休金出现几倍的差距？尤其是复转军人和企业干部反映强烈。在我们召开的座谈会上，威海一位在千人大厂工作35年并且担任一把手的老同志感慨地说：我现在每月900多元退休金，而机关科级干部退休金都在2 000元左右。我们承认差距，但是差距过大了。这类人员中不少是老劳模、老英雄、老战士，对国家做出过较大贡献。他们说：若不是生活困难，多方反映解决无望，我们也不会上访。

为了解决收入分配不公平问题，我们认为以下几方面是必须的。

第一是在收入分配的总体战略上进行调整。改革开放以来，我国一直坚持"追求效率，兼顾公平"、"按劳分配为主，多种分配方式并存"的分配战略和政策，鼓励一部分人先富起来，现提出要"重视解决部分社会成员收入差距过分扩大问题"。我们提出"追求效率，兼顾公平"的分配战略是否仍然适用？在一份调研报告中，我们提出"效率优先，重视公平"。

第二是加快建立社会保护保障体系，共享现代化建设成果。一是继

---

① 前三次分别是在1956年、1985年和1993年。

续完善城镇职工医疗保障制度。包括完善城镇职工基本医疗保险制度，推进医疗卫生体制与药品生产流通体制的同步改革，健全社会医疗救助制度，真正建立面向贫困人口的医疗社会救助机制，发展商业性健康保险等多层次的医疗保障体系。二是完善城镇居民最低生活保障制度。我国面向城镇困难群体的最低生活保障制度已经基本确立，但包括资金筹集、救助标准测算、评估依据、实施程序等，都还需要完善。目前这一制度保障还不够，它还需要与教育救助、住房救助、医疗救助等制度结合起来。三是重视农村社会保障制度建设。在现阶段，农村养老保障仍以家庭为主，但同时要重视与农村的社区保障和国家救济相结合，有条件的地方探索建立农村最低生活保障制度，并通过合作医疗制度的创新解决农村居民看病难的问题，逐步建立农村疾病医疗、贫困救助、养老保障等构成的农村社会保障制度。

第三是抓重点，提高农村居民收入是关键。数据表明，能否实现21世纪中叶达到中等发达国家的收入水平（人均GDP 8 000美元左右）的目标，8亿多农村人口的发展问题是难点。2000年，我国4亿多城镇人口的人均GDP为1 680美元，在今后50年的时间内达到人均GDP 8 000美元的目标，需要翻不到2.5番，保持年均3%的增长速度。应该说，城镇人口达到既定目标问题不大。2000年，我国8亿农村人口创造的人均GDP只有380美元，农民人均纯收入在1 000元（120美元）以下的还有8 000多万人，农民人均纯收入在500元（60美元）以下的还有近1 000万人，没有解决温饱的有近3 000万人。这8亿农业人口要达到中等发达国家水平即8 000美元左右的目标，至少要再增长20倍。

第四是继续推进市场化改革，为市场参与主体创造公平的竞争环境。打破行业垄断、岗位垄断、身份垄断等体制性障碍，对少数特殊的垄断性行业，国家要对其收入分配加强监控。建立城乡统一的劳动力市场，为转移到城镇的农村劳动力提供更多的就业机会。规范市场经济秩序，打击假冒伪劣、制假贩假等行为。发挥政府在收入分配中的指导作用，建立和完善保障大多数人利益的政治机制，防止强势集团左右政策，在体制和机制上防止通过公权力资本化谋取不正当小群体利益和个人利益。建立和完善规范的财政转移支付制度，为欠发达地区和弱势群体提供公平的公共服务和公共产品。建立调节收入分配的税收制度，通过提高个人所得税扣除额、开征遗产税等调节高收入。

三、中国城市化达到什么程度？遇到什么困难

首先，中国城市化达到中期阶段。

美国著名经济地理学家诺瑟姆（Ray M. Northman）在总结世界各国共同发展经验的基础上，建立了反映城市化进程的"S"型曲线规律模型。他根据城市人口占总人口比重即城市化率来判断，以 25％、59％、75％为分界线形成四个阶段，而在 25％和 75％之间又可称为城市化的中期阶段，因而可划分为初期、中期、晚期三个阶段。由于我国城市化更准确讲是城镇化，因此，城镇化数据更有代表性。我国 2003 年、2004 年城镇化率分别为 40.53％、41.76％，处于城市化中前期框内。中国目前的城市化水平还落后于世界平均水平，但却是世界上城市化速度最快的国家。从 1990 年到 2003 年，短短 13 年，我国的城市化水平由 26.4％提高到 40.5％，提高了 14.1 个百分点，平均每年提高 1.08 个百分点；而世界的平均水平则是从 1990 年的 43.6％提高到 48.7％，仅提高了 5.1 个百分点，平均每年提高不足 0.4 个百分点。据测算，2010 年我国城镇人口比重为 46.50％左右，2014 年可能超过 50％（周一星，2005）①。预计 2020 年的城镇化水平将达到 60％以上。②

其次，中国城市化进程所面临的最大挑战是什么？

一是城市化过程中土地资源浪费严重。国际经验表明，城市化快速发展的时期是城市建设和其他非农建设用土地迅猛增长的阶段。我国正处于城市化快速发展的阶段，各种非农建设用地规模呈现出了迅速膨胀态势。据统计，1996—2004 年全国耕地面积净减少了 1 亿多亩。在这些减少的耕地中，有工业化和城市化发展对非农建设用地合理需求扩大方面的原因，也有盲目圈地、乱批滥占耕地等造成土地资源大量浪费方面的原因。2000 年以来，我国查处土地违法案件 56.8 万件，仅 2003 年就发现土地违法行为 17.8 万件。③2004 年上半年，全国又发现土地违法案件 42 297 件。这些圈占的土地 40％以上处于闲置状态，许多已经

---

① 《十一五警惕城镇化超速》，载《21 世纪经济报道》，2005-10-19。

② 马凯等：《〈中共中央关于制定国民经济和社会发展第十一个五年规划的建议〉辅导读本》，242 页，北京，人民出版社，2005。

③ 《保护耕地，从何着手？》，载河北农业信息网，2004-04-16。

进行开发利用的土地使用效率也非常低。

二是城乡劳动力市场处于分割状态，进城务工的农民不能享受平等的市民待遇。我国目前处于城市化的快速发展阶段，是农村剩余劳动力快速转移到城市务工的阶段。1984 年以后，农村劳动力转移分为几个阶段：1984—1988 年为快速转移阶段，这一阶段转移农村劳动力的数量平均每年达到 1 100 万人，年均增长 23％；1992—1996 年为稳步增长阶段，这一阶段平均每年转移农村劳动力超过 800 万人，年均增长 8％；1997—2003 年年底，为平衡增长阶段，这一阶段农村转移劳动力数量的增长速度呈逐年下降趋势，1997—2003 年年均转移 500 万人，年均增长约 4％，2003 年仅增加 490 万人，增长 3％，低于近年平均水平。[1] 2005 年，在我国总就业人数 7.58 亿人中，农村就业人数为 4.85 亿人，占 64％，其中农业就业人数为 3.4 亿人，城镇就业人数为 2.73 亿人。由于种种原因农民工签合同的很少，目前全国农村劳动力的劳动合同签订率约在 30％左右。而在城市正规的国有企业、集体企业、外商投资企业中，劳动合同签订率已达到 95％以上，[2] 2004 年全国农民工的月平均工资为 539 元，而同期的城镇职工月平均工资是 1 335 元。

三是一些地方存在着超前城市化的现象。由于城镇化已被看作政绩指标之一，目前已经出现地方政府追求城镇化高增长率的攀比现象。这必将使得地方政府为了城镇化而城镇化，而不是根据国家和当地经济发展的实际来推进城镇化。如有的地方政府只是单纯地将农民的农村户口改为城市户口，将农民的土地收为国有，以此手段来提高城市化率，而不管这些农民的就业与社会保障。还有的地方仅将建城市、建大城市列为政府的主要工作目标，忽视了城市化应有的产业集聚、生产率、就业机会、基础设施、经济效益等城市发展的动力问题，这样的城市化只是徒有其表的城市化。

最后，为促进中国城市化进程，需要统筹考虑，以下三方面可能是必要的。

第一，生产要素尤其是劳动力的自由流动，要建立城乡统一的劳动

---

① 国家统计局农村社会经济调查总队：《中国农村经济调研报告 2004》，北京，中国统计出版社，2004。

② 载《新晚报》，2005-01-04。

力市场。目前阻碍城乡统一劳动力市场的户籍制度、二元的社会保障制度、城市社区管理制度应加快改革或废除，使进城农民不仅在城市务工，更可能举家移民城市，他们及他们的子女将逐步享受正常的市民待遇。城镇化发展中要以人为本，使人可以自由地选择城市，而不是由城市来选择人。真正建立起市场经济体制，使资源和生产要素按市场机制进行配置，这样才能使生产要素和资源实现向城市的合理集聚，才能节约土地、实现城市的集约发展，才能使工业化与城市化协调，防止超前或滞后。

第二，保护土地资源。基本原则是提高城市过程中的土地利用效率，消除土地浪费。提倡走土地集约利用型的城市化道路。对我国的征地制度进行彻底的改革，使非公益性的建设用地直接进入市场。同时使农民的土地承包权永久化、市场化，使农民放弃土地后能得到按市场价格计算的补偿。

第三，改革政府的城市管理体制，提高城市管理水平。要从原来的管制型政府、无限政府，转变到有限政府、责任政府、法制型政府、服务型政府。不应将城市化作为政绩考核指标，地方政府更不能不顾实际情况，用行政手段人为地推进城市化，这样做既容易侵害群众的利益，也容易造成资源的浪费。

四、中国政府行政管理体制的改革

国家发改委在全国经济体制改革工作会议上提出，2007 年中国经济体制改革有五个重点：一是着眼于转变政府职能，积极推进行政管理体制改革；二是着眼于提高竞争力和控制力，推进国有经济战略性调整和国有企业改革；三是着眼于完善宏观调控体系，推进财税、金融等体制改革；四是着眼于促进社会和谐，深化社会领域改革；五是着眼于统筹城乡发展，深化农村体制改革。

我认为中国政府行政管理体制的改革问题，首先是定位。讲政府不缺位、不越位、不错位，这是非常有道理、非常准确的概括。范围明确，才能不越位，而越位往往是最常见的。范围明确，才能不缺位，而现在公共品供给不足，就是政府该做的没做。但定位不清楚，一切就没有基础了。

政府行政管理体制中有三种重要关系。一是上下关系，如中央与地方的关系，其中政府作用很令人思考。作为一个大国，这个问题太重要了。比如，上级政府关心下级政府，经常有很多具体指导意见，这些意见是指导性的，还是有法律约束力的。且如果上级多位领导对某一地区发展有不一样的指示，怎么办？二是左右关系，即如何设置部门，如部门之间的协调问题。部门在很多问题上看法不同，这正常，但如果没有科学的程序办法，就解决不了或协调不了部门意见不同，这就不正常了。三是多层次与多方面的上下左右关系。从上到下有国家，直到居民；从左右看，有省之间、市之间、企业之间等。

政府行政管理体制受到三种政府定位的影响。首先是大政府与小政府的关系，这是指政府的管理范围怎样，涉及政府做什么的问题。其次是强政府与弱政府，这是指政府的管理力度如何，政府如何去做。在看待这个问题时，存在截然相反的观点。东亚经验如何看？哪些要强，哪些要弱？第三，是好政府和坏政府，这是涉及如何让民众来评价政府行政能力和结果的问题。

我以下仅举出五个具体问题来引发大家的思考。

第一，政府管理中能否以及如何执政为民？当你作为市长要争取卫生城市而整顿市容时，如何对待那些在街道上摆小摊卖小吃的人？当你作为领导推行电子政务时，着力点是加强管理还是为民提供各种便利？当你作为领导为城市做规划时，对拆迁居民是如何考虑其利益的？出现争议时是如何解决的？

第二，政资能否分开？领导人是否就是国家大型企业的所有者代表？领导同志能否直接要求大型国有企业这样或那样改制？直接要求上市？领导人是否有权要求资本市场为国有企业提供扭亏增盈的帮助？

第三，部门利益有没有道理，能否克服？现在普遍出现部门利益的说法。这确实是改革以来的新情况。部门利益有多少情况，哪些是合理要求，哪些是不合理的要求？行政管理部门为什么会要求部门利益？部门利益问题不解决，政府实施行政权力的公信力就大大受到损失。

第四，国家资源如何管理？国家重要的资源，不论土地、水流还是矿藏，到底如何才能管好用好？讨论多年了，为什么总难管好？承担管理责任的行政部门在要求法律支持，法律到底够不够？使用国家资源如何上交税费？对国家大型企业有什么规定？土地转让中有多少本来是国家的收入没收回来？再拖下去，国家资源流失的损失就更大了。

第五，依法执政中的关系。行政权力与法律权力是不同的。真正依法行政，就要使行政权力有法律的依据。比如，我们根据某产品的供求关系来决定有些企业应当关闭，这种理由是否有法律根据？这里要靠市场还是靠行政权力？进一步，当制定某一项法律时，经常是让相关的行政主管部门来起草，使形成的法规体现着行政的观点。但是，由于利益相关的集团没被邀请参与，结果，执法非常困难。

在电子政务实施中，为做模块，国际上有专家将政府的业务分为9类共165项，9类即居民服务、司法与公共安全、岁入、国防、教育、行政管理、运输、法规与民主、邮政，以评估一个国家电子政务的实现程度。这里给我们的启发是，如何细化我们的政府管理职责和业务？如何搞好包括行政管理在内的政府管理？中国政府在领导中国人民经济建设中，已经取得伟大成绩。在进一步改革和开放下，中国会更健康地发展。对此我是有信心的。

哈佛大学是全世界学者与学子向往的著名高校，费正清中心更是中国学者尊敬的学术殿堂，能有机会在这里与各位讨论中国经济的问题，是我学术生涯中的一大荣幸。谢谢大家！

五、经济增长的拐点[①]

第一，从拐点谈起。

对经济增长拐点应该做进一步的区分。经济增长中有大大小小的波动点，如果都称为拐点，那么其中有一种经济大上或大下的转折点，比如就当前中国经济增长讲，可能会出现危机的点，可能要专门起个名字，不是一般的拐点了，建议叫做"狼点"吧，因为大家不都对此现象说"狼来了"吗。"狼点"和拐点不一样。狼点是拐点之一，指由繁荣向萧条转化的点。"拐点"一旦出现了危机，那就应改叫"狼点"。

现在大家共同认识到各种问题或说各种潜在的危机，但能否形成一个真正的经济增长拐点？根据我们的经验，在政治、经济、社会各种矛盾集中爆发而无力解决时，才可能出现这种大拐点。

---

① 本问题是 2007 年 6 月 23 日至 24 日在北京凤山温泉度假村研讨会上的发言。

听今天大家的发言，我的感受是：中国经济出现狼点不是件容易的事。一是如田教授讲的，政治风险的同步；二是如张老师讲的经济成就与问题，造成经济的正反力量都在增加，有抵御力量；三是如经济所增长室的报告，我感到是不合理的安排在缓解不合理的因素，因此，问题积累被弱化；四是张院长讲的周期，其中把 7% 作为拐点值，但这讲的是拐点，是经济高增长中的波峰持续问题，也不是"狼点"问题。而且提到中国经济实力大了，政府干预机制在完善，调控能力在增强等，都在说明会有波动，但不会出现危机。

第二，借用刘易斯拐点看经济增长。

大部分学者都很担心"刘易斯拐点"的出现，我认为需要进一步搞清楚什么是"刘易斯拐点"。刘易斯 1954 年发表了《劳动无限供给条件下的经济发展》(Economic development with unlimited supplies of labour) 的论文，提出了二元结构模式。1955 年他出版了《经济增长理论》一书，对经济发展的相关问题进行了广泛而深入的分析。

刘易斯模型的核心是：现代部门的农民工工资从长期稳定不变逐步趋向于由劳动力市场供求决定。对于从传统农业国走向现代工业国的发展中国家，从农村劳动力转移的角度分析经济发展和收入变动的问题，刘易斯拐点更多是讲农民工进城以后，收入水平经过拐点以后工资必然提升，讲的是二元一体化过程，即收入差距拉到一定程度之后也会缩小差距。根据刘易斯二元经济的理论认识经济发展的趋势，把握刘易斯拐点出现的时机，制定相应的应对措施和政策，对经济健康发展和平稳转型有重要意义。但要指出，这个拐点并不是讲经济增长的拐点。此时对经济增长的影响是双面的：一方面，工资上升，使产品成本和价格上升，因此，市场竞争力有所下降，劳动力工资上升是正常的，是进入了一个供求决定的阶段而已；另一方面，按要素贡献的工资价格有助于劳动力素质提高，有利于保持经济稳定，因此，这并不意味着经济增长就同时出现了下降拐点。

正如本文上面所讲的中国经济的可持续分析，我的观点是相对乐观的。中国这驾车的几个轮子都是能长期转的，虽然有一个轮子即资源问题大一些，车子有点摇摇晃晃，不像在平坦大道上那么快，但是往前走上十年八年没有问题。总之，经济增长的周期会延伸，会有较长的持续，我还是比较有信心的，虽然问题依然那么多。

附录：哈佛大学费正清中心课堂后的提问及回答

哈佛大学肖庆伦教授评论与提问题：李教授来这里为我们讲中国情况，这是我们的荣幸。李教授多年来参与和研究中国经济改革，有很多成果。今天李教授讲了 4 个大问题，对我们很有启发。我认为，中国经济发展是一个奇迹，一是并没有完全开放，没有完全按《华盛顿共识》，二是还没有一个健全的金融制度，银行有很多亏损，但经济为什么还是上去了？斯特恩教授不久前也来讲了一次，他也认为中国还有一二十年的发展。我的问题是：你是否认为中国发展已摸索出来一条新的路？

回答：我认为找到了一条新路，但新路中也有不新的共同因素。什么意思呢？中国的新路，在于三个方面：一是中国是一个经济转型的国家，是从计划经济到市场经济转型的国家，这显然会有很多新的或说不同于其他国家的特点；二是大国，大国发展经济有着自己的特点；三是社会主义的要求，中国提出的社会主义市场经济，是希望经济发展要为所有人带来共同的富裕，当然，这是古今中外共同的理想。有这三大背景，可以说，中国走的是有自己特色的道路。但另一方面，我要强调，中国经济走的路也有许多规律是与世界各国共同的，主要有三点：一是市场的力量要重视，要发挥作用；二是经济增长的几大因素及其关系，这些是共同的，不是仅中国有的；三是一个好的制度安排对经济发展是重要的。不知我的这个回答，肖教授满意吗？

肖教授：讲得好，我满意。

肖教授提的第二个问题是："三匹马和四个轮子"，这个说法很形象。我理解，中国前期走的路是初级发展，劳动力不需要很多知识就可以。但今后发展，就需要有知识才行。中国教育能否起到作用？人力是否支持新的经济增长？日本是把新的科技拿来，中国劳动力是否能适应？

回答：中国的人力资源及质量，在中国未来发展中，将会一步步满足需求的。一是因为，中国教育的规模相当大，受教育的面很广泛，因此，劳动力的理论素质在明显提高，中国政府在这方面也下了相当大的工夫，还准备更大投入。二是一个经济体的发展，最具创新能力的人才，不一定要很多。科技带头人会创造出很多新产品和新产业，这应没有问题，而大批一般性人才会因此而跟进。就一个大国而言，在很多人中涌现创新的人，不会有问题。三是农民工被视为素质低，这其实是不太对的。我下过乡，我认为中国农民是相当聪明的。几千年中国社会，农民克服自然灾害并一代代生息传承下来，是多么了不起的一个过程。他们只要有机会，提高各种技能是相当快的。我并不担心，他们在以后的企业中，当好一个技术工人不会有什么太大问题。当然，我可能乐观了。不知肖教授同意否？

肖教授：同意，有道理。

肖教授的第三个问题是：国际上认为，中央税收增加了，中央有责任在再分配上起作用。可中国再分配时，要给省，再到县，地方还要配套。地方要办卫生、教育、社保，县一级有责任没财权。这如何突破？

回答：这是一个非常好的问题。也看出肖教授对中国情况很了解。我认为，这个问题是存在的，但中央政府正在努力解决。一是加大对地方的财政转移力度，并要求用于地方的教育和卫生上。现在，农民对此有好评。二是通过财政体制改革，要进一步明确中央与地方的事权划分，这将会有个解决方法。三是在财力转移中，要注意必要的透明度，要防止缺乏监督，出现很多财力不达的问题。当然，这个问题很复杂，但我相信能一步步解决。

肖教授：好，很好。

此外还有"中国政府对市民社会发展抱什么态度"、"房地产管理是否算宏观调控"、"关闭小企业是否可以以供求为根据"等问题，均做了回答，这里就不一一列出了。

作者说明

本讲稿是 2007 年 5 月 4 日作者在美国哈佛大学费正清中心的讲演稿。第五个问题则是根据同年 6 月 23 日在由中国社会科学院经济所、首都经济贸易大学经济学院、香港经济导报社共同主办，北京市经济学总会、《经济与管理研究》杂志社协办的"2007 年度中国经济增长与周期高峰论坛"上的发言整理。

当·代·中·国·经·济·学·家·文·库

卷

第 三 篇

政府管理体制及其政策

社会主义市场经济条件下的财政体制初探

一、如何认识"社会主义市场经济"

"社会主义市场经济"是一个新的提法，对其仁者见仁、智者见智，有不同的理解。这里我们主要从与财政体制有关的方面谈谈我们对社会主义市场经济的看法。

市场经济本质上是一种交换经济。社会的发展，人民生活的满足，主要是通过市场交换来实现的。换言之，生产、消费、分配都离不开市场交换。在市场经济条件下，市场调节着社会资源的配置，调节着很大一部分国民收入的分配。市场经济的基本特征是：产权明晰化，交易自由化，企业平等化，调控间接化，管理法制化。这五个特征，在实际经济生活中，是互相影响、互相制约的。调控间接化与管理法制化，就是对交易自由化、企业平等化的一种调整，或说是一种限制。财政体制及其政策，在一定意义上，就是这种限制条件中一个最重要的方面。"限制"不能狭义地理解为对市场经济发展的"阻碍"，而应理解为社会经济发展所要求其对"市场经济"的相互制约和促进的关系。如果说，在任何经济体制下，财政都是不可缺少的，是具有经济一般性的国家干预手段，那么，在现代经济中，财政体制与政策也是寓于市场经济之中，又超然于市场经济之上的。

"社会主义"作为"市场经济"的限制词，也是我们在研究财政体制与市场经济中"促进"与"限制"关系的最本质的规定。财政体制改革，要体现"社会主义"的要求。传统的财政体制，体现的是传统的社会主义的要求。我们这里讲的"社会主义"，不是传统意义上的社会主义，不是以计划经济为主的社会主义所包括的那些内容。我们应当从现代化的市场经济中体现出来的人类文明与进步方面来认识社会主义，应从人民最高利益的角度来理解和丰富社会主义的含义。由此出发，社会主义市场经济就应当既有市场经济运行的效率，也考虑社会主义的平等要求；既考虑市场经济的发展活力，也有计划对实现均衡和反周期的作用；既有个人的自由发展，也有共同利益的创造；既有不断创新，又有稳定的环境。这一切，在财政上就集中表现为既尊重和扶植个人投资，也通过公共投资为社会创造更好的投资环境和基础设施；既为全社会经济发展服务，也为社会的平等和均富服务。可以说，社会主义市场经济中，经济运行是以市场机制为主，同时以计划指导和调节为辅的，财政部门是应较多体现计划性的部门。财政部门的这种功能在不同经济体制中都存在，是财政体制的经济一般性特征或说共性特征。

基于这种认识，我们讨论市场经济与财政体制的关系，就应按市场经济要求来改革财政体制，但又不能要求财政完全按照自由竞争时期的市场经济的基本特征去组织。概括起来讲，就是既应按市场经济要求来改造财政体制，又应按社会主义财政要求来促进和适度限制市场经济。在改革时期，则是按市场经济目标来大胆地改革财政体制，用财政体制改革来促进市场经济的健全和完善。同时，这种改造不是全盘否定的，不是自由放任的，而是有序的，有破有立的，有否定也有继承的。具体讲，我们可以得出以下几个方面的结论。

（1）财政体制应当在承认市场经济基本特征的前提下，区分不同条件和不同时期下的体制构造和政策目标。要承认市场经济的重要性和合理性，同时，要按市场经济的方式去实现财政体制的功能。

（2）经济的市场化不等于管理的分散化。作为财政而言，按市场经济要求去改革，主要不是分权让利的问题，不是分散化（这一点，世界银行专家也多次给我们提出，并举了发达市场经济国家的经验来说明），也不是集权化，而是如何规范化、程序化的问题。改革不是要改变财政的基本功能（财政功能一是促进经济发展，二是要有助于公平分配），改革财政体制主要是为了改进实现财政功能的手段或方式。

（3）在一定意义上讲，财政体制是市场经济体制中一个重要部分。财政体制改革过程，本身也是市场经济体制的建设过程。市场经济体制的建设，离不开财政体制的职能转换。

（4）财政体制是在一个不健全的市场经济条件下进行改革，而市场经济体制又是在一个不健全的财政体制制约下进行建设。二者的建设过程是相辅相成的，不可能一方独自先搞好。这种格局，要求我们不要等待，要创造条件上。

二、按照市场经济要求，深化财政体制改革

（1）按市场经济产权明晰化要求，财政部门应进一步理顺与国有资产管理局的各自职责范围，支持、参与明确国有资产代表人身份和地位的改革，坚持利税分流的改革。在财政体制适应产权明晰化改革的同时，财政部门应支持产权关系明确的各类企业的形成和发展，应支持国有企业向明晰产权方向迈进的股份化改革，应支持相当一部分国有企业由承包制向股份制的转换。要限制或停止对产权不清项目的投资，主要是国有企业项目的投资。

（2）按市场经济关于企业平等化的要求，应统一税制和规范财政政策。目前税制不统一、税负不平衡、税率双轨制（内外税率），各类企业对此都有意见。他们希望能在经营方面按市场原则来竞争，认为没有经营的市场化就没有企业真正的利润，税收优惠也就意义不大。总之，各类企业都在要求市场的平等原则，这将意味着需要我们以平等原则来统一税制和规范财政政策。

深化财政体制改革，要有利于企业的平等化进程。公平税负以鼓励竞争，优胜劣汰；预算硬化以逼迫国有企业走向市场。

（3）按市场经济贸易自由化的要求，深化财政体制改革，应克服地方财政包干的弊病，根除产生地区分割、市场封闭的根源，以促进全国

统一市场的形成。我们应看到，解决中央与地方财政关系是深化财政体制改革的中心环节之一，是打破地区封锁的关键之一。与此同时，国家财政应坚持实行并进一步完善对出口产品的退税政策，按国际上允许的办法对国际化经营予以支持，但财政部门应减少对企业外贸自由化和国际化的倾斜式扶植政策，如财政对进出口的补贴，对创汇的各种鼓励，应鼓励企业按国际惯例进入国际市场，真正实现国内外市场的对接。

（4）按市场经济宏观调控间接化的要求，深化财政体制改革，就应变财政对经济的直接调控为有效的间接调控。市场经济中，财政作为宏观调控的重要手段之一，应更多体现间接调控的特征。传统计划体制中，财政直接调控经济是主要的方式。改革以来，财政直接调控经济的方式有了很大变化，但这种变化，还不能称之为有效的间接调控，而是一种直接的虚拟调控，也就是说，是直接调控的弱化和虚化，还没达到间接调控这一步。比如，企业的承包中，由于把税也包括进去，且一定几年不变，结果出现这样一个特点，就是收入增长快的税收比重相应下降，收入增长慢的企业，税收比重反而高，这就使税收缺乏了弹性，不能对经济起一种自动稳定的调节作用。这与市场经济要求税制能自动起一种反周期的作用相违背。总之，我们现在需要提高中央财政在财政收入中的比重，不是为了提高直接去搞经济建设的能力，而是为了加强间接调控的能力。为实现这一点，我们要在增加中央财政收入的同时，减少中央财政的直接支出，要研究出政府间收入转移的一套办法来。

（5）按市场经济管理法制化的要求，深化财政体制改革，就应变国有经济财政为全民财政。改革前，财政收入的绝大部分来自国有企业。现在，财政收入的 3/4 仍来自国有企业。财政收入的这种结构，使我国财政工作在很大程度上，是围绕国有经济开展的。从社会主义市场经济的角度看，这样做是有很多弊病的。一是国有企业的税负往往偏重，二是容易忽视非国有企业的作用，制定的财政政策往往不符合这部分经济的实际，不利于非国有经济的发展。如果我们要大力发展社会主义市场经济，就应把财政政策的对象转向全社会，以此确定财政政策和组织日常的财政工作。

（6）按市场经济大社会、小政府的要求，财政应大大减少行政经费开支。市场经济中，很多经济活动应由社会来管理，而不应让政府包揽。政府机构应大大精简，人员要少而精。现在，我国财政支出中相当大的部分用于行政经费，这不仅没能提高办事效率，反而增加了办事的手续和层次。既使企业不满意，也降低了政府调控经济的财力。市场经济的一条重要原则就是，相信企业、相信群众、相信社会，很多事情让市场来调节，让社会自己来组织，这样效果反而更好，政府可以把精力和财力，花在大的方面，花在只有政府才能组织和办成的那些事情上。

三、建立社会主义市场经济财政体制的具体措施

（1）进一步确定在市场经济条件下中央财政与地方财政的关系。现在，中央财政在国家财政中比重下降问题引起各方面关注。这种状况不利于中央政府宏观调控能力的加强。在这个问题上，我们比较同意世界银行专家的分析和结论。他们认为，中国的中央和地方政府在事权上没有一个非常明确的分工，有很多重叠之处。这种情况就决定了中央与地方财政收支两方面的职责分工不清。财政中讨价还价现象很严重，其产生的原因一是因为事权不清，二是因为对地方财政控制权分散在财政部、中国人民银行、计委等多处，三是因为特殊地区太多等。他们认为，中国政府间财政关系的管理框架是典型的中央计划经济型，与投资支出有关的重要方面，企业、部门以及地方投资必须由计委审批。计委对投资的审批权太大，应有一个合理的范围。

针对中央财政比重下降问题，世界银行专家提出一个建议，即中央财政多收，地方财政多支，即要提高中央财政收入占国家财政的比重，但要降低中央财政支出在财政中的比重或提高地方财政支出的比重。我们认为这是有道理的。如果说，中央财政多收有利于加强宏观调控能力的话，地方财政多支则有利于财政支出的经济效益。这是因为地方更关心和了解地方的经济发展，因此，应让地方从中央财政得到一笔财政资金，用于地方建设。

我们主张，按照"一级政权，一级事权，一级财政，一级预算"的原则，重新界定各级政府的财源、财权和事权，并使之法治化，理顺中央财政与地方财政的关系，以彻底打破中央和地方相互吃大锅饭、地方内部各级政府相互吃大锅饭的格局。因此，我国应当尽快推行分税制，借此来规范各级政府的职责范围，明确各级政府的财政财源。基于此，解决区域利益补偿、地区经济结构失调和地区封锁等问题。建立分税制

应一步到位。因为寻求过渡模式往往因为利益格局的刚性使下一步改革更为困难。当然，在建立分税制的过程中，可以根据各省的具体情况，对财源划分实行差别策略。但分税制的基本原则不能变，不能在划分财源过程中，重新模糊中央与地方财权和事权的边界。

（2）进一步明确国家与企业的分配关系。应按照市场经济的原则，把国有企业推向市场，使之成为独立的商品生产经营者。为此，必须坚决实行税利分流，只有如此，才能从法律角度和市场主体角度明确国有企业的身份。实行税利分流，目前不应在国家与企业的利益分配比例上绕圈子，税率高低并不是税利分流的本质，关键是税利分流制度的落实。只有这样，才有助于使税收和国有资产利润随市场形势变动而增减，才会破除承包制固有的弊端。

（3）进一步完善税制。社会主义市场经济条件下统一税制是必要的，但必须分步走。所有企业、所有地区的同一税种的税率都统一，现在还做不到。比较突出的是对国内企业和三资企业的税率统一就有困难。因为，三资企业是按国家或地方有关的优惠税率办起来的，这是我们吸引外资的重要条件之一。我们在有关优惠税则规定的年限内，不能改变对三资企业的税率，否则就会失信，就会影响我国声誉，影响引进外资和对外开放。因此，我们应先着手于国内各类企业的税率统一，统一不同地区的税种设置。

国有企业承包制中有不少是包税的，这显然是有违财税的本性的。但是，我们不能不考虑这种做法出台的背景，不能不考虑已形成的承包合同的利益格局。贸然废除承包合同，另行统一税制，将给实际工作的同志引出相当多的麻烦，甚至会使人们对政府各项政策失去信心。因此，改变包税改行新制要有一个过程，要等这一轮承包到期。

伴随市场经济发展必然出现个人收入的差距扩大和一部分人收入的高速增长，对此我国应对高收入阶层实行个人收入的累进所得税制和财产课税制。这有利于鼓励个人向生产的投资，也有利于遏制分配差距的扩大。

（4）通过国有资产的金融性运营振兴财政。国有资产不能仅仅搞生产性运营，这已证明经济效益不高；还应着手于国有资产的金融性运营，这是社会主义市场经济下国有资产增值的又一条途径。两万亿的国有资产不能成为财政的负担，而应成为一个大的财源。国有资产的折股出售，是振兴财政的好办法，这绝不是私有化，而是国有资产从实物形态向价值形态的转化，折股所得的钱在国家手中，可以进行必要的建设。只要国家把手中死钱变成活钱，国家建设资金就不愁没有来源。如果公股不能上市，公股在股份中的比例必然就会相对下降，这反而不利于国有资产的保值和增值。希望有关部门能尽快对此进行可行性研究。

四、与建设市场经济财政体制相关的几个问题的讨论

（1）关于市场经济条件下财政是否具有建设职能的问题。

社会主义市场经济条件下，财政范围有多大，是否仍具有建设职能？这是一个十分重要的问题。对这个问题现在看法不一致。有的同志认为，市场经济不等于国家就不能搞计划经济的项目。尤其现在，银行信贷与财政资金在投资上效益都不高，不能过分强调银行信贷在投资上的作用。有同志认为，财政是否具有生产性职能问题是与国民收入分配结构紧密相关的，现在这种过分向个人倾斜的国民收入分配格局是不正常的，不能由此得出财政不应具备生产性职能的结论。可以肯定地说，财政在任何经济体制中，都具有生产性职能，不过发挥建设的作用和规模，应受财力大小的限制。也有同志认为，在市场经济条件下，财政就不具有直接的建设职能了，但为社会各界投资服务的间接的建设职能还是存在的。

以上说法，都有一定道理，但似乎有一个问题没说开。我们认为，财政具有促进经济发展和公平分配的基本功能，这是人所公认的。这是衡量财政工作效果的最重要的一个指标。而财政是否具有建设职能，不是财政功能问题，严格讲，是实现财政功能的政策手段问题，如果财政搞建设促进了经济发展和公平分配，或者说，当经济中发展问题突出时，财政搞建设有利于解决这个问题，而当公平问题突出时，财政搞建设又有利于解决公平问题，则财政投资于建设是有益的，成功的；反之，就是无益的或失败的。财政是否具有建设功能的要害，不是财政是否应投向基础性设施的问题，而是一些非基础性设施的重点产业或重点项目是否财政继续要去投资建设的问题。实际上，这里没有肯定的结论，要按经济形势变化来定。比如说，有的时期内，非基础性设施的重点项目投资就体现了建设职能；有的时期内，非基础性设施的重点项目

投资就应停止，让社会资本去承担，这时就不把这些项目列入在财政的建设职能中。由此我们认为，为适应社会主义市场经济的需要，为适应财政政策反经济周期的需要，不如把非基础性设施的重点项目是否需要财政来投资的问题，变为财政政策的问题，更清楚、更灵活一些。更进一步讲，我们认为，市场经济条件下，经济建设的主力将是社会，是各种企业，而不是国家。国家只投资于为企业和社会服务的基础设施，而不直接投资于竞争性产业和赢利性项目。只有在反经济周期中，国家才为扩大有效需求和就业，投资一些公共工程。

与此相关的一个问题，就是如何看待财政收入占国民收入比例下降的问题。有不少同志对此很担心，认为这是一个很大的问题。他们列举一些发达资本主义国家的情况，以证明我国国家财政收入占国民收入比重确实低了。当然，大家关心的实质问题是，这将会影响重点建设的规模和速度，因此，应尽快解决。我们认为，从发展市场经济的角度看，不必要过分担心。因为，财政收入下降是前阶段改革带来的必然结果，是我国由长期的"国富民穷"向"国穷民富"的一种转变。搞市场经济，最大的力量是"民富"，而不是"国富"。当然，我们希望出现"国富民也富"的局面。相信我们的"富民"政策，最终会导致"国富"的结果。这一点，在开放程度较高的沿海省份和特区已初露端倪。实际上，资本主义国家财政收入比重的提高，在战后也是经历了一个经济不断发展而国家干预增多的阶段。中国经济发展水平不高，又处于从干预过多、财政负担过重走向少干预、减事权的阶段，因此，这个阶段财政收入比重不高是不用担心的，以后将会随经济发展而上升。从现实情况看，现在提高财政收入比重是相当困难的。既然如此，就应相应把事权也下放下去，把一些国家投资的项目让社会和企业去承担，或者在国家财力增强时再相应的增加国家投资。这样做，还有一个好处，就是减少因产权不清而又不断复制国有企业的麻烦。至于有的同志认为，我国财政收入比重的算法有很大问题，实际上要高于现在名义上的比重，如果真是如此，我们就更不用担心了。

（2）市场经济条件下财政政策与货币政策关系问题。

社会主义市场经济条件下，财政政策和货币政策的关系问题更为突出了，因为这两种政策都将是宏观调控中最重要的经济手段。但这二者的关系应如何摆呢？有同志认为，在市场经济条件下，财政地位更为提高了，财政政策为主，货币政策为辅是必然的。财政职能在转化中将得到强化而不是弱化，在世界各国中都是如此。财政体现的不是部门的利益，而是国家的利益。有的同志不同意这种观点，认为在市场经济中，货币政策的作用将会比财政政策的作用还强，因为财政资金越来越少，而信贷资金越来越多，银行的作用更为重要；还有，税收调控不如利率调控灵活，前者不能经常调整，后者经常在调整。从固定资产投资中，财政资金不到10％的事实中也能看到，信贷资金在投资中的作用在大大增强，以信贷为主要内容的货币政策影响投资进而影响经济的宏观调控作用将成为主要的调控手段。

我们认为不应在财政政策和货币政策中划分主辅关系，在不同的经济形势下，这两种政策发挥的作用可能有大小之区分，但对整个宏观调控的作用而言，没有必要划分主辅，而应强调互相的配合和制约，共同完成对经济的调控作用。就现阶段问题看，货币政策的相对独立性问题更为突出，因为在传统体制下，货币政策是跟着财政政策走的，是一种"大财政小银行"的格局。改革使这种格局有了很大变化，但究竟如何合理协调二者关系尚未真正解决。在市场经济的条件下，重新确定二者的功能和划分各自的责任，应列入完善宏观调控的议事日程。

（3）实现小政府，减少财政开支。

我国财政困难很大，全国有半数的县是赤字县，国家每年硬赤字高达上百亿元。形成财政赤字的一个重要方面，是行政经费过大。这两年，国家每年要拿出财政收入的1/10用于行政经费开支。因此，压缩行政机构和人员已成为减少财政支出的一项重要内容。从搞社会主义市场经济的角度讲，小政府、大社会是一种必然趋势，也要求精兵简政，以利于转换政府职能。

历史经验表明，精简机构是一件不容易的事。我们同意有的同志提出的"现在搞社会主义市场经济，要利用利益机制来达到精简机构的目标"的观点。

近来出现了不少政府工作人员主动要求调出政府机构而办企业的现象，是值得研究的。它表明，在社会主义市场经济下，人们的观念和利益机制已发生变化，"下海"已具有很大的吸引力，这是利益机制对工作选择的导向。政府应利用这个机制，让一批适合和愿意参加市场经济实践的同志，去市场经济的大海中作出成绩。同时，创造各种条件，鼓励机关工作人员自愿走向新的职业，发挥自己的聪明才干，这不仅对个人有利，对政府精简有利，对社会也有利。与传统计划经济相比较，市场经济将能为机关人员的改业提供更多的机会，为变大政府为小政府提供更好的外部条件。

作者说明

这篇文章是《社会主义市场经济条件下的货币政策》的姊妹篇，原载于《财政研究》1993 年第 1 期。两篇文章具有同样的背景。在对金融体制如何按社会主义市场经济要求进行改革的意见发表之后，本文提出财政体制如何按社会主义市场经济要求进行改革。论文认为，财政改革必须考虑市场经济的基本特征。因而，论文首先阐述了市场经济的若干基本特征。在财政体制改革上，论文认为，财政改革主线应为"既尊重和扶植个人投资，也通过公共投资为社会创造更好的投资环境和基础设施；既为全社会经济发展服务，也为社会的平等和均富服务。"财政改革不是要改变财政促进经济发展和有助于公平分配的两大基本功能，而是要改革实现财政功能的手段或方式。这一点，与金融体制改革的提法分寸上很不一样。金融体制改革要求金融体制整体功能都要发生巨大变化。本文提出了按市场经济要求深化财政体制改革的几大方面：按市场经济产权明晰化要求，明确国有资产产权，支持各类企业明确产权的改革；按平等化要求，统一税制，公平税负；按贸易自由化要求，解决地方财政包干问题，以形成统一大市场；按宏观调控间接化的要求，减少中央财政支出，实行政府间收入转移，这在以后将会实行；按管理法制化要求，变国有经济财政为全民财政，这是一个重点思路，重要问题，现正在进行中；按大社会小政府要求，精简机构，压缩政府行政开支，这是后几年尤其是 1998 年机构改革的重要内容；等等。这些意见，我认为对以后的财政体制改革，提供了有价值的参考意见，相当一部分被决策部门直接或间接地吸收了。文中对近期建立财政体制的具体措施提有四条，其中包括尽快推行分税制，通过国有资产金融性运营振兴财政等，这些措施建议现在看来，也是有价值的。可以说，本文为下一步税制改革制造了些舆论。

这篇文章的不足，在于都是大思路，具体研究还不够深。这与西方经济学以研究具体问题为主有区别。他们对问题研究得很细、很深。当然，这有个过程，先得有思路，才能深入得下去。如同建筑，先有大框架，再精雕细刻，否则做了无用功。这是中国与发达国家很不相同的地方。中国学者问题选得大，是不得已而为之的。

本文虽是我执笔的，但财科所白景明博士提出的一些参考意见和提供的有关资料，尤其是他的催促，也是完成此稿的重要因素，在此，对合作者的劳动表示感谢。

向社会主义市场经济金融
体制的过渡

　　当前经济生活中出现的矛盾，主要是不规范的市场经济与传统计划经济体制的矛盾。我们是在传统计划经济基础上向社会主义市场经济过渡，因此，就存在两方面的问题，一方面，我们对市场经济不熟悉，必须一步一步去探索，从不规范走向规范，从不健全走向健全，甚至从混乱走向有序；另一方面，我们是从计划经济体制上开始起步的，我们不能不一面吸吮着母胎的乳汁，一面准备断奶。由此，我们就发现，我们处于一种矛盾的选择之中。我们不能不利用旧体制的力量来清除改革的障碍，甚至不得不利用传统办法来规范市场秩序。但有一点应是明确的，贯穿在整顿金融秩序中的主线仍是深化改革，而不是恢复到传统的金融秩序。

一、为深化金融体制改革而整顿金融秩序

　　建立社会主义市场经济下的金融体制已成为我国经济中最突出、最急迫的任务。加强中央政

府对经济的宏观调控，在很大程度上，是依靠中央银行的货币政策来实现的。但现在的金融体制，不能适应这种需要；而在转轨中出现的金融秩序混乱，又使改革和发展遇到更多的困难。因此，我们必须强调中央政府领导金融体制改革的权威性，强调有序地推进金融改革的必要性，防止出现改革失控、发展失控和社会动乱的局面。

正因为我们整顿金融秩序是为了下一步金融体制改革服务的，是为了从根本上确立新金融体制扫清障碍的，因此，在当前进行金融秩序的整治中，应防止出现不利于下一步改革深入的几种偏向。

（1）防止在对金融秩序整顿的同时，把因市场经济发展而产生的一些金融组织和信用方式，全部作为扰乱金融秩序的组织和行为，予以严厉打击。应看到在计划经济向市场经济过渡过程中，由于传统体制下的金融体制不能满足市场经济发展的需要，因此，所谓体制外的金融活动得到了很快发展。解决这个问题的根本办法，不是用行政办法消除体制外的金融活动，而是改革体制内的金融组织和行为，通过竞争，抑制体制外的金融活动。现在的问题是，体制外金融活动有三种类型，第一种是非法的，坑蒙拐骗，损人利己，无所不为，打击这一种非法金融活动，政府和老百姓意见是一致的；第二种是不违法但也不合理的，是因为企业在不健全的市场经济环境中被迫搞起来的，应当予以制止，但要晓之以理，同时，给企业指出应如何办的新途径；第三种是合法合理的，仅仅是由于对经济形势判断或角度不同而被视为违章的，或者现在看来是违章的而从市场经济角度看还是可以存在的。对此，要慎重对待，分不同类型，有堵有疏妥善处理，不能由此伤害群众建设社会主义市场经济的积极性。

我们要全面理解整顿金融秩序的精神，要看到，纠正违章拆借不等于反对银行的同业拆借。如果一概否定拆借，停止拆借，金融市场也就不健全了。正常的合理的拆借仍是允许的，需要发展的。当然拆借应名副其实，不能成为变相贷款。反对乱集资不是不要社会集资，正当的集资仍应有条不紊地进行，不过应按国务院有关规定进行，不能各自为政。清理检查房地产发展，不是否定房地产经济的重大作用和意义。房地产还是要搞的，中央的政策是促进房地产业的健康发展。这里要求的"健康"，就是按章办事，不搞泡沫经济。规范证券市场不是要萎缩证券市场，更不是要停止股票交易和股份制改革。不能把整顿金融秩序变成为向股份化反攻倒算的理由。

（2）防止把"集中资金保重点"变成"抽肥控流保银行"。中央对当前重点项目资金不到位，而重复性和非生产性或投机性的资金需要过大，表示了很大关注，要求把资金用于重点项目和重点企业。这既可以控制通货膨胀，同时又有利于发展经济。但是，现在出现了一个新问题，就是银行为了完成治"三乱"的计划，在加紧回收资金，而一些该收的资金如在房地产方面的资金难以收回，效益不好的企业的贷款难以收回。结果，效益好的企业的资金就成了回收的对象，尤其是流动资金更成为回收的重点，成了"抽肥控流保银行"。这样一来，集中资金保重点就达不到预期的目的。

中共中央6号文件提出的"腾出资金保重点"，是指把不具备投资可行性和过大的非生产性投资腾出来用于重点建设，不是把资金都用于重点，不是对非国有经济停止贷款，只许发展国有经济。没有非国有经济的发展，资金全部用于重点项目，国家经济也搞不上去，这已为几十年的实践所证实。

还应指出的是，"集中资金保重点"只在相对意义上讲是正确的，不能绝对化。因为，当重点项目不能较快见效时，就会使资金周转减慢，使国家近期的利税所得减少，最终会使财政赤字有增无减，加大了通货膨胀压力。同时，从市场经济规则看，在政策性银行或在财政面前，贷款的差别性是合理的。企业在商业化银行面前，贷款不平等，会对金融体制改革带来不利影响。

（3）防止在整顿金融秩序中，低估或抑制非国有经济这一大块的发展。这些年的实践多次证明，乡镇经济、三资企业经济以及民营经济，对发展我国社会主义市场经济有重大作用，非国有的企业在国民经济中的地位已大大提高，它们的发展不仅对自身是重要的，对整个经济发展也已起到带头作用。正是它们，为我国经济高速增长和大幅度创汇作出了贡献，也给我们搞活大中型企业提供了相当宝贵的时间和空间，它们今天已成为我国社会主义市场经济中的主力之一。因此，我们仍要强调平等地对待各种经济成分，要从效益角度来鼓励先进，促进后进，不能简单地用传统的所有制观念来分尊卑、定信贷，否则不仅会影响这部分经济的发展，也会使国有企业这部分受到相关影响，最后导致整个国民经济发展动力不足，影响国家财政收入，影响整个经济发展。

（4）更值得注意的是，要防止保守思潮借整顿金融秩序而否定改革。有些地方已出现这样一种议论，认为金融秩序混乱是改革造成的，是中共十四大提出了社会主义市场经济以后才出现的。而计划经济条件下，没有这种现象。虽然计划经济不能使经济发展更快些，但也不会出现现在这样的秩序混乱和侵权成风，因此，要重新考虑是用市场经济办法发展经济还是用计划经济办法发展经济。在一些地方和企业中，反对搞企业经营机制转换和股份制改革的人，现在成了维护经济秩序的"模范"。这是一个重要的是非问题，应当从理论上阐述清楚，以统一思想，共创改革大业。

（5）确保中央宏观调控的统一性、权威性和有效性，并不是否定地方政府的作用和地位。事实上，没有地方政府的配合，中央的政策就不可能落实。在中国这样一个大国中，在经济改革这样深刻的变化中，没有中央强有力的领导是不可能成功的，没有中央与地方的协调一致也是不可能成功的。

总之，整顿秩序不是停止改革，而是着眼于加快改革步伐。规范秩序是为改革服务的，最规范的秩序也将由改革来创造。

二、利率市场化在整顿金融秩序和深化金融体制改革中的作用

1993 年经济发展中出现了较为严重的通货膨胀，如何认识并治理通货膨胀对我国经济发展将起到举足轻重的影响。

（1）对通货膨胀的成因分析，最有影响的是两种，一是"货币多发"论；二是经济"过热"论。这两种看法固然有一定道理，但似乎都没能把问题说透。

"货币多发"的结论是从货币供给环比增长率越来越大的分析中得来的。但货币是否过多，不能只用货币供给量增长率的历史比较去说明，而必须比较货币供给量是否大大高过货币需求量。现在对货币的需求量是相当大的，眼下各地均反映货币紧张而不是宽松。由于货币需求量是一个难以计算的数字，因此，我们必须借助利率来把握货币供求的均衡点。

当前我国存贷款利率与通货膨胀率相比，显然太低，而过低的利率

会助长通货膨胀。美国 1982 年到 1988 年出现了较严重的通货膨胀，它们治理通货膨胀主要是提高利率，用高利率来限制货币供给，而在实际上，其货币发行量的增加仍高过历史水平，但通货膨胀率降下来了。因此，美国经济学家说，与其说通货膨胀是多发货币引起的，不如说是由低利率造成的。这对我们可能不乏启示。

同理，单纯用经济增长率的环比指数来分析经济，还不足以证明经济过热。没有市场利率，没法判断投资和储蓄的比例是否合适，也很难调节投资与储蓄的关系。利率过低既不能限制投资，也不能鼓励储蓄；固定利率，既不能使居民金融资产形成合理的比例，也不能对不同地区、不同产业和企业的投资增长速度进行调节。

（2）我们对利率作用估计不足。近些年来，我们对利率的作用已有相当的认识，如我们用提高存款利率的办法来控制存款的下降，用提高贷款利率的手段来控制投资的过速增长。但从我国利率政策的现状看，利率杠杆在当前国民经济运行中调控作用发挥得还很不够。

市场经济中利率是最重要的经济杠杆之一。古典经济学认为，利率是由储蓄与投资决定的，反之，利率高低又影响投资与储蓄的比例。凯恩斯主义认为，利率是由货币供给与货币需求决定的，因此，调整利率直接影响货币供给量与货币需求量。现代利率学说中，则将储蓄、投资对利率的影响和货币供求对利率的作用综合在一起，如著名的 IS（储蓄投资线）—LM（货币供求线）模型，认定利率由这四因素两曲线共同决定，利率变动对储蓄、投资和货币供求都将产生重要影响。从1992 年世界经济的实践看，市场经济国家利率的微调，就会对经济回升和国际贸易产生重大影响的事实，表明市场经济中，利率已成为经济运行和宏观调控中最主要、最灵敏的调节工具之一。

用西方经济学的知识来衡量，我们对利率的作用认识有三大不足：一是只看到存款利率对存款有影响，贷款利率对投资有影响，没有看到这两个利率能在市场作用下找到均衡点，而这正是我们现在对货币多或少争论不清的问题之一；二是只看到货币供给多了，但没有从与货币需求的比较中去说明货币供给多；由以上两点，可推知第三点，即我们更没有从储蓄与投资、货币供给与需求四方面来分析利率形成及其影响，远没有达到现代经济学的利率分析水平。

（3）现在正是实现利率市场化的关键时机。发挥利率杠杆作用，就是要让利率能在资金供求关系中形成，使其变动能影响资金供求和投资储蓄的关系。为达到此政策目标，需要分两步走：首先是通过中央银行操作，实现利率对市场供求的模拟；在条件成熟后，进而实行市场利率。这与我国价格改革"先调后放，调放结合"是一样的思路。

由于我国绝大部分商品价格已市场化了，这为资金的价格——利率的市场化创造了基本的条件，同时，也为利率市场化提出了迫切的要求。价格市场化后没有资金市场化，作为最重要的资源——资金，就没法参与改变产业失衡和商品总供求结构性失衡的资源重组过程。当前经济形势中出现的一些问题再次表明：经济体制改革应当配套，环环相扣，不能"脱轨"，否则会带来经济运行的紊乱。

需要改进利率政策的另一个重要原因是当前利率牌市、利率差价极大，这对经济运行已产生了不利影响。利率的"双轨制"，带来两大问题：一是国家银行在市场竞争中，被绑住了手脚，不能成为维护金融秩序的主导力量；二是腐败问题严重，银行中少数人内外勾结，攫取利率差的暴利，使大量的国家财产流失。

经济改革与发展都到了关键时刻。加大利率杠杆调控强度，将有助于稳定货币，有助于消除社会集资中的混乱局面，有助于理顺银行与企业的关系，有助于资源的合理配置，有助于推动金融体制改革。舍此，对货币发行和资金资源配置只有行政的办法，而这将既不利于经济发展，也不利于改革深化。

（4）利率制度改革的可行性分析。利用利率杠杆来调控经济运行，具有可操作性。①中央银行可以参照社会集资中形成的利率水平和通货膨胀率，来一步步提高国家银行的利率水平。由于当前牌市利率差距相当大，因此，利率调整的空间相当大。在利率市场化的第一阶段，各专业银行应执行中央银行制定的统一的利率。在条件成熟后，专业银行可按照中央银行规定的浮动利率的基准利率和浮动幅度，因地因时制宜，自主调整利率水平。在专业银行商业化后，中央银行可适当放宽对统一的浮动利率的控制。②贷款利率提高幅度应高于存款利率提高幅度，由存贷利差增加的银行利润，可上缴财政，作为向部分国有大中企业因利息成本增加而给予的特种补贴，缓解国有大中企业因调高利率而增加的困难。部分企业则改转为非国有经济成分，财政不再承担补贴的责任。③在运用利率控制投资需求和增加储蓄的同时，暂缓出台调放价格的措施，减轻价格总水平过于集中上升带来的种种问题。控制工资收入增长速度，减弱工资成本上升形成的通货膨胀压力，进一步健全市场体系，鼓励竞争，利用竞争约束成本对通货膨胀的推动。

三、金融体制改革两阶段设想

（1）第一阶段：变治"三乱"为用市场经济办法规范拆借市场、信贷方式和直接融资体系，以专业银行和各类商业银行开始市场化操作来与之配合。

金融体制第一步改革应与当前整顿金融秩序相衔接，最重要的是从治"三乱"入手，为同业拆借、信贷方式和社会集资制定法规，纳入市场经济体制的轨道中。

首先，要制定各类相关法规，以使拆借、信贷、集资有法可依，有章可循。中共中央6号文件讲得很清楚，要纠正违章拆借，尽快建立全国统一的、有序的同业拆借市场，使资金拆借纳入规范化的轨道；要规范集资行为，制定集资管理条例，明确正当集资与乱集资的界限；要清理不合理贷款，逐步实现政策性金融与商业性金融的分离，加快金融体制改革步伐。这些工作的完成，将使"三乱"变"三治"，为金融体制改革的大动作打下一定基础。

要达到变"三乱"为"三治"，还应有国家专业银行和各类商业银行市场化操作与之配合，换言之，要在国家银行现存机构条件下，通过利率等经济手段，逼使"三乱"走向"三治"。从"三乱"产生的经济根源上看，国家银行自身利率等经济手段没有充分利用，利率双轨大大加剧，促成了体制内外各种金融机构的寻租行为，这是一个不可忽视的问题。如果国家银行政策上有一些大胆地向市场利率发展的举措，这些问题不会发展到今天这样严重的程度。事实上，不久前我们利用现体制对外汇市场的经济干预的成功就说明，我们可以在一定阶段上利用现存机构的调控作用。

规范体外循环，发展规范化的各类金融机构，促进商业银行的形成和发展，让国家专业银行开始市场化的初期操作，其目标就是要在国家银行动大手术时支撑体内改革，防止经济出现大的动荡和混乱。这条思路，与我国企业改革的思路有共同之处，就是发展非国有经济这一块，而支持国有经济企业的改革。可以回想一下，我国改革与苏东改革效果不同的原因之一，就是我国有强大的非国有农村经济、乡镇经济、三资企业经济、民营经济等各类企业的支持，使国有经济中不少企业的兼并、出租、转让、拍卖等有人来买，有资金来买。而在国有企业出现大面积亏损的情况下，国民经济发展有非国有经济在支撑，这样才给国有经济改革创造了条件，争取到了时间。现在国民经济发展中资金供给还主要靠国家专业银行，股份制的或非国有的商业银行还远远不能承担经济发展的需要，加之商业银行和各种金融机构非规范的行为尚待纠正，因此，国家银行不宜在机构上动作过猛。金融体制改革第一步中，可以也应该在国家专业银行框架下，先顺参数，缓动机构。

总之，要把传统金融体制的内外之分重新界定。中央银行将成为所有银行和金融机构的领导和管理部门，而不再仅仅是国家银行的领导机关。要把各类体制外的金融活动纳入中央银行的管理范围之中，变小体外为大体内，使中央银行的调控范围加大。这个思路与商业改革一样，要把商业管理部门从国营商业管理部门变为全社会的商业管理部门。

（2）第二阶段：国家银行大分化，重组合，改机构，金融市场全放开。

在完成金融改革第一步后，要转入中央银行的机构重设、专业银行的分化组合和金融市场的全面开放。第一步改革的成果将支撑第二步改革。

中国人民银行要成为真正的中央银行，不妨用西方市场经济国家现在的模式进行比较分析，按中国特点进行取舍。先定职能，后定机构；是否取消省分行改设区域性分行，需认真研究确定。

专业银行商业化，应考虑以下几个方面。

第一，解决好政府与国家专业银行的关系。现在，政府让银行给项目贷款，但不承担责任，有些无效益或中近期无效益的项目，给银行压力很大。因此，政府职能不转变，国家银行就不可能转向商业化银行。

第二，解决好中央银行与专业银行的关系。应通过《中央银行法》、《商业银行法》、《保险法》、《抵押法》等法律，来确定商业银行运行的外部环境。

第三，应尽快成立政策性银行，否则，专业银行无法成为真正的商业银行。应把现在国家专业银行大部分业务转向商业银行，使商业银行成为市场经济中的主体，不能作为政策性银行的附属，这样商业银行才能搞活。同时，要进一步从市场经济发展需要扩大和增加商业银行数量，使商业银行之间形成竞争关系，迫使商业银行在竞争中提高运营水平和经济效益。

第四，大的专业银行可以按经济区划分成几大银行，展开商业化经营。

第五，应改革和确立市场经济条件下的投资体制。对国家的中、长期投资项目，应由政策性的长期投资开发银行来承担，而与现在的国家专业银行业务分开。

金融市场的开放，意味着我们对各种金融机构和信用工具，采取最为大胆的"拿来主义"。市场经济中有关的货币政策工具都应研究透，一样样地分析比较，尽快地推行之，或创造条件实行之。证券市场的发展为我国货币政策公开市场操作提供了一个初步的框架。以证券市场为中心发展资金市场，在此基础上，中央银行可以介入资金市场，介入外汇市场，进行公开市场业务，调节货币流量和人民币供应。中央银行在公开市场上操作，不应用行政手段，而应用经济手段，否则，金融市场就不可能成为市场调节的工具。中央银行应把存款准备金由专业银行的"贡金"变为真正的准备金，并充分利用存款准备金手段，调控各类商业化银行的信贷规模，与之建立新的关系。加快《票据法》制定，为票据交易提供依据和保障。具体的方案，金融界的银行家和专家正在有领导有组织的进行设计，对此我们充满信心。

作者说明

这是 1993 年在政府加强宏观调控的大背景下发表的一篇文章，被中国金融学会收入《改革、增长、宏观调控》论文集，于 1993 年 12 月出版。本文反映了矛盾的心情，既认为加强宏观调控是必要的，又对这种加强是否可能强化计划经济旧体制存有担心。我把当时的形势矛盾概括为"不规范的市场经济与传统计划经济体制的矛盾"，这个概括应当说是有道理的。

整顿金融秩序，是为了建立新的金融秩序，更好地为社会主义市场经济服务，而不是单纯地为整顿而整顿，更不是为了恢复传统的金融秩序。论文由此提出在整顿金融秩序的时候，要注意做到五个方面的"防止"：防止把因市场经济发展而产生的一些金融组织和信用方式，全部作为扰乱金融秩序的组织和行为予以打击；防止把集中资金保重点，变成"抽肥控流保银行"；防止低估和抑制非国有经济的发展；防止保守思潮借整顿金融秩序而否定改革；防止中央与地方认识和行动上的不一致和不协调。应当说，这些观点在当时，还是比较有针对性的，是尖锐的。其主调就是，既要支持中央对金融秩序的整顿，又要保证市场经济发展的势头。文中对"利率市场化"在整顿金融秩序和深化金融体制改革中的作用，进行了分析，提出要抓住时机推进利率市场化。论文提出了金融体制改革的两步。第一步要与当前整顿金融秩序相衔接，为同业拆借、信贷方式和社会集资制定法规，纳入市场经济体制的轨道中。第二步则推进中央银行改革，大胆向市场经济国家中的中央银行职能靠近；专业银行要解决好与中央银行的关系，其与政府的关系，可以法律明确之；大专业银行可设大区银行；尽快成立政策性银行；进一步开放金融市场。总之，这些改革设想的基本方面是正确的，不少在后来的金融改革中也被采纳。

这一时期发表的论文中有一种倾向引起我的反思，就是我对加强宏观调控理论上支持不足，担心较多，到底是否正确？从发展市场经济角度来考虑问题，应当说担心是对的。但也确实要承认，这几年的高增长、低通胀，尤其是近两年国际金融危机的教训，都说明当年加强宏观调控确有必要，效果是显著的。

专业银行向商业银行的
转化过程

国家专业银行向商业银行转化很难一步到位，如何认识和完成这个"转化过程"，不仅对改革理论研究有重大意义，而且对专业银行正确开展转化过程的业务也是有一定作用的。有鉴于此，本文拟对国家专业银行转化过程中出现的特点以及国家专业银行能以多快的速度转化为商业银行的问题，做一些初步的分析。

一、国家专业银行向商业银行转化中的"两步脱壳"过程

专业银行向商业银行转化不可能一步到位，这已成为大家的共识，并将为实践所证实。那么，专业银行向商业银行转化过程会有多长，会出现什么样的阶段，这不仅是我们作改革规划时必须考虑的，也是我们确认当前专业银行的经营方式所必须考虑的。

这个问题极富现实意义。例如，现在人们在讲商业银行的赢利性目标时，往往没有区分一般商业银行的赢利性经营目标与国有商业银行的赢

利性经营目标，似乎一旦从国有专业银行中划出政策性业务，国有商业银行就成为赢利性的商业银行了。然而，在实际操作中就会发现，问题并没有如此简单。在国家宏观调控的框架中，国有商业银行仍将负有国家要求的若干责任。尽管政策性银行组建和运行后，国有商业银行所负的这些国家的社会的责任会大为减少，但绝不会消失。一个最明显的例子是，从上到下不少同志认为，既然国有商业银行是国有的银行，就不能不为国家出力，就应对国有的企业有所帮助。如果形成这样一种仍负有国家责任的、作为宏观管理工具的国家商业银行，就会使我们很自然地将这种商业银行与一般银行加以比较，并对国家商业银行是一种过渡形态还是成熟形态产生研究兴趣。

我以为，国有专业银行向商业银行转化，第一步是向国有全资商业银行的转化，而不是向一般意义上的商业银行的转化。从我国经济改革的要求看，从社会主义市场经济的要求看，从银行真正想达到的商业化经营目标来看，国有专业银行仅仅变为国有全资商业银行还是不够的。国有全资商业银行还将会进一步实现向以国家控股或参股的股份制商业银行的转化。这一步转化将要在更深层次上解决国家与国有商业银行的产权关系，同时，相应解决国有商业银行的商业化经营自主权问题。我暂且将此时的国有商业银行称为国有股份商业银行，一种以国有股为主而吸收多种其他资本金的股份制银行。这种国有股份商业银行，才能进一步地实现商业化经营，而从政策性工具中脱离出来。因为只有银行组织更接近于一种企业形态，银行经营更远离政府的直接干预，银行的运营才能按企业方式进行。这个问题尽管在当前还不十分突出，更不是今年金融体制改革要解决的问题，但由于涉及对专业银行转向国有商业银行过程的认识，涉及国有商业银行形成前后应承担的责任，所以，我这里还是想从理论上作些分析，以便对专业银行商业化过程作比较研究。

提出这一问题，不是主张现在要搞专业银行的股份化，而是要得出一个结论，现阶段正在变形中的国有专业银行和将形成的国有全资商业银行承担国家赋予的一定责任，是不可避免的，也是合理的。在现阶段，在国家专业银行向商业银行的转化中，以为就可以实现经营的单一效益目标，为时尚早。

至于"二次脱壳"后，会不会在新形势下出现新的再脱壳，这尚难断言。因非本文研究重点，留待以后再议。

二、"一次脱壳"前后专业银行的两重性特征及对国有企业的责任

在国有专业银行转成国有全资商业银行的过程中以及国有商业全资银行组建运营后，都将继续表现出两重性特征。概括地讲，就是既要继续承担一些政策性业务，又要转向商业化经营，因此，出现了经营上市场化和非市场化的双重性特点。

双重性特点实际上是原来专业银行就存在的一个特点，所谓分账管理，就是双重性特点的具体操作要求。在信贷上，就是政策性贷款与经营性贷款并存；在建行目标上，就是一般商业银行经营管理原则与国有银行承担国有责任原则的并存；在与央行关系上，就是三大政策杠杆与直接信贷规模控制的并存。

出现这种两重性的特征主要有三个原因。一是专业银行向商业银行的转轨是逐步的，因此，在转化过程中会出现原专业银行特点与商业银行特点此消彼长的并存时期。二是国家专业银行转向国家全资商业银行，意味着银行所有关系和所有的形式并没有发生大的变化。这种国家所有的产权关系，意味着国家商业银行仍可承担国家赋予的部分责任，这种责任将与商业银行的商业化原则同时存在于国家商业银行之中。三是由于现阶段非国有商业银行没有大的发展，体制外金融不能分担支持经济发展的担子，因此，加重了国有专业银行体制内外均负责任的状况。

因此，我们不难在专业银行转向商业银行的规划中看到这样的要求，如：要坚持以国有大中型企业为主要客户，支持其发展，同时，也要对国内外市场占有率高、产品适销对路、经营效益好的中小企业、三资企业和乡镇企业积极开展融资服务等。事实上，对国有大中型企业的信贷，现在还不可能做到只考虑赢利标准和还贷能力标准，还受制于若干非市场化的标准；即使能对非国有企业率先实行主要按市场规划来决定信贷，也要受到若干非市场化规定的限制。

如果正在转化中的国有专业银行以及将形成的国有全资商业银行具有这种明显的两重性特征，那么，其对国有企业的责任将是不可推卸的。如何在转化期间，更好地担负起这种责任，就是必须研究的。

从当前国家专业银行和国有企业的情况看，似可以考虑，国家专业

银行在没有将政策性业务真正划清之前，仍要承担政策性信贷任务，仍要支持国有大中型企业的生产。不仅对效益好的国有大中型企业要给予信贷支持，对暂时效益不好但具有市场潜力的国有大中型企业也要支持；甚至，为了社会的稳定，对国有企业的工资贷款，也要咬着牙来支持一下。这种支持不能仅用商业化原则来衡量，还要从历史的原因上给予理解。当然，这种理解将会随时间推移而不断减少，至于对政策性信贷与完全市场化信贷之间的一些信贷，国家商业银行中可能还有这样一些业务要继续承担。比如：①政策性银行将主管固定资产部分，流动资金由国家商业银行来承担，其中，国家商业银行在一段时期内要承担冲账的责任；②有效益项目的部分优利贷款，在政策性银行和非国有制银行均不承担时，国家商业银行可实行优利贷款，扶植国有大中型企业发展；③国家大型外贸和商业企业在进出口中的信贷，在进出口银行业务外的一块或不能包容的一块，国家商业银行也应当承担；④大中型企业由亏转盈后，可能由国有商业银行承担正常的融资业务。

三、"一次脱壳"过程中的时点、时差研究

既然专业银行向商业银行的转化是一个过程，那么，还存在不存在一个时点问题？换言之，有没有一个由此及彼的"转换点"？

我认为在银行转化操作中显然存在时点问题。什么时间开始划账，什么时候开始组建政策性银行，什么时候要把政策性业务从现在的专业银行中划出去，这些都有一个时间要求，都表现出转化的时点性特点。事实上，除中国银行外的三大专业银行已列好了这个转化的时间表。

显然，对专业银行来讲，其转化期不同于一般所讲的改革的转型期，后者可以是一个相当模糊的概念，而前者则必须要十分清楚，必须具有可操作性。

有两种意义上的"转化"时点，一种是起点，一种是终点。就起点而言，在具体操作中，显然是存在的；就终点而言，情况就复杂了。一种终点的含义是转化具体方案的结束，一种是新的机制的真正形成。就前一种终点来讲，可以说也是有一个时点的；但就后一种情况来讲，就很难讲终点到底在何时何处。现在人们常讲的"国有专业银行转化是一个过程，不可能一下就完成"，主要就是从后一种意义上讲的时点概念。

让我们分析一下第一步"脱壳"中的时点和时差问题。

四大专业银行转化的起时点不同，因此，会在专业银行商业化过程中出现一种时差。我们姑且称之为"时差1"。专业银行中政策性业务的分离、国有商业银行开始商业化运行的时间与政策性银行的组成、运转的时间也会产生时差，一般来讲，政策性银行开始运行要落后于商业全资银行的运行时点，因为前者是重组的，后者通过剥离即能形成且一直没有中断经营业务。对此时差，我们姑且称之为"时差2"。

研究"时差"的意义在于找出银行经营方式变化的时间框架。围绕"时差"过程，我们发现了两次分账问题。第一次是在专业银行开始转为商业银行的始点上，即在"时差1"出现时，这时要确定四大专业银行脱离政策性业务的时点，扎住历史旧账，开始清账划账。"时差2"标志着出现了第二次分账划账，新的政策性银行还没开始运作，已确定和尚待确定的政策性业务还须正在变形中的国家商业银行继续来做，因此，在"时差2"期间又记下了一笔账，等待政策性银行运行后移交过去。显然，"时差2"提醒我们，在此期间，国家商业银行还应承担若干政策性业务，同时，也不要忘记分账，准备再次划账。

四、1994 年专业银行商业化步子能迈多大

专业银行商业化过程，对各类企业都有很大影响。如果实现了专业银行商业化，相当数量的经济效益不好的大中型国有企业贷款，就会相当困难。反之，相当部分的非国有企业，则由于经济效益不错，将会很容易地得到商业化银行的贷款。后者，不会引起太多的麻烦，但对效益不好的国有大中型企业的压力却很大，而且，由于效益不好的国有大中型企业面很大，因此，将出现相关的不少问题，如：如何处理破产，如何解决偿还历史债务问题，如何帮助一批产品有市场的国有企业通过技改恢复活力的问题等。正因为如此，专业银行商业化进程的快慢，将对国有企业产生具体的重大的影响。

如果我们分析今年形势，那么，相当多的企业关注的是，今年专业银行商业化步伐能有多大？下面，我们对此进行一些分析。

我们首先分析一下专业银行商业化的困难，再进一步分析一下这些困难对整个国民经济会产生什么样的影响，进而分析一下在这种困难面

前，政府、央行和专业银行可能采取的措施。由此，对今年的专业银行商业化过程，提出一个比较可靠的判断。

今年是国家专业银行商业化的第一年。尽管专业银行商业化对完善社会主义市场经济有重大意义，但专业银行商业化所面临的种种困难，使专业银行商业化的进程不可能很快。这些困难主要有如下这些。①今年通货膨胀压力使专业银行商业化进程放慢。一方面，中央担心通货膨胀过猛，群众担心通货膨胀使利益受损，而去年通货膨胀已达两位数，今年改革措施出台较多，发展速度不会低于去年，这就使通货膨胀可能达两位数。据此，有关决策部门将试图放慢专业银行商业化进程，以防信贷失控，加剧通货膨胀。另一方面，专业银行在相当长的时期内，作为宏观管理的工具，起了相当大的作用。而商业化银行能否在宏观调控中表现出良好业绩，政府还没有这种实践。因此，在向市场经济的过渡中，政府仍很难摆脱这种对专业银行作为直接调控工具的情结，表现出对推进专业银行向商业化进程的试探态度。②国有大中型企业的承受能力问题，历史遗留下了几千亿元的债务，这对专业银行商业化是一种巨大阻力。如果商业化，势必要解决欠账问题，在当前的条件下，大中型企业是不可能偿还的。这对专业银行商业化必然产生一种阻力。如果是逐步向商业化过渡，国家则有可能每年安排一定的呆账或清偿资金，专门用于解决国有企业对专业银行的欠账，使一些国有企业破产时，对银行有一个交待。今年安排了70亿元的呆账资金，但相对几千亿元的欠账来讲，还是很小的。这也就决定了专业银行商业化过程不可能很快。另一方面，国有大中型企业对资金供给制还是颇有偏好，对失去国有专业银行保护的资金信贷制有很大的担心，担心专业银行不管了，商业银行不理了，以后日子不好过，因此，对国有专业银行商业化的需求不足。这种态度也直接影响到视国有企业为主体的政府，进而影响到专业银行的商业化进程。③专业银行商业化本身的操作困难，也会影响这一进程。比如，对专业银行产权问题的解决，专业银行总行与分行之间关系的确定和业务的权限划分，专业银行资金调度问题、联行清算问题、政策性与商业性业务的区分问题等，都会影响到商业化进程。而这些问题决不是一些简单的操作问题，还涉及诸多方面，因此，要假以时日才能逐步解决，这就决定了商业化进程必然相对缓慢。④地方政府对国有专业银行的商业化也有不少担心，认为以后贷款条件对地方更难保证，地方对资金的需要更难满足，因此，对专业银行商业化没有表现出大的兴趣，而是对组织地方性或区域性的银行有更大兴趣。这也使商业化过程不会很顺利。

正因为存在以上这些困难条件，今年商业化过程不可能很快。事实上，从今年金融体制改革的具体实施安排上也能看出，重点是先推进中央银行的宏观调控体制，而商业银行不仅很难成为今年金融体制改革的重点，而且可能要受到相当程度的控制。

五、转型期国家专业银行自身建设与商业化改革相结合问题

向商业银行转变不仅仅是依据国家有关改革措施推进的过程，也是专业银行自身具体业务制度和管理办法的改革过程。在专业银行的"一次脱壳"过程中，在将多年来的账目加以分账列项的过程中，已发现政策性亏损掩盖经营性亏损的程度大大出乎预计，换言之，经营性亏损相当严重，国有专业银行经营方面存在着严重问题。近两年来金融秩序混乱中出现的重大违法案件，不过是管理方面漏洞的暴露。实际上，不论什么类型的银行，即使同为国有银行，由于管理水平不同，经营效果还是有相当大的差别的。这就向我们提出一个问题，提高银行内部管理水平和经营水平，是大有文章可做的。如果我们不能在提高管理和人员素质上下工夫，只讲国外商业银行的经营方式，那么，银行商业化经营还是不可能搞好的。由此可见，在专业银行商业化过程中，努力提高银行管理水平，练好内功，搞好自身正常的业务建设，也是一项重要的任务。专业银行应当加快内部制度改革，变计划管理体制为企业型管理体制，做到不搞存贷逆差，不让央行来补缺口；不搞高成本拆入，不靠人民银行的再贷款过日子。

当然，这种自身建设是在商业化过程中进行的，要与专业银行转化改革结合起来。因此，要把加强自身正常的银行管理工作纳入商业化改革的轨道中。要努力推行国内外商业银行普遍采用的现代经营方式，提高银行经营水平；积极开发适应于经济发展所需要的金融经营工具，培养出一批适应新金融体制运营需要的人才；切实落实自主经营、自担风险、自负盈亏、自我约束的经营原则，杜绝管理中的漏洞；牢固树立以

经济效益为中心的经营理念，注重资产质量，强化风险防范，做好三防工作；提高资金自给率和信贷资金自我平衡能力，学会通过国债，金融债券和外汇等的抵押、贴现、买卖，调节资金头寸；实施限额指导下的资产负债比例管理，对资产总量控制比例、流动性比例、安全性比例、效益性比例实施定量控制和考核等。总之，向改革要活力，向管理要效益，要形成充满生机和活力的经营机制。

在"一次脱壳"过程中，专业银行组织体系改革的量是相当大的，主要任务是规范总行与分行的关系。比如，要试行一级法人体制和总分行制，实现总行、分行统一管理，分级经营，逐级核算。总行要负责起全系统的资本金管理权，资产负债比例管理，主要比率的核定权，全行信贷资金的调度、调剂权，全行财务的统一管理权，一级分行行政管理人员的任免权。要使一级分行成为区域性的管理中心、经营中心和资金调度中心，使基层行成为全行的基本经营核算单位和资金运营基本调拨单位。条件具备时，可跨行政区划设置分支机构。

商业银行"一次脱壳"转化中还要完成大量的准备工作，主要有：①做好政策性信贷业务向政策性银行的划转移交工作，做到不错不乱，合理有据，对未划转出的政策性信贷业务应内部分账，分别核算；②近期要特别注意搞好限额指导与比例管理的结合；③适应形势，办好结售汇业务，建立和完善人民币和外汇两种业务的协调机制，实现两种资金的统一调度和综合平衡；④要利用法律手段落实债权债务，维护银行的合法权益等。

六、进一步创造加快专业银行商业化的条件

为顺利、正确地实施专业银行向商业银行的转化进程，有必要克服对商业化的不正确的认识和做法。从 1993 年的情况看，对专业银行商业化的理解是存在偏差的，比如，把专业银行兴办各种公司和经济实体视为商业化，大量公司成为商业公司，从事商贸，这给商业化过程显然带来了不好的影响。又如，把专业银行违章拆借，短拆长贷，把资金投向高赢利（也是高风险）的投机领域的许多做法称为"商业化"，这就败坏了"商业化"的名誉，也使专业银行商业化走向了歧途。

一方面，为适应市场经济发展需要，可以从多条途径来发展商业银

行。除尽可能加快四大专业银行商业化改革步伐外，还应进一步发展现有的股份制商业银行，包括全国性和区域性的商业银行，如以交行为代表的九大商业银行。条件成熟时，应鼓励成立一些新的商业银行，比如可由城市信用社改造成地方性的股份合作制商业银行，当然，它们主要是为地方集体经济和私营经济提供金融服务。在严格立法后，有组织地、稳妥地发展民间金融，要按市场经济择优汰劣规律，让市场经济来选择一些商业银行，其中，有些可能会倒闭，有些可能会成长起来，让市场来确定它们的存在价值。当然，要严格民办商业银行的手续，要按照《巴塞尔协议》规定，建立符合国际惯例的商业银行。后面两点，今年可能还做不到，可多做一些准备，伺机推出。

另一方面，是要努力创造专业银行商业化的外部条件。①进一步转变政府职能，解决好政府与国家专业银行的关系。进一步解决政府给银行压贷款问题，多年来，政府让银行给项目贷款，但不承担责任，有些无效益或中近期无效益的项目，给银行压力很大，而银行资金的来源是老百姓的存款，不能让老百姓承担贷款风险。因此，政府职能不转变，国家银行就不可能转向商业化银行。②解决好央行与专业银行的关系。应通过《中央银行法》、《商业银行法》、《票据法》、《保险法》、《抵押法》等法律，来确定商业银行运行的外部环境。③应尽快使政策性银行走向实际运营，否则，专业银行无法成为真正的商业银行。应把现在国有银行业务中的大部分转向商业银行，使商业银行成为市场经济中的主体，不能作为政策性银行的附属，这样商业银行才能搞活。④应改革和确立市场经济条件下的投资体制。对国家的中、长期投资项目，应由政策性的长期投资开发银行来承担，把现在的国有专业银行与此业务分开。⑤有必要进一步解开国有商业银行与国有大中型企业的血缘关系纽带。变"你我大锅饭"为"亲兄弟，明算账"。或是解开血缘关系纽带，把现有大中型企业与国有商业银行的债务关系变为股份关系，即商业关系；或是转移血缘关系，让大中型企业与政策性银行保持血缘关系，而与商业银行大部分脱开血缘关系；或是从政府点贷变为银行对企业的审贷关系，打破血缘关系。最后，要强调指出的是，解开银行之间血缘纽带，关键是要大大减少享受国家政策性贷款的企业的数量，要大大压缩并确定须保留的国有大中型企业的范围，要让一部分国有企业通过改革，成为市场主体。

还必须妥善地、逐步地解决企业现有的违约贷款（逾期贷款、风险贷款、呆账贷款）。现在企业破产，债务就落到了银行流动资金的账上。对实行股份制改革的企业，可以将借款凭证转变为股票，使贷款转为商业银行的参股投资，或将借款凭证转变为可转换债券，使贷款转化为硬性约束的企业负债；如果企业不宜实行股份制，可将借款凭证转变为低息的长期企业债券，由企业分期偿还。对于债权、债务关系不够明确或无人承担还贷责任的违约贷款，应核实数额，分期报损。对于债权债务关系发生变更的违约贷款，应落实还贷责任，确保收回贷款。

专业银行商业化进程与利率政策是紧密相关的。因此，要做好利率政策的过渡性安排。现阶段应抓好几个环节：①下放利率浮动的审批权，适当扩大利率浮动幅度和扩展利率浮动对象，使浮动利率成为多档次、多种类、高幅差的差别利率，充分体现资金运用的地区差、季节差、行业差、效益差和风险差；②加罚利息应与企业法人代表、当事人或责任人的个人利益挂钩，使利率成为约束企业资金运用行为的刚性因素；③以浮动利率作为调整基准利率的参数，以市场利率作为调整浮动利率的参数，同时要强化基准利率对浮动利率和市场利率的反馈调节作用，真实反映资金供求状况。

作者说明

1994 年是国家专业银行向商业银行转化的第一年，在转化中，出现很多新问题。如何看待这些问题，转化能否成功，成为大家关心的一个话题。本文中，我以产权问题为核心，提出了转化过程分两个阶段的看法。第一阶段是国家专业银行走向国有独资银行，第二阶段将是走向国家控股的股份制银行。现在首先要完成第一阶段任务，因此，既不能要求专业银行完全脱开政策性金融，也不能把专业银行商业化误解为银行应开展多种非银行的业务。应当说，五年前提出国家专业银行今后应股份化，是比较大胆的。现在看来，这一必要性还在提高，呼声更高了。本文比较细腻地分析了专业银行在向商业化银行转化中要做的工作，体现了在政府研究机构从事研究的优越之处，即信息相对多与快。本文发表在《金融研究》1994 年第 7 期的卷首，再次感谢《金融研究》编辑部对我一贯的支持。

借鉴美国区域经济政策缩小我国地区经济差别

我国改革开放以来，经济发展很快，但东部与中西部各省区发展速度不同，近年来差距拉大了。现在，从中央到地方，都很关心如何解决地区差距问题，提出了很多办法。研究和借鉴发达国家解决地区差距的政策，也是必要的。中国和美国都是大国，美国区域经济政策对我国有一定的借鉴意义。

一、美国区域经济差距现状

100 多年前，美国最发达的地带是东北部的五大湖区，而南部和西部是落后的区域。经过美国人民艰苦的开发，美国东部与南部、西部的地区差距已不是很大了。尤其是在 20 世纪 90 年代，美国四大地带的经济差距已经大为缩小，下面我们以人均 GDP 为基本指标，制作了 90 年代初的美国区域经济比较表。

1990 年美国四大地带经济发展比较

	GDP（亿元）	人数（千人）	GDP（元/人）
全美国	55 180	248 618	22 195
东北区（8 个州）	12 460	50 813	24 521
中央北部区（12 个州）	12 590	59 639	21 110
南方区（18 个州）	17 610	85 410	20 618
西部区（13 个州）	12 520	52 785	23 719

资料来源：根据美国加州大学地理系 Cindy Fan 教授提供的美国统计资料整理。

从上表可以看到，美国四大地带的经济差距已不算很大，虽然东北区和西部区超过全国平均水平，但高于全国平均数的比例不到 12%，或说在 1.2∶1 的范围内；中央北部区和南方区低于全国平均水平，但低于全国平均数的幅度不超过 8%，即在 0.92∶1 的范围内。换言之，上下偏离在 20% 之内。有一点很重要，各大地带的人均 GDP 平均都在 2 万美元以上，可以说地带差距已不大了。我国东中西三大地带的人均 GDP，1990 年的比例是 1.3（东部）∶1（全国）∶0.76（中部）∶0.63（西部）。这就是说，我国 1990 年三大地带上下偏离中线总的幅度在 60% 以上，远远高于美国 20% 以内的幅度。

美国人均 GDP 最高的州并不在东北区，而在阿拉斯加州，人均 GDP 高达 49 401 美元（哥伦比亚特区太特殊，这里没作为人均 GDP 最高的州进行比较）。其实，阿拉斯加州经济实力并不是很强的州，其 GDP 总值在全美各州中列第 41 位，但是由于人口是全美国各州中最少的之一，仅 55 万人，因此，人均 GDP 就高了。人均 GDP 最低的州是密西西比州，才 15 157 美元。但其人口数是阿拉斯加州的 4.7 倍，因此，GDP 总量还是高于阿拉斯加州。从这两个州可推算出，美国人均 GDP 最高州与最低州之比为 3.2∶1。我国 1994 年人均 GDP 最高的省为辽宁（6 354 元），最低的省为贵州（1 507 元），最高最低比值为 4.2∶1，略高于美国。

研究美国州区经济给人一个很深的印象是：美国各州中，GDP 总值最高的两个州是得克萨斯和加利福尼亚。前者 GDP 总值达到 3 820 亿美元，人均 GDP 达 22 480 美元；后者 GDP 总值高达 7 530 亿美元，几乎为德州的两倍，人均 GDP 也很高，达 25 297 美元。加州是华人最集中的州，华人对开发西部的加州确实是有很大贡献的。这两个美国最具经济实力的州，一个在南部，一个在西部，均为后来居上者，这一变化趋势，对坚定我们发展我国中西部的信心，是有益的。

二、美国政府支持落后地区发展的五大政策

美国把区域经济不平衡作为一个问题来解决始于 20 世纪 30 年代的罗斯福总统。当时为解决失业问题，决定向落后的地区拨款，增加就业，开发落后地区。著名的田纳西流域管理局就是这时候成立的。60 年代，区域不平衡问题突出。联邦政府成立了经济开发署。从肯尼迪总统开始，搞起了经济发展委员会，支持企业的迁移和搞公路建设。美国在缩小区域差距方面确有自己的特色，我把联邦政府在促进落后区域发展方面的各种措施，归纳为以下五个政策。

1. 促进增长政策：主要是通过财政、货币政策，促进后进地区经济发展

对落后地区的财政支持是由多个部门通过各自的业务范围来实施的。联邦政策对地区发展的专项补助，有的是开发拨款，有的是实行税收补助，实际上类似于减税，但形式上是征税后再补助，1994 年有 10 个地区包括几个经济上出现问题的大城市，每个地区给了 1 亿美元的税收补助，以鼓励这些地区的企业发展。

开发援助的责任相对集中在美国商务部下属的经济开发署（EDA）。这个机构是根据 1965 年《公共工程与经济开发法》成立的。开发署把全国分为七大区，并分别在芝加哥、奥斯汀、西雅图、丹佛、费城等七个城市设有开发署的地方办公室。全国共有 314 个开发受援区和 450 个增长中心。受援区和增长中心，分布在全国，包括发达地区中的落后地方。开发区一般包括几个县，而增长中心在开发区内。开发区要得到开发署的资金，需要提出报告，达到开发署的要求，才能得到受援开发经费。开发署不具体告诉开发区应如何去开发，而是让开发区自己提出办法和规划。开发署原则上只提供一半经费，开发区要自己承担另一半经费。对于如何确定受援开发地区，开发署的代理署长介绍说，起码要具有三个条件，一是失业率高，二是人均所得低，三是资源流失

多。据说，美国 3 000 个县，其中 90％都曾得到过开发署的支持。开发署还承担了临时性的经济调整项目，如对受自然灾害影响的地区，对军转民地区，提供一定的财力支持。

2. 减缓痛苦政策：主要通过社会福利政策帮助落后地区的低收入者

联邦政府对低收入家庭的补助，既有直接给家庭的，也有通过州政府再给家庭的。联邦政府要求州里先拿出一笔钱，然后按一定比例给予拨款。这叫"配套拨款"，各州情况不同，比例也不同。比如，德州政府要出 37％，联邦出 63％；密西西比州穷，自己出 20％，80％是联邦拨款。但联邦政府要求各州一定要出钱，否则联邦不拨款。按联邦标准，一个四口之家，一年收入在 15 000 美元以下即为贫困线以下家庭；一个三口之家，每月收入在 188 美元以下可得到贫困补助。对低收入家庭的另一种补助是住宅开发补助。联邦政府拨款给各州，由它们分到地方。比如，德州圣安东尼亚市每年得到 3 000 万美元用于城市住宅开发补助，重点是帮助低收入集中的社区住宅建设。形式之一是支持房地产开发商，如土地低价出售，提供低息贷款等，让开发商提供低价住房给低收入者。为此，开发商的赢利率是受到控制的。还有一种形式是直接向低收入者提供住宅补助金。

美国医疗制度中私人保险与公共医疗保险共存。公共医疗只提供给三种人：一是退伍军人，二是残疾等特殊情况，三是低收入家庭（但各州不同）。美国正在争论是否削减公共福利支出，这直接影响到各项福利的拨款。

3. 根治贫困政策：通过帮助地方教育、科研事业和职业训练，提高人的素质，为从根本上解决落后地区发展提供条件，使落后地区自立自强，最终摆脱对联邦政府的依赖

经济开发署不仅提供开发款项，而且对区域经济发展的研究提供一定的经费。主要是提供给受援开发区里的研究机构，比如大学或社会非营利研究机构。通过这种方式，让研究单位为区域发展提供好的建议，帮助区内的企业更新改造产品，提高市场竞争力。

美国劳工部负有对贫困劳工培训的责任。据劳工部的官员介绍，联邦政府规定的全国最低工资标准是每小时 4.25 美元，但有的州达不到。最贫困的州是缅因州和密西西比州。各州从本州实际出发，也定有自己

的贫困线标准。劳工培训是解决失业的重要手段。美国近年失业的增加，是由多方面原因造成的，一个因素是，因为冷战的胜利，美国政府关闭了不少军事基地和军工生产，造成很多失业；另一个因素是，国外产品竞争激烈，美国不少企业效益不好甚至倒闭，如国外进口汽车在美国汽车市场上占到 30%～40% 的市场份额；还有一种情况，是生活在贫民窟的很多贫穷青年找不到工作，需要得到帮助。劳工部的一项重要工作，是通过职业培训，帮助贫苦青年和失业者找工作，帮助低工资者提高劳动技能以增加收入，一般当工资下降到每小时 6 美元时，就需要培训了。全国职业培训要花很多钱，至少需要 2 500 亿美元，联邦政府每年只拨给 100 亿美元，因此，劳工部只能选择一些项目培训，比如各种职业培训、单身母亲培训、禁毒教养、军转民培训等。

培训费要分到各州，主要是拨给培训中心。全国有 70 个就业培训中心是私人机构办的，劳工部给予资助，并检查指导。穷州得到的培训费用不一定高，因为这要看有多少培训中心。去年加州得到了较多的培训经费，这与克林顿争取选票有关系。最近劳工部兴办了以关闭的军事基地为中心的培训中心，花费很大，平均每个学员年花费达 2.5 万美元。对此，国会有争议，有的议员认为这样的培训不必要，花费太大。但劳工部认为，从社会角度看，这样的培训可减少开支、增加就业、增加税收，是必要的。

4. 参与开发政策：联邦政府直接出力出人，组成开发机构，在落后地区进行经济开发，支持当地经济发展

最典型的例子是直属联邦政府的田纳西流域管理局（TVA）。TVA 是 20 世纪 30 年代成立的，当时的美国，有 7 大块贫困落后的区域，有待开发。田纳西河流经 7 个州，是一个资源丰富的区域，但因河水经常泛滥，该区域又是一个贫困的地区。罗斯福总统选择了田纳西河流域作为进行国家"新政"的试点，由联邦政府出面进行开发。1933 年，国会通过了《田纳西河流域管理法》，联邦政府依法成立了政企合一的田纳西流域管理局。这是一个国有国营、直属联邦政府管理的机构，它享有高度的自主权，其两名董事由总统聘任，且任期为 9 年。半个世纪以来，TVA 在水利、电力、农业、林业、化工、煤炭等方面都取得了很大的成就，尤其在发电方面，成为全美最大的电力公司。它不仅拥有 29 座水电站，而且还拥有 11 个火电站和一座核电站，有 17 000 英里电

网，向 160 个配电公司供电，保证了田纳西州的全部用电和密西西比州50％的用电。TVA 资产中 80％是自我积累起来的，只有 20％是联邦政府的投入。它的 16 000 名职工的工资，可以靠售电收入来解决。1994年，联邦政府仅给 TVA 拨款 1.4 亿美元，因此，TVA 的发展主要靠自己。TVA 不交税，仅向当地州政府交州费，主要用于防洪。

1994 年以来，TVA 又在经济开发方面进行了新的探索。它成立了经济开发组，负责整个流域的开发，其中包括商业开发、工业开发、社区开发、职业培训、扶植区域内的少数民族通讯网络，还成立了全国性的环保实验室。这些为地方、企业和社区服务的项目，一般是不收费的、非营利性的，目的是发展区域经济。在经济开发项目中，还有一项是提供长期投资贷款，计划一年 2 000 万美元，只要申请贷款者能达到贷款条件就可以得到。TVA 也面临着新的困难，一是联邦政府与国会削减经费的争议影响到其下一步的发展和财政拨款；二是电价很难上调，而发电成本却在上升，对企业压力较大，因此，TVA 正在研究多种经营以开拓新的赢利渠道。

5. 特别扶植农业的政策

联邦政府从 20 世纪 30 年代起，就实行了以价格支持为中心的农业政策，这有力地促进了落后地区的发展。据统计，从 1933 年颁布《农业调整法》到 70 年代初，联邦政府仅仅在价格支持方面花费的补贴即达 1 000 亿美元，其中大部分落到了相对落后的农业地区，如南部各州。90 年代以来，美国联邦政府每年在农业上的补贴为 630 亿美元，其中农产品价格补贴为 90 亿美元。对农产品补助还有一种形式，是支持农产品市场推销补助，每年有 1.1 亿美元，为出口的补助每年则达10 亿美元。据介绍，中国很欢迎美国对出口粮食的补贴，但欧共体不愿意接受。联邦政府对农业的支持是多方面的，除以上所述之外还有食品补助、儿童项目补助、乡下住宅建设贴息、农村水电建设补助、穷人租房补贴、农村图书馆建设补助等，各种项目多达 100 多种。农业部直接管理的有 20 个项目，比如，每年 1 月份，农业部给各州拨一笔款，用于贫困人口。在一些州，农民得到政府的补助有很高比例，比如，北卡罗莱纳州农民收入中有 77％来自补助，南方几州差不多达 70％。佛罗里达州和加利福尼亚州的果菜补助，可能占农民收入的 5％左右。除此之外，每年还有几十亿美元花在农业研究上，主要提供给大学。大部分支持农业的项目则是由各部负责，如建设部管理房屋建设项目的补助，为鼓励建房，住房信贷通常利率低于一般的借贷利率，税收上也有各种减免，鼓励住房开发。对于美国农村是怎么划分的，据美国参议院农业委员会介绍，美国凡是少于 5 万人口的城镇，就算农村。因此，美国 87% 的面积算农村，城市面积为 13%。

美国国有土地资源、矿产资源和主要的水资源是由联邦政府掌握的。为了促进落后地区的资源开发，美国众议院资源委员会正在讨论和草拟法案，准备把部分国有土地的管理权下放给州政府，通过州政府再转让给民间开发。美国法律规定不准私人和私人企业购买国有资源，但可以转让使用开发。比较突出的例子是阿拉斯加州，这里气候不好，交通不便，爱斯基摩人还过着狩猎为生的原始生活，这里土地归属联邦政府。后来，联邦政府把阿拉斯加州的 4 400 万公顷土地给予了当地土著居民，并给州政府 8 000 万英亩的土地，联邦政府掌管该州 50%～60% 的土地。这一措施，促进了该州的开发和发展。

三、美国区域政策制定中的一些特点

1. 美国国会对区域经济政策有重大影响

20 世纪 60 年代以来，美国国会通过了一系列开发援助落后地区的重要法令，主要有 1961 年的《地区再开发法》，1962 年的《加速公共工程法》和《人力训练与发展法》，1964 年的《经济机会均等法》，1965 年的《公共工程与经济开发法》和《阿巴拉契亚地区开发法》，以及 1972 年的《农村发展法》等。现在联邦政府给各州的援助，是严格按照 1987 年美国预算办公室编制的《拨款公式——联邦对州、地方援助的分类》（*Grant Formulas——A Catalog of Federal Aid to States and Localities*）执行的。这份国会通过、具有法律地位、长达 420 页的文件，包括了工业、农业、商业、社会福利、城市发展、内政、劳工、艺术、退伍军人、救灾、环保、能源、教育、运输等众多方面，对每一项目具体拨款都有严格的公式，迄今为止，美国政府仍按此执行。这就是说，美国联邦政府拨款中的大部分是按国会通过的法案办理的，只有少部分所谓"判断性"拨款，美国财政部才能代表政府行使自主的拨款权。

我们访美期间，美国国会正在讨论一个改进福利的决议案，提出要在 2002 年实现完全的财政收支平衡，国会通过后将报总统签字。参院预算委员会认为向公众借钱不能超过 4.9 兆美元，超过这个线后可能出现信用危机，对国际经济将产生严重后果，但现在已达 4.879 兆美元，这是国会压缩联邦政府开支的重要理论依据。国会与政府之争，已广泛地影响到众多的拨款项目。这件事，最充分地反映了国会对政府财政收支的制约作用。

2. 各州有专门机构研究如何争取联邦政府的经费

美国财政拨款中"判断性"拨款不是按公式拨的，是按各州申报情况由联邦政府各部门分别决定的，因此，这笔经费成为各州争取的重点。同时，各州议员们还负有一项责任，就是在国会提出新的议案，通过新的有利于本州的拨款公式，争取更多的经费。各州都有专门的机构常驻华盛顿，为自己州的经济利益而活动。

我们专门就此问题，与田纳西州、得克萨斯州以及南方各州的联合组织——南方议员协会进行了交谈。

田纳西州有 9 名联邦议会的众议员，每年 8 月份国会休会，他们都会回到家乡。他们的一个重要任务就是争取联邦政府给州的各种项目，按他们的说法是："把属于我们的钱要回来"。比如，今年议员们做成功的一件事，是让联邦修的铁路通过田纳西州，并建一个枢纽转运站。德州州长办公室的官员介绍，德州有专门的机构和专家，研究联邦政府各种项目的拨款公式对德州的利弊，并随时将研究结果通知德州的议员，以争取修改拨款公式，将更多的款项争取到德州。直属州长办公室预算委员会有一个联邦拨款研究室，它不仅对上服务，还向各方面传递信息，提供争取经费的咨询、辅导、协调和培训，甚至直接帮助填写各种申请拨款表。其工作重点在非固定公式的"判断性"拨款，州长办公室还与下属的 16 个州属部门（商务、司法、健康、交通、教育、环保、会计、统计等）签合同，让各部门都派人到华盛顿，监督各种法令对德州的影响和利弊。由于组织工作得力，德州申请拨款的批准率很高。

最典型的可能是美国南方的议员组织，名称叫"南方协会"。与此相关的另一个专门研究南方情况的组织叫"阳光地带协会"。"南方协会"是由美国南部各州议员组成的，拥有 34 名参议员，占国会参议院议员总数的 1/3；众议员有 160 名，也占联邦众议员总数 1/3。为争取

联邦的经费，议员们联合起来，维护南方各州的利益，力争自己的州多
得经费。由于这些活动是合法的、公开的，在一定程度上也有助于联邦
经济分配上的公平和及时。

3. 地方财政有较大的收支权利

美国是由下而上组成的国家，其税收发展史也是先有地方的征收，
后有联邦的税收。起初，当地政府征房地产税和商业活动的销售税，现
在，还要征个人和企业的所得税。县主要征地产税，联邦和州都征所得
税，联邦所征的所得税率为 30％，州在此基础上附加 5％的税率。商业
的销售税和营业税一般归州，但州要返还部分给县、市，用于当地的教
育、道路和安全等开支。

这里我们简单介绍一下得克萨斯州和田纳西州的情况。1993 年预
算年度，得州财政收入 85 亿美元，其中 27％来自联邦政府拨款。1995
年财政年度，联邦政府资助款达 107 亿美元，占州收入的 35％，超过
州的消费税。联邦政府拨款是以各种项目下来的，有的是按法律规定的
拨款公式，有的是临时性或称"判断性"拨款，后者一般都要求州有配
套的基金。联邦政府的拨款中 70％以上是专项的，不能挪用。德州征
消费税，主要是购买东西时征的，食品不征消费税，县市政府还可以附
加 1％的消费税，用于本县市经济发展或支持当地企业；企业所得税在
联邦税上加 7％；遗产税是联邦政府与州共享的，财产低于 100 万美元
的不交此税。田纳西州的一半县市需要州政府拨款用于教育，其首府纳
什诺市 1994 年财政收入 12 亿美元，主要来自消费税、营业税、房地产
税以及州政府拨款。一般房地产税比较容易征收，消费税则靠州税
返还。

4. 各地都有吸引外资的优惠政策

为了发展当地经济，各地除了提供基础设施外还都有一些优惠政
策。据介绍，在美国办企业最关心的有五方面：一是交通，有无高速公
路；二是劳力成本；三是税收是否优惠；四是土地价格；五是电讯服
务。因此，要吸引企业来投资，就要考虑这些问题。各州都有一些优惠
的政策，比如，田纳西州有减免税政策，有土地低价甚至免费出让的政
策，有免费或低价为企业提供职工培训的条件。比如，州政府为德国奔
驰汽车公司提供了培训费，以吸引其来田纳西州建厂；还为外资企业提
供街区及其配套的设施，为企业提供各种咨询服务，帮助企业搞好对外

的宣传；等等。现田纳西州有 400 家外商大公司，其中有 110 家日本公司，包括尼桑这样的大公司，有 99 家英国公司。德州各县市开征 1% 的消费附加税，专门用于支持企业发展，每年大约有 3 000 万元用于支持企业的培训，这个数额在各州中居第二高位。此外，德州不少县市免征地产税。市政府有权减免税，但受当地选民制约，选民如果不同意给外资更多的优惠，市政府将不能不考虑。还有一种"杠杆基金"，用于帮助企业进行基础设施贷款时作担保用。该州还规定，企业招用失业工人时可免征税。德州共建立了 154 个企业区，提供给企业各方面的方便。近几年，德州与加州在争取企业投资方面，竞争很激烈。为支持德州临近墨西哥的边远落后地区吸引外资，德州政府退还该地区上交的消费税，使其有力量对企业搞利税的返还，吸引和支持当地企业发展。

四、从美国区域政策中得到的启发

1. 与美国相比，中国区域政策具有社会主义特色，我们有信心用比美国少得多的时间，解决好区域经济不平衡问题

美国作为自由市场经济国家，其区域政策在整个政策体系中，并不具有重要地位。其建国后的 150 年间，基本谈不上政府的区域政策，完全是让经济自由放任地发展。直到 20 世纪 30 年代，由于出现经济的大萧条，由于受国家干预的凯恩斯理论影响，罗斯福政府才开始试行一些支持部分落后地区的政策。时至今日，美国财政对专门解决区域问题的拨款比例也是相当之低的，美国经济开发署 1994 年一年的经费才 4 亿美元。若干为支持区域发展的拨款项目，面临被取消的局面，或是年年在压缩。甚至开发署本身是否有必要存在，国会也还在争论。国会对区域拨款的压缩或大削减态度，说明美国对区域政策并不是很重视的。尽管半个世纪以来，美国落后区域经济发展取得很大成绩，但区域政策起的作用，应该说还是很有限的。从总体上讲，美国区域政策是局部性的、分散式的、非系统的。直到今天，其区域发展的差距仍然不小。有的美国专家认为，现在差距正在拉大，富州更富，穷州更穷。尤其是不同民族的社区，贫富差距很大。

作为社会主义的中国，比资本主义的美国更重视区域差距问题，区域政策更全面、更系统一些，其作用可能会更大一些。在强化市场调节

为基础手段的同时，加大区域政策调控的配合，可能会比只靠市场机制解决区域差距所花费的时间要短得多。美国地大物博人口相对少，人力自由流动比较容易，几次人口大迁移都是东部向人口少的西部或南部区域的大流动。中国人口众多，近十年的几次人口迁移，都出现了由人口相对少的地区向人口集中的城市的流动。因此，国情不同，解决区域问题的办法肯定不同。那种完全靠人力、资金的自由流动、完全靠市场机制来解决区域经济不平衡的主张，在我国是不现实的。

2. 国家经济管理方面的权力制衡，对提高财政资金使用效益是重要的

在区域经济发展上，美国联邦政府、州政府、国会两院、州议会以及县、市的行政和议会，相互之间制衡、监督的作用很大。相互制约，既有使决策困难、扯皮的一面，也有迫使财政资金提高使用效益的一面。我国经济改革中一个重要方面是政府机构的改革和职能的转变，如何使各级政府能更好地发挥自己所掌握的财政资金的作用，不仅要靠自己的努力，也要靠明确的权责规定，靠有效的制约和监督机制。美国在拨款方面的一些制约办法，我们是否也可以参考。比如，对地方的财政资金的转移，是否能分为两大部分，一部分是通过法律，作为常年性的拨款，按拨款方式转到地方，这笔款项使用将受到人代会的具体监督；另一部分是由政府掌握，按具体需要，分解为各种项目，公之于众，组织各地申请，作为年度性的拨款，由拨款单位组织有关方面进行检查监督。这样做的目的，在于减少可能出现的失误，调动地方发展本地经济的积极性。对地方经济实施一揽子财政拨款，可能不是提高财政资金在发展区域经济中使用效益的最佳选择。

3. 可以参考美国制定区域政策的一些原则

美国制定区域政策，不是从人道主义出发，不是从共同富裕的理念出发，完全是实用主义的。它没有系统的区域政策，但从解决实际问题出发，却也形成了若干解决区域发展问题的方法和措施。我将它对落后地区的财力支持归纳为这样几条原则。①问题严重原则。一个地区出了很严重的经济问题，没有力量解决，要靠联邦政府支持，如针对洪水泛滥而提供的援助项目。②增长有潜力原则。现在落后，但有可能支持一下会发展起来，或者将对美国整体经济作出贡献的区域，可能会优先得到联邦财政支持。比如，开发田纳西州除因洪水问题外，也是看到其丰

富的电力资源和土地资源；开发南部，除了反危机因素外，还因为南部资源条件可发展军工，北方资本正在涌入南部，增长有望。③直接原则。不以行政区划为受援单位，直接确定若干受援区或增长中心，给予支持；或是治理超过几州辖区的河流、修跨州的高速公路。④个案原则和项目原则。不是从一个特大区域如美国南部或西部入手，不是对某个区域的所有领域都提供支持，而是通过法律的个案方式，依照法律规定，从某个地区的特殊情况入手，以具体项目为主线，进行规划和操作。⑤公开竞争原则。联邦财政给各地的拨款项目中，有相当比例是在报纸上公开的。要获得联邦资助，各地要申请，并需要通过各地间的竞争来取得。

这些原则并不一定都适合我国的国情，但还是可以为我们在制定区域政策上提供参考：一是我们现在在区域划分上，把整个中西部都作为国家要支持发展的地区，这是否范围太大。在国家没有这么大财力的情况下，中西部对国家支持的期待，可能反而会产生负面的效果。能否把中央政府扶助的省区控制在五六个之内，较为集中地进行帮助。全面的资助，可能难以见效。二是我们在区域政策方面，考虑和设计到各种方面，既有多种内容的经济支持，还有社会发展（包括文化、教育、医疗等）多方面的支持，这是否过于庞杂，难以有效率地操作。三是如何理顺开发与扶贫的关系。扶贫是因其贫困，开发却不仅因其贫困，还要依其发展潜力。用开发的方式来扶贫，可能会把相当部分资金投在贫困但发展潜力相对不大的地区。能否成立"开发署"这类机构，用"配套拨款"的方式，通过竞争办法，调动各地在开发经济上的智力和财力，力求用同样的钱，实现更大的效益。同时，从中选择一些县界相邻、省界相邻的增长中心区，给予重点支持。

4. 国家参与、协调跨区大交通、大水利建设，是对地区发展最重要的支持，是区域政策中重要的组成部分

把区域政策理解为给地方拨款，中央在地方投资上项目，这种理解是片面的。国家进行跨区跨省的大交通、大水利建设，本身就是区域政策中最重要的一部分。新中国成立四十几年来，国家在这方面作了大量的投资，取得了很大的成就。但是，这笔经费往往没有算在发展区域经济这笔账上。从美国的情况看，由联邦政府负责的跨州的高速公路，由各州自建的州际高速公路，形成了四通八达的交通网，对各地经济发展

起了至关重要的作用。水利工程耗资大、工期长、风险大、涉及范围广，因此，要靠中央政府的协调和直接投资。美国田纳西州水利工程统一管理，造福区域的经验是成功的，值得我们借鉴。现在，我国交通仍还落后，洪水问题仍很严重，需要国家直接投资和协调各省区的投资。这方面的工作，是我国区域经济政策中最重要的部分。

5. 建议在我国中西部地带省区中，设立地方政府的贷款担保基金，为中西部企业贷款和引进外资服务

按规定，各级政府都不能成为企业贷款的担保，主要是因为没有资金为后盾。这个规定显然是正确的，对解决没有担保能力却进行担保而产生的种种问题，起了相当大的作用。但是，对经济相对落后的中西部地区，引进内外资都存在一个难以找到担保人的问题，这对实现中央提出的扩大中西部引资战略是不利的。能否对中西部提供这样一个成本不高但作用较大的优惠政策，即允许中西部省、市建立一个如美国式的"政府杠杆基金"，来源是地方税，或中央税的附加税，必要时由国家财政提供少量基金，此基金使用的方向，是为企业贷款进行担保或为企业得到低息贷款而贴息用，以帮助中西部有一定能力来引进内外资，鼓励各种非国有的经济来西部投资发展，而不是单指靠中央财政直接投资搞产业。中西部地区征收的中央税附加税，可控制其比例，上限由中央规定，但将是否征收和征的幅度，交由各地的地方政府从实际出发来决定。

作者说明

1995年，国家体改委组团去美国、墨西哥考察区域经济发展问题。财政部世行司冯予蜀博士推荐我参与了这个项目。考察团团长陆涌华司长，是一个开明又有头脑的人，我们一行几人，考察合作得很愉快。当时正赶上中美关系因台湾问题而紧张起来，部长级的访美团全部停止了，我们这个团就算是高级别的了。因此，美国方面很重视。临行前，美国大使馆经济处二秘诸泊龙（中国名字）和文化处二秘方大为与我们两次座谈，提供了前往考察所需的多种信息。方大为先生中国话讲得非常好，也非常熟悉中国的情况。他来自得克萨斯州，因此，建议我们一定要去德州看看。去后，美国方面给我们派了两个高级翻译，一个是曾给邓小平同志赴美当过翻译的陈立家先生，一位是来自以色列后与中国

台湾人结婚的宋玮琦小姐。美国新闻总署根据我们提出的要求，安排了诸多访问单位，使我们的短期考察有很大收获。

在报告中，我把美国支持落后地区的政策归纳为五个大方面，一是促进增长政策，二是减缓痛苦政策，三是根治贫困政策，四是参与开发政策，五是扶植农业政策。这不是美国专家的概括，是我自己的归纳，相信美国人对中国人的感受，也会有兴趣的。文章分析了美国区域政策形成中的若干特点，并从美国区域政策中概括出对我们有用的几点启发。这些内容回过头看，还是很有用的。本文发表在由北大教授肖灼基主编的《经济界》杂志 1996 年第 12 期上。

中国地区经济差距变化、成因及协调发展战略

一、我国地区经济差距的分区比较

中国地域辽阔，有 960 万平方公里的陆地面积。自然资源、历史基础、区位条件、资本、劳动、技术与管理等经济发展因素呈现出明显的区域差异，地区经济表现为不平衡发展态势。下面，先从地带差异、南北差异和省际差异等描述中国的区域经济差异，然后，测算全国地区经济总体差距。

（一）东、中、西差异

第七个五年计划曾经把我国划分为东、中、西三个地带。现在从地带间差异和地带内差异来进行分析。

1994 年全国 GDP 总量为 45 259.60 亿元，其中东部地带为 26 276.90 亿元，占全国的 58.05%，中部地带为 12 415.30 亿元，占全国的 27.43%，西部地带仅占全国的 14.51%。动态地看，东部地带 GDP 的比重自改革开放以来呈上升趋势，从 1978 年的 52.63% 增至 1994 年的 58.05%，而

中、西部地带则一直处于下降态势，中部从 31.02％ 降为 27.43％，西部从 16.34％ 降为 14.51％。因而我们认为，东部地带自改革开放以来经济发展迅速，经济地位趋于加强，东、中、西地带的梯度差异刚性较强，同时造成我国经济地带的区域差异扩大（如表1）。

表 1　中国东、中、西部区域 GDP 比较（当年价格）

地带名称	GDP 总量（亿元）			比重（％）			人均 GDP（元/人）			与全国人均水平之比值		
	1978年	1990年	1994年	1978年	1990年	1994年	1978年	1990年	1994年	1978年	1990年	1994年
全国	3 417.00	17 106.70	45 259.60	100	100	100	359	1 512	3 838	1.00	1.00	1.00
东部地带	1 798.50	9 168.48	26 276.90	52.63	53.59	58.05	464	1 972	5 449	1.29	1.30	1.42
中部地带	1 060.10	5 155.07	12 415.30	31.02	30.13	27.43	310	1 264	2 913	0.86	0.84	0.76
西部地带	558.40	2 783.15	6 567.40	16.34	16.26	14.51	253	1 078	2 425	0.70	0.71	0.63

1994 年全国人均 GDP 为 3 838 元，东部地带为 5 449 元，是全国的 1.42 倍，而中、西部地带都低于全国水平，分别为全国的 76％ 和 63％。而且从发展趋势看，相对于全国，东部发展较快，从 1978 年的 1.29 倍增至 1.42 倍，中、西部则表现为下降态势（如表1）。因而，三大地带无论从总量还是人均水平都呈相同趋势，即地带差异自改革开放以来趋于扩大。为了从总体上把握地带的这种差异，我们计算了三大地带间的威廉逊系数，结果是 1978 年为 0.248 7，1990 年是 0.258 0，1994 年升至 0.352 4，威廉逊系数自改革开放以来一直呈上升趋势，说明我国的经济地带差异呈扩大趋势。

表 2 中有东、中、西三个地带的 GDP 和人均 GDP 的增长速度。从表中可以看到，16 年来东部地带 GDP 和人均 GDP 都以高于全国的速度增长，尤其 20 世纪 90 年代是其经济发展的黄金时期，GDP 增长速度高达 16.17％，人均 GDP 增长速度达 14.74％。中、西部地带 GDP 和人均 GDP 增长速度相当，但都低于全国增长速度。比较中、西部地带的经济增长速度，可以发现，中部地带在 20 世纪 90 年代以前，无论

是 GDP，还是人均 GDP 的增长速度都低于西部地带，但进入"八五"期间，中部地带的经济增长速度高于西部地带。

表 2　中国东、中、西部区域威廉逊系数比较

地带名称	GDP 增长速度（%）			人均 GDP 增长速度（%）			威廉逊系数		
	1978—1990 年	1978—1994 年	1990—1994 年	1978—1990 年	1978—1994 年	1990—1994 年	1978 年	1990 年	1994 年
全国	9.08	10.27	13.90	7.60	8.78	12.42	0.248 7	0.258 0	0.352 4
东部地带	9.46	11.10	16.17	7.91	9.58	14.74	0.856 5	0.456 2	0.389 6
中部地带	8.51	9.17	11.18	7.01	7.67	9.65	0.292 1	0.200 2	0.202 7
西部地带	8.90	9.31	10.52	7.56	7.93	9.07	0.207 7	0.173 0	0.231 9

对于东、中、西内部的经济差异，也可以从总体上来把握，采用人均 GDP 的威廉逊系数来评价。我们选择了 1978 年、1990 年、1994 年作为分析期，分别计算了东、中、西三个地带内及地带间的威廉逊系数，从表 2 中可以看出，经济水平最高、经济增长最快的东部地带威廉逊系数一直最高，且高于三大地带间的差异；而经济水平较低、经济增长速度较慢的中部地带和西部地带则威廉逊系数较低。但从改革开放以来的发展趋势看，东部地带虽然差异处于高水平，但差异一直在缩小。中、西部地带 90 年代以前是一种下降趋势，但 90 年代以后地带内差异开始扩大。

（二）南、北差异

本文中中国[①]的南部地区包括江苏、上海、浙江、安徽、江西、福建、湖北、湖南、四川、广西、广东、海南、云南、贵州，北部地区包括内蒙古、山西、陕西、甘肃、宁夏、青海、新疆、北京、天津、河北、河南、山东、黑龙江、辽宁、吉林、西藏。中国区域经济的南北差异一直存在，但不同于东、中、西的差异。改革开放以前，由于南北资源条件和区位条件不同，其经济差异表现为经济结构上的异质性，南部相对偏向于轻型结构，北部相对偏向于重型结构。然而，改革开放政策为南部地区提供了一个经济腾飞的契机，优惠的特

---

① 因受条件等因素限制，全文中的全国数据均未包括港澳台地区的相关数据。

—— 256 ——

区政策、港澳台资本以及外国资本的流入等都形成了这一地区经济发展相对有利的条件，从而经济发展迅速、结构转换很快，经济实力水平的差距也开始拉大。

1994 年全国 GDP 总量为 45 259.60 亿元，其中南部地区 26 230.60 亿元，占全国的 57.95%，北部地区占 42.05%，这只是说明了经济总量上的差异。但从表 3 中，我们可以看到一个明显的变化趋势，即自改革开放以来，南部 GDP 总量占全国的比重一直处于上升态势，从 1978 年的 53.13% 升至 1994 年的 57.95%，而北部地区 GDP 占全国的比重则不断下降，相应的从 1978 年的 46.87% 降为 1994 年的 42.05%，南部地区的经济地位越来越重要。

表 3　中国南、北部地区 GDP 比较（当年价格）

地带名称	GDP 总量（亿元）			GDP 占全国比重（%）			人均 GDP（元/人）			与全国人均水平之比值		
	1978 年	1990 年	1994 年	1978 年	1990 年	1994 年	1978 年	1990 年	1994 年	1978 年	1990 年	1994 年
全国	3 417.00	17 106.70	45 259.60	100.00	100.00	100.00	359	1 512	3 838	100.00	100.00	100.00
南部地区	1 815.50	9 537.02	26 230.60	53.13	55.75	57.95	332	1 472	3 875	92.47	97.35	100.96
北部地区	1 601.50	7 569.68	19 029.00	46.87	44.25	42.05	397	1 566	3 788	110.58	103.57	97.75

在表 3 南北人均 GDP 的比较中，1978 年南部地区人均为 332 元，低于北部地区的 397 元。进入 90 年代后，这种格局开始发生逆转，到 1994 年，南部地区人均 GDP 为 3 875 元，高于北部的 3 788 元。表 4 是以 1978 年不变价格计算的经济增长速度，16 年来南部地区的经济增长令世人瞩目，GDP 增长速度平均达 10.97%，人均 GDP 平均增幅为 9.50%。进入 90 年代，GDP 和人均 GDP 的平均速度分别高达 15.25% 和 13.75%，这是世界经济史中少见的发展速度。北部地区虽然发展也很快，但相对于南部地区则逊色一些。

表4 中国南、北部地区威廉逊系数比较

地带名称	GDP 增长速度（%）			人均 GDP 增长速度（%）			威廉逊系数		
	1978—1990 年	1978—1994 年	1990—1994 年	1978—1990 年	1978—1994 年	1990—1994 年	1978 年	1990 年	1994 年
全国	9.08	10.27	13.90	7.60	8.78	12.42			
南部地区	9.58	10.97	15.25	8.12	9.50	13.75	0.950 4	0.514 3	0.573 4
北部地区	8.49	9.38	12.10	6.98	7.88	10.64	0.513 7	0.420 6	0.411 6

比照东、中、西差异的分析，我们同样采用人均 GDP 的威廉逊系数来衡量南、北部地区内部的差异。选取 1978 年、1990 年、1994 年为分析期，分别计算南、北内部的威廉逊系数（见表4）。显然南部地区的内部差异明显大于北部地区，符合东、中、西部差异的特点。从变化趋势来看，改革开放 16 年来，南、北内部的经济差异都在缩小，但仍处于较高水平的差异上，90 年代，无论是南部地区，还是北部地区都高于东、中、西内部的差异，特别令人关注的是，南部地区进入 90 年代以来，区内经济差异又从缩小趋势转为扩大化发展。

（三）中国省域经济差异分析

从 GDP 总量来看，16 年来，GDP 前 10 名变化不大，仅黑龙江被挤出前 10 名，而浙江省从 1978 年的第 12 位上升到第 5 位。保持在前 10 名的省区的相对位次发生了重大变化，名次后退的有上海、辽宁、河北、四川，其中上海由第 1 位落到第 9 位，变化最大，广东、山东、河南名次提前，广东变化最大，一跃到第 1 名。

表5 1978 年和 1994 年各省市区比较

单位：亿元

省名	1978 年		1994 年		GDP	
	GDP 总量	位次	GDP 总量	位次	增长速度	位次
北京	108.8	14	1 084.00	16	9.929 1	10
天津	82.7	17	725.10	22	8.219 9	25
河北	183.1	7	2 147.50	8	9.465 0	14
山西	88.0	15	853.80	21	8.047 2	26

省名	1978 年		1994 年		GDP	
	GDP 总量	位次	GDP 总量	位次	增长速度	位次
内蒙古	56.1	24	681.90	23	9.002 0	17
辽 宁	223.2	5	2 583.20	6	8.708 5	22
吉 林	81.9	18	968.80	19	8.992 3	18
黑龙江	173.2	8	1 618.60	13	6.057 8	28
上 海	272.8	1	1 971.90	9	8.743 3	21
江 苏	249.2	2	4 057.40	2	12.043 0	4
浙 江	122.5	12	2 666.90	5	13.775 8	2
安 徽	112.9	13	1 488.50	14	10.933 8	7
福 建	66.4	22	1 685.30	12	13.036 5	3
江 西	87.0	16	1 032.00	17	10.136 9	9
山 东	229.1	4	3 872.20	3	11.648 6	9
河 南	162.9	9	2 198.60	7	10.636 4	8
湖 北	151.0	10	1 878.70	10	9.584 8	12
湖 南	147.0	11	1 694.40	11	8.531 9	23
广 东	184.7	6	4 240.60	1	14.414 0	1
广 西	76.0	20	1 241.80	15	9.561 5	13
四 川	230.3	3	2 777.90	4	9.394 0	15
海 南	0.0		331.00	27		
贵 州	46.6	25	521.20	25	9.206 3	16
云 南	69.1	21	974.00	18	9.793 3	11
陕 西	81.3	19	896.70	20	8.913 3	19
甘 肃	64.7	23	451.70	26	8.529 5	24
青 海	15.5	27	138.20	28	6.491 4	27
宁 夏	12.4	28	134.00	29	8.898 0	20
新 疆	38.5	26	673.70	24	10.980 7	6

16 年来，摆脱后 10 名的有福建、广西，落入后 10 名的有天津、山西（按 GDP，海南在后 10 名中，但海南 1988 年新建省，资料不全，不便比较，故没有列入）。实际上，保持在后 10 名的省市，其相对位次也发生了微弱的变化，甘肃、陕西相对下降，而新疆、云南则相对上升。从 1978 年到 1994 年，全国 GDP 年平均增长速度为 9.82%，16 年年平均增长速度高于全国的省市有广东、浙江、江苏、山东、新疆、安徽、河南、江西、北京等，其中第 1 位的广东和第 2 位的浙江分别高达 14.41% 和 13.78%，同时，这也是 GDP 相对位次进步最快的两个省，黑龙江、青海、山西、天津、甘肃等省市经济增长速度最慢，相应的黑龙江被挤出前 10 名，山西、天津、甘肃的 GDP 名次大降，落到后 10 名。

1978 年全国的人均 GDP 是 375 元，同年人均 GDP 高于全国的省市有上海、北京、天津、辽宁、黑龙江、江苏、青海、吉林；1994 年人均 GDP 高于全国的省市包括上海、北京、天津、辽宁、广东、浙江、江苏、福建、山东、海南、黑龙江、新疆，三大直辖市与辽宁省成为经济发达区，广东、浙江、福建、山东、新疆后来居上，把青海、吉林挤到中下水平，黑龙江勉强维持在全国平均水平之上。1978 年人均 GDP 高于全国的省只有 8 个，到 1994 年增至 12 个。

显然，16 年来，困居落后状态的省份变动不大，仅福建和广西摆脱了后 10 名，而甘肃、宁夏相对位次大幅度下滑，落入后 10 名，福建和甘肃两省的相对位次变幅最大，其中福建上升 14 位，甘肃下滑 14 位，贵州则仍居最后位。

各省市人均 GDP 相对位次及其变动的直接原因是因各省、市、区人均 GDP 的增长速度的差异而造成的，以高于平均水平的经济增长速度发展的省区，其相对水平将提高，而以低于平均水平的经济增长速度发展的省、市、区其相对水平将降低。

我国区域经济发展不平衡，不仅存在于各省区之间，也存在于省区内各地区之间。1993 年全国除西藏和京津沪三个直辖市外的 26 个省区的省际威廉逊系数为 0.550 2。从威廉逊系数来看，有 15 个省区的地级区域间经济发展具有不平衡性，高于全国省区间经济发展不平衡程度多低于全国省区间不平衡程度的有 11 个省区（见表 6）。

表6 各省市区人均 GDP 及省内差异比较（当年价格）

单位：元/人

省名	1978 年		1994 年		人均 GDP		威廉逊系数（1993 年）	
	人均 GDP	位次	人均 GDP	位次	增长速度	位次	数值	位次
北 京	1 280	2	9 636	2	8.017 6	13		
天 津	1 142	3	7 755	3	6.508 8	26		
河 北	362	11	3 362	13	7.878 7	14	0.413 3	22
山 西	363	10	2 804	17	6.516 7	25	0.604 5	14
内蒙古	308	18	3 017	15	7.548 0	17	0.584 6	15
辽 宁	658	4	6 354	4	7.486 3	19	0.504 0	18
吉 林	381	8	3 764	12	7.770 9	15	0.239 8	26
黑龙江	554	5	4 408	10	5.003 7	27	0.688 8	9
上 海	2 484	1	14 542	1	7.320 2	21		
江 苏	427	6	5 779	7	10.754	4	0.735 3	6
浙 江	327	15	6 211	6	12.818	1	0.398 3	23
安 徽	240	23	2 500	23	9.323 8	6	0.531 3	16
福 建	271	22	5 295	8	11.210	3	0.446 0	21
江 西	273	21	2 570	22	8.549 9	9	0.366 9	24
山 东	320	16	4 466	9	10.320	5	0.611 3	13
河 南	231	25	2 436	26	8.956 6	8	0.483 7	19
湖 北	330	14	3 285	14	8.066 6	12	0.632 5	12
湖 南	285	20	2 666	19	7.135 7	22	0.350 7	25
广 东	365	9	6 340	5	12.441	2	1.132 4	1
广 西	223	27	2 764	18	7.673 2	16	0.520 2	17
海 南					8.412 3	10	0.703 1	8
四 川	237	24	2 477	24			0.632 6	11
贵 州	173	28	1 507	28	7.496 3	18	0.660 5	10
云 南	224	26	2 473	25	8.143 2	11	1.040 9	3
陕 西	292	19	2 576	21	7.393 2	20	0.455 0	20
甘 肃	346	13	1 899	27	6.911 5	23	0.914 1	4
青 海	425	7	2 916	16	4.764 6	28	0.733 2	7
宁 夏	348	12	2 659	20	6.557 5	24	0.799 9	5
新 疆	312	17	4 128	11	9.052 9	7	1.060 8	2

261

(四)"八五"计划前四年(1990—1994年)省域经济发展比较

表7反映的是1990年与1994年的比较。从中可以看到,90年代前期,GDP总量前10名的省市没有变化。但相对位次稍有变更,其中江苏、浙江、上海位次提前,辽宁、山东、河南、湖北则相对后退;后10名中,也基本没有变化,仅陕西落入其中,而广西摆脱了后10名,山西、贵州相对下降,新疆则相对上升。

表7 1990年和1994年各省区间比较

单位:GDP,亿元;人均GDP,元/人

省名	1990年		1990—1994年		1990年		1990—1994年	
	GDP	位次	增长速度	位次	人均GDP	位次	增长速度	位次
北 京	500.82	14	12.373 0	12	4 612	2	11.386 2	11
天 津	310.95	22	10.559 8	19	3 518	3	9.020 3	20
河 北	836.14	8	13.513 9	9	1 358	17	12.432 6	7
山 西	399.86	17	9.432 2	24	1 379	16	8.096 2	23
内蒙古	286.74	23	9.815 6	22	1 326	18	8.617 6	21
辽 宁	965.72	5	10.726 9	18	2 434	4	10.039 8	15
吉 林	393.97	19	11.532 4	14	1 587	10	10.533 2	13
黑龙江	658.96	12	6.209 6	28	1 860	8	5.264 2	28
上 海	744.67	10	12.723 1	10	5 570	1	12.326 2	8
江 苏	1 315.82	3	17.485 4	5	1 944	7	16.408 1	5
浙 江	836.89	7	19.942 6	3	2 008	6	19.053 0	22
安 徽	606.53	13	13.633 1	7	1 069	23	12.272 8	9
福 建	459.43	15	20.870 0	1	1 513	13	19.459 6	1
江 西	419.54	16	13.538 5	8	1 101	22	12.060 8	10
山 东	1 333.37	2	17.516 3	4	1 570	11	16.908 6	4
河 南	895.74	6	12.521 1	11	1 036	27	11.324 2	12
湖 北	791.09	9	11.124 0	16	1 454	15	9.738 1	18
湖 南	702.64	11	10.982 7	17	1 147	20	9.978 1	17
广 东	1 471.84	1	20.132 6	2	2 319	5	18.562 0	3
广 西	392.83	20	17.004 0	6	922	28	15.463 4	6

省名	1990 年		1990—1994 年		1990 年		1990—1994 年	
	GDP	位次	增长速度	位次	人均 GDP	位次	增长速度	位次
海 南	95.01	27						
四 川	1 144.88	4	11.302 7	15	1 060	25	10.270 9	14
贵 州	254.87	24	9.324 5	25	780	29	7.790 3	25
云 南	359.99	18	9.913 5	21	1 061	24	8.432 9	22
陕 西	374.05	21	10.353 6	20	1 128	21	9.021 9	19
甘 肃	234.04	26	9.521 2	23	1 038	26	8.076 8	24
青 海	66.34	28	7.457 0	27	1 481	14	5.952 0	26
宁 夏	61.10	29	7.586 6	26	1 300	19	5.724 4	27
新 疆	251.88	25	11.845 4	13	1 647	9	10.037 4	16

这四年间全国的 GDP 增长速度是 9.77%，高于全国的省市包括福建、广东、浙江、山东、江苏、广西、安徽、江西、河北、上海、河南、北京、新疆、吉林、四川、湖北、湖南、辽宁、天津、陕西、云南、内蒙古。其余的低于全国的平均增长速度。

人均 GDP 前 10 名的排序基本不变，仅福建、山东取代了新疆、吉林；后 10 名变动也很小，仅宁夏取代了广西而落入其中。1990—1994 年全国人均 GDP 增长速度为 8.49%，同期高于全国水平的省市区包括福建、浙江、广东、山东、江苏、广西、河北、上海、安徽、江西、北京、河南、吉林、四川、辽宁、新疆、湖南、湖北、陕西、天津、内蒙古，而黑龙江、宁夏、青海、贵州、甘肃等省区增长速度最慢。

二、中国地区经济总体差距变动分析

以省级（直辖市、自治区）行政单元为基础，按照人均国民收入计算的 1952—1992 年我国大陆的基尼系数看，41 年间省区间发展的总体不平衡性几经周折，1978 年以前变动较大，其中三年困难时期的 1960 年不平衡性达到最大，为 0.314 4，而在"十年动乱"时期的 1967 年达到最低，为 0.203 0。1978—1990 年，全国区域不平衡性虽然有波动，但总的趋势是在下降，在 1990 年达到 1967 年水平，但在这些年间，国民经济稳步增长，1990 年以后，全国省际间的总体不平衡性又继续上升。

以省级行政单元，除去台湾省、海南省和西藏自治区外，选择 1978 年、1990 年和 1994 年为比较年份，按照人均国内生产总值计算全国的变差系数来进行比较，以反映改革开放以来地区经济全国总体不平衡性的变化，其中 1990 年和 1994 年的系数反映"八五"计划前四年的变化特征。这三年上述威廉逊系数分别为 0.767 8，0.457 0 和 0.512 7。除去北京、上海和天津三大直辖市后，这三年的威廉逊系数分别是 0.319 0、0.311 2 和 0.402 8。从整体来看，1978 年以来全国的地区间不平衡性经历了从大到小，然后再扩大的过程，但 1994 年相比 1978 年还是降低了。另外，三大直辖市在 70 年代和 80 年代对区域差距的影响较大，随着经济的发展，在 90 年代影响明显变小。从相对差距的极端情况来看，1978 年上海市人均 GDP 是全国的 6.9 倍，为全国之冠；贵州人均 GDP 是全国的 48%，属最末，上海大约是贵州的 14 倍。到了 1990 年上海的人均 GDP 是贵州的 7.1 倍，而 1994 年扩大到 9.7 倍。极端的相对差距经历了从大到小，然后再扩大的过程。但从 1978 年到 1994 年，总的来讲，极端的相对差距还是缩小了。

换算成 1978 年不变价，1978 年贵州的人均 GDP 约 173.5 元，上海的人均 GDP 约 2 483.9 元，上海高出贵州 2 310.4 元；1990 年，贵州人均 GDP 为 412.4 元，上海人均 GDP 为 5 033.3 元，上海高于贵州 4 620.9 元；1994 年，贵州人均 GDP 为 551.4 元，上海为 7 691.5 元，上海高于贵州 7 140.1 元。极端的绝对差距呈扩大趋势。

把这 28 个省市的人均国内生产总值分别除以全国的人均国内生产总值，可得到它们与全国平均水平的相对差距。分析 1978 年、1990 年和 1994 年各省市与全国的相对差距值，能够看出，各省市人均 GDP 与全国人均 GDP 比值的分布在 2.0、1.5 处和 1.0 处有较明显的变化，而在小于 1.0 后没有明显的特征。所以我们将这个比值大于 2.0 的省市归为一组，1.5 至 2.0 的省市、1.0 至 1.5 的省市也分别归为一组，而将 1.0 以下的省市按 0.75 至 1.0，0.5 至 0.75 和小于 0.5 来分成三组，然后计算各组人口占全国人口的比重（见表 8）。

表 8　各地区人均 GDP 相对差距分组及其相应人口比重

组别	与全国人均 GDP 相比的差距值			人口占全国的百分数		
	1978 年	1990 年	1994 年	1978 年	1990 年	1994 年
大于 2.00	上海(6.919 2) 北京(3.565 5) 天津(3.181 1)	上海(3.683 9) 北京(3.050 3) 天津(2.326 7)	上海(3.789 0) 北京(2.510 7) 天津(2.020 6)	2.81	2.92	2.90
1.50～2.00	辽宁(1.832 9) 黑龙江(1.54)	辽宁(1.609 8) 广东(1.533 7)	辽宁(1.655 5) 江苏(1.505 7) 广东(1.651 9) 浙江(1.618 3)	6.86	9.12	18.72
1.00～1.50	江苏(1.189 4) 青海(1.183 8) 吉林(1.061 3) 广东(1.016 7) 山西(1.011 1) 河北(1.008 4)	吉林(1.049 6) 黑龙江(1.23) 江苏(1.285 7) 浙江(1.328 0) 福建(1.000 7) 山东(1.038 4) 新疆(1.089 3)	黑龙江(1.15) 福建(1.379 6) 山东(1.163 6) 新疆(1.075 6)	21.97	26.53	10.05
0.75～1.00	宁夏(0.969 4) 浙江(0.910 9) 内蒙古(0.86) 甘肃(0.963 8) 山东(0.891 4) 陕西(0.813 4) 湖北(0.919 2) 新疆(0.869 1) 湖南(0.793 9) 江西(0.760 4) 福建(0.764 9)	河北(0.898 1) 湖北(0.961 6) 青海(0.979 5) 山西(0.912 0) 湖南(0.758 6) 宁夏(0.859 8) 内蒙古(0.88)	河北(0.876 0) 内蒙古(0.79) 青海(0.759 8) 湖北(0.855 9) 吉林(0.980 7)	36.12	23.89	16.95

组别	与全国人均 GDP 相比的差距值			人口占全国的百分数		
	1978 年	1990 年	1994 年	1978 年	1990 年	1994 年
0.50～0.75	安徽(0.683 5) 河南(0.643 5) 广西(0.621 2) 四川(0.660 2) 云南(0.624 0)	安徽(0.707 0) 广西(0.609 8) 云南(0.701 7) 江西(0.728 2) 四川(0.701 1) 陕西(0.746 0) 河南(0.685 2) 贵州(0.515 9) 甘肃(0.686 5)	山西(0.730 6) 河南(0.634 7) 四川(0.645 4) 安徽(0.651 4) 湖南(0.694 6) 云南(0.644 3) 江西(0.669 6) 广西(0.720 2) 陕西(0.671 2) 宁夏(0.692 8)	29.42	37.54	48.45
小于0.50	贵州(0.481 9)		贵州(0.392 7) 甘肃(0.494 8)	2.82	0.00	2.93

第一组的成员是三大直辖市,从 1978 年至 1994 年没有变化,人口比重变动是其自身人口增长变化的结果。最后一组,即第六组,1978年的成员只有贵州省,1990 年贵州进入第五组,1994 年又回到第六组。第二组、第四组和第五组的人口比重一直是增加的,而第三组的人口比重相对 1978 年而言,1990 年在增加,而 1994 年又减少了。人口比重向平均水平(即 1.0)附近集中,暗示着区域总体差距减小,即威廉逊系数减小;而向远离平均水平分散,则暗示区域的总体差距增大,即威廉逊系数增加。所以,第二组、第四组和第五组人口比重的变化对区域总体差距的影响一直起着扩大的作用,第三组和第六组人口比重的变化则对区域总体差距的影响起着先减小后又扩大的作用。

三、我国地区经济差距成因及"地区经济协调发展战略"的提出

(一) 我国地区差距形成的主要原因

中国是一个大国,地区经济发展从历史上看是不平衡的。改革开放

以来，地区之间尤其是东、中、西三大地带的绝对差距有所扩大。差距扩大有多方面的原因，这里强调指出以下五方面的因素。

（1）历史因素。东南沿海省区经济发展水平高于全国平均水平，是有其历史原因的。这一带曾是中国工业的发源地。从 1840 年鸦片战争到 1894 年甲午海战的半个世纪，是东南沿海地区少数大工业开始形成的时期，工业集中在这片地区的少数城市。当时上海、广州和武汉三市的工厂数，占全国工厂总数的 64%。到第一次世界大战即 1913 年前，工业布局尽管有了一些变动，但东南地区仍然是全国工业的主要地区。以上海为中心的长江三角洲、以广州为中心的珠江三角洲以及武汉，约占全国工厂数的 57%。第二次世界大战开始前，中国工业分布变化中的一个特点是东北重工业的兴起，以青岛、天津为主的大工业开始形成，但仍然是东部沿海经济发展高于全国水平的格局。抗日战争时期，民族工业受到打击，尤其是东南一带工业损失很大，但中西部地区经济发展仍然相对落后。新中国成立初期，全国 70% 以上的工业和交通运输设施集中在占全国面积不到 12% 的东部沿海地带。为改变区域经济极端的不平衡局面，在前四个五年计划中，投资向中西部倾斜，使中西部建立起一批工业，经济得到较快发展。但对东部投资仍然保持在总投资规模 1/3 的水平。东部沿海工业基础，应当说一直相对中西部是具有一些优势的。

（2）区位差别。东南沿海地区，具有对外贸易和经济交流的地缘优势。战争年代，这些地区往往成为前哨，使投资大大减少，影响了其经济发展；而和平年代，尤其是对外开放条件下，其就成为对外经济交流的前沿。20 世纪 70 年代以来，东亚各国以及我国港澳台地区的经济起飞。80 年代以来，东南沿海地区成为了与经济较发达的东亚国家与地区联系最便捷、最广泛的窗口和排头兵。便利的交通通讯，优良的港口，快捷的信息，甚至亚热带海洋气候，都对东部发展带来不少便利。深圳与香港地区接壤而高速发展，珠海毗连澳门地区而成长为海滨城市，福建与台湾省联系在起伏中发展，经济也受益于互相交往，山东、辽宁与日本、韩国投资也得益不小。上海以及江、浙，则在外贸和引资方面，连通了更广泛的国家和地区。总之，内引外联，使沿海港口城市成为了"二传手"，刺激了经济发展。外贸、外资、经济合作和国际分工，东南沿海的区位优势起到了重要作用。世界各国有华侨近 5 000 万人，主要是来自中国的东南沿海各省，大量侨胞回家乡投资建设，促进了当地经济发展，这是东部沿海地区区位优势的又一体现。

（3）体制影响。东部沿海各省在经济体制上也比中西部具有较大优势，表现在，一是向市场经济体制转轨开始得比较早，深圳、海南最早提出了建立社会主义市场经济的目标，对外开放又强有力地推进了沿海市场化进程；二是沿海地区计划经济包袱相对轻一些，由于三线建设和能源重工基地多建在内地，现在国有企业的改革任务很重，压力很大，尤其是亏损问题和企业冗员、各种福利负担，使内地压力明显高于沿海各省；三是沿海特区具有了地方的立法权，可以从本地实际出发，进行法制建设，这是非常有利的条件；四是政府职能转换方面，沿海各地进展较快，比如，海南提出的"大社会，小政府"，要求政府精兵简政，提高效率。总之，这些，对沿海经济较快发展，起了不小的作用。

（4）资源比较。自然资源是经济发展的基础条件，但如果没有转变为经济优势，仅仅自然优势是不可能维持经济长期快速增长的。中西部占有土地优势，其土地面积占全国陆地面积的 86%。石油的 67%，天然气的 76%，水能资源的 77%，45 种主要矿产资源累计探明储量潜在价值 87 万亿元中的 91%，在中西部地区。但是，中西部自然资源转化为经济成果的能力低于东部沿海地区。据我们计算，1978 年东部沿海与中部、西部的劳动生产率分别为 1 873 元、1 494 元、1 127 元，东部劳动生产率高于中西部；14 年后这个局面仍然没改变，1992 年东、中、西部的资本产出率分别为 0.326 1、0.282、0.276。从人文资源看，东部沿海一带教育水平较高，商业意识较强，对改革开放理解更快更深，因此，行动更快。正因为如此，自然资源的优势并不必然成为经济发展的优势。

（5）政策倾斜。改革开放以来，国家更加重视东部沿海地区发展，在财政、税收、信贷、投资等政策上对东部有倾斜。首先，从财政体制和政策看，1980 年开始的财政包干为基本特征的"分灶吃饭"体制，由于基数和增长潜力的差别，这种分配格局对东部沿海各省是有利的。从投资上看，"六五"期间沿海地区的基本建设投资（全民所有制）比重为 47.7%，比"五五"期间上升了 5.5 个百分点，1986—1989 年达到 52.5%，1990—1994 年年均达 57%。对东部沿海的优惠政策，主要集中表现在对特殊经济区域的支持。从 1980 年开始在沿海设立了五个经济特区，享受关税、流转税和企业所得税的减免，在外资外贸方面有较大的审批权限，在金融方面，享受多存多贷、差额包干的政策等。从1984 年相继确定的 14 个沿海开放城市，也享受到高于内地低于特区的若干政策优惠，比如，外汇留成高于内地 1 倍而为特区的一半，企业所得税为 24%，高于特区的 15%，但低于一般企业的 33%（1993 年以前是 55%）的所得税水平。这些优惠政策，对东部特殊经济区以至对东部沿海地区的发展，都起了很大作用。

（二）解决地区差距的协调战略与政策调整

如何解决地区差距扩大这个问题，关系到社会的稳定，经济的持续发展，各地区人民生活的共同提高，因此，绝不是一件小事。《中共中央关于制定国民经济和社会发展"九五"计划和 2010 年远景目标的建议》中，提出了指导今后十五年经济和社会发展的九条基本方针，其中第八条是坚持区域经济协调发展，逐步缩小地区发展差距。这是一条相当重要的指导方针，它符合我国经济改革和发展的基本规律，也是缩小地区差距正确的政策选择。这条方针，不仅在国内，在国际上也引起广泛关注。

中央《建议》对地区差距的基本态度，应当说是很客观的，照顾到各方面的利益，因此，得到普遍的认同和支持。《建议》中贯穿这样几条基本原则。一是共富是目的，先富是手段。从我国实际情况看，一部分有条件的地区先富，是一个不可避免的过程，是由多种因素共同造成的。我国改革开放以来，沿海地区率先发展并继续发挥优势，对尽快充实我国国力和提升我国的国际地位，起到了巨大作用，确实是关系全局的重要战略，是一个大局。这一点，不仅沿海感受很深，内地也有同样的认识。这是问题的一个方面。另一个方面，或说第二条原则，就是要高度重视和解决地区差距问题，不能因为不平衡是不可避免的，不能因为沿海先发展是个大局，就忽视内地，忽视中西部地区，就不采取办法去解决东部沿海地区与中西部地区正在扩大的经济差距。这也是一个事关全局的问题。因此，从"九五"开始，要更加重视内地发展，实施有利于缓解差距扩大趋势的政策。三是要从实际出发，不能不顾主客观条件，企图在很短的时间里消除地区发展的差距。地区差距形成是多方面的原因造成的，不仅有政策上的原因，还有区位上的不同条件和历史上存在的各种人文的差距，因此，要承认差距形成中有客观的因素，是一个过程，解决差距也将是一个过程。以上三条，是《建议》对我国区域经济差距问题的整体观、发展观。这三条原则是非常重要的。一方面，如果我们否认有条件的地区应先走一步，经济发展快一些是必然的，用遏制有条件的地区发展来求得区域经济平衡发展，那么，我们只能在低水平上搞平衡，只能使有条件的地区上不去，最终也无助于后进地区或后发展地区的经济进步。另一方面，如果我们一味强调部分地区先发展，不考虑另一部分地区在经济发展中的困难，不去重视并支持这些地区的发展，就会使后进地区与先进地区的差距越拉越大，这样发展下去，不仅不利于后进地区人民生活的提高，也不利于全国统一大市场的形成，不利于全国的稳定。

从这三条原则出发，《建议》提出我国今后改革和发展的一项战略任务，就是要坚持区域经济协调发展。"协调发展"是一个重大的政策选择，相对于过去曾经实行的区域非均衡发展战略而言，"协调发展"战略表明我国区域经济发展已进入一个新的阶段。当然，"协调"不是等同，不是平均。"协调"承认差别，但要求配合。区域经济在协调发展若干年后，将可能进入均衡发展的阶段。均衡发展，将是在区域经济差距比较小的基础上出现的一种新的发展势态。协调发展战略还意味着我国区域战略从梯度战略向点轴战略的转变。在全国范围内，尤其是内地发现和扶植新的经济增长点和发展中心，以交通发达的中心城市作为依托，实现点轴发展带动全面，这有助于我国整体经济的发展，也有助于缩小东、中、西经济差距。

怎样才能实现区域经济协调发展呢？《建议》提出的基本方略是：中西部地区要适应发展市场经济的要求，加快改革开放步伐，这是缩小经济差距的体制基础。发挥资源优势，积极发展优势产业和产品，这是缩小经济差距的产业政策。具体做法上，有五项措施：中央财政转移支付；优先安排资源开发和基础设施建设项目；鼓励到中西部投资；理顺资源性产品价格体系；东部经济发达地区对口支持与合作。这些措施，体现了区域发展战略与具体措施的结合，指导与支持的统一。

协调发展不仅仅是中西部地区的强烈要求，也是东部沿海地区承担的任务。协调发展，不是要让东部沿海地区袖手等待，而是继续前进。《建议》指出，东部地区继续充分利用有利条件，进一步增强经济活力，在深化改革、转变经济增长方式、提高经济素质和效益方面迈出更大的步伐。显然，东部继续前进，是区域经济协调发展的重要方面。如果我们不是静止地分析差距，而是从动态上分析差距，就会看到，发达地区进一步发展，将继续对全国经济发展起到巨大的带动作用，对中西部地区发展产生示范作用和拉动效应，并将使东部地区越来越有能力来帮助中西部地区发展，这是协调发展所必要的。经济特区是改革开放的产物，其积极作用是主要的方面，"九五"期间将仍会发挥巨大作用。当然，经济特区的进一步发展，将越来越依靠已形成的体制优势和经济优势，而不是主要再靠政策的优惠。已形成的各项政策将会有所调整，但这要考虑正在生效的合同的法律期效和国际上的反应，会极为谨慎地进行。

注：

①本文数据来源于《中国统计年鉴》，和《各省统计年鉴》，以及国家统计局综合司和国家信息中心宏观数据库。

②本文部分数据和图表处理由北京师范大学孔健、贺灿飞、胡雪峰承担。

③省内差距部分吸收了陈志理同志的意见。

作者说明

1995年至1996年间，国务院研究室承担了一项"地区社会经济不平衡问题"的项目研究。王梦奎主任为总负责，宏观司由苏宁司长负责，具体研究工作是我在组织。这项任务并不容易，我们开了很多次会，也请了许多专家参加，如胡鞍钢、史培军等。后来形成了十几万字的初稿，在《经济研究参考资料》1996年第20期刊登出来了。这里的稿子是其中的第一篇，是我与北京师范大学史培军、梁进社两位教授合作写的。

货币政策传导机制与国民经济活力

货币政策传导机制是运用货币政策工具达到实现货币政策目标的作用过程，也可以说是货币政策各种措施的实施和发生效应的过程。从货币政策传导机制的情况分析，对我们理解国民经济运行特点以及存在问题，是很有用处的。近几年，货币政策传导机制的问题暴露得比较充分。今年以来，由于经济开始转暖，货币政策传导问题又可能被模糊。因此，现在有必要从理论上对这一问题作些分析，以推进相关制度的改革。

一、当前国民经济活力不足

当前，我国经济出现的问题，主要是需求不足，表现为增长速度相对下降，价格总水平出现负值。但最令人担心的是，国民经济的活力不足。活力的最大来源在经济基础，在企业，在各类金融组织，在人民群众之中。社会主义市场经济，本质上是人民群众推动、创造和发展的经济。政府的引导作用是重要的，但没有生动活泼、创新开拓的民间基础，国民经济就会活力不足。国民经济增长潜力和实绩，固然是引人注目的，但国民经济是否充满活力，才是更重要的。经济增长不论高一点还是慢一点，通货不论是膨胀一点还是紧缩一点，都不能证明这个经济系统是否有活力。经济大起大落，既可能在无活力的国民经济系统中发生，也可能在有活力的经济系统中发生。经济有活力，增长快慢均正常；经济没活力，增长快慢都不容乐观。

在国民经济大系统中，金融活动有些像是这个有机体的血液循环系统，支持着国民经济大系统的正常运行。前几年，金融机构和金融组织比较乱，需要整顿。整顿使相当多的金融组织关闭或重组，这是完全必要的。但这个过程，对货币政策传导也产生着影响。可以说，国民经济多年来一放就乱、一抓就死的问题程度上虽有减轻，但并没有从根本上得到解决。企业和基础金融组织的活力不足，以至国民经济活力不足，是当前一个突出的问题。清理整顿与制度创新，堵与疏，外部约束与内部约束，激励与约束等多种关系，都有待进一步理顺。

现在国民经济活力不足的问题，就其与金融活动的关系来看，主要不是货币数量多少的问题，不是货币政策紧松的问题。从近三年情况来看，货币与金融运行中，中央银行的各项措施是及时的，货币政策是正确的，只是货币政策执行效果不很理想。其中原因，是货币流动渠道不畅，是货币政策传导机制存在体制性的梗阻。货币政策推动了经济目标的实现，但传导机制不灵减弱了货币政策效果。近两三年，货币传导机制对国民经济的影响，比货币供给量影响更大。通俗地讲，我国当前的问题，不是没"水"，而是水渠不畅。不是水少造成旱情，是有"水"但渠道不畅造成了旱情。需要讨论的重点不是放不放水，而是如何修整好水渠。换言之，货币传导机制的问题比货币供应量多少更重要。

货币传导机制是以金融体系为依托的，没有健全的金融体系，就没有良性的传导机制；反之，没有好的货币传导机构，就没有可能发展和巩固好的金融体系。货币政策传导过程，既是货币供应量渗入国民经济方方面面的过程，又是货币存量与收入流量转化的过程。通过货币政策传导，货币供给量发生增减，对各种产品的价格和产量发生影响。价格和产量变化，又反过来影响货币供给量。渗透在国民经济中的货币政策传导机制，与国民经济活力相互影响，共同作用。实体经济上出现的结构不合理和供求失衡的问题，既与金融活动存在的问题相关，也是金融活动产生问题的基础条件。货币传导机制出现的问题，究其原因，是货币传导机制的诸多要素缺乏活力，是金融体制性萎缩带来的结果。

二、对当前我国货币政策传导机制要素的分析

通常对货币政策传导机制的分析，把重点放在研究货币政策工具、操作目标、中介目标以及最终目标上。货币政策中介目标的确定，是近些年金融体制改革中的一大进步。但是，在我国现行体制下，不能过分高估中介目标的合理性。没有利率市场化，就没有能判断货币供给合理与否的真正尺度。这里我不讨论货币政策目标问题，想重点分析一下货币政策传导过程中，那些承担传导任务的机构和经济变量所出现的情况和存在的问题。

我认为货币政策传导过程中有六方面的问题。

（1）货币政策传导机制中的机构存在活力不足的问题。表现在两方面，一是"大银行病"，是"动脉硬化"。90％以上的存款在向大银行集中，投资环境不好，贷款风险大，资金很难贷出。因此，一段时间，大银行不用央行的再贷款反而还再贷款；大量购买国债不愿卖给央行，胀肚子，消化不良。基础货币投放萎缩，集中反映为大银行上不能吐，下不能泻。结汇渠道和贷款渠道两条大动脉出现体制性萎缩，货币供应自然就下降了。这种情况导致的效应，与美国 20 世纪 30 年代因银行倒闭而出现货币供应收缩是一个道理。总之，这是货币流动主渠道有了病。从国民经济角度看，就是储蓄持续增长，而投资持续不振，形成了资金的负缺口。二是"小机构病"。基层金融机构困难重重，活力不足，可称为"毛细血管大片溃烂导致过量失血"。这里既有大商业银行将省市分支机构贷款权力回收，信贷活动越在基层越显单薄；更有一大批城乡金融机构，如城市银行、农村信用社、各种基金会，正在整顿，问题不少。确实是"毛细血管失血"，使县及县以下的经济活动缺乏活力，忙于"救火"，金融支持和服务很难真正有效地开展。

（2）传导机制的客体即企业存在活力不足的问题。由于整体经济尚没走出供大于求的困境，因此，相当多的企业缺乏生机，甚至有不少奄奄待毙，需要重组或者关闭、破产。作为货币政策的微观基础，货币供给的主要接受者，这样一种状况，大大降低了货币需求能力，降低了银

行贷款的信心。现在金融界有一种普遍的说法，认为国有企业信用等级呈走低趋势，贷款存在"资金陷阱"问题。客观上讲，企业尤其是国有企业，在转轨中面临的种种困难，并不完全是自己的过失，但并不能因此而不付出改革的成本。为支持国有企业发展，国家要求国有专业银行对国有企业给予贷款支持。虽然《商业银行法》的出台和金融风险加大，迫使行政性干预有较大收敛，但以各种名义下来的政策性倾斜贷款，仍然不可能从根本上杜绝。而且，越是大型企业，越是贷款大户，行政性干预就越难拒绝。其中，相当部分的企业用贷款去维持和解决生存问题，比如发工资，或者还欠款。这种情况使金融机构行为变异，也使货币政策效果很难达到预期目标。

（3）货币政策传导的路径过窄。这里有三条路径可以考虑。一是基础货币投放路径。这是以央行与国有大银行关系为主线的，也是与结汇和贷款情况相关的。去年以来，在再贷款上有所作为，使这个路径上基础货币投放有所扩大。面对国有独资商业银行贷款增量占基础货币比重上升的态势，进一步设计央行的相关举措，进一步引导好大银行的认同，是很重要的。二是货币市场和资本市场，这也是货币政策传导的重要渠道。发达国家经验证明，金融市场是否发达，对货币政策传导很有影响。但现在我国货币市场和资本市场上，反映出来的不是对货币政策的正向响应，而是没有反应，或不正常反应。这与我国金融市场现状有关。比如，前两年，银行同业拆借市场有行无市，自然缺乏应对货币政策传导的相应行动。在证券市场上，也多次出现对货币政策比如调利率的无反应，或逆向反应。其中问题还是出在体制上。又如，银行利率下调后，保险公司上存商业银行的保费收入因受到利息降低影响本应减少存款，但实际上不降反升。这些情况，反映了进一步完善货币和资本市场的必要性。三是财政渠道。当基础货币投放通过金融渠道确实困难时，可以考虑动用财政渠道。财政通过特种融资形式，代替了央行对商业银行的再贷款，直接将货币供应到社会上（请参考我去年发表在《财贸经济》第8期上的《通货紧缩、需求不足与政策思路》一文）。当然，相对于货币传导的其他路径，这是辅助性的路径。同时，这只是货币传导路径，而不是货币政策的传导路径。

（4）货币政策传导速度下降。如果继续用血液循环系统的比喻，那么，在这里出现的是"血黏稠"问题了。反映在货币流通速度上，就是相对的下降。我们常用 GDP 与 M_2 的比例（GDP/M_2）作为判断货币流动性的一个指标，这个指标从 1996 年以来一直在下降，1999 年上半年，这个指标降至 1991 年以来最低点。人们持币倾向提高，往来减少，资金沉淀，资金的流动性严重不足，使货币供给量大大下降。这方面，已有若干文章专门进行过论证，这里就不再重复。

（5）货币政策传导的动力和信号有失真问题。执行积极的货币政策，除了直接调控的手段外，间接调控手段往往存在着利益引导机制。当货币政策传导的动力不足或信号失真时，往往会引起"血压偏低"现象。以利率为例，现在利率没有完全市场化，重要金融产品的流通没有价差或价差过小，就形成不了有力的流通，也就表现为货币政策传导过程不力。这两年这个问题有所缓解，1998 年央行扩大了商业银行对小企业贷款利率的浮动幅度。1999 年将县以下金融机构贷款利率上浮幅度由 20％ 扩大到 30％，不久前央行又批准中国银行调高外币存贷款利率等，但利率市场化远没有完成，最重要的金融产品如存贷利率，也必须由市场形成，才能真正形成货币政策的良好反应机制。其次，利率作为资金的价格信号，起着调节供求的作用。在调节资金供求过程中，可能会出现无效调节、逆向调节或过度调节的问题。从这一角度看，可以说在货币传导机制中，还存在"神经系统紊乱"的问题。

（6）货币政策传导的环境不容乐观。首先，是经济形势的大环境，这是最关键的。相对而言，当经济活动旺盛时，货币政策传导速度也大大加快；当经济偏冷时，比如出现市场疲软时，货币政策传导速度也大大下降了。这就好比，天热了，人的血液循环加快了，反之，就会慢一些。究其原因，经济大环境对经济主体的决策和投资选择影响很大，进而会影响到各类经济主体对货币流的态度，影响到货币政策传导的速度。比如，1999 年大环境比较偏冷，即使有货币，但贷出也并不流畅。而今年经济形势有恢复迹象，在向回暖的方向前进，货币政策传导机制似乎就通畅一些。其次，是正确处理金融监管与金融服务的关系。这也是大环境中的周边环境建设问题，是金融系统运行中最关键的问题。如果协调得不好，不论是哪方面位置畸重畸轻，都影响货币政策传导。忽视金融服务，货币政策就传导不下去；忽视金融监管，货币政策传导中就会出现过度反应，出现过热。就当前存在的倾向看，现在似乎这样讲比较有针对性：没有贷款的增长，不良资产化解难以收效；只有在经济发展中，金融风险才有可能化解。[①]

最后，还有一个货币传导的规模问题需要讨论一下。对货币数量规模判断人们多用 M_1 或 M_2，并把它们作为货币政策的中介指标。这个问题讨论很长时间了。我这里只是想指出一个问题，即在发达国家信用工具极为发达和方便情况下的短期和定期存款，可以视同货币供给。正如西方人身上携带的各种存款信用卡，就可以直接当货币使用。而在我国，信用卡并不流行、普及，使用起来也没有那么方便，因此，存款额在很大程度上不能表现为可以随时使用的货币。简言之，存款增长就是存款增长，很难直接成为货币供应量的标识。正因为如此，当我们借用 M_0、M_1 和 M_2 比较好的增长，说明货币供给量合理时，却往往会发现，其与社会对货币的需求反应经常不一致。过去两年的情况就说明，真正使人们发现货币供给不足的，还是基础货币这一指标。当然，货币传导规模还有一个放大机制的问题，即货币乘数问题，指金融机构通过派生存款机制放大倍数地向社会供给现金和存款货币。这里也不展开讨论了。

三、货币政策传导机制不畅与实体经济体制不健全的相互影响

传统计划经济体制下，没有货币政策，只有信贷政策。资源配置是计划机制。"钱随物走"，"物"是由行政确定的，资金供应自然也是由行政或说计划确定的。传统体制下体现的是供给管理下的资金需求，与市场经济下的需求管理及其伴生物货币政策不是一回事。这一时期，货币政策传导也因体制特点而很少存在阻滞。货币供给完全服从于国家的物质资源配置，是由经济运动决定的，因此货币是内生的。

随着经济体制改革的推进和不断深入，中央银行调整货币的手段发生了变化，金融宏观调控由直接调控逐步转向间接调控。货币供应总量由完全通过指令性计划控制的变量，变为间接调控下内生性和外生性并存的变量。中国的货币供给机制也初具市场经济的框架，初步形成了"中央银行——金融机构——企业"的货币政策传导机制。但是，在转

---

① 李茂坤：《论货币政策传导机制的改进方向》，载《金融参考》，1999（8）。

轨时期，完备的金融制度和环境还没有建立起来，在以直接调控为主向间接调控为主的转变过程中，货币政策发挥作用受到一定限制。由此也决定我国的货币仍具有很强的内生性。[①]

在实体经济体制不健全的情况下，这种内生性常表现为：货币政策传导机制不畅，并与实体经济体制的不健全之间形成一种相互牵制、相互影响的关系。货币政策传导机制不畅，往往造成实体经济缺血或贫血，国民经济活力不足，无疑会影响到实体经济的健全发展；而实体经济体制不健全，国民经济缺乏活力，势必造成货币政策传导机制受阻滞，资金在中央银行和金融机构间空转，储蓄难以转化为投资。

1. 从"中央银行—金融机构"这一环节来看，由于金融化程度低、银行体系不完善等原因，中国的货币政策在操作上是不尽成熟的，这无疑会影响到货币政策的效果，从而制约了实体经济的健全发展

(1) 1998 年中国人民银行取消对国有商业银行贷款限额的控制，并对存款准备金制度实行改革。这两项改革将使中国的货币政策开始具有市场经济的含义，并成为金融深化改革开始的标志。但是，央行的三大货币政策工具的运用还需要一个培育过程，限制了央行由直接调控向间接调控的转变。存款准备金方面，目前的主要问题是商业银行备付率相对偏高，资金使用不充分，开拓市场、开发客户的内在激励和动力不足。再贴现方面，受经济转轨时期商业票据市场尚未建立、商业信用度很低的影响，商业票据尚不能成为有效的信用工具，中央银行再贴现操作实际上一直处于萎缩状态。公开市场业务方面，一方面由于中央银行缺乏国债存量，公开市场规模一直难以扩大；另一方面由于转轨时期商业银行体系庞大，资金管理粗放，再加上资金较为宽松，中央银行通过公开市场收回资金容易，投放资金则较为困难。[②]

(2) 商业银行对央行货币政策操作反应不敏感、不充分。作为货币政策传递的主要媒介，国有独资银行的商业化程度逐渐提高，风险约束机制虽已初步建立，但利益刺激机制却不完善，责任和激励的不对称造

---

① 赵海宽：《经济转轨时期的宏观调控与货币政策》，86～114 页，北京，中国金融出版社，1996；赵英军、侯绍泽：《货币政策：通过股票市场的传导》，载《金融研究》，1999 (2)，29～37 页。

② 陈长安、贾健：《从货币政策实施效果看人行管理体制改革》，载《金融参考》，1999 (8)，9～12 页。

成现行条件下放贷者的过于谨慎行为，商业银行更关心的是贷款的风险，而不是贷款的盈利。商业银行对中央银行的货币政策调整就不再步步紧跟，在中央银行货币政策与商业银行利益相违背时，货币政策的传导不可避免地会遇到阻滞。信贷政策的窗口指导作用，难以真正落实。

（3）中小金融机构游离于货币政策传导之外，是货币政策传导机制变化中遇到的新问题。一方面，近两年来，信贷重新向国家银行集中，与此联系，中央银行窗口指导主要面对国家银行，影响了货币政策的全面传导；另一方面，存款向大银行集中，中小金融机构存款增长缓慢，为防范流动性风险保持了较高的备付率，金融体系的货币派生能力受到抑制。

（4）在转轨过程中，计划手段和市场工具共同作用，增多了传导环节，加大了摩擦系数，增强了货币政策作用的时滞性。货币政策通常存在6~9个月的时滞，但1998年的货币政策运行1年多后，其作用仍未完全达到预期效果，这就显示货币政策的效应时滞已延长。

（5）分业管理使货币政策成为央行的独角戏，资本市场和保险市场上的资金调控与货币政策缺乏有机联系。金融市场发育不成熟，直接融资不畅和货币市场发育不正常，使货币政策失去了一个十分重要的传导媒体，货币政策的导向作用不能有效发挥。

2. 资金需求结构与资金供给结构严重不对称，直接紧缩了以中小企业为主的非国有经济的信贷来源，导致货币政策在"金融机构—企业"环节上传导的不充分。这是金融体制性萎缩所带来的结果

1981年到1996年，非国有经济投资平均年增长率为29.9%，高于同期国有经济年均20%的增长率。而非国有企业在1997年、1998年投资增长率低于同期国有经济投资增长率0.4%和11.6%，仅为8.6%和8%。其中短期原因在预期，中长期原因在体制，在于资金需求结构与资金供给结构存在着严重的二元结构问题。国有经济对GDP的贡献只有30%，但能在体制内得到70%的信贷资金的支持，降息并不能满足其"投资饥渴症"，国有企业仍然存在大量的亏损，盈亏状况没有根本改变；非国有经济对GDP的贡献达70%，却只能主要在体制外得到尚未合法的资金，降息并不能提供它们急需的资金，这种经济结构和金融结构的不对称，使得货币政策难以发挥预期的作用。

3. 在"金融机构—企业或居民"的环节上，资金成为一种商品，

受有效需求制约，央行想增加货币供应量受市场的限制，储蓄难以转化为投资，实体经济对信贷的关系由主动的吸纳型变成被动的央行驱动型。

20世纪90年代中期以来，我国的市场供求关系发生了较大变化，市场需求成为经济增长的制约因素，也是企业发展和经济效益提高的关键因素。由于对经济悲观的预期心理，居民和企业对货币政策所发出的信号缺乏敏感度。①大量的普遍的下岗和失业，使公众对支出的预期（包括购买住房、社会保险支出、教育支出等）增加，对收入的预期下降，强化了对经济形势发展的悲观看法，增加了货币储存行为，减少了投资和消费，使投资和消费需求均不足，也使货币流通速度下降，进一步加强了价格的下降。这也是一种体制性的原因。②企业经营困难，对经济前景缺乏信心，因此其对货币政策的变化表现为不反应，或不正常反应。随着央行连续7次下调利率，企业投资的直接成本的确明显降低，负担大为减轻，但由于产品销售不畅，企业价格竞争激烈，多数企业生产经营的利润十分微薄，加上企业各种负担仍然沉重，造成社会平均利润率持续下降，投资收益明显减少。在企业对未来投资收益信心不足的情况下，即便利率进一步下调，银行愿意贷款，也未必能刺激企业的投资意愿。因此，在目前产业结构不合理，生产能力过剩，新的消费升级和产业升级尚未形成，投资找不到好项目和投资热点的情况下，各经济主体对信贷的关系由主动的吸纳型变成了被动的中央银行驱动型，这种"被动性"，无疑会给货币政策的传导带来一定的阻滞。

另外，微观运行机制未有改善，企业负债率过高，"三角债"又长期困扰，社会信用环境恶化，使银行信贷投入风险增长，阻碍信贷资金增量的投入。银企之间、企业之间过度的债权债务不能到期清偿，形成货币减慢的乘数效应，使货币流通速度大大下降，这是一种体制性的流通速度下降。①

四、提高货币政策传导机制运行效率的建议

笔者认为，提高货币政策传导机制运行效率，可在以下方面做

---

① 谢平：《关于反通货紧缩的货币政策》，载《金融研究》，1999（10），1～7页；北京大学中国经济研究中心宏观组：《1998—2000中国通货紧缩研究》，北京，北京大学出版社，2000。

工作。

（1）处理好防范金融风险和扩大银行信贷的关系。改革中政策安排要有辩证法。什么事情都要从两方面考虑，如只强调一方面，就会出现新的问题。比如，防范金融风险，完全正确，但只考虑这一条，就把金融机构管理死了是不正确的，约束与激励需要对称。其实，金融风险直接源于不良资产比例过高，但更重要的原因是贷款的效益太差。化解银行的不良资产，停止贷款是消极对策，还是需要从提高贷款效益角度，在金融资产动态运动中来进行。金融机构整顿，完全正确，但关后门、歪门的同时，还要开正门，否则，经济发展会受影响。

（2）扩大基础货币投放，探索央行投放基础货币新渠道。利用好存款准备金率、公开市场业务和再贷款，合理调控货币供应量。现外汇占款减少，政策性银行贷款减少，国有独资商业银行贷款增量占基础货币持续上升，此时，央行应增加对中小银行的再贷款额度，在保证本息归还的前提下，简化手续，提高效率，拉动非国有企业的投资。扩大公开市场操作，开发新的交易工具，允许承兑贴现票据、CD、大型企业债券进入市场吞吐。为缩短货币政策传导的时间，人行总行可否授权省会中支行在一定金融机构和期限的范围内对辖内金融机构进行再贷款融资？发展商业票据再贴现，促使商业信用在一定程度上替换银行信用，减轻货币不足时对货币政策的压力。

（3）扩大商业银行对贷款利率的浮动幅度，加快利率市场化进程。按央行的设想，先放开货币市场利率，再放开贷款利率，最后放开存款利率，取消对利率变动的行政性限制。逐步建立以中央银行利率为基础，以货币市场利率为中介，由市场供求决定存贷款利率水平的市场利率体系和形成机制。

（4）改进窗口指导的方法，加大商业银行对有效益有市场企业的金融支持力度。央行分支行不仅需要搞好金融监管，也有责任为促进和提高金融服务水平作贡献。就央行的分支行看，现在有一种倾向，即只考虑金融监管，而忽略了金融服务问题。现在需要进一步从法规上明确分行和省会中支行在执行货币政策中的地位和作用，范围和权责。

（5）加快进行投融资体制改革。建立与社会主义市场经济相适应的投资融资体制；建立自主决策、行为规范、责权统一的多元投资主体体系；建立直接融资与间接融资相结合、市场有效约束的融资体系；建立自主经营、自律性强的投融资中介服务体系；建立以间接方式为主、覆盖全社会投资融资活动的宏观调控体系。改革的突破口将是政企关系，应将政府管理社会投融资的职能与政府直接投资职能分开，强化企业、个人和社会团体的投资主体地位，从根本上解决国家投资无人负责的问题。

（6）创造条件，把国有独资商业银行逐步改造为国家控股的股份制银行。1994年是国家专业银行向商业银行转化的第一年，当时我提出转化过程两个阶段的看法，第一步是国家专业银行走向国有独资银行，第二步将是走向国家控股的股份制银行。（1994年第7期《金融研究》）第一阶段经过了7～8年，下一步就应在完善国有商业银行法人治理结构的同时，考虑其如何走向股份制银行。

（7）改变央行在实施货币政策时充当独角戏的局面。分业管理，使货币政策的影响力受到局限。为此，人民银行、证监会和保监会三大金融监管机构应加强协调，提高整体监管水平。一是建立定期磋商制度，及时界定交叉业务的监管责任，解决分业监管中的政策协调问题；二是建立监管信息共享制度；三是要联合组成专门小组研究重大专题问题，及早提出对策（戴相龙）。

（8）进一步开拓农村金融市场，完善金融组织体系。在经济发达地区，可考虑建立农村商业银行。同时，继续发展农村合作金融组织，建立非国有金融机构。

（9）进一步改革货币市场体系，建立统一灵活高效的货币市场。发展货币市场，首先是发展同业拆借市场。金融机构在同业拆借市场上的融资，也是吞吐基础货币，比如，买卖商业银行的短期国债等有价证券。而货币市场上的头寸调剂与票据清算结合，有助于调控货币传导和资金供给。我国货币市场工具还显单调，今后可逐步扩展，使央行的融资债券、国际短期借贷进入货币市场。拥有股票的居民，其金融资产价值会因价格总水平上升而下降，也会因价格总水平下降而上升。这种行为方式和刺激机制，就把货币政策与资本市场联系起来了。如果做得好，就可以使资本市场对货币政策传导形成一定的缓冲，形成一定的运作空间。如果从国民经济的角度看，资本市场是储蓄到投资转化的重要渠道。

当然，国民经济活力是多方面原因共同促成的。比如，就当前情况看，正如有的专家指出的，政府要成为真正的国民政府，而不仅仅是国有经济政府，才能保证经济整体上的正常运转。这就要求政府职能的进一步完善。

作者说明

国民经济活力不足，到底是什么问题？在理论研究与实践调研中，我认为主要不是货币数量多少的问题，不是货币政策紧松的问题，而是货币流动渠道不畅的问题，是货币政策传导机制体制性梗阻问题。本文从理论分析的角度，分析了货币政策传导机制中传导机构和客体缺乏活力、路径过窄、速度下降、动力和信号失真、环境不乐观等问题；其后，论述了在转轨经济时期货币政策传导机制不畅与实体经济体制不健全之间存在着相互牵制、相互影响的关系；最后，给出了提高货币政策传导机制运行效率的政策建议。本文是与在中国人民银行培训中心工作的余明合作的。

我国政府职能转变的三大推动力

随着改革开放进程的不断加快，我国政府职能转变的步伐也在向纵深发展。在讨论政府职能转变的推动力之前，我们先了解一下政府职能转变涉及的三对关系。

首先是大政府与小政府的关系，这是政府的管理范围是怎样的，涉及政府做什么的问题。在欧洲国家中，以社会民主党为主的"左派"，多相信凯恩斯的理论，强调大政府的优势；而以保守党为代表的右派，则更强调市场、个人主义并要求限制政府的作用。其次是强政府与弱政府的关系，这是指政府的管理力度如何，政府如何去做。在看待这个问题时，存在两个截然相反的观点，一方面认为强政府、大政府成功，另一方面则强调弱政府、小政府比较合理。在日本，年轻的教授认为日本经济高增长是自由经济的结果，而年长的学者却认为政府产业政策指导对经济发展起了决定性作用。再次，是好政府和坏政府的关系，这涉及如何做好让民众满意的问题。这三个框架表明着政府做事的范围、力度和方向，也就是政府职能总的评价。

政府职能转变中的关键是政府与市场的关系问题。西方经济学家提出了各自的观点，亚当·斯密认为政府是守夜人，负责国家的安全、人民的公正以及公共事业的管理；李斯特主张国家主义，强调政府干预和保护；凯恩斯认为政府的积极干预和调节很重要；萨缪尔森则重视政府与市场结合，提出政府的作用是确立法律体制，决定宏观经济稳定政策，进行资源配置以提高经济效率，建立影响收入分配的合理机制。认识这些理论问题对我国政府职能及转变是有直接意义的。

一、市场化是政府职能转变的内在推动力

1. 我国政府职能转变的三个特性

（1）是从计划经济政府职能向市场经济政府职能的转变，也称为政府职能适应市场化改革的破旧型转变。这不是政府职能的市场化转变，而仅仅是政府职能从计划适应型职能向市场适应型职能的转变；这种破旧型职能转变是与政府体制的改革相一致的，与经济体制的市场化改革相一致的。转轨时期政府职能主要体现在：第一要推进市场化改革，建立市场经济框架；第二是解决计划经济历史遗留下来的问题；第三要建立适应市场经济需要的政府管理制度；第四要解决好与国外的经济联系及搞好内外平衡。

（2）是从不成熟市场经济政府职能向规范的市场经济政府职能的转变，也可称为政府职能完善型转变。这主要体现在政府为提高办事效率所做的努力之中。市场经济中政府五大经济职能主要包括：第一是制定经济规范，维持市场秩序；第二是保持宏观经济的持续平稳增长；第三是为社会提供诸如基础教育、基础科学、交通与通信以及城市公共基础设施、国土整治与水利、消防、环境保护等；第四是进行收入再分配，实现社会公平与效率的兼顾目标；第五是创造有利于本国经济发展的国际环境。

（3）是当代发达国家政府职能创新而诱发引导的我国政府职能转变，这可称为政府职能创新型转变。发达国家的政府市场化转变是这种创新型转变的典型特征，这是近年来政府职能转变中新的动向和潮流，对我国政府职能转变已产生实际的影响。

2. 从我国市场化改革重要阶段，看社会经济体制的市场化改革对

政府传统职能根本性转变的推动

改革开放以来，我国政府职能转变的第一件大事是政府经济职能的再次确定，提出领导和组织经济建设是国家机构一项基本职能。

因为在经济体制上形成了一种同社会生产力发展要求不适应的僵化模式，所以我们提出改革。当时僵化的模式表现在：政企职责不分，条块分割，国家对企业统得过多过死，忽视了价值规律和市场的作用，分配中平均主义严重。企业缺乏应有的自主权，企业吃国家的大锅饭、职工吃企业的大锅饭，严重压抑了企业和广大职工的积极性、主动性、创造性，妨碍了社会主义经济活力的发挥。农村人民公社体制，政企不分，土地集中管理经营，重要农产品实行统派购制度，都严重束缚和影响了广大农民的生产积极性。因此，邓小平提出，不改革就没有出路，旧的那一套经济体制经过几十年实践证明是不成功的。

1984 年中央关于经济体制改革的决定中指出，根据多年来的实践经验，政府机构管理经济的主要职能应该是：制订经济和社会发展的战略、计划、方针和政策；制订资源开发、技术改造和智力开发的方案；协调地区、部门、企业之间的发展计划和经济关系；部署重点工程特别是能源、效能和原材料工业的建设；汇集和传布经济信息，掌握和运用经济调节手段；制订并监督执行法规；按规定的范围任免干部；管理对外经济技术交流和合作等。

1992 年中央关于建立社会主义市场经济体制若干问题的决定中指出：转变政府职能，改革政府机构，是建立社会主义市场经济体制的迫切要求。政府管理经济的职能，主要是制订和执行宏观调控政策，搞好基础设施建设，创造良好的经济发展环境。同时，要培育市场体系、监督市场运行和维护平等竞争，调节社会分配和组织社会保障，控制人口增长，保护自然资源和生态环境，管理国有资产和监督国有资产经营，实现国家的经济和社会发展目标。政府运用经济手段、法律手段和必要的行政手段管理国民经济，不直接干预企业的生产经营活动。

1997 年的十五大报告中指出：要按照社会主义市场经济的要求，转变政府职能，实现政企分开，把企业生产经营管理权力切实交给企业；根据精简、统一、高效的原则进行机构改革，建立办事高效、运转协调、行为规范的行政管理体系，提高为人民服务的水平；把综合经济部门改组为宏观调控部门，减少了专业经济部门，加强执法监管部门，培育和发展社会中介组织。

由此可以看出，从改革开放以来，我国政府职能转变主要在以下四方面：一是由政企不分到实行政企分开；二是由定指标、列项目、分投资、分物资的传统做法，向主要制定发展战略、长远规则及重大方针政策转变；三是由高度集中的直接计划管理向间接调控为主的宏观经济调节机制转变；四是从以行政手段为主转变为以经济手段和法律手段为主，辅之以行政手段的转变。从而要实现政府职能的精简、统一、高效。

3. 政府本身的市场化改革在促进政府职能发生重大变化

美国政治学家盖伊·彼得斯在 1996 年出版了《政府行政的未来：四种模式》，其中提出，一是市场化政府，按企业运营方式实施行政管理。二是参与型模式，强调下级公务员、各相关利益集团尤其是公众对决策过程的参与，赞同公民以投票方式决定政策，还进而主张开放式行政。三是灵活反应式政府，强调对环境变化的快速反应和适应；主张不断对政府机构进行撤并改造，组建新部门；主张多利用事业组织、半政府组织和非政府组织；主张组织、管理方式、人员任用和工作目标的弹性化；特别看重一次性组织或称"虚拟组织"的特点和作用。四是松绑式政府，要求立法机构对政府活动弹性控制和监督，要松绑，但这与中国改革中要求政府对企业松绑是不同的。

近年来，市场化政府理念对我国政府职能转变影响最大。因此，这里具体分析这种模式。大家公认，政府由于其垄断性和固定拨款制度，效率不高，活力不足。1993 年，美国政府发表了名为《创造一个低成本高效率政府》的报告（戈尔报告），提出了政府管理中存在的种种弊端，以及相关的解决办法。因此提出要利用市场力量改善政府服务功能，医治政府服务低效率。

把市场机制引入政府管理，一是建立外部市场，政府将垃圾管理、环境保护甚至罪犯管制等服务项目推向社会；二是建立内部市场，将医疗服务、学校教育等某些政府公共事务以合同方式，交由相关事业部门管理；三是鼓励在政府内外实行竞争，提高服务质量；四是把企业管理经验运用于政府管理，比如，公务员等级工资制度被工作成绩取代。这就是政府市场化问题。

西方国家认为企业式管理方式优于传统的行政部门管理方法。政府行政可充分利用契约、激励、税收调节等市场手段。应允许私人部门作为竞争者提供公共物品。比如，建立政府与企业某种形式的伙伴关系有可能使双方都从中受益。这方面，美国亚利桑那州提供了一个颇具启发性的例子。这个州的交通局将全州的汽车驾驶执照的发放系统完全承包给了 IBM 公司。条件是 IBM 从每个驾驶执照的发放中收取一美元。IBM 建成了一个完整的发放系统。现在，居民在网上办驾照的平均时间是 3 分钟，而州政府为发放每一个驾照所付的支出降至 1.6 美元。以前居民到交通局办驾照的平均等待时间是 45 分钟，州政府为发放每一个驾照要付出 6.6 美元。

政府放松经济管制，这是世界性潮流。20 世纪 80 年代以来，发达国家对交通运输、电信、电力、煤气和自来水供应等自然垄断产业纷纷实行了重大的政府管理体制改革，引进了市场竞争机制。英国 20 世纪 80 年代后期政府的市场化改革，政府的全部工作都采取某种形式的竞标以便让私人部门有机会进入。国家医疗卫生服务系统，现由地方医疗卫生当局介入购买服务的活动。

4. 我国政府职能转变中的基本情况

20 世纪 80 年代邓小平指出：转变政府职能，是上层建筑适应经济基础和促进经济发展的大问题。转变政府职能的根本途径是精简机构，实行政企职责分开。我国政府职能转变中一个突出的困难是：政资不分，政府既是社会管理者，也是国有资产所有者代表。因此，在实践中，作为资产所有者管理权力与作为社会管理者的权力，往往难以区分。政资分开，有助于政企分开，也有助于政法分开，有助于更准确地把握政府领导方式。政资分开还将会约束政府各级领导滥用权力的办法，防止政府官员与国有资产直接交流，引起腐败，这也是很重要的事情。

二、WTO 是政府职能转变的外在动力

"入世"是世界在帮助和支持中国走向法治，是按平等的规则走向法治，这是百年来没有过的，其意义将非常之大。经济上利大于弊，政治上稳定了基本格局，也使知识分子稳住了情绪，人民看清了今后的方向。所以人们说，十月革命一声炮响，送来了马列主义；入世是 15 年

反复谈判，送来了一大套协议。前者送来的是革命，后者送来的是建设。相信再过 50 年回头看，才会对这件事的意义有真正的历史性的深入认识。

政府是入世的主体，是享受权利与履行义务的承担者和执行者，因此，政府管理体制和职能也直接受到 WTO 的冲击和制约。去年年底，我提出一个口号：入世"三要三不要"，即不要只盯着市场，更要看政府管理方式和行为的变化；不要只想着产品竞争，更要看到人才的竞争；不要只顾国内明显竞争对手的动向，还要跟踪国内外明和暗的竞争对手的战略。

今年 3 月底，我曾提出"六合一"战略。①按照市场经济规则的要求；②按照国际惯例的要求；③按照世贸组织的时间安排；④按照新的科技基础即信息化发展的要求；⑤按照全球化资源大整合的背景要求；⑥按照中国国情实际的要求。加入世贸组织前，我们强调自己的特色比较多，"六合一"发展战略和这种思路是有区别的。"六合一"的核心是加入世贸组织后政府一定要转变职能，政府定位一定要准确，要按市场经济规则运作。

1. WTO 使政府职能转变的方向更明确了

（1）衡量政府改革和职能转变有了更明确的标准，这就是将以是否符合市场经济下政府的管理方式为判断标准。世贸组织现有成员 142 个，其中 120 多个是实行市场经济的国家，近 10 个是向市场经济转轨的国家。WTO 的基本原则及协定、协议都是建立在市场经济基础之上的。

（2）减少行政审批的决议，凡是没有法律法规依据和不应由政府直接管理的审批事项应一律取消。

2. WTO 使政府对社会管理的手段更透明了

（1）政府已采取多种措施，提高政策的对内的透明度，比如，向社会公开政策、法规，有些地方已开始免费赠送政府公报。

（2）政府已成立相关机构，通过提高与 WTO 交流来提高对外交流的透明度，如外经贸部成立的世贸组织通报咨询局主要负责对外界解释、通报中国有关外贸政策、措施。

3. WTO 使政府对企业从差别管理走向平等管理，从直接管理走向间接管理

（1）推行 WTO 的不歧视原则。不仅对各成员国提供公平待遇，而且，对国内各类企业提供平等待遇。即在市场准入、贸易条件、解决贸易纠纷等方面，都是公平竞争的。

（2）要打破行业垄断，鼓励企业竞争。

（3）要培育和健全社会中介组织，促使它们规范运作，健康发展，成为承担政府管理社会服务的具体组织者和市场竞争秩序维护者。

（4）按照世贸组织允许的条件和范围，国家向有关产业提供某些保护措施。这是一种过渡。如对农产品全球自由贸易影响很小的政府支持措施：如食物安全储备、自然灾害救助、环保等，又被称为"绿箱"措施。还有"黄箱"措施。所谓"黄箱"措施，是在一定程度上妨碍农产品自由贸易的政策措施，如对农产品的直接价格干预和补贴、种子、肥料、灌溉等农业投入品补贴，以及农产品营销贷款贴息等。

4. WTO 促使政府与法律的分工更明确了

（1）减少行政干预，进一步规范政府行为，严格依法行政。

（2）政府与立法机构配合，修改、清理国内相关法律法规约 2 300 份，并制定了外资机构进入中国的多项法律。

（3）提高立法和执法中的统一性、连贯性和透明度。在推进法制改革方面，世贸组织新任秘书长素帕猜表示，许多外国的投资者都担心一些法律在省级和地方市县能否得到良好的实施和落实。例如知识产权保护，中央这一级抓得很好，但是地方在这方面却做得不够。对于地方这一级的法律实施，应当更多的强调法律的统一性、连贯性和透明度。这才会对中国的长远发展有利。

5. WTO 使我国制定宏观经济政策时更考虑国际惯例及其与国内外经济的互动影响

（1）进一步解决好制定政策的数据基础问题，即统计方法、数据与国际一致的问题。素帕猜曾提出中国首先应解决好有关数据和统计方面的问题，也就是政府公信度问题。中国政府应该向世界表明，它向世界提供的那些数据是可以信赖的，是经得起核查的。

（2）进一步适应与解决好制定政策与外部世界的协调问题。中国政府履行承诺的决心是已多次重申过的，是有决心的。中国政府完全可以用履行诺言的事实来打消一些疑虑。美国商务部制定了针对中国履行WTO 协定问题的五点计划。其要点是：着重贯彻落实；帮助中国改革；及时解决市场准入方面的问题；让美国公司得到有利开端；积极监测贸易流通情况。随时准备针对中国同意履行的所有规定而实施这套计划。当然，履行承诺是需要各方共同努力的。履行承诺是巨大的工程，中国申请加入世贸组织的法律文件就有 1 000 多页，因此，这个过程不是一下子可以完成的，在这个过程中，要有双方、多方的体谅和理解，比如什么算履行承诺，判断时要从实际出发，不能要求过苛，更不应一味指责；同时，外方要行事公道，不要双重原则。

（3）完善货币政策。第一，公开市场工具要继续发展和完善。2001年共进行公开市场操作 54 次，累计投放基础货币 5 253 亿元，累计回笼基础货币 5 329 亿元。第二，加快利率市场化步伐。一个基本的问题是：利率究竟是调控的杠杆，还是参数？作为前者，是由中国人民银行来调控的；作为后者，是市场形成的。第三，继续支持金融市场发展和完善。如，需要进一步发展和完善票据业务和票据市场。这既是中国人民银行进行公开市场操作的主要场所，是再贴现工具实现的条件，也是支持企业和经济发展的重要渠道。

（4）完善财政政策。财政对企业支持的政策要符合 WTO 规则。以后用纳税人的钱支持某类企业，就会有争议了。按 WTO 规则，可允许对农民收入进行补贴，但要禁止对农产品销售进行补贴。

（5）完善税收政策。按照国民待遇原则统一内外资企业所得税。中国加入世贸后将削减关税水平，要研究这对中国财政赤字的影响。

（6）完善外贸政策。补贴出口政策要改。比如，原来对出口商品实行贷款贴息和直接补贴等，对主要农产品按出口数量的定额补贴，都属禁止性补贴。但在过渡期，可利用世贸组织允许的微量补贴规定。进一步完善出口退税机制。建立健全进出口贸易预警机制。应与发达国家一样，对进口要有监控措施。在 WTO 规则允许条件下，充分运用技术性贸易措施，利用技术法规、标准、合格评定程序，以及含量限制、转基因标识等各国通行做法控制进口，保护民众的健康和利益。政府有责任关注并参与贸易争端的解决。建立应对多边贸易争端解决的跨部门协调机制，以抵制其他成员对我国实施的不公平贸易措施，协助我国境内企业解决在双边经贸活动中受到的歧视性待遇。

三、信息化是政府职能转变的技术动力

现有的政府组织形态是工业革命的产物，与工业化的行政管理的需求和技术经济环境相呼应，已经有两百多年的历史了。电子政务实质上是对现有的、工业时代的政府形态的一种改造，即利用信息技术和其他相关技术，来构造更适合信息时代的政府结构和运行方式。随着网络时代和网络经济的来临，管理正由传统的金字塔模式走向网络模式。

首先，实施电子政务应明确的三对关系。

（1）电子政务，关键是政务。电子政务不是政府建个网页就可以的，"入世"和政府市场化改造是最重要的，是我们讲电子政务的前提。技术是伟大的，但不能信奉唯技术论。

（2）电子政务，推动力在市场。政府是重要的，但不能神化。国务院信息领导小组第一次会议提出五点方针，其中首要的就是以需求为导向的问题。

（3）电子政务的基础是群众。电子政务，必须要形成和培育出电子民众。如果信息化不普及，现在的数字鸿沟问题解决不了，那么电子政务的实施就有困难。

其次，应明确实施电子政务与转变政府职能的关系。

（1）电子政务有助于促进政府行政目标和工作作风的转变。企业和居民希望通过"电子政务"使与政府打交道更容易、更有效率，并进而实现政府、企业与居民之间一种新的伙伴关系。信息技术确实向各级政府提供了一个极好的机会，来建立一个能够更好地为居民和企业服务的政府。因此，电子政务有助政府从"命令式管理"走向"服务为基础的现代管理"。居民通过浏览领导人网页，向领导人发送电子邮件和留言，来参政议政，从而密切了政府与民众的联系。建立电子公告牌、网上投诉信箱等措施，可以促进政府廉政建设。比如，美国联邦政府已经建立了一个类似性质的门户网站 FirstGov。通过这个网站，居民可以进入大约 2 万个联邦政府各个部门的网站，搜索大约 3 千万个网页。网站按行政、立法、司法提供 16 个主题的分类政府信息，并且可以完成一些简单的、风险不大的业务处理。这个网站目前每天大约有 12 000 个访问者，被浏览的网页每日达 10 万页以上。

（2）电子政务有助于促进政府管理方式的转变。电子政务使政府对社会的管理手段更透明了，民众参政议政机会大大增加了。首先，政府通过电子政务实现对企业的管理。企业通过政府网站可以平等地获取注册、申报、审批、年检等信息，使企业和政府的交流方式更平等了。通过电子政务，政府可以面向企业发布各种方针、政策、法规、行政规定，为企、事业单位提供从事合法业务活动的环境，公布如产业政策、进出口、注册、纳税、工资、劳保、社保等各种规定。政府还可以通过电子政务向企事业单位颁发各种营业执照、许可证、合格证、质量认证等。其次，企业通过电子政务与政府联系。通过实施电子政务，企业可以向政府缴纳各种税款，按政府要求填报各种统计信息和报表，参加政府各项工程的竞、投标，向政府供应各种商品和服务，以及就政府如何创造良好的投资和经营环境，反映企业在经营活动中遇到的困难，提出可供政府采纳的建议，向政府申请可能提供的援助等。再次，通过电子政务，政府对老百姓的管理、沟通更方便了。政府对居民的服务首先是信息服务，让居民知道政府的规定是什么，办事程序是什么，主管部门在哪里，以及各种关于水、火、天灾等与公共安全有关的信息。政府对居民的服务还包括学校、医院、图书馆、公园等公共部门面向居民的服务。通过电子政务的实施，政府就可以迅速为居民提供各种相应的服务。反过来，居民可以通过电子政务系统向政府缴纳个人应向政府缴纳的各种税款和费用，按政府要求填报各种信息和表格，以及缴纳各种罚款等，更重要的是电子政务开辟了居民参政、议政的渠道，使政府的各项工作不断得以改进和完善。

（3）电子政务有助于促进政府依法行政水平的提高。人们可以通过网上法律库解决法规中"有没有"、"是什么"、"在哪里"三大问题。人们通过网上意见交流从而强化了对政府依法行政的广泛监督。比如，前一段时间证监会实施国有股减持方案的时候，网上一下征收到7 000条意见，形成7大类。由此可见，电子政务有助于信息化自身法规建设，可以促进政府配套政策的出台和落实。

（4）电子政务有助于政府工作效率的重大提升。政府是全社会中最大的信息拥有者和处理者、最大的信息技术的用户，有效地利用信息技术，可以极大地提高政府业务的有效性、效率和提高劳动生产率，建立一个更加勤政、廉政、精简和具有竞争力的政府。通过各种应急系统、政府值班系统、防灾减灾系统等可以快速处理问题；通过决策管理软件、预测变动软件如-tsp, spss 等，可以准确、科学地处理问题；可以使处理问题参照系更"大"了，国内外消息、相关资料，通过互联网能查询到，使处理问题反馈周期缩短，使处理问题的效果更好。这样可以使国家税费合理增长，资源计划配置部分合理，公共产品供求改善，群众满意度提高，社会稳定程度提高，不能处理的问题可以处理了。在信息时代，就像管理信息系统是管理企业必备的手段一样，电子政务已经成为治国不可或缺的工具。信息化使许多政府原来不可能做到的事情不仅可以做到，而且可以做得更快、更好，帮助政府实现对国家的有效管理。今天，无论是经济与社会的发展还是国家安全的保障，都不能没有电子政务的支持。

（5）电子政务有助于促进政府职能的新划分和组织结构的新调整。国际上有专家提出，将政府的业务分为 9 类共 165 项，9 类即居民服务、司法与公共安全、税务、国防、教育、行政管理、运输、法规与民主、邮政，以其发展来评估一个国家电子政务的实现程度。在电子政务的发展过程中也产生了一些只有应用信息技术才可能获得的新的政府概念，如"一站服务（one-stop-service）"，即居民或企业只要去一个政府综合办公地点即可解决需要政府办理的所有有关事项；"无站服务（non-stop-service）"，即居民或企业只要进入一个政府网站即可解决需要解决的问题；"24×7"，即每周 7 天、每天 24 小时不间断地向居民或企业提供政府的服务；"居民关系管理（citizens-relationship-management）"，即掌握某些居民（如危害国家安全者、刑满释放人员，以及特困户、残疾人等）的特殊需要，以便有针对性地适时提供所需的政府服务。电子政务不仅仅是将现有的政府业务电子化，而更重要的是对现有的政府进行信息化的改造。电子政务促进政府间联系的简化，政府与政府之间的互动包括中央和地方政府组成部门之间、中央政府与各级地方政府之间、政府的各个部门之间、政府与公务员和其他政府工作人员之间的互动。电子政务必然导致政府机构的结构性调整，也必然导致政府运行方式的改变。因为，原来政府的许多作业是以纸张为基础的，现在则变成电子化的文件了；原来政府与居民的"接口"是在办公室，或者在柜台、窗口，现在则移到计算机屏幕上了。因此，需要调整原有的某些政府部门及某些人员，设立一些新的部门及新的岗位，重组政府的业务流程。只有这种改造实现了，电子政务才是真正地趋于成熟了。

作者说明

政府职能转变的三大推动力，一讲 WTO，二讲信息化，三讲市场化。2002 年，是我讲 WTO 与中国经济关系最集中的一年。3 月 11 日为青海省厅局长们讲"面对 WTO 的五眼并用法"，这是借助于光远先生讲的"五眼"发挥了一下，即："慧眼看政府、法眼看规则、天眼看趋势、肉眼看自己、火眼看对手。" 4 月 11 日在北京《长安论坛》讲"WTO 与政府体制改革及宏观经济政策的制定"，6 月 13 日在中国社会科学院研究生院讲"我国政府职能转变的三大推动力"，7 月 25 日在首都图书馆还讲"我国政府职能转变的三大推动力"，8 月 13 日在北京市金融学会研讨会上讲"入世与金融业创新"，8 月 16 日在全国省级台联领导干部培训班上讲"我国加入 WTO 后的形势与对策"，9 月 20 日在上海财经大学 85 周年校庆学术报告会上和 12 月 17 日在香港经济学会第二届双年会讲了类似的内容，当然根据当时情况有所增减。本文是编辑曹凯先生根据我在中国社会科学研究院的报告整理成文，以《政府职能转变的三大推动力》为题，登载于《中国集团经济研究》2002 年第11～12 期上。

从提高执政能力来看完善宏观调控

党的十六届四中全会通过的《中共中央关于加强党的执政能力建设的决定》，对于加强党的执政能力建设有重大意义，对政府执政能力提高也具有重大指导意义。《决定》中提出了要"科学执政、民主执政、依法执政"，这是《决定》中的一个新提法，也是我们完善政府宏观调控的重要依据。以下从三个方面来谈谈对完善宏观调控的看法。

一、从科学执政看完善宏观调控

1. 科学执政完善宏观调控，就是要明确宏观调控的科学内涵和性质

在全球经济和区域经济联系日益增加的背景下，由于供给和需求的冲击，经济的波动性难以避免。几乎所有的政府都把避免经济活动的剧烈波动作为己任，当一国或一个地区经济出现衰退或过度高涨时，政府就会采取宏观调控措施来显著地减少经济的波动性。宏观调控作为一种公共物品，是私人主体所不能提供或无力提供的，只

能由政府承担提供公共物品的重任。我国自改革开放来，由于经济自主性增强，经济波动减缓，抑制外部冲击的能力明显增强，但经济波动程度仍高于发达的工业化国家，经济波动也出现了许多新的特点与问题。

宏观调控的目标包括物价稳定、减少失业、促进增长和实现国际收支平衡，而运用的手段在各国立法中主要是货币政策和财政政策。货币和财政政策也是我国社会主义市场经济条件下总需求调控的基本工具。一般来讲，财政政策工具主要包括财政收入、财政支出和国债三方面的政策工具，财政政策工具作为政府调控手段，通过政府收入和支出的水平及结构来影响经济活动，其传导机制有一个特点，即各项财政工具都是通过乘数效应，影响全社会收入分配、货币供应量和价格，再影响全社会的总需求，最后影响宏观调控的目标。货币政策工具是中央银行为调控货币政策中间目标而采取的政策手段，一般包括公开市场业务、存款准备金、基准利率、再贴现率、央行再贷款等，货币政策工具影响货币供应量和利率等中介目标，进而通过信贷总量、汇率和资产价格等渠道来改变 IS 与 LM 的均衡点，进而影响社会总产出与总价格水平。

由此可见，宏观调控是中央政府用货币和财政两大手段对经济的干预，这是中央政府的一项义务，也是中央政府的一种权力。从宏观调控的内涵讲，它是一个同时涉及经济学和法学两个范畴的概念。在经济学中，宏观调控是指政府为弥补市场缺陷对国民经济波动进行的调节和控制；在法学中，宏观调控反映为稳定市场经济秩序而做出的具体制度设计和制度安排，这种制度设计和制度安排体现为一套具有权威性的法律规范和稳定性强的政策手段。从性质上讲，宏观调控侧重需求管理，而不是供给管理；要解决的问题是短期问题，而不是供给管理包括的中长期问题。

2. 科学执政完善宏观调控，就是要科学地界定政府与市场的关系

对于政府和市场的关系，经济学家在不同的时期或同一时期都会有不同的回答。斯密坚信"看不见的手"，强调非常有限的政府，强调市场的作用。而凯恩斯则坚持用"看得见的手"来管理经济，强调政府干预的重要性。各流派理论观点的不同，反映了经济和政治环境在发生变化，也体现了政府和市场关系的复杂性。从西方国家宏观调控的实践看，宏观调控的能力与程度在不断增强。

现代市场经济条件下，政府是一个提供公共产品的庞大系统，政府

对"市场失灵"做出快速的反应。世界上任何一个国家或地区，都在根据本国或地区的实际情况来处理政府与市场的关系。政府在经济管理方面的一个作用是通过宏观经济调控，为市场运行创造一个良好的公平竞争环境。但是政府作用也存在着局限性，即"政府失灵"。而市场竞争有效地降低了市场运行的信息成本和监督成本，因而能够节约交易费用，实现资源的有效配置。克服"市场失灵"和"政府失灵"的最佳途径是把两者适当地结合起来，充分发挥两者的积极作用。

在本届中央政府新班子成立时，国务院总理温家宝讲了一个总原则，即：市场能做的市场做，政府不能做，政府要做的一定要做。这个总原则非常重要，不仅贯穿在政府日常工作中，也应该指导宏观调控的措施。也就是讲，宏观调控要依据其合法边界进行调控，要在市场经济法律体系内进行调控。宏观调控不是对微观经济的干预，也不是用产业政策调整的名义对企业直接干预，也不是仅仅根据某些产品的供求预期作为宏观调控的依据。因为生产长线产品，所以要关闭，那就应该让市场来说话，不是通过行政来管理。

3. 科学执政完善宏观调控，就是要明确宏观调控的合理范围

宏观调控是需求管理，不是供给管理。宏观调控解决的是短期问题，而供给管理则包括解决中长期问题。对经济形势的分析，我们应当将需求管理与供给管理相结合，但不要把两者混为一谈。比如，土地管理是供给管理，政府完全有权利根据土地的相关法律来管理好土地。但是宏观调控是需求管理，是对经济短期变化的干预，因此，不应把土地作为宏观调控的内容。即使土地信贷影响了资金供求，影响短期的形势变化，也不要因此将它作为宏观调控的内容。

当今世界科学技术和经济发展突飞猛进，并日益渗透到经济与社会发展的各个领域，宏观调控的难度日益增加。科学执政要求中央和地方政府各级调控的实施者在实践中掌握新知识，探索新规律，解决新问题，最根本的是要科学分析和判断社会经济发展的实际状况与所制定目标的偏离，按照经济规律来执政和行政。特别是在重大宏观调控决策出台之前，要广泛听取社会各界的意见，听取相关经济专家、社会专家与技术专家的意见，在决策过程中要在深入调查研究实际情况的基础上运用经济、计量与统计、法律等领域研究的最新成果，并在整个调控过程中做好各环节的反馈调节，以保证宏观调控的精确性和高效率。

举例来说，产出缺口和潜在经济增长率的计算与分析是确定宏观调控的重要依据。实际经济增长率围绕着潜在增长趋势曲线上下波动，而宏观经济政策的目的是减少实际产出偏离潜在产出的程度。我国的产出缺口与潜在经济增长率到底是多少？这是一个进行有效宏观调控必须要回答的问题，也是宏观调控决策者必须做到心中有数的一个问题。20世纪90年代以来，我国不少学者运用生产函数法和时间序列法等方法对潜在经济增长率进行了定量的研究，虽然潜在经济增长率是一个难以估计的宏观变量，但还是测算出了一些有说服力的数据。比如，对于1978—2002年期间的潜在经济增长率的测算，刘瑞等（2003）测算的结果是9%，胡鞍钢（2003）测算的结果是9.3%[1]，郭庆旺等（2004）测算的结果是9.56%[2]；对于2000—2005年期间我国潜在经济增长率的测算，王春正等（2003）测算的结果是8.4%～8.8%，周海春测算的结果是8%，谢三明测算的结果是9%；对于长期的潜在经济增长率的预测，王小鲁等（2000）测算出2000—2020年潜在经济增长率为7%。可见，我国潜在经济增长率未来有所下降，但仍在较高的水平上。"十五"期间我国的潜在GDP在8%～9%之间。2004年上半年我国经济增长率为9.7%，与潜在经济增长率相比，我国目前经济运行属于轻度或局部扩张，还不是过度扩张，因此经济运行还不存在需要软着陆的问题，当前宏观调控应当适度，否则会因调控过度对经济造成较大的负面影响。

二、从依法执政看完善宏观调控

1. 从依法执政的角度来看，宏观调控本身就是一个法律范畴

宏观调控行为是一种新型的政府行为，不同于传统的行政行为，不能简单地以为宏观调控行为是行政行为的延伸，新制度经济学认为，宏观调控的法律规范和政策手段是经济持续、稳定、协调发展的保障。因此，为了实现我国的宏观调控目标，同样有赖于科学合理且完备的法律制度体系的保障。第一，宏观调控行为要有效地进行，要有法律根据，

---

[1] 胡鞍钢：《SARS危机对我国经济发展的影响分析》，载《管理评论》，2003（4）。
[2] 郭庆旺、贾俊雪：《中国潜在产出与产出缺口的估算》，载《经济研究》，2004（4）。

具有合法性，是合法行为；第二，宏观调控行为是一种特定主体做出的行为，行为主体要合格；第三，宏观调控行为是一种职权行为，要依职权做出；第四，宏观调控行为是一种宏观领域的调控行为，要作用于宏观领域；第五，宏观调控行为是一种国家行为，是一种公权力运用行为，必须要有制约机制，才能保证行为规范。

在发达的市场经济国家中，宏观调控的法律规范性是具体的。美国是宏观调控法治化最完善的国家。比如，美国的联邦储备法授权联邦储备董事会独立制定金融政策的职权，连总统也不能加以干涉，但它同时要求董事会会议服从《阳光下的政府法》的公开要求。日本政府努力使政府政策措施法律化，包括一般法（如《外汇及外贸管理法》）和个别法（如《机械工业振兴临时措施法》），许多产业政策也是通过法律的形式予以固定的。我国香港地区仅在公共财政方面的立法就有近30种，这些立法的共同特点就是授权明确，应该由被授权官员行使的权力，其他机关绝对不能干涉。

可以说，越成熟的市场经济就是法治程度越高的市场经济。而一项宏观调控的立法保障，最重要的就是授权及对权力后果承担责任。通过立法授权，宏观调控的独立性得以保障，被授权者因而可以充分行使其权力；责任制要求则是为了防范调控机构越权或滥用职权[①]。

2. 依法执政完善宏观调控，首先必须使政府行为具有合法性

市场经济是法治经济。而法治是通过两种约束来为经济法治提供制度保障的：一是对经济人的约束，二是对政府的约束。实践和理论都证明，政府行为的法治化是现代市场经济发展的重要前提条件。根据国外实践，政府行为的法治化要体现以下原则。①权利法定原则。即政府作为法律关系主体，其权利来源于法律的授予；未经法律授权，以国家名义实施的法律行为，在法律上是无效的。②公平原则。即政府应站在公允上的立场上，对所有市场主体都一视同仁。③效率原则。政府应该树立尊重市场主体合法权益的市场主体本位意识，依法定程序办事，提高办事效率。④尊重人权原则。政府行为即使符合法定原则，也不能侵犯公民的基本人权和基本自由。⑤保护财产权原则。除法律特别规定的以外，政府和公民、企业之间的财产关系是平等的交易关系。

---

① 李曙光：《宏观调控的法律视野》载，《法人》，2004（6）。

这五项原则也是西方发达市场经济国家政府宏观调控行为合法性的基本理念，它们深刻体现在政府宏观调控的立法和执法过程中。

在我国，中央政府宏观调控权力具有合法性。1993年宪法修正案规定："国家加强经济立法，完善宏观调控。"同时，作为国家立法机关的全国人民代表大会通过的《国民经济和社会发展"十五"计划》将中央政府的主要职能定位为"搞好宏观调控和创造良好的市场环境"。尊重人权、保护财产权的原则也已经写入了宪法，公平和效率原则更是见诸诸多法律和政策。可以说，政府行为法治化五原则已经很好地体现在我国的法律文本上。但在实践上，政府，尤其是地方政府通过自身的强权而侵犯公民基本人权、自然人和法人财产权的行为还非常严重。其主要原因很大程度上在于，政府不需要为自己的权力后果承担责任，违背了政府行为的合法性。

3. 依法执政完善宏观调控，需要进一步明确我国宏观调控的法律边界

政府的有限理性决定了市场经济中的政府应该是有限的政府，这种有限理性的经济法律含义，就是要依法打破国家调控全能主义的法律权利结构，将国家对经济生活的超经济行政干预减少到最低限度，并据此确立国家干预经济的法律边界。也就是说，宏观调控法应确立国家的适度调控原则，规范政府调控的方式、范围及其程序，使之在保障和维护市场机制作用正常发挥的前提下，依法适度调控。第一，国家调控应当正当行使，突出强调国家调控职权法定原则，对任何滥用权利的行为都应进行严格控制并追究其经济责任。第二，对政府的调控行为应设置一道程序屏障，确保国家调控按既定的期限、方式和步骤进行。第三，国家调控应当谨慎，应当尊重市场自身动作的规律，不可取代市场配置资源的主导性地位。宏观调控的法律边界将政府调控范围严格控制在货币、金融、价格、分配等领域，切不可直接作用于企业和公民，不可压制市场经济主体的经济自主性与创造性。

我国已初步形成完整的市场经济法律体系，构成了我国政府宏观调控的法律边界。这些法律包括市场主体法律制度，如《公司法》（1999年修订）、《合伙企业法》、《个人独资企业法》；包括规范市场主体行为的法律制度，如《合同法》、《票据法》、《保险法》、《证券法》、《担保法》等；包括市场管理秩序的法律，如《标准化法》、《反不正当竞争

法》、《消费者权益保护法》、《产品质量法》等；包括宏观调控方面的法律制度，如《预算法》、《审计法》、《税收征收管理法》、《价格法》等；还有劳动及社会保障的法律等。在宏观调控中推进体制改革，本身就是在为宏观调控确定新的法律边界。

但是，由于各方面的原因，我国的市场经济法律体系不仅存在法律规定的真空，而且现存法律之间也存在着不协调之处。我国政府宏观调控的法律边界还需要进一步完善。当前，最紧迫的是明确对基本人权和财产权的保护做出法律规定。

4. 依法执政完善宏观调控，还必须使宏观调控的主要手段合法化

由于宏观调控是从经济体系中找出几个关键变量作为杠杆由国家掌控，进而对宏观经济运行加以调控，因此，只有那些关键变量具有杠杆性质能"牵一发而动全身"的因素才能构成宏观调控方法。具体来说，宏观调控方法和手段主要包括发展计划、财政政策、货币政策和产业政策。经济立法是国家对经济进行管理和调控的基本职能，要通过立法手段把这些宏观调控的办法和手段用法律形式固定下来，加以规范化。还要加强行政执法手段。宏观调控措施是通过政府部门来实施和操作的，这就要求政府部门必须依法行政，并明确执法的法律责任。同时要依法完善监督检查手段，一是对执法机构的监督与检查，二是对守法当事人的监督和检查，通过这些手段的确立，可以在全社会范围内建立起一个立法、执法、守法相互制衡与相互协调的法律调控手段体系。

尤其需要指出的是，在我国，宏观调控的法制化并不意味着只是将具有形式绝对性的普遍规范体系作为目标模型，而必须进一步致力于形成一种具有实质意义的法治秩序。不论是需求管理，还是供给管理都有一个法律授权问题，都要注意依法行政，特别要注意对企业产权和决策权产生影响的法律根据。

三、从民主执政看完善宏观调控

1. 民主执政完善宏观调控，首先应体现在立法的民主化上

立法民主化要求国家权力机关和行政机关在制定宏观调控法律、法规时，应尽可能地听取公众的意见，尤其是利害关系人的意见。西方各国创设了一系列行之有效的制度，如公开制度、咨询制度、听证制度、

协商制度等。公开制度要求立法机关应该主动地公开与宏观调控立法有关的信息、资料以及对法律的解释、说明等；咨询制度指立法机关在草拟宏观调控立法规则、立法草案及确立立法内容等整个立法过程中，应尊重咨询机构的建议、劝告等，以保证科学决策；听证制度要求立法机关在进行宏观调控立法时，应当举行公开听证会，广泛听取公众意见；协商制度指立法机关在宏观调控立法过程中应与各种利益集团举行会谈，充分听取他们的意见①。

立法民主化的主要手段是立法社会化。国家在依法运用调控权时，要充分吸收公众的意见。有些国家的行业协会（经济联合会）、专家（专家小组）的积极参与对宏观调控法的有效实施产生了良好的影响。例如，德国的经济联合会对国家的经济规划和经济政策有相当大的影响，这种强烈影响渊源于国家在顾问委员会和专门委员会中给予联合会以不同程度的参与权。国家离不开经济联合会经常性的信息和参与，因为它们能为国家在经济领域的决策提供真实的材料。德国在宏观调控中还经常以各种方式使用官方聘请的专家以及大量的专家小组，倾听他们的意见，有些甚至还颁布法律强制政府听取专家意见，如 1961 年 8 月 14 日颁布的《组织专家委员会就整个经济发展提供意见的法律》。

客观地说，在我国不论是法律本身的民主性，还是立法过程的民主性，都有很大的进步，但还有很长的路要走。我国的许多宏观调控法律都是由有关部门封闭起草的，存在着很大的部门利益和部门局限性。即使由全国人大（及其常委会）起草或通过的法律，也由于人大（及其常委会）组成人员的特殊性和公众参与的局限性，仍然不能克服部门利益和部门局限性。而这种不太民主的立法过程必然产生不太民主的法律。我国宏观调控的法律，很多还是制约民众的"治民"、"管民"之法，还不能有效体现出对民众正当权利的法律维护，以及对公共权力行使的法律控制。相反，国外法律民主化的趋势是"维权（利）法"和"控权（力）法"，其核心理念是维权（利）必先控权（力）。

所以，在我国要完善宏观调控立法民主化，就必须加强宏观调控立法的社会化。以立法的形式对相关程序、内容、执行、结果等的公开化、透明化、公共参与等都作出规定，使宏观调控的科学化、民主化建

---

① 吕宙：《西方国家的宏观调控体系》，载《环球经济》，1998（6）。

立在法制基础上，并以民主化和社会化促进宏观调控的法治化进程。

2. 民主执政完善宏观调控，必须认同并尊重市场主体的自主决策权

市场经济的一个根本基础就是，分散的市场主体根据自己掌握的信息，在国家法律规定内，独立地做出决策。作为间接手段的宏观调控，是政府通过财政、货币政策、国家计划等影响市场信号并进而影响市场主体的信息，最终影响市场主体的决策行为，而不是对市场主体决策行为的直接干预。

我们选择市场经济作为我国改革的发展目标，就要认同这一基础，并尊重和保护市场主体的独立决策权利。市场主体拥有的信息不同、决策的能力不同，对形势的判断和决策也就不会相同。因此，要允许市场主体对形势有不同看法，比如，对投资过热是否就是经济过热应允许有不同看法。如果企业因盈利预期而投资，并对自己的投资效果负责，那就是市场行为。政府不应该进行微观干预，而是应及时提供市场信息并依法管理。而政府和作为代理人的政府官员，自身也是有限理性的，他们未必能比市场主体更能判别出哪个行业已经过热或者没有盈利机会。而且，随意性的政府干预，往往还会增加市场主体判断的不确定性，增加市场主体的决策成本，阻碍经济增长。所以，以行政方式控制投资过热的问题，效果往往不会很好。

在转轨时期，中国当前最大的问题还是政资不分。政府还直接或间接控制着许多企业，成为事实上的市场主体的一部分。这必然导致作为宏观调控的政府和作为企业所有者的政府职能之间的错位。作为企业所有者，政府有充分的理由直接干预国家控制的企业的决策，但如果将这些干预措施加以推广，作为干预普遍市场主体的决策行为时，就会出现前面所分析的问题。

所以，要认同并尊重市场主体的自主决策权力，完善宏观调控，就必须加紧政资改革，加速政资分离。

3. 民主执政完善宏观调控，必须要减少行政手段对经济的干预

宏观调控是一种间接调控，就是与直接干预的行政手段相区别的。所以，严格地说，行政干预并不构成宏观调控的一种手段。但是，在政府，尤其是地方政府深度地参与经济行为，并成为实际的经济发展主体时，有必要通过行政干预影响地方政府的行为。即使这样，也只能叫政

府干预而不能称为宏观调控。这种干预只适用于政府对政府，而不能应用于政府对企业。否则，就会牺牲效率，扭曲资源配置关系。

2003 年下半年以来，为避免经济过热，中央政府采取了一系列温和的宏观调控措施，但经济运行的响应力度和政策预期存在着偏差。2004 年第一季度，扣除价格因素之后的固定资产的投资增长，已经突破了改革开放以来的最高纪录。在不得已的情况下，中央采取了更为严厉的"点刹"措施，这才见到了成效，使 2004 年第二季度的固定资产增速开始有所回落。这是典型的行政性手段的运用，增加了调控不当的可能性。就是说，可能会由于控制过度而导致意外的经济硬着陆，导致潜在的资源配置不当，扭曲经济激励机制。还可能造成经济的损失和低效率。比如，目前新一轮的调控中，银行信贷规模的下降不是通过利率来进行收缩的，而是行政性的压缩流动信贷，银行信贷的环比增长率由 2003 年 10 月份的 32％降到现在的不到 10％，完全是行政干预的结果，可能只治标不治本，即它并没有解决经济过热的根本原因。长此以往，政策的实际效果将大打折扣，并且会出现逆市场化的进程。

因此，减少行政干预，寻求一条以市场为基础的、能够切实有效地抑制经济过热的途径已迫在眉睫。

4. 民主执政完善宏观调控，还要承认地方有依法促进本地区经济发展的权力

经济学认为，区域经济存在的理由就在于资源禀赋分布的不均衡性、要素的不完全流动性和不同地区的利益差别，每个区域都是一个独立的利益主体。所以说，只要有区域的存在，就存在区域之间、地方和中央之间的利益差别。

在现代市场经济条件下，中央和地方的权利、义务和产权关系，在法律框架下，是平等的。比如，美国是联邦制国家，地方和中央政府的财权、事权有明确的法律限制，这样政府就没有权力任意干预地方事务。英国中央政府对地方政府的经济权限有严格的限制，但也是先通过议会立法，地方政府只有在法律规定内的自主权，中央政府也只有在法律限定内才能干预地方政府行为。

当前时期，中国经济运行的利益主体日益多元化，如何通过法律手段，既保护地方的经济建设热情又兼顾全局的统筹，是需要积极探索新的可能途径的。不能简单地用"大局观念"等模糊概念来处理中央与地

方经济关系。

目前，最紧迫的任务是，化解由于事权向下放、财权向上收而造成的地方政府利益独立化和基层财政空洞化的威胁。

作者说明

政府在宏观调控中应做什么，有哪些工具？这是在分析经济形势时常要讨论的。一个时期，中央政府宏观调控感到落实上有困难，因此也在讨论还有什么方式能加强对经济建设的领导。其中一个观点就是土地管理是否应算为宏观调控。我一直对此持不赞同的观点。我认为宏观调控就是需求管理，且为短期的需求管理。土地管理是供给管理，也是中长期的管理。二者不能混为一谈。2003 年和 2004 年是讨论这个问题较多的年份。正好，2004 年 9 月党的十六届四中全会通过的《中共中央关于加强党的执政能力建设的决定》，提出了要"科学执政、民主执政、依法执政"，这是一个新提法，也给了我们认识政府宏观调控有力的武器。我就请曾学文和金三林博士，以这个《决定》为指导，在我以前发表的有关文章与观点的基础上，系统地整理思路，共同合作，形成《从提高执政能力来看完善宏观调控》一稿，交中国社会科学院经济蓝皮书秋季版，社会科学文献出版社于当年就公开出书了。

第 四 篇

产业结构调整与企业制度改革

"两者分离"和"双重所有权"

记者：通过学术讨论会和我们个别交谈，我感到你的某些观点有独到之处。为了使你的观点为人们所了解、供大家研究，今天特地来访问，想提几个问题，请你进一步谈谈。

李晓西：欢迎你提问题。

一、从当前通货膨胀谈起

记者：目前我国出现的通货膨胀问题无疑引起了经济学界的极大关注。关于通货膨胀的起因，流行的观点认为是货币供应量过度膨胀而致。美国经济学家费里德曼也有过"通货膨胀是一种货币现象"之说。从与你交谈中，得知你有不同的见解，首先请你谈谈这个问题。

李晓西："通货膨胀是一种货币现象"这句话很流行。我国的通货膨胀也可以讲是一种货币现象。没有货币就没有价格，就不会有价格现象，这是不言而喻的。然而我国的通货膨胀其本身并不是货币造成的现象。我认为我国的通货膨胀表现为一种以成本推动为主导的通货膨胀，而不是一种货币发行过多的需求膨胀为主的通货膨

— 309 —

胀。这种理解可能和一般理解不太一样。换言之，在表面上表现为货币发行过多现象的背后掩藏着一个更为深刻的原因，那就是我国市场机制的基础很差，双轨体制存在，这是造成通货膨胀的更重要的原因。市场机制要求企业成为市场的主体，但目前我们的企业还不能成为市场的主体。我们的市场缺乏竞争，垄断性较强，价格体制上的"双轨制"带来种种弊端，这些因素都是造成物价上涨的重要原因。在生产领域中，除了原材料价格因素对成本的推动作用外，工资等因素对成本也起着推动的作用。当然，这种成本推动实际上并非仅是我们中国才有，只不过是在我国的改革中，成本推动为主导的通货膨胀比货币需求造成的通货膨胀影响可能更大，具有更深刻的原因。比如我上面说到的垄断、缺乏竞争这个问题，我国国营企业具有垄断地位，国营企业涨价就对整个市场起到决定性的带头作用。有些商品的涨价就是国营企业带头干的，而国营企业的行为基本上又不受市场的抑制。这在西方国家是不行的。西方国家物价的上升，要受到市场的抑制。它们有反垄断法，价格过高会被市场抑制下来。我国垄断机制又是从计划机制演变过来的。由于我国缺乏社会主义市场的条件、缺乏竞争机制、缺乏真正的市场主体（即真正独立的企业）、缺乏真正的银行调控系统（现在的银行只是国家的一个出纳、一个财会部），因此我国的成本推动表现得更为突出。

记者：西方对通货膨胀的分析，也有"成本推动"论之说，旧李嘉图经济学派就持此论。但"成本推动"论也被不少学者视为错误，至少是不确切的，因为他们认为成本不过是物价的别名。我则同意国外有些经济学家所说的，通货膨胀归根到底是货币供应量增长了，降低了货币单位的价值，也就是说通货膨胀提高了物价和成本。

李晓西：那么我举一个实际例子。去年我去南斯拉夫调查通货膨胀问题，南斯拉夫的通货膨胀与我国有可比的一面。其在 1983 年前货币发行多、物价上涨快，1983 年以后国家逐步采取紧缩通货的政策，想把通货膨胀压下来。但 1983 年后越想紧缩，通货膨胀上得越快，而且是加速上。这种情况通过把这个时期的货币发行总量和其生产发展速度进行比较就可得知。分析原因，有些人提供数据说明还是货币发行过多，但我们对联邦银行的内部资料进行分析，发现实际上这个时期货币发行量已是压得很厉害的了。为什么越压货币，通货膨胀越严重？这就是因为他们没有市场基础，成本推动的作用对通货膨胀的影响很大。因为物价现象是供求双方造成的，如果单方面地通过抑制需求来压缩通货膨胀，就会同时使得供求条件更差，包括出现进口原材料更短缺、原材料价格上涨，也包括出现工资乃至物价的轮番上涨。这样一来，紧缩通货的结果是使得通货膨胀率更高。同时我想补充一下，强调成本推动并不否认存在着需求膨胀的一面，而是希望大家更多地从供给方面探讨通货膨胀的成因。

记者：现在有这么一种认识，认为解决通货膨胀问题的有效方法就是贯彻执行财政、金融双紧政策。对此你是怎么看的？

李晓西：关于"双紧"政策我谈四点看法。

第一，我认为我国的通货膨胀是转轨型的，是基本经济条件剧变下产生的，它具有必然性；既然通货膨胀的产生是以成本推动为主导的，那么根本问题就在于市场基础，而不是政府的货币发行多少所能解决的。

第二，我国当前的通货膨胀又是与我国过渡时期的"双轨制"分不开的。"双轨制"在流通环节造成了一种价差环，即统一市价和牌价的环。原来我们的想法是不断扩大市场价的环，自然缩小计划价的环，形成一种过渡，但由于这种差价的存在，这种想法就发生了变形，结果是它并不表现为市场价扩大、计划价缩小，而表现为价差环的扩大，而价差环的扩大就造成物价上涨。因此解决"双轨制"是不能再拖延的问题。如果我们现在是在"双轨制"条件下想紧缩金融，那么会花很大力气，而效果不会很好。因为"双轨制"的机制仍在起作用。

第三，紧缩金融和紧缩财政有很大的区别。紧缩财政在一定意义上不仅是强调压缩集团购买力，有些大中型建设项目也要压一压。这是很有必要的。现在投资效益不好，很大一部分集中在国营单位的一些大中型重点项目。当然有些项目要保，但保的范围要小，有些就该压。现在我们总认为凡是重点项目就一定要国家来干，而国家干往往又干不好，这就带来一个根本性的问题，即怎样对待国家重点。在我看来，并非所有的重点项目都一定要由国家去干，各种所有制比较市场条件，谁条件好就让谁干，但我国目前还缺乏这个市场竞争机制，而国家独家干的结果往往是花了很多钱但效益不好。

第四，我国目前的"双紧"方针在实际执行过程中，它并不是用经济的办法来治理环境，而实质上是在用一种行政的办法来治理。比如用行政的办法来紧缩信用，结果是对市场的发展影响很大，对企业发展的影响也很大。

记者：以上谈的我也有同感。经济问题只能靠依据经济规律制订的经济办法来解决。如果我们不抛掉具有随意性的"双轨制"、"配给制"

这些历史包袱，我国经济很难转入良性循环；同时，在通货膨胀发生之后，在认为不得不采取"双紧"政策的指导思想之下，如果"紧"得不当，很可能导致经济滞胀，出现萧条和危机。对此你有什么想法？简言之，你认为当前解决通货膨胀的根本问题是什么？

李晓西：我总有这么一种感觉，1988年上半年中央提出要闯关，我认为这个总方向是正确的，尽管当时有些准备工作还不足，论证也不足。问题在于，深化改革需要全面市场化，而不能靠价格单独闯关。1988年上半年出现"消费阵痛"，但这是预料之中的。我对此并不很担心，因为在这些现象的背后意味着生产形势的好转，而且根据我们得到的一些统计数据，确确实实生产形势在向好的方面转变，这就意味着经过一个阶段，阵痛的克服是有指望的。但是1988年下半年一紧缩后，消费阵痛可能并不能真正减轻，尽管可能通货膨胀率要小一点，货币储蓄要多一点，但我认为实际上很多问题被掩盖了。有些消费阵痛就变成了隐蔽型的消费阵痛，如高价商品现在干脆就缺货，原来可以自由买卖、自由选择的商品现在变成票证供应，变成限制性供应，这种情况就是一种隐蔽型的消费费阵痛。由于一紧缩，生产无疑也会因为资金短缺而变得较严峻，这么下去消费阵痛怎么能克服？我感到这很令人担心，因为这里缺乏一个克服消费阵痛的基础条件。正因为如此，我更关心如何把企业，特别是大中型企业搞活。要克服通货膨胀归根结底还是要解决供给方面的问题。如果供给方面的问题不解决，企业的问题不解决，而光是在货币上做文章，并未解决根本问题。根本问题只有一个，就是企业的问题，即生产方面的问题。生产目前和未来形势的好坏，是判断经济形势好坏最本质的东西，而消费相对来说不构成根本。

二、"两权分离"的作用与局限性

记者：我同意你的看法，搞活企业，特别是搞活大中型企业，提高效率和效益，增加社会有效供给，这是我国经济发展的根本问题。这里我想请你谈谈下面这个问题。"搞活企业、深化改革"的设想从改革初期就提出，在此期间国家对企业曾采取过种种改革措施，如扩大企业经营自主权、推行企业承包经营责任制和租赁经营等。理论界也提出"两权分离"理论，以此作为推动企业改革的理论依据。时至今日，企业的活力始终未能得到彻底的释放，企业行为短期化、经济效益不高、生产效率低下、投资行为淡化、消费互相攀比的现象较为普遍。随着我国经济体制改革的深化，企业对所有权的要求越来越强烈。请你谈谈上述问题的症结所在和搞活企业需要解决的关键问题是什么？

李晓西：首先我认为企业对所有权的要求是合理的。如何搞活企业？我国提出"搞企业、两权分离"理论已有几年了，而且企业这几年也一直在进行这方面的试点和推行工作。现在的问题是为什么企业有了自主经营权，搞了若干年，始终未真正搞活，而乡镇企业相对于国营企业就要活一些。这究竟是什么原因？对这个问题现在有各种各样的认识。我认为现在关键的是要在理论上有新的突破。我国目前主要是在以"两权分离"理论为依据去搞活企业，而靠"两权分离"理论去搞活企业是不够的。"两权分离"理论就好比运送航天飞船上天的一级火箭，靠这个理论走了一程，但如果再没有新的理论去作动力，要继续往前推进就有困难了。也就是说，如果我们不突破"两权分离"这个观点，企业改革向深层发展就有困难。"两权分离"理论给了企业一定的经营自主权，从这个意义上讲，企业由没有自主权到有经营自主权，"两权分离"理论是具有很大的意义、起了很大的作用的。但我们必须看到"两权分离"理论还有很大的局限性。首先从现实情况来看，"两权分离"并不能使企业有真正的经营自主权，它只能使企业具有一些不彻底的，或者说是不独立的自主权。这样就带来一些问题，比如新增资产的归属，这个问题如果不清楚，企业扩大再生产的动力就不足；如果原有资产处置权不清楚，那么企业更新改造就难以自己做出决定；如果说现在对企业所有权中受益问题不解决，换句话，国家和企业的分配关系不清楚（这里不是指税收部分，是指利润分配），利润分配缺乏经济根据，而形成国家给企业经营自主权，企业只有干的权力，分配的权力归国家这么一种模式，这样一种分配方式势必会影响生产方式，影响经营者的积极性。以上是从实践中看"两权分离"理论的实际效果。从理论上看，现实中产生的矛盾包括企业现在要求要有所有权等问题，也是可以分析其原因的。因为从"两权分离"理论的本身来看，它就存在着逻辑矛盾。所有权包含了占有权、使用权、受益权、处分权，而"占有、使用、处分"这些权力本身又构成经营权。也就是说，所有权本身就包含着经营权。既然所有权本身包含着经营权，而现在讲"两权分离"，那么除非重新给所有权下定义，明确所有权是只有受益权的所有权，否则经营权本身就内含于所有权，就只是两个权力的内部调整问题，并不存在把两个权力分开。

这里可能有人会提出，"两权分离"在西方发达国家中也是公认的，也讲所有权和经营权的分离，那么难道说我们还不能提两权分离吗？

三、"两者分离"理论及其可行性分析

西方国家所讲的"两权分离"实质上是讲"两者分离"，即所有者和经营者的分离。这里所有者主要是指股东，经营者就是指经理人员。这种分离是在经济发展到一定程度以后，尤其是股份经济发展以后出现的一个大的局势。

记者：你较早提出了"两者分离"这个新观点。请问"两者分离"和"两权分离"的区别和联系是什么？它的意义何在？

李晓西："两者分离"理论的意义在于它能解决目前企业因仅有经营权而无所有权带来的种种矛盾，实现进一步搞活企业、深化企业改革、提高全社会的经济效益。

关于"两者分离"和"两权分离"的区别和联系我是这样看的。"两者分离"是以两权的统一为基础的，换句话说，它是建立在两权统一基础上的两者分离。也就是说，所有者不仅仅是享有了所有权，实际上还享有了部分经营权，比如股东就享有部分经营决策权，如对企业经营方向的干预；经营者不但享有经营权，也享有部分所有权，如对所有权中的占有、使用、受益、处分都在享受。我看了西方的一些书，认为他们所讲的两权分离在很大程度上就是讲的两者分离。这里没有哪个单方面是绝对的，即你就是只有所有权的所有者，或者就是只有经营权的经营者，而都只是部分地含有，但有主有次。经营者主要是经营权，包括部分所有权；所有者主要是所有权，但还有一部分经营决策权。区分这个概念的意义在于：它强调的是以两个权力为主体，而不是以一个权力为主体；它强调企业对受益权的享有，这点具有很重大的实践意义。企业现在是经营者，它要求占有一定的所有权，这个所有权主要是指受益权；它要求要与它的所有者按市场规则来明确它们之间受益的比例。这关系到企业生产积极性的调动，因此我认为对企业是至关重要的。两者分离的重点就在于政企分开。还有一点就是这个概念同时强调所有者还享有部分经营权，这点也很重要，它实际上是为以国家作为股东，以股东的身份、以市场方式进行调节经济活动提供一种根据。它不排除国家干预，但它强调国家以股东的身份去进行干预。这里似乎会产生这么

一个问题，即如果是两者分离，那么就会产生两者都有所有权了；而两者都有所有权好像与我们以前所讲的物权中的所有权排他性有矛盾。对这个问题的解释就需要理解"双重所有权"的含义和内容。

记者：那么，请你谈谈"双重所有权"的含义和可能具有的现实意义。

李晓西：双重所有权是指对资本的双重归属关系。主要是指在股份公司中对财产的双重所有。这种双重所有权是通过法律形式来决定的。双重所有权对解决在我国公有制条件下如何使国营大中型企业获得真正的经营权提供了一条思路。

目前有两种思路，一个是在目前企业感到经营自主权不够的情况下产生的一些理论或者说是一种思潮，认为以后是企业所有制。我觉得社会主义国家要讲到公有制这个问题，就肯定要强调国家控制、国家资本问题。孙中山也说过："防止少数资本操纵国计民生。"现在，就是资本主义国家也不敢一点国家资本都没有，它也要有一点。无疑我们社会主义国家要比它们多一些，以此引导我们经济的发展。在这种情况下，国家肯定要有一定的国有资本和国有企业。因此说，这种完全的企业所有制在我们国家现有条件下是不可能实现的，而且不光是在理论上不能接受，在实践中也是不可能实施的。

另外一个思路就是国家所有制，但实践证明这种思路阻碍了企业改革的深化。实行"双重所有制"，国家国营制企业既存在一种企业的法人所有权，又存在一种国家作为股东的股东所有权。前者所有权是具体的；后者所有权是抽象的，即股东只占股份，它的实现形式是分红利。这种所有权与刚才谈到的排他性不矛盾。排他性适用于经济发展的低级阶段，仅仅是指一种物权的情况下产生的概念，在我们现代化生产发展到今天这个程度它显然就已不适用了。"双重所有权"的概念是生产力高度发展的产物，它突破了物权的概念，也突破了我们现在所讲的所有权包括四权的框架。当然，这些问题还需要我们进一步从法学和经济学的角度来探讨和研究。

西方国家无论是英美法系的国家或者是大陆法系的国家，它们的公司法都承认双重所有权。双重所有权理论已得到了普遍的承认，双重所有权问世迄今大约已有近百年的历史。我们现在需要把西方国家的公司法很好地结合我国实情进行研究，把我们经济学研究和法学研究结合起来搞，通过"双重所有权"这个关键点解决大中型企业搞活的问题，解决在社会主义条件下怎么样既使得国家国有制（公有制）这个基本条件得到保证，又能使得企业真正得到所有权，从而真正搞活企业。

记者：你谈了"双重所有权"这个新概念，那么请问在我国实行"双重所有权"需具备哪些条件？现在条件是否成熟？

李晓西："双重所有权"必须以股份制企业为基础，在我国，目前股份制在大中型企业还未全面展开，仅仅只是试点。如果说没有股份制企业，那么双重所有权理论包括它的一套法律根据都是没法应用的。因此，我认为股份制必须是前提，如果没有股份制，企业就只能搞承包，而绝对搞不了双重所有权。目前我国在条件不成熟的情况下，"双重所有权"没法作为一种法律来进行具体的实施，因此只具有理论讨论的意义。但是，我们可以通过"双重所有权"这个问题为企业股份制的尽早实现作些呼吁，因为要真正彻底地解决企业搞活这个问题，就必须使企业向股份制转化，通过双重所有权的确立调动企业的积极性，这对实现国家对企业的有效调控和对企业搞活都具有重要的意义。

作者说明

这是1989年时，《经济师》杂志的记者程皓宜对我的一次采访。虽然这个杂志不知还有没有了，记者也再没见过，文稿规模也偏小，但这次采访中我涉及的问题是重大的，本人也提出了有新意的想法。事实上，这个新想法我在英国伦敦经济学院高访时认真思索和研究过。基本思路是："两权分离"理论是具有很大的意义、起了很大的作用的。但我们必须看到"两权分离"理论还有很大的局限性。首先从现实情况来看，"两权分离"并不能使企业有真正的经营自主权，比如新增资产的归属不清楚。从理论上看，所有权包含了占有权、使用权、受益权、处分权，而"占有、使用、处分"这些权力本身又构成经营权。因此"两权分离"逻辑上就有了矛盾。建立在两权统一基础上的两者分离，则既是现实的，也是逻辑清楚的。所有者不仅仅是享有了所有权，实际上还享有了部分经营权，比如股东就享有部分经营决策权，由此又引申出一个"双重所有权"的概念，而这是现代产权可以接受的，当然传统物权理论是不可能容纳的。这些观点应该说是有价值的，希望能有机会进一步研究，也希望研究生们能对此题目进行分析。本稿后来发表在《经济师》1989年第1期上。

石油管理体制改革大思路
——大石油、大市场、托拉斯

石油工业要进一步发展，必须在观念上有新的突破，在体制上有大的创新，在行动上有大的动作。我把改革的总思路概括为"大石油、大市场、托拉斯"。

一、大石油和大市场

什么是"大石油"？"大石油"就是针对近 30 年来人们形成的"石油行业就是原油生产的行业"这种"小石油"观念的一种突破。一提起石油业，人们就想起井架，就想起王铁人跳进油池搅拌灰浆，就想起"帐篷炒面，蓝天荒原，头戴铝盔走天涯"的悲壮场面。但是，在今天，在建立社会主义市场经济的新阶段，石油业就不再只限于"在地球上打眼"了。石油业，已不仅是原油生产，而且是石油化工产品的生产；不仅是石油的生产，而且是多种类、多层次石油产品的销售；不仅是在国内的生产，而且是石油进出口的国际贸易。蓝天荒原、城市大厦、国际商场，都包含在石油行业之中。什么是"大市场"？"大市场"就是建立在大石油上形成的市场，就是石油上下游一体化的市场，就是国内外连通的石油及其各种制品的多层次市场。

对石油上下游的一体化，有识者皆曰可行、必行。国外如此，现实生活也屡次证明须如此。这个认识提出来已好几年了，没有什么不同意见了。但是，为什么很难实现呢？关键问题还是在于要不要搞石油的大市场。

石油上下游产业部门好几个，有中国石油天然气总公司、中国石油化工总公司、中国化工进出口总公司、中国海洋石油总公司等，没有市场的办法，只有行政的办法，是解决不了上下游一体化问题的。要解决问题，就要打破老办法，提出新思路。其中一条是：在这些总公司之间进行产权的大交易，重组国有资产，重组大石油企业。这将是中外历史上少见的大买卖、大交易、大市场。上游可以到下游，下游可以到上游；陆上可以到海上，海上也可以到陆上；专搞买卖的可以入股生产企业，专搞生产的也可以去当国际大商贾。可以通过交互的投股、持股，或者通过整建制的产权大交易，由此产生新的大石油概念上的几大"天王"。事实证明，在重大利益格局变动上，没有互利和等价，只靠行政上调整或重组，是解决不了根本问题的。而长期不解决这个"重组"的问题，就会迫使几大"巨头"纷纷求助于外国资本，造成本国资源非充分利用，造成互相封闭市场，这将对国内经济发展带来不利影响。而这已是迫在眉睫的"军情"了。

以上所说，可以概括为两句话：小市场变大市场，"小石油"变"大石油"；上下游行政分割变为上下游通过市场机制实现一体化。

二、在中国大石油市场上宜展开多种形式的竞争，其中寡头式垄断竞争将占重要地位

在石油大市场中，打破垄断，开展竞争，对加速我国石油生产发展和大石油产品按市场需求组织生产有很大好处。同时，对利用市场调节优化资源配置，也有很重大的意义，对石油产品价格市场化十分有利。但是，对众多的石油产品、石油的加工产品以及相应的多层次市场，石油大市场无疑有多种形式或格局。一般情况是，下游产品越接近于自由竞争的市场，上游产品越接近于寡头竞争的市场。这是因为，下游作为

加工业生产，参与者更多一些；而对上游的参与，如勘探、开采的参与，国家将给予明确的限制，以保护国家的地下石油资源，因而，参与市场竞争的可能只有几大家，即几个寡头，形成寡头竞争的局面。

由此可见，大石油市场将是一种错综复杂的垄断与竞争交织的局面。如果我们不充分认识这一点，单纯强调大石油市场的竞争性，就会使不应进入市场供给者的主体参与进来，出现一种人人办油、倒油的局面，造成国家石油资源的损失；反之，如果我们片面强调大石油市场上的垄断性，就会使石油发展缺乏竞争的压力，就难以打破几十年已形成的计划配置资源的格局。总之，要变分层市场垄断为垂直市场的寡头式垄断竞争与分类产品程度不同的自由竞争形式相结合的市场结构模式。

以垄断竞争来概括大石油市场的竞争特点，我认为不够准确。垄断竞争理论的创始人、经济学家张伯伦是从产品差异性出发，论证了差异性与垄断性的关系，提出了竞争的垄断性问题。因此，垄断竞争对任何产品都有适应性。同理，也就在可适用于石油大市场的同时，忽视了石油大市场中确实存在的资源的垄断性特征，忽视了强调寡头的重要性。

三、把中国石油天然气总公司建成跨国石油公司，建成美孚石油公司式的国际托拉斯

在社会主义市场经济条件下，中国石油天然气总公司将会发生什么变化？是进一步向公司方面变化，还是回到石油工业部的模式？我认为，各有利弊，但向跨国石油公司方面发展更有前途，对国家也更有利。

具体讲，应把行业管理型公司变为现代企业制度跨国大公司，变为大石油托拉斯式的组织，变为国际化的跨国石油公司。

显然，这样一种公司是具有垄断性的组织。因此，我们要简单地把几种垄断组织分析一下。垄断组织除托拉斯外，还有卡特尔、辛迪加、康采恩。卡特尔是划分销售市场、规定商品产量和价格的垄断组织；辛迪加是在销售产品和采购原料方面实行垄断联合的组织；托拉斯是由生产同类商品或在生产上有密切关系的企业互相联合而组成的垄断组织；康采恩是以实力最大的垄断企业（一般是大银行）为核心联合不同部门的许多企业而组成的企业集团。

由于托拉斯本身就是一个独立的企业组织，参加者在法律上和业务上无独立性，其董事会管理所属全部企业的生产、销售和财务，因此，其所属企业是否具有法人权利要进一步探讨，但与具有法人资格的企业的联合形式——卡特尔肯定是不同的。原来的企业将成为托拉斯的股东，按股权分利。托拉斯也有不同类型，有以金融企业为中心的，有以大企业为中心的。托拉斯是比卡特尔和辛迪加更为稳定的垄断组织。美国是托拉斯最发达的国家。第一个托拉斯就是美孚石油公司，产生于19世纪末。在20世纪初，它已控制了美国国内石油销售量的84%和石油出口量的90%。

当然，石油天然气总公司到底采取什么样的组织形式，什么是适合我国特点、适合中国石油天然气总公司特点的现代企业制度，是否可能借鉴托拉斯形式，总公司为什么是控股公司以及如何理解这个控股公司，什么是二级法人以及二级法人相应的权利、地位与责任是什么，等等，这些都还有待进一步深入研究和比较。

如果组建石油托拉斯有可行性，那么也还要考虑以下几点。一是组建石油托拉斯的起点应以现在的格局开始，否则，困难太大，甚至不具有可行性。现在与石油相关的几大部门都可能成为组织石油托拉斯的起点，但中国石油天然气总公司可能成为最大的托拉斯，类似美孚石油公司。二是应通过产权大交易实现石油行业大改组和形成几个大的石油组织。与此相应的是，原来各部门之间的市场封锁要打破，相互间的市场进入应自由，国内外市场要开通，一定要变封闭式市场为开放市场（为打进国际市场，在对等条件下甚至可对西方石油公司逐步分层地开放国内市场）。三是变总公司对石油企业的单向控股为石油企业也对总公司控股的双向控股，前者旨在保护和增值国家资产，后者则是为了提高石油企业的地位和权利，促使其更好地经营。

四、中国石油天然气总公司行为方式的根本性变化

如果中国石油天然气总公司真正组建成跨国公司，组建成石油托拉斯，其行为将会发生大变化。主要有：总公司将从为计划服务转变成为市场服务（当然为市场服务中包括了为计划服务，而且最重要的一块市场即国家这个大买主）；其经营发展战略将从以产量为目标转向以盈利

为目标；将按市场需求组织生产，按市场方式进行销售；将变国家定价为企业自主定价，主要是成本加计划化将变为投入产出市场化；同时，将变依靠国家发展生产为自我积累、自筹资金、自我发展等。

与此相关的是，相当多的观念要发生大的变化。例如，节能与耗油问题，就不是总公司的职责，而成为用户的天然权利与责任。石油托拉斯对用油多的项目就持欢迎态度，用得多，需求大，价格也要调高一些，这样，企业就赚得多。而与此同时，价格高，也就限制了消费。再比如，向社会提供的产品产量，将是可变的，数量多价格低了，就要减少数量，保持价格。这些，都是企业的正常行为，而不会成为异端的想法。

五、变国家对石油的计划管理为间接宏观调控

国家对石油行业的管理当然不会也不应取消，但将按社会主义市场经济要求，变成间接调控为主。这可以表现在以下方面：①变油价的国家定价为重点产品油价申报制（政府价格管理部门将对石油产品控制利润率水平和审核成本，但不具否决权）；②国家将利用"资源开发权"的授权方式和程序，调节石油总公司的行为并控制其他行业的参与；③国家将利用多种符合市场经济的税费如资源税和资源使用费，从石油盈利中得到国家的利益；④国家将利用《反不正当竞争法》，限制垄断组织的违法行为，或某些垄断行为；等等。

总之，国家将会相应产生并制定出有关的办法，来进行有效的调控，既使石油企业充满活力，又维护石油大市场的正常秩序，并把石油大市场纳入社会主义市场大体系之中。

我相信，石油行业的领导和职工，作为中国最具创业精神的社会精英，将会在党的十四届三中全会《决定》的指引下，以一流的工作，创造出一流的改革成果！

石油企业在建立现代企业制度中，如何加快推行国外石油公司通用的有效的全面预算管理方法，适应社会主义市场经济需要，是目前石油企业深化改革中需认真研究的一个题课。

在企业中实行全面预算管理，是市场经济和公司制的必然要求。长期以来，在高度集中的计划经济体制下，我们的企业只是政府的附属

物，企业的投资与收入始终是两条线，分属于不同部门管理，花钱向上（计划部门）要，收入向上（财政部门）交，所以企业既不能负盈，也不能负亏，因此不可能采取全面预算管理的方法。改革十多年来，虽然有所变化，但实质依然。在这方面，石油行业比其他行业更甚，既束缚了企业的发展，又阻碍了企业的转机建制。要推行全面预算管理，就要着力改革现行计划、财务工作中那些不适应市场经济要求的部分，建立与市场经济相配套的科学的管理制度和方法。

全面预算是一个企业总体计划的体现，它把涉及企业特定目标的一整套生产经营活动联结在一起，并规定了它们的实施方法。对于企业的管理者来说，计划要求他去思考未来，预算要求他在一定的预算结构内经营。全面预算是在对企业的销售、成本和利润进行全面预测、分析基础上编制的，它能够有力地从纵向上、横向上把企业的各部门、各所属单位凝聚在一起为一个共同的目标而奋斗。

作者说明

本文是 1993 年年底向"石油工业改革与发展高级研讨会"提交的文章，研讨会是中国石油天然气总公司与国务院研究室共同召开的。文章后载于《石油企业管理》1994 年第 2 期。我在大会上就这个论题发言时，中国石油天然气总公司的王涛总经理说："你这个观点，涉及石油工业体制重大改革，有新意，值得深入研究。"5 年后，《中国石油报》高级记者陈新华对我进行了采访，他认为当前成立南北两大公司的改革实践，与我 5 年前的建议很接近，并就当前石油工业改革前景向我提了一些问题。这篇采访附在本文之后，供参考。据陈新华反映，周永康同志（原中国石油天然气总公司总经理，现国土资源部部长）看见这篇采访后，建议石油总公司党组成员人手一份，并在党组会上进行了讨论。

《石油管理体制改革大思路》文章不长，但直接涉及石油工业面临的重大问题，从市场经济角度提出了大刀阔斧改造石油工业体制的设想。文章主要观点是，主张在中国石油总公司、中国石化总公司等国家级总公司现有产权基础上，让这些公司互相自愿等价地交换资源，比如用"中石化"的石油加工企业与"中石油"的下属油田进行互换，通过资源在交换中的重组，形成几家石油资源上下游一体化的特大公司，从事从找油到制造所有石油产品以至进出口贸易的全部活动，彼此间进行有限度的竞争。1998年国务院对石油体制进行了重大改革，在"中石油"和"中石化"基础上组建了上下游一体化的南北两个大公司。这与我在本文中提出的设想是类似的。不同之处在于，现南北公司是以地域为基础，在国家行政规定产权的基础上进行重组。而我设想的是，不以地域划界，承认原有产权基础，实现比较自愿的、相对等价的交换重组。

本文观点是在认真分析了石油工业多年来发展、改革情况，参考了国际石油业发展的经验后提出来的。这些观点，现在看来仍是有价值的。《中国石油报》的陈新华同志为我提供石油工业发展变化的资料，催促我研究石油问题，是我写出本文的重要原因。

我是石油子弟，对石油有特殊的感情，这是促使我研究石油工业的动力之一。石油工业的领导和业务部门，对我十分关心。多年来，我有过一些机会与石油总公司的领导和部门负责同志接触。1998年上半年参加"中石油"总公司马富才总经理主持的石油发展战略研讨会，再次感到石油几代领导人责任不减、仍在奋争的精神状态。我中学时代的老同学们，为石油工业发展献出了一生精力，现在不少人已两鬓花白。在此，谨向为中国经济发展作出重大贡献而现在面临众多困难的全体石油人，表示自己深深的敬意和怀念。

附：中国顶尖企业大重组

——国务院研究室宏观局副局长李晓西访谈录

陈新华

编者按

九届全国人大一次会议通过的国务院机构改革方案决定将化学工业部、中国石油天然气总公司、中国石油化工总公司的政府职能合并，组建国家石油和化学工业局，由国家经贸委管理。化工部和两个总公司下属的油气田，炼油、石油化工、化肥、化纤等石油与化工企业以及石油公司和加油站，按照上下游结合的原则，分别组建两个特大型石油化工企业集团公司和若干大型化肥、化工产品公司。这是党中央、国务院对石油和化学工业体制做出的一项重大改革，将对跨世纪中国石油和化学工业产生巨大而又深远的影响。为深入了解这次改革的重大意义和发展前景，记者采访了有关专家，写出了一组访谈录。今天刊登的是第一篇。

作为我国第一位价格专业的经济学博士，李晓西在理论界很有名气，石油界对他也并不陌生。1993年，在他的热心支持下，中国石油天然气总公司和国务院研究室曾经在北京钓鱼台国宾馆联合召开了新中国成立以来第一次"石油工业改革与发展高级研讨会"。就在那次研讨会上，李晓西发表了一篇论文，题目就叫《石油管理体制改革大思路——大石油、大市场、托拉斯》，这是国内较早的一篇系统、全面探讨石油管理体制改革理论的文章，引起了与会专家学者的极大兴趣，在各方面产生了广泛影响。

正值春暖花开时节，记者来到了中南海，在国务院研究室一间宁静、简朴、满眼书籍资料的办公室里，见到了正在笔记本电脑前紧张工作的李晓西。两天后，他就要应邀出访东南亚四国，实地考察金融危机问题。尽管临行前的准备工作十分繁忙，他还是愉快地接受了记者的采访。

记者：国务院决定将中国石油天然气总公司和中国石油化工总公司的政府职能合并，组建石油和化学工业局，由国家经贸委管理，两个总公司分别组建成两个特大型的石油石化企业集团公司。改革方案出台以后，在石油石化系统产生了巨大反响，作为一位多年关心石油改革与发展问题的专家，您对此有何评论？

李晓西：中国石油天然气总公司和中国石油化工总公司是当今中国仅有的两家资产拥有量超过3 000亿元、年销售收入超过2 000亿元的特大型企业，被中央领导同志誉为财政上缴的两大"金刚"。新一届国务院一成立，就决定对这两家中国顶尖企业实施上下游产业大重组，将它们承担的政府职能移交给新成立的石油和化学工业局，通过政企分开和上下游一体化，将这两家中国顶尖企业义无反顾地彻底推入了市场。这是一件了不起的大事情，是国有企业改革的大手笔，表明了新一届国务院把改革开放，建设有中国特色社会主义事业全面推向21世纪的坚强决心。这不仅在国内引起了巨大反响，在世界上也产生了很大影响。

记者：现在，企业重组好像已经成为一股世界性的潮流，国内似乎也掀起了新一轮的热潮。对这次石油石化大重组您有何评价？

李晓西：新中国成立近 50 年来，我国工业战线曾经采取不同方式手段搞过几次比较大的企业重组，包括 20 世纪 60 年代的全国试办托拉斯，80 年代的企业横向经济联合，90 年代的组建企业集团。这中间规模最大的一次可能要算去年的南京东联集团四强联合，引起了国内外的极大关注，许多国际大跨国公司都派观察员前来了解情况。我个人认为，这些不同历史条件下、不同方式手段的企业重组，都难以和这次石油石化大重组相比。这次石油石化大重组，资产规模之大，涉及企业之多，辐射范围之广可以说都是空前的、创纪录的，不仅在中国工业企业发展史上绝无仅有，就是在世界上也是屈指可数的。加上又是两家中国顶尖企业大重组，影响就更不一般。

记者：您说中国石油天然气总公司和中国石油化工总公司是两家"中国顶尖企业"，是因为它们的资产拥有量和年销售收入高吗？

李晓西：依据不仅仅是这两项指标，这是一个综合评价的结果。今年年初，我曾在中国石油天然气总公司同志的协助下，对中国工业生产性企业能否进入世界 500 强的问题，作过一次系统的研究分析。去年年底，美国《幸福》杂志曾经公布了世界 500 强排行榜名单，中国有三家服务性企业榜上有名，它们是中国银行、中国化工进出口总公司和中国粮油进出口总公司。但从国内的实际情况来看，这三家企业并不是最大的，后来的指标数据对比分析也证明了这一点。按照美国《幸福》杂志公布的营业额、利润额、资产额、股东权益和雇员人数等 5 项指标数据进行测算，中国石油天然气总公司和中国石油化工总公司都可以进入世界 500 强，而且是中国仅有的两家可以进入世界 500 强的大型工业生产性企业。这就是我之所以称它们为中国顶尖企业的主要依据。

记者：既然是中国顶尖企业，按照《幸福》杂志公布的排行榜指标数据测算，也可以进入世界 500 强，但为什么两个总公司却榜上无名呢？

李晓西：榜上无名的主要原因有两个。一是有关国际测评机构一直不把两个总公司当作企业来看待，两个总公司的财务制度也尚未完全与国际接轨。国际权威机构仍把它们当作行政性公司看待，而不是真正市场经济意义上的公司。也就是说，不认为它们是法律意义上的规范企业，而是政府行为的组织。二是有关国际测评机构得不到两个总公司的年度统计资料。按照国外有关法律和国际法规定，作为具有独立法人资格的公司企业，每年都应公开其统计年报和财务数据，并向有关国际测评机构提供。两个总公司至今没有公开发布并提供过此类资料，世界500强排行榜上就自然不会有两个总公司的名字。近年来鉴于中国石油天然气总公司日渐扩大的国际影响，美国《油气》杂志和《石油情报周刊》开始通过各种非正式渠道，搜集其有关数据资料，并予以发表。但由于其资料来源渠道不正规，缺乏权威认定，且多有不实之处，因此难以准确、全面地反映中国石油天然气总公司的总体实力和经营状况。这次国务院机构改革方案决定把两个总公司的政府职能合并，成立石油和化学工业局，由国家经贸委管理，从而使这方面的问题得到了根本性的解决。新成立的国土资源部和国家经贸委下设的石油和化学工业局将有效地行使政府职能，两个总公司的政府职能移交以后，将不再是具有政府行为的行政性组织，而成了真正的公司企业。当然，两个总公司的内部管理和运行机制还有一个改革和转变的过程，需要按照市场经济的规律进行脱胎换骨的改造，但步伐完全可以加快，完全可以在较短的时间内建成真正市场经济意义上的公司企业。另外，从国务院机构改革方案的具体内容和要求来看，两个总公司并非撤销，也并非合并，而是通过其下属的油气田、炼油、石油化工、化肥、化纤等石油与化工企业以及石油公司和加油站之间的相互重组和资产交割，实现石油资源开发和加工营销的上下游一体化。重组后两个总公司的原有规模总体上都不会缩小，只是内部产业结构发生了根本性的改变，由原先的单一产业组织变成了上下游一体化的企业组织。两个总公司的中国顶尖企业的地位当然也不会改变，至于今后会不会改变，怎样改变，那就要由市场竞争来说话了。从政府职能改革的角度来看，通过这次石油石化大重组，可以说为两个总公司今后平等参与市场竞争，创造了良好的条件。至于两个总公司能不能在市场竞争中取得胜利，成为当之无愧的世界500强，那就要看自己的本事了。

记者：这次采访前，我重新拜读了您五年前在石油工业改革与发展高级研讨会上发表的那篇论文，感到和这次石油石化大重组的思路十分相近，许多提法好像就是针对当前的问题，请问当年您是怎么想到要写这样一篇论文的？

李晓西：记得当年我向国务院研究室领导建议召开一个研究石油问

题的高级研讨会，并和当时的中国石油天然气总公司总经理王涛同志当面商议确定下来，开始进行会议的筹备工作，一直到 1993 年 12 月初在钓鱼台国宾馆正式开会，前后大约有半年时间。这期间，我有机会就石油工业改革与发展方面的问题，同中国石油天然气总公司的同志进行广泛深入的交流和探讨。当时，国内经济发展面临的主要矛盾是基础工业和基础设施"瓶颈"制约问题，基础设施的"瓶颈"制约，主要是交通运输；基础工业的"瓶颈"制约，主要是能源。特别是石油问题，成为国民经济快速发展中面临的一个亟待解决的战略性问题。因此，如何加快石油工业发展，平衡我国油气供求，就成为石油工业改革与发展高级研讨会议论最多的话题，其中油价问题成为大家关注的一个焦点。

记者：您是我国第一位价格专业的经济学博士，在英国伦敦经济学院研究的也是价格课题。当时油价问题那么热门，您为什么不研究油价问题，却偏偏选择研究石油体制问题呢？

李晓西：因为当时在我看来，中国的油价问题其实并不复杂，情况比较清楚明了。油价改革特别是原油价格改革可以说是势在必行，只是一个时机选择和时间早晚问题。实际工作部门的同志对此很关切，这是很自然的。但从整体和长远发展的眼光来看，不是说油价问题不重要，而是说石油体制问题比油价问题影响更深远，理论研究和准备更不足，需要及早着手进行深入研究和探讨，理清大的思路。否则，即使将来油价理顺了，石油发展问题还是不能从根本上得到解决，甚至还可能出现一些新的更大的问题。最近一段时间，国内石油市场上所出现的一些情况，就很说明问题。历史和现实情况都告诉我们，中国的石油问题不仅仅是油价问题，其核心是体制问题。这就是我当初为什么选择了石油体制研究，作了那样一篇论文的初衷。

记者：您是否能概述一下当年的主要观点？

李晓西：我在那篇论文中提出，石油工业要进一步发展，就必须在观念上有新的突破，在体制上有大的创新，在行动上有大的动作。我把改革的总体思路概括为"大石油、大市场、托拉斯"。所谓"大石油"，是针对"小石油"观念的一种突破。因为石油工业不仅是原油的生产，而且是石油化工产品的生产，是多种多层次石油产品的销售；不仅是在国内的生产，而且是石油进出口的国际贸易。所谓"大市场"就是建立在大石油上形成的市场，就是石油上下游一体化的市场，就是国内外连通的石油及其各种制品的多层次市场。我认为实现石油上下游一体化的关键，是要不要搞石油的大市场。没有市场的办法，只用行政的办法，解决不了上下游一体化问题。要解决问题，就要打破老办法，提出新思路，其中一条就是在几大总公司之间进行产权大交易，重组国有资产，重建大石油企业。我把它概括为两句话，即小市场变大市场，"小石油"变"大石油"；上下游行政分割变为上下游通过市场机制实现一体化。我还认为在中国大石油市场上宜展开多种形式的竞争，其中寡头式垄断竞争将占重要地位。参与石油市场竞争的可能只有几大家，即几个寡头，形成寡头竞争的局面。要变分层市场垄断为垂直市场的寡头式垄断竞争与分类产品程度不同的自由竞争形式相结合的市场结构模式。我还提出应该把中国石油天然气总公司建成跨国石油公司，建成美孚式的国际石油托拉斯，并对建成国际石油托拉斯以后，中国石油天然气总公司行为方式可能发生的根本性变化进行了分析，提出了相应对策。

记者：您的这些观点就是今天听起来，也令人感到很新鲜，耐人寻味，有些观点正是今天石油石化大重组中应该做的和应该注意的。

李晓西：这次石油石化大重组和我当年的石油管理体制改革的思路和观点确实有许多相近的地方，但这次石油体制改革步子迈得更大，操作性也更强。它是党中央、国务院在总结和升华各方面智慧，特别是在总结和升华石油石化战线多年改革实践经验的基础上，不断提高、完善、发展的产物。它说明，经过近20年来的反复实践和不断探索，我们对石油管理体制改革的规律性问题，已经有了比较深刻的认识，这是一笔难得的宝贵财富。理论工作者应当从中汲取更多的有价值营养，以丰富和发展我国改革开放和社会主义市场经济的理论宝库。

记者：您对这次石油管理体制改革的前景有何评论？

李晓西：这次将中国石油天然气总公司和中国石油化工总公司的政府职能合并，组建石油和化学工业局，由国家经贸委管理，两个总公司按照上下游结合的原则，分别组建成两个特大型石油石化企业集团公司，将形成当前和今后一个时期中国石油管理体制的基本格局。这是一个跨世纪的体制格局。旧的石油管理体制格局自20世纪80年代初逐步形成以来，前后延续了15年时间。这次改革从总体上来看，虽然只是个开端，许多方面还有待进一步的实践和认识，并且可能还会出现这样那样的一些问题，但这次改革所奠定的大石油、大市场加托拉斯或曰大公司的体制基本格局一旦形成，我看今后若干年内可能都不会改变。旧的石油管理体制是上下游分割的体制，是政企不分的体制，这种体制下形成的两个总公司，虽然规模也很大，但并不是完整意义上的公司企业，如同两个被肢解分割、缺胳膊少腿的石油巨人，不仅难以运动起来，就连维持自身的生存和发展都很困难，更不要说跑出去参与国际石油市场竞争了。按照政企分开和上下游结合的原则，重新组建起来的两个特大型石油石化企业集团公司，将是两个完整的石油巨人，不仅可以运动起来，而且能够很快地跑起来，以崭新的姿态参与国际石油市场竞争。可以预言，石油石化两大中国顶尖企业大重组，将造就出面向 21 世纪、面向世界、面向未来的中国石油巨头。这样的石油巨头完全可以参与世界强强竞争，与国际上的大跨国石油公司相匹敌。我们期待着中国的石油巨头能够尽快抖起威风来，打出自己响当当硬梆梆的牌子来，为中华民族在世界上的重新崛起助一臂之力。

记者：说到石油巨头，为什么两个总公司不合并成一个，那样不是更大，力量更强吗？

李晓西：这次石油管理体制改革的一个重要目标，就是要通过石油石化大重组，重新建立包括海洋石油总公司在内的两个到三个上下游一体化的大石油公司，进而建成能够参与国内外市场竞争的大跨国石油公司。如果只建一个大一统的石油公司好不好？我说不好，因为没有竞争，很难逼着你前进。我国通讯行业的情况就是一个典型的例子，过去因为没有竞争，没有一个竞争对手逼它，时时刻刻和它争夺市场，抢占地盘，经营和服务都很差，整个通讯水平比发达国家落后几十年。现在有了竞争，情况就大不一样了。短短几年时间，我国通讯行业就连跨好几大步，同发达国家的差距明显缩小。要不然老百姓的电话恐怕到现在也装不起来。竞争是无情的，但对消费者来说，却是有情的。希望石油石化战线的同志能够充分利用市场经济规律，学会用市场竞争的办法来发展我国的石油石化事业。

记者：您讲得很有道理。看来只搞一个大一统的石油公司不行，那么多搞一些石油公司为什么也不好呢？

李晓西：石油资源是国家的战略资源，是不可再生的宝贵资源；石油工业是资金密集、技术密集的行业，不是随便哪一个企业都可以参与进来的，世界上任何国家对石油资源的开发都有严格的限制和控制。要合理开发、有效保护和利用好宝贵的石油资源，实现石油可持续发展，就一定要由大石油公司来进行勘探、开发、加工生产和经营。石油要有竞争，但并不是谁都可以来竞争，群雄割据，过度竞争，并不是理想的石油体制格局。两个到三个上下游一体化的大跨国石油公司或者说石油巨头形成垄断与竞争相互补充、相得益彰的大石油、大市场加大公司的格局才是最理想的石油体制选择，才能使石油工业走上长期持续、稳定、协调、健康的发展道路。

记者：国家经贸委下属的石油和化学工业局已经挂牌成立，两个总公司的重组方案也即将公布，您认为两个总公司在组建和发展的过程中应当注意哪些问题？

李晓西：我初步有四点想法，仅供两个总公司的同志参考。

第一点，两个总公司应当按照市场化的原则，以资产为纽带进行组建。其中很重要的一条就是要调整和处理好总公司与下属公司的关系。这里关键的问题是，处理与下属公司的关系一定要用市场的办法，由资产来说话，不能沿袭行政命令的办法。要提高资产大的下属公司的发言权。下属公司发言权的增加，要由资产拥有量来决定，资产大，发言权就大，承担的责任和风险也大，作出的贡献也大，这是相辅相成的。对中国石油天然气总公司来说，尤其要注意处理好与大庆油田这样的特大型下属企业的关系。

第二点，这次石油石化大重组后，国内石油市场上将出现两个顶尖级的竞争对手，双方的发展要靠竞争，决不能相互之间搞垄断。两个总公司可以划产区的界，但不能划销区的界，产区可以分开，但市场不能分割。当然，两个总公司各自都有天然占有本地市场的条件，但是这种占领应当以自己的成本优势为前提，而不能靠垄断本地市场的办法，去限制对方的竞争。防止市场垄断对两个总公司来说都是有利的，在一个短暂的时间内可能会出现对某一个总公司有利，对另一个总公司不利的情况，但从长远来看，放开市场无论对哪一个总公司都是有利的。市场一定不能分割，增加市场份额一定要靠竞争。当然，竞争必须要有规则，市场规则对双方都是平等的。

第三点，两个总公司原有的购销渠道应当按照市场法则进行调整，而不能相互之间一笔勾销对方的购销渠道。那些多年来形成的购销渠道应当有一个相对的稳定期，不能重组以后就一下子全部打乱，那样很可能会出现大的市场动荡，对两个总公司的发展都是不利的。任何经济组织和经济关系的建立都要有一个过程，不是一朝一夕所能完成的。苏联实行激进改革后，很好的生产能力一下子就垮下来了，就是一个深刻的教训。两个总公司的重组一定要有一个相互磨合的过程，这就如同两个刚刚动过大手术的病人，身体尚未痊愈，就要冲上舞台去比武，那是要出问题的。希望两个总公司的领导一定要有协作之心、体谅之心。组建初期，可以先把工作的着眼点放在市场竞争规则的建立上，为相互之间的长期竞争发展打下坚实的基础。

第四点，石油改革要注意和国家整体改革紧密配合。新一届国务院政府的主要任务，就是朱镕基总理所概括的"一个确保，三个到位，五项改革"。目前，从中央到地方都在进行机构改革，石油和化学工业机构怎么改，包括两个总公司自身机构的改革，都要借全国机构改革的东风，扎扎实实地开展起来。还有再就业工程、住房制度、社会养老保险等项改革都不能贻误战机。国家对一年、二年、三年的改革都有明确的要求，对这些大的安排一定要充分予以考虑。石油和化学工业局已经挂牌成立，开始按照政企分开的原则行使政府职能，加强石油宏观和政策方面的管理。两个总公司应当紧密配合它搞好各方面的工作。

大中型企业与商业银行的新型组合关系

　　我国经济正由计划经济向市场经济过渡，国有大中型企业与国家专业银行的关系发生着变化，在向市场经济条件下新型的银企关系发展。这种发展的趋势如何呢？新型的银企组合关系是什么内容呢？现在的银企关系中存在什么问题和矛盾，以及如何过渡到新型关系的阶段呢？这些就是本文想探讨的问题。

　　需要提出的是，我们这里讲的商业银行是广义的，不是专门服务于商业的银行，不是只提供短期信贷的银行。按美国钱德勒教授的说法，商业银行最本质的特征是"唯一能把它的债务当作货币来流通，而且有权创造或消灭货币的这样一种金融中介机构。"① 这就是对商业银行非常广义的定义。

　　另一方面，我们不能不看到，我国商业银行的形成、发展与国有大中型企业深刻、痛苦的改革是同步的、互相影响的。因此，对商业银行与大中企业新型组合关系的分析，是在二者各自变

---

① ［美］钱德勒：《货币银行学》，上册，126 页，北京，中国财经出版社，1980。

化发展的基础上进行的。这一思想，将贯穿在本文各部分之中。

一、大中型企业与商业银行的新型组合关系应包括的内容

新型组合关系，有两层含义：一是指这种关系在市场规则约束下的协调性，二是指大中企业、商业银行多种类型组合出现的多样化关系。

1. 分析一下商业银行和大中企业市场规范的协调关系包括哪些内容

（1）大中企业应有选择银行包括商业银行的自主权，银行也有选择企业的自主权。银行不能借行政力量来垄断企业，企业也不能借政府力量来吃银行的"大锅饭"，这是市场经济中交易自由原则在信用领域的延伸。

从企业经营便利角度，大中企业不仅可在一家银行开办账户，也可以在另一家银行开办账户，只要手续符合银行规定就行了。从商业盈利性角度出发，商业银行对扩大客户持欢迎的态度。当然，商业银行也会根据安全性原则来确定是否接受某一企业的开户要求。银行与企业间这种双向自由的选择关系，是市场经济中的正常关系。虽然这一关系并不复杂，但相较于我国现阶段银企间的"拉郎配"，确实可称之为一种新型关系。

（2）商业银行有权确认与企业关系的程度，这就首先体现为商业银行有权给开户企业评定信用等级，由此确定相应的交往方式。换言之，银行确定具体企业的信贷条件，以保障自己贷款的质量。一般来讲，企业资信等级越高，信贷条件就越宽松；反之，企业资信等级越低，商业银行与之交往就越要谨慎，信贷条件就越严格。对企业进行资信评价，是一件复杂的事，也会有认识上的差别。但商业银行对企业评价，有一套客观的标准，这与政府行政对企业评等级有区别。因此，商业银行可能参考政府的评价，但政府不能把这种评价强加给商业银行。商业银行对企业的资信评级将成为银企新型关系的基本依据之一。

（3）互利性是商业银行与大中企业新型关系基本原则之一。因此，商业银行对企业贷款项目要进行可行性审核，确认项目的可盈利性，然后决定是否贷款。项目评审应从银行角度进行，不能从政治的角度进

行。现在专业银行对国家列入重点计划的项目，只有贷款的责任，没有选择的余地，政府可以决定国家专业银行的信贷优先秩序，而不是由专业银行自主地决定，这就忽视了银行追求自身利益的自主性。我认为，在项目上，银行和企业都认为可行有利，才谈得上合作。这是市场经济下银企关系的内容之一。

（4）新型银行企业关系的内容之一是，银企债权债务关系要有财产的保证，因此，应建立完善的抵押制度以及相应的市场条件。银行要求抵押，这是正常的银行行为，不能因为是国家企业，或者是国际上有名的大公司，就不按银行规定的办。为使抵押贷款方式取得效果，还要有健全的市场条件。例如，中国银行与 1.2 万家企业其中大型企业 1 064 家有贷款关系，累计发放人民币 930 亿和 94 亿美元贷款。同时，为 27 个特大项目筹措国际银团贷款，作为贷款和担保银行，总承诺 15.2 亿美元。但是，贷款回收风险很大。有一家租赁公司借款 40 亿美元，80％还不上，银行没有手段来保护自己。① 因此，在《抵押法》尚未出台和没有健全的抵押资产评估机构和拍卖市场的情况下，不能真正作为商业化银行进行贷款。

（5）利率由商业银行与众多企业商定，换言之，利率市场化。商业银行与企业在市场经济中是平等的市场主体，二者交易是按等价原则进行的，这主要体现在贷款利率和企业在商业银行的存款利率，不能由一方确定，应使双方平均受益。但银行如何能同多家企业来商定利率呢？市场利率，这就是使双方平均受益的利率，是多家企业通过市场与多家商业银行议定的利率。市场利率使商业银行总体与大中企业总体处在平等的地位上。为能出现市场利率，就应打破国家银行对利率的垄断，推进商业银行之间展开竞争。

（6）商业银行与大中企业通过股份形式确立合作关系。股份制将成为我国商业银行的基本的产权形式。由于我国国有商业银行与国家资本的特殊关系，国有商业银行将通过股份制来明确产权关系，中央财政、地方财政和大中企业都有可能成为国有商业银行的股东。这种关系将使中央与地方、银行与企业利益共享、风险共担。股份制对非国有商业银行也是符合市场经济原则的选择，只不过中央财政将不参与投资或极少

① 载《中华工商时报》，1993-07。

的投资，各类企业的投资将占较大份额，类似于日本和德国式的商业银行。同时，也可以出现企业不参股份的美国式的商业银行。

（7）在商业银行与企业双方产权清楚的条件下，相互参股是一种必然的趋势。商业银行向企业的参股，是商业银行的投资活动，这不仅成为商业银行收入的重要来源之一，而且有助于商业银行建立二级准备金（主要指一年期以内且流动性较强的证券）。1977年，全美国商业银行投资额为 2 500 亿美元，构成银行资产的 24%，其中有 1/4 是一年期以内的有价证券，被划入二级准备金。[①] 但商业银行的投资范围应受《银行法》和货币管理当局的规定限制，而银行在对资产进行分类经营中，也要考虑到盈利性与流动性的关系。银企之间将在市场经济条件下，形成更为紧密的资产制度联系。

2. 分析一下不同类型大中企业与不同类型商业银行的多种组合出现的多样化的关系

（1）国有商业银行与国有大中企业的关系。作为国家的商业银行与非国家的商业银行是有区别的。国有商业银行是从国有专业银行转化而来的，而国家专业银行承担一部分国家赋予的财政职能，这部分职能中一些将由政策性银行承担，但还有一些将会继续由国家商业银行来承担。理由很简单，国有商业银行毕竟是国有的，不能不在资金来源上得到益处的同时，在资金使用上相应承担一些责任。从总体上讲，国家商业银行应在企业化经营基础上执行部分财政职能，要在投资目标的政策性、经营性业务的自主性和财务盈利的效率性三者之间寻求一种较合理的结合。

具体讲，国家商业银行，除政策性贷款部分可不管外，在政策性信贷与完全市场化信贷之间，可能还有这样一些业务要继续承担。①政策性银行将只管固定资产部分，流动资金由国家商业银行来承担。其中，国家商业银行在一段时期内要承担冲账的责任。②有效益的项目的部分优利贷款。在政策性银行和非国有制银行均不承担时，国家商业银行可实行优利贷款，扶植国有大中企业发展。③国家大型外贸和商业企业在进出口中的信贷，在进出口银行业务外的一块或不能包容的一块，国家商业银行也应当承担。④大中企业由亏转盈后，可由国有商业银行承担

---

① 朱海京：《各国商业银行管理与运作》，61页，贵州，贵州人民出版社，1992。

正常的融资业务。

（2）商业银行与大中企业其他组合关系。商业银行可先分为国有商业银行和非国有商业银行，而大中企业也有国有与非国有的区分。因此，商业银行与大中企业之间就出现以下几种主要的组合关系。

第一，国有大中企业与非国有商业银行的关系。非国有商业银行对国有大中企业不负有财政性支持功能，因此，是以商业经营原则来对待国有大中企业的，即从盈利性、安全性、流动性角度来建立与国有大中企业的关系。在市场经济条件下，国有大中企业将因有政策性银行支持，因此，具有相对安全性，因此，在与非国有大中企业具有同样条件的情况下，商业银行可能优先考虑对国有大中企业的贷款；同时，从与政府关系出发，不排除在个别企业、个别项目上的非盈利性考虑。

第二，非国有大中企业与国有商业银行的关系。非国有大中企业在市场经济条件下，将发挥越来越大的作用，其效益和资信度都会比小企业高。因此，国有商业银行将从自身盈利性、安全性和流动性目标出发，通过提供良好的服务来争取非国有大中企业客户。反之，非国有大中企业也会因为国有商业银行的资信度高而愿意来国有商业银行开户。因此，对这二者来讲，只要按市场经济原则办，提高各自的效益，双方之间具有巨大的吸引力。

第三，非国有大中企业与非国有商业银行的关系。非国有大中企业与非国有商业银行之间，将会按经营范围、服务重点等业务关系建立起商业化关系。例如，外资经济中的大中企业将乐于在外资商业银行开户，或者在进出口业务较熟而资信度高的商业银行开户；乡镇经济中发展起来的大中企业将很自然在与农村经济相关的商业银行开户，如果中国农业银行已具有相当竞争力和良好服务，则会在中国农业银行与乡镇类非国有商业银行之间选择，或同时开户；工业中的非国有大中企业可能在中国工商银行与非国有的工业类商业银行间选择，或同时开户。非国有商业银行根底较浅和机制较灵活的特点，将与国有商业银行实力雄厚而机制也转向市场为主但可能受自然条件限制等因素之间展开竞争。总之，非国有的商业银行与大中企业之间完全是商业关系，是相互选择的关系。

（3）中小企业与商业银行关系对商业银行与大中企业关系的影响。商业银行与中小企业关系对与大中企业关系有二重性影响。一方面，在信贷资金有限的条件下，大中企业与中小企业之间存在对资金的竞争关系；另一方面，中小企业与大中企业有十分紧密的联系，大中企业的原材料和市场对中小企业有很强的依赖性，如果中小企业真正搞不下去了，大中企业也会受影响的。因此，商业银行贷款中不宜按企业规模搞倾斜式政策。当然，如果有一些银行专门承担了中小企业的信贷，这就另当别论。

二、当前大中企业与商业银行组合关系现状及存在的问题

我们是从计划经济基础上向市场经济过渡，因此，大中企业与商业银行组合关系主要发生在原计划经济中的国有大中企业与国有专业银行之间。这是分析的重点。

（1）国家专业银行承担着国有大中型企业的资金供给重担。从 20 世纪 90 年代以来的数据看，我国大中型工业企业数量在 13 500 家至 15 000家之间，其工业产值在 1 万亿元到 1.3 万亿元之间，它占工业总产值比重在 43％到 45％之间。[①] 因此，大中企业在我国经济中确实具有重要的经济地位。国家专业银行作为国家银行，承担着向国有大中型企业提供资金供给的重担。国家专业银行与国有企业有很深的关系。以建设银行为例，建设银行总行截至 1993 年 4 月，全行一般性存款已达 3 221亿元，其中企业存款达 2 105 亿元；全行累计发行和代理发行各种证券 864 亿元，其中发行国家投资债券 120 亿元，代理发行中央级企业债券 74 亿元，占同期国家重点建设项目债券的 70％以上。截至 1992 年年底，全行利用存款和发放债券筹资的资金发放基本建设贷款 1 480 亿元，技术改造贷款 478 亿元，流动资金贷款 732 亿元，重点参加国家能源、交通、原材料等国民经济基础产业的一批重点项目和地方经济建设。

从近几年的情况看，国家专业银行都制定了支持大中企业发展的各种条例。如 1991 年中国工商银行制定并颁布了《中国工商银行支持搞活大中型企业的若干意见》，确立了总行重点负责国家"双保"企业，

---

① 《中国金融年鉴 1992》，5 页，北京，中国金融出版社，1992。

省级行重点负责辖区大型企业，城市行（中心支持）重点负责辖区大中型企业资金和信贷规模配置的三级信贷保障体制的基本框架。据不完全统计，纳入总行和省级行直接调控管理或实行计划单列的国营大中型企业有近 1 000 家。① 又如，近两年，建设银行为国营大中型施工企业的发展，增补企业流动资金，协助企业收回拖欠工程款，帮助企业扭亏为盈，以支持大中企业尤其是施工企业。

专业银行对国有大中企业支持主要表现在以下八方面。①实行流动资金贷款的倾斜政策，提高对大中企业流动资金贷款的比重，如有的地方专业行增补流动资金达到 30％。②增加固定资产贷款投入。增加固定资产贷款、基建贷款和租赁设备贷款；对超大型项目，组织银团贷款。③优先安排大中企业的技改资金贷款和外汇贷款，增加技改专项贷款，灵活掌握技改的再贷款，可不收再贷、先放后收。④发挥利率杠杆作用，对大中型企业符合政策项目的，法定利率不上浮；特殊情况造成的信贷资金长期占有，不加息、罚息；有关专项贷款，实行优利政策。⑤发展金融市场，为企业多渠道融资提供方便。对有条件的大中型企业，发行短期融资券，解决流动资金需要；发行中长期债券，筹措重点建设和技术改造资金；优先为国营大中企业办理信用鉴证、咨询、商业汇票的承兑和贴现业务。⑥根据国务院和中国人民银行的统一部署，1991 年，对大中型企业全面恢复了托收承付结算方式，推广了汇票、本票、支票等信用工具和票据融资，并且在大中型企业比较集中的城市行，逐步设置了大中型企业结算专柜。⑦帮助大中企业清理三角债，参与企业压库挖潜，协助和参与企业的改组、联合、兼并工作等。⑧帮助企业集团完善内部核算和资金的调度、管理制度，组建企业集团内部的资金清算中心，支持企业集团进行技术改造和重要科研成果的推广应用；组织跨地区、跨系统的银团贷款业务，支持一些承担国家重要出口创汇任务的大型企业和企业集团的特殊大额本外币资金需要。

不仅国家专业银行，国家商业银行也承担着对国有大中企业的信贷任务。如交通银行 1991 年全行流动资金贷款总额的 63％用于大中型企业。②

---

① 《中国金融年鉴 1992》，76 页，北京，中国金融出版社，1992。
② 同上书，120 页。

（2）国家银行与国有大中企业关系中深层矛盾的分析。以上八方面措施，我认为可以分成两类。一类是国家银行用市场经济办法对大中企业的支持和帮助，另一类是国家专业银行用计划经济办法对大中企业的支持和帮助。前一类中，比如，用发展金融市场的办法来帮助大中企业的资金融通，提供各种新的信用工具和市场信息以及周到的服务帮助企业等，是市场经济的办法；而根据政府的意图对大中企业在流动资金和固定资金方面实行倾斜式贷款的办法，则是计划经济的传统手段。还应指出，利率政策是衡量是否用了市场经济办法的最集中的反映。现在的低利和优利，都是由国家按计划项目来确定的，不能根据市场对资金的供求情况来确定，更不能扩大专业银行按市场供求来实行浮动利率的权利，这就不能使专业银行成为真正的商业银行，不能使商业银行真正走向市场。

政府为什么要让国家银行用计划经济的办法来扶植国有大中型企业呢？说到底，因为政府认为国家专业银行就是自己的银行，是为自己的经济目标服务的；而大中型企业也是国家的，同一个国有制，把国家专业银行与国有大中型企业以血缘关系连在一起了。但是，这样的超经济联系不利于国家，不利于企业，也不利于国家银行。

现在的国有大中型企业，最需要的不是项目资金，而是平等对待的政策。因为，国有大中型企业已有相当的基础，但因政策束缚，不能与三资企业、乡镇企业和民营企业进行竞争。只要政策对头，国有大中型企业中的相当部分将会有很强的市场竞争力。同时，国有大中型企业也知道，国家优惠的贷款后面，相应有许多非市场化的义务，因此，不要优惠的同时，就是要求成为真正的市场主体，这从长远看，对国有大中型企业是有利的。另一方面，一部分大中型国有企业应该在市场经济中重组或兼并，政府用优惠办法给这些企业注"强心针"，影响国有大中型企业按市场需要进行改造、重组的动力，结果是不利于市场经济建设，不利于新的市场经济主体的形成。这将导致政府负担越来越重，最后，效益不好的企业不仅拖垮了财政，也将拖垮政府。

另外，国家以优惠的办法，偏好倾斜贷款，还可能拖垮国家专业银行。现在，近2/3的大中型企业处境困难。由于工业企业亏损问题严重，近千亿元的贷款有无法收回的可能。如河北省1992年调查了100家大中型企业，这些企业的固定资产净值为45亿元，而贷款余额达

547亿元。许多企业资金利润率低于贷款利息率。国有企业现在有四大负担，一是设备老化，二是债务沉重，三是税负过重，四是社会负担过重。在企业行为中，奖金是刚性的，利税是硬性的，只有贷款是软性的。由于技术改造贷款年限在加大，风险也就增加了。因此，给国有大中型企业贷款风险很大，更不用说倾斜式贷款了。

国家专业银行商业化过程，是银行减少直至取消政策性贷款的过程。因此，对靠政策性贷款和政策性优利贷款的大中型企业会有很大冲击。为解决这个问题，可以采取三个方面的对策。一是原来由专业银行承担的政策性贷款转向新的政策性银行；二是把国家专业银行对国有企业的暗补变为财政对国有企业的明补，这笔资金可以通过银行利率市场化过程中，扩大存贷利差的办法先解决一部分；三是缩小享受国家政策性贷款的企业数量，让一部分国有企业通过改革，成为市场主体。

三、如何向新型的银企关系过渡

（1）鼓励多元化的商业银行形成与发展，促成多元化的银企关系。为适应市场经济发展需要，可以从多条途径来发展商业银行。从与大中型企业有更多联系的角度出发，可以考虑国家专业银行的商业化，但这一步困难相对多一些。四大专业银行可以先搞"一行两制"，分账管理，然后再商业化。当前四大专业银行应当加快内部制度的改革，变计划管理体制为企业型管理体制，做到不搞存贷逆差，让央行来补缺口；不搞高成本拆入，靠人民银行的再贷款过日子；不让亏损企业牵着走，把资金压在企业的三项资金（产成品、发出商品、应收及预付货款）。其次是进一步发展现有的股份制商业银行，包括全国性和区域性的商业银行，如以交行为代表的九大商业银行，将逐步承担对有关大中型企业的借贷。鼓励成立一些新的商业银行，比如，可将城市信用社改造成地方性的股份制合作制的商业银行，当然，它们主要是为地方集体经济和私营经济提供金融服务。最后，按市场经济择优汰劣规律，让市场经济来自发地产生一些商业银行，其中，有些可能会倒闭，有些可能会成长起来，让市场来确定它们的存在价值。当然，要严格规范民办商业银行的手续，要按照《巴塞尔协议》规定，建立符合国际惯例的商业银行。

（2）努力创造建立新型银企关系的外部条件。建立新型银企关系的外部条件有如下几点。①解决好政府与国家专业银行的关系。现在，政府让银行给项目贷款，但不承担责任，有些无效益或中近期无效益的项目，给银行压力很大，而银行资金来源是老百姓存款，不能让老百姓承担贷款风险。因此，政府职能不转变，国家银行就不可能转向商业银行。②解决好央行与专业行的关系。应通过《中央银行法》、《商业银行法》、《票据法》、《保险法》、《抵押法》等法律，来确定商业银行运行的外部环境。③应尽快成立政策性银行，否则，专业银行无法成为真正的商业银行。应把现在国有银行业务中的大部分转向商业银行，使商业银行成为市场经济中的主体，不能作为政策性银行的附属，这样商业银行才能搞活。同时，要进一步根据市场经济发展需要扩大和增加商业银行数量，使商业银行之间形成竞争关系，迫使商业银行在竞争中提高运营水平和经济效益。④应改革和确立市场经济条件下的投资体制。对国家的中、长期投资项目，应由政策性的长期投资开发银行来承担，使现在的国有专业银行与此在业务上分开。

（3）解开商业银行与国有大中企业的血缘关系纽带。变"你我大锅饭"为"亲兄弟，明算账"。一是从产权关系入手，解开血缘关系纽带，把现有大中型企业与国有商业银行的债务关系变为股份关系，即商业关系。二是转移血缘关系，让大中型企业与政策性银行保持血缘关系，而与商业银行脱开血缘关系。三是从政府点贷变为银行对企业的审贷关系，打破血缘关系。

（4）建立商业银行与大中型企业新型关系中首先要解决的一个问题，是如何解决企业现有的违约贷款（逾期贷款、风险贷款、呆账贷款）。现在企业破产，债务就落到了银行的流动资金账上。对实行股份制改革的企业，可以将借款凭证转变为股票，使贷款转为商业银行的参股投资；或将借款凭证转损为可转换债券，使贷款转化为硬性约束的企业负债；如果企业不宜实行股份制可将借款凭证转换为低息的长期企业债券，由企业分期偿还。对于债权、债务关系不够明确或无人承担还贷责任的违约贷款，应核实数额、分期报损。对于债权债务关系发生变更的违约贷款，应落实还贷责任，确保收回贷款。

（5）利率政策的过渡性安排。利率政策，现阶段应抓好如下几个环节。①提高贷款利率的总体水平，提高利息占企业成本的比重，改按季结息为按月结息。②下放利率浮动的审批权，将利率浮动幅度由目前的

20%提高到40%，利率浮动对象由三、四类企业扩展到一、二类企业，使浮动利率成为多档次、多种类、高幅差的差别利率，充分体现资金运用的地区差、季节差、行业差、效益差和风险差。③加罚利息应与企业法人代表、当事人或责任人的个人利益挂钩，使利率成为约束企业资金运用行为的刚性因素。④以浮动利率作为调整基准利率的参数，以市场利率作为调整浮动利率的参数，同时要强化基准利率对浮动利率和市场利率的反馈调节作用，真实反映资金供求状况。

（6）加快建立银行与大中型企业新型关系的步伐。现在必须加快商业银行的建设过程，在向市场经济过渡中，使银行商业化过程加快。如果我们还是把银行商业化作为远期目标，就可能使现在的金融秩序混乱问题更加严重。

向市场经济过渡已到了关键时刻，各种矛盾已相当尖锐，专业银行不加快商业化步伐，就有被市场经济窒息的危险。事实上，国家专业银行的商业化步伐已经由下面开始了。例如，近期已出现银行筹资手段商业化、信贷资金投向商业化、贷款利率市场化的倾向，与其自发搞，不如有秩序地规范化地推进。改革实践再次证明，企业改革与银行体制改革相互影响，银行不改革企业改革就不能再推进下去，现在到了加快银行改革才能使企业真正走向市场的关键时刻了。

作者说明

这篇文章是命题作文。1992年下半年，杨云龙同志告诉我，中国建设银行深圳分行准备开一个国际研讨会，主要研讨新形势下商业银行如何发展。他约我写一篇关于银行与企业关系的论文。杨云龙毕业于北京大学经济系，当时在内贸部的一家公司工作，他办事和搞学问一样认真，我答应了他的约稿。后来在深圳召开了银行改革的国际研讨会，开得很成功。请来的外宾，尤其是德国人，文章准备得非常认真，给我留下了很深的印象。会后，建设银行深圳分行将发言汇编为一本书，书名是《中国，经济市场化与银行商业化》，于1993年12月出版。事后证明，这个问题确实是重要的。为方便有兴趣的同志查阅，特将此文收入我的文集。

论文中分析了银企两大类关系，一是银行与企业在市场规则约束下的协调性，二是多种类型银行与各类企业之间复杂组合的多样性。对银企关系中存在的问题，文章作了较深入的分析，比如将专业银行对国有大中型企业支持的八大方面，归于两大类型，并提出改善设想，使银企关系向市场化方向发展。其中有四点现在看来还很难做到，一是企业选择银行的自主性，尤其是多头开户，在现实中确实存在一些问题，还需要进一步过渡；二是关于银行向企业的参股或将企业债权变股权以及商业银行与企业相互参股的问题，也是难做到的，政策层面上也没有得到通过；三是国有商业银行的股份制改造问题，现在还是很有限的，在小银行中已有进展，但大的商业银行，股份制还没有迹象；四是利率的市场化，还远没有达到多种利率完全市场化。因此，我文章中的一些设想，现在看来，也还有一部分仍是改革的目标，而不是现实。

顺便要指出，在这篇文章前，我还没有用过"银企关系"这个词，本文中是第一次这样用。当时理论界也很少这样用，而现在这个词已成了常用语了。

政府参与国企资本重组的原因及利弊

十五大报告提出，要"以资本为纽带，通过市场形成具有较强竞争力的跨地区、跨行业、跨所有制和跨国经营的大企业集团。"这项战略决策中潜藏着一个重大难题。一般讲，企业重组有三大要素：谁来重组？重组什么？如何重组？此战略决策正确、清楚地阐述了"重组什么"和"如何重组"的问题，但没有阐明"谁来重组"。在实际操作中我们看到，国有企业不可能在不通过政府的情况下进行兼并破产，政府也不可能完全不顾经济体制改革要求包办企业的重组，最典型和大量的是在政府参与下企业进行国有资产重组这种情况。这就是说，既有企业，也有政府，重组主体有"二元化"的倾向。这个问题，在当前更加突出，需要加快研究，明确"二元"之间关系，规范当前已兴高潮的资本重组工作。

一、政府参与国企资本重组的客观理由和与市场规则有违的矛盾

一方面，大家都不赞成行政捏合国有企业；

但另一方面，到处都是各种形式、不同程度的行政干预。1997 年中国企业调查系统对有效收回的 2 415 家企业（其中国有、集体和股份制经济占 92.3%）问卷统计分析发现，企业经营者认为"资产处置权"完全落实的比例为 29%，部分落实的为 39.5%，认为没有落实的比例高达 38.6%。该调查系统把"资产处置权"和"联营兼并权"分别列为落实情况较差和最差。该结论表明，作为资本重组最重要的两项权力，企业不具有完全自主权，还有另一个参与权力的主体，那就是政府。

但是，国有企业国有资本的所有者代表是政府部门，国有资本重组不可能不让所有者过问。所有者对资本重组进行干预是正常的，不干预才是不正常的。政府对国有资产保值、增值、不流失负有天然责任。而且，越是大企业，越是大资本，参与资本重组的政府级别就会越高。1996 年以来，国有资本重组大企业集团的案例，都表明了这一点。如果没有相应级别政府的主导，根本实现不了国有资本的重组。进一步，政府负有产业结构、区域结构调整的责任，国民经济管理者的责任促使它关心企业资本的重组。在强强联合，振兴经济的热潮中，各地政府无一例外地将组织本地大企业集团当作中心工作之一。

另一方面，行政化配置资源的低效率我们已有过几十年的教训了。行政性配置资本，将使我们的企业难以成为市场主体，难以具有市场的竞争力。即使政府主观上完全认识到要以市场为导向，以优势企业为龙头，要按市场方式操作，但只要资本决策主体是政府，政府的良好愿望能否转化为实在的成果就要打个问号。资本重组理应是市场配置资源的过程，提出要通过市场形成有竞争力的大企业集团，就是要让市场在国有资本重组中发挥基础性调节作用。

由上可见，这里存在着资本的国家性质与操作的市场方式的深刻矛盾。现在面临的是一个悖论，通过市场形成有竞争力的企业集团要求政府少干预，但政府少干预又形成不了大的企业集团。这种是非判断上的困境，将必然带来操作上的困难。

二、政府参与国企资本重组中，"资本纽带"和"市场方式"的有效与变形

为减少行政干预不利的一面，强调"以资本为纽带"，即不以行政

命令强迫企业的兼并和联合，这比不顾资本关系的行政干预有了很大进步。政府参与国企资本重组，对"资本纽带"和"市场方式"有很大影响，既有有效的一面，也有变形的一面。

资本联系是最核心的联系，它决定着生产、销售、技术、人才、信息等多方面的联系。以资本为纽带，"联合"则推动现有企业实现集团化，"兼并"则促使中小企业迅速变成大企业。因此，只要突出了资本联系，对企业资本重组就会产生关键性的影响。以资本为纽带，既使得政府对企业资本作用的评价有了大的提高，也使企业在资本运营和管理上有了前所未有的进步。以资本为纽带还有一层含义，就是国有资本可以与非国有资本进行实质性的联合，这对发展股份经济有很大益处。但是，现阶段"资本纽带"也有变形的一面。一方面是先天原因，国有资本依其所有者的统一性，本来是一体的。现在讲"资本纽带"的联结作用，是要把名义上全民共有实际上受益权已部分归部门或地方所有的资本再联结起来成为（多个）大实体，"纽带"中不可避免带有部门和地方所有的痕迹。另一方面是后天的原因，表现在，以资本纽带去联合或兼并，由于不是企业本身可以自主操作的，因此，往往造成上联下不联，产联心不联，甚至联而不合，资本纽带成了冷拼盘。企业固然大了，但并没有强，仍然没有竞争力。

政府参与国企资本重组下的"市场方式"，也出现了既有效又变态的复杂情况。"通过市场"进行资本重组的提法，是对传统观念的冲击。它促使人们改变思维方式，去认识国有资本的可流动性、可交易性、可重新配置、变废为宝等一系列特性，这是了不起的一个进步。资本市场、产权市场、拍卖市场，对国有资本的扩股融资、售股变现、债务重组、破产清算等起了很大作用。"市场方式"动员出来了买者和卖者，形成了买卖场所和交易方式，形成了资本重组的一套规则。重组后的企业，将通过市场竞争来检验成果。这些都是进步。各地政府在模拟市场过程中，也有意识地控制政府单向决策，并纷纷向重组资本的大企业提供政策支持。但由于行政力量参与，"市场方式变态"不可避免地会出现。不少大集团是靠行政力量搞起来的，看得见政府作用，看不见企业家的作用。"条"、"块"都在行使资本所有者代表权，在条块利益协调中形成各种联合或合并的协议。这种协议既要照顾各方利益，又要按市场规则办，就只能参照市场参数（如价格和利率等）定价，又按行政办法进行分配，因此，国企资本重组过程，很多是模拟市场方式或半市场方式，而不是真正的或完全的市场方式。这样形成的大企业，市场竞争力如何还不得而知。

总之，在经济转轨现实中，以"资本为纽带通过市场形成'四跨'大企业集团"，实际上是政府主导下的半市场或模拟市场的过程。这种现实在经济体制转轨中出现是必然的，这就要求我们在操作中，尽量增加市场因素，把行政干预带来的隐患控制在最小限度内。在资本重组中，一定要尽量成为真纽带，成为有机的、一体化的、具有协调性和成长性的活资本体。

三、政府参与国企资本重组利弊实证分析

让我们先看看进行了资产重组并上市的国有企业，这是国企资本重组中前景比较看好的一批企业，不少是各地或各行业中的龙头企业。可以说，这些企业重组几乎无一例外是在政府参与下进行的。因此，其效果颇能说明问题。

先看看 1996 年新上市公司的情况。1996 年新上市公司 162 家，有130 家利润总额上升，32 家利润总额下降。总利润上升，这是上市公司表现出来的成果。从 1996 年年初到 1997 年年中，有 237 家上市公司将资金用于新、扩建项目，其公司数占总数的 80％以上，有 125 家（占43％）上市公司将资金用于技改上。在 1996 年到 1997 年上半年的一年半时间里，用于新扩建项目、技改、购并、偿债和流动资金的资金总数大致为 537 亿元左右，其分布比例分别为 19：9：31：2。今年上半年，在香港证券市场上，外资对中国 B 股、H 股并不看好，但对香港红筹股即被内地资本控股的香港上市公司却十分看好，导致其股价猛升，越炒越热。这些情况，反映了国有企业重组后的业绩，使人们对国企重组后的发展前景具有信心。

但是，潜在问题很多。1996 年新上市公司主业利润比重平均下降了 15％，部分企业的主业利润还有亏损，不少企业非主业盈利，部分是来自股票和债券的短期投资利润。由于主营业务利润比重偏低，因此，企业后劲如何存在很多疑问。1996 年以来新上市公司中有 37 家（占 14％）公司将资金用于偿债，而这是在回报上最可能出现问题的筹

资用途；投资项目选择上的盲目性和随意变动性，资金使用上的分散性，都使上市公司真实业绩蒙上了阴影。

更进一步分析可以看到，重组后的国企之所以利润上升，实际上有国家让利的因素。一是土地的租金降低，二是对剥离或分立上市的股份制企业（即下属公司）的总公司保留了国企的优惠政策；三是国有股收益继续投入甚至折价投入。因此，上市公司的总利润上升中含有了国家让利的因素。

综上所述，政府参与国有企业资本重组有利有弊，在现阶段，对搞活或救活国有企业确实能注入新的血液，但如果这个新机体不能在市场经济中脱胎换骨，从长远看，重组中付出的成本，就会无法收回。

四、现阶段如何使国企资本重组中的政府行为有所规范、降低负面影响

基本思路是：主要运用市场经济办法，但须辅之以行政指导，以资本为纽带组建大企业集团。具体建议如下。

（1）明确政府责任。应尽快制定并出台《地方政府、主管部门在国有资本重组中权责的规定》，明确行政指导的权限和责任，具体指明在国有资本重组中，政府及有关部门应当做什么，不应当做什么。明确政府领导与企业管理者的关系，从规章制度上保证企业家的权益。明确地方政府和有关部门在兼并盘活国有资本问题上，对国有资产的权利及实现形式。

（2）加快国有资产管理体制的改革，建立公有资产新的管理体制和运营机制。政府需要把所有者权利剥离出来，委托给国有资产运营管理体系，使其以国有资产所有者总代表的身份管理国有资产，把原来由政府部门直接对公有资产的管理，转变为由公有资产管理机构的间接管理。在加大政企隔离基础上，进一步促使政资分离。同时，也要明确企业运作国有资产上的权限，防止其超越应有权利或不负责的甩包袱行为。

（3）健全和完善企业法人治理结构，真正使企业具有资本经营的主体地位。下一步改革的关键之一，是要做到总经理由董事会聘任。

（4）发展和健全资本运营的中介组织，使社会中介组织在市场经济中发挥更大的作用。专营企业兼并、收购和重组等业务的投资银行，是通过市场进行资本运作的重要中介机构，国家政策有必要予以

支持并规范之。进一步规范专门从事证券业务的相关机构，提高水平，以适应资本重组的需要。适应发展对国有资产进行企业托管的形式，以实现在暂不改变原有产权归属的情况下，推进企业资产重组和流动，达到既防止国有资产流失，又提高国有资产经营水平和企业竞争力的目的。进一步完善审计事务所的建立和运作，使之更好地为资本运作提供服务。

（5）对具有较强国际竞争力的特大型国企进行资本重组，可制定必要的优惠政策。对少数具备条件的试点企业集团母公司，可作为国家授权投资机构，使其具有与现在行业管理总公司同等的投资权和资本经营权，以推进市场主体化进程。对国有大企业集团国有资产股权收益，在一个阶段，按一定比例，可允许作为国有资本金留在企业。还应逐步健全对大企业集团重要产品的国家订货制度，支持企业发展。

作者说明

1997 年 9 月，党的第十五次全国代表大会在北京举行。十五大报告提出，要"以资本为纽带，通过市场形成具有较强竞争力的跨地区、跨行业、跨所有制和跨国经营的大企业集团。"这项战略决策中潜藏着一个重大难题，就是谁来重组？在实际操作中我们看到，国有企业不可能在不通过政府的情况下进行兼并破产，政府也不可能完全不顾经济体制改革要求包办企业的重组，最典型和大量的是在政府参与下企业进行国有资产重组这种情况。这就是说，既有企业，也有政府，重组主体有"二元化"的倾向。其中，资本的国家性质与操作的市场方式存在着深刻矛盾。现在面临的是一个悖论，通过市场形成有竞争力的企业集团要求政府少干预，政府少干预又形成不了大的企业集团。正是基于对实践与理论的思考，我提出这个问题并尽可能做出一些建议来。自己对本文是比较满意的，认为下了工夫，紧紧服务于改革现实。这篇文章后来被国家体改委举办的《当代企业改革论坛征文》活动评为三等奖，文章公开发表在 1998 年 2 月 17 日的《中国经济时报》上。

产业投资基金与金融新产品

长期从事经济改革实践和基础理论研究，使我深信资本市场及其相关金融产品的生命力，产业投资基金就是这些有生命力的金融创新产品之一。

一、从产业投资基金谈起

应该说，产业投资基金是随着我国投融资体制改革的深入，适应国民经济发展的需要而产生的。目前一些地方、部委已在酝酿、筹备产业投资基金，一些金融机构也非常积极地参与了这一开创性的新领域。但我国还没有规模较大、运作规范的产业投资基金，没有可供参考的实践经验，相应的法律法规、管理办法也尚未出台，缺乏必要的操作规范。因此，加强这方面的研究是很紧迫的任务。

我国的产业投资基金脱胎于西方的创业基金，属于一种新型的投融资工具。但它既有别于西方的创业投资基金，也不同于东欧各国采取的企业重组投资基金，是在与国外类似基金有共同性的基础上，又具有中国特色的创新。

那么，我国产业投资基金究竟有什么独具特点呢？本书针对这一重大问题，对我国即将推出的产业投资基金和国外的各种产业投资基金进行了比较和分析，对我国产业投资基金的战略选择、发起、募集、运作、管理以及风险控制等重要方面，都详加分析。给我的印象是，相比其他一些金融产品，如当前横行国际资本市场的对冲基金等，产业投资基金具有更为明显的社会效益和经济效益。由于本书编写组成员已参与多项产业投资基金筹备工作，如整体策划、文本制作、各方协调、发起和募集的设计等，积累了相当的经验，因此，他们对产业投资基金的思考，就不仅具有理论深度，而且具有可操作性。我想这一特点，将使本书具有特别的魅力。

二、金融产品是社会需要的产物

我常自问，现在不断创新的金融产品，究竟是经济发展本身就会产生的东西，还是人们的凭空捏造？是本来就内在地存在于经济发展的某个阶段某个层次上，还是由人们外在地移植到经济体内来？比如三角形三个角加起来180度，这个规律，在人们没发现它时，它也早已存在，人们的发现，不过是把已存在东西找出来而已。而克隆羊这种事，就并不是内在的由"上帝"安排的事物，而是人们造出来的。人们造出这些东西时，还没有发现它的用途，还在为其生存合理性争辩，还在为它将来会满足人们什么需求而动脑子。这些东西，与自然规律的产物，可能就有差别了，合理性上就打问号了。

我想说的是，社会需要是催生新产品的伟大力量。有了社会的需要，才会使新事物不断产生和发展，使社会不断进步。比如，人们从不断的救火失败的经验中，意识到个体的、家庭的或无组织的、非专业化救火相对火而言力量太小、成本太高，因此人们发现，社会需要有专门的人和机构从事救火。消防队就这样应社会需要而产生了。可见，消防队不是外在于社会的，而对内在于社会的。它的内在性就在于它完全产生并服务于社会需求，并成为社会机体本身的组成部分。我想，最先发现这点的人是非常伟大的。随着社会一步步发展到了信用社会，社会也需要使用各种金融产品，各种金融产品也就应社会需要而产生了。我认为，产业投资基金这类金融产品就是经济发展到一定阶段上，早晚会被发现的东西。如果不是看表面而是看实质，就应当说，金融新产品不是聪明人凭空想象出来的东西，而是社会需要所产生的，也会因社会需要而发展。脱离了社会需要的金融产品，就会自然被淘汰。在这个意义上，可以说，金融产品是内在于社会之中的，不是某些人通过宣传，为了个人发财而人为移植到社会中的东西。

可以说，社会需求推动着人们向各个领域去创新，催生出各种各样的社会组织，完善着各类社会结构，既使社会功能越来越复杂，最终也使社会越来越进步。

这一套理论无非是说，金融产品服务于社会需求，是天然合理的。因此，金融工程师进行金融创新时，可以安心一些。不要觉得自己是社会上标新立异、好出风头的一群人，而要敢于说自己是对社会发展有益的一群人。社会承认了，法律承认了，金融制度也才能被这些"不安分者"不断推向前进。

三、金融产品是通过金融分解技术而不断产生的

像其他产品一样，金融产品最初也是粗大笨重的。最初产生的金融产品如钱庄，其中体现的是非常简单、粗糙的信贷关系。随着社会发展，金融产品也和电子产品一样，功能越来越多，结构却越来越精巧，比如，产生了各种各样的利率，各种各样的消费信贷，各种各样的票证。新的金融产品是怎样产生的？按美联储主席格林斯潘的话讲，就是通过金融分解技术而产生的。格林斯潘认为金融分解技术的应用可分为两支，一支是创造着衍生品，一支则是资产证券化。他这个说法确实很深刻，一下子就把金融产品如何产生的过程说透了。分解技术把很粗糙的东西细化，产生出多种品种，比如贷款就会因利率和时限不同，产生多种不同的品种。在证券市场上，我们看到什么恒生指数、道琼斯指数，更具体有什么日经指数225，各种让人眼花缭乱的期货合同和期权产品。金融衍生品这十年中每年以30%的速度增加，新产品的推出速度之快，成长之快，是20年前不敢想象的。可以说，金融产品越来越细，越来越多，越来越精巧，服务对象越来越有针对性，这正是20世纪80年代以后，国际金融领域一个多彩的风景线。

人们发现，金融产品必须分解得好、适应社会需要，才能得到承认，才能不断发展，否则就会失去存在、发展的理由。因此，分解就成为一项重要的具有创造性的技术。创新者要能深刻地理解社会的需求是什么，能熟练地提出新产品的构思，能正确运用市场策略把新产品推介出去，并形成稳定的供求关系，这才可以称得上是成功的分解。显然，这并不是任何人都会做的，更不是人人都能成功的。从资金信贷供求中、从最基本的信贷产品中发现基金形式也是分解技术的运用。第一只基金产生于英国，已有 120 多年的历史。产业投资基金作为基金中非常重要的品种，只有几十年的历史，在 80 年代后期才得到飞速发展。从基金产生的过程中，可以看到我国与发达国家有不小的差距，我们只有通过学习、吸收国外先进的金融创新，才能缩短我们探索金融产品的过程，不断为社会需求提供金融新产品。在转轨的中国，什么人能成为金融分解技术的专家呢？我的答案虽比较粗略但很肯定：一定是年轻人！

四、金融产品的交易离不开中介机构

复杂的金融产品交易，不仅需要供需双方，还需要中介机构协助进行。这其中有多种原因。第一方面的原因在于供需双方本身非常复杂，比如需求方有自然人、法人、机构、企业等，供给方有法人、银行、非银行金融机构、自然人等。这些主体自身越复杂，交易形成的组合方式就越复杂，交易的规则就越复杂。这就涉及很多中介机构，并且一刻也离不开它。如发行股票，涉及券商（往往是多家券商）、会计师事务所、律师事务所及其他一些咨询服务机构。金融产品交易中的中介机构，与一切在市场经济中的中介机构一样，是经济生活机体中不可缺少的部分。在我看来，中介机构相当于人的软体组织，它将骨、血、肉连接在一起，构成一个完整的机体。第二方面的原因在于金融衍生品越来越复杂。由于信息不对称，进行金融产品交易就需要专门机构搜集、提供、验证各种信息，操作过程也还需要各种规则来制约，以使交易更加规范和公正。第三方面的原因在于，协助进行金融产品交易的中介机构本身又形成若干层次，有些中介机构还要受到其他中介机构（如监管机构）的监督、制约，有的还相互评定信用等级。一般来讲，中介组织有两种类型：一种是监管组织，维护市场秩序，保证交易的公平公正，具有很强的社会效益；另一种中介机构提供商业性服务，是以利润为目标的，它也可以促进交易的进行，并提高交易效率。比如咨询公司、证券公司就有类似的职能。第四方面的原因在于，金融产品有别于一般产品，其使用非常复杂，需要专门的知识、技术，需要掌握很多信息，需要转变陈腐的观念，因此，需要有专门的机构来帮助金融产品的需求者更好地使用它。比如，一种金融服务是提供票据保险箱服务，这在现代社会是必要的。传统观念认为把资产藏于家中，上锁后就很保险了，其实不然，很可能祸从天降，被盗被损，因此而痛失财产。因此，金融产品包括金融服务产品交易，需要中介机构宣传推介，甚至需要中介组织帮助维护秩序、提供信息和交易场所等。离开中介机构，作为金融产品的股票交易就会大受影响。具体到产业投资基金交易，更是离不开中介机构。因为产业基金整个操作中，既有投资者、被委托者，还有投资管理者。各种关系很复杂，非常需要中介。事实上，在我们谈论产业基金时，头脑中浮现的不是一个简单的金融产品，而是浮现出金融产品供给、需求、管理、投资、回报等复杂的金融图像，浮现出中介组织在其中连接各环节的活动场面。

五、转轨条件下的金融产品交易具有不成熟性

我国经历的是从计划经济走向市场经济的转轨过程。计划经济时代的金融产品是非常简单的，各种规定也很明白。比如存款，就那几种情况，而且基本固定。但市场经济情况下就很复杂了。这种复杂性，或者讲转轨中金融产品交易的不成熟性表现在，第一，关于金融产品交易的法律规定有过渡性质。我国相关法律，既不能直接把西方的东西拿过来用，又不能规定过死。因此现在的法律、法规往往是"试用"、"暂行"，还准备修改。有时是先默许新事物存在，允许试验，好的继续发展，不好的就加以禁止。这一切，就说明了为金融产品交易服务的金融法规的不成熟性。第二，转轨过程中的金融产品本身不完善。比如产业基金，究竟应该实行封闭式的还是开放式的，是公司制的还是契约制的，还在争论之中，都没有足够的把握。这反映了金融产品本身在特定条件下，确有不确定的地方，因此，使金融产品交易更具不成熟性了。第三，供

求双方本身具有不成熟性。在我国，由于金融正在发展，需求者对金融产品往往缺乏了解，交易初时很盲目，交易后又不愿受法制约束。表现出来的形式多种多样，比如可能只愿意承认交易的盈利，不愿意承担交易的风险。第四，金融产品交易中的中介组织也不成熟。比如中介组织对"该做什么，不该做什么"的界限，常有困惑。有时对"做到什么程度，承担多大责任"也不清楚。中介机构本身的稳定性也不强，如基金管理公司，有的只有两三年，多的四五年，这和运行几十年、上百年的公司相比，不成熟性非常明显。第五，由于体制等方面的原因，交易环境尚不成熟。如交易场合、交易条件、交易规则、法律制度都不够完善，使交易不成熟。比如，可能由于法人的产权不清晰，"谁借钱谁还钱"这个最基本的原则也就无法贯彻了。最后，由于金融分解技术的结果使金融产品越来越细，而监管本身要求集中统一，引发出很深的矛盾。这一方面是交易不成熟的表现，另一方面也意味着风险。

在当前我国国民经济运行处在需求不足的状态下，产业投资基金将以其特殊的功能，在促进闲置资金转为投资资本方面，在促进经济回升和持续发展方面，发挥自己的优势。

作者说明

1997 年以来，若干部门和产业集团提出有关产业基金的建议，引起了我对此问题的兴趣。上海金信证券研究所李康所长等，在这方面行动很快，已有了专门的成果，其《中国产业投资基金的理论与实务》一书，已由上海人民出版社出版。李康所长邀请我为其书做序，就促成了这篇文章。当然，我认为那本书在理论与实务方面均有丰硕研究成果，对于中国产业投资基金的实践操作和理论研究都具较高参考价值。关心产业基金发展的实业家和理论家，会希望有更多的思想交流。"序"文写成是在 1998 年 12 月。一年后，即 1999 年 9 月 24 日《上海证券报》将"序"定名为《产业投资基金与金融新产品》，予以公开发表。

信息技术产业对国民经济影响程度的分析

信息技术产业发展极大地影响着国民经济。信息技术产业最发达的美国，其国民经济连续 10 年增长，近一年来不可抑制的下滑，都与信息技术产业的发展态势密切相关。20 世纪 90 年代后期，中国出现的通货紧缩型经济较高增长，也与信息技术产业带来的影响直接相关。本文力求从实证角度分析这种相关程度，并对信息技术产业下一步发展规划提出建议。本文的研究分为五个部分：①关于信息技术产业的定义和度量；②信息技术产业产出对 GDP 及其增长的贡献；③信息技术产业对优化国民经济结构的作用；④美国信息技术产业下降对美国经济影响的分析；⑤我国信息技术产业发展趋势分析。

一、信息技术产业的界定和度量

1. 信息技术产业的界定

在研究信息技术产业对经济发展的影响时，首先需要解决两个问题。

一是如何确定信息技术产业的范围。20 世纪

80 年代以前，信息技术主要指计算机硬件和软件技术。进入 80 年代后，随着通信技术与计算机技术的融合，通信技术也逐渐被纳入到信息技术的内涵中。现在，广播电视技术也被视为信息技术的一部分。由于信息技术边界模糊不清，导致信息技术产业边界也变得模糊不清，不同的政府部门和研究者会给出不同的定义，从而导致信息技术产业定义的混乱和研究结果之间的不可比性。而且随着时间的推移，作为一种渗透力和融合力很强的技术，信息技术的边界还在不断变化、扩大，这就更增加了确定信息技术产业范围的困难。

二是我国国民经济统计如何真实反映信息技术产业的发展。由于信息技术产业既包括制造业也包括服务业，因此，在目前以三次产业划分为基准的统计和核算体系中，信息技术产业的统计实际上变得支离破碎，有关的统计数据极不完整，有些领域甚至是空白。据了解，即使像美国和经济合作组织成员的核算和统计体系也不能准确全面反映信息技术产业的状况。

我们先将国内对信息技术产业的不同界定作一比较分析。在中国，由于没有标准化的定义，不同的政府部门和研究者会根据自己的需要选择信息产业的定义和产业边界。例如，在吴基传（2000）主编的《信息技术与信息产业》一书中，信息产业被定义为"社会经济活动中从事信息技术、设备、产品的生产以及提供信息服务的产业部门的统称，是一个包括信息采集、生产、检测、转换、存储、传递、处理、分配、应用等门类众多的产业群"①，该定义与美国商务部的定义很接近，但内涵更加广泛。美国商务部《浮现中的数字经济》（1998）、《新兴的数字经济》（1999）和《数字经济 2000》三个年度报告将信息技术产业定义为"生产、处理和传输信息产品和服务，无论这些产品和服务是作为中间投入物投入到其他产业的生产中，还是作为最终产品用于消费、投资、政府购买或出口。"② 显然，吴基传的定义主要是包括了像印刷出版业和邮政业这样的传统产业。

科技部下属的国家火炬办公室则将信息产业看成是高新技术产业的

① 吴基传：《信息技术与信息产业》，北京，新华出版社，2000。

② 美国商务部：《浮现中的数字经济》，姜奇平等译，北京，中国人民大学出版社，1998；美国商务部：《新兴的数字经济》，沈志斌等译，北京，中国友谊出版公司，1999；美国商务部：《数字经济 2000》，黄奇平等译，北京，国家行政学院出版社，2000。

一部分，他们在参照经合组织高新技术产业行业分类的基础上提出了一个按小类行业（73 个）和中类行业（30 个）划分的高新技术产业行业分类目录，该目录不仅包括电子及通信设备制造业，而且也包括医药和医疗器具、航空航天产业、仪器仪表制造业、办公机械以及软件和数据处理业，但是不包含通信产业和广播电视产业（科技部，1999）。

虽然采用信息技术产业或者信息产业这一称谓并没有什么实质性的差异，但是，为了与国际上流行的术语保持一致以及为了方便数据的国际比较，本文采用的是信息技术产业这一概念。根据美国商务部对信息技术产业的定义，结合国家技术监督局在 1994 年发布的《国民经济行业分类与代码》标准，我们提出按中类（3 位数代码）和小类（4 位数代码）分类的信息技术产业目录（见表 1）。

表 1　信息技术产业目录

产业名称	行业代码	
	3 位代码	4 位代码
硬件		
通信设备制造业	411	4111，2，3，9
雷达制造业	412	4121，2
广播电视设备制造业	413	4130
电子计算机制造业	414	4141，4143
电子器件制造业	415	4151，3，5
日用电子器具制造业	416	4171，2，3
电子设备及通信设备制造业	418	4181，2，3，9
其他电子设备制造业	419	
软件及其服务业		
电信业	602	6020
邮电业	603*	6030*
机械、电子设备批发业	627*	6270*
计算机及软件、办公设备零售业		6495
软件开发咨询业	831	8310
数据处理业	832	8320
数据库服务业	833	8330
计算机设备维护咨询业	834	8340
广播	911	9110
电视	913	9130

注：根据国家技术监督局 1994-08-13 发布的《国民经济行业分类与代码》编制而成，其中 * 代表该产业只有一部分属于信息技术产业。

如果将表1中的分类与美国商务部研究报告中的信息技术产业分类进行对比，就会发现两者的范围大体相同。主要的差别有两点：一是美国的产业分类更细，而表1的分类相对较粗；二是表1的范围不包括工业测量、电器测量、实验分析仪器以及与文化办公用机械有关的制造业，而后者将上述产业也纳入到信息技术产业的范围内。

2. 信息技术产业产出的估算

为了使信息技术产业的产出可与国内生产总值进行比较，有关信息技术产业的产出是用增加值来测量的。

增加值等于全部销售收入和其他经营收入减去中间产品和服务以及进口的购买，再减去外购经营费用。

增加值的计算通常采用收入法和支出法，本文采用的是收入法，即增加值是一个产业的所有新增收入的总和，包括折旧、劳动者收入、税收和利润。在下文中，我们对中国信息技术产业增加值数据进行了估算。考虑到数据的可获得性，我们对表1中的产业分类进行了调整和合并，将信息技术产业分为五个部分。它们分别为：电子及通信设备制造业、通信业、软件及信息服务业、电子信息产品销售业、广播电视业。以下对每个部分的增加值进行了估算，估算的时间范围为1992—2000年。

（1）电子及通信设备制造业增加值数据来自于国家统计局制造业统计的数据。由于分行业统计的数据只有独立核算工业企业（1992—1997年）和全部国有及规模以上工业企业（1998—1999年）增加值的数据，因此，该数据的口径是不完全的，需要按整个工业总产值的口径进行调整。调整的方式是把全部工业总产值与不完全口径的工业总产值的比率作为调整系数，由此估算出电子及通信设备制造业的全部增加值（完全口径）。

（2）信息产业部从1998年开始发布通信产业增加值的数据，但在此之前的数据只有《中国统计年鉴》所提供的邮电通信业的增加值，故估算通信业增加值需要将邮政业的增加值予以剔除，具体方法是在邮电通信业增加值的基础上，按邮政业务量占邮电通信业的比重予以相应的扣除。

（3）软件及信息服务业增加值国家统计局的正式统计中没有这方面的统计数据，因此，这一数据是根据信息产业部下属一些机构的研究和商业性调查报告的有关资料估算出来的。但是，在商业性调查报告中，关于软件及其服务业的数据都是销售收入数据，需要分类进行调整，以便估算出增加值量。由于软件的销售收入中，需要扣除的中间品是可以忽略的，需要扣除的外购经营费用主要是资本支出、折旧和经营费用。因此，根据有关专家的估计，软件的增加值约占销售收入的70%；信息服务业主要是数据库服务、网络服务、各类专业服务和系统集成等，扣除外购经营费用和中间投入后，其增加值约占销售收入的65%。

（4）电子信息产品销售业主要指电子设备批发业和计算机及软件、办公设备零售业的增加值。电子设备批发业的增加值是从销售和购进总额的差额中剔除经营费用。基本估算方法是，在《中国统计年鉴》所提供的机械、电子设备批发业数据的基础上，剔除机械部分（约占总额的70%），估算出电子设备批发业的购销差额，进而按批发零售业的有关财务指标计算出经营费用率（经营费用占销售收入的比例一般为25%），以估算出电子设备批发业的经营费用，最后从购销差额中减去经营费用即可估算出电子设备批发业的增加值。计算机及软件、办公设备零售业增加值的计算与前面相似，其经营费用率一般为3.5%。我们先计算出1998年电子信息产品的批发与零售业增加值与当年电子及通信设备制造业增加值的比率（为8.3%），而后用这一比率乘以其他年份当年电子及通信设备制造业的增加值，大致地估算出该年度电子信息产品销售业的增加值。

（5）广播电视业增加值与前面四个类型的产业不同，广播电视业在中国并不是一个高度市场化的产业，它既具有政府部门的特点，又具有事业单位的特点。由于广播电视技术，特别是有线电视技术与信息通信技术融合趋势的加快，广播电视产业正在成为信息技术产业一个日益重要的组成部分。但是，由于受统计体系的限制，我们可以直接得到的是文艺和广播电视事业的增加值，而无法得到广播电视业的增加值。一般来讲，在国民经济核算中，广播电视业的增加值等于经常性业务支出减中间投入加固定资产折旧，但由于很难得到有关的基础数据，我们无法按上述方式进行估算。本文采用的是一种间接的估算法，即在广播电视业劳动者报酬的基础上乘以某个权数。广播电视业的劳动者报酬按广播电影电视业劳动者报酬的70%估算，权数则采用文化艺术和广播电视事业的总增加值与劳动者报酬的比率，这一比率可以从1997年度《中国投入产出表》中得到，具体为 1.80。

（6）信息技术产业总增加值

在对信息技术产业的五个主要部分进行估计后，我们即可将分类数据进行加总，具体结果见表 2。这里需要说明的是所有的估算是以当年价为基准的，也就是说这些数据只反映信息技术产业的名义产出。

表 2　1992—2000 年中国信息技术产业总增加值

单位：亿元

	1992	1993	1994	1995	1996	1997	1998	1999	2000
电子设备及通信设备制造业	275	471	725	1 060	1 115	1 501	1 970	2 332	2 682
通信业	151	249	414	602	761	1 019	1 149	1 682	2 098
软件及信息服务业	27	60	72	98	138	175	218	278	369
电子信息产品销售业	23	39	60	88	96	125	163	194	223
广播电视业	13	16	25	30	36	42	47	54	66
总计	489	836	1 297	1 879	2 145	2 862	3 547	4 540	5 438

二、信息技术产业对经济增长的影响

1. 信息技术产业对名义 GDP 的影响

20 世纪 90 年代，信息技术产业成为中国经济增长最快和最具活力的产业部门，在国民经济中的地位越来越突出，其对国民经济的直接贡献也越来越大。从表 3 可以看出，1992 年到 2000 年，信息技术产业占名义 GDP 的份额从 1.84％直线上升到 6.08％，增长了 2.3 倍；同时信息技术产业的名义产出从 489 亿元扩大到 5 438 亿元，增长了 10 倍多，年平均增长率达到 35％，而同一时期，名义 GDP 的规模只增长了 2.5 倍，年平均增长率只有 17％，前者比后者高出整整一倍。与同一时期的美国相比，虽然中国信息技术的名义产出在名义 GDP 中的绝对份额较低，1992 年美国是 6.3％，2000 年为 8.5％，分别比中国同期高出 4.5 个百分点和 2.4 个百分点，但是，从信息技术产业占名义 GDP 份额的增长来看，美国只增长了 2.2％，而同期中国则增长了 4.2％，高出美国 2 个百分点。2000 年中国信息技术产业占 GDP 的名义份额，已经接近于美国 1992 年的水平。这里要指出，所谓名义 GDP 或信息技术产业名义产出值，均是指按当年价格计算的额值，而不是扣除价格变动后的实际价值。

表3　1992—2000 年信息技术产业对中国国内生产总值的直接贡献

单元：亿元，%

	1992	1993	1994	1995	1996	1997	1998	1999	2000
GDP	26 652	34 561	46 670	57 495	66 851	73 143	76 967	80 423	89 404
信息技术产业增加值	489	836	1 297	1 879	2 145	2 862	3 547	4 540	5 438
信息技术产业对 GDP 的贡献	1.84	2.42	2.78	3.27	3.21	3.91	4.61	5.65	6.08

注：国内生产总值的数据来自于《中国统计年鉴》，为了与信息技术产业产出的口径一致，该项数据也是按当年价格计算的。

从信息技术产业对 GDP 名义增长的贡献来看，在 1997 年之前，其对名义 GDP 增长的贡献只是略高于同期对 GDP 的直接贡献。但 1997 年之后，其对名义 GDP 增长的贡献就迅速上升，1997 年达到 11.29%，1998 年上升到 14.05%，1999 年则高达 28.75%[①]，2000 年虽有大幅回落，但仍然达到 10%，表明信息技术产业对整体经济增长的拉动作用在迅速增强。更为重要的是信息技术产业产出对经济增长贡献的迅速上升恰好发生在宏观经济进入通货紧缩和增长衰退的时期，这表明在经济活动的其他部门缓慢成长的情况下，信息技术产业并未受到整个经济下滑趋势的影响，而是继续保持了超常的增长速度。信息技术产业的这种超常增长具有重要的意义，特别是对 1997 年之后中国的经济增长没有出现历史上经常出现的"硬着陆"和严重的经济衰退有很大影响。

① 该数字在 1999 年异常偏高主要是由于通信产业增加值增长严重偏高所致，而通信产业增加值严重偏高则主要是由于 1998 年和 1999 年的数据来源不同。1998 年数据是在 2000 年《中国统计年鉴》基础上估算出来的，该年整个邮电通信业的增加值也只有 1 235.1 亿元，剔除邮政业后为 1 148.6 亿元，而 1999 年的数据则来自信息产业部的统计公报，后者提供的是纯粹的通信业增加值，为 1 682 亿元，按上述两个数字的差额计算为 533.4 亿元，相当于同期 GDP 增长数的 15.4%。

表 4　1993—2000 年信息技术产业对经济增长的名义贡献

单位：亿元,%

	1993	1994	1995	1996	1997	1998	1999	2000
GDP 年增长值	7 908.6	12 109.1	10 827.9	9 355.6	6 292.2	4 875.1	3 455.7	8 981.2
信息技术产业年增长值	347.09	460.91	581.62	266.73	716.1	685.06	993.52	897.43
信息技术产业对 GDP 年增长贡献率	4.39	3.81	5.37	2.85	11.38	14.05	28.75	10.0

2. 信息技术产业对实际 GDP 的贡献

信息技术产业对产出的名义贡献并不能确切反映其对实际经济活动的影响,因此,我们需要在名义产出的基础上估算信息技术产业实际产出的水平。实际产出的估算依赖于分部门的产出的平减指数。从目前官方所公布的分类价格指数来看,我们的需要很难得到完全满足。一个比较现实的办法是寻求比较接近的指数或通过技术调整来估算出信息技术产业五个部分增加值的平减指数。下面的估算均以 1990 年不变价为基准,估算的时间范围以 1992—1998 年为主。

（1）电子及通信设备制造业产出平减指数。我们可以在《中国工业经济统计年鉴》或者《工业统计年报》中得到按现价和 1990 年不变价计算的电子及通信设备制造业的工业总产值,在上述两类数据的基础上即可计算出工业总产值的价格平减指数,该指数也可以作为计算增加值的平减指数。

（2）通信业平减指数。与通信业的平减指数比较接近的是邮电通信业的平减指数,该指数可以在《中国统计年鉴》所提供的有关数据基础上测算出来。

（3）软件及信息服务业平减指数。虽然在统计中,软件及信息服务业归在社会服务业中,后者的平减指数可以从统计年鉴中得到,但由于软件及信息服务业只是社会服务业的很小一部分,而且其价格变动的趋势与其他社会服务业相差很大,因此本文没有采用社会服务业的平减指数作为其平减指数。考虑到软件及信息服务业的价格变动与计算机制造业价格的变动较为一致,因此,我们用电子及通信设备制造业的平减指数作为其平减指数。

（4）电子信息产品销售业的平减指数。由于该产业与其他的批发和零售网络十分接近，因此，本文采用的是批发和零售贸易餐饮业的平减指数。该指数可以通过统计年鉴中的批发和零售餐饮业名义产出指数与可比价指数的比率来计算。

（5）广播电视业平减指数。在我们可以得到的指数中，教育、文化艺术和广播电影电视业是最接近的一种指数，该指数也可以从《中国统计年鉴》中得到。依据上面估算的平减指数，我们即可对 1992—1998 年各年度信息技术产业的实际产出做出估算，估算结果见表5。

表5　信息技术产业的实际产出（以 1990 年为基年）

单位：亿元

	1992	1993	1994	1995	1996	1997	1998
电子设备及通信设备制造业产出平减指数	343.6	554.6	797.0	1 191.5	1 327.2	1 876.9	
通信业平减指数	150.4	245.4	309.6	439.0	579.8	749.3	965.2
软件及信息服务业平减指数	34.3	71.1	79.1	109.8	164.2	218.3	
电子信息产品销售业平减指数	14.0	22.6	28.6	36.4	37.1	47.2	61.6
广播电视业平减指数	10.8	12.2	15.8	17.6	19.9	25.7	31.9
总计	553.1	905.9	1 230.1	1 794.3	2 128.2	2 917.4	

（6）GDP 的平减指数与实际 GDP 的估算

根据《中国统计年鉴》数据可以计算出 GDP 的平减指数，并可推算出实际的 GDP，见表6。

表6　GDP 平减指数和实际 GDP

单位：亿元

	1992	1993	1994	1995	1996	1997	1998
平减指数（上年＝100）	107.8	114.7	119.9	113.0	105.9	100.7	97.6
平减指数（1990 年＝100）	115.4	132.6	159.0	179.7	190.3	191.6	187.0
实际产出（以 1990 年为基年）	23 083.3	26 119.5	29 408.4	32 542.1	35 672.4	38 836.6	41 895.8

在对信息技术产业的实际产出和实际 GDP 做出估算后，我们可以得到表 7。表 7 给出了 1992—1998 年信息技术产业对 GDP 的实际贡献率，从中可以看出，信息技术产业对 GDP 的实际贡献率要高于同期的名义贡献率，而且两种贡献率的差距随着时间的推移而逐渐扩大，1992 年实际贡献率高出名义贡献率 0.56 个百分点，1997 年则为 3.6 个百分点。表 8 反映了信息技术产业对 GDP 实际增长的贡献情况。与信息技术产业对 GDP 实际产出的贡献相似，信息技术产业对 GDP 实际增长的贡献要大大高于其对名义 GDP 增长的贡献，而且两者的差距随着时间的推移以更快的速度在拉大。1993 年，信息技术产业对 GDP 实际增长的贡献率高出名义贡献率 7.2 个百分点，1997 年则达到 13.3 个百分点。如果将信息技术产业的实际贡献换算成 GDP 实际增长的百分点，则 1993 年 GDP 实际增长的 13.1 个百分点中有 1.5 个百分点来自于信息技术产业，到 1997 年，GDP 实际增长的 8.6 个百分点中有 2.1 个百分点来自信息技术产业。

表 7　信息技术产业对 GDP 的实际贡献率

单位：亿元，%

	1992	1993	1994	1995	1996	1997	1998	1999
实际 GDP	23 083.3	26 119.5	29 408.4	32 542.1	35 672.4	38 863.6	41 895.8	44 882.7
信息技术产业实际产出	553.1	905.9	1 230.1	1 794.3	2 128.2	2 917.4		
贡献率	2.40	3.47	4.18	5.51	5.97	7.51		

表 8 比表 4 更好地说明了信息技术产业在 20 世纪 90 年代中国经济增长中所发挥的重要作用。我们认为，中国经济在 1997 年之后面对通货紧缩的严峻形势而没有出现严重的经济衰退，信息技术产业的高速成长是一个重要的决定因素。从信息技术产业对名义 GDP 和实际 GDP 影响的差别上，我们看到信息技术进步对国民经济一种特殊的贡献，就是由于信息产品和服务的价格大幅下降直接地影响了相关产业产品的价格，遏制了成本推上的通货膨胀，造成了低价格总水平下的经济增长。正是由于这一点，美国商务部对信息技术产业对通货膨胀的影响有专门的分析和评价。

表8 信息技术产业对 GDP 实际增长的贡献率

单位：亿元，%

	1993	1994	1995	1996	1997	1998	1999
GDP 实际增长	3 036.2	3 288.9	3 133.7	3 130.3	3 192.2	3 032.2	2 986.9
信息技术产业实际增长	352.4	324.3	564.2	333.9	789.2		
贡献率	11.6	9.7	18.0	10.6	24.7		
GDP 实际增长率	13.1	12.6	9.0	9.6	8.6	7.8	7.1
信息技术产业的贡献	1.5	1.2	1.6	1.0	2.1		

三、信息技术产业对优化国民经济结构的作用

信息技术产业发展对经济结构优化升级的影响是深刻的、全面的，这里主要从对产业、企业两个方面进行分析。

1. 信息技术对产业发展的影响

（1）改造传统产业，促进产业结构升级。近年来，信息技术越来越广泛地运用到传统产业中，使传统产业增添了巨大的活力。据统计，在美国凡采用 CIMS（计算机集成制造系统）的公司产品质量提高 40% 以上，生产率提高 200%～500%，而工程设计费用和人力费用却分别减少 15%～30% 和 5%～20%。我国 22 个省市用电子信息技术改造传统产业的投入产出比约为 1：5，个别的甚至高达 1：10。铁路运输系统采用计算机管理后，提高运力 15%，仅每年多运煤就达 18.5 亿吨，且年事故下降 68.9%。当然，信息技术对不同部门的影响是不同的，如果我们把传统产业的范围扩大，即金融、证券、保险等服务行业也称为传统产业的话（相对于新经济下新出现的产业而言），那么，信息技术对于这些行业的装备程度要高得多，作用也就更大一些。[①]

信息技术的发展对经济增长方式的影响主要表现在：信息技术引发的社会信息化，为摆脱高投入、高消耗、高污染的经济发展方式提供了技术可能。信息化的开展使得依靠科技进步，而不是高资源、高投入就可以促进经济增长。目前发达国家中，科技进步对经济增长作用率已高

---

① 中华人民共和国科学技术部：《中国高新技术产业发展报告》，北京，科学出版社，1999。

达 60%～80%。

（2）大大推进服务业的发展。一是信息技术产业本身的服务不断扩展和延伸。它既包括信息技术产业中的软件服务产业的发展，如计算机程序设计服务、散装软件、软件批发产业、软件零售业、集成计算机系统设计、计算机数据处理、信息反馈服务、计算机管理服务、计算机租赁服务、计算机的维修与保养等，也包括通讯服务产业，如电话与电报通讯、无线电与电视广播、有线电视与其他收费电视服务等。二是极大地推动传统服务业的提升。传统服务业生产和消费上的同一性，使服务的半径局限于一个狭小的范围以内。信息技术的发展扩大了传统产业的服务"半径"，在很大程度上打破了服务业地域的限制。三是产生了许多新的服务业领域。信息技术的发展还使传统的产业向服务业转化。一些产品如 CD 等，过去是通过在市场上购买，而现在却在下载的过程中变成服务；许多在线服务以及网上阅读等都在一定程度上代替了原来的产业经营方式，这说明，产业本身也在发生变化，用传统的指标来测度服务业已经出现困难。

（3）在很大程度上改变了原有的贸易方式。最突出的就是电子商务的出现给企业提供了更多的选择，使贸易方式出现了许多新变化。一是新的贸易方式在一定程度和范围替代了传统的贸易方式。譬如，以前的购买活动是直接到商家进行的，而信息技术的发展却可以通过网络购买，于是，物流业获得了快速发展。二是促进金融、信用、娱乐等行业的发展，并改变了这些部门的内部结构。譬如，银行业务的发展，支票是对现金的部分替代，信用卡、电子货币又是对支票和货币的部分替代。三是创造出新的需求。许多原来不可能的事情，现在却可以形成市场，因为它可以通过网络把分散的个人需求变成一个统一的市场需求。

2. 信息技术产业对企业的影响

（1）可大幅度降低成本。互联网降低成本的潜力是巨大的，计算机相互联网的数目愈多，网络效应就愈明显，成本就会愈低，其对经济和社会的影响就会愈大，这就是著名的梅特卡夫法则。由于信息技术的发展，很多企业尤其是大企业使用专用网减少采购过程中的成本和环节，使得企业把更多的时间集中在价格和建立供货渠道上。在 1985 年，福特汽车公司汽车撞击实验要花 6 万美元，而现在只要 100 美元就可以用电脑来模拟汽车的冲撞过程了。

（2）大大缩短产品开发周期和产品的生命周期。由于信息技术的发展，大大缩短了产品的开发周期。如过去开发和制造一种新的车型需要4～6年的时间，而现在只需要30个月，许多要花几周或者几个月的工作现在几天就可以完成。与此同时，产品的生命周期也在缩短。由于产品开发周期的缩短，使得新产品层出不穷，加速了传统产品的淘汰过程。一种款式的产品从投产到最后被新的款式替代所用的时间越来越短。不仅如此，消费者还可以根据自己的偏好，直接参与产品的设计过程，工业化时期的标准化正在一步一步地走向信息时代的个性化和人性化。

（3）促进企业组织结构和管理方式发生根本性的变化。一是决策权向操作层逐步转移。20世纪80年代以后，随着以信息技术为代表的新技术到来，对操作人员知识化的要求越来越高，许多决策信息实际上分散在他们的头脑里。在这种形势下，传统的层级制的组织管理形式已不能适应以知识为基础的新经济时代要求。在这种情况下，决策权向操作层转移的组织管理形式便应运而生。目前美国许多企业的工作人员可以通过"下线问题解决小组"或自我指导工作小组，直接参与企业的决策和管理。据调查，在美国制造业中，雇员参与企业决策和管理的企业的比重，由1992年的65％，上升到1998年的85％。二是"以业绩为基础的报酬"制度被越来越多的企业采用。据美国一家机构调查，1987年到1999年，名列《财富杂志》的1 000家企业中，采用"以业绩为基础的报酬"制度企业的比重，由26％上升到50％。三是传统的垂直一体化的企业经营组织模式开始改变。即企业将部分非核心业务分包给外部专业化公司，与相关的企业建立稳定的契约关系，并形成业务网络关系，从而大大拓宽企业的边界。四是高技术企业出现中小型化的倾向。与行业集中度提高的趋势相反的现象是，近年来高技术企业出现了中小型化的倾向，这种倾向在信息产业中表现得更为明显。之所以如此，是由于大企业很难适应新技术的快速变化，而中小企业有"船小好掉头"的特点；同时大企业管理虽然规范，但也有趋于僵化的弱点，导致企业人员技术和管理创新的动力不足，而中小企业管理更加灵活，容易建立良好的激励机制，刺激企业人员加快技术和管理创新。

四、美国信息技术产业下降对美国经济影响的分析

去年三季度以来，美国经济形势出现明显的下滑，其国民经济增长速度急剧下降。今年前三季度分别为 1.2%、0.3%、−0.4%。而过去的 10 年，美国经济年均增长为 3%，1996 年以来年均增长为 4%。

美国经济增速剧减，是多种因素共同作用的结果。比如，去年以来美国市场对国际资本的吸引力明显下降，国际资本对美国经济的支撑作用下降。美国国内总需求的 2/3 以上是由个人消费支撑的，消费者信心不足也极大地制约经济增长。美联储实施宏观调控出现某些失误，也影响了经济增长。美联储认为美国经济过热，1999 年 6 月至 2000 年 5 月，一年内连续 6 次提高利率 1.75 个百分点，调整后利率高达 6.5%，为 9 年最高，这对美国经济明显减速也是有影响的。但这里要特别指出的是，产业过度扩张引致反弹也是美国经济下滑的主要原因之一。多年来，美国各产业在乐观预期下扩大生产，终于造成供大于求，传统产业和高科技产业均出现严重的库存积压，积聚的资产泡沫开始破裂。以信息网络技术为先导的高新技术产业投资过度问题甚至更严重。原因有三方面。一是投资银行和风险投资公司的行为方式所促成。投资银行依靠为新创公司上市筹集资金并代理其股票首次公开发行业务而赚取利润，风险投资公司依靠持有新创公司上市后的内部股票升值而获利。由于它们的利润主要产生于首次公开发行之时或之前，因此，它们对推动公司上市不遗余力，过于热衷。有报道说，自 1997 年至 2001 年 4 月，美国投资银行推动了数百家网络公司上市。尽管其中许多家已经破产或遭到失败，众多投资者也因此而损失惨重，但投资银行家们却从股票承销中赚取了 21 亿美元。二是高新技术企业预期过于乐观。在新经济的热潮中，众多小企业以供大公司收购为目标盲目扩张、借贷发展。大批网络公司也如雨后春笋般成长起来，似乎市场是无限大的，点击率高就一定会盈利。三是股民对高技术股票的狂热。在 20 世纪 90 年代末股市繁荣时期，原始股上市后价位普遍高超上市价。据估计，1999 年原始股上市价与第一天收盘价之间差额约 350 亿美元。因此，许多投资者千方百计抢购高科技新创公司的股票，也构成推动信息技术产业投资增长过度的原因之一。综上，网络基础设施投资过度，促成市场供大于求，终使

企业赢利剧减，造成不少公司负债累累。2000 年第三季度以来，美国信息产业发展步伐开始放慢。1 季度至 4 季度，非居民的计算机设备和软件投资增长率依次为 20.6％、17.9％、5.6％和－4.7％。多数高新技术企业和网络公司盈利下降，亏损增大，拖着美国整体经济进入快速下滑的轨道。而以技术股为主的纳斯达克股市曾在 2000 年 3 月 10 日创造了 5 048 点的最高记录，而到"9·11"袭击事件发生前，一直在 1 700点上下徘徊。有人估计，美国 95％的网络公司都将被淘汰。在这个意义上，我们认为，美国信息技术产业出现落潮，是美国经济开始下滑的重要原因之一。

美国经济增长率下降中，信息技术产业的作用有多大呢？根据美国商务部和统计委员会今年 6 月公布的《数字经济 2000》报告中指出："信息产业在整个经济产值中比重在 2000 年只有 8.3％，但在 1995—1999 年间，对美国经济实际增长作出了几乎 1/3 的贡献。……1998 年，信息产业在研究和开发方面的投资总额为 448 亿美元，几乎是全国公司研究开发投资的 1/3。……六个主要的经济研究组织研究结论是：在 20 世纪 90 年代后半期，信息产业的生产和使用对美国生产率的增长的贡献达到一半或一半以上。"这是一个很重要的结论，从中我们可以推论出，如果作为行业领头地位的信息技术产业停止了增长，其对经济增长 1/3 的拉动作用也就相应失去了；进一步，如果由于过度投资造成的信息技术产业泡沫破裂而出现还债，其对经济增长就出现了向下拉的作用，因此，对美国经济下拉的作用超过 30％是肯定的。

五、对我国信息技术产业发展趋势的分析

从国际信息技术产业发展的经验和教训来看我国信息技术产业，关键的问题是：信息技术产业发展如何与整体国民经济发展相协调，与传统产业的升级改造相配套，既不过于超前地投资，造成产业泡沫，蒙受损失和挫折；又能抓住新兴产业发展的机遇，适当超前，缩小与发达国家差距。下面，简要就两个有争议的重大问题进行讨论。

1. 中国信息技术产业是否应继续快速发展

从美国信息技术产业以及国民经济发展速度的下降中，我们能否得出一个结论，中国信息技术产业要放慢发展速度？否则也是过热，也会

出现大量泡沫？

我们认为，不能得出这个结论来。理由如下。

首先是中美信息技术产业发展阶段不同。美国国民经济出现数字化特征，出现以信息化为内容的新经济；而中国国民经济主体上仍然是工农业为主，离信息化社会还差得很远。就信息技术产业本身来比较，美国在很大程度上信息技术产品的制造业正在向信息技术产品服务业方向发展；而中国仅是信息技术产品的加工业正在向信息技术产品的制造业发展，离实现信息技术产品服务的普及化还很远。因此，不能从美国信息技术产业的过度发展上得出中国信息技术产业也发展过度的结论。

其次，中国信息技术产品的市场还相当大。不仅用户对信息技术产品的需求还很大，而且传统产业改造对信息技术产品的需求也很大。比如，信息产业在商业中运用就很不够。入世后，国际大型零售企业进来后，将会极大推动大型IT系统运作进入商业；现在制造业在IT市场规模中占份额不到10%，要提高竞争力也将会在引入IT方面有重大进展。中国西部大开发、电子商务开拓等，都表明信息技术产业在中国发展将有巨大的市场空间。

再次是中国经济发展对信息技术产业的依赖度越来越高。"九五"期间，信息产业年均增长速度超过30%。电子信息产品在我国外贸出口中，从1995年的11%上升为2000年的22%。据信息产业部评估，2000年我国GDP增长率中，信息产业贡献度在10%以上。作为国民经济支柱产业的地位，10年内没有其他新兴产业可能取替。不论是现在正在兴起的生物技术及其产业，还是因环保事业发展而迅速成长的环境产业和材料产业，且不论其从研发到产业化过程还要走相当一段路程，就其对其他产业的渗透程度而言，也无法与信息技术产业相比，或说对国民经济各产业间接影响相对小，因此，取代信息技术产业的可能性在10年内几乎没有。

2. 如何判断中国信息技术产业发展速度是否合理

中国信息技术产业仍在快速发展，但到底速度多快为宜？这是一个相当复杂的问题。根据全文涉及的正反经验，这里提出几个原则性的评判标准供讨论。

（1）信息技术产业与传统产业发展速度应是雁行式协调关系。信息技术产业仍应作为领头产业向前飞，并带动其他产业一起，而不是单独向前飞。另一方面，也不是齐头并进的排浪式一字型协调，那就会抑制了信息技术产业的发展势头，也不利于其他行业的信息化。雁行式其实包含一种速度关系，就是要快于其他，但不能快到脱节。现在，全球信息技术产品价格都很低，这是我们传统产业低成本搞信息化的好时机。

（2）政府无效率投资比企业过度投资问题更严重。这是分析信息技术产业增长是否过度时应有的一个判断。我国信息产业发展，是与政府高度重视分不开的。政府支持是必要的。但从经济学角度看，关键是支持的方式，是政府办企业式的支持，还是提供条件式的支持。现在到了多强调提供条件而不是政府直接办企业的时候了。政府要相信市场调节在高新技术产业中的作用，要相信企业一定能做好自己的事。信息技术产业中技术发展和运用，要靠很多的创业公司去做，国家政策要支持这些创业公司。

（3）协调好相关部门的投资决策，是防止过度投资、过热增长的关键。现在，信息产业部只管制造业和软件业，邮电部管运营，交通部只管部分通讯，广电部也只对广播电信负有责任。这种管理体制容易出现的一个问题，就是在信息基础设施上常常出现重复投资。行政权力的部门竞争，非常有损于整体的经济效益。要防止重复过度投资，就要在形成有机、统一的管理体制上下工夫。不是要合并机构，而是要把功能协调起来。

作者说明

《信息技术产业发展研究》从 2001 年 4 月立项到定稿，接近半年时间。这期间，正是我从国务院研究室调往北京师范大学的时候。当时的背景是，美国 2001 年出现的信息产业大滑坡引起了国务院的高度重视，温总理提出了一些重大的研究课题，如信息技术产业到底有多大贡献？中国信息技术产业优势在哪里？中国新经济的新台阶是什么？中国技术储备和改造的重点又在哪里？等等。因此，有必要尽快组织力量来研究这些问题，并报有关领导和部门供决策时参考。当时我担任国务院研究室宏观经济司司长，就组织了一批科研人员对此问题进行了研究。

在专家指导下，经过努力，课题有了进展。研究是以美国经济发生变化为切入点，分析美国经济上升和下滑中信息技术产业的作用，进而分析信息技术产业在我国经济中起到的作用。本研究报告得到了国家有关部委及研究机构专家的大力支持。中国政策科学研究会给予了经费的支持，专家们给予了智力和技术上的指导。在此，我们要向专家们表示真诚的谢意。这些专家是：中国政策科学研究会秘书长林融、原国家经贸委信息中心主任刘力、原国家计划发展委员会高新技术司副司长许勤、科技部政策体改司司长张景安、证监会信息中心主任徐雅萍、信息产业部产业推进司司长赵小凡、北京师范大学副校长史培军、互连通公司总裁高红冰、国家信息中心发展研究部副主任秦海、中国电子工业发展规划院院长董云庭等。同时，还要向课题组研究人员的辛勤劳动表示衷心的感谢，他们是：刘学敏、秦海、侯万军、周武光、杨越和洪翠英。当然，由于信息技术产业发展很快，当前情况与本报告所提供的数据已有了较大差异。但报告的结论，现在看来仍然是正确的。本调研报告发表在《经济研究》2001 年第 12 期上。

物流与中国经济发展

物流在中国正在快速兴起和发展。这对中国经济持续发展有重要意义。下面，谈五点思考，向大家请教，供大家讨论。

一、中国出现"物流热"的原因分析

物流与商流，为什么人们现在重物流，而不讲商流？按理说商流更接近于市场，为什么商流提法反而不如物流？我国物流发展与美国、日本有什么不同？我想中国物流热可能来自以下六个方面力量的作用。

第一，市场化改革不同进程的动力及差异。市场化进程中，商流先于物流。从表面上看，商业进而商流与市场经济的概念更接近。20世纪80年代初，在物流概念引进中国时，中国正在进行以商业为中心的流通领域的改革，这场改革进行到现在，从"三多一少"到解决合资零售，到按国际方式办各种商业的销售，到现在的发展连锁经营。可以说，中国商流热基本结束了，商业流通领域的改革基本上完成了。物资和运输产业和企业改革相对滞后一点，现在正到了高潮期。这些相关的行政主管部门近几年撤并所产生的压力也推动着寻求一个更符合市场化的组织形式，物资系统和运输系统的改革则正在形成高潮。正因为这样，这几年被这些行业和企业所认同的物流概念在迅速扩张，可以说远远超过商流概念的影响。现在，物流概念成为流通体制改革和流通体系运作的中心概念。

第二，产业调整和升级产生的压力。中国经济这些年正在进行结构调整和产业升级。这个浪潮推进了"物流"的普及。"物流"不但涵盖流通领域，也涵盖生产、生活等领域，因此被认为是一种新的产业组织形式，是新兴的产业。正如有的专家讲的，物流发展成为当代市场经济发展中工业、商业和运输业融合的一种新兴产业组织模式，并成为传统产业调整和升级的目标选择。

第三，中国入世后的外部压力。当前物流业正在向全球化、国际化、一体化方向发展。一个国家的市场开放与发展必将要求物流的开放与发展。随着世界商品市场的形成，从各个市场到最终市场的物流日趋全球化；一体化意味着需求、配送和库存管理的一体化。所有这些已成为国际物流业的发展方向。中国加入世贸组织后，这种推动力在增强。

第四，中国持续高增长出现的需求。中国经济连续十几年高增长，已从供给型约束经济走向了需求型约束经济。中国现在发展所产生的需求和巨大的潜在需求，对供给方面提出更高的要求。这在促进新型的"物流业"快速发展。

第五，高新技术的推动。"物流"指经济活动中产品、信息和服务的运输与交换的动态流程。信息技术的发展，使信息系统得以贯穿于不同的企业之间，使物流的功能发生了质变，大大提高了物流效率，同时也大大促进了物流的发展和现代化。

第六，地区发展尤其是城市现代化对新产业的期望与选择。各地区都希望早日实现现代化，落后地区希望加快发展赶上来，大家都在寻找着新的经济增长点。这时，"物流"是"第三利润源泉"的说法传了进来，引起了各方关注。"第三利润源泉"的说法主要出自日本。日本专家认为，从历史发展来看，人类历史上曾经有过两个大量提供利润的领域，一个是资源领域，另一个是人力领域。现在，前两个利润源的潜力越来越小，在利润开拓越来越困难的情况下，物流领域的潜力正在被发现、被重视，这按时间序列应排为"第三利润源泉"。

二、解决好政府与物流企业的产权关系

我国现在的物流企业多是从国有仓储、运输企业转型而来，要成为真正的现代化的物流企业，在企业机制上和产权制度上，还需要有相当大的改革。现阶段，关键是解决好政府参与国有物资和运输企业改革与改制问题。

国有企业国有资本的所有者代表是政府部门，国有资本重组不可能不让所有者过问。所有者对资本重组进行干预是正常的。政府对国有资产保值、增值、不流失负有天然责任。而且，越是大企业，越是大资本，参与资本重组和改造的政府级别就会越高。进一步，政府负有产业结构、区域结构调整的责任，国民经济管理者的责任促使它关心企业资本的重组。在强强联合、振兴经济的热潮中，各地政府将无一例外地组织本地大企业集团，这里当然重点把物流大企业当作中心工作之一。

另外，行政化配置资源的低效率我们已有过几十年的教训了。行政性配置资本，将使我们的企业难以成为市场主体，难以具有市场竞争力。即使政府主观上完全认识到要以市场为导向，以优势企业为龙头，要按市场方式操作，但只要资本决策主体是政府，政府的良好愿望能否转化为实在的成果就要打个问号。资本重组理应是市场配置资源的过程，提出要通过市场形成有竞争力的大企业集团，就是要让市场在国有资本重组中发挥基础性调节作用。

由上可见，这里存在着国有企业资本的国家性质与企业操作的市场方式的深刻矛盾。现在面临的是一个悖论，通过市场形成有竞争力的企业集团要求政府少干预，政府少干预又形成不了大的企业集团。这种是非判断上的困境，将必然带来操作上的困难。

那么，现阶段如何使国企资本重组中的政府行为有所规范、降低负面影响呢？我认为基本思路是：主要运用市场经济办法，但须辅之以行政指导，以资本为纽带组建或改造国有大企业集团。具体建议如下。

第一，明确政府责任。应尽快制定并出台《地方政府、主管部门在国有物资和运输企业国有资本重组和改造中权责的规定》，明确行政指导的权限和责任，具体指明在国有资本重组中，政府及有关部门应当做

什么，不应当做什么。明确政府领导与企业管理者的关系，从规章制度上保证企业家的权益。明确地方政府和有关部门在兼并盘活国有资本问题上，对国有资产的权力及实现形式。

第二，加快国有资产管理体制的改革，建立公有资产新的管理体制和运营机制。政府需要把所有者权利剥离出来，委托给国有资产运营管理体系，使其以国有资产所有者总代表的身份管理国有资产，把原来由政府部门直接对公有资产的管理，转变为对公有资产管理机制的间接管理。在加大政企隔离的基础上，进一步促使政资分离。同时，也要明确企业在运作国有资产上的权限，防止其超越应有权利或不负责的甩包袱行为。

第三，健全和完善企业法人治理结构，真正使企业具有资本经营的主体地位。下一步改革的关键之一，是要做到总经理由董事会聘任。

第四，发展和健全资本运营的中介组织，使社会中介组织在市场经济中发挥更大的作用。专营企业兼并、收购和重组等业务的投资银行，是通过市场进行资本运作的重要中介机构，国家政策有必要予以支持并规范之。进一步规范专门从事证券业务的相关机构，提高其水平，以适应资本重组的需要。适应发展对国有资产进行企业托管的形式，以实现在暂不改变原有产权归属的情况下，推进企业资产重组和流动，达到既防止国有资产流失，又提高国有资产经营水平和企业竞争力的目的。进一步完善审计事务所的建立和运作，使之更好地为资本运作提供服务。

第五，对具有较强国际竞争力的特大型国企进行资本重组，可制定必要的优惠政策。对少数具备条件的试点企业集团母公司，可作为国家授权投资机构，使其具有与现在行业管理总公司同等的投资权和资本经营权，以推进市场主体化进程。对国有大企业集团国有资产股权收益，在一个阶段，按一定比例，可允许作为国有资本金留在企业。还应逐步健全对大企业集团重要产品的国家订货制度，支持企业发展。

总之，物流企业要成为真正的企业。不论是国有的、股份制的，还是什么所有制的，关键是要是一个真正的企业。

三、解决好市场需求与物流企业发展的关系

第一，每一个物流企业，都需要明确自己的市场定位。要明确自己

的竞争对手在哪里，下一步是否可能在竞争中失败。这一点对国有企业来说太重要了。如果我们只把如何得到有关政府财力支持作为考虑的重点，只以现有的市场格局作为投资的依据，就潜藏着重大的风险。要特别明确自己企业能在哪些物品上先做起来，先做好，然后一步步发展，这是重要的。比如，云南的物流企业，先考虑做好鲜花的配送，这就是很不简单的；苏州的物流企业，先考虑搞好新鲜蔬菜的配送，把苏州农产品供给与上海大市场需要沟通起来，这就是一件很大的事。任何企业，都要抓好自己的品牌，这对物流企业我想也是非常重要的。

第二，关注区域市场需求，是物流企业起步阶段重要的一步。物流企业与所有企业一样，需要一步步发展起来。虽然国内大市场和国际市场，都有物流企业的舞台，但各地规划起步时，一定要从自己的力量出发，要从实际出发。市场需要是一个变化的、相当难把握的东西。比如，当年河北省白沟突然在一个偏僻的地方，出现一个大的市场，使人们特别好奇，这绝不是规划出来的。

第三，物流企业的数量多少，物流基地选择的正确与否，物流投资是否是重复投资，都要受市场需求的决定，受市场的裁判。承认市场机制对资源配置的主要作用是非常重要的。物流业是否过热，也要由市场来裁决。当然，为预防失误，减少事后损失，政府指导是重要的，但这是以市场为考虑的。换言之，市场仍然是主裁判。

四、解决好城市与物流企业共同发展的关系问题

解决好城市与物流企业的关系，发挥城市支持国有物流企业改革的作用，是从经济整体出发搞活国有企业的重要内容之一。发挥中心城市作用，形成多个发射点式的网状物流体系，是物流业发展的基本路径。

第一，城市要为企业发展服务。物流企业发展，需要多方面的条件，如基础设施投资多，信息化程度高，占地较多，要便利于第三方服务等。因此，物流企业往往要依托大城市才能发展起来。城市可以为企业提供劳动力、信息、水电服务、便利的交通条件、社会福利等方面的多种条件。城市本身就成为企业生长的最重要的经济中心。城市对国有企业有着诸多帮助，如资产重组、就业安排、破产兼并等，因此，多项国有企业改革选择了重要城市进行试点，就是这个道理。政府管理与企

业发展更多的发生在城市这一级。当然，我们也看到，由于占地多，现在一些物流基础中心被选在城市的郊区，这样土地问题解决起来容易一些，同时也能享受到城市带来的种种好处。

第二，不同规模城市与企业关系要有所不同。在搞好、搞活、放开国有小企业方面，县级城市负有很大责任。但在支持物流企业方面，重点城市、大城市负有更大责任。物流企业发展趋势是规模要大，这是大城市才能与之相适应的。而在大城市中，多向消费和商业化方面，向三产方面发展，向银行、商业、保险、邮电、通讯、广播、交通、城市服务、城市环保等方向发展。物流业作为传统运输与物资企业，是第三产业中的重要一部分，也构成一个大城市发展不可缺少的部分。这类企业发展，有助于沟通城市里的产销关系，沟通城乡的关系，沟通城市与城市间，甚至与国外市场的关系，因此，有助于城市整体经济的发展，有助于增强城市的实力。不少城市把发展物流企业作为城市发展的主导产业、支柱产业，这是有道理的，是正确的，是应当支持的。

第三，城市与企业要互相适应与促进。城市与企业关系是双向的，有一个互相适应和互相支持的关系。城市需要完善，解决定位问题。企业也有一个按城市规划要求来调整生产和产品结构的问题。城市建设规划与产业结构调整有很密切的关系。城市在向消费方向转化，在很大程度上体现出商业化改造工业化，环境保护改造污染工业的趋势，"货畅其流"的物流化改造封闭和缓慢运输、包装、装卸、保管、库存管理、流通加工、运输、配送等诸种活动，这些对城市发展有极为重要的意义。

第四，企业要更自由，政府要更开明。在城市与企业的关系上，进一步的发展，将要求企业有更多的经营决策自主权，要求城市里的政府更加开明，在提供服务方面，做得更好。比如，要有打破地区界限，允许企业向更适合企业发展的地方去投资，给企业更大的发展空间；要鼓励跨地区、跨省市的兼并联合；要进一步摆正所在地政府与企业的关系，分清政府职能与企业功能，各自干好自己的事，这就是相互间的最大支持。地方政府还应通过改善投资环境，引进更多的资本和适应当地发展的企业，城市之间将通过竞争加快基础设施的发展。

五、解决好政府在发展物流业中的定位与责任问题

政府对物流业的支持是非常重要的，没有政府支持，物流业难以发展起来；政府对物流业支持的方式、环节和力度，又是要符合市场经济条件下政府行为规则的。否则，好心得不到好回报。

政府与国有企业关系体现在两方面：一是作为社会管理者来干预或支持企业发展；二是作为国有资产所有者代表干预或支持企业发展。

有专家提出了物流系统的三大要素。一是物流系统的功能要素，包括运输、储存保管、包装、装卸搬运、流通加工、配送、物流信息等；二是物流系统的支撑要素，包括体制、制度、法律、规章、行政、命令和标准化系统等；三是物流系统的物资基础要素，主要有物流设施、物流装备、物流工具、信息技术及网络、组织及管理。

从市场经济中政府定位看，政府在支持物流企业发展方面，主要是在支撑要素上，其次是功能要素和物资基础要素上的公共设施方面，承担重大责任和发挥主导的作用。比如，物流基地的真正策划者和规划者，到底应是与市场紧密相关的企业还是关心企业的政府？我看应是企业，但全过程中也需要政府的支持。政府仅仅是在企业要求帮助时出现。政府应成为观音，而不要成为武僧。如果政府全面承担了物流企业的要素，就可能使政府全力支持物流业发展的好心，带来了强化政企不分的结果，反而不利于企业自我经营和发展。

政府在做好支持物流发展的时候，特别重要的是要协调好涉及物流的各部门尤其是中央的各部门，使其能互相支持而不扯皮，共同为企业服务而不是与企业争利。由于大型物流企业，多为中央各部的部属企业，体现着部门垂直的领导，因此，做到这一点是对物流业发展至关重要的。与此同时，要使物流业更好发展，也需要相关行业协调发展。最相关的是商业和电子商务。国务院今年年初提出以连锁经营、物流配送、电子商务为三大重点推进流通现代化。我认为是重要的，并予以期待。

综上述，物流业在中国正面临着巨大的发展机遇，有来自各方面的巨大推动力，有来自政府支持和推动。处理好物流发展中政府与企业的关系，是中国物流业健康发展的关键。我相信，中国政府，中国企业，

中国物流各界同仁，完全有能力、有眼光，抓住机遇，共同努力，让物流业对中国经济贡献度大幅提升，让物流业在 21 世纪获得巨大发展。

作者说明

本文是根据 2002 年 6 月 5 日我在第三届中国国际物流高峰论坛会议上的发言而整理形成的。我认为物流业在中国正面临着巨大的发展机遇，有来自各方面的巨大推动力，现在各方是重物流，而轻商业。原来的物资企业和相当多的运输业，都自称是物流业。如何认识物流业及其发展，非常有必要了。通过研究，我认为处理好物流发展中政府与企业的关系，是中国物流业健康发展的关键。政府在支持物流企业发展方面，承担重大责任和发挥主导的作用。进一步讲，要重点解决好政府与物流企业的产权关系；解决好市场需求与物流企业发展的关系；解决好中心城市与物流企业共同发展的关系问题；解决好政府在发展物流业中的定位与责任问题。讲学完，马上有人送来一个证书，上面写着聘请我为"中国物流行业协会高级顾问"，却之不恭，受之有愧，我至今也没弄清楚这个协会在哪里，什么人在组织。会后，有一位在北京物资学院学报工作的兰大校友来约稿，后来就发在该校《中国流通经济》2002 年第 4 期上，文章也被《高等学校文科学报文摘杂志第五期》摘登。

中国石油行业竞争与垄断关系前瞻

中国的石油行业正面对来自跨国石油公司的挑战。我国承诺入世后三年放开成品油零售市场、五年放开成品油批发市场。跨国石油公司从20世纪80年代起，就通过合作、合资等形式进入中国市场。仅2004年，外商在华石油石化投资总额就达50多亿美元。2004年，我国已经对外资开放成品油零售市场，外资公司可在国内营建油库、码头以及不受地点限制地设立加油站。跨国石油公司的进入，对中国的石油公司形成巨大的挑战。

一、面临新形势新理论的挑战

中国的石油行业在面对跨国石油公司挑战的同时也面对着新形势新理论的挑战。建立社会主义市场经济体制是人类历史上伟大的探索，党中央、国务院正领导全国人民向改革目标前进。在此过程中，一方面，社会主义要求以公有制为主导，要求国家掌握关系经济命脉的产业；另一方面，市场经济要求反对垄断和开展竞争。这二者关系如何合理解决，关系重大。我们看到，2000 年 10 月中央十五届五中全会明确提出要打破电力、通讯、民航、铁路四大部门的行业垄断，2001 年"十五"计划中又增列了公用事业部门。2005 年"'十一五'规划纲要"提出了"深化垄断行业改革"，所列七大行业中第一个就是石油。2005 年国务院发布的《关于鼓励支持和引导个体私营等非公有经济发展的若干意见》（简称 36 条），明确规定对民间资本开放成品油批发市场。国家对垄断行业的改革，从方向看是正确的，是符合人民要求的。但深化大型国有石油企业的改革，绝非易事，需要深入研究。有一种观点认为，放开石油经营，完全民营化就是石油体制改革的方向。这显然低估了石油行业的特殊性，显然对复杂问题的理解过于简单化了。

石油产业发展的历史和现状都表明，石油行业的市场结构既不是完全竞争型的，也不是完全垄断型的，而是垄断和竞争交织的复合型市场结构，其中寡头垄断型占据着基础的地位。首先，石油资源的国家所有或者高度管制，决定了石油行业的基础与完全竞争市场结构不协调。目前，包括中国在内的大多数国家的法律都明确规定地下油气资源归国家所有。国际上通常是通过法律手段，将油气资源使用权委托大型企业尤其是国有石油公司来行使。比如，2000 年世界上拥有油气储量最多的10 家公司均是国家石油公司，其中沙特、伊拉克、科威特、阿联酋、伊朗和委内瑞拉 6 大资源国家石油公司拥有的石油可采储量占世界总储量的 70％。所以，石油资源本身是通过国家法律规定而形成了完全垄断。在这个基础上，大多数国家形成的是大型的国家石油公司。有资料反映，目前世界上 70 多个国家设有国家石油公司，在其中 55 个主要产油国家中，有 40 多个国家只设一个石油公司，实行上下游统一经营。当然，作为一个大国，中国不仅是单纯的产油国，而且是仅次于美国的第二大石油消费国，其市场结构有着自己的特点。其次，石油产业生产、炼化、运输和销售四大环节组成了上下游的垂直产业链，这决定了石油市场是分层次的，而不同层次的石油市场有着不同的市场结构。我们看到，在石油勘探和油气开采阶段，可以产生原油和天然气产品，形成相应的原料类的油气市场；石油炼化提供出各类成品油，并相应产出成品油的生产者之间的交易市场；石油运输本身提供了服务市场，而油品与消费者直接联系的营销则形成了庞大的销售市场。生产阶段因资本投入巨大，需要较高的专业技术，勘探风险很高，在许多国家都是由少数大型和特大型企业专门从事原油勘探和开采，其市场结构主要表现为寡头垄断型；炼化阶段，随着技术的发展，各国炼化企业在竞争压力下通过并购和重组联合成大型企业，以节约成本，获得更高的规模经济效益，所以，其市场结构也逐渐向寡头垄断集中。石油产品的运输阶段，因运输手段的不同，表现为不同的市场结构。对于以管道运输为主的国家，由于管道铺设初始投资巨大，具有很强的规模经济性，其市场结构趋向于垄断。对于以铁路、公路和水运为主的国家，石油运输阶段的市场结构则趋向于竞争。可以说，石油运输本身就形成了一个垄断和竞争相交织的市场结构。在包括成品油批发和零售的销售阶段，由于同类成品油的差异小，成品油零售终端投资小且数量众多，因此，以加油站为主体的石油销售市场接近于完全竞争类型，但竞争结果可能仍然导致大型企业的主体地位。韩国、日本是石油消费国，原油主要依赖进口。它们通过立法以及设立市场准入资质等手段，对成品油市场采取逐步开放战略。在保护国内石油工业、保障石油供应安全的同时，又保证了成品油市场的有序竞争。韩国使用 SK、LG、现代、S-Oil（双龙）四大炼油企业品牌的加油站占 95.8%，是一种典型的寡头竞争。日本全国有成品油批发企业 11 家，其中前 3 家的市场份额为 53%，市场集中度也很高。

二、市场平等竞争的环境和条件正在形成

正因为石油行业是垄断和竞争交织的复合型市场结构，因此，该垄断的环节要坚持垄断，但必须有法律根据，必须有充分理由，必须有实现何种垄断的具体法规；同样，竞争部分和环节就要充分竞争，形成市场平等竞争的环境和条件，并有法律保障。

盲目打破所有垄断，肯定要走弯路。放宽市场准入条件是必要的，但放弃入门条件，就失去了市场秩序；打破经营上因行政垄断造成的不公平是必要的，但因此要打破一切垄断包括国家对石油资源的控制或无视国家大型石油企业的规模经济优势则是荒唐的；大型国有石油企业改革管理体制是必要的，但以行政式手段肢解石油企业则是"自毁长城"；优化石油市场结构是必要的，但按照完全竞争型模式改造中国石油市场各层次结构，对国家和人民的长远利益将产生重大负面影响。颇负盛名

的现代产业组织理论芝加哥学派认为，经过市场竞争形成的垄断并不构成所谓垄断势力，而是市场趋向长期均衡的结果。只要潜在的竞争者能够自由进出该市场，就能够使具有较高集中度的市场保持较高的效率。据此可以认为，我国当前石油市场的高度集中并非坏事，虽然其历史起点因通过行政支持而不是通过市场竞争形成存在着很多非市场化因素，但我们应冷静思考：是从这个起点出发，还是否定这个起点？是"粉身碎骨"还是"脱胎换骨"？社会成本孰高孰低？有识之士当然会做出正确判断。

事实上，当前国际石油市场是寡头垄断市场，没有规模和经济实力的石油企业，根本不可能参与国际石油市场的竞争。一方面，产油国联盟在控制石油产出，OPEC是典型代表，这里体现的是以国家联盟力量为背景的卖方垄断市场；另一方面，参与国际市场竞争的石油企业20世纪90年代以来继续重演着变大变强的历史故事。BP公司以近500亿美元兼并阿莫科公司，埃克森公司以700多亿美元兼并美孚公司。发达国家石油寡头通过并购重组，形成了诸如埃克森美孚、BP、壳牌等超级跨国石油公司。这些巨型跨国公司左右着石油石化行业的市场格局，在各自领域中占据市场主导地位。它们拥有全世界80%以上的石油石化先进技术，2/3以上的贸易量和直接投资额。正当它们挑战中国石油企业之际，我们却简单化地宣传打破石油垄断，鼓吹中国石油大型企业相对小型化，这岂不是"自废武功"，弱化中国石油企业的国际竞争力吗？

因此，现在需要认真分析中国大型石油企业的国际竞争能力，明确在全球竞争格局下的战略思路；不仅要阐述解决近期问题的对策，更要为国家改革石油垄断行业提出自己的定位；不仅要表明对若干种类垄断存在的认识，也要正视行政性垄断对中国石油公司本身造成的弊端，以"壮士断腕"的勇气，明确表示摆脱那些不合理的"行政性垄断"的决心；不仅表明要通过按法规完善与政府关系的态度，还要提出一套与国家及其管理机构形成规范关系的具体政策建议；不仅要通过合法手段争取勘探和开采的权力，同时也要依法承担保护国家地下石油资源和采油区环境的相应责任；不仅要继续对社会做出义举，更要形成一套在权责对等基础上承担社会义务的选择标准和最佳支持方式；不仅要站在石油市场的全局的角度，分析中石油与中石化、中海油的关系，还要分析与各类新生的石油寡头企业的竞争与合作关系；不仅要向社会阐明自己生存发展的正当性和合法性，也要勇于正视自己管理体制中存在的各种问题……总之，在中国向市场经济转轨的今天，中国石油企业需要脱胎换骨的真正改革，需要用新意识、新眼光、新战略来重塑自己。只有更新、更活、更大、更强，才能应对国际石油巨头的挑战，才能胜任社会主义市场经济的需求。

三、打造成品油零售业的核心竞争力

从这样一种分析框架来看成品油销售市场，我们就会非常清楚地肯定，这是一个竞争激烈的市场，是一个需要以营销取胜的地方。成品油零售行业作为国民经济的血脉以及能源渠道终端，从来没有像今天这么受到国民大众、经济界乃至政府高层的广泛关注和普遍重视。面对成品油零售和批发市场相继放开带来的日益激烈的市场竞争，中国的成品油零售企业应该用什么样的战略思维和眼光来应对未来的挑战？如何打造成品油零售业的核心竞争力，实现企业基业长青？如何借鉴国内外经验，构建中国特色的成品油零售战略体系？这一系列问题都需要引领成品油零售行业的大型企业管理者认真研究和解答。

中国的成品油零售企业要在激烈的市场竞争中立于不败之地，必须有战略思维和眼光。战略管理大师迈克尔·波特认为："战略的本质是抉择、权衡和各适其位。"关系国计民生的现代成品油零售企业的营销竞争必须上升到战略营销的高度。实践表明，运用独特的战略营销理念的企业比不采用战略营销观念的企业更为成功。一个不懂得回顾历史、目光短浅、缺乏未来定位和战略管理能力的公司，在现代市场经济条件下，就像一只没有舵手的船，只能随波逐流而不可能如期到达胜利的彼岸，更不可能成长为基业长青、动力十足的优秀企业。

纵观中外成品油零售行业的发展历程，成品油零售实际上是一门基于资源、网络、服务、品牌和文化的综合性艺术。市场的不确定性、油品的特殊性，决定了成品油零售内涵和外延扩展的必然性，决定了从经验管理到供应链管理、渠道管理、服务管理、品牌管理、文化管理、创新管理层次的深化和提升。对于正在与国际先进水平接轨的中国成品油零售企业而言，基于对市场深刻分析基础上的前瞻性思考，是把握中国成品油未来走向、提升中国成品油零售企业核心竞争力的客观需要，具有重要的经济和学术价值。

面对日益激烈的竞争压力，为了培育企业的竞争优势和核心竞争力，成品油零售企业需要重新审视未来竞争趋势，争做市场竞争的进攻者、满足需求的创新者、市场有效度的领先者、行业进步的推动者。中国石油行业有着深厚的文化积淀和资源优势，在未来的国际化竞争中，中国的成品油零售企业必将大有作为。

作者说明

石油太重要了，石油工业体制太应该研究了。我的研究领域中，不时出现研究石油的文章。但《中国石油行业竞争与垄断关系》一文出生得很艰难。从课题申报变成为书做序再到杂志发表，走了三部曲，历三年时间。

2006年5月，在中石油集团公司研究室原主任严诸朝的邀请下，我们就国内油气市场竞争与垄断状况研究提交了一份立项申请书。北京师范大学经济与资源管理研究院的若干名老师与研究生也拟参加这个项目。报项目时经过几次讨论，已形成了一些想法。同年5月28日以我院和正在筹备的"能源石油经济研究中心"的名义，写了一篇《中石油集团公司面临重大挑战》的文章，请转送中国石油集团公司有关领导。为完成本篇文章，戴宪生和王敏两位博士后，王诺、金三林和林永生三位博士提供了很多资料与想法。但文章未见回音，课题申请也未有结果，这项有价值的研究就停止了。

第二年即2007年3月，中石油销售公司总裁田景惠同志邀请我为其新作《赢向未来——成品油零售业发展前瞻》做序。作为国内成品油销售企业的领导者，田景惠同志参与了中国石油销售企业的发展与变革。他善于、勤于思考，笔耕不辍，先后编著出版了《中国石油加油站管理规范》、《加油站营销理论与实务》、《中国成品油市场与营销》等专著。我曾为他的书做过序，这次当然也没推托。我就在原来那篇文章的基础上，结合一些营销实践和理论，写出了《我国成品油零售业发展前瞻》的序言。

2007年12月1日应邀与中石油集团公司办公厅主任李润生及多位石油行业的朋友聚会，提起了石油的垄断与竞争关系，《中国石油企业》

杂志的一位女副总与我商谈约稿。考虑到石油经营主体正在多元化，国内外市场竞争正在白热化，这项研究事关重大，因此我非常乐意提供稿件。当然，在随后交上的稿件上，我附记了曾为田景惠同志一书写序的事。

《中国石油企业》2008年第3期"趋势前瞻栏目"用了此稿，编辑李天星也为完善此稿做了努力。这里记载的一些回忆，主要是对朋友与同仁们的帮助表示感谢，表示不会忘记成果中的众人辛劳。

卷

第 五 篇

对外开放与应对挑战

1986 年汇价调整的效果分析

1986 年 7 月，我国一次性较大幅度调整了人民币汇率。一年过后，调汇的效果已得到充分反映。本文试图对这一调整的效果作出分析和评价，并提出相应的政策建议。

一、调汇的实际效果

去年调汇是针对前两年进口失控、外贸逆差、外汇储备急剧下降所采取的应急措施。其政策意图是消除币值高估，奖出限进，平衡国际收支。那么，这些目的是否达到了呢？

（一）调汇对奖励出口的作用不显著

我们所调查的广东、江苏、湖北、福建、上海和深圳等地区绝大部分部门和企业认为，去年调汇对奖励出口的作用不明显。尽管去年全国外贸出口额增长了 4.2％，以上调查地区也分别有 7％～39％的增长，但出口换汇成本也有明显上升（见下表）。换汇成本低于汇率，出口才赢利，表中各地去年换汇成本均高于汇率，说明了外贸出口的增长并不是在出口赢利增加的情况下实现的。

四省二市出口换汇成本

单位：元

省市	上半年	全年
广东	4.26	4.80
江苏	3.76	3.97
福建	4.08	4.68
湖北	4.25	4.53
上海	3.47	3.91
深圳	4.43	4.63

换汇成本上升主要有三个原因。一是出口盈亏结构恶化，反映了我国出口商品的生产结构和生产能力问题。调汇后，赢利商品生产上不去，新产品上得慢，没能利用调汇的大好时机。广州市出口赢利商品增加 4 种，但出口值所占比重下降了 3 个百分点，高亏品种增加 35 种，出口比重上升了 5 个百分点。二是出口商品收购价上升，说明了在国内价格改革条件下，调汇的作用受到很大限制。所调查地区去年收购价大约提高了 11%～20%。在物价上升超过调汇幅度时，调汇的奖出作用就会丧失。生产企业要求提高收购价，反映了生产企业成本上升后要求得到外贸承认的事实，调汇不过是给生产企业要求抬高收购价提供了机会。三是部分出口商品价格下降，反映了我国出口商品结构还不适应国际市场和国内自相竞争的影响。江苏省经贸系统自营出口销价降低总金额达 3.2 亿元人民币。

调汇对出口作用不显著的深层原因，则在于外贸体制，即外贸企业不能自负盈亏。国家进出口计划部分占进出口总贸易额的 70%，指令性出口占总出口的 50%～60%，进出口代理制下的外贸出口额占总贸易额的比重，迄今还不过 6%。在这种统负盈亏的体制下，换汇成本低于或高于汇率对外贸出口影响都不显著。外贸亏损由国家财政补贴，赢利上缴国家财政，这就是去年调汇对扩大出口创汇影响不大的根本原因。而 1986 年出口创汇之所以有较大幅度的上升，关键在于中央的鼓励出口创汇政策。几年来的实践证明，在中央鼓励创汇的政策下，外贸出口能够大发展，因为各种奖励政策可以得到落实（如去年的外汇留成落实到企业、企业间外汇留成可有偿调剂等），而且出口增加的亏损可由国家财政来增加补偿。

(二) 调汇对出口的限制作用不大

从全国看，1986 年进口总额为 343.31 亿美元，比 1985 年减少 4.2%，但比 1984 年仍高出 35%。从几个调查地区的情况看，除福建、湖北进口额（按美元计算）有明显减少外，上海、江苏、广东和深圳仍有 8%～51% 的上升。

在生产力较发达地区如上海、江苏，引进国外技术设备早，需求大。一些已引进的生产线还要依赖进口的原材料维持生产，因此，调汇后进口成本升高也得咬牙进口。如上海去年进口产品中 93.6% 是生产资料，地方用汇支出的 7.5 亿美元中，生产基建及供应市场用原材料、技术引进、仪器设备及配件进口就占外汇支出的 90%。剩余的 10% 中，扣去给合资企业补贴和归还贷款，消费品进口比重还不到 4%。江苏省情况与之类似。由于这些地区经济基础好，生产企业消化力较强，能够在一定程度上承担起调汇带来的压力，并维持了相应的进口水平。

对于部分商业利润大的地区如特区（深圳等），调汇限制进口作用也不大。其原因主要在于外汇留成多（深圳为 100%），而且，美元调剂价高于内地很多（深圳高于官方汇率达 2 元以上），进口内销赢利可观。加之引进设备、技术不能当年收效，而进口消费品当年可回笼货币，因而更刺激了这些地区的消费品进口。

对生产基础相对薄弱、进口商业利润也不大的地区，如福建、湖北等，调汇后进口压力很大。福建省去年进口因调汇多支出了 1.1 亿元人民币，进口额比去年下降了 53%。湖北省机械进出口公司以进养出的原材料亏损率，调汇后由 7% 上升为 22%。虽然起到了限制进口的作用，但企业的亏损等矛盾加大。如福日公司原计划全年赢利 390 万元人民币，结果亏损了 2 362 万元人民币。湖北 35 个生产企业由于调汇要多付 1 344 万元人民币，造成这些企业进口合同履约困难，还因此引起不少合同纠纷。

(三) 调汇未能消除币值高估和平衡国际收支

1986 年调汇的政策目标之一，是消除币值高估，但这个目标并未达到。我们可以从以下几个参照指标来加以考察。①换汇成本与汇率的差距。尽管这个指标偏重了出口，但考虑到贸易创汇在整个创汇中占 70% 以上，因此仍不失为一个重要参照指标。从前表看，调汇前后几个调查地区的成本与汇率差距虽略有缩小，但基本格局未变。②外汇牌市差价。在我国，除深圳外，没有公开的外汇市场，只有企业之间的调剂市场和不合法的自由外汇市场。黑市外汇价格因外汇数量不足而有扭曲的一面，但毕竟可以作为一个重要的参考指标。以深圳为例，调汇前，自由外汇 1 美元不到 5 元人民币，调汇后，1 美元则可兑换 5.5 元人民币甚至更多。牌市汇率差距仍在 1.8 元以上。③一些商品外销不如内销。由于某些商品出口创汇后再结汇的人民币价格，仍明显低于直接国内销售的人民币价格，说明人民币对美元的汇率仍然偏高，本币值还存在高估。

国际收支逆差也没有因为调汇而得到改善。国际贸易收支包括三个部分：经常项目（又包括贸易收支、劳务收支），资本项目，平衡或结算项目（包括官方外汇储备）。如上所述，调汇奖出限进作用不显著，因此，贸易收支逆差没有根本改善，1986 年仍有 120 亿美元的外贸逆差。这比 1985 年的逆差减少了，但仍为 1984 年外贸逆差的 9 倍。再从资本项目看，1986 年引进外资总的趋势是大幅度下降的。全国引进外国直接投资协议金额 1986 年比上年下降了 52%。上海、深圳等 1986 年引进外资额分别比上年下降了 46% 和 50%。1986 年外汇储备继续下降，动用了 10 亿美元储备。退一步说，即使实现贸易逆差和国际收支逆差减少，也不能说明就是调汇的作用。在传统外贸体制不变和汇率还没构成市场经济的杠杆条件下，借助汇率平衡国际收支本身就具有很大的局限性。

（四）调汇助长了国内物价水平的上升

根据国家物价局的综合计算，调汇影响全国社会零售物价指数大约 1.3%，各省计算的结果不太一样（江苏 1.27%、福建 0.84%、广东 0.78%）。由于进出口商品价格变动在统计局编制的物价指数中不能充分反映，因此以上计算的影响并不能在全年社会零售物价总指数中得到完全体现。

首先，调汇后进口商品人民币价格上升，推动了物价上涨。由于普遍实行了进口代理制，使国际市场价格通过进口品直接影响了国内市场价格。据广东省物价局涉外处提供的情况，调汇后影响了全省社会零售物价的金额为 2.52 亿元人民币，其中轻工原材料、燃料、动力、设备、农业生产资料和消费品及汽车修理影响社会零售物价指数在 0.01%～0.15% 之间，合计为 0.94%；江苏省、福建省这一影响分别为 0.7% 和 0.84%；全国约为 0.93%。同时，进口商品价格上升，还影响了国内同类商品价格的提高。进口消费品的减少，也使某些商品供求紧张，从而促使价格上涨。

其次，调汇后出口收购价格上升，也助长了国内社会零售物价和生产资料价格水平上升。在调汇具有正常的条件下，出口商品国内购买价格的上升要通过一个周期才会表现出来，而我国 1986 年调汇的一个显著特点，就是外贸收购价和汇率几乎同时变动，即汇率下调 15.8%，而外贸收购价平均上升 10%～15%。

据调查，生产企业"跟踪汇价"的时间差，沿海比内地短，快者在调汇当天即要求提高收购价，慢者也不过一个多月。

当然出口收购价上升主要是由于国内价格改革使原来被压抑的通货膨胀释放出来而造成的。一方面原材料、农产品等基础产品价格上升；另一方面基建规模失控，货币发行中非经济需要过多。因此，即使汇价不调，物价也会上升，调汇不过是给生产企业提高其产品计划收购价格水平提供了一个契机。

出口收购价影响国内物价水平主要有这样几个渠道：①短缺产品外贸收购价提高，直接影响同类产品国内销售价的上升；②短缺产品出口后，加大了国内供求缺口，又间接促使国内同类产品销价的上升；③同量外汇购买某种商品量增多，影响该商品国内消费者价格上升，这在广东鲜活农副产品及友谊、侨汇商店的国产商品上表现十分明显；④各口岸抢购适销货源，使收购价上升，影响同类商品国内售价，如江苏省鳗鱼、对虾外贸收购价翻了一番；⑤调汇后，群众对人民币的币值看跌，因此，抢购黄金、首饰等保值品，使这些保值品价格上升。

二、关于调汇效果几种不同观点的讨论

一种观点认为，可以通过调汇参加国际竞争，追求比较利益。应该说这种观点对促使调汇起了很大作用，并且对今后的汇率政策有很大影响。但事实上，我国正处于社会主义初级阶段，是发展中国家，因此，以汇率为手段参加国际竞争追求比较利益有极大的局限性。比较利益学说是以比较成本为基础的，是以交换的产品为比较对象的。当代技术的

发展正在改变比较成本的基础。在各种生产资源中，技术已独具显赫地位。离开技术，其他资源难以组成比较优势，难以转化为产品优势，难以适应国际市场的需求。我国技术相对落后，不得不经历一个引进先进技术、设备的发展阶段。因此，在现阶段，从总体上看，我们仅依赖外贸出口产品的微观比较利益即出口产品的边际收益大于边际成本是不够的，而应从实际出发，追求进出口的宏观比较利益，即用汇效益高于创汇成本的比较利益，追求外贸出口的国民经济赢利性，争取外贸乘数作用所带来的利益高于出口换汇总成本。这就意味着，在用汇效益高的前提下，适度的出口补贴和外贸逆差可能是实现今后宏观、微观两个比较利益的必经途径。

另一种观点认为，去年调汇是为实现外贸企业自负盈亏而采取的改革措施。对此需要商榷。去年调汇对外贸企业出口增收减亏有一定作用，但这部分增收减亏只是账面上变化，解决不了外贸企业自负盈亏的问题。在外贸体制改革与其他各方面改革互相牵制、互为条件的情况下，靠调汇打破僵局是不现实的。应从退税（包括出口退税）、出口信贷、出口保险、部分开放外汇市场等副作用小、影响面窄的行动入手。同时，还必须看到，我国"外贸隔层"不可能也不应该完全去掉，关系国计民生的大宗进出口商品还应由国营外贸承担，外贸改革只应薄化隔层，形成"有隔有不隔，少隔多不隔"的格局。

还有一种观点认为，在人民币币值高估的情况下，只要对外贬值就符合大方向，因而是正确的。这未免过于简单化了。由于调汇的效应有一定的时效期，不可能长期保持，因此，在什么条件下、选择什么时机进行调汇是至关重要的。如果调汇的短期效果不理想，就很难肯定调汇的长期效果是好的。人民币汇率下调在一个较长时期里确实有必然性，但具体哪一次下调的成败不能简单地以是否符合方向而论。在一个较长时期内，应当注意选择有利形式、有利时机调汇。

第一，我们总的看法是，1986年调汇是针对前两年进出口失控、外贸逆差剧增、外汇储备急剧下降所采取的应急措施。其政策意图是降低币值高估水平，以奖出限进，平衡国际收支。这次调汇是通过纵向掌握的经济杠杆的尺度变化来调节经济活动的，因而是传统的汇率体制下的一次政策行动。既然如此，就不必把它作为一次改革步骤过于苛求或给予过高评价。

第二，1986年调汇尽管没有达到预期的政策目标，但也是必要的，并不能因此认为调汇是失败了。问题在于，原来对调汇预期过高，因此，用原定的政策目标来衡量调汇效果，难免出现苛求或失望。

第三，前面围绕调汇效果进行的分析仅仅是问题的一个方面。调汇对不同部门（外贸和工业）、不同的外贸企业（中央和地方）、不同所有制的企业（"三资"企业、国营企业或集体企业）、不同的进出口形式（如来料加工、劳务出口和商品交易）、不同的经济活动环节（如生产资金中的外汇贷款、外汇的周转金）等，有不同的影响，因而效果有弊亦有利。比如在促进外贸企业降低亏损或增加收入、增加地方外贸公司的出口交易、促使乡镇企业出口创汇、增加来料加工的工缴费收入、促进外贸经营中资金加快周转等方面，也起到了一定的积极作用。

第四，前面分析表明，这次调汇的奖出限进作用不显著，重要原因在体制上。在现行计划分配外汇为主的情况下，大量原材料、设备和民需品进口并不会因调汇而明显减少，同时，大部分进口品作价办法没有改变，调汇后提高进口成本，加重的是国家进口补贴负担。由于占出口计划70％的是指令性出口商品，外贸公司主要关心的不是汇率的高低，而是换汇成本核定数的高低。另外出口代理制只在很小的范围内推行，大部分生产企业还不能与国际市场建立直接联系，因而不能借助汇率下调及时增加适销对路商品的生产量与出口量。

第五，调汇措施实施过程中暴露出的问题，是由于我国经济体制中市场机制基础差，而使宏观间接协调难以奏效所造成的。当盲目扩大进口导致进口失控、外贸逆差激增、外汇储备急剧下降时，需要采取措施以奖出限进，改善国际收入。但由于外贸经营中市场机制基础差，基本上还是旧体制起作用，加上国内市场体系不健全，使调汇的政策意图未能实现。这表明需要加快经济体制改革，以市场化过程的加快和系统配套的措施，造就汇率正常调节的条件。

三、几点政策性建议

（一）目前应基本稳定汇率

基本稳定汇率意味着币值高估和国际收支逆差的存在。调汇是必然的，但现在条件不成熟。从调汇效果看，由于体制原因和市场基础不健全，靠调汇并不能解决币值高估和国际收支逆差，有可能给引进外资和技术增加困难，还会使国内价格改革的难度加大，在人民币"看跌"心理下，会助长企业的非正常行为和投机现象。现在应在建立和完善市场基础上做文章。

但这并不意味着我们在改善国际收支逆差上无所作为。相反，在目前日元升值，美元、台币、南朝鲜元相对于人民币升值的情况下，来我国订货的外商大为增加，在这种情况下，即使我国暂时稳定汇率，也会有较多的增加外贸出口额的机会，这对改善外贸逆差将十分有利。

在基本稳定汇率的同时，可采取以下措施奖出限进：出口退税和出口补贴；搞好市场调研、营销，提高推销水平；提高产品质量；搞好出口生产体系；利用和发展新的流通手段；开展外贸出口的保险；尽力破除国际贸易障碍；等等。

（二）应立即扩大开放外汇市场

提高创汇效益及用汇效益，根本的出路是加强市场机制作用，扩大利用外汇市场。在条件不成熟的情况下，可考虑分阶段推进，即第一步先采用出口结汇证办法，部分开放国内外汇市场。

按照这一办法，企业出口创汇后，可向银行换取结汇证，结汇证在一定时效期内可以在外汇市场自由买卖。进口单位组织产品进口，在领取进口许可证后，可通过外汇市场，筹集外汇，即按市价买到的结汇证作为进口所需的外汇凭证。结汇证可考虑采取两种形式：一种是不付人民币的结汇证，另一种是付人民币的结汇证，类似于现行外汇留成额度。

在实行结汇证的条件下，一部分出口创汇按官方汇率结算（主要是计划内创汇需上缴中央部分），另一部分出口创汇可以依据商品种类获得一定比例的结汇证。在外汇市场上所有的结汇证按供求决定的价格转让。这意味着对不同出口产品实行了有差别的货币贬值，有利于适应国外的需求弹性和国内的供给弹性。出口生产企业通过高于官方汇率出售结汇证，得到一笔来自进口单位的价格补偿，出口生产得到鼓励，同时，国家可以用分配不同比例结汇证的办法，来引导出口商品生产按国家需要与规划发展。进口方面除计划进口使用官方汇率的外汇外，其余相当部分商品进口将不再依赖平价外汇，而要通过公开市场去购买结汇证，用市场价外汇组织进口，从而有利于提高用汇效益。

实行结汇证部分开放外汇市场的做法，在中国台湾和韩国取得了成效。中国台湾省在 1958 年改革了外汇和外贸控制体制，实行台币大幅度贬值，用双重汇率即法定基本汇率和结汇证汇率取代了多重汇率，经过三年时间，实现了二者的统一。韩国 1964—1965 年推行贸易自由化改革，也是在货币贬值的同时采用了结汇证方法，并于 1965 年正式宣布实行统一浮动汇率制。世界银行考察团在 1987 年 5 月提交的《关于中国对外贸及利用外资改革的问题与方案》中也提出了类似的改革建议。

（三）提高用汇效益必须作为重要方针加以强调

一段时间内，适度的外贸逆差、国际收支逆差是正常的，是发展中国家利用外资的战略，关键在于用汇效益高低。如果引进不当，用汇效益不高，资本结构不能改善，创汇能力不能增强，国际收支逆差就将是十分危险的。

在现阶段，创汇的目的是用汇。因此，提高用汇效益是我们对外贸工作方针的基本点。目前用汇效益不高，从宏观管理的角度看是创汇与用汇管理部门完全割裂。外贸部门以创汇为中心，靠财政部核定补贴解决亏损；以计委为主的非外贸部门主管分汇、用汇。这样就缺乏一条把用汇与创汇管理部门连接起来的经济纽带。从微观角度看，创汇与用汇的企业无利益上的联系，即使有留成用汇的企业也只是部分挂钩，因为后者的用汇绝大部分靠拨给。高价创汇、国家补亏；低价用汇，仍是国家补亏。

从外汇的分配、流通和使用的不同环节上，在计划部门进行外汇分配中，贯穿着效率与平等之争。比如，是考虑利税高低还是困难程度，是给老的用户还是给新申请的企业，是按计划重点还是调剂给急需的企业等。在错综复杂的情况和难以判断的标准面前，单靠行政手段难以实现最优分配，而且常伴有权力的滥用。在外汇流通中，是短缺与沉淀并存。留成外汇在千家万户，缺乏合理的调剂办法。1 元钱的留成额度调剂已不具有吸引力了；一些自有外汇的外贸企业和"三资"企业，不愿去银行结汇换取人民币，而是去银行贷款；一些地方用外汇买卖商品，减少了进行国际交易用的外汇资源；企业用汇困难重重，即使自创、自有外汇，也还得有额度、有指标、有配套人民币才能进口。这种状况不利于外汇留转和提高用汇效益。在生产领域中，用汇效益也有不少问题。特别是国营大中企业资金软约束，重复引进、盲目引进、贪大求全、大材小用、进口设备利用率不高、进口设备压库、压港、压海关等现象十分严重。因此，必须把提高用汇效益作为重要方针加以强调。

为此，就要使宏观管理科学化，要求企业行为合理化。

对于国家计划内用汇，首先要解决重点项目计划评审的科学性，同时建立计划内用汇的竞争式申请制度，实行外汇使用责任制。根据权责对等原则，用汇单位得到平价外汇时，应相应承担一定的责任，通过用汇与压力、代价相联系，迫使企业提高用汇效益。

作者说明

本文是受国务院发展研究中心价格组委托写的调查报告，登载于国务院发展中心 1987 年第 116 号材料上。全文一万多字，发表时有较大删节。作为价格专业的研究生，这是我从商品价格向货币对外价格（汇价）延伸的尝试。此后，我对外贸问题进行了较多的涉猎。

1986 年 7 月，人民币汇率由 1 美元兑换 3.2 元人民币调整为 1 美元兑换 3.7 元人民币，相对美元，人民币贬值 15.6％。这次贬值的效果和影响如何呢？这就是我们调查的问题。这篇调查报告反映的问题是很尖锐的。报告认为，1986 年人民币较大贬值的政策目标没有达到，对奖出限进作用不显著，对平衡国际收支作用也不大，甚至对消除币值高估的作用也没有真正实现，反而助长了国内价格水平的上升。报告分析了出现这种政策失灵现象的原因。我们认为这次调汇仍是传统汇率体制下的汇率水平调整，因此，不可能指望汇率变动对部门和企业起显著的调节作用。报告对当时经济体制问题有如下判断：市场机制基础差，外贸进出口有国家补贴，用汇靠计划部门进行分配，外贸是行政管理的运行机制，这是调汇不能真正起作用的体制性原因。因此，需要加快市场化进程，创造汇率发挥正常调节作用的条件。由此，报告建议要扩大开放外汇市场。报告特别强调了要提高用汇效益，认为把创汇与用汇分开考察是不行的。这个问题的提出，在国内应属最早。在此前，作者尚没有看到这类主张。问题的背景是，外贸部门只负责创汇而计委只负责用汇，讨论汇率问题容易只注意到外贸及其相关部门，而忽视了用汇及其相关部门。记得在上海调查时，我问市计委一位女处长，对分配外汇是如何考虑的？她说，一是根据历年的分汇情况，二是照顾缺外汇又有些困难的大中国有企业。她坦承在分汇时没有办法去解决如何提高用汇效益的问题。这个问题，现在已没有以前那样尖锐了，因为外贸部门早已把创汇为主改革为提高效益为主，计划部门分汇的规模和压力也逐渐减小了。相信随着投资体制改革取得实质性进展，这个问题会有全面的解决。

值得提出的一点是，本报告关于扩大外汇市场的建议中，提出了实行两种办法的结汇证，一种是付人民币的，另一种不付人民币。在外汇市场上所有的结汇证按供求决定的价格均可转让，这实际上是推行法定基本汇率与结汇证汇率的双重汇率，对传统计划经济下没有市场汇率是一个突破。报告还指出，中国台湾和韩国就是先用此办法，再用几年时间，实现二者统一，实行统一的浮动汇率制。这是 1987 年的事，距 1994 年的汇率并轨相差 7 年之久。此后不久，本人在中国香港一家杂志的笔谈中，积极倡议实行市场化方向的汇率并轨。这个主张，是与这次调研有直接关系的。

有一个观点引起我的反思，就是由此报告开始，十几年来，我总是强调要基本稳定汇率，这几乎没有变化，是不是形成了一种思维的定式或惰性？那么，什么样的汇率制度和汇率水平是比较合理的？1998 年去东南亚几国考察金融危机，对这一点有了进一步的认识，这是后话了。

参与本报告调研的还有贾苏颖女士，她曾在中国社会科学院专修外贸专业，后赴荷兰某大学攻读博士学位。本报告调研中，她与我合作得很好，提出了不少有价值的观点。当然，本文的不足之处，应由我这个执笔人来承担。

关于九十年代外债问题的若干意见

在中国经济十年规划、"八五"规划中，外债问题将成为一个非常重要的问题，下面，我们对 20 世纪 90 年代的外债规划问题提出五点思路性建议。

一、借债战略的辨析

（1）借债目的的再考察。人们通常说，发展中国家借外债是为了发展经济，这似乎是一条公理。但是我们不能不考虑，对 90 年代中国的具体国情而言，借外债的目的到底是什么？90 年代的中国，面临着治理整顿、深化改革、经济持续均衡发展的三大任务及其相应阶段。因此，我们应该考虑中国 90 年代不同发展阶段上，对外债的不同需求以及外债的作用和影响。是否可以有这样一种考虑，治理整顿和深化改革，都要为以后经济的持续均衡发展创造条件，在这个阶段上，借外债要有助于市场秩序的整顿和有助于渡过改革引起的"消费阵痛"，同时，要给经济体制转轨后较大规模的筹借外债留下余地。

（2）90年代是少借债还是多借债？不借债、少借债、多借债都是有得有失的事。当还债高峰即将来临之际，如何通过制订中长期的计划来防患于未然，实有必要。我们初步考虑，从我国的实际情况出发，"八五"期间借外债以减速、低速为宜，"九五"中后期以中速为宜，20世纪末为零增长。

（3）90年代外债最高限多少为宜？主张多借外债的人外债最高限定得高，主张少借债的人最高限定得也就低。有关部门的一份研究报告主张，今后一段时期我国应尽可能地多借用外债。他们认为低于20％的偿债率的借债过于保守，会牺牲一定的国民经济的增长速度，进而主张债务增长率应高于国民生产总值但低于出口增长率，可以力求达到10％的年均债务增长率。我们认为，90年代外债最高线决不能突破1 900亿美元大关，余额高限或说借债高峰应在"九五"后期出现，要把借债高峰移到深化改革有较大进展后的阶段上。

（4）以中长期国际收支平衡计划来设计90年代的借债规划。借债规划必受制于中长期的国际收支计划。借债战略首先要立足于国内条件而不是首先立足于国际条件。立足于国内基础制订中长期的国际收支计划就是其中最重要的一条。

（5）非债务性的利用外资。控制外债规模的同时，应强化吸引外商、港台资本的直接投资。

二、还债趋势及策略选择

（1）90年代的还债高峰是否会导致出现债务危机？各种研究报告都以肯定的结论指出，1992年将会出现一个还债高峰，这大约是根据80年代借债合同汇总统计出的结论，因此是比较可信的。那么，90年代是否会出现债务危机？对此问题已有各种不同的回答，有人肯定，有人否定，有人模棱两可但发出警告。我们认为，如果联系我国90年代面临的治理整顿、深化改革的艰巨任务，外债的压力确实是够大的。以中国之大，因外债而经济崩溃尚不至于，但可能陷入那种勒紧裤带还外债的境地。

（2）如何对待债务高峰的到来？90年代会出现债务高峰是人所公认的。在还债多的年头里，经济会受到什么影响，在制订计划时应考虑些什么呢？若 1992—1993 年连续两年过百亿美元还债，这将对治理整顿阶段产生直接影响。最大和最直接的影响是对我国的财政收支的压力，由此将诱发一系列严重的后果。减轻债务高峰压力的主动性对策是在借债时的筹谋，现在只能亡羊补牢，采取一些被动性对策。第一，短期的商业外债不宜再贷，绝不要在还债高峰期再加压力；第二，紧缩全民所有制固定资产投资的方针要坚持下去；第三，借新债还旧债不是绝对不行，但要特别谨慎；第四，对本届自借自还的企业外债，国家不能承担，国家不能成为最终债务人；第五，建议在扩大出口创汇的同时，再清查一次进口货品，尽最大可能压缩，力争实现外贸顺差，并进一步扩大非贸易收汇。

三、提高用债效益的内在矛盾和相应对策

用债效益问题是借还外债所有各环节中最重要的一个问题。用债效益不高或说债汇的投入产出率低，债务危机就是迟早不可避免的。用债效益问题用一句时髦的术语说，就是债汇使用的边际效益是否大于债汇的边际成本，边际效益越大于边际成本，效益就越高。

（1）80 年代用债效益的评价。80 年代外债的借入和使用对我国的经济发展起了积极的作用。据有关材料介绍，1979—1987 年我国利用中长期借款已建成大中型项目 30 余个，形成的生产能力主要有：煤炭开采能力 2 500 万吨，港口吞吐能力 4 000 万吨，铁路运输能力 9 800万吨，石油开采能力 920 万吨，等等。但总体上，我国债汇使用效益不高。从借债成本上看，80 年代债务期限结构、币种结构、债源结构等都存在不少问题，造成了不小的损失，仅因日元升值、美元贬值就损失了几十亿美元。

（2）90 年代提高用债效益面临的内在矛盾。90 年代提高用债效益也是很困难的。有这样一些矛盾制约着我们。①用债的短期效益与产业政策的冲突。②深化改革对外债投向的非生产性要求与债汇的生产效益的矛盾。90 年代我国经济改革须有实质性进展，基本上确立有计划的商品经济新秩序，这不能不对部分外债产生非生产性的要求，而使这部分外债体现的是改革的效益、长期的间接的效益，而不是直接的生产效益。③用债的宏观效益与微观效益、社会效益与经济效益、管理效益与

经营效益的矛盾。

（3）提高用债效益有几点策略。①正确制订五年、十年发展规划是外债合理投向的重要保证。②外债来源与外债投向的对应关系对提高债汇宏观效益的作用。③国内生产要素供给条件的改善是提高用债效益的基础，外债能否和如何进入国内资源的合理配置过程，帮助实现国内资源配置的优化，这是用债的最大的宏观效益。④降低债务成本是提高用债效益的先天条件。

四、外债管理体制集中化趋势中须解决的几个问题

当前，集中并加强外债管理是非常必要的。在这里，集中不仅是治理整顿所需要的，也是符合改革方向的。在面临 90 年代的还债高峰和第二次的借债高峰的时候，集中更是必需的。现在我国对外借债的窗口多达 100 多个，中央部门一级就有五六个互相独立的大窗口，这种情况在世界上是少有的，除了个别也发生了债务危机的国家。对此，中国的经济学界和世界银行专家的看法是一致的，下面对如何集中提出几点看法。

（1）集中应明确的几个原则。我们认为，集中是个过程，不能太仓促。首先，集中不宜变更和打乱已形成的债务关系。其次，集中不是限制各方面的积极性，而是把各方面的积极性划定在各自合理的范围内。我们认为，授权应当以权、责、利一致或对等为原则，这是实现部门自我约束、各负其责，进而达到协调一致的集中管理的必要前提。

（2）以谁为主加强集中？在这个问题上争论很大。我们的意见是倾向于国务院设立直属的决策班子和超脱部门隶属关系的常设办事机构。在这个外债、外汇统一管理的决策班子中，财政部作为主要的议事召集人是比较合适的，因为国债的最终债务还在国家财政上。涉及外债经营管理的中央几大部均应参加这个班子。但是应明确财政部在经营债汇上的权限，应充分发挥中国银行在外债经营中的优势。

（3）健全外债管理的有关法规是加强集中管理的重要内容。世界银行专家建议中国制定外债管理的有关法规，如《抵押法》等，以解脱国家作为借债担保人而成为最终债务人的麻烦，这是有道理的。中国专家还建议制定《外债管理法》，我们认为也是值得考虑的。行政管理有法

可依,才能实现管理目标。

(4) 集中的另一个重要内容是清理对外窗口过多和审查已下放的对外借债权限。同时,还应对 1992—1993 年的还债能力进行一次摸底排查。对"九五"期间可能出现的第二次借债高峰进行调研和政策准备。

五、深化改革是管好外债各环节、提高用债效益的重要保证

借用债汇效益高低是受制于国内的经济条件的,换言之,对内搞活是对外开放必要的经济前提和基础。国内的经济改革正是为了搞活经济,因此是直接关系到债汇的借、用、管、还诸环节的,下面予以具体分析。

(1)"债务主体"须在改革中独立化、法律化。众所周知,"谁借谁还"是古今中外债务交往中的公则,也是我国政府对我国公民和组织借外债的明文规定。但在具体执行中,这个原则就往往走了样,国家不仅成了各种国有或国营组织的最终债务人,而且还常常成为非国债的最终债务人。很显然,深化改革就是要把"谁借谁还"中的"谁"通过法律正了名分。

(2)债汇资源的有效使用要靠资源的合理配置去实现,而资源的合理配置最终还是要靠计划指导下的市场协调去实现。这正是深化改革的使命所在。

(3)财政与银行的关系不理顺,要真正完善和健全外债管理体制是不可能的。从这个角度看,财政体制和金融体制的改革是不能停步的,是需要适时深入的。

(4)推而广之,各个领域的体制改革都要深入下去。例如,国有企业的改革应继续进行下去,因为国有企业的财务软约束不仅表现在国内财政资金的优惠使用和信贷资金的拖欠使用上,而且还表现在借还外债中把风险和最终债务挂靠在国家身上的借款行为上。除此之外,价格体制、投资体制、税收体制等的改革,也都是与提高债汇使用效益紧密相关的,这里就不一一细述了。

作者说明

中国社会科学院接受了为制订国家"八五"规划提建议的任务。外债问题是交办任务中的一项，财贸所领导让我承担。花了一些时间，了解了若干情况，查阅了一些资料后，写出了这篇报告。先作为社科院"要报"登了一期，后在《经济学动态》1990 年第 6 期上公开发表。

报告提出 20 世纪 90 年代借外债要注意的五大问题，即要明确为什么借，借多少，如何还，如何防止债务危机，如何看待加强外债统一管理问题。这五方面的概括，应当说比较准确地反映了借外债中存在的主要问题。其中有这样几个观点针对性比较强。一是提出了提高用债效益的若干建议，这是相当重要的。二是提出要加强外债管理，不能多头乱借，债务失控。三是强调了要明确"谁借谁还"中的这个"谁"，不能全笼统地归于"国家"，必须要有明确承担法律责任的主体。四是强调债汇要合理使用，并认为达到此目标需要有一个市场机制。这个观点，在当时批判市场化的背景下，无疑是有点犯忌的。回答和解决借用外债中种种问题，报告认为还是要深化改革。应当说，这篇建议还是有一定价值的。

但另一方面，对这篇建议我也有若干不满意之处。一是从其产生的过程看，资料基础比较单薄，有关现实情况的资料显然不足。这是社科院进行政策建议研究时最常遇到的问题。二是没有实地考察，对发生借债的大量情况缺乏第一手了解，因此，报告理论推导成分大。因此，尽管有些观点也被引用，但我自感底气不足。本报告在我的学术论文和政策建议报告中，只能算为一般之作。

新形势下的引进外资战略

《中共中央关于建立社会主义市场经济体制若干问题的决定》（以下简称《决定》），是一个具有重大现实意义和深远历史意义的伟大纲领，它既是中国深化经济体制改革的动员令，又是中国进一步扩大对外开放的宣言书。

如何在引进外资领域，进一步贯彻和落实《决定》的精神是摆在我们面前的重要任务和重大课题。

《决定》指出，"积极引进外资、技术、人才和管理经验，改善投资环境和管理办法，扩大引进规模，拓宽投资领域，进一步开放国内市场，创造条件对外商投资企业实行国民待遇，依法完善对外商投资企业的管理。引导外商重点投向基础设施、基础产业、高新技术产业和老企业的技术改造，鼓励兴办出口型企业。发挥我国资源和市场的比较优势，吸引外来资金和技术，促进经济发展。"

本报告通过对中国近代引进外资结果成败的研究和对当今世界引进外资典型国家的比较，通过对当前我国引进外资中面临的若干重大问题进行分析，力求深入地理解《决定》有关引进外资政策的精神，并提出我们对现阶段引进外资战略的设想，以供决策参考。

一、中国近代引进外资的基本情况和经验教训

自鸦片战争以来，外国列强通过不平等条约对中国进行了资本侵略。中国近代史是外资入侵与反抗侵略、被外资利用和利用外资、被迫开放与主动引资相交织的一部历史。

19 世纪 70 年代，中国的"洋务派"办起了第一批近代工矿和交通运输事业，因国库空虚，提出了"借债筑路"，引起了一场大争论，直至 80 年代末被清政府准奏，此为中国人主动"利用外资"之始。这段时期中，清政府共借外债白银 1 200 万两左右，用于 20 余个项目，主要是铁路、船运、通讯、开矿等。其中最大两笔，一为 1885 年轮船招商局向汇丰银行借 120 万两，年息为 7%，期限为 10 年；二为 1887 年电报局向美商借 250 万两。这一时期引资全是从外国银行（汇丰银行、怡和银行、德华银行、华泰银行等）处贷来款子。甲午战争后，由于巨额赔款使清政府内外交困，财政枯竭，利用外资之争再起，引进外资出现高潮。此时期利用外资数量剧增，在 1894 年到 1911 年辛亥革命的 18 年间，共引进外资 3.6 亿两，用在 60 个项目上，其中 50% 为修或赎铁路的借款，30% 为开煤矿借款（主要是汉冶萍矿），10% 为邮传部借款，还有汉阳铁厂的几笔借款。借款来源与上一时期已有变化，不全是外国银行贷款，其中有 40% 为向外国大公司借贷。

北洋时期，从 1911 年至 1927 年的 17 年间，北洋政府大举借外债，共借款达 9.8 亿银元（约折 6.5 亿两白银），其中，铁路借款占 22%，船运电信借款占 4%，工矿借款占 3%。显然，7% 为财政性贷款，被北洋政府用于军费和行政性开支了。

国民党统治 20 余年间，前十年采取了"整理旧债、恢复债信"的政策，外债数额不大，约为 4 亿美元；后十年，战争不断，外债高达 50 多亿美元。从一份 1928—1947 年借用外资表上看，60 个项目中，电信邮政借款 9 项，与铁路有关的 16 项，借债购货 20 多项，还有若干用途不详的贷款。总之，国民党时期的外债，其政治、军事性支出和投资性支出混杂，前者比重相当之大。

近代利用外资，出现了双重后果，一方面是推进了中国的近代化过程，另一方面是加深了中国的殖民化。

有利的方面表现在如下方面。①促进了中国交通、通讯、能源等基础设施的建设。据史载，到 20 世纪 30 年代，国内共筑铁路达 1.7 万公里，其中国有为 1.3 万公里，仅国有铁路投资中，46％为外国贷款，由六七个国家在将近 40 年内提供的贷款累计达 4 500 万英镑。由此可见，近代中国铁路运输的发展，在相当程度上得益于引进外资。②引进国外先进设备与技术，大大促进了中国生产力的近代化过程。③发展了一批近代企业，促进了中国的近代化进程。中国近代企业的发展，对打破封建生产关系，发展民族资本主义，发展近代生产力，推动中国近代化进程，起到了不可低估的作用。

近代引进外资也加深了中国的殖民化过程，利用外资成为被外资利用也屡见不鲜。因而引进外资出现不少弊端，表现在如下几方面。①外债成为列强从政治上控制中国的重要手段。近代中国政府，不论清朝还是民国，借用外资均走向滥借乞债、依债度日的地步。他们以实业借债为由，大搞军事和财政性借债。近代引进外资中，仅有 1/4 用于实业，用于投资建设，其余则用于政治和军事的需要。外债用于战争和行政开支，只有消耗，没有生利，因此，越借日子越难过，日子难过更得借，如吸鸦片一样，陷入恶性循环之中。外国人正借此加强了对中国政治和经济的控制。如通过铁路贷款，外国财团获取了筑路权和免征税利的优惠权。通过与旧中国政府的秘密借款合同，控制了京、沪等五大城市的电台。②外资成为列强从经济上盘剥中国人的工具。外国银行和商人对中国借贷采取了多种手段大打折扣，债银到手，有的已被拿走 10％的过手红利，有的竟被折扣 50％。债权人的高额盘剥，由此可见一斑。此外，通过攫夺廉价资源和劳力，通过对中国市场的垄断，外资又赚取了巨额利润。③通过合资办企业，外方突破了中国方面的种种限制，占有了土地、矿藏、铁路等开采和建筑权，获得了在获取中国金融机构信贷的权利以及其他种种权利。尤其要提出的是，由于列强与中国的不平等条约，使中外合资的合同中，中方往往处于无权地位，而外方在利润分成等诸多方面则享有优惠和特别的照顾。这些，都阻碍了中国民族资本的发展。由于近代中国半殖民地半封建的时代局限性，以及外资的不平等性，使近代利用外资在长时间内，表现出弊大于利的后果。

从近代利用外资的实际效果中，我们不能不对这一时期引进外资战略有一个基本评价。我认为，由于中国近代半封建半殖民地的体制条件，由于中国近代百年中战争不断，政权多次更迭，就决定了没有顺应时代变化而变化的引进外资战略，更没有贯穿始终的引进外资战略。在引进外资的重大战略问题方面，如能不能借外债，能借多少外债，向谁借外债，利用外资有什么形式，外资用于何处等有关的战略问题上，或是政府的短期行为，借债度日的败家子决策，或是争议不休但与全局性决策无关的理论混乱局面，表现出来的是闭关主义与过度依赖的摇摆，是军事、政治贷款与振兴实业引资的矛盾，是不顾国力滥借外债与干预民族资本对外合资的保守倾向冲突，是不承认外商国民待遇与不惜丧失主权的退让的并存。中国国体不佳，政体不良，封建专制，统治者腐败，则是引进外资失利的客观原因和时代局限。

综合上述，我认为，利用外资能否成为一种战略问题，本身是需要以政治制度、经济体制为基础的。只有在一个社会中形成了明确的、达成共识的社会制度和经济发展目标后，才谈得上对实现这种目标的一种手段——利用外资——的战略的策略。

二、引进外资战略的国际比较

国际经济格局在发生变化，时代的潮流也在发生变化，各国情况存在很大差异，因此，不同时期和不同国家，利用外资的战略和政策是不同的。

20世纪五六十年代，正处于民族解放和民族独立高潮中的发展中国家，对发达国家的资本持不欢迎甚至否定态度。七八十年代后，发展中国家对外资的作用有了新的认识，开始有限制地引进外资，而当苏东各国转向市场经济体制并开始大力吸收西方资本的时候，国际上引进外资成为一种潮流。80年代后期，一些发展中国家出现债务危机，又使人们对外资作用产生了怀疑。当然，这一次怀疑带来的不是对外资的简单否定，而是对发展中国家不同的利用外资效果的原因分析，对引进外资战略及政策的反思。其中，最具有代表意义的是对东亚和拉美国家引进外资的不同效果的讨论。

同样是债务国，东亚各国（菲律宾除外）表现出高增长、低通胀，而拉美各国却是增长缓慢，通货膨胀率猛增。阿根廷、巴西、智利、墨西哥、秘鲁、委内瑞拉六国，在 70 年代国内生产总值平均增长为 4%～5%，而在 80 年代的头几年，经济成为负增长；通货膨胀率在 70 年代为 40%～50%，而到了 80 年代，六国通货膨胀率平均值居然超过 130%。显然，这是典型的滞胀。东亚情况则好得多。在国际经济衰退和石油危机冲击下，拉美国家外债出现危机而迫使债权国或债权方重新安排偿债期，而东亚各国却没有出现债务危机，而且经济取得很大的发展。印度尼西亚、韩国、马来西亚、泰国七八十年代均以 6%～7% 的速度增长，通货膨胀率则由 70 年代平均 15% 降到 80 年代头几年的 6%～7%，出现了经济强劲增长的好势头。

南亚与东亚相比，引进外资量小得多。在亚洲的债务中，70% 以上由东亚承担。南亚外债与出口比率与西半球国家相似。南亚国家由于资金有限，在国际收支出现压力时，也采取了与西半球国家类似的办法，控制进口，而没有或无力扩大出口，因此，最终对经济发展产生了不利的影响。印度是在引进外资方面有代表性的南亚国家。在六七十年代的长时期内，印度宁愿靠国内储蓄和利用侨汇，而不去承担可能由于引进外资而带来的债务。当国际收支平衡的压力增大时，采取控制进口、控制投资和紧的财政、金融政策，并在相当长的时期内采取有选择的进口替代政策，所举外债限于优惠性贷款。这种战略虽然使印度没有外债的压力甚至出现了外汇结余，虽然保持了经济的稳定，但却使其经济发展大大落后于大胆引进外资的东亚国家。因此，在 80 年代初，印度也开始在引进外资上放松了限制，放松了对进口的管制，增加了除优惠贷款外的向国外商业银行的贷款，这对加快印度经济发展起了积极作用。

值得指出的是，韩国在引进外资中，更注重向外国借贷而不是外国直接投资。这与韩国本身资源和市场条件有关，也与其因历史原因对警惕日本企业直接投资的态度有关。新加坡则不同，其引进外资以直接投资为主，而且在发展外向型经济中，直接引进外资同样起到了很大作用。

非洲国家在引进外资上效果不佳。尽管与东亚、拉美国家相比，非洲国家引进外资数量不大，因此，偿债率低得多，但其经济发展长期缓慢不前且困难重重，与其不敢和不善于利用外资有相当大的关系。

为什么不同国家同样引进外资，经济发展却有不同的表现呢？原因是多方面的，这里我们主要对比分析东亚与拉美国家的成败得失原因。

从表面上看，拉美国家出现债务危机，似乎是因为 80 年代的全球性冲击对拉美国家影响更大，债务结构中拉美国家中可变利率贷款（美国商业银行提高了利率）占比重更大，拉美国家借款数额比东亚更多。经过深入的分析，以上怀疑和推测都站不住脚，这两类国家债务原因分析的可比指标中，各类指标都相近，唯有债务与出口额的比率存在最显著的差异。拉美国家债务相当于出口的 3 倍，而东亚国家债务仅为出口的 80%。这就说明，良好的外贸出口，是偿债能力的基础。不扩大出口，仅限制进口以平衡国际收支，过分夸大进口替代的作用，降低出口导向的作用，对一国利用外资发展经济是不利的。而出口能力的大小，则是受一国外向型经济的程度所决定的。其中，有活力的经济体制和正确的政策，是引进外资能否发挥正面效应的关键。比如正确的财政、金融政策，有助于防止把外资作为弥补财政赤字的经常手段的偏向；有竞争能力的贸易制度和汇率管理制度，则对扩大出口起直接推动作用。

简单的国际比较告诉我们，各国在引进外资上事实上存在着相当不同的引进外资战略。这种战略或战略思想，在早期突出的分歧在于敢不敢和愿不愿利用外资。80 年代以来，其不同的战略更多表现在如何引进外资，如何利用好外资上。从发展中国家的经验看，有两种引进外资的战略比较典型，一种是利用外资促进外向型经济的发展，一种是利用外资弥补国内预算的赤字和国际收支的不平衡。前者，多与出口导向的外贸战略相配合，后者则多与进口替代战略相关联。东亚多数国家在较长时期内属于前者，拉美、南亚和非洲较多的国家在较长时期内则属于后者。

尽管各国经验告诉我们，明确了引进外资的战略后，才能对引进外资中一系列重大问题有一个基本的取舍，但也不能认为，存在对每一个国家都适用的唯一正确的引资战略。各国要根据自己的资源条件、体制基础、在世界资本市场中的地位、自己的发展目标等来决定自己的引进外资战略。

三、新中国成立以来，我国引进外资战略的重大变化

50 年代，我国主要是从苏联、东欧引进资金和技术。苏联分别于 1950 年和 1955 年，以 1%～3% 的利息向我国贷款 3 亿和 23 亿美元。

利用这两批贷款,从苏联引进一大批成套设备,建立了冶金、机械、汽车、石油、煤炭、电力、电讯等 149 个重点基础项目(另有东欧国家 7 项,共计 156 项)。这对中国经济发展起了重要作用。1964 年中国全部还清了贷款本息。

60 年代开始,中国利用出口信贷和延期付款方式从日本、英国、法国、联邦德国、瑞典、意大利、奥地利等国引进价值 3 亿多美元的成套设备,但由于科学技术和资金的不足,加之"文化大革命",引进效果没有很好地发挥。

70 年代初,中国引进外资方式没有大的改进,不过规模增大了,截至 1978 年,先后两次贷款 30 亿和 73 亿美元引进大型设备。由于投资规模过大,超过国力,一些项目被迫下马或调整压缩。

从这 30 年的情况看,引进外资主要是利用出口信贷和延期付款方式的间接引进,换言之,是借钱买设备。由于借来的钱绝大多数属于利率高、还期短的商业贷款,而又主要投在重加工工业上,同时,中国经济发展战略多次摇摆并受"左"的影响很大,中国农、轻、重的比例关系一直没有得到正确的解决,资源配置远没有达到合理、优化的程度,因此,引进外资虽然对中国经济发展起了较大作用,但引进的成本过大,不仅宏观经济效益潜在损失不小,而且相当一批项目微观效益也不高,在一定程度上加剧了经济结构失衡。总体来看,这 30 年引进外资有利有弊、利大于弊、弊有损利,引进外资战略是从属于计划经济条件下,为内向型进口替代经济发展战略服务的,推动经济发展的作用是十分有限的。

党的十一届三中全会确定了我国实行对外开放的政策,利用外资进入了一个新的阶段。从 1979 年到 1992 年,引进外资战略可概括为:以优化产业结构为目标,以进口代替与出口导向的结合为基础,多形式、多层次、多渠道,积极引进外资,引进先进技术和管理经验,推动和加快我国经济发展的步伐。在这样一种战略导向下,我国利用外资取得了相当大的成绩,但也出现了不少问题。

从 1979 年到 1991 年年底,实际引进外资达 800 亿美元,其中对外借款占 2/3,外商直接投资占 1/3。对外借款主要用在了加强国民经济瓶颈产业,在能源、交通、煤炭、化工等工业方面,完成了一批重要项目,如京秦电气化铁路、秦皇岛港扩建工程等。外商直接投资带来的先进技术和管理经验，填补了国内生产的某些空白，如电梯、彩色显像管、小轿车等，扩大了我国的出口和对外贸易，推动了市场竞争，对我国经济尤其是沿海经济的发展，起了很大作用。

但这一阶段的引进外资战略也存在问题。在体制没有真正理顺之前，引进外资本身难以取得更大的成绩。首先，优化产业结构的目标很大程度上没有实现，这是由于，在没有把市场机制作为基础的调节手段之前，在没有形成真正的市场价格信号之前，我们很难把握什么是合理的产业结构，其认识或计划，往往与实际有相当大的偏离。对外资向基础产业投资的控制或价格管制，使急需要发展的一些产业在相当长的时间内没有得到大量的外资。而转轨中市场急剧的供求变化，一些产业由长线成为短线，也有的从短线变成长线，使制订正确的产业政策本身存在相当大的困难。其次，利用什么样的外资来投向哪种类型的产业，在转轨中很难有明确的答案，因此，一些项目从微观上看有一定效益，但从宏观上看，以现在的观点看，就没有了效益，或不值得利用长期优惠贷款。再次，计划导向与利润导向往往不一致，使政府对经济转轨中产业结构的调整处于矛盾之中。越是急需发展的产业，结果越发展不起来；要控制的产业，却总成为投资的热点。这些，说明优化产业结构的政策，在市场导向没有真正明确之前，没有也不可能发挥出真正的作用。同样的道理，在没有明确还债主体的情况下，多渠道借款就成为难以控制的多窗口"滥借"，用债效益就难以真正提高。

四、以加快发展为中心，以促进我国经济市场化、法制化、国际化为目标的引进外资战略

自 1992 年党中央、国务院提出社会主义市场经济的体制目标后，引进外资出现空前的势头。1992 年实际引进外资 192 亿美元，其中，外商直接投资首次超过对外借款，达到 113 亿美元，占当年总引进外资数的近 2/3。1993 年引进外资继续呈高速增长势头，实际引进外资达260 亿美元，其中直接投资为 188 亿美元，比重为 70%。我们看到，由于这两年特大规模引进外资的强劲势头，外资对我国国际收支平衡的影响急剧增大，对我国 90 年代经济发展影响也空前增加，引进外资和三资经济管理问题已相当突出，特别是在 1994 年推出了经济体制大步改

革的战略，外资在经济中所起的作用对改革进程影响已不容低估，这一切，都使调整和制定新的外资战略和政策成为一件迫切的事情。

显然，我国现阶段引进外资战略将从计划商品经济下的引进外资战略、政策向市场经济条件下的引进外资战略、政策转变，将从社会主义市场经济体制需求和 20 世纪末的发展规划角度进一步回答为什么引进外资、引多少、怎么引、向哪引、如何还等重大问题，比如如何平稳地过渡到按国际惯例引进外资；如何发挥市场调节的作用；对这么大规模的引进外资，如何加强宏观管理、监测和调控，以防止发生重大失误；等等。

引进外资工作的有关管理部门已提出"调整引进外资战略"的建议，这一点也为相当多的同志接受。但如何理解新的引进外资战略，则仁者见仁，智者见智。一些同志认为，新的引进外资战略就是：由追求数量向追求质量转变，由引进小项目向重点引进大项目转变，由引进外资的初级形式向高级形式转变等。这种概括以及类似的提法，虽然有一定道理，但似乎不够准确，不够深入。在此我想提出以下初步的看法，欢迎大家批评指正。

我认为我国 90 年代引进外资的战略是：以加快我国经济发展的步伐为中心，以促进我国经济市场化、法制化、国际化进程为目标，继续积极有效地利用外资。

坚持积极有效地利用外资的方针，已被实践证明是正确的方针，这次又得到《决定》的确认。"积极"，就是要敢于利用外资，"有效"就是要善于利用外资，要提高利用外资的经济效益。既积极又有效，就能既加速我国经济建设，又防止我国出现偿还外债的危机，防止不法外商企业侵犯国家的经济主权。

引进外资为我国经济持续、稳定、健康、快速发展服务，是引进外资的中心内容。实现党中央、国务院提出的 90 年代经济发展目标，是光荣而艰巨的任务。完成这一任务，需要大量的资金、先进的技术和管理的经验。国内储蓄与投资的缺口，创汇与用汇的缺口，需要利用国外的资金来弥补。利用外资，实际上是对现有国力的超前支出，是实现经济起飞和赶超战略的需要。日本、韩国等东亚国家，就是充分利用外资实现经济快速发展的。强调引进外资为经济现代化服务，为经济发展服务，就是为了防止把外债作为弥补财政困难和国际收支失衡的经常性手段，防止把大量外资用于非生产性目的。这种情况，在中国近代和一些拉美、非洲国家都发生过，其结果是债务危机和经济停滞。

引进外资为我国经济市场化服务，这是我国引进外资战略中与其他国家不同的一个特点。中国引进外资不仅仅是为中国经济发展服务，还要为中国经济体制改革服务，为建立社会主义市场经济服务。引进外资的同时，还要引进经济运行中的国际惯例，引进市场经济下的法制精神和基本规则，引进有助于推动中国经济改革的宏观管理经验和微观运营机制。事实上，三资经济的发展正在对我国的金融体制、财税体制、投资体制、外贸体制和市场体系提出更高的要求，在促进我国社会主义市场经济体制的建设，在促进我国经济管理向法制化方面的努力。而利用外资改革国有企业已对我国微观经济产生了不可低估的作用。

引进外资促进我国经济法制化进程，同样是不容忽视的。我国在制定引进外资方面，已出台了不少法规。但有的已不能适应社会主义市场经济条件下对引进外资和三资经济的管理，有的不能适应管理大规模引进外资的形势需要，另外还存在不少引进外资方面的法规空白。对外借款要按照国际公认的法律进行，这就要求我们的法律尤其是关系到国际金融方面的法律与国际法规一致。成千上万的外商对华直接投资，三资经济在我国经济中作用的不断增强，在要求我们依法管理。依法管理，是消除政策不透明的重要手段，是消除各地政策不统一的重要手段，也是消除外商不法行为的重要手段。因此，在我们强调市场导向对引进外资重要性的同时，就更应强调依法管理的重要性。

引进外资推进我国经济国际化，是要把引进外资提高到超越出口导向和外向型经济的新高度。引进外资没有出口导向战略与之相配合是不行的，因为扩大出口才能解决在高速发展下的还债问题。世界经验已表明，用控制进口办法如拉美国家的进口替代战略来解决债务问题，其结果是没能发挥利用外资的作用，又导致了本国经济不振。可以说，引进外资政策必须与外资政策相协调，没有正确的外贸战略，就没有成功的引资效果。但是仅仅提出口导向是不够的，在保证经济发展条件下增强还债能力，不仅是一个贸易问题，还有相当多的非贸易创汇领域，如旅游、国际合作等，因此，发展外向型经济是重要的。但仅此也还不够。外向型经济强调更多的是国内市场的国际化，而没有强调国内外经济的一体化，没有涉及资本的双向流动问题，没有涉及参与国际分工和国际市场（尤其是国际金融市场）的问题。引进外资绝不仅仅是为了发展工业，而是要与国际金融市场接轨，参与国际金融市场操作。面对我国经济与世界经济接轨的新形势，在我国不久将恢复关贸总协定缔约国地位的时候，有必要强调提出引进外资促进我国经济"国际化"的目标。

五、当前关键是处理好引进外资中市场导向与宏观管理的关系

积极有效地引进外资为发展和"三化"服务的战略，当前关键是要处理好市场导向与宏观管理的关系。

首先应提高对引进外资中市场导向重要性的认识。市场导向对引进外资是相当重要的，尤其是对直接引进外资更为重要。国内资源靠市场发挥基础性的调节作用，国外资源也要靠市场发挥基础性调节作用。大量的外商投资，主要应由市场价格信号来引导，由企业自己来分析市场，作出决策，由外商自己来承担决策和经营失误的风险。政府的责任，主要是进一步健全市场，使市场机制能正常运行，使市场信号不受扭曲。对那些由民间引进的中小项目，不要硬性规定投资的方向，要相信市场的导向作用，相信市场会把资源配置到需要的地方，尽管这个过程要慢一点。近两年来全国出现的外商向大项目和重点设施投资的变化，主要还是市场导向在起作用，而不是我们在这方面的优惠起作用。正因为如此，就应实现直接引进外资中的优惠政策导向向市场导向转变。在引进外资的初期，优惠政策对吸引外资有相当大的作用，但到了今天，对三资企业按国民待遇对待已成为各种所有制类型企业的共同呼声。对企业的优惠将不是由财政来实现，而应由市场来实现。只有按照市场需求来生产，才能得到更多的赢利。由倾斜政策逐步向国民待遇转变，将成为我国转轨时期引进外资中的一大特点。对外商投资产品，应逐步实现向"国民待遇"的过渡。过渡阶段，不再向外资企业提供新的优惠政策，条件许可（主要指国际社会理解、外商接受）影响不大的一些优惠政策可酌情取消，但要格外慎重。要妥善地缩小对外资"优惠待遇"的范围，妥善解决"优惠政策"与"国民待遇"的消长关系。

按照市场导向为主引进外资的这种思路，现阶段就不宜再提出由一

种倾斜向另一种倾斜转变的政策，比如"由地区倾斜向产业倾斜"。地区倾斜要走向平等政策，方向是正确的，但这需要时间，要考虑已形成政策的有效期。不再向沿海地区搞新的优惠政策，让中西部地区向沿海成功的政策方向靠拢，市场调节就会发生作用，这已为近两年外资西进北上的实践所证明。而"向产业政策倾斜"，现阶段主要适用于政府间的、国际机构的对华长期、优惠的借款，适用于由政府承担的间接引进外资的项目。事实上，近两年的间接投资，其重点全在能源、交通和基础设施上。间接利用外资中的商业贷款部分，要考虑还债能力和期限，不必要全投向非赢利的重点项目。至于对成千上万的外商投资，除其中少数有相当能力者，不必要用优惠政策全引导向基础产业上去。以中国之大，外资之多，全投向一个方面，全按产业计划来导向，绝不是好事。

用市场导向原则来看待外资来源结构，也会有一个新的评价。比如，对直接引进外资中港、台以及其他侨资、华资中小资本比重过大，是正常的，利大于弊的。近代史告诉我们，侨资、华资对发展中国经济是有相当多的益处的，既不用担心其对中国经济的控制，也不用承担它的风险。中国劳动力多，乡镇企业多，就业压力大，国内市场大，港台等中小资本自有其不可替代的作用。中国改革开放取得的成就大大强于俄罗斯、东欧各国，这与中国独特的华人经济介入是分不开的。跨国公司有许多强于中小外商资本的地方，如技术先进、管理科学、遵纪守法等，但将来对中国经济的干预力也不容低估。因此，我们的政策应是兼容并蓄，不应过于贬低中小资本作用，不应只看到跨国公司对我国有益的一面。如果中国各地都在引进跨国公司上搞竞争，中国企业都去争抢与跨国公司搞合资，为数不多的跨国公司，无形中大大抬高了合作的成本，这并非有利。因此，在引进外资的来源上，应一视同仁，大可不必把引进跨国公司作为引进外资战略转变的内容。以平常心待之，以市场导引之，更为有利。

正确处理引进外资中市场导向与宏观管理的另一方面，是进一步完善引进外资中的法规、政策，解决引进外资管理与特大规模引进外资现状不适应的状态，向依法管理和有效地间接宏观调控方向转变。

我国已颁布了500多个涉外法规，与55个国家签订了投资保护协定，建立了依法管理引进外资的基础。但是，还需要根据社会主义市场经济的新体制来改进和完善已有的法规，对过时的法规进行清理；需要制定新的法规，规范外商企业的经营活动，制止各种有损我国经济主权或违反国际法的行为。

为加强对引进外资和三资经济的间接宏观调控，应建立符合社会主义市场经济要求的统一高效的外资管理体制和管理机构。要解决对外资管理政出多门、政策不协调的问题。建议成立国家外资政策协调机构，统一协调涉及外资管理的多个部门的工作，协调管理外商直接投资的政策，协调管理对外借贷的政策。要加强对引进外资的统计和监控，加强对政府引进外债使用方向和效益的管理，对引进方式和债务结构的管理，要以高度的警惕性来预测和防止可能出现的债务危机。要克服目前重审批、轻管理的问题，要根据新形势，制订新的项目审批办法、评估办法和监督办法。

加强间接调控，需要区别政府引资与非政府引资的政策。对民间的直接引进外资，要在充分发挥市场调节作用的基础上，加强宏观管理，依法监督其明确债务关系和还债责任。对国有大中型企业的中外合资或其他引进外资方式，要在明确产权关系和保护国有资产的基础上，进行多种形式的管理，必要时可通过有关政府部门，进行直接的行政管理。在间接引进外资中，要对不同的借债主体实行区别管理政策，凡政府的引进，要切实加强管理，进行直接的控制，不能不顾总体还债能力和国家经济总体平衡，只从微观效益出发，大举借债。对政府担保的项目，也要严格把关。但对非国有企业自负风险的引进外资，可以放手，仅依法管理即可。总之，引进外资中，直接引进与间接引进的政策要有所区别，政府引进外资的管理与民间引进外资的管理要有所区别。一般来讲，现在提出的倾斜政策，应作为内部掌握的管理手段，用于政府引进外资的项目，重点是间接引进外资中的政府间贷款项目。

依法管好已建立起来的三资企业。从改善和健全市场环境、法律环境入手提供三资企业解决亏损（真正亏损的企业）问题的外部条件。通过制定与三资企业相关的法规，如对三资企业的产品、分配形式、投资程序、外汇结算、进出口管理等作出符合国际惯例的法律规定，使多数厂商有章法可依，也可以防止少数外商制造假亏损。

进一步放宽外商在国内的投资领域，使外商能在国内商业、金融、航运、航空等领域投资；允许外商以工业产权（专利、商标）、专有技术等无形财产作为资本投资，进一步开放市场，以国际通行规则来办事。利用外资改造和完善投资环境，例如，鼓励外资在交通等基础设施上投资。在引进外资中，要发现和研究新的投资和合资形式，对影响较大的新合资方式，要允许试验，要注重实践结果。同时，也要慎重，在没有成功经验或争议较大时，控制一哄而上。对非我国所需要的产业投资，要按禁止、限制、允许和鼓励作出分类名单，及时公布并调整。但优化外商投资结构将主要通过市场调节进行。继续鼓励外商来华投资，包括港、台等华资，不在政策上限制外资的规模和技术水平，但要引导和鼓励外商扩大投资规模和提高技术档次。通过进一步完善投资环境使越来越多的大公司、跨国公司来华投资。

通过建立有关的市场中介组织，如会计事务所、律师事务所、审计事务所、咨询机构等，实现宏观间接管理目标。

作者说明

本文写作花费了较长时间，下了些工夫。当然，劳动没有白费，本文获得了 1994 年度安子介国际贸易研究优秀论文二等奖，还有奖金 2 000 元。全文 1.2 万字，《生产力研究》杂志 1994 年第 3 期全文发表。

这个时期对外资利弊和作用争论很大，不少人主张限制外资，认为我国储蓄不少、内资够用，外资工业挤了民族工业发展等。我不同意他们这个观点。从 1992 年到 1996 年，我写过多篇文章，分析引进外商直接投资的利弊，结论是积极、慎重的引资政策是完全正确的，应支持继续引进外资，提高引进外资水平。

文章发表时，文前有一段"内容提要"，现引用于此："本文从历史的角度，从中外比较的角度，提出了需要引起我们注意的历史教训和国际经验。文章从当前我国引进外资现实出发，提出了新的引进外资战略，即以促进经济发展为中心，以促进市场化、法制化和国际化为目标，引进外资。这种提法强调了引进外资对改革、开放的作用，强调了从市场经济规则利用外资的重要性，强调了区分政府引资与民间引资的不同。同时，还重点分析了引进外资中市场导向与宏观管理的关系问题。"

外汇占款、外汇储备及其他

一、不能低估"外汇占款"对 1994 年经济发展的积极作用

去年外汇占款对经济发展起了相当有益的作用，尤其是对有效益的经济成分的发展，对提高资金运营效益，都起了很大的作用。正如 1991 年信贷规模没有突破而货币供给大大增加是由"拆借"引起的一样，去年，信贷规模没突破而外汇占款引出了货币供给的大增加。一些企业因人民币紧张，而通过结售汇渠道，得到了人民币。比如，有的企业把原来的外汇存款转为结汇，即卖给银行，以维持和发展企业；有的企业提高了贸易的结汇率，以增加人民币的运用。当然，也有把资本项目混在贸易项目中来结汇的。但是，从总体上可以说，去年能够通过售出外汇而得到人民币的企业，相对而言是效益比较高的企业；而用外汇换来的人民币，其获取是有代价的，因而运营效果也是比较高的。正因为此，外汇占款对去年经济能持续增长，起了很重要的作

用。如果去年没有外汇占款而多增的货币，金融机构全年新增贷款就连计划数的一半都达不到，企业的资金紧张就会相当严重，货币政策就会过度紧缩，将会导致经济的下滑和经济滞胀的出现。

外汇占款大增，表面上看是因汇率改革所致，究其实质还在于体制外的资金需求在起作用。它如同前年的"拆借"一样，成为突破规模管理的特殊办法，1995年这个突起的资金投放的"大鼓包"可能会下去，但是否在别处鼓起另一个"包"还难以预测。只要金融体制改革没有完成，按商业原则提供货款没有全面实现，这种情况就存在产生的基础。

由此引出一个值得深思的问题：在金融体制改革没有完成，银行还不能完全适应市场经济发展需要的时候，如何评价和规范体制外的金融活动和资金流通，如何把金融管理变成全社会资金管理，而不是传统的信贷规模管理，把所谓体制外纳入市场经济管理的大体制内，这些是近年来一直引起争论的问题。与"拆借转贷款"和"流动资金转固定资金"类似，去年"外转内"的汇兑制起到的作用实际上还是支持了计划外的投资，支持了市场经济的活动。但是这一次层次更高，而且是通过合法的汇兑制进行的，因此，也就更需要进一步规范、健全。

二、认为外汇占款主要来源于外资是一种误解

去年来华投资的外资达337亿美元，外债达120亿美元。因此，有人认为外资流入并通过外汇占款扩张对通货膨胀起了很大作用。这种看法现在看来是不能成立的，这种分析是以外汇占款对通货膨胀有重大影响而外资是外汇占款主要来源为前提的，这个前提本身是有问题的。退一步，即使外汇占款对通货膨胀有重大影响，也不能由此推出外资对通货膨胀有重大影响，因为，资本项目的结汇是很小的。

让我们看看外汇占款的来源结构。从结汇收支表上看，1994年4月到1994年12月，贸易结汇造成的外汇占款为207亿美元，占4月到12月结售汇差额的60%；非贸易结汇造成的外汇占款为90亿美元，占结售汇差额的27%；资本收入结汇造成的外汇占款为26亿美元，占8%；其他收支为17亿美元，占5%。由此可见，去年造成外汇占款的主要因素还是贸易结汇。资本收入有影响，但不是主要的，资本项目中的短期投机资本即"热钱"来华套利对通货膨胀的影响，更不能认为是主要的。

今年年初有人对此作了较有说服力的分析。他们认为，不少人从国际收支角度，认为外汇储备增长主要来源于大量国际资本，其中还有国际"热钱"来套利，并推动人民币升值套汇差。但实际不是这样。首先，银行结售汇是对实际发生外汇买卖行为的外汇收支活动现金流量的统计，是影响储备的量，国际收支统计则不但包括此项，还包括实物流量统计，因此，有些国际收支行为，不影响储备。其次，外资企业保有外汇账户，不进入银行间结汇，外商进口中不少是实物的投资品，不用购汇支付，1994 年前 10 个月海关统计外商企业实物投资的设备进口为157 亿美元，这部分进入国际收支资金流入账，但为平衡项目又被海关计入经常项目的进口支出。因此，外商直接投资中这部分资本不会增加国内的外汇供给。由于三资企业不参与银行间的结售汇，因此，其投资中设备进口部分缩小了贸易项目的顺差规模，放大了资本项目的实际贡献能力。还有，现在资本项目外汇收入可以不结汇，保留外汇账户，因此，这部分不影响外汇储备量。

当然，外资来华对通货膨胀的影响还是有的，但同样是小量的、间接的。比如，据《金融时报》年初的一则消息说，去年年底，已有 109 家外资银行来华设营业性机构，100 家已运行。其中经这些外资银行造成的净流入为 58 亿美元，主要是贷给外资企业。显然，这些外汇中的一部分将成为外汇占款的资金来源。而由此发出的人民币，用于了外资企业的投资和贸易，可见是间接产生了影响。

还有一种情况，是贸易结汇中混入了资本项目，去年贸易结汇率在85％以上，高于往年约 10 个百分点。因此，外资的影响，可能比实际统计的数字要大一些。正因为此，外管局今年年初开会才要求防止资本性收付混入经常项目下结售汇，汇给国内银行外汇贷款和国际商业贷款办理结汇。[①] 但即使如此，这种影响在通货膨胀的成因中，还是很小的。

三、如何看待通货膨胀条件下人民币对美元比价的上升

去年汇率体制改革使人民币汇价水平在较大幅度下降后出现小幅上

[①] 载《金融时报》，1995-01-20。

升势头，而币值在国内经济中则表现为严重的通货膨胀即贬值，因此在去年下半年，出现了人民币内外币值反向运动的现象，或说人民币内外币值不统一。这引起人们的关注，并对币值走势产生了矛盾的结论。有人认为，人民币汇价上升，不仅有助于观察分析币值的真实的水平，还有助于遏制通货膨胀。对此，我有一些不同的结论。在人民币内外币值的矛盾中，国内经济中币值下降是矛盾的主要方面，对外币值的上升是次要方面。币值上升是暂时的，难以持久的，而人民币币值下降则是主导性趋向。外币升值对国内币值下降趋势产生的遏制影响很小，而通货膨胀对遏制汇价中币值上升将产生巨大的拉力。人民币汇价上升，并不能真正反映人民币在国内经济中的货币币值。

汇率并轨引起的外汇供给充足的因素中，短期的因素占很大比重。①去年扭转贸易逆差而实现顺差，主要是靠人民币贬值而实现的，这种作用是不能持久的。如果没有新的办法，今年下半年出口将会下降，外汇将会减少。如果进口的行政性限制减少一些，外汇供给可能出现不足。②外贸企业在 1993 年年底有不少外汇没及时汇回，1994 年才来结汇，从而多换人民币，这是造成外汇供给充足的特殊的短期因素，1995 年已不复存在。③1994 年一些企业将外汇存款转向结汇以获得人民币，将原来低汇价时的外汇通过结汇转为人民币，每 1 美元可以多得 3 元人民币，对企业显然是合算的。但这也是特殊的、短期的因素。④资本项目混入经常项目结汇以套利套汇是暂时的现象。尽管国内利率差一时还没法消除，这是刺激金融资本来华的动力，但若没有汇率上的反向运动，外资套利后资本回报率并不高。如果人民币汇价出现降值趋势，外资套利后的回报就会相应减少。⑤经常项目（贸易、非贸易和单方面无偿转移，后两项还有一些限制）下可自由兑换，而且是以发生了较大贬值且接近市场汇率水平的汇价结售汇，因此，大量外汇外逃减少了，这个数量相当可观。尽管经常项目下的自由兑换将不是短期因素，但汇兑水平利得条件则是要变动的，只能是短期的。

我国近代史上出现过去年这种现象，就是对外贸易活跃且国内通货膨胀严重的时候，国币的内外币不统一的矛盾就很尖锐。为什么会这样呢？国内通货膨胀主要是由国内经济矛盾引起的，而汇率变动主要是由国际经济变化和汇率制度变化引起的。结售汇把国内外汇供求与人民币供求联系起来了，但并没使人民币内外值统一起来。因为，形成价格与汇价是两个市场，形成因素大不相同。因此，以为外汇与人民币被连通，就将出现"连通器效应"，两个"水面"将无条件持平，那就不对了。因为，人民币内外值的两个"容器"中，各有若干"水坝"，"水面"形成条件极为不同。

根据以上分析，对 1995 年汇率水平的走势可能会有一个基本判断，即国内通货膨胀影响人民币币值将是主要的，在币值反向运动中，国内因素将起主要的作用；人民币对外币值是暂时的，缺乏后劲的。当引起外汇供给过多的短期因素消失后，人民币汇价可能会下降。

四、去年外汇储备增加对通货膨胀形成是否产生实际的影响

我认为，就我国的情况看，外汇储备对通货膨胀的影响可以概括为两句话：外汇储备增加时加大了通货膨胀压力，外汇储备减少时加大了通货膨胀。我国 80 年代多次出现过这种情况，通货膨胀严重时，也是外汇储备减少时；外汇储备增加时，时有通货膨胀，但相关度并不高。1993 年我国通货膨胀率超过两位数，当时的外汇储备是较紧张的，当年贸易逆差 100 多亿。1994 年通货膨胀继续发展，外汇储备却增加很快。可见，我国通货膨胀与外汇储备多少没有正相关关系。

出现这种情况，我认为要与对"外汇占款"的分析联系起来。外汇占款是外汇储备增加的重要成分，其对通货膨胀的间接性、次要性和从属性，也同样适用于外汇储备。外汇占款增加是外汇市场潜在的外汇供给能力增加，但又是外汇市场即期实际的外汇供给量的减少，前者使人民币外汇价存在潜在下降可能，后者使人民币外汇价实际上升。外汇储备中能用于外汇市场进行公开市场操作的经营性外汇储备量的大小，对汇价走势产生实际影响。但是，外汇储备变化，对国内通货膨胀影响则小于其对人民币汇价的影响力度，这从我们以上分析中可自然推论出来，这也是现实情况，所以我想再次强调，通货膨胀的主要成因是国内经济的结构性矛盾，不能高估外汇占款以及外汇储备的影响作用，否则会使我们对外汇储备产生不利的评价。

作者说明

1994 年外汇并轨，已实行多年的外汇交易中心取消了，被指定可做结售汇的 14 家银行取代了。企业与企业在外汇市场上自由调剂外汇变成了企业与银行通过结售汇调剂。在这个问题上，我曾有过担心，担心企业调剂使用外汇不方便了。但这种想法被海外媒体传成对 1994 年 1 月 1 日外汇并轨不同意，这就与我的原意差别大了些。

1994 年时，通货膨胀问题突出。当年，商品零售价格指数为 21.7%，居民消费价格指数为 24.1%，为近 20 年来的最高点。对通货膨胀成因的讨论很热烈。不少人认为，主要是因为结售汇新开了货币投放的渠道，这是通货膨胀的主要成因。有人认为由于外资来华多，通过结汇渠道进入了外汇储备，加大了通货膨胀压力，因此，要降低外资引进水平。结论到此，我就不能赞同了。事实说明，外汇占款主要不是来源于外资，而是贸易项下的结汇，因此，不能由此去证明外商投资是通货膨胀的重要因素。文中我认为结售汇给经济发展带来了积极作用，主要是企业资金中一部分来自外转内，虽不规范，但有作用。靠计划信贷，1994 年经济就要大滑坡了。外汇储备对通货膨胀的影响，我自己根据中国的实际情况提出一个独特的观点，即外汇储备增加量加大了通货膨胀压力，外汇储备减少时加大了通货膨胀。是否能成立，还有待进一步验证。

围绕这个题目，我曾很认真地写了一篇 9 000 多字的文章，交财贸所《财贸经济》编辑部用于《50 名经济学家谈通货膨胀》一书，结果在没有商量的情况下被压了近一半，使我对轻易应约交稿后悔不已。现在收入集子中的只是我原文的一部分，是发表在湖南金融管理学院《现代金融导刊》1995 年第 2 期上的一篇。在《国际金融》上还有一部分，因有部分重复，本书未收入。

扩大机电产品出口的政策建议

我国机电产品出口取得历史性突破。支持机电产品出口的政策取得了重大成绩。新阶段、新情况、新要求、新政策、新形势下要加大政策力度，要求适时调整和完善机电产品的政策。

一、进一步优化机电产品出口结构

为优化我国产品出口结构、推动对外贸易迅速发展，近十年来，国家将外贸出口的重点逐步放到机电产品出口上，使其成为第一大类出口商品。但是，机电产品自身品种繁多，大到船舶、飞机和电站设备，小到电器元件和螺丝钉，各类机电产品技术水平、质量档次和附加价值大不一样，因此，必须对机电产品本身的出口结构进行再次优化。从我国机电产品的出口情况看，多数产品档次低，技术含量和附加价值不高，缺乏有后劲的支柱产品。近年来虽已对机电产品出口结构进行了一定调整，但总的状况并未改变。目前，我国成套设备、飞机、汽车、船舶、计算机、电子器件和通信设备七大类产品的出口增长速度高于整个机电产品出口增长速度，1995 年这些产品出口占机电产品出口总额的 20%，比例仍然偏低，且相当一部分产品的国内配套产业落后，质次价高，国际竞争力不强。今后，必须加大调整和优化机电产品出口结构的力度，在继续巩固发展传统机电产品出口的同时，大力提高技术密集、附加价值高的机电产品出口的比例，特别是要重点支持大型和成套设备及高新技术机电产品出口，转变机电产品出口增长方式。

世界机电产品出口结构近年来也在向高技术、高附加价值产品倾斜，发达国家的情况更是如此。据世界贸易组织的统计，1995 年世界机电产品出口额为 1.94 万亿美元，占世界商品出口总额的 39.6%，其中，办公机械、计算机、通信设备和汽车等主要产品出口达 8 300 亿美元，占全部机电产品出口的 50%，占世界商品出口总额的近 20%。另据有关国际组织预测，在 1995—2010 年的十五年间，60 余个大类的机电产品出口贸易将分别出现高、中、低三种不同的增长率。高速增长群组以年均 9% 以上的速度增长，主要包括办公机械、计算机、通讯设备、电子器件、汽车零部件和飞机等；中速增长群组以年均 7%～9% 的速度增长，主要包括电力设备、汽车、家电、仪器仪表、船舶等；低速增长群组以年均 6% 以下的速度增长，主要包括五金工具、自行车、摩托车、钟表等。我们要认清国际形势，借鉴发达国家经验，抓住世界机电产品出口变化机遇，加快调整和优化我国机电产品出口结构，充分发挥我国的比较优势，推动我国机电产品出口向更高层次发展。

国家要加快制定机电产品出口目录，将其分为重点支持、适当鼓励和一般允许等多种类型，分别采取不同政策。特别要进一步明确重点出口机电产品的评价标准，把各部门的标准统一起来。重点产品的评价标准应当考虑的因素主要有：技术含量高，附加价值大；有一定比较优势，有较大发展潜力；市场占有率高，产业带动面宽。从今后十年至十五年看，应将大型和成套设备、船舶及船用机电设备、汽车及其零部件、飞机及其零部件、通信设备、计算机和自动处理设备、高档家用电器、农机和工程机械等，作为重点支持的出口机电产品。重点支持这些产品的出口，不仅有利于优化机电产品出口结构，也有利于搞好国有大中型企业，特别是中西部地区老工业基地的国有大中型企业。

要采取重点产品、重点支持、重点突破的方针，集中力量使上述重点机电产品成为新的更大的出口增长点。为此，必须在财政、税收、金融等各方面加大支持力度。要对部分重点机电出口企业实行优先退税，对大型和成套设备及船舶等实行真正的零税率；要充分发挥进出口银行的政策性金融的支持作用，对船舶和大型、成套设备出口提供更多的中长期卖方信贷，并实行优惠利率；要加快对资信好的重点企业给予一定授信额度；要逐步扩大重点企业的对外融资权；要适当利用国家外汇储备支持大型和成套设备的出口；要尽快建立大型和成套设备出口发展基金和奖励基金；要在政策上允许和支持大型和成套设备出口企业在海外推行 BOT；等等。

二、加强金融支持政策的力度

无论是发展中国家，还是发达国家，无不建立了一套有效的出口信用体系，不同程度地从政策上支持和鼓励本国的机电产品尤其是高技术、高附加值的大型成套设备产品的出口，扩大其在国际市场中的份额。近年来，我国机电产品出口迅猛增长与金融政策的有力支持是分不开的，特别是中国进出口银行的成立，更是为大型成套设备的出口建立了体制和政策上的保障。今年 10 月，中国人民银行提出的《关于进一步支持机电产品出口问题的请示报告》，是国家支持扩大机电产品出口的又一项重大政策举措，将会对机电产品出口特别是大型成套设备出口上新台阶产生一定的影响。但是，随着机电产品出口势头的加快和出口体制的变革，出口产品在国际市场的竞争压力不断加大，企业面临的问题日益增多，如贷款成本较高，开具保函困难、没有境外融资权、缺乏海外市场资金等。因此迫切希望金融部门能够按照机电产品出口的特点和要求，进一步加强政策支持的力度，改进目前金融管理的办法，逐步建立符合国际通行做法的出口信用体系。

第一，降低资金的成本。一是尽管目前大型成套设备出口的贷款利率比较优惠，但加上承诺费、手续费和出口保险费以后，平均上升 1 个百分点左右，企业认为主要是出口保险费过高，保险部门应考虑到目前我国大型成套设备产品主要出口到发展中国家的实际情况，适当降低费率。二是由于大型成套设备产品生产周期较长，贷款合同多是前两年里签订的，与目前已降低的利率相比，差距较大，企业希望能根据目前的利率水平，适当降低以前合同的利率，以减少产品成本。

第二，鉴于机电产品出口企业经常需要对外开具投标保函、履约保函和预付金保函，而按照我国银行目前的管理规定和办法，开具保函要企业出具提保或资产抵押，不少企业由于抵押资产不足，不能及时开具保函，影响了产品的出口。我们认为，有关银行应当加快对重点出口企业的信用评级，对资信好的企业给予一定的授信额度，保证企业在额度内开具各种保函。如果有关银行信用评级进度不快，明年可以对大型成套设备出口的生产企业首先试行这一办法。

第三，由于我国大型成套设备产品的一部分材料是靠进口解决的，加之生产周期较长，因此，企业使用外汇较为频繁。外汇管理部门应从企业实际出发，比照三资企业的管理办法，给这些企业开办现汇账户。我们认为，在目前企业流动资金紧张和国家外汇储备充裕的情况下，逃汇的可能性不大，对国家的外汇市场不会产生什么冲击。

第四，进一步扩大对外融资权的试点工作。建议在总结目前五家公开试点企业经验的基础上，在中西部（如四川、陕西）等地的国有大型机电出口企业集团中选择两三家试点。并可考虑一些机电企业在境外开拓市场的要求，给予它们短期的对外融资权，解决其流动资金的困难。

第五，建立和健全三项基金。建议将目前已设立的外资发展基金的一部分用于支持中西部机电企业的产品出口。同时，从出口商品配额招标、拍卖收入中提取一部分建立"机电产品出口风险基金"和"海外投资开发基金"，由机电办和进出口银行共同管理和使用，专项用于支持大型成套设备的出口信用保险业务，以及支持国有企业以海外投资、合资合作方式开拓国际市场，带动机电产品的出口。

第六，在目前大型机电成套设备的出口中，需要相应配套的对外承包工程，建设这些工程的资金额往往占到出口设备的80％左右，建设单位不仅感到资金紧张，而且享受不到相应的优惠政策，建议对与大型成套设备出口相配套的对外承包工程也给予同等的贷款优惠条件。

第七，由于我国援外的政府贷款比较优惠，而目前的大型成套设备出口主要面向发展中国家，可以考虑将这部分贷款与商业贷款混合使用，以提高我国出口企业的国际竞争力。

第八，建议每年增加一定数量的外汇贷款用于支持机电产品出口开拓国际市场，主要用于在外"建厂设点"和利用BOT方式带动成套设备出口以及技术改造，并建议采取借外汇还外汇的办法。

三、坚持和完善税收支持政策

自 1992 年以来，由于出现了不少出口骗税问题，国家于去年普遍降低了出口退税率，并放慢了出口退税的速度，从整体上看，是有一定积极意义的，但是这种"一刀切"的政策给机电产品出口特别是大型成套产品的出口带来一定的负面影响，提高了出口产品的成本，降低了企业的经济效益，挫伤了产品出口的积极性。同时，与国际上普遍采用的零税率做法也不相符，因此很难体现出国家对机电产品出口尤其是大型成套设备出口的税收支持。从调查的情况看，大型成套设备因为其产品的独特性，难以骗税。这部分企业建议，在目前国家难以马上调整出口退税的情况下，国税总局可以考虑下达专项退税指标，优先予以安排退税。我们认为，对一些出口数量较大、没有发生骗税现象的机电出口企业也可采取类似的办法，以缓解其流动资金紧张的局面，降低资金成本。在国家财政允许的情况下，可以考虑首先将大型成套设备产品的出口退税率恢复到 17%，据海关统计，去年这部分机电产品出口占全部机电产品出口中的比重不足 6%，总金额为 25 亿美元左右，按提高 8 个百分点的退税率计算，需要财政支出约 16 亿元人民币，如果扣除其中的进口材料部分（如出口船舶的进口部分占到 50% 以上），估计不会超过 10 亿元人民币，占整个退税额比重的 10% 左右，对财政的影响不大，但是对保持大型成套设备出口势必会发挥非常重要的作用。建议国家在适当时机调整大型成套设备出口退税率，仍然坚持零税率的支持政策。同时，随着国家财政状况的好转和税收管理体制的完善，逐步恢复全部机电出口产品的零税率制度。

退税手续复杂是出口企业反映的一个热点问题，特别是目前税务关系、海关及外汇局之间的计算机没有全面联网，加上海关在计算机输入上常常发现偏差，造成出口退税的单据混乱，影响了机电产品出口退税的进度。希望这三个部门能尽快统一机电产品的出口目录，加速计算机联网的进程，并相应简化出口退税的手续，以保证企业及时、足额得到应退税款。

为促进企业开发技术，财政部和国家税务总局发出了 1996 年第 41

号文件。其中对企业开发新产品、新技术、新工艺费用增长在 10% 以上者，可按实际发生额的 50% 抵扣应税所得额；对于科学研究和仪器、设备等，可免增值税和减免关税；技术转让所得在 30 万元以下者，免征所得税。这些支持科技开发的政策，有助于国有大中型机电企业的发展。但文件生效半年了，我们在各地调查时发现，企业几乎都不知道此事，建议尽快在大中型机电产品出口企业中落实这个文件。

四、为机电产品出口提供更多的便利条件

目前，各地企业普遍反映我国的海关、商检、铁路等管理和服务部门的有些规章制度不尽合理，需改革或简化，以更好地适应我国改革开放的步伐，为机电产品出口企业走向国际市场提供更多的便利条件。

第一，简化企业商务出国手续。国务院办公厅《关于重点机电产品出口企业推销人员出国（赴港澳）审批管理办法》（国办发〔1993〕3号文件）下发后，企业人员出国已有改善，但是随着近年来机电产品出口额的快速增长，企业需出国洽谈业务、设备维修、售后服务的人员急剧增加，沿用已有的办法已不适应出口企业的要求。企业反映，产品售后服务人员和在国外设立售后维修中心的人员出国办手续很麻烦，审批时间太长。特别是大型成套设备，涉及各类专业的技术人员。出口产品销售后服务不及时，成为影响我国出口机电产品竞争力的因素之一。调查中我们发现，有的地方对国办发〔1993〕3号文件的执行中还存在分歧，这可能是导致企业办手续不便的原因之一。据悉，国务院外办正在考虑适时出台扩大国有企业和国有控股公司出国审批权限的有关政策规定，届时部分机电产品出口企业的出国审批手续问题会得到改善。

第二，适当降低机电产品出口企业的通关成本。通关成本是指企业进出口货物时，在接受海关全部监管和办理全部海关手续的进程中付出的各种费用之和。从海关方面来讲，这几年对机电产品出口是以尽量简化方便手续为原则，但是具体到企业还是感到办手续占用时间长。一是大型成套设备出口有自身的一些特点。如，大型成套设备，如船舶的出口合同，往往是一条船的大合同带许多部分的小合同，而每个合同海关都必须分别审核，办一次手续要一周时间，往往造船用进口料件已到港，手续还未办完。进口料压港企业要交罚款。因此，这类企业非常希

望海关能派人员驻厂监管，审批、办理相关手续。二是海关应提高填写报关单的准确率。今年以来，海关业务操作实行了电脑化管理，但经常出现报关单对企业编码录入的误差，影响了企业退税。上海、深圳两地海关对此有一些改进办法，或让企业（大户）上机填写，或是海关用双人填写核准后自动录入。三是全国各地海关报关联网工作应尽力加快，这是既有利于海关监管又便利企业加快退税的有效措施。

第三，商检部门可考虑进一步调整对大型、成套机电出口产品的优惠政策。商检收费标准是 20 世纪 60 年代制订的，为产品出口值的2.5‰。但对国有大型企业始终有优惠，实际是按 2.5‰ 的 1/2 或 1/4 征收。三资企业在 1995 年以前没有实行强制性商检，因而也未收费。现在的问题一是大型、成套设备价值高，基数大，尽管收费有优惠，但实际征收的费用数额也比较大；二是这些设备的专业技术比较复杂，实际上商检部门难以在质量技术方面真正把关，都是由企业自检，发生了质量问题，商检部门一般是不负责任的。为此，可否考虑由商检部门将收费标准划细档次，对机电产品中的重点产品进一步优惠，以减轻这些企业负担，降低成本；还可以给部分资信好、产品质量有保证的企业免检优惠，鼓励企业努力提高产品质量。

第四，建议铁路运输部门对大型、成套机电设备运输收费公开透明、制度化、合理化，为这些企业提供更便利的服务。成套设备出口都是大件，有的一件 150 万吨以上。铁路运输部门一般要加收 30 万元。还有许多名目的收费，标准不统一，随意性大。企业产品成本在对外签合同时就作了预算，这类不标准收费加大了企业成本。

五、建立和完善机电产品出口秩序

据我们对几省市的调查，当前我国机电产品出口秩序中恶性竞争问题仍然相当严重。低价竞销屡禁不止，许多产品的卖价逐年下降；外商利用这一弱点各个击破，肥水外流，给企业和国家造成了巨大经济损失。为此还常常引发国外对我国产品的反倾销案。我国已开拓的国际市场，逐渐被这种无序竞争搞乱、萎缩。业内人士对此无不痛心疾首，希望国家采取有效措施予以协调解决。

改善机电产品出口秩序要将各级政府的宏观调控与管理、商会的组织协调和企业的自我约束结合起来，综合治理。

一是各级政府要加强对机电产品协调工作的领导。机电产品出口，特别是大型成套设备的出口涉及中央部属公司之间，或中央部属公司与地方公司之间的矛盾与竞争。这需要政府主管部门的宏观管理与协调，重视和支持机电商会的协调作用。对那些不服从协调、在国外打乱仗的企业采取行政措施，要列入"黑名单"，甚至取消进出口经营权，要有明确的处罚措施。目前，我国政府宏观管理部门的设置和分工上还存在多头领导，权力比较分散，某种程度上政企不分问题，使政府管理部门的权威受到削弱。因而首先政府主管部门之间要明确权限，地方政府要克服保护主义，以国家利益为上，服从大局。

二是强化机电进出口商会等行业协会的职能和作用。中国机电产品进出口商会是目前我国机电产品出口企业的主要行业协调组织。该协会在协调价格、组织招标等方面发挥了很大作用。但由于这几年我国机电产品出口形势的发展迅速和商会自身的局限性，使其发挥更大的作用还存在不少困难。因此，要在以下几方面加强机电商会的职能和作用。第一，要树立机电商会权威。外经贸部和国家机电进出口办要对商会的工作进一步给予指导和支持。应使商会制订的同行协议价，非会员企业也遵守。如不遵守，政府部门应采取行政手段。商会的协调工作也要有相应的独立性，力求公正性协调的规则要有科学性和现实性，并能够为会员企业提供多方面的优质服务。第二，要尽快为商会的协调提供法律依据。目前商会协调采取同行协议价办法，某个产品的同行协议审定下来交给海关审查，海关在发现企业以低于协议价报关出口时，要求企业交保证金作为处罚。这种办法海关虽然在执行，但缺乏法律依据，如果企业不服从也难以制裁。因此，建议正在由国务院法制局审批的《进出口商会工作条例》尽快颁布，使商会的协调工作更具法律地位。第三，要对商会的协调规则进行专家评定。在总结商会多年来协调出口成败得失的基础上，提出符合市场经济运行规划的协议办法。使协调规则更具科学性和广泛的说服力。比如，对机电产品出口企业的资格认定、业绩评估、价格协议、市场划分以及如何防止地方政府保护等，都要认真总结分析。第四，商会的协调具有广泛性。机电进出口商会现有会员 2 000家，主要是国有企业，而现在全国有机电产品出口企业 15 000 家（包括 8 000 家三资企业），非会员企业比例太大，商会无法协调、制约。

应明确规定，凡是出口额达到某个标准的机电产品出口企业，不分所有制都要加入商会，或规定几条只有加入商会的出口企业才可享受的优惠政策。第五，政府主管部门对现有的机电产品进出口商会、工程承包商会、外资协会的分工要有明确、合理的界定，以利于机电产品出口的行业管理与协调。

三是逐步强化出口企业的自律意识。随着外贸体制改革和企业进出口权的扩大，一大批机电产品生产企业更直接地走向国际市场，增强了企业的开发意识和竞争意识。但是大多数企业的自我约束机制尚未形成，往往只顾眼前利益，不顾长远利益，重本企业利益而忽视国家的整体利益。为了与外商成交而低价竞销，减少了外汇收入，搞乱了海外市场。要从根本上扭转这种状况，还必须靠企业真正转换经营机制，深化改革，理顺企业的内外部关系和管理体制，使企业建立自我约束机制。

六、支持国有大型机电出口生产企业

我国现有自营出口机电生产企业 1 400 家，其中少量是国有大型机电出口生产企业。这些企业经过几十年的发展，积累了巨大的物力和人力资产，具有巨大的发展潜力。国家重点支持这些生产企业，对扩大机电产品出口具有重大意义。

支持国有大型机电出口生产企业，首先，进一步扩大自营出口企业的外贸自主权。对自营出口额在 1 000 万美元以上和净资产超亿元的机电自营出口生产企业和企业集团，允许其经营同类相关及配套产品和成立独立的有限责任进出口公司，对有出口成套设备能力的企业和企业集团，应赋予工程承包权和劳务出口权。支持机电出口企业在国外设厂建点，并建立世界范围内的信息网络。其次，应帮助自营出口企业理顺与外贸企业的关系。外贸与工业企业两张皮，不利于加强企业管理，不利于降低成本。外贸公司与外商签订的合同，应让被代理的工业企业知道，真正做到工商合理分利，优势互补。同时，应支持少数有实力的工业企业兼并一部分中小外贸公司。对外贸企业进行改组改造，用股份办法鼓励工业企业与外贸企业更紧密结合。最后，扶持有条件的国有大型生产企业（集团）向跨国工贸集团发展，将是我国机电产品出口走向新阶段的重要标志。

在生产和经营等方面支持国有大型机电出口生产企业，首先要加大国有机电出口企业改革力度，帮助企业建立自觉出口的机制，使之形成造血机制，弱化国家输血机制。其次应继续在各种税收上支持机电产品出口企业，解决好国家与企业的合理分配关系，以使企业形成自我积累机制，尤其是使效益好的企业具有扩大再生产能力。最后，要加大支持净创汇企业的力度。还应鼓励企业在商检方面达到免检水平，支持海关进厂报关，减少制度方面的成本。为企业提供更及时的政策信息和商情信息，以帮助企业做好更好的决策。

支持我国大型和成套设备出口企业扩大在国内市场中的份额，是一个很重要的问题。中国是世界最大的市场，外商纷纷将各种大型成套设备卖到中国。因此，扩大机电产品出口的同时，还应支持国内企业占领本国的市场。当前突出的一个问题是利用外国政府或国际金融组织贷款采用国际招标方式国内中标的机电产品如何提高在国内市场竞标能力的问题。建议由组织外国政府贷款（无条件贷款部分）或国际金融组织贷款的我国有关部门（财政部、外经贸部、中国人民银行等），根据项目情况，对使用这笔贷款的中国业主，提出面向国内企业招标的比例，让中国有生产能力和达到质量要求的企业（主要是国有大型设备的制造厂）参与竞争，保证国内企业获项目承包权。与此同时，鼓励有能力的国内企业，参与中国业主面向世界的国际招标项目。

七、充分认识多种经济成分企业在机电产品出口上日益突出的作用

近十年来，在对外开放政策的推动下，以三资企业为代表的非国有多种经济成分企业的机电产品出口发展非常迅速，其地位和作用日益突出。三资企业机电产品出口占全国机电产品出口总值的比重，1985年为0.3%，1989年为28.4%，1995年为45%，今年1月至8月为58%。在沿海一些地区，三资企业机电产品出口所占比例更大。1995年广东省机电产品出口占全国的一半，其中三资企业出口占全省的52%，今年1月至8月达58%。深圳机电产品出口占广东的一半，占全国的25%，1995年三资企业和"三来一补"机电产品出口占全市的93%。从全国的情况看，三资企业机电产品出口快速增长、比例加大已

成为一种发展趋势，并且会持续一段时间。

近年来，乡镇企业和民营高科技企业机电产品出口增长速度也明显快于国有企业。目前，全国生产机电产品的出口乡镇企业已有一万多家，1994年乡镇企业机电产品出口已近600亿元人民币，占当年乡镇企业出口交货值的18％以上，若按此比例推算，1995年乡镇企业机电产品出口约为900亿元人民币。乡镇企业出口中，60％左右为交外贸部门等间接出口，40％为自营出口和"三来一补"。民营高科技企业在高技术机电产品出口中扮演着日益突出的作用。以北京四通公司、深圳华为技术公司、珠海巨人公司等为代表的一大批高科技民营企业发展非常迅速，他们在计算机、程控交换机、医疗器械等高科技机电产品出口方面起着骨干作用。总之，乡镇企业和民营高科技企业已成为一支日益强大的机电产品出口生力军。

三资企业机电产品出口快速增长的原因主要有以下几条。一是出口方式不同。来料、进料加工绝大多数都在三资企业，而今年1月至7月全国机电产品出口中来料、进料加工产品出口占76％。二是在融资方面有很大优势，可以在国际上不断获得资金来源。三是在进出口条件的许多方面优于国有企业。如三资企业按外销比例进口和出口，实行不征不退税；三资企业有外商开拓国际市场，受国家出口配额限制较少。四是管理较严格，经营机制较灵活，受行政干预较少。乡镇企业和民营高科技企业在经营管理和运行机制上也有许多优势。

我们应充分认识和估计三资企业等多种经济成分在机电产品出口上日益突出的作用的意义及其带来的影响。一方面，要进一步研究和比较三资企业与国有大中型企业在机电产品出口政策及其他政策上的异同，要将三资企业的一些可行的政策运用于国有大中型企业，尽快改变国有企业在某些政策上的劣势，采取切实措施支持国有企业，特别是生产大型设备的重点企业的出口，保持和进一步扩大国有大中型企业在机电产品出口上的骨干和主导地位。另一方面，要对三资企业、乡镇企业和民营高科技企业的机电产品出口进行恰当的政策定位，将其作为与国有大中型企业一样的重要主体，纳入全国机电产品出口统一政策范围。国家机电产品进出口办公室在统筹全国机电产品出口政策和协调有关关系时，既要高度重视国有企业，也要充分重视三资企业等多种经济成分。三资企业中有相当一部分企业是国有单位持股和控股企业，这些企业往往在机电产品出口中起着重要作用。一些大中型三资、乡镇和民营高科技企业，设备先进，技术力量雄厚，经营管理水平高，其生产的机电产品技术含量高、附加价值大，很具有国际竞争力。要逐步建立主要看产品而不是主要看企业性质的出口政策观念，像对待重点国有机电产品出口企业一样，积极支持和鼓励这类企业的机电产品出口。另外，部分中小机电产品出口企业的非规范行为已成为出口不良竞争的一个重要根源，因此，将多种经济成分企业纳入全国机电产品出口宏观管理和政策统筹范围，也有利于整顿和维护机电产品出口秩序，保护国家的整体出口利益。

八、统筹考虑机电产品出口政策

扩大机电产品涉及诸多部门，各部门扩大机电产品政策之间需要协调、配合，这是政策体系本身的统一性问题。十几年来，各部门对机电产品出口已下达过不少文件，近两年来也有不少政策出台，地方政府和企业反映，上面的政策有时不太一致，不知以哪个为准。有鉴于此，建议对各项政策尤其是近两年的政策进行一次综合比较分析，实现政策的统一性。

机电产品出口政策有时从本身看是正确的，但在整体的政策系统中，有一个与其他政策的关系问题。把握这种制约关系，最重要的是进行政策代价与收益的比较。如果能做到政策收益大于或等于政策支持的代价，政策就可以说是可行的。比如，机电产品出口额的提高，创汇的增加，离不开财政和金融政策支持，那么，评价出口增长的成绩时，就应分析一下财政和金融付出了多少。调查中，听到不少同志提出：政策支持并不是力度越大越好，支持的效果应当与支持的成本作比较，以把握政府支持的力度。一般说来，企业能在有效益的基础上扩大出口，就会使政策的代价与政策的收益有比较合理的关系。

支持机电产品出口的政策，会不会使有些企业产生等、靠、要的倾向呢？有不少同志提出：制定对机电产品的出口政策，应考虑这种政策对引导企业向什么方面发展、抑制企业向什么方面发展的作用。比如，要鼓励开发新技术就不能单从企业规模来定优惠条件。不能让企业产生对政策的依赖性，而应使企业在政策引导下，提高开发新技术的自觉性。这个问题，可能是要求制定政策时，要充分考虑到如何发挥政策的激励作用，只有努力的企业，才能获得支持。

政策优惠程度与受惠者责任大小的对等问题，涉及给优惠政策同时对有关部门或企业提出相应要求的问题。有不少同志提出：享有某种政策优惠的企业，必须具有参加政府某种协调活动的责任。比如，不能一方面得到政府财力支持，另一方面不顾政府劝告，在国外打乱仗。

政策易于操作，也是一个重要问题。企业反映，有些政策，用意是好的，但在操作中很困难。比如，为加强外汇管理，让外国银行为我们出口开具证明文件，就很难办到。

最后是政策的传达落实问题。在我们的调查中，发现机电产品出口的不少问题中央已经有文件，有明确的解决办法，但下面并不知道，甚至几年前的文件都不清楚。一是有关部门根本没有将中央文件传达下去。二是有关部门工作人员本身对文件没有很好的学习领会，一知半解，把矛盾全推在上面。三是有些地方政府或部门，因种种原因，对一些应让企业知道并执行的文件，不愿或没有按指定范围发下去。有鉴于此，对文件传达、落实应有时间表控制，并抽样检查。

作者说明

本调研报告是第一次公开发表。翻阅当时的一些记录，我非常感慨。可以说，这份报告的完成是领导指导和同志们配合的成果，真实地反映了我在国务院研究室工作的情况。

从我的工作笔记上可以看到，事情的缘由是这样的。1996 年 9 月 11 日国务院研究室徐荣凯副主任报送了中国社会科学院一份《要报》，呈请李岚清副总理参阅。这份《要报》题目是《鼓励机电产品出口政策思考》，作者是江小涓研究员，稿件印刷日期是同年的 8 月 5 日。她提出，"外贸行业困境从根本上说是体制性和结构性的，应借此推动企业重组和规模化。……现在要支持大型机电工业企业兼并外贸中小型企业，而不是搞强强联合的集团公司。"她还建议"对生产企业给予更多的外贸自主权，尽快加大企业自营出口的份额。"李岚清副总理第二天即批示，要求作为国务院研究室一个课题，认真研究。王梦奎主任要求调研报告，要有突破，要有可操作性。我具体承担了这项任务。

根据李岚清副总理的指示，我们对扩大机电产品出口政策进行了近两个月的全面调研，与中央十几个有关部门进行了座谈，对四川、广东、上海、深圳等省市机电产品出口情况进行了实地考察，并书面征求了黑龙江、辽宁、山东等省市的意见。其中四川调研，是我陪同徐荣凯副主任去的；上海调研是我与沈小辉同志前往的；深圳调研则还有陈永杰与马明兰同志。报告主要由我执笔。同年 11 月 21 日交给了徐荣凯副主任。研究室领导做了很多修改，最后形成了七项政策建议报送了国务院领导。那是一个 5 000 字的稿子，简明扼要，使我受益不少，但这里就不再登载了。

知识经济时代的知识产权保护战略

一、知识经济时代为什么特别需要知识产权保护

回答这个问题，关键是理解知识经济与知识产权的内在联系。

知识经济是一种有别于农业经济、工业经济的新经济模式，按照经济合作与发展组织在题为《以知识为基础的经济》（1996）的报告中所作的定义，知识经济是指以现代科学技术为核心的、建立在知识和信息的生产、存储、使用和消费之上的经济。其基本特征是：①科学与技术的研究与开发日益成为知识经济的基础。②信息和通讯技术在知识的发展过程中处于中心地位。③人力的素质和技能成为知识经济实现的先决条件。④服务业在知识经济中扮演了主要角色。可以说，在知识经济时代，科学技术是一个越来越重要的因素。经济的增长离不开科学技术的进步。从熊彼特开始，经济学家逐渐认同了技术进步对经济增长的广泛作用。技术进步依靠的是科学研

究、发明和技术创新。而要推动科学研究、发明和技术创新，需要相关的制度来保障。这个制度就是知识产权制度①。

知识产权是人们依法对其在科学技术和文化艺术领域中，作出的创造性智力劳动成果，所享有的经济权利和精神权利的总称。知识产权制度是保护智力劳动成果的一项基本法律制度，也是促进技术创新，加速科技成果产业化，增强经济、科技竞争力的重要激励机制之一。在世界贸易组织的《与贸易有关的知识产权协议》（简称 TRIPS）中，划出了该协议中所包含的知识产权的范围，它们是：①版权与邻接权；②商标权；③地理标志权；④工业品外观设计权；⑤专利权；⑥集成电路布图设计权；⑦未披露过的信息专有权。

考察知识经济与知识产权，二者有以下共同点。

第一，创新是知识经济和知识产权共同的本质属性。创新，在技术上表现为进步，在市场上表现为独有，在法律上就应当表现为一种权利。这与知识产权制度所要求的"新颖性"、"创造性"不谋而合。世界银行知识经济专家卡尔先生指出：知识经济不仅是信息技术和高新技术，更是一种能有效地创造、了解、接受和运用知识使经济社会发展的经济形态。

第二，知识经济和知识产权，都是在市场经济体制上发展起来的，都是市场经济基本规则的产物。这个规则，就是在市场交换中，要明确是用自己的或拥有权属的东西进行交换，而不是拿不属于自己的东西来交换。这是市场形成的基础，也是市场经济社会形态的基础。知识产权是对知识经济产品的财产权利的认定，知识经济是在财产权认定基础上得以发展起来的。美国麻省理工学院的兰格教授的事迹极好地说明了这一点。兰格教授发表论文600多篇，出版专著12本，同时获得了近400项专利，他还创办或参与创办了15个企业。

第三，知识经济与知识产权，都与人力资源以及人力资本理论、实践的发展密切相关。知识经济是人本经济。在知识经济时代中，一切经济活动都是以知识的创造、发现、发明为基础，而知识的创造、发现、发明、应用和传播都离不开人力资源，人力资源是知识创造的主体，也是知识创造的目的，人是知识运行的载体，也是经济发展的核心，所以

---

① 周其仁：《产权与制度变迁》，北京，社会科学文献出版社，2002。

人力资源素质问题就显得越来越重要。知识经济，就其内在要求而言，尤其取决于人的创新能力的培养与形成，从而使有知识的人成为社会的主体。知识产权，当然是要有重视和保护人的创造力的制度。正因为如此，我们看到，在知识经济时代，特别重视教育的作用，提高义务教育，大力发展高等教育，建立国民学习体系等，都是在考虑如何把人变成人力资本。

第四，知识经济和知识产权，都与知识的创造、传播、应用及其产业有关。知识的创造与传播，在任何社会、任何发展阶段都存在，但大量的、快速的、产业化的知识创新和传播、运用，只有在现在——知识经济时代才真正出现。其突出表现是以 IT 信息产业为轴心的高新技术，作为知识经济的外壳在"疯狂地"发展。因此，计算机、芯片、光盘、宽带网，成为知识经济时代的标志。我国从 2000 年起，信息产业已经成为第一支柱产业。知识产权制度则为知识的创造、传播、应用及其产业提供了制度上的保障。

第五，知识经济产品与知识产权还有外观方面的共同点：一是无形，二是软性。专利、商标和计算机软件等无形资产在社会财富中比重的上升，与工业中软件因素增加、软件知识产业独自勃兴相映成辉。美国微软公司作为知识经济的典范，其惊人的发展，不仅是因其"软"，还因其知识产权战略的发展。1989 年该公司只申请了一项专利，而到 1999 年则超过了 800 项专利。

知识经济不仅与知识产权具有以上的共同点，更为重要的是，知识产权是知识经济的动力，知识产权制度是知识经济发展的重要法律保障，高新技术产业是知识经济的支柱。今天，以知识创新为基础的技术进步在经济增长中所占的比例越来越大，并且在整个经济结构中愈发占据支配地位。正因为技术的研究与开发是知识经济的基础，而技术的最终成果却需要知识产权制度来保护，所以，知识产权在知识经济时代的重要性不言而喻，可以说，知识产权是知识经济的基石。正因为如此，乌拉圭回合才把知识产权保护纳入谈判的内容，并就国际贸易中的知识产权保护形成了一份《与贸易有关的知识产权协议》。TRIPS 对知识产权的保护提出了新的要求。今天，无论对于政府还是企业，知识产权的保护已成为重中之重[①]。

二、我国知识产权保护的现状与存在的问题

（一）我国知识产权保护的现状

我国对于知识产权的保护，主要体现在两个方面，一是在知识产权的立法方面，一是在知识产权的实施方面。这既包括有关的法律规定要符合 TRIPS 的基本原则和最低要求，也包括在实践中有效地保护和实施知识产权。

1. 知识产权立法

立法方面，我国在 1992—1993 年、2000—2001 年两次大规模制定和修改了知识产权方面的法律，我国的专利法分别于 1992 年 9 月 4 日和 2000 年 8 月 25 日进行两次修改，商标法也分别于 1993 年 2 月 22 日和 2001 年 10 月 27 日进行两次修改，著作权法制定于 1990 年 9 月 7 日，修改于 2001 年 10 月 27 日，此外还有一系列其他知识产权法律法规在此期间制定和完善。目前，我国知识产权法律实体权利保护方面与 WTO 的要求基本相当[②]。

2. 知识产权的执法

在行政执法方面，以商标为例，据统计，仅 2000 年一年全国工商行政管理机关根据权利人的申请处理商标侵权和依职权查处商标违法案件达 38 000 件，而同期起诉到人民法院的商标侵权案件也达到了 400 件。

边境措施方面，1995 年 7 月 5 日，中国通过了《海关保护知识产权条例》。2001 年，中国海关共查处进出口侵犯知识产权案件 330 起，侵权货物价值人民币 1 亿 3 千多万元。2002 年 1 月份至 10 月份，全国海关共查处进口或者出口侵权货物案件 518 起，比 2001 年全年查获的案件数量增长 57%，有力地打击了进出口侵权货物的违法行为，有效地保护了知识产权权利人的合法权益和正常的进出口贸易秩序。

司法方面，2001 年我国各级人民法院共审结各类知识产权案件5 584件，比上一年上升近 10%。在审理的案件中，有许多重大、疑难、

---

① Carl . Dahlman, *China and the Knowledge Economy*, World Bank Publication, Washington, B. C. , 2001.

② 吴汉东：《知识产权法学》，北京，北京大学出版社，2000。

社会影响大和有涉外影响的知识产权案件，例如季羡林等 11 人诉某出版社侵犯翻译作品著作权案、涉及杜邦等驰名商标认定的域名纠纷案和网络著作权纠纷、商业秘密纠纷等案件，引起了社会广泛关注。表 1 是 1996—2000 年全国法院知识产权收结案情况表，反映出知识产权案件逐年上升。

表 1　1996—2000 年全国法院知识产权收结案情况表

	1996 年	1997 年	1998 年	1999 年	2000 年
全年知识产权收案	3 861	3 644	4 093	4 282	4 811
其中商标收案	320	338	527	468	393
全年知识产权结案	3 710	3 754	3 768	4 160	4 790
其中商标结案	306	325	338	487	401

可以说，我国在知识产权的执法方面，成绩显著。2002 年 11 月，世贸组织的一个委员会已经开始审查中国在加强知识产权保护方面的进展。据报道，中国外经贸部称，WTO 成员国对于中国在知识产权方面的工作，特别是对中国加入 WTO 后承诺的履行情况给予了肯定。它们一个共同的看法是：过去几年中，中国修订了多项法律和法规，以加强对版权、商标和其他知识产权的保护，但侵犯知识产权的行为依然猖獗。一些成员国希望中国进一步加强对知识产权的保护。这种看法是客观的。

（二）我国在知识产权保护方面存在的问题

虽然我国的知识产权制度目前已形成了包括专利（包括发明、实用新型和外观设计）、著作权（含计算机软件著作权）、商标、商业秘密、植物新品种、集成电路布图设计在内的完整的法律体系，并且与国际保护标准相一致，符合 WTO 规则的要求。但是，我国在知识产权的管理和保护方面存在的问题也是比较突出的，以下事实就是明证。

1. 我国企业引进国外先进技术的成本上升

由于拥有自主知识产权的东西较少，我国企业引进国外先进技术的成本上升，限制了企业的发展。TRIPS 规定，各成员国在实施知识产权保护方面将执行最惠国待遇原则，并将知识产权保护的国民待遇扩大到了世贸组织的所有成员国。这意味着，中国企业在国际市场竞争中，传统的"超国民待遇"将要被破除。由于科学技术的供应源主要来自西方发达国家，如果在全球范围内强化知识产权保护，势必加强跨国公司在技术供应方面的自然垄断地位，这种技术的独占将自然而然地转化为市场的垄断权。在此情形下，技术的转移将会出现更多的限制性的商业做法，迫使中国企业不得不付出更为高昂的成本以获取外国的先进技术，从而失去价格上的竞争优势。最近中国 DVD 生产企业的遭遇对此作了极好的注解[1]。

2. 国内大量的知名商标在国外被抢注

我们在大力保护国外的驰名商标时，却忽视了对国内驰名商标的扶植与保护，致使国内一大批商标像"同仁堂"成药等在国外被抢注。

3. 原产地标记没有得到很好的保护

在国际贸易中，对进出口货物标明其原产地（地理标志）是一种通行做法，以表明产品的生长地、出生地、出土地，或生产、加工、制造地以及某项服务来源地。这一重要标志或符号，还在一定程度上代表着商品的质量和信誉，是消费者识别和选择商品的重要信息。使用原产地标记的目的，既是维护生产者的利益，也是为了防止不法者假冒侵权，防止欺骗性的或易引起误解的标记。WTO《关于与贸易有关的知识产权协定》（简称 TRIPS），将原产地标记，特别是地理标志列入知识产权保护的重要内容。现在原产地标记已被许多国家列为维护本国利益的主要管制内容，并被一些国家当作实施贸易保护主义的手段。美国对原产地标记的管理最为典型和严格。

原产地标记应该是我国的强项，但我国由于缺乏原产地概念，对原产地标记理解的肤浅，致使不能充分发挥原产地标记的功能。例如，镇江香醋生产已有一百多年历史，以其传统的酿制工艺和优良的品味，享誉海内外。现经当地工商管理部门批准生产的企业只有 5 家，可是无证冒牌生产的有几十家，连远在苏北某市生产的醋也命名为"镇江香醋"。杂乱无序的生产，给正规厂家带来的冲击和损害巨大。

4. 泄露商业秘密的事件经常发生

商业秘密已成为 TRIPS 保护的重要内容。虽然我国的相关法律中对此做了规定，但是，在我国的企业中，对于大多数人来说，尊重并保护商业秘密还是一个新概念。即使是那些在国民经济中占有举足轻重地位的重要企业，多数仍未建立起自身的商业秘密保护制度。像景泰蓝、宣纸等民族

---

[1] 李兆阳：《高新技术——知识产权的保护和产业化》，北京，华夏出版社，2002。

绝技的泄密，以及"两步发酵法生产维生素 C"的泄密都是极好的说明。

（三）专利保护方面问题尤为突出

任何一个国家的企业要想凭借自己独创的技术走向国际市场，都要在外国申报专利，保持自己在国际竞争中的优势。一国的企业在外国获得的专利数量和质量，在一定程度上预示着在未来一段时期内的国际竞争地位。下面我们看一下外国人在我国的专利活动和我国在国外的专利活动。

1. 外国人在我国的专利活动

让我们先来看一下表 2 至表 4 的统计数字。

表 2　国内外三种专利申请受理状况总累计表

1985 年 4 月 1 日—2002 年 8 月 31 日　　　　　　　　　　　单位：件

按国内外分组	合计		发明		实用新型		外观设计	
	申请量	构成（%）	申请量	构成（%）	申请量	构成（%）	申请量	构成（%）
国内	1 263 838	82.8	210 878	47.9	730 442	99.5	322 518	91.7
国外	262 027	17.2	229 343	52.1	3 640	0.5	29 044	8.3

表 3　国内外三种专利授权状况总累计表

1985 年 4 月 1 日—2002 年 8 月 31 日　　　　　　　　　　　单位：件

按国内外分组	合计		发明		实用新型		外观设计	
	授权量	构成（%）	授权量	构成（%）	授权量	构成（%）	授权量	构成（%）
国内	754 887	90.1	34 780	38.5	490 005	99.5	230 102	90.4
国外	82 686	9.9	55 662	61.5	2 674	0.5	24 350	9.6

表 4　国内外三种专利申请受理状况年表

2002 年 1 月 1 日—2002 年 8 月 31 日　　　　　　　　　　　单位：件

按国内外分组	合计		发明		实用新型		外观设计	
	申请量	构成（%）	申请量	构成（%）	申请量	构成（%）	申请量	构成（%）
国内	125 288	80.4	23 978	47.8	59 552	98.9	41 758	91.9
国外	30 571	19.6	26 223	52.2	673	1.1	3 675	8.1

可以看出，无论是从申请受理的总量，还是从授权的总量，我国国内远远高于国外。但是上述三个表均反映出一个共同的情况，这就是发明专利的构成。向我国专利管理机关申请和由我国专利管理机关授权的国内与国外专利中，国外发明专利的构成均高于我国国内。从1985年4月1日至2002年8月31日，我国专利机关受理的国外专利申请共262 027件，其占全部申请受理量的17.2%，但其发明专利却占全部发明专利量的52.1%，是我国的3倍多。授权的国外专利量占全部授权专利量的9.9%，发明专利占全部被授权的发明专利数的61.5%，高于国内的38.5%。也就是说，国外向我国申请的专利绝大部分是科技含量高的发明专利，并且主要是在高新技术领域，而国内大部分则是实用新型和外观设计。这一方面说明我国国内的发明创造活动的规模还比较小，创新能力不强；另一方面则显示出国外一开始就把发明专利作为占领中国国内市场的主要工具。

同时，国外公司把在华申请专利的重点放在高新技术领域和中国国内市场需求量大的技术领域。据国家知识产权局统计，国外的专利申请主要集中在光学、无线电传输、移动通讯、电视系统、传输设备、半导体、遗传工程、计算机、西药等高新技术领域，它们在这些领域的专利申请占到七成以上或更多，而源自国内的申请则在三成以下。过去10年内外国公司在华申请的专利，现在已成为一些迅猛发展产业的核心技术。外国公司在华注册商标、申请专利，一部分是打算由此开路很快带进产品、投资和服务等；另外还有相当一部分主要是专利，它们并不急于在中国实施，只是为了占领中国在这一技术领域的创新空间，扼制由这种技术运用形成新的产业，同时也是为了加大中国在这一技术领域进行国际合作、引进技术的成本。关于此点，可参见表5。

表5　发明专利申请量居前20位的领域中国外申请量占整个申请量的比例
1985年4月1日—1999年11月30日　　　　　　单位:%

	移动通讯系统	半导体制造	电视零件	遗传工程	电视系统	光学记录	计算机应用	传输设备	通用计算机	无线电传输
国外	91.28	85.34	85.13	75.42	89.61	95.18	59.65	88.98	65.99	93.39

2. 我国技术在外国寻求专利保护的情况

我国自1985年开始实施专利法，到目前已有14年，在外国获得授权的发明专利不仅数量不多，而且增长不快，这种状况令人忧虑。

在专利申请量和授权量方面，根据中国专利局按各涉外专利代理机构提供数据所作的统计，自 1985 年正式实施专利制度以来，我国向外国申请专利的件数一直不多，其中以发明专利占绝大多数，1995 年发明专利首次突破 200 件。可喜的是，1997 年发明专利申请量大幅度增长，达到 299 件，比上年增加近一倍，1998 年申请量略有下降为 289 件（见表 6），占当年专利申请总量的 90%。但这个数量还不及一个外国大公司每年在中国的发明专利申请公开量。中国在国外获得的发明专利授权数量就更少，1998 年只有 46 件。这严重影响未来中国的国际竞争力。

表 6　中国向外国申请发明专利数量

单位：件

1993 年	1994 年	1995 年	1996 年	1997 年	1998 年
191	179	212	164	299	289

根据各涉外专利代理机构的统计，我国历年获得外国的发明专利累计为 554 件，其中获美国专利共 269 件，占 53%。授予我国专利权的国家分布相当集中，累计授权量 10 件以上的 6 个国家和 1 个国际组织的授权量合计达我国所获得全部外国专利的 90%。

1987 年以来，中国在外国获得发明专利数量不多，尚未表现出明显增长的趋势。据世界知识产权组织统计，中国 1995 年获得的外国专利数量仅为 213 件，不仅与发达国家相距甚远，与韩国相比差距也很大，也低于巴西，仅高于印度（见表 7）。

表 7　1995 年中国发明专利的国际比较

中国	日本	美国	德国	英国	法国	俄罗斯	巴西	印度	韩国
213	80 907	109 146	77 471	22 245	33 480	403	275	139	2 434

（四）对我国知识产权管理和保护中存在问题的原因探讨

第一，政府在宏观层面上并未真正建立起一套知识产权管理和保护的制度。虽然我国已经制定了比较完备的知识产权法律制度，但是在宏观层面上，政府的相关政策及制度并不协调、配套。我国的"863"计划从一个侧面说明了这一点。

表 8　1986—2000 年国家"863"计划成果数据统计

统计年度	发表论文数	获得专利数	成果项数	专利同论文的比率
1986—1995 年每年平均	2 126	25	124	1.15%
1996 年	3 012	3	152	0.10%
1997 年	5 903	93	116	1.58%
1998 年	5 898	134	176	2.27%
1999 年	3 782	211	193	5.58%
2000 年	10 280	804	1 561	7.81%

　　从上表可以看出，不管是发表的论文数，还是获得的专利数及成果项数，基本上是每年递增。但是，与发表的论文数相比较，获得的专利的数量明显偏少，只是从 1997 年开始才有一定的改观。而专利偏少的原因，则在于现行的制度。无论是科研机构，还是高校，一般情况下以发表的论文数作为考核的指标，并且我国一直把论文的发表与职称的评定挂钩，基本上没有考虑专利申请这一指标。因此发表论文成为研发人员的首选。这在"863"计划的实施中表现得尤为明显。但是，论文成果与专利成果在技术创新中起到的作用是不同的。一般情况下，论文一旦发表，就意味着专利申请的新颖性被破坏，专利权的取得成为不可能。"863"目标的实现如果以论文成果来体现，其含金量要大打折扣，同时意味着在"863"计划 15 年成果展上列出的技术都已成为公知技术，失去了在国际市场上的竞争力。在国际上具有竞争力的技术，主要以专利技术为主，即使在国内市场，要抵御外来技术的垄断，也必须注重专利保护策略。

　　第二，保护知识产权的意识还没有真正建立。无论是政府主管部门，还是企业及个人，对保护知识产权的重要性缺乏足够的认识，从而不能采取相关的措施来保护知识产权。因此，提高政府主管部门、企业以及科研人员的知识产权意识是当务之急。

　　第三，企业、科研机构、高等院校知识产权管理和保护的低水平。一是知识产权保护意识相对较差，没有认识到保护知识产权的重要性；二是在其内部没有建立起知识产权管理和保护的制度；三是产学研的脱节，致使科研机构和高校已取得的知识产权成果无法尽快地进入市场。

第四，未能建立专利市场。前面的统计数字表明，我国在高新技术领域创新多但申报专利少。例如，航天技术是我国的强项，但在国内申请专利数仅几十项，而外国申请的就有 100 多项。从而使我们高新技术领域的知识产权阵地被外国抢先占领。分析中国企业申请专利少的原因，除上面提到的政府的科技成果鼓励政策方面的问题以及企业管理上的问题外，还有一个很关键的因素，这就是未能建立专利市场，或者说专利市场并没有真正建立起来。在技术成果转化为商品的过程中，融资相对困难。现在创业板一直没能开启，不能增加一条支持技术成果转化的途径。

总之，我们在尊重保护外国的知识产权的同时，也应该学会如何保护自己的知识产权。尊重别人的知识产权与保护自己的知识产权同等重要。

三、企业的知识产权保护战略与策略

在以科技创新为主旋律的今天，加速形成自主的知识产权产业是参与经济竞争的重大战略。企业必须面对国内外经济技术竞争的格局，研究确定技术创新战略和与之配套的知识产权保护战略。

企业知识产权保护战略的总原则是，保护自己的知识产权，尊重别人的知识产权并充分利用别人的创新成果。具体来讲，企业的知识产权战略主要应包括以下内容。

（一）专利战略

1. 组织机构、制度建设方面

企业要从组织上、制度上保证专利成为企业最重要的战略。企业应设立专门的组织机构，培养专门的人才，制定内部知识产权的管理制度、技术信息保密制度、职工竞业禁止规则等管理制度。如成立专利办公室，鼓励发明创新等。保证自己公司尚未申请专利的发明不被泄露出去（如管理雇员发表文章的规定，如解雇人员的书面声明）；保证不失去专利申请机会；保证不会被别人侵犯自己的专利（如委托他人开发研究成果的专利权归属要事先通过合同确定）。保证使企业的产品在自己专利的保护范围之内。

2. 研究开发方面

首先，要充分利用专利文献，减少创新中的重复和无效劳动。现在，全球最新的发明创造信息90％以上通过专利文献反映出来了。我国建成了收藏有4 000万份文献的专利文献馆。同时，也构成了申报新专利的最重要的文献基础。其次，利用专利的"三性"（新颖性、创造性、实用性）要求，提高科研成果的水平和应用性。现在我国科研单位53％的成果不具"三性"，企业有63％的不具"三性"。再次，技术发明要健全文字记录制度、实验程序记录、发明呈报表等。

3. 专利保护方法的选择方面

专利保护方法的选择上，应掌握有关如何选择保护方式、如何设计专利保护范围、如何处理技术秘密、如何订立技术合同等利用知识产权的理论和方法。如是否、何时申请专利？是否申请外国专利？是制止他人使用、生产还是给予专利许可收取许可费？是否进行专利诉讼、和解等一套思路？均是企业的知识产权战略内容。必须要研究竞争对手的知识产权状况，选择自身发展的技术路线，建立以产品开发为内核的专利保护工作。这方面，我国企业海尔的做法可资借鉴。海尔平均每天就有2个以上新专利问世。其对主要产品和技术输出国家和地区均有相应申请，如北美、欧洲、日本、韩国、东南亚和中东地区。

4. 引进技术方面

企业引进技术时，第一，要防止"花钱买一个官司"。这是一个"权利转移"问题。比如，我国引进彩电技术时与日本签约，但有一部分专利是美国的，因此，后来遇到麻烦。第二，引进技术要重视再开发，学习日本的经验，在消化、吸收基础上，提倡开发新专利。WTO的规定对此有利，即新技术的合理性，并只给予原专利技术第二专利权即可。第三，还要专利技术的反向许可。当转让技术时，在可能情况下，与对方签订反向转让合同。规定对方把此项技术改进后反向许可回来。

5. 技术产品出口方面

技术产品出口要特别注意对进口国专利的侵权。如我国三家药厂的产品出口美国时，就遇到美国公司的专利权讼诉。

（二）商标战略

首先，企业应加强对自身商标的国内申报工作，提高自身商标的身价和知名度。前述海尔在商标注册方面，将其中文、英文、图形商标，已在 183 个国家和地区申请了 2 000 多个商标。

其次，应加强商标的国际注册工作，要善于运用国际公约有关保护商标的规定，防止抢注，并禁止他人使用。在发生侵权时应及时提起诉讼或请求行政保护。

总之，保护企业知识产权的主体还是企业自身。对企业来说，知识产权战略既是科技战略，又是经营战略。要从技术、法律和市场的三维坐标选择适当的保护形式，形成知识产权、运用知识产权和保护知识产权。建立起自己的专利保护领地，推进名牌战略，树立在国际范围内的驰名商标；并有效地保护好技术秘密和经营秘密。此外，学会运用合同形式维护已进入流通领域的科技成果的知识产权和有关权益。只有这样，才能在决胜创新的时代取得发展的主动权。

四、政府应健全知识创新管理体制和促成建立具有自主知识产权的核心技术体系

（一）政府应建立创新机制

目前，我国知识产权保护方面存在的主要问题不是保护不力，而是申请数量太少。特别是在高新技术领域基本发明和职务发明数量不足，没有引起有关科研单位和企业管理者的重视。上述表 5 的统计数字就是明证。因此，政府应改变原先对企业和市场的管理方式。政府要保护知识产权和其他财产权，建立包括市场竞争秩序、科研成果转化以及技术市场在内的合理机制，帮助企业建立科研体制、创新体系以及技术发展规划。为了保护创新经济能够持续增长，政府必须注意在鼓励创新和强化保护之间保持微妙的平衡，侵犯知识产权对发明创造是致命的打击，然而过于严格地实施知识产权保护，也会阻碍竞争，使知识产权拥有人变得懈怠，从而抑制发明创造的实施和推广应用。

（二）创立有自主知识产权的核心技术体系

由于发达国家在高新技术领域的垄断地位，并且把知识产权保护与技术标准结合起来，前述 DVD 六 C 联盟就是这样。如此，要执行它们的标准，必须用它们的技术，用它们的专利，要向它们支付专利费。从而支付专利使用费将是一项沉重的负担。由于我国已加入 WTO，在知

识产权保护上要遵守国际惯例和执行有关条约，为了解决我国高科技关键技术领域的创新能力，必须创立有自主知识产权的核心技术体系。因此，进一步明晰投资人、项目完成单位和实施单位的知识产权，尊重和保护知识产权权利人的人身权、合法使用权和资产收益权，优化配置高科技产业人力资本和知识产权资源，充分发挥知识产权制度在促进科技创新经济发展和社会进步中的推动作用，增加我国高科技产业的国际竞争力。

21世纪是知识经济的时代。发明创新是一个民族的灵魂，这是发展国民经济的重要战略措施。世界的竞争是智力的竞争和技术的竞争。21世纪，社会的发展越来越依靠知识、信息、技术和创新。知识产权已不再是传统法律意义上的民事私权，而成为了国家及产业竞争优势的重要手段和具体体现，成为了国家产业发展战略的一个组成部分。无论是政府还是企业，都应该将如何应用、保护知识产权作为重要的战略目标加以研究，建立起知识产权战略。在未来的知识经济中，知识产权将替代劳动和资本，成为一个生产要素。我们必须具有开发核心技术的创新能力，自主解决相关领域的关键技术，建设有自主知识产权的高新技术产业体系，并改造和带动传统产业的发展。

作者说明

本文还是因社会需求造就的。记得是2002年，合肥举办高新技术周，请了很多院士和学者参加。我被邀请讲一讲"WTO与知识产权战略"。对知识产权，我参与过一些学术活动，但从没有写过文章或做过讲演。但既然这个问题很重要，也是当时争论的热点之一，我就答应了。如果没记错，是当年的11月9日在合肥开的大会。这个会规模很大，听众也很多，是与科技产品展销会在一起开的。11月9日记者周晓留在中安网报道说："今天下午，参加本届中国·合肥高新技术项目—资本对接会论坛的李晓西教授呼吁：参展商要关注知识产权，建立起自己的知识产权战略。在题为《WTO与知识产权战略》的报告中，李教授指出了目前在我国企业和专利持有人知识产权保护方面的无奈。知识产权的保护，正如李教授所说，应该是相关管理制度的建设。……本届对接会一个显著特点是以专利局、科技局名义参展的增多了，表明参展商们对参展项目的知识产权的重视……"

2003 年 1 月 17 日，应中国社会科学院财贸所学术讨论邀请，我又就此题目作了一个两小时的讲座。并对"WTO 对中国知识产权立法与执法有什么样的挑战"、"市场经济应是鼓励竞争的，为什么要接受具有垄断性的知识产权"、"知识产权多为发达国家所有，保护知识产权，是否对发展中国家很不公平"、"企业应有什么样的知识产权战略"等问题，回答了大家的提问，进行了有益的交流。不久，《中国社会科学院研究生院学报》前来约稿，我与正在攻读经济学博士学位的法律学硕士董念清合作，在讲演稿基础上完成了《知识经济时代的知识产权保护战略》一文，并发表在《中国社会科学院研究生院学报》2003 年第 3 期上。

公平竞争的思考

一、营造公平竞争的市场环境

问：入世与营造公平竞争市场环境有什么关系？

答：关系很大，主要体现在 WTO 的不歧视原则方面。不歧视原则就是要求成员国提供公平竞争环境，其中，最惠国待遇和国民待遇是大家所熟知的，也是公平竞争最关键的内容。最惠国待遇就是说，你给我的待遇不能低于给第三国的优惠待遇；国民待遇就是说，你给我们大家的待遇尤其在商品进口和服务方面，应与你给你本国企业的待遇是平等的。由于不歧视原则贯穿在货物贸易、服务贸易、投资、知识产权等各个方面，因而成为公平竞争市场环境的基础性规则。因此，入世后，要遵守 WTO 规则，就必须要营造公平竞争的市场环境。

问：中国企业一般没有外资企业那么强的竞争力，营造公平竞争的市场环境是否对中国企业不公平？

答：这个问题很复杂，有一个名义公平与实

际公平的关系，横向公平与纵向公平的关系，现时公平与未来公平的关系。这些复杂的关系，在 WTO 的规定中得到了全面地反映。所有成员都要遵守不歧视原则和所有的 WTO 规则，这是名义上的公平，也是成员国经过多次谈判达成的共识。但对竞争实力不同的国家及其企业来讲，名义上的公平背后有实际上的不公平，在公平条件下竞争力强的就占了上风，这也是事实。对我们来讲，必须是尊重和维护成员国家已达成的公平规则，尽管这在很大程度上是名义的。同时，减弱实际上不公平对发展中国家的不利影响。WTO 规则中包含了给发展中国家一些适当保护的规定。因此，对发展中国家的企业来讲，入世确是既公平又不公平，公平是基本的。

这里我想强调的是，名义上的公平，是从名义上的不公平逐渐进步而来的，这一进步，用了上百年的时间，不是简单的过程。因此，也是需要珍惜的。这种名义上的公平，对中国企业来讲，也是一种机遇，一种进入国际市场的机遇。进一步讲，公平竞争环境的建立，意味着外资企业也不应再享受比国内企业更多的优惠政策，要取消曾经实行过的超国民待遇。比如，加入世界贸易组织后，我国将对外商投资企业实行统一税法，取消超国民待遇。因此，同等地遵守 WTO 规则仍是最平等的。

问：WTO 对营造公平竞争的市场环境有什么具体要求，我们有什么承诺？

答：内容很多，这里仅摘要谈几点。据我所知，在制度方面有几点值得注意：一是在贸易权方面实施国民待遇，加入世贸组织后 3 年内，逐步放开贸易权，取消贸易权的审批制，即所有外国个人和企业，包括那些没有在中国投资或注册的个人和企业，在外贸经营权方面应享受不低于在华企业享受的待遇。对所有获得贸易权企业进出口的货物，在国内销售、购买、运输、分销或使用方面，包括直接接触最终用户方面，给予国民待遇。二是在市场准入、指定经营方面的国民待遇，这将体现在各个行业。比如，在批发及零售服务方面：加入后 1～2 年内，外国服务提供者可设立合营企业，从事绝大部分商品进口和国内产品的批发、零售业务；加入后 5 年内，取消所有限制；加入 WTO 后，已在华设立的外商投资企业可以分销其在华生产的产品（包括例外产品）并提供相关的附属服务。三是在外资企业运作方面的国民待遇。比如，除上面提到的三年过渡期内取消对三资企业外贸权的限制，还有取消对所有企业的外汇平衡要求、当地含量要求，取消采购国产原材料的要求，取消在技术转让方面与世贸组织有关协议相抵触的法规等。总之，在市场准入方面，贸易条件方面，解决贸易纠纷方面，法规透明方面，都有一系列的要求，都是公平竞争的市场环境所要求的。当然，来自不同渠道的有关协议内容都有，我们最后还是要以政府公开发布的为准。

问：上面提到的这些方面，多与政府制定政策或执行法规有关。您认为政府在营造公平竞争的市场环境方面应做些什么？

答：为适应新形势的需要，政府要尽快根据世贸组织要求来完善行政管理制度，改进相关的政策措施；要坚决落实中央关于减少行政审批的决议，凡是没有法律法规依据和不应由政府直接管理的审批事项应一律取消；要打破行业垄断，积极推进管理体制改革，鼓励企业竞争，提高国际竞争力；地方政府要结合机构改革，更好地为企业服务；要加速实现政府经济管理的信息化，提高工作效率，加强政府部门之间、与公众之间的信息交流；要培育和健全社会中介组织，促使它们规范运作，健康发展，成为承担政府管理社会服务的具体组织者和市场竞争秩序的维护者；要抓紧制定符合世贸规则的国营贸易制度，建立规范的国营贸易产品定价机制及企业资格认定制度，推进国营贸易企业制度改革；要根据 WTO 透明度原则的要求，向社会公开政策、法规，有些地方已开始免费赠送政府公报，做法值得肯定。最重要的是，政府官员要减少"官本位"的观念，树立"三个代表"的思想，变管企业、管百姓为服务企业、服务民众，才能去努力探索、真心建设一套高效率的现代行政管理制度。

问：您认为政府是否有必要在 WTO 规定允许的情况下，对国内企业给予适当保护？如果这样做，是否不利于公平竞争环境的形成？

答：我认为完全有必要。公平竞争环境不是绝对的概念，是相对的概念。在 WTO 允许的情况下，对企业支持和有限度保护，是一种纵向的公平。这与对富人征累进所得税体现的公平是一样的道理，即大家同等交税体现横向平等，有钱人多交穷人少交体现纵向平等。但这个限度不能突破，而且应是逐步缩小和取消的。否则就不利于公平竞争市场环境的形成。

在 WTO 规则基础上，政府有必要研究并利用世贸组织为发展中国家提供的某些保护措施，支持企业发展；政府有责任在不违反世贸组织规则基础上，从中国国情出发，制定一些有助于本国经济发展的政策；政府有责任关注并参与贸易争端的解决；政府还有责任对企业进行入世的辅导和帮助。

但我想强调一点，政府的保护是有条件的，既不是永久的保护，也不是全面的保护，更不是为了保护落后。政府要保护那些希望在几年过渡期内改变面貌、提高国际竞争力以在新条件下拼搏发展的企业和行业。保护是为了进步而不是鼓励安于落后者，否则，以行政手段保护企业是没有意义，也不会有好效果的。

问：企业应如何面对未来公平竞争的环境？

答：面对加入 WTO 后带来的竞争压力，对国有企业来讲，关键还是要通过深化改革和制度创新增强竞争力，当然政企分开是一个重要前提。有了一个符合市场经济规律的企业制度，别的方面如提高服务业的竞争意识和服务水平，建立技术创新体系，利用 WTO 提供的扩大国外市场机会等，就会相应解决。后者自然由企业家来想，由企业来做。没有企业制度的改革，讲规模要大，技术要新，开拓市场等，都难以真正落实。

面对加入 WTO 的新形势，面对公平竞争的市场环境，民营企业家需要有五大转变：一是要从小范围的投资决策向宽领域的投资决策转变。原来在市场准入方面，是受到很多限制。现在这些限制正在放宽，要让私营企业享受到与外资企业一样的投资领域和市场准入待遇。这就不是总是遗拾补漏的角色了，而是要在重要领域干大事业了。因此，要有这种准备。同时，进入 WTO 后，国内市场国际化，民营企业要在更广泛的领域中竞争。二是融资方式上，要从以自我积累为主，内源融资为主，向自我积累与外部融资相结合，内外源融资相结合方向努力。三是管理方式上，要从传统的家庭式的小作坊为主的管理向现代企业的管理方式转变。当前民营企业为什么会出现投资的下降？管理跟不上新形势也是重要原因。面临着第二次创业，面临入世，在小规模的生产向大规模的生产过渡，管理半径扩大情况下，提高管理水平相当重要。四是要将个人式的人情式的社会联系方式，变为机构式的规范式的联系。比如，由相关部门固定与某政府部门如税务建立正常联系。要提高层次，建立制度化的联系。当然这是一件很不容易的事，既不得罪有关方面，又要坚持原则，不是容易做到的。五是观念上要从为自己负责向为社会负责转变。以前是为了生存而干，被动地干，现在要作为为社会负责的一员主动地干，是社会主人，是市场竞争中的主力军之一，不是游击队。

还应提到的一点是，国内企业要在入世后的竞争中保住自己人才不流失，这是相当重要的。入世后的冲击，尤以优秀人才争夺为关键点。如何在工作条件和薪酬待遇大大低于外资企业情况下，留住人才，让他们努力为国内企业尽其职责，这绝不是一件容易的事，需要有多种措施，高的管理水平和卓越的领导艺术，绝不要轻视。

二、国际竞争如何从摩擦走向协调

在全球经济一体化的今天，国际间的竞争将更加激烈，而随着贸易的扩大，纠纷和摩擦必将越来越多。因此，寻求公认的公平竞争理念和规则，是非常重要的。如何认识公平竞争？认识后又该如何做到公平竞争？本刊记者就这些问题采访了北京师范大学教授，经济与资源管理研究所所长李晓西。

判断公平竞争是个复杂的过程

《WTO 经济导刊》：在竞争愈演愈烈的今天，为了避免更多的纠纷和摩擦，公平竞争已成为人们日渐关心的话题。请谈一谈您是如何理解公平竞争的？

李晓西：首先要指出，判断公平竞争是很复杂的。一是因为"公平"本身判断是复杂的。在我国古代，无私谓之公，不偏不倚谓之平。但何为无私？何为不偏不倚？判断同样是复杂的。比如，经济学讲公平多在分配领域，所谓"不患寡而患不均"。分得一样多，是否公平？出力多者认为不公平；而分得不一样多，其中差别如何定？这都是很复杂的。二是"公平贸易"判断是复杂的。公平竞争属于贸易领域，即公平贸易。但这是一个巨大的综合的价值判断体系。比如，以不公平对不公平，即不公平对等可否认为就是公平？或者，优惠的对等或限制的对等是否都可以被认为是公平的？三是判断公平竞争有很多主观性因素，换言之，不同主体对公平竞争理解不同。比如，国际贸易发生纠纷，各国对公平与否的理解，对公平贸易和非公平贸易的定义，差别很大，有时甚至相反，带有主观性。

当然，即使不容易和复杂，也需要把这个"复杂"先理个头绪。公平竞争涉及许多领域，不同领域、不同种类的公平竞争含义是有区别的。如刚结束的雅典奥运会强调公平竞争，裁判不能偏向；干部提拔上，讲究公平竞争、优者上岗；在投资和贸易领域，要求平等对待生产者和经营者。与此同时，竞争又因主体不同，有多种情况：如国家之间的竞争和企业之间的竞争。企业之间的竞争主要体现在产品之间的竞争，但严格讲，是同等同质产品的竞争，而不是异类异质产品，比如，不是汽车与住房的竞争，甚至不是猪肉与牛肉的竞争。总之，在分析公平竞争时，要限定范围，才能得出比较切合实际的结论。

名义上的公平竞争与实际上的不公平竞争

《WTO经济导刊》：公平竞争是个复杂的概念，它涉及的领域太宽、太广，在贸易中如何理解它，也就是如何理解公平贸易？

李晓西：公平贸易，即要求工业品贸易的平等和自由，曾是强者的口号，是先工业化国家打破农业国万里长城的旗帜。更进一步考察，我们看到，早年的工业发达国家，最先打出的是自由贸易旗帜，而后打出的是公平贸易的旗帜。以英国为代表的欧洲国家是自由贸易最先的倡导国，而近几十年美国则对公平贸易态度更为积极。美国总统卡特提出，"自由贸易也必须是公平的贸易。"克林顿更提出了"我们在国际市场上坚持把进行公平贸易作为扩大贸易的国家经济战略的一部分。"从而实现了美国贸易政策从自由贸易向公平贸易的转变。

公平贸易一般是自由的，但自由贸易不一定会公平。产品输出国比产品进口国更喜欢自由贸易，但发展中国家产品出口形成高潮后，发达国家比发展中国家更早地制定出自己的公平贸易政策。这也影响到发展中国家，马来西亚前首相马哈迪也曾提出：公平贸易比自由贸易更为重要。

不同重量级的拳击对手比赛，即使使用同一规则也不公平。这是名义上的公平和实际上的不公平。同理，发达国家与发展中国家，按照同一规则要求，名义上公平实际上也不公平。因此，1994 年 4 月 15 日，代表 124 个参加乌拉圭回合谈判的政府和欧洲共同体，在摩洛哥马拉喀什通过《马拉喀什宣言》，强调了对发展中国家采取区别对待和更大优惠待遇的规定，尤其注意到了最不发达国家的特殊情况。

从实践中看，国外针对中国产品的反倾销调查并未遵循对"发展中国家成员的特殊情况给予特别注意"，"在实施会影响发展中国家成员根本利益的反倾销税之前"，也未对任何"建设性补救的可能性"进行探讨。

事实上，在公平竞争的旗帜下，一些发达国家对发展中国家的脱离实际的要求，比如，欧盟要求中国实现欧洲的会计法，或产品达到欧美的技术标准，这在实际上是要把公平贸易政策变成为贸易保护的手段。

一国制定的公平竞争规则与多边协议的公平竞争规则

《WTO 经济导刊》：刚才您提到了有些发达国家要求我们按照它们的法规或技术标准行事，那么就遇到了一个问题，各国的贸易规则都不相同，那岂不是很不公平，这样，是不是就需要有个共同的规则来制约呢？

李晓西：对，既然各国因利益关系和认识不同，对公平竞争理解就会存在差异，而大家总是要做生意的，就需要有一个共同的规则。这就是多边协议的公平竞争规则，现时就是 WTO 的公平竞争规则。世贸组织认为，各国发展对外贸易不应该采取不公正的贸易手段进行竞争，尤其是不能以倾销和补贴的方式销售本国的商品。这就是世贸组织的公平竞争原则，这一原则为各国所赞同。

但是现实中，我们看到个别发达国家如美国，其国内制定的公平竞争法规，往往可以用来裁判国际贸易争端。比如，现在美国对中国产品进行反倾销时，依据的所谓判断是否市场经济地位的六条标准，就是美国的法规。尽管美国这六条标准重在判断行业市场化，而欧盟 5 条标准重点在判断企业市场化，但截至目前，它们仍然利用这些法规判断中国整体上是非市场经济国家。即使它们有权根据入世协定来判断中国的非市场地位，但利用其国内这几条并非判断国家整体状况的标准来做整体判断，这在逻辑上仍是一个笑话。

进一步可推论出，判断公平竞争与否，个别产品是否公平竞争与整个贸易环境是否允许公平竞争不是一回事。现在，在对中国某一企业提出非公平竞争调查后，往往据此可得出一个中国总体上是不公平竞争的，这是很荒唐的。正如我们不能因美国安然公司丑闻事件，就说美国会计制度整体上是失败的一样。

但我们也看到，我们寄予很大期望的国际规则也不是没有缺陷和漏洞的。比如，反倾销条款上存在不明确的地方，解释不清楚。因而在实施中有许多地方含混不清，存在着较大的自由裁量空间，很容易被一些国家政府所滥用。因此，进一步实现公平竞争，需要各国在贸易的争端中进一步改进相关规则。

抽象的公平竞争原则与具体的公平竞争规定

《WTO 经济导刊》：为了统一各国认识，对于公平竞争原则我们有没有什么具体的规定呢？

李晓西：我们讲公平竞争原则，有时用抽象的定义或内涵，但在具体实施时，在经济领域内，是有一套具体的办法和规定的。主要是三方面：一是进入市场的机会均等；二是竞争规则的同等；三是贸易优惠或限制措施的对等。

市场准入的机会均等，包括对国内各种所有制企业的一视同仁，也包括对国内外企业的一视同仁，这里既有国民待遇的体现，也有最惠国待遇的体现。这一点，近几年中国有大步的前进。应当开放的领域越来越多，并正在向所有人开放，这就是平等。

竞争规则的同等，首先是指世界各国在国际贸易活动中共同达成的规则。WTO 一直倡导自由贸易和公平竞争，形成了一系列具体的维护公平贸易的协定，包括《反倾销协议》、《补贴与反补贴措施协议》、《保障措施协议》。这些协定是一种规定其各成员政府在制定与实施国际贸易立法和规章方面的具体权利和义务的国际条约。它们要求各成员接受有关其贸易政策的各种规则，而不是接受任何特定的贸易政策。

贸易优惠或限制措施的对等，也是一种公平，或说是竞争条件的公平。在国家之间，经常看到双方斗争的结局，最后是给对方提供对等的競争条件。这里的对等性既包括积极的正面的对等，也包括消极的负面的对等。比如，贸易摩擦双方，针对已经发生的贸易摩擦，双方均采取积极的方式加以解决，包括出口国采取的自愿出口限制、最低限价，而进口国技术标准的变化、市场准入条件的降低等，这是积极的对等。针对已经发生的贸易摩擦，贸易摩擦双方，均采取设限或惩罚的方式加以解决，是消极的对等。对等性实质上是利益的一种平衡，一国在得到另一国贸易利益的同时，也要相应的对其付出大致相同的利益。

实现具体的真正的公平竞争，其中一个重要内容是限制垄断。竞争的对立物是垄断。公平竞争就是要破除不公平的垄断，就是要推动垄断行业的改革，这也是中国正在进行的一项改革。

政府应成为促进公平竞争的榜样

《WTO经济导刊》：在企业间的公平竞争中，政府能起什么样的作用？

李晓西：各国政府在促使企业间公平竞争上均负有责任。政府不给企业偏离WTO规则的补贴，政府为企业提供市场公平竞争的条件和制度，政府对企业采取一视同仁的政策，政府以WTO规则介入并保护本国企业在国际贸易中利益的纠纷，都是正常的、必要的。

但是，如果只从一国自身的利益出发制定公平贸易政策，名义上是保护了本国企业的利益，但实质上却对其他国家形成了贸易保护。这不符合WTO的基本原则。如果各国都这样做，国际规则就不存在了。因此，必须是WTO规则下的公平贸易，而非一国规则下的公平贸易。

在中国，政府促进公平竞争的一个重要内容，是对各种所有制企业平等相待，不仅是国有企业，私营企业，也包括外商投资企业。对各种形式的产权实行无偏见的保护。这一点上，几年来进展巨大。

我的感觉是，美国公平贸易政策中带有很强的单边主义倾向。比如，1994年，克林顿政府发布的《关于贸易壁垒的全面贸易评估报告》，点名列举了35个国家、地区和4个贸易集团的所谓"不公平贸易行为"，美国的所有主要贸易伙伴无一幸免。美国制定的"公平贸易"法案，真的是符合WTO规则的公平法案吗？我们希望作为一个超级强国的美国，不仅是维护自己国内企业，也要在维护国际公认的规则上做个榜样。

立足五条原则解决公平竞争和贸易摩擦问题

《WTO 经济导刊》：刚才您就如何认识公平竞争问题给我们作了一个非常清晰的解释，那么我们如何做到解决贸易摩擦、实行公平贸易呢？

李晓西：中国国务院总理温家宝在 2003 年访美期间，就发展中美公平贸易和经济合作提出了五条原则。这五条原则是：

第一，互利共赢。从大处着眼，既要考虑自己利益，又要考虑对方利益。

第二，把发展放在首位。通过扩大经贸合作来化解分歧。

第三，发挥双边经贸协调机制作用。及时沟通和磋商，避免矛盾激化。

第四，平等协商。求大同存小异，不动辄设限和制裁。

第五，不把经贸问题政治化。

这五条原则，是建立在世贸组织框架和国际贸易基本准则基础上的，也是正确认识和妥善处理今后一个时期中美贸易甚至各种双边贸易可能出现的分歧和摩擦所需要的。

《WTO 经济导刊》：这五条原则的核心和精髓是六个字：发展，平等，互利。发展是动力，平等是前提，互利是目的。可以这样理解吗？

李晓西：对，是这样。首先，互利共赢是目标，实现手段就是要提供互惠。互惠是指利益或特权的相互让予，它是两国之间建立商务关系的基础。在国际贸易中，互惠是指两国相互给予对方的贸易优惠待遇。互惠有两大类：双边互惠和多边互惠。互惠原则是 WTO 的原则之一，互惠互利是多边贸易谈判，也是建立世贸组织共同的行为规范、准则过程中的基本要求。最初的贸易互惠主要是关税方面的相互减让，随着国际交往的加深和贸易的发展，互惠原则已逐步扩大到了其他方面，如运输、非关税壁垒方面的削减和知识产权方面的相互保护等。

其次，把发展放在首位，就是不要纠缠旧账，要着眼在今后合作中获利。依我观察，今天欧美对中国合作思维还不够开放，他们对中国近年出口增长看得多，对中国产品进入和扩大欧美市场有担心。因此，制定了不少限制中国出口的条款。不承认在反倾销中中国市场经济地位就是典型一例。但这种思维是片面的。今天上午，商务部薄部长讲，2010

年我国进口将达到1万亿美元。这就是最值得欧美和世界关注的大事。支持中国今天的发展，就是支持欧美等国下一步更多地向中国出口。

再次，公平竞争以及由此引出来的公平贸易政策是一个体系，需要总体对等。这一点，已促使形成了许多的双边和多边的协定。作为一个大国，中国有必要全面审查我们手中的资源，面对各种争端，及时有力出招解招，在总体对等大框架下，保护发展中国家的利益。

关于公平，首先指的是一种态度，对强者而言，就是能平等对待弱者，不以强凌弱。这对发达国家，对发达的大国，尤其重要。当这些国家为穷国和弱国提供援助和支持时，它们的行为得到世界的支持，也为它们自己未来提供了更好的环境。

国际上还存在着一些公平贸易组织，如产销代理机构、品牌机构、合作社。这些组织是作为弱势群体参与贸易活动。它们的公平贸易关注的只是初级产品，希望强大的生产者在收购方面为其提供贸易条件，这可能代表着一种强与弱对话的公平竞争的类型。

中国外交上以不称霸著称，虽然现在经济上还是发展中国家，但即使成为发达国家，也要公平对待弱国和小国，保持中国优秀传统和邓小平同志的政策，仍是非常重要的。

最后，在实现公平竞争、制定公平贸易政策上，现在有一个越来越复杂的倾向。复杂是不可避免的，但我希望要控制这种倾向。为便于处理复杂问题的复杂化是正确的，但为维护国家利益而造成的过度复杂，就会使国际贸易的交易成本增加。因此，希望发达国家，能在这方面带头简化自己的法规和程序，更不要在法规或协定的细节中塞进给对方太多的麻烦。

作者说明

当时的背景是很清清楚楚的，就是入世对中国经济的影响，这是大家都非常关心的。这里借用中国新闻社北京1999年11月16日电，标题就是《李晓西评说中国"入世"》，记者是肖瑞。文中说，"中国人的WTO情结有些复杂，既心向往之，也曾心存忧虑。经济学家说，从长远看，加入WTO有利于中国的改革和发展。中国的改革走过了二十年的历程，现在又到了一个关键时刻，各种深层次的矛盾的解决，需要更彻底的改革，而加入世贸组织，参与国际竞争，对中国的国有企业和垄断行业加速改革，提高管理和服务水平，都是一个不小的推动。李晓西认为，众多的跨国集团的进入会对中国的民族产业造成冲击，甚至会加剧一些落后企业的破产，这并不像想象的那么可怕。在李晓西看来，产业是可能被打垮的，但人是打不垮的。"

《论公平竞争》是两篇采访稿合并一起而成的。第一篇 2001 年登在《经济日报》11 月 8 日版上，题目是《营造统一开放公平竞争的市场环境》，这是经济日报评论部薛小和约请并处理的稿，我 10 月底交的。电子版稿上还标着一个我的偶想："入世不要只盯着市场，更要看政府管理方式和行为的变化；不要只想着产品竞争，更要看到人才的竞争；不要只顾国内明显竞争对手的动向，还要跟踪国内外明和暗的竞争对手的战略。"第二篇则晚了三年。2004 年 9 月 10 日，中国人民大学与商务部还有联合国贸发会共同举办了一个国际会议。我在分论坛上有一个发言。9 月 23 日《WTO 经济导刊》的周觅先生来约稿，略作修改，两天后我就投交了在国际会议上的发言稿。2004 年 11 期《WTO 经济导刊》发表了，题目是《公平竞争：从摩擦走向协调——北京师范大学经济与资源管理研究所所长李晓西专访》。

卷

第 六 篇

社会发展与公共政策

教育是产业与事业的辩证统一

教育改革，尤其是高等教育产业化问题愈来愈成为社会关注的热点。对此，众说不一。如何认识教育产业化问题，教育产业化如何进行？带着这些问题，本报记者采访了中国社会科学院教授、博士生导师李晓西。

一、"教育产业"如何定位

记者：关于教育产业化的问题，各方人士有不同说法。您如何看待教育产业化？

李晓西："教育产业化"提法引起了大家的思考和争论。有些学者认为，教育不搞产业化道路，教育发展就没有物质基础；认为教育是一个供不应求的大市场，教育产业化有助于扩大内需；认为国外教育实质上是产业化运作方式等。持不同意见者认为，教育不能以营利为目的、以金钱为中心；认为教育是提高人、培养人的高尚事业，不能让商业原则渗透到课本中；认为老师是人类灵魂工程师，不是企业挣工资的一般雇员；认为学生是培养的对象，不能成为挣钱的工具。

这场争论是深刻的，反映了教育的复杂性与特殊性。

我认为，这两方面意见都反映了客观存在。解决矛盾的方法是承认教育既是事业，又是产业。应处理好两者关系，而不能简单地肯定一方，否定另一方。在这个定位前提下，我认为讲"教育产业化"也可以。教育是事业，同时也是产业。

教育是"二业"之统一，这是我们为教育产业或产业化定位的理论基础。

教育是事业，从事教育是一种高尚的、培养人的工作，我们教育的目标是培养德、智、体全面发展的一代新人，这是我们多年来达成的共识。

但是，多年来，在传统体制下，我们把教育事业变成了由国家大包大揽的行政化事业。其后果是，一方面，我们在口号上、用心上极其高尚；另一方面，教育经费不足，素质教育水平不高，成为普遍的现象。这已到了必须改革的时候。

教育改革最根本的一条，就是用教育产业化去改革教育事业行政化倾向，充实、完善教育事业的管理和实力。正因为如此，我们一方面要坚持教育本身的高尚的、公益的、充满事业精神的一面；另一方面，更重要的是，我们要充分认识教育作为产业的一面，这已成为当前教育中这对矛盾的主要方面。

记者：您认为教育产业化背景是什么？

李晓西：教育成为产业基础，我认为有五点理由。

第一，中国走向市场经济，要求教育适应这个转变。要求教育的行政管理部分率先走向市场运作，这涉及房地产、学费、资助、校舍设施、利润、再投入等涉及经济的范畴，甚至培养学生的方向与规模，也要考虑市场的需求。

第二，世界正走向知识经济，经济全球化过程在加剧国家间竞争，这要求教育成为有国家竞争力的实业，教育产品将附加更多的知识含量和资本转化含量，比如，现代手段的培养费用的转化。

第三，管理走向现代化，要求教育单位作为一种特殊组织，必须要吸收现代企业管理的最新成果，以管理好教育的组织。比如，如何解除教育工作者后顾之忧，调动他们的积极性，让他们全力投入教育事业；如何对学生实现全过程、全方位的培养，对师生员工作为"人"的人文主义的平等教育和管理等。

第四，社会走向复杂的大系统，要求教育作为社会大系统的一部分，在教育这个大系统中有良好的协调和反馈机制，要求教育与其他产业、部门、环节有很好的协调机制，这一点，要求我们把教育作为一个产业列入全社会的投入产出关系中考虑。

第五，教育体制改革，要求通过教育产业化冲击旧观念、旧体制，激活和调动教育资源的潜在力量。

二、教育产业化的主攻方向

记者：教育产业化应该如何进行，主攻方向是什么？

李晓西：我个人不成熟的看法，一是体制外的民办教育要放开，大力发展。二是高等教育是最大的突破口，是非义务教育的重要领域，现在关键是要设法解决高校学生住宿问题。三是高中教育作为非义务教育，是民办教育可以发展的领域。四是各种教育组织中，如院校办工业、高校出版业等更可以率先产业化。五是通过企业家与教育家合作，解决教育产业化与事业化的矛盾。

三、"教育产业化"要防止几种倾向

记者：教育产业化是一个复杂艰巨的社会系统工程，在实行教育产业化过程中，应注意防止哪些倾向性问题？

李晓西：我认为主要有以下几个方面。

第一，要防止教育产业化中的短期行为。教育产业化与扩大内需相结合，说明现在经济更多为发展教育产业化提供了机遇。搞教育产业，扩大教育规模，对当前拉动经济有重大作用，是我们应尽力而为的。但是，经济调控多具有短期性，而教育产业化具有长期性。教育产业化既要利用现在的机会发展，也要在各种经济条件下考虑持续发展。

第二，既要防止用教育家精神否认企业家精神，也要防止用企业家精神否认教育家天职，两者不能错位，而要很好结合，两者结合的方式程度，将在不同的教育组织中有多种表现，不能简单化、一刀切。

第三，教育产业化，不能一哄而起，一定要严格掌握办学资格，否则，就会把好事办成坏事，把社会支持变成社会反对。

第四，不能固步自封，要在比较中改进。首先，对国外教育的先进经验要吸收，牛津大学就是产业化市场运作的，大学最大的资产就是土地，几百年来土地升值使学校极为富有。但西方教育现在突出的矛盾是教育作为事业而不断提高质量问题，因此很少或不谈教育产业化，对此，我们要进一步分析比较。其次，现在教育中事业化与产业化的矛盾是自古以来就存在的，古代是以"义利观"的争论展开的。"君子喻于义，小人喻于利"，但也有"义者，利之和也"。两种观点都有一定道理。这方面，有丰富思想资源可供研究参考。

总之，我们应辩证地看待教育产业化，用正确的方式支持教育产业化的进展。

四、发展教育产业也要围绕着全面推进素质教育这一目标进行

这其中包括德智体美多方面要求，包括以培养学生创新精神和实践能力为重点的要求，这是非常重要的。1999 年 6 月，中央和国务院召开了第三次全国教育工作会议，提出了培养 21 世纪人才的战略设想，制定了全面的规划，做出了《关于深化教育改革，全面推进素质教育的决定》。该《决定》要构建与社会主义市场经济体制和教育内在规律相适应、不同类型教育相互沟通、相互衔接的教育体制；要进一步解放思想，转变观念，积极鼓励和支持社会力量以多种形式办学，满足人民群众日益增长的教育需求，形成以政府办学为主体、公办学校和民办学校共同发展的格局，这为我们讨论教育产业问题提供了指导思想，明确了前进方向，是对教育产业发展很大的鼓励。上海东方教育中心试办的两所中学，在这方面做得很好，今后的探索，更有必要在这方面努力，力争提出更成熟的、更有可操作性的典型经验。离开这个总要求，我们在教育产业化方面的试验，就会偏离方向；坚决按照这个总要求去实践，我们的教育改革探索之路就会越走越宽。

作者说明

1999 年 6 月，我参加了上海东方教育中心举办的教育产业化座谈会。于光远、董辅礽等 20 多位专家学者参加了会议。会前，我们参观了上海东方教育中心试办的两所中学，感到很好，深受启发。有了一些体会与认识，我在会上也做了个简短发言。上海的记者蒋莉就我的发言进行了采访，稿子就发表在 1999 年 6 月 28 日的《新经济周刊》上。近日整理稿子时，发现还有一封给蒋莉的信，要求将同年 6 月中央和国务院第三次全国教育工作会议的精神加进来。现压缩到 400 字后，作为文章最后部分加上了。

本篇文章较短，但涉及的问题很重要。虽然原来不是我研究的重点，但自从我到高校工作以来，它便自然而然地成为了必须面对的大问题，即教育体制改革问题。从那次上海的会议以来，10 年时间过去了，对教育定位问题的争论并没有停止，而且对教育产业化的批判声音在提高。而我的思路仍然没有变。因此，我想还是把这篇文章再发表，供讨论用。

我国公立高校的多元化发展

为促进我国高教体制改革健康地推进，下面，尝试比较分析我国经济体制和高教体制改革的经验，就当前几个重要问题，谈些我的观点，供有关方面参考。

一、关于高校"公"与"民"的分类问题

高校性质属"公"还是"民"，对高校的招生和发展有直接的影响。高教领域"公"与"民"的关系问题，自 1991 年高校改革、允许引入民间资本时就出现了。现在教育市场初步形成，"民"校尚未树立公信力，群众以至社会各方还不能平等看待"公"、"民"两类高校，高校都愿标示为"公"，此情况颇类似于前些年各种所有制企业争戴公有制"红帽子"的现象。虽然随着中国改革开放的推进，"公"或"民"的差别待遇和差别公信力问题将会解决，但在现阶段，如何准确判断和界定"公"与"民"，对社会稳定和健康推进教育体制改革，还是有现实意

义的。

"公"与"私"或"官"与"民"是同一分类标准。一般而言，"公"与"私"的划分标准主要依据财产的归属，而"官"与"民"的划分标准则主要依据运行的方式。"公"与"民"不是严格按同一分类标准的划分，因此，"公"与"民"概念上经常会出现内涵的交叉或模糊。也正因为此，世界各国对高等院校的性质，多强调"公"或"私"，很少用"民立"或"民办"这种概念。在我国经济体制改革中，曾出现过用"民营企业"来代替"私营企业"。但是，随着改革的深入和法律规定的明确，"民营企业"的概念就越来越暴露出其局限性。

在现实中，对高等教育机构我们如何区别"公"或"民"？根据《民办教育促进法》，有两项法律要件，一是举办主体，若为国家机构以外的社会组织或者个人，此属"民"；二是办学经费，若是利用非国家财政性经费，面向社会举办学校及其他教育机构的活动，属"民办"。应该说这两项要件是缺一不可的。这样规定在现阶段是符合事实、具有政策连续性的，但也留下了一些模糊不清的地方。因为，这里没解释每条标准的具体内涵，也没对介于两者的情况做出明确的规定，如"国有民办"、"民办公助"等，此外还有相当一部分"股份制"办学和"中外合作办学"都很难纳入到这一定义中去。在实践中，如果某些学校不同时具备这两条标准时，如何判断？当某一学校有两个及两个以上的举办者，而举办者有"公"（政府）有"民"，或既有部分非财政性投入又有部分财政性投入时如何判断？再比如土地作为建校最大的一种资源，其行政划拨的投入是否也算国家财政之内的资源，也没有明确解释。

总之，"公"校和"民"校情况复杂，民校可归纳出十多种类型，公校也有多种类型，其中不少类型界定上仍处于模糊状态，需要进一步厘清。

二、关于"公办"与"公立"的区别问题

"公办"与"公立"有区别。"立"强调设立学校时主要出资人的所有制特点：政府出资，就是公立；私人或非政府组织出资，就是私立。"公办"概念比较广泛，可能指"操办"，也可能指"举办"。前者强调管理问题，后者似含有设立和管理两个阶段的综合判断，因此，"办"

一词的内涵界定比较困难。显然，在判断学校是"公立"还是"公办"的问题上，又涉及《民办教育促进法》中提到的两种标准的关系问题：一要明确何为"民"，二要明确谁出钱。前一条近似于判断"谁立"，后一条近似于判断"谁办"。

从世界各国情况看，所谓"国立"、"公立"和"私立"，均以设立时的所有权归属来判断其"公"或"私"。在"办"的阶段，无论"国立"、"公立"和"私立"，运作资金均包含政府（联邦或州）投资以及学校自筹、学费及社会捐助几个部分，只是各自的比例有所差异。

从我国现实情况看，由于高教体制正在改革中，以管理过程中某些运作方式来判断"公"或"民"，会因情况不断变化，出现时"公"时"民"的问题。比如，"公立"学校在管理运行阶段，由于财政拨款不足以满足教学成本，故学校可能提高学费标准，出现"公有民办"特征；而私立学校发展到一定规模、步入正轨后，收费中基建投入的回收比重就越来越少，因而，学费会下降。因此，用收费高低判断"公"或"民"也就越来越不准确。一些有实力又开明的地方政府，在教育经费的补贴方面，也不分"公"校与"民"校，均有支持，也会使"公"与"民"的分类界限日趋模糊。更重要的是，当学校设立者只承担基本建设时的投资，而不承担学生培养日常经费时，这时的"立"者就不是"办"者了。因此，在设立阶段的学校性质解释与管理阶段的性质解释，就有了矛盾。因此，"公"与"私"的分类，还是在"设立"时确定为好。

在我国，"公办"或"民办"的提法与我国教育改革的历史过程相关。早在 1985 年，国家出台了社会力量办学条例，这是"办"字较早的出处，以后就沿用下来了。事实上，我国相关法律早已提出了高校的设立问题，《高等教育法》就有设立高等教育机构的条款。只是尚没有明确提"公办"好还是"公立"好，提"民办"好还是"私立"好。

如果我们强调从设立阶段定性，有些地方提出的"公办新机制"就不准确了。"公立"或"私立"在设立时就明确了，管理阶段的运作方式或模式，就不必再提"公"或"民"，只强调"办学新机制"就行了。这种"办学新机制"不同于传统的计划体制，包括对民间资金的吸纳、根据市场需求办学、参照"民"校收费，实行真正聘任制的人事制度改革、后勤服务的社会化，从经济效益的角度进行教育资源的配置和使用，股份制办学和中外学校合作办学等，均有新特点。

三、关于地方政府支持公立高校发展的问题

美国高等教育是州立和私立并存。美国教育家认为"分权制"的高教体系有助于管理思想的开放性和教育形式的多样性，有助于推动高等教育不断变革与发展。不少外国教育专家认为，"世界90年代以来许多公共政策似乎直接导向于鼓励地方政府和家庭在教育财政方面担负起更大的责任"。①

从我国教育改革实践中，我们也体会到，地方政府是教育体制改革和发展的一支重要力量。他们的介入，不仅有助于解决高校经费投入不足，更重要的是，作为一个大国，这有助于满足经济发展对高校人才的需求。《高等教育法》指出："国家按照社会主义现代化建设和发展社会主义市场经济的需要，根据不同类型、不同层次高等学校的实际，推进高等教育体制改革和高等教育教学改革"、"高等教育由国务院和省、自治区、直辖市人民政府管理"。现在又出现了一些具有经济实力的地、市积极兴办教育的趋势。因此，教育的分级设立和管理以及由此产生的教育经费多渠道筹措和教育成本多元分担等问题，似有顺应经济发展成果进一步完善的必要了。

从公立教育实现形式的角度来分析这个问题，在教育领域可能讲得不多。1997年党的"十五大"报告，根据经济改革的实践，既强调了支持非公有经济的发展，同时提出了公有制实现形式问题。报告指出："公有制实现形式可以而且应当多样化。一切反映社会化生产规律的经营方式和组织形式都可以大胆利用。要努力寻找能够极大促进生产力发展的公有制实现形式。股份制是现代企业的一种资本组织形式，有利于所有权和经营权的分离，有利于提高企业和资本的运作效率，资本主义可以用，社会主义也可以用。不能笼统地说股份制是公有还是私有，关键看控股权掌握在谁手中。"这个思路为国有经济改革提供了强大的思想武器。此后，我们把全资国有、国有控股、国有参股等，均视为公有

---

① ［美］M. 卡诺依：《教育经济学国际百科全书》，闵维方等译，538页，北京，高等教育出版社，2000。

— 479 —

制经济的实现形式，并使之得到发展。

同样，我国高等教育的公有制实现形式也应当是多样化的。"公立"的高等院校，不仅包含中央、部委直接设立并投资举办的，也应当包括地方政府设立并投资举办的，还包括由"国立"高等院校与社会其他投资主体合资兴办的高等院校，以及高等院校作为独立法人主体与地方政府共同投资兴办的高等院校等类型。

四、关于"独立学院"与"分校"的区别问题

教育部近日出台的 8 号文件，对高校举办的独立学院特别是"校中校"进行了规范，这是非常必要的。最近这些年，民办高校对高等教育的发展做出了很大贡献，但是，确有许多"民校"办学质量不高，有些社会力量与高校合作举办的二级学院侵占国有资产，变相提高学费，引起广大群众不满。教育部 8 号文件对规范独立学院的设立与管理，对解决当前出现的乱收费问题，有重要的普遍意义。

但从对"独立学院"的有关规定中，我们也看到，这种归类涉及的学校相当广泛，其中有些学校类型之间有较大的区别，定性也比较复杂。比如，北师大珠海分校这种类型。如果强调北京师范大学是其举办者之一，又是完全的管理者，而且由于国家和学校不投资，因而参照民办学校收费，它是"民"；但若细究，它与典型的民办独立学院又有很多不同之处，可归为六个方面：一是一般独立学院的合作者是国家机构以外的社会组织或者个人，而北师大珠海分校的唯一合作者是国家机构之内的珠海特区政府；二是一般独立学院因建校资金来源多元化而组建为股份制，北师大珠海分校的校园用地（5 000 亩）是当地政府行政性划拨而不是折价入股的，它的全部建设资金，表面上是北京师范大学珠海分校向银行贷款，实际上是当地政府拿了等值的土地，经过评估后列入财政拨款计划（8.5 亿），作为资本金，无偿投入珠海分校，再由分校拿到银行换成现金的，目前没有任何社会资金介入校园建设；三是一般独立学院合作者要参与学校的管理，而北师大珠海分校的唯一合作者珠海市政府完全不参与学校的任何管理与领导活动；四是一般独立学院多在申请者所在地范围内举办，而北师大珠海分校是在非所在地地方政府支持下，经当地省一级教育行政部门和国家教育部审批组建的；五是

一般独立学院的教学与管理人员不享受政府财政补贴，而北师大珠海分校的教学与管理人员每人每年享受珠海特区 12 000 元的财政补贴；六是一般独立学院因其民办性质强调经济回报，而珠海市政府和北京师范大学举办分校是不以营利为主要目标的。

大概正是考虑到这些特殊情况，教育部 2003 年 231 号文件在关于"北师大珠海教育园区"更名为"北京师范大学珠海分校"的批复中，特别指出"考虑到各方面实际情况，作为特例"，改为珠海"分校"，而不是按照一般做法改为北师大"珠海学院"。在认真研究了北师大珠海分校从酝酿到现在的重要法律性文件后，我们认为，定"分校"的批复意见，是从实际情况出发的一种判断，其中潜含着对一种新的办学类型的思考和爱护。北师大珠海分校这一类型学校的特点是：政府出地出资设立，公办普通学校承办；地方政府出物质资源，学校出教育资源；建设资金政府投入，日常运行经费实行政府补贴、学校自筹；合办双方的资源均属国有。这种模式，实际上是国有公立、委托经办，再加部分的市场运作。委托一方，是地方政府；受委托一方，是国立公办大学。因此，这类"分校"的基本属性，是公立教育的一种实现形式。若这类学校不定性为"公立"而定性为"民办"，地方政府行政划拨国有土地用作校园并以一定量商住用地折价作为财政性资金投入的无偿支持行为，就成了严重的非法行为。这不仅会大大挫伤地方政府热心支持教育的积极性，也会大大减少推进教育改革与发展的可利用资源。

由上我们得到的一点启发是，虽然现在全国也有一些"分校"，且定性有不同。但从分类指导教改工作的需要出发，是否可为"分校"类型规范含义，使之真正成为公有教育体制实现形式的新类型，成为教育改革可资总结的一类新成果。

我们预感到，北师大"珠海分校"这一新的办学机制，如果坚持走下去，可能会为高等教育体制创新找到一条新路。

五、关于学校定性与学费高低的关系

一般而言，私立大学，尤其是知名的私立大学，像美国麻省理工学院、哈佛大学、斯坦福大学、耶鲁大学等收费都比较高，公立大学收费比较低。一般讲，美国公立大学收费占学校收入的 1/4，私立大学则占到 1/2。据日本文部学生生活调查结论，从 1990 年到 1996 年的 7 年时间，日本私立学校的生均收费为国立学校的 1.78 倍。我国民校收费水平一般是公校收费的 2 倍。

为什么公立学校学费一般低于民办学校呢？这是因为它有国家财政的支持。当然，公立学校的形式和它的资金来源也是多样化的，在收费上也会出现差别。北师大珠海分校这种形式的地方公立学校，因日常运行经费由自身负担，因此，收费标准会高于普通公立高校；但它又得到地方财政不同形式的补助，所以收费标准又会略低于普通的民校。北京师范大学珠海分校按照广东省物价局的规定和批复，"参照民办收费"，实际收费略低于本地一些民办独立学院。根据 2003 年《高等学校收费管理暂行办法》，学费标准根据年生均教育培养成本的一定比例确定，不同地区、不同专业、不同层次学校的学费标准可以有所区别。因此，地处特区的北师大珠海分校，收费标准又会比内地一般普通大学收费标准要高一些。

不论收费高低如何，都应按《高等学校收费管理暂行办法》规定，不以营利为目的。据我们了解，北师大珠海分校按万人规模、目前收费标准，30 年才可还清借贷，基建回收的人均年收费在 3 000 元以上，包括这个费用在内的生均教育年成本费近 16 000 元，现收费为此成本的 75%～80%。若从经济角度考虑，这将是 30 年的"亏本生意"。因此，北师大珠海分校应当属于非营利性的公益学校。

我们的体会是，分校这种类型的学校，既然是公立，其市场运作就不能不考虑政府对社会效益的关注，就不能仅仅考虑经济利益。在正常情况下，公立学校在收费标准方面实施价格新机制，应是政府指导下的有条件的市场价格，应高于普通高校收费而低于完全自由的市场价格。

我们注意到美国大学教育收费不菲，人们并不觉得上大学是沉重的经济负担。一个重要的原因，就是美国政府和各大学为学生提供了比较充分的财政支持。我国地方政府设立的这类"分校"，如何为学生提供更有力的财政条件，缓解"分校"收费略高对学生增加的压力，是值得研究的。

六、结束语

作为 13 亿人口的发展中国家，中国教育改革与发展所面临的困难可以说与其取得的成绩一样巨大。姓"公"姓"民"的困惑与争论，从一个侧面表明公立学校的改革，已走上国有经济多种实现形式的改革道路，且在投资体制与管理体制方面蕴涵着新的突破。此时回想教育部 2002 年 3 月对北师大举办珠海教育园区批复的 47 号文，我们深深感到，"努力办成综合性教育改革的试验园区"的要求，确实极富远见，确实预见到了改革试验的进进退退。我们确信，按照"三个代表"的要求和党的十六届三中全会指明的进一步改革和完善社会主义市场经济体制的大政方针，中国教育体制一定会在不断改革中开辟出更为广阔的道路。

作者说明

2003 年 9 月上旬，我应邀参加北师大珠海分校的开学典礼，正好碰上一些学生家长因"北京师范大学珠海校区"改为"北京师范大学珠海分校"后对学校定性问题有意见。家长在校园内聚集，近百名学生退学，局面颇有一些混乱。我和劳凯声教授随北师大校领导陈书记与家长、学生对话，做工作，按照教育部的有关文件精神进行解释，取得了一定成效，事情后来基本平息了。但认真思考起来，我们认为，围绕北师大珠海分校姓"公"姓"民"的争论既影响到分校的发展，其涉及的问题也具有普遍性。23 日，我与劳教授讨论了北师大珠海分校定位问题，颇有启发。劳教授的博士生还为我提供了若干参考资料，使我对教育领域的问题有所了解。大约用了三天时间，我完成了本文的初稿。记得 11 月还有新华社内参记者来约我谈北师大珠海分校一事。后来，本文发表在《中国高等教育》2004 年第 1 期上。随便提一下，2004 年 12 月我先后两次再去分校，这是根据学校领导要求，让专家组对分校发展提出一份报告。报告是由劳凯声教授、李翀教授与我合作完成的，我算是专家组小组长。

中国社会保障监督体系
框架设计

严格意义上的社会保障是政府强制实施的、以财政支持作后盾的公共保障，不以赢利为目的，在功能、性质、作用范围等方面与商业保险有所区别，因此，社会保障监督不同于商业保险监督，应当有自己的体系、程序和特点。本文从我国体制转型期的实际情况出发，研究提出具有中国特色的社会保障监督体系。

一、建立和完善中国社会保障监督体系的必要性

建立和完善社会保障监督体系，对于充分发挥社会保障的社会"稳定器"作用，正确处理好改革、发展、稳定三者之间的关系，具有重要的意义。

一是完善社会保障体系的必然要求。社会保障筹资多元化、管理方式社会化和资金运营市场化，是社会保障体制改革的基本方向，这就对社会保障监督提出了更高的要求。加强社会保障监督是完善社会保障体系的一个重要环节。只有建

立起既与其他环节相互配套、相互协调又相对独立的监督体系，才能保证社会保障落到实处，真正发挥保国安民的作用。

二是推动经济增长和稳定宏观经济的重要手段。社会保障资金进入领域的逐步放开，既有利于推动资本市场发育完善，促进经济增长，同时也对资本市场和宏观经济的稳定性产生重要的影响。建立社会保障监督体系的目的，就是要规范社会保障资金对资本市场的参与，降低风险，消除隐患，提高效益，促进投资增长，避免对宏观经济健康运行形成冲击。

三是维护国家长治久安和社会稳定的必要措施。完善社会保障监督体系就是要保证每个公民享有正当的社保权利，实现社会保障资金的安全和保值增值，防止社会保障资金被挤占挪用和资产缩水，保障基金按时足额支付，充分发挥社会保障基金的社会效益，维护人民群众的根本利益，稳定社会情绪和预期，创造良好社会环境，为深化改革和经济发展提供支持。

二、目前我国社会保障监督体系现状及存在问题

我国社会保障监督体系建立和完善工作刚刚起步，但已取得了初步成果，如组建了社会保障基金行政监督机构，建立了举报电话网络和统计报告制度，完善了监督程序和案件处理办法，部分省市建立了社会保障监督委员会，出台了《全国社会保障基金投资管理暂行办法》等文件。到 2003 年年底，全国已经有 19 个省（市、区）建立了省级社会保障监督委员会，30 个省（市、区）和 205 个地市劳动保障部门开通了社会保障资金监督举报电话。

尽管我国社会保障监督已取得了一定的进展，但与世界其他市场经济体制比较成熟的国家相比，还存在许多不足。经过多年的发展，那些国家基本上建立起了各具特色的社会保障监督体系，这些体系具有以下共同的特点：一是独立化。为保证社会保障监督体系有效运转，监督机构与行政管理和资本运营机构分立，有效地发挥了监督体系的作用。特别是采取定量限制监管的国家，监管机构的独立性较强，一般都成立专门机构进行监管，而且监管的范围也比较大，除了要求基金达到最低的审慎性监管要求外，还要对基金的结构、运作和绩效等具体方面进行严

格监管。二是多元化。各国的社会保障监督体系大多由政府、资方、劳工等方面的代表组成，充分体现了社会各个方面的利益要求。社会保障监督具有很高的透明度，公民能够借助多种手段充分维护自己的权益。三是法制化。各国关于社会保障监督体系的立法工作较为细致，法律法规体系较为完善，对社会保障的监督都是以完备的法律体系为基础的，基本走上了法制化、规范化的轨道。对照这些特点，总的看，我国社会保障监督体系与整个社会保障体系及经济社会发展的需要不相适应，具体地表现为"三性"。

一是机构的从属性。从各省的情况看，社会保障监督管理委员会办公室一般都设在省劳动和社会保障部门，社会保障监督机构没有完全与行政管理部门、运营经办机构分立，存在着"一套人马，多块牌子"的现象，权利不明确，责任不清晰，监督机构形同虚设，监督职能基本上仍由行政主管部门执行，在具体解决问题的协调上仍由省政府主管领导来进行，尚未形成一个相对独立的环节，不能有效地发挥监督作用。

二是运行的封闭性。在各省级社会保障监督委员会的省（市、区）中，财政、劳动保障、审计等政府部门占主导，虽然也吸收了企业代表、职工代表、专家及其他社会利益代表，但数量有限，在实际运行过程中，他们往往被排斥在外，很难发挥独立的监督作用。在具体事务的协调上，习惯于把社会保障监督当作由政府来操作的事务，仍按照政府部门的工作程序，在政府各个职能部门之间进行，在一定程度上存在政府内部控制问题，社会监督不到位。

三是程序的非规范性。由于我国目前还没有独立的社会保障监督法律法规，没有在统一的法律框架下对社会保障的监督机构、行政管理部门、运营机构进行非常明确的职责分工，出现职能交叉重叠的情况。各部门制定的政策、文件往往具有明显的部门主义色彩，政出多门，各自为战，相互封闭，推诿扯皮。缺乏对欠缴社会保险费的行为和拖欠离退休人员、失业人员保险金行为的法律制裁措施。非法挪用、挤占保险金的违法甚至犯罪行为得不到及时惩处。我国这种社会保障监督立法工作的相对滞后，使得监督机构和监督职能没有相关法律法规的支持和保护，甚至形同虚设，极大地影响监督权威和效果。

由于缺乏独立的、有法律支持的社会保障监督，我国的社会保障资金在使用和管理上往往受到地方政府短期行为和部门利益的影响，容易在社会保障运营部门中出现重大问题，如社会保障资金被大量拖欠、挪用和挤占等，广大社会保障投资者的合法权益受到严重损害，影响了社会稳定。

三、完善社会保障监督体系的基本原则

社会保障监管模式的选择，受到历史、体制、文化、经济发展水平等多个方面因素的影响。具体来看，应当考虑基金市场结构是否完善、资本市场和各类中介组织机构是否发达、法律是否健全等因素。目前，国际上主要有两种社会保障监管模式，即审慎性监管和定量限制监管。前一种模式一般适用于经济发展已经很成熟，金融体制比较完善，基金管理机构也得到一定程度发展的国家。后一种模式一般适用于经济体制不够完善、管理制度建立较晚、市场中介机构不够发达、法律不够健全的国家。从我国实际出发，鉴于基金运作机构不够规范、资本市场不够完善等情况，监管模式应以"定量限制监管"为主，适当吸收"审慎性监管"的优点，从而建立起具有中国特色的社会保障监管模式和体系。

1. 基本原则

按照以上的设想和要求，完善我国现阶段社会保障监督体系的基本方向是机构独立化和权力一元化，使社会保障监督机构能够超越于地方利益和部门利益，切实从全社会的角度来进行有效监管。

（1）从我国现实出发。完善社会保障监督体系要从我国实际出发，与我国社会主义市场经济体制实际和经济发展的阶段相适应，不能照搬发达国家的现存模式。

（2）符合法治建设要求。社会保障监督体系的建立和完善要与社会主义法治化进程相一致，要在法律的框架下有序进行。

（3）保持整体协调。社会保障监督体系，不仅要与资金筹集、管理、运营等体系相互适应、相互配合，而且要与其他金融监督机构搞好协调，保持一致，形成一个有序运转的整体。

（4）分工明确，职能清晰。社会保障的监督主体与监督对象之间应当明确领域，特别是要与经办机构划清职能范围，保证既不缺位也不越位。

（5）增强可操作性。监督体系的建立和完善，要注意实际效果，保证能够对社会保障中存在的问题进行及时、灵活的调整和解决；要有明确的监督标准、切实可行的监督手段、便于操作的监督程序、明确的责任分工。

2. 主要任务

我国社会保障制度正处在转轨和完善的过程中，问题和矛盾错综复杂，社会保障监督的任务既要突出重点，抓主要矛盾，抓关键问题，加强对社会保障基金运营、保值增值的监管，又要着眼全局，搞好其他方面的监督工作。

（1）监督社会保障的有关政策、法规和制度的执行情况。

（2）监督社会保障基金的征缴、管理、存储等有关情况，重点是监督是否存在违法或违规运作的问题。

（3）监督社会保障受益者在资格认定、登记及基金支出发放中是否得到公平待遇和法律赋予的权利。

（4）监督社会保障资金的投向、资产结构、运营效果和收益分配等，以及是否存在非正常营运的情况。

（5）受理媒体、群众对社会保障有关情况的举报、申诉，并监督有关部门对举报、申诉问题的处理、落实情况。

其中，对社会保障资金的运营安全、投资效益等问题进行审计监督，是社会保障监督任务的重中之重，需要切实抓好。

四、社会保障监督体系的总体构想

具体来看，社会保障监督体系是由监督主体、监督客体、监督方式、监督手段等构成的相互配合的有机整体。

1. 监督主体

建立由劳动和社会保障、财政、审计等政府部门和金融部门、用人单位、工会组织、专家、人大代表、政协委员组成的社会保障监督委员会，承担社会保障监督的主体，委员会下设按照监督领域和重点分工的分支机构，形成领导一元化和机构多元化相结合的监督主体。为了保证机构的独立性，社会保障监督机构应当直接由中央政府或地方人民政府领导，独立地行使各项权利。

社会保障监督委员会的主要职责是依法加强社会保障政策执行和基

金管理情况的社会监督，及时纠正发现的问题，并对社会保障制度中存在的漏洞和不足，向有关部门提出改进的意见和建议。由于社会保障是政府强制提供的，社会保障资金具有"准财政"性质，因而要强化对社会保障资金的财务收支和违反财经法纪行为的审计监督，充分发挥其专门性、独立性、公正性和权威性。

2. 监督客体

监督客体主要是指依法应当接受监管部门监管的机构和个人。具体包括以下几个方面。

（1）基金的具体征收、储存、支付机构，如各级社会保障机构的具体操作部门。主要监督其各项行为的规范程度，如是否及时审核参保单位缴费基数，是否按规定做好欠费管理工作以及按实际收到的社会保险费进账。是否按实际数据及时收缴，对欠缴单位是否按规定收取滞纳金进行监督。是否存在挤占挪用、违规运作等情况。是否按规定审核各项待遇、办退人员的养老保险费是否已全部缴清，各项待遇的计发标准是否合理合法，有无多拨或少拨情况，是否放宽退休条件和提前退休。通过对基金支付全过程进行监督，规范拨付程序，确保各项待遇及时足额发放到参保人手中。

（3）基金的运营机构，如基金公司、证券公司、投资基金及其托管银行。主要监督其是否遵循了规定的操作程序和标准，资质是否合格，有无违规操作，能否使社会保障基金保值增值，结余基金是否按国家规定进行运营生息，结余基金是否及时办理转存定期存款手续，基金运营利息收入是否全部并入基金，监督各项基金有无挪用和变相动用的情况。

（3）基金的缴纳人和受益人，如参保的各类企业和劳动者个人。主要监督各类企业是否按时足额为职工购买了社会保险，企业职工是否真实享有了自己的合法权益。参保单位、参保人是否用假工龄、假年龄、假工种、假证明、假身份骗取享受社保待遇等现象，是否及时办理参保、交费手续。

3. 监督方式

结合我国实际，借鉴国外做法，我国当前社会保障监督必须是全方位的监督，即整个监督必须是内外监督结合、上下监督结合、专业监督与群众监督结合的方式。具体到社会保障监督委员会的监督方式，应采取现场监督和非现场监督两种方式相结合，以非现场监督为主。

现场监督是指监督机构按规定程序对被监督单位的基金收支及管理运营情况实施的实地调查。现场监督是一种事后监督，主要针对具体机构在运营过程中出现的具体违规事件进行的，属于补救式监督。

非现场监督是指监督机构通过对被监督单位按要求报送的基金收支管理及运营的有关数据资料、风险状况进行定期、动态的监督，从中发现基金管理中存在的问题。搞好非现场监督，首要的是制定一系列有关社会保障管理经营的基本原则，明确规定社会保障资金的财务管理制度、营运机构资质等监管制度，要求有关机构共同遵守，并由监督机构监督实施。

4. 监督手段

在监督手段的选择方面，要尊重国家的有关法律，要将社会保障的运行纳入法制轨道，用法律、法规来规范、约束和监督基金运行主体的行为。主要可以采取以下三种监督手段。

一是财务监管。首先要编制和完善符合我国社会保障实际的监督报表，如业务统计报表、会计信息、评估报表等，健全财务管理，建立监管指标体系。其次要依据《会计法》的有关规定，对经办机构的社会保障资金财务会计工作进行财务监督，重点检查财务会计制度是否健全，会计核算是否及时有效。对经办人机构的各项基金收支情况进行财务监督的重点，是认真审核经办机构的年度预决算，监督经办机构上报的基金支出计划是否符合规定，确保社会保险基金足额收缴和及时拨付，结余基金及时存入专有账户，防止挤占挪用现象的发生。对基金运营机构监督的重点，是社会保障基金是否安全、完整，其保值增值是否合法，利益或收益是否纳入社会保障基金收入，年度决算和财务报告及有关部门的会计报表、会计账簿是否真实合法。

二是风险监管。根据资本市场发展情况及可能存在的支付危机和风险，从处理好降低风险和提高基金收益率关系出发，规定基金的投资工具，对每种工具的投资限制，对一个企业或一支证券的投资比例，避免风险过于集中。按照《全国社会保障基金投资管理暂行办法》的规定，在投资工具品种方面，主要是银行存款、买卖国债和其他具有良好流动性的金融工具，包括上市流通的证券投资基金、股票、信用等级在投资级以上的企业债、金融债等有价证券。在投资工具组合方面，银行存款和国债投资的比例不得低于 50％，其中银行存款的比例不得低于 10％，企业债、金融债投资的比例不得高于 10％，证券投资基金、股票投资的比例不得高于 40％。单个投资管理人管理的社会保障基金资产投资于 1 家企业所发行的证券或单只证券投资基金，不得超过该企业所发行证券或该基金份额的 5％。随着我国资本市场的完善和经营机构水平的提高，可以按照按时足额偿付的可能性，邀请独立的风险评估机构对各种投资工具的风险进行评估，并对风险管理标准适当调整，以实现保障基金更好的保值增值。

三是资质监管。社会保障基金的运营既要增值又要避险，因此，必须建立严格的市场准入制度，运营机构的具体标准包括，是否具有经中国证监会批准的基金管理业务资格，是否能够达到实收资本不少于 5 000 万元人民币的标准，并在任何时候都能够维持不少于 5 000 万元人民币的净资产，是否具有 2 年以上的中国境内从事证券投资管理业务的经验，且管理审慎，信誉较高，运营机构在金融市场上有无违规操作的记录，是否具有完善的法人治理结构，专业投资人员是否具有与从事社会保障基金投资管理业务相适应的经验，运营机构是否具有完整的内部风险控制制度，经营业绩如何，是否能够确实保障基金的安全并保值增值。按照以上规定，监督机构对基金的运营机构进行审批或强制退出。

五、支撑条件和运行环境

（1）加快立法进程，尽快出台有关社会保障监督方面的法律文件。随着我国法治化进程的加快，对社会保障依法进行监督势在必行。因此，认真抓好社会保障监管体系的法制建设，逐步建立具有中国特色的社会保障监督法律体系，是实现我国社会保障监督规范有序进行的重要保障，从而使各项措施的实行和修改都有法可依，便于操作，提高制度的稳定性。建立社会保障监督法律体系，首先制定比较完善的社会保障监督的法律法规，使社会保障监督步入法制化轨道。一方面是规范程序，明确责任，制定社会保障的各项规定，为监督提供法律依据，提高法制化、规范化水平。完善诉讼制度，设立社会保障公诉制度，授权公民和法人作为社会公益代表对侵犯社会保障基金的行为，依法提起民事诉讼。另一方面是要加大对侵犯社会保障基金行为尤其是对当前挪用社会保障基金的行为，加大惩罚力度。此外，还要建立严格的执法队伍，定期对社会保险基金的管理情况进行执法检查。

（2）制定有关税收、收益分配等方面的优惠政策，对社会保障资金的运营和投资提供适当的支持和保护。由于社会保障基金运营的首要原则是保证基金的安全性，这样一来，基金的灵活性、流动性和收益率就会降低。为了鼓励经营水平高、资信良好的基金运作机构积极参与社会保障资金的运作，应当采取优惠的措施，以保证其经营能够接近平均收益率。可以考虑设置特别的税种，以鼓励社会成员向社会保障事业捐赠，增加基金来源渠道，也可以适当降低社会保障基金经营方面的税率。可以建立基金收益担保制度，根据一定时期内各种投资工具收益率变动情况，在进行加权平均的基础上确定一个社会保障基金最低收益率，对高于这个收益率的收益，按照一定比例划入社会保障担保基金中，对低于这个收益率的，通过担保基金或财政支持，给予一定补贴。对于投资国债的社会保障基金，可适当根据市场利率的波动状况进行灵活的动态调整，以保障合理的收益。

（3）采取多种途径，密切与银监会、保监会、证监会等有关金融监督部门的沟通和联系。目前，在基金的运作和监管中还存在着基金内部人员建暗仓，坐庄与其他金融机构联手坐庄博取高额收益，动用基金资产为控股股东的新股承销、配股甚至自营业务服务，通过高买或低卖等方式向控股股东输送利益等。社会保障基金进入股市，这种可能性和风险进一步加大，为了有效防止这类情况在社会保障基金的经营中出现，应当建立起社会保障监督机构与银监会、保监会、证监会等有关金融监督部门的工作磋商机制，以共同签署监督协作备忘录的形式，防范社会保障基金经营机构与其他金融机构联手违规操作，加强在基金管理者的资信、经营行为、业绩、基础数据等方面的及时沟通。加强监督目标、手段等方面的配合协调，共同维护金融领域和宏观经济的稳定，防止操纵股市、联合坐庄等现象的发生，共同控制风险。利用现代信息技术，建立共同的信息平台，形成功能齐全、覆盖面广、规范透明的社会保障信息网络，共同加强对存款、基金投入方向的监督，防止内幕交易。

（4）加强社会监督，提高社会保障的透明度和公开性，形成广大人民群众积极参与社会保障管理和监督的社会氛围。加强公告监管，建立信息披露制度，将基金管理人置于社会公众、基金持有人和监管机构的多重监督之下，防止基金管理人违规操作，损害基金持有人的利益。信息披露的内容包括资产评估的原则、资产评估的频率以及其他财务数据。在适当的时候，可以采取定期披露资产每日定价、每年定期公布财务报表等形式。要充分发挥新闻媒体的监督作用，赋予社会保障享受者个人及其代表或团体对社会保障的监督权。

（5）加快培育精算、会计、审计事务所和风险评级公司等中介机构，加强对基金的监管。中介机构本来是发挥监督作用的一个重要环节，但是在我国体制转轨过程中，市场中介机构很不发达，其主体的独立性、立场的客观性、评价的公正性还没有得到充分发挥，甚至与经办人机构合谋串通，出具虚假证明，影响了资本市场的正常发展和政府的有效监督。因此，我国应加快中介机构的市场化改革步伐，鼓励合伙制中介机构的发展，实现中介机构尽快与原挂靠单位脱钩，促使他们通过竞争提高服务质量，充分发挥其提供信息服务的作用，使监管机构与社会公众能够获得并准确理解有关部门基金运营的信息，从而加强对基金的监督。同时，大力推行会计电算化等现代核算管理，建立完整的信息数据库和健全的信息网络，运用现代计算机技术进行监督。

作者说明

本文是应中国政策研究会和国家审计署邀请，在参加相关会议和参考所提供的内部资料基础上完成的。本文写作，是与中国社会科学院袁培红博士合作的。我们认为，社会保障是需要监督的。国家审计部门考虑如何实施监督，是有必要的。文章主要是对社会保障监督的现状、问题、必要性、原则、条件以及监督体系框架设想等，提出了自己的看法。2004 年 8 月，中国保险学会举办论文评选活动，作为中国社会保险学会常务理事理应积极参与，我们就将此稿完善后投送，后获得了该学会优秀论文一等奖，并被发表于《中国社会保障研究》2004 年第 3期。在此，也感谢学会刘世民和蒋楠同志工作的认真负责。

我国卫生资源的合理配置

从卫生资源角度进行卫生体制的改革研究，这是卫生管理研究的很大进步，同时也为经济学分析与卫生学的结合，提供了一个非常重要的纽带。下面，从经济学的角度，尝试对我国卫生资源的配置问题，提出一些看法，供有兴趣的读者参考和批评。

一、卫生资源的含义及内容

传统资源观仅把自然资源认为是资源，现代资源观则把一切创造财富的要素都认为是资源，即"资源"者，就是能创造财富的要素。能创造财富的要素就很多了。现在，人们讨论最多的是人力资源、信息资源、资本资源、科教文化资源、政策资源等。把卫生作为一种资源进行分析，显然是现代资源观的延伸。其实，这种观点在卫生领域并不陌生。《中共中央、国务院关于卫生改革与发展的决定》中，就提出制定和实施区域卫生规划，提出了卫生资源合理配置问题。同类的杂志和论文，也不少了。一些省已提出了卫生资源的配置标准，在此基础上对卫生资源进行配置。显然，"卫生资源"已登堂入室，成为卫生领域使用率越来越高的一个概念了。

卫生资源，顾名思义，就是能服务于人类健康事业的要素。这个定义是广义的，颇现代的。因为这里把卫生视为一种健康产业，而不仅仅是治病的产业。换言之，卫生不仅是为病人服务，也要为所有要求健康的人包括健康人服务。

卫生资源包括什么呢？我想主要包括四大资源：人力、财力、物力和管理。有的省提出了卫生资源指机构、床位、人员、设备这四方面，这是一种更具体的分类。如果抽象一些，床位和设备，都可归为物力资源了。医疗、预防以及保健人员如医生、护士等，都可以归为卫生的人力资源中。比如北京市 1999 年年底卫生类职工共 16 万余人，卫生技术人员占 72％，全市每千人口中有医生 5 人，护士 3.5 人。这就是北京的卫生人力资源。医院房产、病床、设备等，就属于物力资源了。据有关资料反映 1980—1997 年，各级政府共拨款 590 亿元建设卫生用房。这些卫生用房是物力资源；而医院的设施尤其是大型医疗设备，当然也是卫生物力资源。[①] 有文章提到，自 1997 年以来，80％以上部属医院都购置了 CT、肾透析仪等。有些城市的卫生设备拥有量，可能超过卫生部门制定的人口设备密度标准了。卫生的财力资源主要是以资金形态存在的。我国经济总量增长非常快，经济总量按 GDP 已排在世界第 6 位；但由于我国人口多，因此，人均财富量还排在世界上 120 多个国家和地区之后。与此相应，我国人均卫生财力资源的占有量也是低水平的。1998 年农民人均得到的卫生支出大概是 200 元，而城市居民大概是 600 元，水平很低。当然，卫生的总财力资源提高是很快的。正如卫生部经济研究所资料显示，1978 年卫生总费用占 GDP 比例是 3％多一点，而 1998 年比例提高到近 5％，比例提高还是很有限的，但绝对金额提高还是大的，从 370 亿元提高到 3 770 亿元，10 倍多一点。[②] 还有一个很重要的资源，是卫生管理资源。在现代经济学看来，制度就是资源，组织就是资源，管理人才就是最重要的资源。近年来，卫生部门正在力求通过

---

① 饶克勤、陈育德：《当前卫生服务供需基本状况和值得注意的问题》，载《中国卫生经济》，1999（6）。

② 卫生部统计信息中心：《八十年代以来我国医院资源及其利用简况》，载《中国卫生质量管理》，1999（1）。

改进组织和管理制度，挖掘卫生的管理资源。卫生整体的制度理顺了，才能充分发挥资源的组合作用。在卫生管理资源方面，一个重要内容是管理人才。当务之急是提高各级各类卫生组织的管理水平和形成良好的管理人才制度和队伍。从发达国家经验来看，医院管理也需要"职业经理人"。现在我国普遍存在"专业做医生，业务当院长"的情况，这反映出一个事实，就是院长主要来自医务技术人员，对管理方面的专业训练是先天短缺的。西部地区卫生管理人才问题更突出。据调查，西部医院管理人员中，无学历者和中专学历者占到半数，院长中学管理的仅占5％。医院管理中包括领导艺术、财务管理、行政管理等，这些是需要培训的。

二、什么是资源的市场配置方式

人类社会发展至今，有多种方式在配置各种资源。我们大家最熟悉的是两种配置方式，即计划配置和市场配置。在传统计划经济下，各种资源，主要是由政府来进行安排的，这曾被认为是最公平有效的配置资源的方式。但实践证明，这种方式，忽视了人民在创造历史中的主动性和创造性，忽视了人们需求的复杂性和生活的多样性，忽视了作为生产主体的企业自我积累和自我发展的重要性，因此，使社会产品供给越来越紧，使社会生活越来越单调。为克服计划经济的不足，我们在1992年选择了市场经济，即选择了由市场作为配置资源的主要方式。实践证明，这种选择是正确的。市场配置资源的前提是形成市场经济，按市场经济规则办事。这里简单分析一下市场经济的六条规则，这对卫生资源的配置可能是有借鉴意义的。

第一是产权明晰化。简单讲，不管是生产资料，还是消费资料，在市场经济中，都要有一个明确的产权。市场经济是交换经济，产权明晰，这是交换行为合法化、秩序化的保证。你交换的要是你的，不能说不清谁的就拿来交换。

第二是交易的自由化。人们可以按自己的愿望实现不同使用价值的自由交换，企业可以在国内与国际市场上自由进行商贸活动。交易自由化，首先是参与交易的自愿原则，我愿意用我的商品或劳务与你的商品或劳务进行交换，而你也愿意用你的商品和劳务与我的商品、劳务进行交换，这时，交换才能发生并实现。如果一个人不愿意参加这种交换活动，与他相关的交换活动就不能发生和实现。任何第三方也无理由来强迫双方或其中一方参与交易，这是交易自由的基本内容之一。其次，交易的条件也是双方共同议定的，是双方自由地无强迫地达成的，交易什么是由交易双方来确定的，每一方都有自己的出售或购买的自由，交易条件体现着自由的精神。如果一方价格（或数量或成交地点等）不被另一方所接受，交易就不能继续进行下去了。

第三是市场主体平等化。所有市场主体之间、个人之间、企业之间在政治上是平等的，政府给予的外部经济条件是平等的。在一个国家内，不同类型的企业是平等的；对来自不同国家的进口产品应一视同仁；国内外产品一视同仁、平等相待，即国民待遇问题；对个人来讲，作为生产者，平等化最主要的含义是机会均等。

第四是经济运行市场化。这是指在经济运行中，以市场供求自由调节为基础，解决供求矛盾，达到经济的不断增长。其中又有以下三层含义，一是经济参数形成的市场化。利率、价格、汇率、工资率等，都是现代市场经济的参数，其形成主要是靠市场供求自由调节，而不是主要靠政府干预。为此，各国政府都在减少大规模的政府干预。二是市场主体的自由决策和平等竞争。市场主体能完全以市场参数的变化来进行决策，而不是从非市场因素出发来进行经营决策。在战争或政治动乱中，经营决策不能不从非市场因素出发，但这意味着经济运行非市场化因素的增加。三是各种分类市场是以经济因素和市场规则为联系的纽带，各种经济参数由此形成了有机的联系。例如，劳动力市场上的工资率，资金市场上的利息，商品市场上的价格，土地市场上的租金或转让费，证券市场上的各种指数等，均形成了规律的、互相联动的关系。在健全的市场经济中，一个参数变动，会规律性地影响其他参数的变动。这种现象，是证明经济运行市场化的重要标志。

第五是政府干预适度化。在市场经济条件下，市场调节是基础，政府干预要大大减少，对经济的影响要有分寸。这表现在：一是干预要适度，重点是宏观调控间接化，就是在宏观调控中，减少政府的直接调控，要多采用经济的办法来调节经济活动。这里尤其是指对企业经济活动，一般不应干预；对国有企业的干预也应减少，且以经济手段为主，一般不要用行政命令干预企业管理。二是还要有所干预，在市场调节不能解决的一些范围或领域，或市场调节失灵的地方，政府应适度地进行有助于市场运行的调节活动。比如在分配中，市场调节下往往会使一部分人生活陷于困境，政府应有各种社会保障制度来解决这些人的基本生存问题。

第六是管理法制化。就是指市场及其运行按法律法规进行管理，不以领导者个人意志干预市场经济活动。尤其重要的是，按所有权法则和平等原则，进行市场交易的监督。市场经济，说到底是法制经济。市场运行中的各个方面，要靠法律来保护。这是因为法律具有规范性，对人们的行为准则，有普遍的约束力，人人必须遵守；法律具有公平性和公开性，不分等级贵贱，法律面前人人平等。经济法规对经济的稳定发展是极重要的。当前，重要的是提高法制观念，完善经济法规，培养执法人才，形成符合市场经济运行规律的法规体系。

三、从医疗市场供求关系看卫生资源的配置现状

卫生领域范围较大，为便于分析，这里主要是分析医疗市场的供求，即卫生系统的核心部分的供求。

从需求方面看，基本情况是病人对看病的需求很大，但有支付能力的需求与实际需求有较大缺口，看病问题不能完全满足。根据第二次国家卫生服务家庭询问调查统计（1997）：全国全年患病人次数为51亿，城市19亿，农村32亿。平均每人每年患病天数为32天，城市42天，农村29天。全国全年就诊人次数为57亿，城市为18亿，农村为39亿。全国有30亿人次在基层单位和个体医疗处、12亿人次在乡镇（街道）卫生院、15亿人次在县及县以上医疗机构就诊。调查还发现，有50%的城市患者和1/3的农村患者未就诊。由于经济困难，未就诊也未自我医疗的患者中，城市占32%，农村占38%。

医疗的潜在需求将是发展的趋势。我国国民经济仍在较快发展，到2010年我国国民经济生产总值要再翻一番，人民的有支付能力的医疗需求也会增加。作为一个人口大国，今后人口仍是增长的态势，需要卫生医疗的老年人和幼童人口也要增加。所以说，我国民众对医疗服务、健康产业的要求将增加，能支付在卫生上面的资金也会增长。

从供给方面看，基本情况是现阶段医疗资源增长过快，在一定程度

上超过有支付能力的需求。据统计,[①] 2000 年全国有医院和卫生院、门诊部（所）、专科防治站所、疗养院所、卫生防疫、妇幼保健以及科学研究等卫生机构，共 32 万所，人数达 559 万人；卫生机构床位数共 318 万张，专业卫生技术人员共 449 万人。2000 年医院和卫生院合计治疗 21 亿人次，入院 5 300 万人次，就诊率下降，病床使用率也有较大下降（从 1985 年的 83% 下降为 2000 年的 61%），乡镇卫生院病床使用率更低。总之，较普遍的现象是，医生每天担负的工作量下降。另一方面，不同收入水平群体的医疗供给是有增有减。原来普通职工就诊率较高，现在是较低；而高收入阶层就诊率在上升。医疗的潜在供给能力也不应忽视。近年来人类基因工程图谱绘出，是不亚于人类登月的历史性伟大创举。基因革命的意义引起各方面关注，国际上很多大企业都开始介入这一行业。这表明，医疗理论新突破和医疗新技术，将成为医疗潜在的供给能力。

四、如何判断卫生资源配置是否合理

由于卫生服务产品的多样性和复合性，由于经济发展水平不同决定着卫生供求的多层次，由于卫生产品价格确定的多因素影响，因此，判断卫生资源配置是否合理，是比较困难的。现在，一些省正在区域规划中探索卫生资源配置标准，这对卫生资源合理配置有直接的借鉴作用。

这里拟对卫生资源配置合理性，提出几点意见。

第一，要坚持公平与效率兼顾。这一条实际上是一种思维方法，是如何实现卫生资源合理配置的基本思路。即要把为所有人提供同等的最基本的卫生服务与为不同的人提供不同水平的服务结合起来，使各方面都基本满意。现实中，如何把握这两方面结合的度，是一种水平，一种领导艺术。这种定性的尺度，肯定是相对的、有弹性的，反映的是相关利益主体达成协议的一种现实。

第二，要实现卫生服务产品的总供求基本均衡。卫生资源供给与对卫生资源需求的基本均衡，从定量方面，帮助我们判断卫生资源配置是

---

① 李晓西：《经济发展、改革与我国的卫生事业》，见：卫生部办公厅：《2001 年全国卫生工作会议文件资料汇编》。

否合理。这里只想提出一个指标，并将其分为三个阶段。这个指标是未就诊也未自我医疗的患者比例要接近于零。为什么要提这个指标，因为这是卫生资源中最基本的一部分，最现实也最传统的一部分。让有病的人都能看病，或能自己医疗，就很不简单。做到这一点，就是要使全年生病的人与看病和自我看病的人数能大致相等。当然，这是一个长期的指标，是努力的方向。如果要有操作性的话，是否可提出一个年度的动态指标，即将现在未就诊也未自我医疗的 30％～40％ 的比例，每年下降 2～3 个百分点，这是第一阶段的目标。达此目标就可视同年度内卫生资源配置基本平衡的一个重要尺度。达此后，就可以进一步提出第二阶段的目标，即让每个病人在需要看病的时候都能看病或都能自我医疗，即全年生病的人次与看病、自我治病的人次基本相等。第三步，就是使每一个患病者都能得到医生、必要的医疗设备和药品，年就诊总人次，接近于全年患病总人次。之所以说是"接近"，就是允许存在自我治疗的人次，因为自我治疗基本上也属于得到了卫生资源，因此，也属于卫生资源总供求平衡的内容中。当然，真正实现这三阶段目标后，会有更高目标，比如，把人对健康的需求与卫生资源利用联系起来，而不仅是把人对医疗的需求与卫生资源利用联系起来。

第三，要实现卫生服务产品的结构性平衡。中国是一个大国，各地情况不同，各收入不同层次的卫生供求情况不同，具体每一种卫生资源供求也不同。因此，把总供求基本平衡作为一种衡量指标的同时，还应提出若干辅助性指标，或具体化指标，以便对卫生资源配置进行综合评价。首先是各层次的卫生需求能否达到满足，比如，城乡社区卫生服务如何，城乡急救卫生服务如何，老年保健如何，城镇职工卫生服务如何，社会弱势群体（残疾人、低收入人群等）救助体系做得如何，农村基本医疗保障到什么程度，预防工作如何，对流行病、慢性病、传染病等分别解决情况如何？这些分类型的服务中都有供求平衡与否的问题，相应产生了评价问题。其次，具体每种卫生资源上也有供求是否平衡问题，比如，医疗设备的利用率如何？不少省反映，医疗设备和病床利用不足。山东省反映，全省床位过剩 5％；北京反映，拥有的几种大型设备，超过卫生部门的密度标准的规定。又比如，卫生的人力资源利用率又如何？山东省卫生部门就认为与规划期末人员配置总量比，全省医生过剩 11％，医技人员过剩 8％，护理人员缺口为 12％，妇幼保健人员缺口 34％，防疫人员过剩 1％。显然在人力资源供求上也失衡了①。

五、卫生资源配置的核心问题是国家计划配置与市场调节配置的结合

卫生资源配置过程，是如何处理好国家计划配置与市场调节配置的关系。卫生领域不同于一般的产业，医院也不等同于一般的企业，两者是具有特殊性的产业和企业。准确讲，卫生是事业与产业的结合。卫生既具有事业的属性，也具有产业的属性。卫生和医疗，作为人类必需品，具有公共产品的部分属性，政府有责任为社会提供最基本的卫生和医疗服务。我们的卫生机构，现在也要治病救人，实行人道主义的宗旨，要有一定的社会责任，必要的情况看病也可以不要钱，而重大的社会性疾病的预防服务就是免费向社会提供的，这些体现的是其事业性的一面。但另一方面，正常情况下卫生医疗服务还是要收钱的，也是应该收钱的。医院、卫生院要有赢利目标，要有成本核算，要考虑市场需求，还要去开拓市场，这些都是社会主义市场经济下，对卫生体制改革提出的基本要求，是卫生机构在新形势下生存和发展的必然要求。这些又体现出卫生具有的产业性质的一面。卫生的这种双重性质，不仅在中国是这样，我想在西方发达国家也存在。欧洲所谓福利国家就是卫生非经济化因素比较大，事业性特征比较突出。卫生的收费，在西方更是正常的企业行为，没有人感到不理解或不接受。但这两者也要结合。非经济化成分太大，就会影响社会资源向卫生领域的投入，影响卫生机构自己的积累能力和发展后劲，甚至影响到整个社会的经济发展后劲。长此以往，就会自然而然地要求缩小卫生的非经济的福利的成分。反之，没有一定的福利，政府没有对卫生的支出，只靠卫生机构赢利来发展卫生，也会使卫生的公共类产品消失，使民众对政府的不满增长，进而影响那些选票的取向。因此，这两者间，经常处在要求形成均衡状态的过程之中。

实践告诉我们，只靠国家计划配置卫生资源不行。我们在传统体制下，看到卫生资源是如何由政府根据社会生产和消费的需要进行安排和配置的。卫生资源的配置怎么样合理，网点怎么样设置这些都是由政府

---

① 山东省卫生经济学会：《卫生资源配置标准研究》，见：《第五次卫生经济学会材料》。

来考虑的。这种配置初期有很大合理性，但随着时间推移，越来越不能跟上形势变化的需要。卫生机构不考虑社会需求及其变化，不重视成本核算，不计盈亏，不考虑卫生人力资源的价值及报酬支付标准，只要求政府拨款，只要求卫生资源按计划供给，因此，卫生机构就开始萎缩了，卫生供不应求的矛盾就突出了。为解决这一矛盾，卫生体制改革中增加了市场调节这一关键要素。从 1992 年社会主义市场经济体制目标提出的 10 年来，卫生体制通过改革出现了喜人的变化，卫生部门由不创造价值的纯事业部门变成了也创造价值的产业部门，尤其是医药工业、医用器材工业等产业化、市场化发展成为主流。卫生产业的改革成果，对其他相关产业起到了很大的拉动作用，对国民经济增长作出了贡献。卫生作为第三产业服务业，也归入了经济产业的分类之中。20 世纪 80 年代初挂号难、看病难、住院难的问题，经过市场调节医疗服务供给的努力，问题大大缓解了。

实践还告诉我们，只有市场调节配置卫生资源也不行。什么叫只有市场调节呢？就是说卫生资源只根据利润来配置。利润越多的地方，卫生资源配置就上去，反之就下来。这样的结果是什么呢？我们看到已产生了新问题，比如，只求赢利的虚高药价和强制性高收费；服务态度只认金钱而使卫生产品的供求双方矛盾趋于激化等。我们还看到，公共类卫生产品供给弱化了，比如，妇幼保健和防疫等，就供不应求了。进一步推论，卫生资源完全按照这样的配置方式走，是否有一天会集中到富人区，会越来越从农村走向城市，会越来越脱离广大民众尤其是农民的需要呢？因此，要对市场调节的过于重利益的倾向，有所限制和调整；要使政府仍然承担提供卫生公共产品的责任。

六、卫生资源配置具体方法的探讨

在上面分析的基础上，这里提出一些具体的配置方法。这些方法，主要来自卫生领导机构和各地卫生部门及卫生机构的实践。其中重要的一个内容就是，把卫生机构分为营利和非营利两大部分。下面，就卫生资源配置的具体方法，提出八条建议。

第一，依法管理，全面覆盖。卫生管理体制经过多年改革，已出现了多种体系的并存：卫生服务体系重点在公共卫生，医疗保障体系则要把公费、劳保、统筹、保险、合作等多种保障形式协调起来，卫生执法监督体系则要依法履行卫生服务和产品的许可、准入、质量和行为监督等，并制定卫生发展规划和政策。从发展趋势看，卫生管理部门，管理的是社会卫生，不是部门卫生；卫生管理部门是各种所有制的卫生总监，不单是公有制的卫生领班；是卫生体系全面发展和与各方面协调的管理人，不是全国医院的"总院长"。为此，需要在法规上下大力气。否则，社会主义市场经济条件下的卫生资源配置难以真正实现。比如，在同一个地区有两家医院，政府规定其中一家医院负责某些单位医疗报销，不许另一家医院与政府单位有看病合同。在这种情况下，消费者也就是病人就没有看病选择医院的权利，两家医院就不是平等竞争关系了。卫生管理机构要支持医院平等竞争，就应把这种以前保存下来的规章制度改一改，使之真正有利于竞争。概括地讲，卫生医疗机构开展公平竞争，需要政府对计划经济条件下形成的种种限制取消，制定一套新规则，促进竞争环境的形成，给消费者以选择权，这就是政府应当做的事。还有一件大事需要政府来做：建立健全社会保障制度，这属于社会公共设施建设。这方面近年迈出了不小的步伐，但远远没有完成，需要继续努力。

第二，计划配置，讲究科学。卫生管理机构要明确并进一步做好需要计划配置卫生资源的部分。政府或直接或通过卫生管理部门，对公共卫生、基本医疗、卫生科研等给予财政支持；对卫生领域的国有资产存量、财政拨款的资产流量、卫生领导部门，进行监管。如何提高这种计划管理的科学性呢？仍然要进行探讨。一些省卫生管理部门在卫生资源管理上，提出合理配置资源标准，据此进行科学管理，我认为是有益的、必要的。如吉林省卫生厅根据人均国内生产总值、人口密度、农业人口比例、人口出生率、婴儿死亡率、15岁以上人口文盲半文盲比例6项指标，将全省分为4类，根据这个分类进行卫生资源配置[1]；山东省在卫生物力资源上，提出资源共享、等级相配、功能相配、人口相配等思路[2]；四川省卫生经济学会提出"卫生资源密度标准"[3]。这些对卫生

①　杨明信等：《吉林省卫生资源配置标准编制的理论与方法研究》，见：《第五次卫生经济学会材料》。
②　山东省卫生经济学会：《卫生资源配置标准研究》，见：《第五次卫生经济学会材料》。
③　四川省卫生经济学会：《卫生资源密度指数在卫生资源配置中的应用研究》，见：《第五次卫生经济学会材料》。

资源计划配置科学化都是很有价值的。

第三，公共卫生，借助市场。在卫生管理部门计划配置资源的领域中，还需要探讨，卫生事业如何进行产权制度改革，使公有制实现形式多样化，使公有制借用价值规律来提高工作效率和满足市场需求。比如，对政府卫生部门继续管理的医院或卫生机构，在其管理方式上进行改革，通过借用市场调节的信息，加强成本管理，提高竞争意识。具体讲，医院可以借鉴市场规律和供求关系，控制人员增长，控制医院床位和设备的增加，调降医院服务和药品收费标准，提高医务人员技术劳务报酬标准；可运用企业化管理方式，促进医药分开核算、分别管理等一套财务制度的形成等。

第四，产权明晰，资源重组。不少卫生机构将面向社会，离开政府财力支持，独立生存和发展。这种趋势发展下去，就会自然地出现一个问题，如何使非公有制卫生机构合法化并守法经营。现在，少数城市的一些基层卫生机构，开始了股份制和股份合作制的试点、探索，少数地区还出现了中外合资的一些医疗机构，企业所属医院中相当部分正在向医院的社会化服务方面转变。总之，越来越多的卫生机构产权在向非公有方向发展，这是正常的。我认为，不妨让那些利用市场调节效果最好，负面影响最小的医疗机构，率先走入市场，自负盈亏。发达国家中，最典型的是牙医，私人小诊所特别普遍，这是与牙医本身的特点相关的。这一点对我们也是有启发的。这类卫生机构的发展，将由市场决定而不是政府决定了。

第五，价格升降，实现平衡。经济学原理告诉我们，产品和服务的供求均衡，只能在一定价格水平上才能实现。比如，价格过高时，需求受到抑制，供给过剩；价格偏低时，需求很大，供给就不足了。因此，供求平衡，一定是某种价格水平上的均衡。据有的专家研究：居民收入增长一倍，医疗服务需求量增长 30%；医疗卫生服务价格提高一倍，需求减少近 50%。可见，收入和价格变动，对卫生资源的供求有很大影响。要解决看病费用上升和就诊人数下降的矛盾，价格就是调节的最有力杠杆。可通过专家（包括卫生专家和经济学家）来确定降价程度；反之，当就诊人数上升，设备供不应求时，也可以并应当适度提高价格。

第六，活化资源，动态配置。多年来，卫生资源的配置与分布已形成了基本格局。我们在研究配置时，既要研究资源的重新配置，也需要研究资源在一定配置格局下，如何使供给满足需求。这里归纳一种做法，叫流动性配置资源。有些地方政府利用市场办法，有计划地把卫生资源盘活，让其流动起来，让城乡的卫生资源接上头，这种做法是值得提倡的。比如，据不完全统计，北京中央所属和市属医疗机构外地病人人数占全部病人人数的 1/3。另一方面，城市医生到县乡村去看病，也是多年来形成的深受百姓欢迎的做法。这些都是流动式配置资源的方法。或让医生流动，或让病人流动，具体什么为好？就要看效果，看社会成本了。①

第七，合力驱动，改进布局。我国东部与中西部在经济上有较大差距，因此，卫生资源分布上也有较大差距。我们看到的现象是：东部医院大，西部医院条件差。1998 年东部地区每千人口卫生技术人员 6 个，西部是 3 个半。据统计，1998 年西部 12 省、市、区农村家庭人均纯收入只相当于全国平均水平的 67%，相当于东部 11 省市的 49%。而西部 12 个省、市、自治区，1998 年平均第一门诊人次医疗费用和平均每一出院人次医疗费用为 40 元和 1 700 元，低于东部地区 75 元和 2 900 元的水平。一个西部农村四口之家，如果有一个患病住院，交 1 700 元，就占了全家纯收入的 27%。显然，中西部需要增加更多的卫生资源②。但是，卫生网点布局，单靠市场力量难以达到合理分布。我们很难想象北京一家医院，通过全国范围的竞争，要搬到穷乡僻壤的西部去。同样，在当前条件下，也很难想象，用行政命令就能使东部医院迁到西部去。卫生资源的区域布局改进，即使每万人资源密度有所接近，需要市场调节和计划配置的结合。政府出面，可用其名、用职称职务以及政治等资源来支持；市场介入，则以利益即经济上的益处来支持。因此，计划与市场结合，是卫生资源布局合理化的基本条件。

第八，农村需求，重点解决。在我国，卫生资源配置中最大的问题，是农村对卫生资源的需求很大，而得到的卫生资源很少。卫生资源大部分在城市，15% 的人口享受着 2/3 以上的卫生费，城市居民卫生资源占有为农村的 3 倍。这种情况还在恶化，据辽宁省调查，全省 1 280

---

① 北京卫生经济学会：《合理配置卫生资源，适应首都社会保障体系发展》，见：《第五次卫生经济学会材料》。

② 中国扶贫基金会：《中国西部医疗管理支持》，见：《扶贫项目调查报告 2001 年 1 月》。

家乡镇卫生院只有 1/3 在维持运营。显然，我们面临着卫生资源在城乡配置上不平衡、不公平的问题。农民在中国占 70%～80% 的人口，因此，这个问题非同小可。不能为农民提供基本的卫生医疗服务，中国卫生体制改革就根本谈不上完成了。现在考虑的问题，应是如何在个体家庭基础上，重建农村的卫生服务体系。此外，还要考虑，农村要走城市化道路，要进行产业化经营，那么，农村的医疗体制怎么样来适应这个变化？总之，形势发展将要求进一步通过资源两结合的配置方式，缓解城乡卫生资源配置上的矛盾，真正打下一个合理配置卫生资源的基础。

作者说明

在国务院研究室工作期间，受科教文卫司尹力同志（现卫生部副部长）邀请，我多次参与卫生体制改革的活动。有机会了解卫生系统的改革与发展情况，也因卫生方面的会议邀请，写过一些讲演稿。其中在卫生部工作会议上做过报告，见卫生部办公厅《2001 年全国卫生工作会议文件资料汇编》。作为中国卫生经济学会学术委员会高级顾问，我一直也在考虑卫生资源到底如何配置才算合理。2002 年《中国卫生经济》第 2 期以杂志首篇文章发表的《试论我国卫生资源的合理配置》，就是我思考的阶段性成果。文章发表后，《中国卫生经济》又约请我担任杂志的编委，使我感受到信任，同时也感受到了一种责任。同年 12 月，国家经贸委也将本文组织进其汇编的一本书稿中。

2003 年，卫生部办公厅创办了一份不定期信息刊物《卫生政策信息特递》，报送有关领导。我的这篇文章有幸被选中，并在第 2 期摘要刊出，题目就是《李晓西论卫生资源合理配置》。其编者按说："本文全面论述了我国卫生资源配置中存在的问题，并提出了相应的政策建议，供参阅。"

从生物医药产业角度试析标准

本文从社会科学角度，就生物医药产业为对象，对标准定义、生物医药产业标准、中医药标准化、生物医药标准化对技术转移和投融资的影响等，展开分析。

一、标准的重要性

依据国际标准化组织①的定义，标准是"由一个公认的机构制定和批准的文件，它对活动或活动的结果规定了规则、导则或特性值，供共同和反复使用，以实现在预定结果领域内最佳秩序的效益。"这是一个非常好的定义。我理解，"公认的机构"，关键在"公认"，不论是政府还是民间，不论是企业还是协会。对活动定规则，这里要问明白的是什么样的活动，当然是有价值的活动了。生物医药研产销就是一个很有价值的活动。定规则后，大家再共同使用并反复使用，这就说出了规则的力量，是持续发挥作用的，是约

---

① 1991年，ISO与IEC联合发布第2号指南《标准化与相关活动的基本术语及其定义（1991年第六版）》。

束活动的参与者的，也是贯穿活动全过程的，能涵盖生产活动的过程和结果，也可以越出地域和国别。最后，按这个规则来参与活动，就会使活动有了秩序，就会实现预定的效益。

标准非常重要，有多方面的作用。

标准有助于提高企业的竞争力。现在流行一种说法，"一流企业做标准、二流企业做技术、三流企业做产品"。这在一定程度上反映了标准对企业提高竞争力和扩大发展的重要性。一个企业的产品有很大市场，其产品标准可能被国际公认，那么，这个企业产品的进出口就都有了保障。

标准有助于产品产业链的形成。例如，2004 年信息产业部公示的高密度数字激光视盘系统（EVD）标准，促成了 EVD 产供销产业链的形成①。标准的国际化，则有助于提高产业在国际贸易中的地位和竞争实力。WTO 早在 1995 年，就要求各国在制定国家标准时，应以已有的相应的国际标准为基础。标准对内可以加速产业的升级和结构调整，对外可以提升产业的国际竞争力。

标准有助于消费者对产品或服务进行评价和选择。标准的宣传，可以减少买卖双方信息的不对称，降低交易成本，减少欺诈，提高消费者监督的水平。遵守标准，可以提高产品的质量，保证消费者使用产品时的功效。

标准有助于实现强国战略。标准的授权和推广，每一个环节都依赖各相关部门和组织之间的高度配合。标准形成后会影响到不同主体的利益，它包括标准的拥有者、管理者和使用者，涉及企业利益、产业利益和国家利益等。标准的实施就意味着将不同利益主体的能量凝聚起来，形成一股合力，共同支撑起"标准强国"的道路。

随着全球化和经济一体化进程的加快，标准的外延一直处在不断扩展的状态。从有形商品到服务贸易，从技术规范到社会责任（包括环境标准和劳工标准等）都被纳入标准范畴，作为规范国际秩序的依据和准则。与此同时，标准也成为贸易技术壁垒的主要形式。据统计，发展中国家受贸易技术壁垒限制的案例，大约是发达国家的 3.5 倍。总之，标准化越来越重要了。

---

① 张春蔚：《信息产业部标准之争得先手 EVD 启动产业链建设》，载《南方周末》，2004-07-15。

二、标准的复杂性

标准以及随之而来的标准化工作，是一件非常复杂的事情。

1. 标准内容具有广泛性

我们常讲的标准是产业的技术标准。这是使用范围最广泛的一种标准。技术标准或是产品上的，或是服务上的。而产品或服务上也有多种技术标准。产业技术标准本身往往也形成了一个体系，因此是很复杂的。在医药方面，技术标准就更复杂了。比如，疾病诊断应有标准，临床治疗方案要有规范性指南，这涉及标准。而疗效评价标准，又决定着药品及其使用标准。再具体一点，如绿色健康食品活性成分标准，这是保证药物和门诊效果的关键。如何形成标准，那么在生产中就有一个如何保证每一批产品都根据同一标准，保持一致的成分与疗效的问题。

但更复杂的问题是，标准类型远远不只技术类型。比如管理标准与技术标准的关系。管理标准本身也极为复杂，比如，中国乡村医生的津贴标准，这就是一个行政管理的规范，这种管理标准就太多了。

2. 标准形成具有复杂性

标准复杂的原因还在于标准形成的途径有多种：一是法定标准，这是由政府技术标准制定部门以及一些国际性标准组织，在现有各种技术标准基础上进行选择、折中后，推出的产业技术标准。我国实行的是以政府为主导的标准体制。二是企业标准。当企业的技术标准拥有大量用户群，在市场竞争中保持领先优势，企业标准就在事实上成为市场认同的产业标准。也有企业申报标准，政府批准后成为法定标准。这在 IT 业快速发展过程中已屡见不鲜了。三是用户选择过程中形成的产业标准。这种情况比较少，也有。用户为减少或避免选用新技术产品支付的转移成本而锁定某一技术产品，使用户成为确立产业标准的重要力量。例如，计算机键盘的 QWERTY 标准就是用户选择的结果。当然，由于医药产业或者医疗市场的特殊性，即具有高度信息不对称，严格的专业技术壁垒等特点，这种由最终用户，即病人选择过程中形成标准的可能性确实非常小。

还要指出，标准形成与经济发展阶段也有关系。因此，这就使产业标准呈现出更为复杂的一面。

3. 标准与其他规范具有近似性

标准是一种规范，与其他规范有紧密的相关度。比如，与法规，与知识产权，与专利，与技术等。

首先，标准与法律法规均为对人们行为的约束，但刚柔度有差别。标准出现之前，生产和交易的秩序是通过法律法规来维护的，这是一种硬约束，只有法律人士才可解释。标准这种规则，是通过市场反映来表明用户的选择和同行的认可，形成一种事实上的规范，可由相关人士来解释，相对弹性大一点。有了标准，契约、合同才能够明晰化、具体化。标准与技术法规的替代性会变小，而互补性会增大。

其次，标准和知识产权均具有产权属性，但标准往往是一系列知识产权的组合。专利是知识产权的集中体现，而有专家把标准形容为一个"专利池（patent pool）"。通过建立标准，专利技术被纳入标准体系之中。因此，采用标准就必须对其中的知识产权付费，这是标准的产权效应；另一方面，采用一个标准就必须采用标准涉及的全部专利，这是标准的捆绑效应[①]。

再次，标准所代表的不一定是最优的技术，最优的技术不一定成为标准。技术被确认为标准是由多方面因素决定的，而不仅仅是技术水平一个因素决定的。技术一旦成为标准，就会受到保护，这种技术就会使其所有者和使用者产生事实上的优势。

4. 标准背后具有营利性

标准以及标准化工作之复杂，还在于这项工作涉及利益分配。标准是标准的拥有者、管理者和使用者利益之间，或说涉及企业、产业和国家利益之间的分配。如果将技术带来的收益与标准带来的收益相比较，可以说，标准的收益空间远远高于技术的收益空间。仅以产业技术标准为例，产业技术标准具有生产属性和市场属性。其生产属性侧重于要求生产的规范性，而市场属性则要求交易双方之间的协调性和一致性。从生产属性，我们可以看到企业、产业的生产收益水平；从其市场属性，我们则可以看到国际市场份额的分配及其相联的贸易利益的空间。技术专利化—专利标准化—标准许可化。例如，美国高通公司在 CDMA 移动通信领域拥有国际标准，标准后面是 1 400 多项专利，因此，产品的收益已退居其次，而专利收益成为更重要的收益来源。标准的收益分配的另一方式则是技术壁垒、产业壁垒和贸易壁垒的构建。正是利益关

---

① 互联网实验室：《新全球主义：中国高科技标准战略研究报告》，2004-07。

系，使得制定标准和推行标准，有着更多的困难与争执。①

三、生物医药产业标准的本国化及国际化

第一方面，关于国际化标准问题。生物医药产业的标准化，首先会涉及现在有哪些标准是大家公认的。据查找，以下三个标准可以视为全球性标准或说是最值得重视的标准。

一是 GMP（Good Manufacturing Practices）。最初是由美国坦普尔大学 6 名教授编写制订，20 世纪 60 至 70 年代的欧美发达国家以法令形式加以颁布，要求制药企业广泛采用。WHO 在 1990 年对 GMP 修订后，1992 年再次修订。WHO 的"国际贸易药品质量签证体制"中已规定出口药品厂必须按照 GMP 的规定进行生产，并接受进口国药品监督管理部门按 GMP 规定进行的监督。这样，按照 GMP 要求生产药品已成为药品进入国际市场的先决条件，GMP 也就成为国际性的药品质量控制和检查的依据。美国 1996 年以联邦 21 号法案的形式发布 GMP。它涉及生产管理各个具体环节。

二是 ICH 指导方针。在国际卫生组织支持下，1990 年 4 月成立了人用注册药品技术要求协调委员会（International Conference on Harmonisation of Technical Requirements for Registration of Pharmaceuticals for Human Use，ICH）。目前 ICH 已经建立了涉及标准制定和制药工业研究的六大内容。ICH 颁布的一系列条文被称作"ICH 指导方针"，涵盖四大主要类别：质量、安全性、疗效和学科研究。美国、日本和欧盟的制药工业，接受其指导。但 ICH 指导方针还没有完全成形。

三是 ASTM，即美国测试与材料国际学会（ASTM International）制定的生物制药的自愿性相关标准。该学会成立于 1896 年，总部设在费城，是美国资格最老、规模最大的学术团体之一，是从事工业原材料标准化的一个非官方非赢利组织。ASTM 的成员来自世界 100 多个国家，代表制造商、用户、消费者、政府和学术机构。ASTM 从事的业务范围十分广泛，生物制药仅是其中一个行业。ASTM 标准可以在 77 卷的《ASTM 标准年鉴》上查询。ASTM 制订的标准大部分被美国国

---

① 滕飞：《美国国家标准化战略及我国之借鉴》，载《中国标准化》，2003（5）。

家标准学会（ANSI）纳入。ASTM 在国际上很有影响，它所制订的标准被国际上很多贸易双方采用为供货合同的品质条款，我国进口的原材料检验也常用 ASTM 标准。ASTM 制订的医药、医疗标准具体包括 69 项医疗服务标准和 261 项医药标准。ASTM 中最近的关于生物制药国际标准分别是 ASTM E1567-93 和 ASTM E2500。ASTM E1567-93 制定于 2001 年，主要指导生物制药设备的制造、设计。ASTM E2500 制定于 2006 年。该标准涵盖了生物制药的整个生产和消费周期，覆盖生物制药技术各个方面，现已为各大生物制药商接受，于 2007 年 12 月被世界药品委员会（Pharmaceutical Products Committee）批准并采纳。

　　第二方面，关于各国自有的标准问题。据我所知，各国在有关生物医药产业具体标准方面，有非常多的规定。

　　美国食品药物监督管理委员会（US Food and Drug Administration FDA）目前的主要规范是 FDA 药物批准规范（FDA Drug Approval Phases）。1903—1997 年之间美国有十多项相关法案出台，在国际范围内影响较大的是 1993FDA 处方药使用者消费法和 FDA1997 现代化法案，等等。欧洲医药机构（European Medicine Agency EMEA）主要建立的是欧洲医药市场准入制度，审理每一份申请进入欧洲市场的医药产品报告。日本厚生省制定医疗器械临床研究规范、医药行业规范等标准，以保护日本药品市场。我国目前在大力推行 GMP（Good Manufacturing Practices）认证，主要是国际上对医药生产流程的安全性的规范。

　　第三方面，国内标准的国际化问题。

　　学界公认，标准制定主要有四种方法：一是采标，即接受国际标准；二是参标，即参照国际标准制定国内标准；三是补标，即在国外标准基础上，根据国情增设市场准入标准；四是创标，即独立创立标准①。

　　中国标准化工作主要存在的问题是：以政府行政审批为主，企业参与程度低；标准的贸易属性长期受到忽视；标准与知识产权缺乏有机联系，相关部门缺少配合；不同标准制定机构之间缺乏相互沟通；我国绝大部分标准超过标龄没及时调整；在全球产业格局中，我们所扮演的仅仅是制造者、组装者和本土市场分销者。这些问题同样在生物医药产业中存在。这些问题的解决，将会使中国标准化工作走向新阶段。

———————————

　　①　王金玉：《国际标准化战略研究》，载《标准化研究》，2001（12）。

当前而言，我国在参标、采标的基础上，应强调参与创标和独立创标，应逐步提高创标的比重，应实现凡有标准基础的产品均形成中国标准，并逐步达到国际化生物医药产业的标准①。

四、中医药的标准化问题

国家"十一五"发展规划以及国家中医药管理局中医药事业发展规划中明确提出：推进中医药标准化、规范化建设。要建立起以中医药技术标准和管理标准为主体框架的标准体系，规范中医发展。《国家中长期科学和技术发展规划纲要（2006—2020年）》中也明确指出要重点开展中医基础理论创新及中医经验传承与挖掘，研究中医诊疗、评价技术与标准。今年卫生部正在推行的"健康中国2020战略规划"，也提出了完善中医的基础与技术标准和规范的要求。

（1）中医特色及与生物医药的关系。我对中药产业有四点看法：首先，中药产业是小产业，又是大潜力产业。就全国而言，中药产业是国民经济的小产业，中药工业总产值约占GDP的0.4%，加上广义中药业，可能在1%。一般认为，上5%，才算得上支柱产业。但中药产业产值增长很快，全国中药产值20世纪90年代以年均20%的速度增长。其次，中药产业既是特色产业，又是关联度很大的产业。中药产业对各行业的关联性很高，具有产业的渗透力。如，与生物资源产业的产业关联度高的有健康产业、旅游产业与环保产业，还有生物资源农业、生物资源工业等。中成药产业，就要求生物资源能进行工业化利用。中药产业对就业影响很大，如生物资源产业化面大，就业量大；对环保业影响很大，也需要大量人力。再次，中药产业既是传统产业，更是朝阳产业。人们常说中药产业是传统产业，其实中药产业符合世界的时代潮流，符合健康产业需要，符合绿色潮流发展需要；还与生命科学发展有内在联系，是基因和蛋白质的宝库。因此，中药产业是朝阳产业。最后，中药既是中国的，也是属于世界的。其独特的文化含量，使中外药品互补大于竞争。中国人对传统中医讲的生物类动植物的促进健康有相当认同，比如，鹿茸、鳖精、蜂王浆，甚至对现代的新生物类也很认同，比如深海鱼油。

① 徐京悦：《我国标准化体制评介》，载《中国标准化》，2001（7）。

美国宇航员上天看病，就用了懂中医的科学家，利用望问手段来判断病情，很有意思。现在，各国都利用中医治疗一些西医难以治疗的病①。

（2）中医药技术标准化方面存在的问题。从自身讲，确实存在中医技术标准不健全，临床诊疗不规范，治疗效果难评价，对外交流无依据的实际问题；从外部压力看，在 WHO 发布的一些关于传统医学指南中，我国除了在针灸方面占有一定优势外，在植物药、疾病防治等的标准化方面，目前还没有取得主导地位。据说日本、韩国等已投入大量资金，组织制订含中医内容的国际性指南规范。因此，以我为主制订中医标准迫在眉睫。中药是中国的，标准应是中国的，但必须要有一批专利跟进。

（3）中医标准化的内容或范围②。中医标准涉及很大范围，有基础标准、技术标准、健康标准、心理标准等；还有常用诊疗及其名词术语标准、中医语言一体化标准、中医信息分类与代码标准、传统临床实践指南、针灸取穴标准、病例书写规范、各类疾病诊疗规范、指南、中医机构分级准入规范标准体系等。

制定标准现实意义很大。例如，中国是肝病大国，每年 30 万人因此病死亡。现保肝中药有 160 种，要再评价，这涉及按什么标准来评价的问题。再比如，中西医结合中，西医标准化用药短期见效，但延缓疾病发展作用有限；中医相反，但强调用药的个性化，那这两种结合，联合用药，如何看待？也要有规范来指导。

总之，需要采用国内及国际通用标准，形成代表国家学术水平的中医共性技术及方法学的标准，形成具有实用价值的各类具体标准。

五、生物医药标准化对技术转移和投融资的影响

生物医药产业的特点及其标准化程度，都对技术转移和投融资有影响。生物医药产业特点是：生物医药研发需要的资金量大，周期长，成功与否也具有一定风险性，因此资金供求之间存在着矛盾，生物医药企业往往感到资金的短缺。标准化程度与资金风险度也是紧密相关的。创

---

① 这是 2004 年 2 月 4 日我参加国务院发展研究中心和中医药管理局举办的中药产业国际化评审会的发言。

② 本部分参考了谢雁鸣教授在健康中国 2020——中医组会议上的发言《健康中国2020——中医标准化战略思考》。

标成功的企业，风险低而收益大，资金问题容易解决；正在创标的企业，风险高而暂无收益，资金很难得到保证；已经采标或达标的企业，风险相对不高而收益相对稳定，因此，资金也相对容易解决。这些情况对技术转移的道理是一样的。技术转移中关键问题是专利的有偿交易而不是专有技术的无偿援助。创标企业与随从企业有一个采标达标背后的技术专利转让问题，作为"专利池"，这涉及大额资金支持的问题。专利交易本身有多种形式，这里不再深入讨论。生物医药企业自身的努力，这里也暂不讨论。

下面我仅从金融理论上或推论上，对生物医药产业投融资中的几种形式略作分析。一是从金融机构主要是银行获取无抵押贷款和长期贷款。我国生物医药企业基础薄，自有资本金少，而研发所需资金量大且时间长，因此，这些企业获取银行信贷难，获取长期信贷就更难了。在这方面，建议金融机构尤其是银行，能有一批了解生物医药产业发展特点及趋势的专家或信贷人员，就这个行业的特殊性和发展潜力，给予一定的优惠扶持。简单的办法就是能否对这类企业的各类标准证件作为诚信度的证明物，以对企业未来发展预期为依据，而提供无固定资产类的抵押贷款，鼓励国内同类企业去创新和创标。二是国家财力支持。这包括多种形式。比如，加大财政资金支持力度。可根据政府的规划及其项目，在生物技术及其产业化方面进行无偿或低息的投入；省级科技计划和结构调整等财政专项资金可对生物医药企业产品研发、创标补标等项目予以支持；落实国家关于财政性资金优先采购自主创新生物产品的制度等。再比如，可为有前景的企业提供政策性贷款，或低息贷款，由财政来贴息。再如，可实行择优减免税收办法，对在创业期的生物医药企业和技术含量高、有市场潜力的同类企业适当减免税费；对成长初期的生物医药企业则可允许税前列支成本等方式鼓励研发，对处于标准化攻坚阶段的重点企业或企业联盟提供优惠利率政策或者信贷担保等多项财税政策优惠。三是通过专项产业投资基金来支持。国家可扶持生物医药产业投资基金的设立和发展。产业投资基金是指一种对未上市企业进行股权投资和提供经营管理服务的利益共享、风险共担的集合投资制度，即通过向多数投资者发行基金份额设立基金公司，由基金公司任基金管理人或另行委托基金管理人管理基金资产，委托基金托管人托管基金资产，从事创业投资、企业重组投资和基础设施投资等实业投资。应该说，产业投资基金是随着我国投融资体制改革的深入、适应国民经济发展的需要而产生的。据我所知，第一只基金产生于英国，已有120多年的历史。产业投资基金作为基金中非常重要的品种，在我国只有几十年的历史，只是在20世纪80年代后才得以飞速发展。产业投资基金有利于促进间接融资、直接融资的合理均衡发展，有利于满足非上市企业的资金需求，有利于促进风险大但创新难度高的产业发展，有利于促进金融体制改革。国外的经验表明，很多重大技术成果及其推广应用，都离不开产业基金的扶持和推动，全球大多数著名的高科技企业，都是在产业基金的培育下成长起来的。当然，转轨中金融产品交易包括产业基金运作的不成熟性，也要求我们谨慎从事。四是鼓励生物医药企业在资本市场和债券市场上融资。我国中小创业板市场，重点就是对这类有技术发展前景，但短期形成固定稳定收益有困难的企业给予资金融通的机会，特别是鼓励有专利技术或者说主导该领域标准形成的中小企业。当然，这里也会有风险。五是吸引包括私人投资者在内的各类投资。为吸引资金，要允许此类企业有更多的积累。比如，可允许提高标准出版物售价和标准认证收费标准，使行业协会或企业的标准化工作在经费上获得可持续的保证；也可允许企业创造有价证券来让投资者购买等。

国际上现在有一种被称为"结构性融资（structured finance）"的模式，解决生物医药企业对资金的需要。这种模式打破了传统信贷需要担保和资质的要求，只要企业具有良好的现金流，具有优良的还贷历史，即使是没有物质资产的保证，也可以进行融资。这是国外一些金融机构的一种业务和金融产品的创新，用于支持研发等科研项目。结构性融资的出现，缓解了在生物制药产业长久的资金紧缺问题；当然，对我国诚信基础尚不健全的金融机构来说，对专利制度及其知识产权保护还不够有力有效的市场环境来说，这种模式还是比较超前的。但其思路可以借鉴。

六、推进生物医药标准化工作的建议

当前国内外金融形势，对生物医药产业融资更是有很大压力。但我认为，生物医药产业的发展是一件不可阻挡的新生力量，不会因通货膨胀或通货紧缩而止步，不会因资金或说流动性过剩或不足而停滞。我们不否认短期经济形势对本产业发展速度的影响，但我们更重视全球化对本产业发展的长期影响；我们不否认宏观调控对本产业投融资的影响，但我们更重视决定本产业长远前景的那些市场供求力量。因此，我这里想从长期角度来对推进生物医药标准化工作提三条建议。

第一，发挥企业推进生物医药标准化工作的本位作用。企业发挥主体作用是未来标准化体制确立的基石。企业既要积极开展企业内部各项标准化的活动，还应积极参加本行业的技术交流和标准制订修订工作，参与国际标准的制订修订工作。要特别发挥行业里龙头企业的带动作用，在创标补标中，要本着"谁投资谁受益，共同投资共同受益"的原则，利用市场手段来激励企业加大投入。要支持和推动研究机构与国有大型医药集团、民营药企与大学的合作，以真正高效地实现标准化战略的突破。

第二，发挥政府在推进生物医药标准化工作的领导和支持作用。政府应组织行业审查国外制订的产业产品技术标准，认可与承认的要公布，要鼓励国内企业参标达标，不认可的要鼓励国内企业创标补标。在制订修订标准方面，政府应保证利益相关主体的知晓权，保证标准制订程序的公开性、保证参与过程的自由度和透明性，力争在各利益主体之间取得协调和一致。政府应为生物医药基础研究设立公共研究基金，支持生物产业基地和国家生物工程实验室，集中精干、高素质的研究力量，提出相关的基础标准。在培育市场、完善生物产品市场准入政策方面，政府也应有所作为。此外，在建设信息技术体系，跟踪先进国家技术标准动态，为企业和社会的标准化工作提供有力技术支撑方面；在支持和帮助企业联合攻关，特别是涉及公共卫生领域的工作，如重大传染病防治的新药创制方面，政府都有着不可替代的重要作用。

第三，发挥法律法规在推进生物医药标准化工作方面的保驾护航作用。国际国内形势发展很快，生物医药产业更是方兴未艾。为适应全球化国际背景，为提高我国生物医药产业的国际竞争力，应加快对1988年的《标准化法》和1990年《中华人民共和国标准化法实施条例》的修订步伐，使我国标准化工作能发挥新形势下对新兴产业的保驾护航作用。要通过法律手段加大知识产权保护力度，鼓励企业、科研机构和广大科技人员积极进行科技创新，为我国生物医药产业的"补标"和"创标"工作打下坚实的技术基础。应进一步完善我国的《反垄断法》，在确保技术和专利拥有者的利益同时，增加有关技术标准的内容，约束和限制在技术标准方面企业联盟产生的负效应①。

七、结束语

早在 2002 年，中国政府就已明确要支持生物医药发展②。当卫生产业走向健康产业时，生物医药产业也有了包括全民在内的大市场。这是时代的潮流，是人类进步的必然。据所查阅的文献，有多位专家借助大量事实，提出目前正处于生物医药技术大规模产业化的开始阶段，预计到 2020 年之后将进入快速发展期。产业化促进标准化，标准化是产业化的保证。让我们共同预祝，生物医药产业在标准化的推进下，将进入一个新的发展阶段。

作者说明

这是在北京市 2008 年 10 月 22 日第十二届生物医药发展国际论坛主题讲演稿基础上形成的文字稿。此前 2 个月，我校陈继军教授带领北京市科技局张泽工和潘悦同志，联系我在大会上作个主题讲演。考虑到与北京市科技局的进一步合作，我就答应了。但没想到，此稿写作中困难不少，尤其是国际方面的资料。这方面要特别感谢肖博强助理，他为我查找了大量相关文献，使我能较深入地了解此领域的重要情况。王诺博士和刘涛为我提出了很好的建议，对文章提出了修改建议。文章形成过程中，国家信息中心、中国标准化研究院、国家发改委国际合作中心联合承担的《中国重要产业技术标准战略》课题的专家论证会的邀请以及浦宇飞等人所起草并提供的"标准立产强国"战略研究报告，对我很有帮助。而国家中医药管理局 2008 年 8 月 20 日召开的《2020 健康中国规划》理论研讨会，也给我很大启发，尤其是专家们关于中医药标准化的讲演。那天大会讲演后即去机场参加香港的一个会，感到特别的紧张。同年 11 月，我将讲演稿发送浦宇飞主任请提意见，他推荐给了国家标准局有关专家。文章后来在 2009 年《标准科学》第 1 期发表，发表时我请王诺博士作为合作者而共同署名。

---

① 徐京悦：《市场经济条件下标准化体制构想——让企业成为标准化活动的主体》，载《中国标准化》，2000（12）。

② 据新华财经北京 2002 年 5 月 24 日电，记者从 23 日开幕的中国药学会第二十一次全国会员代表大会获悉，中国已经确定了今后发展生物医药的六大重点。

发展体育的思考

一、如何理解体育的性质

对体育性质的认识有两种不同的看法：一种观点认为，体育事业是典型的、纯粹的社会公益事业。持这种观点的人一般都不赞成体育产业化的提法。另一种观点认为，体育事业在计划经济体制下是社会公益事业，在市场经济体制下是国民经济中的一项产业，是现代服务业中最具发展潜力的新业态。

2001 年奥运香山会上，我曾提出这样三句话。一是承认体育是产业，有营利性，市场规律在起作用。鼓励和引导社会各行业、境内外企事业单位和个人参与体育市场开发，投资体育产业。二是承认多种产权形式的体育组织的合法性，发展多种所有制基础上的体育产业。允许实行职业的体育俱乐部制度，鼓励产权明确、独立核算、自负盈亏的俱乐部制和协会制；支持企事业单位兴办面向社会的体育服务经营实体；有商业价值和市场需求的运动项目，要积极探索职业化道路。三是承认体育是产业与事业的混合，坚持体育作为事业的属性，因此，政府应当在财力及其他方面继续支持体育事业的发展。

以上三条，核心问题是明确在发展体育产业和事业上，政府和社会的各自责任。这里表明我坚持体育既是事业也是产业的观点，坚持体育的双重属性的观点。有一种提法是，体育是具有产业性的社会主义公益事业。这种提法也是承认双重性，但强调了事业是矛盾的重点。我可以接受这种说法。但我希望不要因此忽略了体育作为产业的一面。

应该看到，随着体育事业规模和层次的不断提高，仅仅依靠政府力量来推动将难以为继，必须把体育的经济价值和市场主体的获利需求与大众自主的体育消费有机结合起来。正如《中共中央、国务院关于进一步加强和改进新时期体育工作的意见》指出的，"要努力开发体育无形资产，加强对商业性赛事的管理，大力发展体育产业，积极培育体育市场，不断增强体育发展的动力和后劲。"有同志为论证体育产品是公共产品，说其具有效用的不可分割性、消费的非竞争性和受益的非排他性；我要补充的是：体育产品也具有可分割性、竞争性和受益的排他性。这两方面都是共存的，在不同的时空中表现出的重点不同而已。否认产业性，体育产业就在市场经济条件下，失去了自我发展的强大动力和积累能力，就难以健康成长，难以与国际交流，难以动员广大人民参与。我们不要因为市场的失效或失灵来低估体育具有的产业性质。因为经济中也存在市场的失效或失灵，但市场调节仍是基础的、主要的。

同时，我想也不要因为体育具有产业性一面，就忽视了其事业性的一面。比如，体育精神是一种敢于竞争、不怕困难、不断前进、探索求新的精神，是促进人类社会前进的种种好的精神、品格的集中体现。体育在为中华民族争光中的作用是伟大的。曾经有人说，不要对世界冠军太当回事，要有平常心；有人说，不要把体育与为国家争光关联在一起，一场比赛输赢没关系。我不太同意。诚然，不要把体育比赛的输赢与国家的盛衰等同起来，但是，不能否认体育比赛确是具有振奋民族精神、为国争光的实际效果。作为一个大国，一个伟大的民族，我希望看到多一些世界冠军，多一些民族自豪。中国乒乓球队、羽毛球队和女排等，团结奋战，敢拼善斗，几十年勇立世界前列的奋斗史，引起国人巨大反响和喜悦，是金钱换不来的一种最激动人心的感情。因此，我想说，体育产业化，不是每一个细胞都是商业化细胞，还有事业的一面，有为国争光的一面，有精神追求的一面，否则，就会断送了体育运动的精神。正如《中共中央、国务院关于进一步加强和改进新时期体育工作的意见》强调的"要通过体育活动，增进人与人的相互了解，改善人际关系，建立健康、合理的生活方式，创造文明、和谐的社会环境"，要通过发展高水平竞技体育，"弘扬集体主义、爱国主义精神，增强国家和民族的向心力、凝聚力。"这些强调了体育产出成果的公益性，强调了体育的事业性一面。

体育界的专家们提出要有新的体育发展观，即群众体育、竞技体育、体育产业协同发展观。我很赞成。这种发展观要求新时期的体育事业不仅要努力构建多元化体育服务体系，进一步提升我国竞技运动水平，而且要为国民经济有质量的增长做出实际的贡献。显然，要实践这一目标，就必须坚持体育是具有事业性和产业性的结合。让我们记住这句话：体育事业是社会文明进步的标志。

二、政府与体育的关系

这主要包括三个方面的问题：一是政府要不要管体育；二是政府管什么；三是政府以什么方式管理。

（1）政府要不要管体育产业？如何管？

如果承认体育具有事业性，具有公益性，能提供公共产品，政府就要直接管理。如果承认体育具有产业性，具有竞争性，能提供各类供不同人消费的产品，政府就应间接管理。如果承认当前我国处在经济转轨时期，体育产业发展中存在体制性障碍，政府就有责任来领导并促成体育管理体制的创新与完善，这是特殊情况下的对管理的管理。总之，政府应当管理体育。

政府管什么？如何管理？正如现在卫生部说自己不能再是医院的总院长了，体育总局也不是体育总俱乐部总经理。政府管理体育主要有以下四方面：一是就体育全局而言，体育主管部门要制定体育发展战略、规划、方针和政策，履行指导和规划的职能；要管理和合理处置体育系统的国有体育资产，做好国有资本金的管理工作，确保国有股东及国有股权的合法收益；要汇集、统计和发布各类体育信息，引导社会关心并参与体育活动；要与国家综合经济管理部门工商、税务等协调相关的管理事务。二是就直接管理部分如举国体制，要为重大的国际国内重大的比赛，提供组织和协调，促成比赛的成功，造就更多的中国冠军。建立和完善以国家财政拨款为主的多元化投资和筹资机制。对优势项目、潜优势项目要在资源投入上有所倾斜，政策上予以保护，作为国家财政拨款的重点投入方向，但也必须进行适应市场经济体制的改革与创新。三是就间接管理的部分，要制定并监督执行体育经济法规和相关标准，依法行使管理体育市场的职能；要为各类体育企业提供平等竞争的条件；要为合理调整体育产业结构和体育产品结构提供场外指导；指导重大体育无形资产的开发、评估和使用。四是就体育管理体制改革的部分而言，改革目标是提高体育资源配置的效率和效益，进一步推动体育事业与社会、经济、文化的协调发展。改革不可能一下就完成，改革的过程正在与管理结合起来，把管理体制改革中要持续几年才能完成的部分，变成按科学管理办法进行的正常工作去扎实地完成。比如，通过深化改革，取消运动项目管理中心和协会对非体育系统、非公有经济成分投入项目产业的限制。支持各类体育企业所有者自组的行业性自律组织，逐步将一些不适合由政府行使的职能交给行业自律组织，如行业服务标准的制定、行业准入的资格认定等。鼓励组建各级各类体育产业基金组织、体育投资公司，形成多元化投资主体的新格局。制定鼓励体育产业生产经营企业面向国际体育市场，充分利用国际、国内两个市场、两种资源加强对外体育交流，发展外向型体育产业，增强体育产业的国际竞争力等。

我认为，以上的"四类合一"，是当前甚至是长期可以考虑的管理模式。按"四类合一"模式，当前体育管理部门仍将以办好体育事业尤其是办好 2008 年奥运会为目标，因此，要求从举国体制办体育，增大体育的公共性，运用行政力量办好竞技体育；同时，在坚持财政拨款主渠道的基础上，推进多渠道的市场化筹资办法，探索竞技体育产权制度的新形式。对具有市场基础的运动项目，鼓励企事业单位、社团和各类社会资本介入，逐步推行职业体育制度、业余体育制度，形成多元化的产权形式和有效的筹资融资机制。体育产业发展可以按照市场经济的规律办事，建立体育的产权制度，以盈利为导向，使体育进一步产业化、社会化。

（2）在政府与市场关系前提下，体育与经济结合要处理好四类关系。

一是国家投资与社会投资办体育要结合。有的项目，不为钱，就是为了国家。争光的，国家不论其是否有经济效益，都应投资。比如，观赏性不强，商业开发潜力小，但是在奥运会上有分量的项目，国家支持比例就会更高一些，这是很必要的。不能用产业化否定国家支持。这是应当明确的。

比如，最近体育总局一个课题组提出，在社会主义市场经济条件下竞技体育举国体制的内涵应该是：以奥运会等重大国际赛事取得优异成绩为目标，以政府为主导，以体育系统为主体，以整合和优化体育资源配置为手段，目标一致，利益兼顾，动员和组织全社会广泛参与，追求最高效率和最佳效益的竞技体育组织管理体系。我非常同意这一提法。当然也要防止举国体制变成了政府包办体育，用单一的行政命令管理和组织体育。

二是体育的社会公益性与商业性关系。经济与体育结合要有个度，要有分寸，否则，会引来麻烦。一句通俗的话讲，没有钱是不行的，但一切为了钱也是不行的。各自要定位，不是完全合二为一的，体育家与企业家是两类职业，其成功标准还是不同的。虽然，这两类职业是可以转换的，有时还可以结合在一个人身上。但是，要特别谨慎。企业家是要让体育为营利服务的，体育家是要金钱为体育服务的，这两者是有区别的。没有商业化，体育就没有物质基础，没有力量来发展；但一切围绕金钱走，体育就失去了超凡脱俗的气质，就变成了工具。我们看到，为金钱而吹哨，为金钱而决定是否进球，奥委会有的委员为金钱而决定是否投票，这些都是把商业化走向极端，或者说是歪曲了体育的产业化。

三是体育专业人才的成长与群众性体育运动开展相结合。提高人民体质和营利关系要处理好。这是普及与提高的关系，也是体育大目标与小目标的关系。这个关系的正确处理，也是有助于体育产业化发展的。比如，竞技体育与群众体育的关系如何看？竞技体育的发展离不开群众体育的基础。从发达国家体育事业发展状况看，竞技体育和群众体育在基础层面上是统一的，即覆盖全社会的、公益性与营利性并存的网状组织结构是两者共有的基础。这样的基础使得在普及的基础上提高，以提高来促进普及，有了组织体系上的保障，竞技体育与群众体育之间表现更为协调。

　　四是不同体育项目有不同的产业化方式，不能一个模式套。体育有企业式经营的，事业式经营的，有完全公益性的。而体育产业起码要划分为两大部分，一是体育活动自身的经营，如广告、门票收入、体育中介经纪等；二是与体育相关的产业，如运动服装、体育器材、体育保险、运动旅游、体育彩票等。体育产业有本体的，也有为体育服务的。还会有很多具体的分类。不同情况，体育产业化程度就不一样，方式就不一样。作为国家体育管理部门，就有一个协调各种体育，使之全面发展的任务。据反映，很多所谓的"体育企业"，实际上并没有按照《公司法》在工商管理部门注册，获得企业法人资格，而是事业法人和社团法人。即使在工商注册的那部分企业，大多也是小型企业，大型企业太少，上市公司更是凤毛麟角。同时，体育企业的经营方式落后、经营内容单一，营销意识、品牌意识薄弱。小型、分散、作坊式经营仍是主要方式，开展跨国经营、连锁经营，能根据企业主营产品开展有效的营销活动，并对主打产品进行品牌管理的几乎没有。企业对快速变化的市场反应速度慢，新产品自主开发能力弱，国内知名的体育品牌（包括用品和服务）数量少，能以自己的品牌打入国际市场的目前还没有。特别是缺乏高素质的体育企业家和专业化的体育技术人才。这些方面，都需要企业努力，政府支持。

三、关于体育经济政策

　　（1）建议将"体育产业政策"提法改为"体育经济政策"。

　　现在体育管理部门，称"体育产业政策"而不用"体育经济政策"的提法，对此，我认为需要改变一下，将"体育产业政策"提法改为"体育经济政策"，道理很简单，体育经济政策比体育产业政策提法更宽泛，包括的关系更复杂。

　　体育从单纯事业定性走向事业与产业的统一，是一大进步，因此，产业化及产业政策是改革和进步的提法。但体育产业政策，容易使人认为是体育主管当局对各种体育组织在产业化发展上的指导性政策，而体育经济政策，则容易使人理解为国家对体育主管当局的关系，国家财政对体育事业的关系，还有体育管理当局对各类体育组织的经济关系等。因此，含义更全面一些。

（2）体育经济政策主要内容。

我在研究了体育的各类与经济相关的规定后，将体育经济政策归纳为五大类。一是财政政策：落实《中华人民共和国体育法》关于各级政府对体育事业经费、体育基本建设支持的规定；改进与完善财政投入的方式。这与上面讲的直接管理部分是相配套的。二是税收政策：通过税收政策鼓励社会对体育的捐赠和赞助。如对接受境外捐赠的体育器材、装备等物资，免征关税；国内企业和个人捐赠，可抵部分所得税；明确企业对体育训练、竞赛和大型体育活动的广告性赞助资金，可在企业广告宣传项目中列支；体育机构、社会团体开展体育业务活动取得收入可列为事业收入，免征所得税；对服务于重大比赛的进口体育器材等，财政给予退税或专款补助等。三是土地政策：对政府批准和支持的公用体育设施建设，政府用行政划拨土地等优惠方式，给予支持。如，在公共体育场馆方面，凡是公共体育场馆开展训练、比赛和群众性体育活动的营业用地免征土地使用税；这也是与直接管理部分相配套的。四是信贷政策：鼓励金融机构对体育企业投资、向体育项目上的投资给予信贷支持；允许并增加体育企业上市，在资本市场上进行融资（目前只有2家体育上市公司，远远不够）；必要时，将允许体育行业的一些效益高、有发展潜力企业发行企业债券，进行融资等。要制定鼓励各种社会资金投入体育产业的政策，这主要是与间接管理部分相一致，也有直接管理部分。五是筹资政策：近年来，政府有关部门制定了一系列政策，允许多渠道、多层次、多形式筹集资金，如设立培养后备力量专项资金，成立中华体育基金会，发行体育彩票，提倡体育场馆向社会开放多种经营，鼓励各类体育机构通过提供有偿体育服务筹集资金，改革体育产业投资体制，充分利用社会资源发展体育产业。这与管理改革和间接管理部分联系更紧密。

（3）体育经济政策应具有的五个特点。

我认为体育经济政策有"准"、"引"、"明"、"让"、"补"这五个特点。

准：国家投钱要投准，重点要选好，社会效益甚至经济效益要大。因此，要管好国家投入的钱，用好国家投入的钱；要有一套评估效益的制度；投资要考虑短期效益和长期效益的结合。

引：国家投入对社会投入的引导和拉动作用要大，要带动社会投资。比如，公共体育设施中，公共服务性高的，无法收费但又必须的投资，政府要承担，同时，允许并鼓励民间参与投资。

明：财政支持的资金，在用于体育项目时，其中相当的部分要有透明度，比如运用招标方式，要鼓励形成竞争机制，调动各方参与体育产业的积极性。

让：对商业利益大的体育项目投入，政府也可让社会投资，让民间搞，让利于民，扶植一批体育企业成长起来。

补：要调节体育产业中的不足，比如非竞技项目、群众参与的项目，对某些十分需要发展但商业性低的项目，要在资金上给予支持，比如，可搞一些定向财政资金补助，使体育产业得到全面的发展。

四、体育与经济发展互相促进的关系

这是体育界和经济学界都很关心的一个问题，现也谈点自己的体会。

（1）我国体育产业发展现状。我看我国体育产业发展有三方面值得关注。一是健身娱乐业快速增长。我国城镇居民的体育健身消费进一步朝着大众化、普及化方向发展。东中西部梯度发展的格局有了新的内容。东部沿海发达省份普遍把健身娱乐业作为本省、本地区第三产业发展的重点行业。中西部省份的健身娱乐业也开始从过去盲目仿效东部发达省市的做法向着重点发展特色健身娱乐业的方向发展。利用独特的自然和人文旅游资源与运动健身相结合，开发了一批有良好市场前景的特色体育旅游项目。健身娱乐市场出现了专业化、细分化的趋势。二是竞赛表演业稳中有升。职业体育有了较快的发展。仅国内发展最好的四大职业联赛目前就拥有 144 个俱乐部。当然，效果还需要进一步观察。三是体育彩票业实现了跨越式发展。自 1994 年国务院批准国家体育总局在全国发行体育彩票以来，体育彩票销售额每年都有大幅递增，体育彩票销售额有了大幅提升，2000 年体育销售额达到 91 亿元，2001 年计划销售额 120 亿元。此外，体育中介业开始起步，体育培训业也逐渐开始活跃。

（2）体育产业发展对国民经济发展具有积极的意义。具体可以归纳为以下几个方面。一是在拉动消费方面，体育产业具有相当大的市场潜力，将成为人们消费的最重要的领域。比如，我们看到棋王与电脑下棋，IBM深蓝，使体育与高科技联手，人脑与电脑竞争与促进，扩大了人们消费的领域。二是在促进投资方面，体育产业对投资者具有很大吸引力。现在，有相当多的企业把眼光放在与体育相关的产业上，相当多的企业家与体育界的明星们交朋友。大家看到，组织一场重要比赛的收入，就相当于若干企业一年的利润；一个重要体育明星，本身就成为一个巨大的企业，比如，世界拳王一个人，一出场就上千万，简直相当于一个大型企业。三是在引进外资方面，利用外资赞助办运动会，引进运动员，利用外资出口参加体育项目等。这也是一种引进外商投资，一种有价值的外资。四是在解决就业方面，新的健身中心和健身设备生产方面，需要有大量的专业人员、辅助人员就业。五是在培养合格人才方面，在各项工作中，都应具有一种体育精神。热爱体育、参与体育的人，精力更充沛，意志更坚强，身心更健康，是社会所欢迎的。

以上种种，具有长远的意义，而且对当前发展经济，也有更直接的意义。如果说，需求就是机会，那么，现在，对体育产业化的需求是非常之强烈的。这也是当前经济形势为体育发展提供的机遇。

（3）我国经济持续增长将为体育产业发展提供坚实基础。这体现在以下几个方面。一是国家经济发展，GDP的持续增长和人们收入水平的不断提高，为体育产业的大发展奠定了坚实的基础。二是中国将拥有世界上最大规模的体育消费群体和体育市场。三是中国居民需求结构和消费结构的升级，是体育产业大发展的原动力。国人消费水平整体提高是体育产业化大规模发展的重要基础，这是一位下海的体育明星的话，很有道理。四是中国农村城市化和城市社区化进程的加速，有利于体育产业的大发展。

（4）我国经济的改革开放对体育管理体制改革与体育产业化有重大意义。一是体现在计划经济向市场经济转轨、建立社会主义市场经济体制为体育体制改革和产业化提供了理论的基础。经济体制改革为体育产业化创造了条件，比如，产权的理论，投资者主体的理论，自负盈亏的概念，企业式经营体育俱乐部的做法。很多在以前根本不敢想的事，现在都可以做，可以试，就是因为社会主义市场经济体制有了更大的容量，有了市场化操作的一套说法和环境。二是对外开放，尤其是国外体育产业商业化发展为国内体育产业化发展提供了宝贵借鉴。1984 年洛杉矶奥运会通过商业化办法成功举办，给人巨大启示。以前办运动会要花钱，现在办运动会要赚钱，这才出现了争办运动会的场面。这方面，国外商业化经验的确给我们很多的启发，也使我们体育事业发展越来越有实力了。比如，我参加上海举办的八运会开幕式，非常感慨，这么大的运动会没要国家投钱，全靠商业运作，而且非常成功，是高明的商业管理与体育的结合，是体育为人民造福的典型例子。三是经济理论和管理知识，对发展体育的作用越来越大。体育事业，越来越多地吸收了经济理论和管理知识。比如，投入与产出的比较，有形资产与无形资产的结合运用，体育市场化与计划化的关系，体育商品的价值与价格，体育产品的生产与消费，等等，都成为体育界使用频率越来越高的词语，说明了体育与经济工作者结合确实是有其必然性的。

作者说明

2004 年 6 月 11 日应体育总局邀请，我在北京体育大学就"体育、奥运、经济"举办了专场报告会，本稿是以那个报告会讲演内容为主线，将近年来我有关体育的讲话或文章合并归入。相关文章与讲话有：2001 年 9 月 9 日中国体育科学会举办的《2001 年中国体育产业发展国际论坛》上的发言，题目是《体育产业与经济发展》；2001 年 10 月 23 日国家体育总局在香山召开的奥运市场研讨会上发言，题目是《奥运会与完善我国体育经济政策》，《体育经济政策，我们还要完善》，发表在《人民日报》《市场报》2001 年 11 月 1 日；《申奥一年话奥运》发表在 2002 年 7 月 13 日《人民日报》的《奥运经济专版》上；2003 年 3 月 27 日在北京市计委和体育局主办的《北京体育休闲产业与首都经济高级研讨会》的讲演稿，题目是《从体育休闲产业角度看北京体育产业发展思路与举措》。

奥运圣火赞

奥运圣火在开幕式上点燃，熊熊聚起竞技的激情和斗志；圣火在闭幕式上隐退，深深留存运动的热情和友谊。圣火升腾，万众欢庆；火炬之旅，歌舞相随。为什么奥运之火被称为人类文明的圣火？为什么奥运圣火为全人类钟爱？奥运圣火，意义何在？

一、地上之火与天上之火

翻开历史的篇章，拂去岁月的风尘。我们在火与人类血缘之纽带前深思：希腊传说中，为驱逐黑暗和浑沌，普罗米修斯从天上盗来火种；中国的《史记》中，先祖燧人氏钻木取火。传说之外，历史凿凿，50 万年前北京周口店火烬，依稀存温，这是中外史学家公认世界上最早的人类用火证明。有了火，人熟食壮体而止疾病；有了火，人驱阴寒而获温暖栖身；有了火，人制陶炼铁而拥器皿；有了火，人烧荒猎兽致农畜。火点燃了人类文明的起点，推动了人类的进步。

为了纪念普罗米修斯，古希腊的奥林匹亚四

年一祭，兴火炬助运动会，已有近 3000 年的历史。这来自神灵的火，这来自天上的火，难道不是圣火吗？我们看到，希腊人在宙斯神前点燃火种，倡导奥运竞技人类一家；火炬传信各邦休战，和平友谊唯此为大。这就是奥运圣火独具的魅力，这就是奥运精神传承的真谛。

80 年前，奥运圣火重现人间。现代奥林匹克运动恢复后，1928 年的阿姆斯特丹奥运会首次出现奥运圣火。尽管那只是体育场边一个喷泉盛水盘，尽管那只是来自一个充满国际意识的法国人顾拜旦。1936 年第十一届奥运会上开始了奥林匹克火炬传递仪式，圣火行程达 3 050 公里，穿越了 7 个国家，共有 3 361 人参加了火炬传递。奥运圣火传递仪式由此延续不断。虽然在历史的烛光下，这次奥运会曾晃动过纳粹的阴影，但光明总是伟大的。1948 年伦敦奥运会火炬接力是以和平为主题，世界共庆"二战"结束、和平降临；1956 年在澳大利亚墨尔本举行的第 16 届奥林匹克运动会，南半球的国家首次承办奥运会，奥运圣火首度照亮南半球。在《欢乐颂》的伴奏下，民主德国和联邦德国共同入场，联合参赛，彰显了突破意识形态的大团结；1960 年罗马奥运会火炬接力是以赞美古文明为主题，在两个象征着古代文明的城市雅典和罗马之间传递；1964 年第 18 届奥运会在日本东京开幕，奥运火炬首次在亚洲点燃；1968 年墨西哥城奥运会火炬接力以新大陆为主题，赞美因哥伦布远航而实现的地中海文明和拉丁美洲文明的连接；1988 年汉城奥运会火炬接力以东方文化为主题，传递路线是连接韩国东西部之间的"Z"型路线，体现了道家阴阳两极曲型如鱼优美结合。1992 年巴塞罗那奥运会，50 多个国家和地区的 255 名火炬手包括 6 名中国人，一起参加火炬接力，为巴塞罗那赢得了国际声誉；2000 年悉尼奥运会火炬接力是以澳洲古老文化为主题，圣火水下传递，独具匠心；2004 年雅典奥运会以百年奥运回家为主题，火炬在一百年来举办过奥运会的国家和城市接力，路经 27 个国家的 34 个城市，历时 78 天，行程 78 000 公里，成为奥运史上第一个传遍五大洲的火炬接力；2008 年北京奥运会即将隆重举行，其火炬接力的主题是"和谐之旅"，体现了中国传统优秀文化和当代发展理念的完美结合，火炬接力以"点燃激情，传递梦想"为口号，在五大洲的 21 个城市和中国境内 31 个省（区、市）传递，这将是奥运史上传递路线最长、传递范围最广、参与人数最多的一次火炬接力。

二、奥运圣火与人类文明

圣火传递突破了一个个城邦古堡，一道道深沟高墙，不同国家、不同城市、不同种族、不同宗教信仰的人们，都愿意放下分歧，暂别仇恨，为奥运圣火放行，为奥运圣火助威，歌颂和平和团结，这是一个何等壮观的场面。邻国在协调，大洲在跨越，从小范围的协调，到全球化的共识，这不是人类文明进步的象征吗？国际奥委会主席罗格说得好，奥运圣火传递是奥林匹克运动的重要组成部分，象征着世界的团结。每天，当我们翻开报纸，打开电视，那些数不清的仇恨，那些打不完的仗，让我们透不过气，更让孩子们对这个世界充满了恐惧和迷茫。感谢奥运圣火，感谢五环旗，在你们的光芒下，我们能让孩子们绽开笑脸，回到一个美好的世界！

毋庸置疑，奥运促进了投资、增加了消费。同样，奥运圣火传递，拉动着旅游，拉动着交通，拉动着众多产业，宣传着城市品牌，促进着经济全球化的进程。奥运为企业回报社会提供了舞台，也让奥运圣火率先照亮了富有社会责任心的企业。"三星"因此高照，"爱国者"因此扬名……国内外著名品牌企业在这一平台上相识相聚。美国商业奇才尤伯罗斯，把1984年洛杉矶奥运会办成体育与经济双赢的盛会，创造了奥运经济新概念。可见，奥运会不单是在演绎一次体育盛会，同时也在展现着举办国的经济实力。

奥运圣火跨洋过洲，登峰潜水，既实现着人们的愿望，更体现出科技的力量。且看北京奥运会火炬，不但双焰美观，且强风吹不熄，暴雨扑不灭，低温冻不住，长燃而稳定，轻巧而结实。这完全是中国人的知识产权，是高科技的中国创造，是名不虚传的奥运科技。

奥运火炬及其传递是当代环保技术的前沿，圣火传递是"绿色奥运"理念的传递，是《环保指南》的实现。不入环保区，清洁聚会地，沿线环保带，材料可回收，燃烧无污染。做到这一切，中国人付出了巨大努力，为环保事业作出了贡献。

宏大的奥运会组织工作，一届届成功的举办，标志着现代管理科学的伟大成就，标志着人类经济与科技的高度发展，也标志着人类文明发展迈向一个个新阶段。

三、圣火正义与人权正义

祥云中国，云翔万里，歌颂圣火，人人获益。北京奥运圣火已飞遍全球。我们看到，在阿拉木图，哈萨克斯坦总统纳扎尔巴耶夫任第一棒火炬手，20 万阿拉木图市民为火炬传递迎来了"开门红"，他们的真挚、热情永留我们心中；圣彼得堡圣火传递的 80 名火炬手中，有 46 名奥运冠军，是名副其实的强手的传递，展现着伟大国度的奥运精神；阿根廷首都布宜诺斯艾利斯是圣火经过的唯一南美城市，50万人涌上街头，好似在过狂欢节，这是一个真正善于享受友谊与欢乐的民族；曼谷不愧属于信奉真善美的国家，他们分享奥运荣耀的神态，让我们也陶醉；平壤人民穿着节日盛装载歌载舞，圣火把朝中友谊塔映照得无比美丽，我们的心因兄弟情谊激动……圣火在奥林匹亚点燃以来，各国朋友为奥运圣火而激情迸发，我们为各国朋友的奥运精神而感动；不少友邦可能在物质上并不是最富裕的，但精神上却享有人类最高尚的文明！

相形之下，那些自诩的人权卫士，那些自以为在为正义而斗争公然阻挠和破坏奥运圣火的少数人，你们显得多么无知和可怜。你们那自以为是的正义，可以申诉，但不能以破坏人类共同的正义来伸张！你们自以为是的正义，可以辩论，但不是在奥运圣火面前，而是在谈判桌前或法庭里！当你们冲击圣火时，是以少数人所谓的正义挑战世界最高的正义，以自以为是的正义破坏人类共同的正义。你们有你们的信仰之道，但没有了起码的人道，你们那是个什么道？冷淡面对，或缺良知；暴力相向，岂存良心！圣火是不同宗教信仰至高无上的共识，是博爱，是善良，是友谊，是和平，是上帝的声音，是真主的祝愿，是佛祖的经文，是奥林匹亚众神的托付。你们要把圣火熄灭，你们要用血来污染，这哪里是维护正义！哪里是弘扬大法！

奥运圣火是一面旗帜，象征着超越族群主义的整体正义，代表着超越偏见的世界人权；奥运圣火是一面镜子，在她面前，无知与深邃，高尚与卑鄙，偏见与宽容，善良与邪恶，友爱与冷漠，真朋与假友，清清楚楚，异常分明。把中国人的节日，当成他的末日，这种人，要警惕；把中国人的欢庆，当作对他的干扰，这种人，要远离。世界存善恶，重振非坦途，国人须清醒，努力再努力！

四、圣火传递与爱心接力

奥运火炬在中国近 300 个大中城市传递，每到一处，欢声雷动，笑脸如潮。火炬手幸福荣光，擎五环而奔跑；呐喊观众激情澎湃，挥红旗而加油。奥运五环旗下，各地尽展东方文明，时代新容。

圣火入境，海南当先。西沙岛潜水、五指山进寨、万泉河漂流，水陆空立体传递。圣火成功登顶世界最高峰，更鼓舞了中国和世界。奥林匹克精神、大自然与人类高度结合，神圣而伟大。

突来的汶川大地震，震惊了世界。此时圣火正传递至江西。江西人民立即提出"江西北京心连心，老区灾区手拉手"，"身在老区，心系灾区"，火炬一路传递，爱心一路汇聚。

汶川地震当天国际奥委会主席罗格发来函电："奥林匹克运动与受灾人民同在"。88 岁的萨马兰奇发给中国媒体电子邮件："中国人民在地震发生以后，所展现的与灾难顽强斗争的伟大精神，本质上和奥林匹克精神是一脉相通的。你们的坚强意志和挑战极限的精神，是对奥林匹克内涵的最好诠释。"联合国秘书长潘基文站在汶川废墟上感叹：中国人民是充满力量、勇敢无畏、坚忍不拔、富有自助和合作精神的伟大人民。世界人民的关爱，凝聚在胡锦涛总书记与俄罗斯救援队员的那一次握手中，凝聚在温家宝总理与美国志愿者的那一次拥抱中。

汶川大地震赋予圣火大爱之含义，"传递圣火、奉献关爱"，圣火传递变成一次爱心接力！唐山人民说得好：无数双紧紧相携的手，一定能重建灾区被震塌的家园！无数颗紧紧相依的心，一定能重振灾民对明天的希望！

抗震英雄们高举圣火，昂首挺胸，在四川一站站传递。圣火路经广安，照亮世纪伟人邓小平"中国能办好亚运会，也一定能办好奥运会"的金色大字。滚滚岷江，听那涛声依旧；巴山蜀水，回荡奥运心声。

130 天、行程 137 000 公里的圣火传递，这是奥运史上圣火空前的长征。火炬接力，精神传承，朵朵祥云托起奥林匹克火种，千山万水凝聚人类梦想和心意！今天，在北京传递的奥运圣火，正孕育着辉煌升华的时刻！

五、结束语

奥运会提高中国及北京的知名度，但五千年文明国度更关心的不是自己；奥运会有收益，但收获最多的是世界人民的友谊；奥运前后经济或有起伏，但泱泱大国有包容的胸怀；奥运会对体育产业有推动，但我们更珍视的是体育搭建的和平之桥；办奥运可启动现代化的车轮，但我们更向往的是为世界和谐作出的贡献。

再过 8 个小时，圣火将在北京奥运会主场"鸟巢"点燃。阿姆斯特丹奥运会上，人们在欢呼 3000 年圣火在复燃；雅典奥运会上，人们在欢呼百年圣火的回归；北京奥运会上，我们要欢呼 50 万年前北京人的地上之火与普罗米修斯的天上之火这无与伦比的历史大聚会！那会不会是让孙悟空摇身一变化成北京周口店人模样，手持祥云火炬腾云驾雾完成那熊熊升空之接力……？让我们期待那精彩的一幕！

作者说明

本文是 2008 年 4 月间看到奥运圣火在欧洲几国尤其是法国传递时有人捣乱愤而写成的。5 月 1 日发给法国孔子学院滕青教授。5 月 2 日她回信说文章上了三个网："晓西，看看，'五一'节当天，你的文章上了三个网站！一个巴黎的留学生论坛；一个北京的大网站人民网；一个加拿大东部的华人网站，这是你今年'五一'收到的最好的礼物了吧？"特别令人感动的是，人民网驻法国记者顾玉清先生写了个特别推荐："《奥运圣火赞》乃北师大著名经济学教授李晓西'五一'假期的闲暇之作，是另一位教授转传到我这里的，时值中午，未及用餐一口气读完当饭吃。此文从人类历史的高点颂扬了奥运圣火无与伦比的神圣与不可侵犯。指出那些自诩为'人权卫士'的小丑们亵渎圣火传递，又是多么的无知、可怜和虚伪。此文既激情倾泻，又充满学术味道，值得一读。"在奥运会开幕当天即 2008 年 8 月 8 日的 12 点，我又修改定稿并上了我研究院网站，以表喜悦和庆贺之情。丛雅静硕士为我收集了大量奥运及圣火的资料，在此表示谢意。

卷

第 七 篇

经济学基础理论探索

滩羊二毛裘皮成本计算方法的初步探讨

二毛裘皮是滩羊的主产品，认真核算其生产成本，为其确定合理价格，从而促进滩羊生产发展，有着重要意义。

畜产品成本计算比较复杂，在这次盐池县农村经济调查农畜产品成本计算工作中，我们就滩羊二毛裘皮成本计算方法问题进行了探讨，现提出以下不成熟的意见，供研究参考。

一、对二毛裘皮成本计算的分析

滩羊二毛裘皮是羔羊出生后 30～40 天时宰杀取得的，因此，要计算二毛裘皮成本，首先必须求出小羊羔成本。

小羊羔成本由初生的羊羔成本和接羔育羔人工和物质费用所构成。接羔育羔人工和育羔期的物质费用可以通过调查得到，初生的羊羔成本量则须经过一系列的计算过程才能获得。

小羊羔是作为生产资料存在的种公羊和母羊的产物。小羊羔的初生成本，应当等于种公羊和母羊成本的转移部分。

种公羊和母羊成本中转移给小羊羔的量的大小由两个因素决定：一是种公羊和母羊在整个生长期间的饲养成本量的大小，二是种公羊和母羊成本给小羊羔转移的比例的大小。

可以用两种方法计算出种公羊、母羊在整个生长周期的饲养成本。一种方法是抽单样法，即分阶段统计出一只种公羊和一只母羊整个生长周期花费的总饲养成本。抽单样法统计精确度较高，但对抽样的代表性要求高，对生产经营管理的科学性要求高。另一种方法是抽群样法，就是在被调查单位的滩羊总体中，通过统计一年（或两年）所花费的总人工和物质费用，求出单位羊只年平均饲养成本（算术平均数），作为计算一只羊整个生长周期花费的饲养成本的基数。在这里，求算术平均数较切合当地生产经营的水平。加权平均数虽然从理论上更为理想，但因无法获得不同岁口的羊只在折合为基数羊的人工和物质费用上的换算系数，而差异程度的换算系数应该是凭试验而不是凭朴素经验提供的，因此，运用加权平均数计算尚没有现实客观条件。

种公羊和母羊成本给小羊羔转移的比例可以用两种方法求得：①通过单位羊羔产值分别在单位羊羔和单位种公羊产值中，在单位羊羔产值和单位母羊产值中所占比例求得；②通过单位羊羔的畜产品单位数分别在单位羊羔和种公羊畜产品单位总数中，在单位羊羔和母羊畜产品单位总数中比例求得。以上可称比例法或分摊法。

种公羊和母羊成本给小羊羔转移部分的数量还可以用抛除法来求得。即分别从种公羊的总成本中减去种公羊总产值折合的成本数，从母羊的总成本中减去母羊总产值折合的成本数，其和被成活羔羊数除。

二、二毛裘皮成本计算方法的简单介绍

A. 计算单位羊只年平均饲养成本

$$单位羊只年均饲养成本 = \frac{群羊年总饲养成本 \quad 商品羊年总饲养成本 \quad 自食羊年总饲养成本}{期末存栏数}$$

其中：

$$商品羊年总饲养成本 = \frac{年出售羊只数}{期初存栏数} \times 群羊年总饲养成本$$

群羊一年总饲养成本包括物质费用和人工费用两大部分。具体项目应按被调查单位的实际情况列出（见文后附表）。在实地抽样调查中，我们认为：

（1）从本地实际出发，报告期起止时间定为6月30日至翌年6月30日为宜。

（2）如果条件许可，报告期起止年限取长不取短，计算各项数据取年平均值为好。

（3）从本地实际出发，凡使用期限一年以上的低值易耗品，均当作固定资产按实际使用年限折旧。

（4）从本地实际出发，对羊圈等固定资产按使用年限折旧。

（5）人工费用和物质费用相交错时，尽量分笔入账，不易分的，也可从制表和计算方便一笔入账。

B. 计算羊羔初生成本量和二毛裘皮成本量的简化计算公式

设：二毛裘皮成本量为 Z

羊羔初生成本量为 X

公羊对母羊的配种率为 m

$$m = \frac{怀羔母羊数}{育龄母羊数} \times 100\%$$

小羊的成活率为 n

$$n = \frac{羊羔成活数}{下羔总数} \times 100\%$$

单位羊只年平均饲养成本为 W

母羊残值为 a_1

母羊羊毛值为 a_2

母羊羊粪值为 a_3

种公羊残值为 b_1

公羊羊毛值为 b_2

公羊羊粪值为 b_3

以下公式中出现的常数4、5、6为年数，10为种公羊年配母羊数。

第一种计算方法：按畜产品产值分摊计算法，简称 f 法：

设：成活羔羊对母羊成本分摊率为 f_1

成活羔羊对公羊成本分摊率为 f_2

仔畜进价为 W/n（详见农产品成本调查工作手册）

$$f_1 = \frac{5mn\,（单位羊羔肉产值＋单位二毛皮产值）}{a_1＋a_2＋（单位羊羔肉产值＋单位二毛皮产值）} \times 100\%$$

$$f_2 = \frac{4mn\,（单位羊羔肉产值＋单位二毛皮产值）}{b_1＋b_2＋（单位羊羔肉产值＋单位二毛皮产值）} \times 100\%$$

则：

$$X\,(f) = \frac{f_1\,[W\,(1/n＋6)\,－a_3]}{5mn} ＋ \frac{f_2\,[W\,(1/n＋5)\,－b_3]}{4mn}$$

$$Z\,(f) = \frac{二毛皮产值}{二毛皮产值＋羔肉产值}\left(X＋\frac{育羔}{工费}＋\frac{育羔}{物费}\right)＋\frac{宰杀晾}{晒工费}$$

第二种计算方法：按产值成本率刨除计算法计算，简称 k 法：

$$k = \frac{报告期群羊总饲养成本}{报告期商品羊收入＋周期同种羊社员分配收入} \times 100\%$$

则：

$$X\,(k) = \frac{8\,[7W－k\,(a_1＋a_2)\,－a_3]＋6W－k\,(b_1＋b_2)\,－b_3}{40mn－9}$$

$$Z\,(k) = \frac{报告期二毛皮总收入}{同期二毛皮收入＋羔肉收入}\left(X＋\frac{育羔}{工费}＋\frac{育羔}{物费}\right)＋\frac{宰杀晾}{晒工费}$$

第三种计算方法：按畜产品单位分摊法计算（简称 e 法）：

说明：畜产品单位分摊法是根据甘肃农业大学任继周等同志在《关于草原生产能力及其评定的新指标——畜产品单位》一文中提出的理论进行计算的。

具体是：一个中等的肉牛活重增长一公斤消耗 2.5 千卡能量，规定此为一个畜产品单位（E）。

裘皮羊生产一张裘皮的能量消耗为 15 个畜产品单位（t_1）。

绵羊生产一公斤净毛（羊毛数×折净率）消耗的能量为 13 个畜产品单位（t_2）。

绵羊胴体一公斤为一个畜产品单位（t_3）。

一般羊皮鲜重一公斤为一个畜产品单位（t_4）。一般鲜皮重约为羊总活重的 9%。

一个一般活重 50 公斤的羊大约相当于 22.5 个畜产品单位（t_5）。

现设：成活羊羔对母羊饲养成本按畜产品单位比例分摊率为 e_1。

成活羊羔对公羊饲养成本按畜产品单位比例分摊率为 e_2。

$$e_1 = \frac{5mn\ (t_1+t_3)}{5mn\ (t_1+t_3)\ +t_2+t_4+t_5} \times 100\%$$

$$e_2 = \frac{4mn\ (t_1+t_3)}{\dfrac{4mn\ (t_1+t_3)\ +t_2+t_4+t_5}{10}} \times 100\%$$

则：

$$X\ (e) = \frac{e_1\ [W\ (1/n+b)\ -a_3]}{5mn} + \frac{e_2\ [W\ (1/n+5)\ -b_3]}{4mn}$$

$$Z\ (e) = \frac{t_1}{t_1+3.5E}\left(X+\text{育羔工费}+\text{育羔物费}\right)+\text{宰杀晾晒工费}$$

其中 3.5E 是把羊羔肉作为 7 折合来的。

三、二毛裘皮成本计算方法的理论依据

在不同的理论基础上会产生不同的计算方法和计算程序。二毛裘皮成本计算方法是在马克思的"劳动价值论"和"商品成本学说"理论指导下探索试拟的，主要体现在以下方面。

（1）马克思的价值论是我们成本调查的指导思想。从成本调查入手来分析价格的合理性，这是来自马克思对成本、价值、价格关系的阐述。

（2）马克思的"成本"论述规定了我们调查计算的内容，即查清 C——物质费用和 V——人工费用两个部分，并把税收排除在成本之外。

（3）按马克思劳动价值论，我们计算成本排除了对非劳动产物的价值分析。①排除对天然牧草价值量分析。②排除生物生长能力差异对畜产品价值影响的分析。③羊奶作为母羊育羔的自然产品，不折价计入羔羊成本。

（4）马克思的价值论是我们严格区分统计数字经济含义的依据，是统一运算单位的一把尺子。如成本数和收入数不能相加减，成本数不能和产值相加减。

二毛裘皮计算方法同时还是建立在畜牧业独特性质的基础上的。主要表现在以下几点。

（1）选择调查年份和确定报告期起止时间的根据是畜牧业生产的

特点。因为畜牧业生产受自然环境影响很大，平、丰、灾三种年份对调查计算结果产生直接影响。一般选平年为宜（1977—1979 年为八堡滩羊平年，今年为灾年[①]）。其次，滩羊作为活的动物，存栏数不稳定。根据本地滩羊生长规律，我们从四种方案中选择了 6 月 30 日为报告期的起止点。这个时间羊存栏数为一年中稳定期，冬羔开始跟群，羊只春天乏减已过。生产队放牧人员也在此时适当调整稳定下来。

（2）动物作为固定资产折旧或给羔羊分摊成本，不同于作为固定资产的机器。滩羊不仅是生产资料，也是生活资料，不仅是羔羊的生产资料，而且是自身畜产品的生产资料。因此，不能把种公羊和母羊的成本全部转移给小羔羊。

（3）畜牧业生产作为自然的再生产与经济的再生产相结合的过程，对计算的程序有制约性。如，只能在杀羔时分摊二毛皮成本，不能在求出羔羊初生成本后就分摊二毛皮成本。当然，计算程序也不宜拘泥于生物活动，应撇开那些对经济计量无关的环节。如，可直接在小羊羔身上记下种公羊的成本转移。

四、滩羊二毛裘皮成本计算方法试用效果分析

1. 二毛裘皮成本计算方法的几率分析

根据对八堡生产队滩羊统计数字，用三种方法求二毛裘皮成本的结果是：

	按实际工价	按标准工价
f 法	5.68	5.16
k 法	5.29	4.27
e 法	5.93	4.79

结果有差异，但接近。

差异的必然性在于：①受价格影响程度不一样。②利用统计数的范围有差别。③运算公式中相对数选取角度和根据不同。

---

① 为保持本来面目，本书中所提及的"今年"、"明年"等时间概念均未做改动，读者可依上下文及文后"作者说明"来判断确切时间。

接近的必然性在于：①基于同样的理论。②基于同一客观经济活动。③运用绝对数尽可能一致。

我们认为，一方面，畜牧业生产的特殊性和复杂性，决定了计量计算过程的复杂性和计算结果的相对准确。互相接近的程度标志着计算方法具有基本合理性。

另一方面，用三种方法求出羔羊初生值的结果是：f 法 = 4.81 元，k 法 = 4.20 元，e 法 = 4.27 元。

这个成本接近当地社员转让初生羊羔时自然形成的 5 元左右的不求盈利的成本转让价值。

羊羔初生值自然价格是无数次交换中自发形成的，是由生产者自发地根据历史习惯和实践经验进行折算的。这里计算结果和实际自发结果的接近，表明三种计算方法具有一定的可靠性。

2. 二毛皮成本计算方法的适用性分析

调查计算二毛裘皮成本的主要目的有两个，一是为上报有关部门调整收购价格服务，二是为基层单位降低成本寻找途径。

f 法适用于基层单位进行成本核算。因为它是以现行价格为基础来寻找降低成本的途径。方法比较简单，易为基层接受。f_1 和 f_2 作为个体（单位）指标，数据现成；作为结构相对数，容易理解。k 法和 e 法则不然，k 作为强度相对数，不易为生产队会计理解；作为总体指标，要求账目分类合理，数据齐全，故根据生产队管理水平不易运用。e 法由于涉及对自然科学知识理解，要求较高的文化水平。

但 k 法和 e 法适用于物价部门计算二毛皮成本。因为 k 法受价格影响，尤其是二毛裘皮价格本身影响小一些，间接一些。e 法受价格影响最小，避免了循环论证的缺陷。

附：滩羊二毛裘皮成本调查计算表。

附 一、滩羊二毛裘皮成本调查计算表

调查地点：盐池县城郊公社长城大队八堡生产队　　　　　　　　　　　　　　　　　　　　调查时间：1980.3.22.～4.14.

调查的主要目的	单位滩羊的年平均饲养成本及二毛裘皮成本		调查对象	群养两年的滩羊		起止时间		数量	平均数据
						1977年6月30日至1978年6月30日		490～424	457
						1978年6月30日至1979年6月30日		424～460	442

项目	组别	费用	时间	1977年6月30日至1978年6月30日			1978年6月30日至1979年6月30日			备注
				数量	单价	金额	数量	单价	金额	
直接费用	饲草费	糜衣					18.000	0.03	540.00	
		荞麦草		20.000	0.01	200.00	16.000	0.01	160.00	
		合计				200.00			700.00	
	饲料费	荞麦		430	0.095	40.85	560	0.095	53.20	
		谷子		860	0.09	77.40	1.120	0.09	100.80	
	饲盐费			450	0.03	13.50	450	0.03	13.50	
	防疫费	药物灌羊		3次/457	0.03/只	41.13	3次/442	0.03/只	39.78	
		六六六洗羊		1次/457	0.05/只	22.85	/	/	/	
		打预防针		1次/457	0.01/只	4.57	1次/442	0.01/只	4.42	
		合计				68.55			44.20	
	医疗费					7.34			38.64	
	放牧用具费	雨毡	3	3		26.50			26.50	
		水壶	3	3	3.30	1.98	3	3.30	1.98	
		合计				28.48			28.48	
	饲料用具费	水斗	1	9	1.20	10.80	9	1.20	10.80	
		锁	1	3	0.80	2.40	3	0.80	2.40	
		电池	1	5	0.52	2.60	5	0.52	2.60	
		合计				15.80			15.80	
	放牧员补贴费			3人/6斤羊毛	1.47	8.82	3人/6斤羊毛	1.47	8.82	
合计						460.74			1003.20	

项目	组别	费用	使用年限	1977年6月30日至1978年6月30日			1978年6月30日至1979年6月30日			备注
				数量	单价	金额	数量	单价	金额	
间接费用	固定资产折旧	羊圈	圈目	10	54.00	16.20	3	54.00	16.20	
			门栓	10	1.64	0.49	3	1.64	0.49	
			合计			16.69			16.69	
		羊房	10	3	34.00	10.20	3	34.00	10.20	
		木槽	3	6	5.60	16.80	6	5.60	16.80	
		水槽	3	1	50.00	8.33	1	50.00	8.33	
		羊毛剪	10	6	1.87	1.12	6	1.87	1.12	
		箩筛	3	3	3.20	3.20	3	3.20	3.20	
		手电筒	3	3	1.70	1.70	3	1.70	1.70	
		合计				41.35			41.35	
	管理费用					1.69			1.24	
	合计					59.73			59.28	

物质费用合计	1977年6月30日至1978年6月30日	1978年6月30日至1979年6月30日
	520.47	1 062.48

二、计算二毛裘皮的基本数据

项 目	数 据		计 算 方 法	备注
1977年6月30日—1979年6月30日	按实际工值计	2 992.93	(1977.6.30～1978.6.30总饲养成本＋1978.6.30～1979.6.30总饲养成本)÷2	
滩羊年平均饲养总成本	按标准工值计	2 533.96		
1977年6月30日—1979年6月30日	按实际工值计	6.67	(1977.6.30～1978.6.30单位羊只饲养成本＋1978.6.30～1979.6.30单位羊只饲养成本)÷2	
单位羊只年平均饲养成本	按标准工值计	5.65		

适龄母羊数	适龄母羊怀羔数	盖羊成活数	种畜繁殖能力	类别	繁殖率		
				母	1胎/年	5	
147	137	114		公	配母羊10只/年		

种畜生育年限	类别	年限	单位羊粪肥收入	类别	单位羊只年产数量(斤)	单价(元)	金额(元)
	母	7		母	730	0.001	7.11
	公	6		公	730	0.001	6.38

配种率	93⅓%	适龄母羊怀羔数／适龄母羊×100%
盖羊成活率	83%	盖羊成活数／适龄母羊怀羔数×100%
成盖率	77.19%	配种率×成盖率
成盖头数	3.9	母羊繁殖年限×成盖率
单位公羊对单位母羊的配种效果	3.1	公羊繁殖年限×成盖率

项目		按实际工值计	按标准工值计	计 算 方 法
单位种羊初生值		8.004	6.67	单位种羊年平均饲养成本／仔畜成活率
单位两岁种羊饲养成本		14.67	12.46	种畜初生值＋1年平均饲养成本
单位种羊饲养成本	公	41.35	35.06	两岁种羊成本＋年平均饲养成本×繁殖年限
	母	48.02	40.71	
各类畜产品应分摊的单位种羊成本	公	42.91	30.68	单位种羊总成本－单位种羊粪肥收入
	母	36.97	35.60	

种类		产品	数量	单价(元)	金额(元)	畜产品折畜产品单位(比率)	折畜产品单位
单位种羊产品收入	母羊	残值	皮	1张/4斤/		1个畜产品单位/公斤	4
			肉	20公斤		1个畜产品单位/公斤	20
		单位大羊	活重	45公斤	0.31	14.00	
			毛(净重70%)	9公斤/净重6.3公斤	2.94	26.46	13个畜产品单位/1公斤净毛	81.9
		单位盖羊	肉	3.5公斤	0.50	1.75	15个畜产品单位/1公斤	3.5
			盖皮	1张	5.00	5.00	15个畜产品单位/1张盖皮	15
	公羊	残值	皮	1张/4.5公斤/		1个畜产品单位/公斤	4.5
			肉	22.5公斤		1个畜产品单位/公斤	22.5
		单位大羊	活重	50公斤	0.198	9.90	
			毛(净重70%)	7.5公斤/净重5.25公斤	2.94	22.05	13个畜产品单位/1公斤	68.25
		单位盖羊	肉				1个畜产品单位/1公斤	
			盖皮	1张	5.00	5.00	15个畜产品单位/1张盖皮	15

项 目		数量公斤(元)	单价(元)	金额(元)	用工	实际工值计	标准工值计	按实际工值计	按标准工值计
小羊羔从出生到断乳饲养费	饲料	甘草秧	20		0.3	1.00		0.30	0.80	0.24
		谷子	1	6.50	0.09	0.59				
	人工	接羔育羔					1	1.7	1.70	1.36
	费用合计					0.59			2.59	2.19
二毛皮的宰杀晾晒费	宰杀		1					0.1	0.10	0.08
	晾晒		1					0.1	0.10	0.08
	费用合计							0.20	0.20	0.16

三、二毛裘皮成本试算结果表

方法	项目		类别	按实际工值计	按标准工值计	计算方法
第一种计算方法	按畜产品价值分摊计算的二毛裘皮的生产成本	单位种羊所成羔羊应分摊的成本率	公	39.5%		$\dfrac{\text{成羔数} \times \text{单位羔羊产值}}{\text{单位种羊畜产品收入}} \times 100\%$
			母	39.4%		
		单位种羊所成羔羊应分摊的成本	公	14.62	13.85	$\text{单位种羊饲养总成本} \times \text{成本分摊率}$
			母	16.92	16.04	
		单位羔羊应分摊的成本	公	6.47	0.45	$\dfrac{\text{单位种羊所成羔羊应分摊成本}}{\text{种羊成羔数(母羊3.9,公羊31)}}$
			母	4.34	4.11	
		单位羔羊原值		4.81	4.56	$\text{分摊的公羊成本} + \text{分摊的母羊成本}$
		单位羔羊成本		7.40	6.75	$\text{单位羔羊原值} + \text{羔羊的饲养费用}$
		二毛皮成本分摊率		74%		$\text{单位羔羊产值} \div \text{单位羔羊成本} \times 100\%$
		二毛裘皮成本		5.68	5.16	$\text{单位羔羊成本} \times \dfrac{\text{二毛皮成本}}{\text{分摊率}} + \text{宰羊用工折价}$
第二种计算方法	按畜产品单位分摊计算的二毛裘皮的成本	单位种羊所成羔羊应分摊的种畜饲养成本率	公	34.2%		$\dfrac{\text{成羔数} \times \text{单位羔羊畜产品单位数}}{\text{公(母)羊总畜产品单位总数}} \times 100\%$
			母	37%		
		单位种羊所成羔羊应分摊的种畜饲养成本	公	12.65	10.49	$\text{公(母)羊总} \div \text{成羔羊应分摊种畜饲养成本率} \times \text{成本的饲养成本率}$
			母	15.87	13.17	
		单位羔羊应分摊的种畜饲养成本	公	0.41	0.34	$\dfrac{\text{羔羊应分摊公(母)羊成本}}{\text{成羔数}}$
			母	4.07	3.38	
		单位羔羊原值		4.48	3.72	$\dfrac{\text{单位小羊对母羊} + \text{单位小羊公羊}}{\text{成本}}$
		单位羔羊成本		7.07	5.91	$\text{单位小羊原值} + \text{小羊饲养成本}$
		二毛皮成本分摊率		81%		$\dfrac{\text{二毛皮产品单位数}}{\text{羔羊畜产品单位数}} \times 100\%$
		二毛裘皮成本		5.93	4.95	$\text{单位羔} \times \dfrac{\text{二毛皮成本}}{\text{饲养成本}} + \text{分摊率} + \text{宰羊晾晒} + \text{用工折价}$

方法	项目	产品	1977.6.30～1978.6.30 实际收入	1978.6.30～1979.6.30 实际收入	合计	1977.6.30～1978.6.30 平均收入	计算方法
第三种计算方法:按产值应分摊计算的二毛裘皮的成本	滩羊畜产品实际收入	毛	1 590.95	1 490.45			
		皮	118.55	125.01			
		肉	75.34	14.00			
		二毛皮	62.60	/			
		羔肉	8.35	12.18			
		商品羊	501.56	1 299.53			
		合计	2 357.35	2 941.17	5 298.52	2 649.26	
	分给社员	肉	838.30	946.56			
		皮	211.00	189.80			
		油	105.60	110.40			
		毛	23.52	26.46			
		合计	1 178.42	1 273.22	2 451.64	1 225.82	
	合计				3 875.08		
	产值成本率		按实际工值计	77.3%			$\dfrac{\text{年平均饲养总成本}}{\text{年平均收入}} \times 100\%$
			按标准工值计	65.8%			

项目	按实际工值计	按标准工值计	
单位羊羔值	4.10	3.29	见 说明材料
单位羔羊成本	6.69	5.48	仔畜原值 + 羔羊饲养费用
羔羊收入在羔羊实际收入中所占比率	75%		$\dfrac{\text{实际羔羊收入}}{\text{实际羔羊收入}} \times 100\%$
二毛裘皮成本	5.22	4.27	$\text{羔羊} \times \dfrac{\text{羔羊收入在羔羊}}{\text{成本}} + \text{总收入中的比率} + \text{二毛皮宰杀晾晒费}$

项目\费用\细目	时间	1977 年 6 月 30 日—1978 年 6 月 30 日									1978 年 6 月 30 日—1979 年 6 月 30 日									备注
		数量			劳动日数	每个劳动日记工	合计劳动日	实际工值	按实际工值作价	标准工值	按标准工值作价	数量			劳动日数	每个劳动日记工	合计劳动日	实际工值	按实际工值作价	标准工值	按标准工值作价	
		人数	羊数	次数								人数	羊数	次数								
直接人工费用	放牧用工	3			1 095	1.2	1 314	0.937	1 231.22	0.80	1 051.20	3			1 095	1.2	1 314	1.10	1 445.40	0.80	1 051.20	
	剪毛用工 剪春毛		424	1		0.1	42.4	0.937	39.73	0.80	33.92		472	1		0.1	47.2	1.10	51.92	0.80	37.76	
	剪毛用工 剪秋毛		488	1		0.1	48.8	0.937	45.73	0.80	39.04		575	1		0.1	57.5	1.10	63.25	0.80	45.00	
	合计								85.46		72.96								115.17		83.76	
	病弱羔羊及接羔持护工	3			450	0.5	225	0.937	210.83	0.80	180.00	3			450	0.5	225	1.10	247.50	0.80	180.00	
	灌羊用工		457	3	18	1.0	18	0.937	16.87	0.80	14.40		442	3	18	1.0	18	1.10	19.80	0.80	14.40	
	打针用工		457	1	6	1.0	6	0.937	5.62	0.80	4.80		442	1	6	1.0	6	1.10	6.60	0.80	4.80	
	打草用工		4.324 万斤		540.5	1.0/80斤	540.5	0.937	506.45	0.80	432.40		2.4 万斤		300	1.0/80 斤	300	1.10	330.00	0.80	240.00	
	编背架用工				6	1.0	6	0.937	5.62	0.80	4.80				6	1.0	6	1.10	6.60	0.80	4.80	
	羊圈修建用工		3个/10年		9.9/年	1.0	9.9	0.24	2.38	0.80	7.92		3/10 年		9.9/年	1.0	9.9	0.24	2.38	0.80	7.92	
	羊圈墙修理用工		750 捆		37.5	1.0/20 捆	37.5	0.937	35.14	0.80	30.00		750 捆		37.5	1.0/20 捆	37.5	1.10	41.25	0.80	30.00	
	羊房修理用工		3个/圈		4.5	1.5/圈	4.5	0.937	4.217	0.80	3.60		3 个/圈		4.5	1.5/圈	4.5	1.10	4.95	0.80	3.60	
	陶井用工		1个/井		4	1.0	4	0.937							4	1.0	4	1.10				
	合计						2 216.1		2 107.56		1 805.28						2 029.6		2 224.05		1 656.08	
间接费用	按分队队长管理滩羊补贴工			20	1.0	20	0.937	18.74	0.80	16.00			20	1.0	20	1.10	22.00	0.80	16.00		
	队长管理滩羊补贴工			15	1.0	15	0.937	14.06	0.80	12.00			15	1.0	15	1.10	16.50	0.80	12.00		
	合计						35		32.80		28.00						35		38.50		28.00	
	合计						2 251.1		2 140.4		1 833.3						2 064.6		2 262.55		1 623.68	
	费用总合计								2 660.8		2 353.7								3 325.03		2 714.16	
饲养成本总金额	按实际工值计							2 660.83										3 325.03				
	按标准工值计							2 353.75										2 714.16				
单位羊只饲养成本总金额	按实际工值计							5.82										7.52				
	按标准工值计							5.15										6.14				
单位羊只含税收成本	每只羊皮收税金							0.35										0.35				
	按实际工值计							6.17										7.87				
	按标准工值计							5.50										6.49				

作者说明

这篇文章是在大学毕业实习阶段，在宁夏盐池县进行社会考察时写的。在实地考察短短 25 天时间，我在三位同学全力配合下，到生产队开座谈会，到养羊农户家座谈，查有关账本，搜集了不少数据和意见，然后进行计算，最后形成了按三种不同方法进行计算的成果表：第一张是滩羊二毛裘皮成本调查计算表，第二张是计算二毛裘皮的基础数据表，第三张是二毛裘皮成本试算结果比较表。这是一次很好的锻炼机会，我们付出了艰苦的劳动，也获得了实际的知识，收获是很大的。后据带队老师说，我们班有两篇论文被农业部调查组收进了考察论文集中，这是其中一篇。

题目是自己选定的。为什么选了这个题目？宁夏滩羊是有名的品种，尤其是其二毛裘皮在世界上都有一定知名度，历来被誉为贵重皮衣的原料之一。但我选择这个题目，主要兴趣倒不在此，而在于对劳动价值论的兴趣上。在大学理论学习中，尤其是学习马克思的《资本论》时，我们班同学对劳动价值论展开过多次讨论。我对价格形成提出过自己的不同想法，其中一个重要问题，就是关于非劳动产品的价值问题。我的观点与老师讲课观点有很大不同，引起过争议。在这篇调查报告中，我是以马克思理论基础上的方法为主进行计算的，但细心人可以看到，实际上是我对非劳动价值论已有了相当程度的认识，这正是在学习中我曾发表过的观点。比如，报告中说：在不同的理论基础上会产生不同的计算方法和计算程序，我们计算中按马克思劳动价值论，排除了天然牧草价值量的分析，排除了生物生长能力差异对畜产品价格影响的分析，排除了把羊奶价值折价计入羔羊成本。这里的论述，表明我们实际上已清楚如果把这些因素考虑进来，会形成一种非劳动价值论的计算办法。表现在两方面，一是不同品种的羊，用同样的劳动投入，价格是相当不同的。二是不论是用人工牧草还是自然牧草，换言之，不论是否有人类劳动的投入，对羊皮价格是没有什么影响的。这个潜在的结论，实际上是在考虑劳动价值论适用的范围。考察报告的结论，就是对我们计算的结果的正确性，给予一个明确的范围界定或说前提条件。这篇报告反映了我的一种追求，既不是死背一些知识，不是教条地学习马克思的理论，也不是有意贬低马克思的学说，而是想弄明白一种理论的适用范围和其历史的局限性。

记得一位老师说，这篇文章文字写得很简练。这对我是很大的鼓舞。在大学学习的生活中，在与同学交流中，我们有一个经常的话题，就是研究如何用简单的文字，表述一个复杂的意思。这种训练可能对以后的研究工作产生不小的益处。

当然，也会产生一种不足，因为文章写得过简，读起来很累人，而这对经济工作者来讲，也是需要解决的一个问题。

报告中提出的"几率"分析，显然是败笔。这里讲的是三种计算方法结果的差异和基本接近的原因，与"几率"没什么关系。为什么会提出"几率"？显然在 1980 年那时，几率问题比较热。由此告诉我，永远不要去追什么时髦，更不要造什么新词汇。要老老实实搞清楚一件事，然后用大家都明白的话讲出来，这才是学问。

最后要指出，参与这篇报告调研和讨论的是兰州大学七七级经济系我同班的三位同学：葛凌青、吴福祥和高燕平。确定选题后我邀请他们共同参与调查。在调查访问中，我们配合得非常好。公开发表此文，谨表深切的怀念。愿本书把这段可能湮灭的故事，变成可查寻的永久回忆。

经济统计规律初探

  从质和量的结合上把握客观经济规律，是按
照客观经济规律办事的必要条件。马克思认为，
一种科学只有在成功地运用数学时，才算达到了
真正完善的地步。[①] 他在研究资本主义经济危机
时，曾试图借助曲线图并运用算式来确定危机的
主要规律。[②] 在《资本论》里，马克思运用数学
方法，证明了再生产的规律、平均利润率和利润
率下降趋势的规律。列宁曾强调黑格尔的如下思
想：虽然学者在认识经验数上的功绩是伟大的，
但是"更伟大得无比的功绩却是使经验的规定量
消灭，把它们提高到量的规定的普遍形式，使得
它们成为规律或度的环节。"[③] 列宁在《俄国资本
主义的发展》、《帝国主义是资本主义发展的最高
阶段》等许多著作中，都充分运用了数学和统计
分析方法来研究经济变化的规律。马克思主义经
典作家从质和量的结合上把握经济规律的思想和

[①] ［俄］苏共中央马克思列宁主义研究院：《回忆马克思恩格斯》，胡尧之等译，73 页，
北京，人民出版社，1957。

[②] 《马克思恩格斯全集》，第 33 卷，87 页。

[③] 《列宁全集》，第 38 卷，126 页。

实践，为我们研究经济规律作出了榜样。

是不是所有的规律都可以或有必要加以数量化、模型化呢？我认为不是。马克思在《资本论》中论述经济规律时，提出绝对规律和趋势规律。一般来讲，绝对规律（如资本家追求剩余价值的规律），偏重于质的分析，抽象化程度较高，数量化困难大且必要性小；而趋势规律（如利润率下降趋势规律）则在质的分析的同时，尚有量的分析，抽象化程度较低，数量化和模型化既有必要且困难小些。

本文论述的经济统计规律，按其存在方式，属于趋势规律。它体现着质与量的不可离异性，体现了必然性与偶然性的辩证统一。它广泛存在于各个经济领域、经济环节之中，具体地发生着作用。因此，自觉地认识和运用经济统计规律，对四化建设是有很大意义的。

一、经济统计规律的提出及其表述

人类的经济活动异常复杂。它在发展、变化过程中，一般会出现两大类现象：一类是必然现象，一类是偶然现象。两种现象错综复杂地交织在一起。人们为了认识隐藏在经济现象背后的本质，认识经济发展过程中的规律，在分析复杂的经济现象时，主要采取抽象法，舍去那些偶然的、无关紧要的因素，从必然现象中找到本质或规律。近年来，随着概率论和数理统计方法的推广和运用，人们对经济现象中的偶然因素有了新的分析工具，因而在对各经济要素的必然关系进行研究的同时，也可以研究和描述各经济要素的偶然关系，研究随机因素的变化规律。这突出表现在对经济活动中积累的数据加以数学和数理统计的处理上。正是在这个过程中，提出了一个新的问题，即如何认识包含有随机因素的经济要素相互之间联系及变动的规律——经济统计规律。

所谓经济统计规律，就是在一定的经济理论指导下，运用数学方法和数理统计方法，对经济活动中按一定方式搜集到的大量数据，通过归纳、整理、分析得到的反映经济过程中各要素之间相关关系的经验规律。经济统计规律不是一般的统计规律，而首先是经济规律。离开一定的经济理论做指导，就没有经济统计规律。我们需要的经济理论，是马克思主义的经济理论。只有在马克思主义经济理论指导下，才能揭示经济过程中各经济量的实质及其相互关系。如果离开马克思主义经济理论的指导，在经济分析中形式主义地滥用数学和统计方法，就不可能找到经济统计规律，实际上不过是在玩弄数字和公式游戏而已。正如列宁所指出的："公式本身什么也不能证明；它只能在过程的各个要素从理论上解释清楚以后对过程绘图说明。"[1] 那种认为经济统计规律是经济中运用统计方法的直接结果的看法是肤浅的。经济统计规律是经济学、统计学和广义数学有机结合的产物，科学的经济理论是其最重要的内涵。其次，经济统计规律又是在经济数据的基础上产生的。经济活动的结果往往可以归结为经济量，表现为数据。这些数据的产生是多种因素（包括偶然因素）共同作用的结果。从大量的经济量中，或从某一经济量多次出现的情况中，都可以发现其有规律的分布，体现出统计规律。例如，国民收入中积累和消费的比例问题，通过对 30 年来有关的经济数据进行分析，一般认为积累率在 25% 左右比较适宜。这个结论是否正确有待深入研究，但这类问题正属于经济统计规律研究的范围，则是没有疑问的。再比如社会主义国家个人收入分配的规律。波兰经济学家和统计学家在分析波兰职工收入的统计资料中发现，职工个人收入服从正态分布。波兰经济学家奥斯卡·兰格认为，这就是社会主义社会中起支配作用的收入分配规律。[2] 而在资本主义社会里，个人收入服从帕累托曲线。帕累托是 20 世纪初意大利经济学家。他根据若干国家个人收入的统计资料，编制出累积的次数分布表。设在直角坐标系中，X 轴表示收入，Y 轴表示人数，则收入分布曲线在大多数情况下呈双曲线，其方程式为：

$$Y = A / [(x-a)\alpha]$$

其中　a——最低收入

　　　α——收入分配不等的量度

　　　A 和 α——确定的正参数

此双曲线称为帕累托曲线，此规律在资本主义社会中一再被验证。兰格认为，帕累托曲线不适用于社会主义国家，而只适用于个人收入来自地产和资本的国家。因为这些国家个人收入分配是不同类社会集团的

---

① 《列宁全集》，第 4 卷，48 页。

② ［波］奥斯卡·兰格：《经济计量学导论》，112～127 页，北京，中国社会科学出版社，1980。

分配，而社会主义国家个人收入分配是同类社会集团的分配。

一方面，经济统计规律一般可用经济数学模型来表示。原因有三点：①数学模型（公式）为经济统计规律提供了简洁的形式化语言；②数学模型（公式）为经济统计规律提供了数量分析和计算的方法；③数学模型（公式）为在各种经济规律之间进行推理和变换提供了方便。运用数学方法从已知的量和关系推求未知的量和关系时，具有逻辑上的可靠性。运用数学语言，展开数学推导、演算、分析，有助于揭示复杂现象的内在联系，有助于提高理论分析的抽象能力。

另一方面，经济统计规律之所以能被数量化、模型化，就在于规律与模型之间有相同的结构。模型结构必须具备三个特征：①它是现实世界一部分的抽象或模仿；②它由那些与分析的问题有关的因素构成；③它表明这些有关因素之间的关系。这三个特征也正是每一个经济统计规律所必备的。这是经济统计规律可以被拟化的一个原因。如果从哲学角度来分析，经济统计规律之所以能被数量化、模型化，就在于它不是无法捉摸的东西，而是一种实存的联系，一种过程，一种趋势。这种趋势是通过一定的具体的物质运动表现出来的，不仅以质、而且以量实存于时空之中。

经济统计规律主要借助随机模型中的统计模型来表述。随机经济数学模型的一般式为：

$$\overline{Y}=f\ (\overline{X}、\overline{B})\ +\overline{U}$$

其中　$\overline{Y}$——因变量，是所需研究的各种指标 Y_1，Y_2，…，Y_n 的集合

$\overline{X}$——预先确定的自变量，为 X_1，X_2，…，X_n 的集合

$\overline{B}$——待定的参数，为 b_1，b_2，…，b_n 的集合

$\overline{U}$——随机因素，它是各种复杂的因素 u_1，u_2，…，u_n 的集合

最后，应该指出，不能认为随机型统计模型都可称为经济统计规律。我们所指的经济统计规律，是有助于揭示经济现象本质的那些统计模型（或曲线），尤其是有助于揭示重大的经济活动领域中经济现象本质的那些统计模型。

二、经济统计规律的近似性

经济统计规律既具有一般规律的基本属性，又具有自己独特的属

性——近似性。经济统计规律的近似性，是基本确定性下的不确定性，是基本趋势已定情况下的波动性。所谓基本确定性，是指经济统计规律作为一种客观趋势，具有不依人们意志为转移的客观性，人们不能改变这种趋势，因此，规律中各个要素的相关关系具有基本确定性的一面。所谓不确定性和波动性，是指经济统计规律中各个要素之间的联系、关系，往往带有随机因素，在大势已定的情况下，在客观经济条件基本不变的情况下，规律具有一个波动的幅度，是以近似值、平均数存在的。这正如马克思在《资本论》中所指出的："总的说来，在整个资本主义生产中，一般的规律，当作一种起统治作用的趋势，也总是按一种错综复杂和近似的方式，作为不断变动的，永远不能确定的平均来发生作用。"① 马克思这里所说的经济规律以一种近似方式存在和发生作用，完全适用或包括经济统计规律。

　　经济统计规律呈现出的近似性，是一种不同于一般自然规律客观性的客观性。自然规律的客观性，归根到底，在于自然规律赖以产生的物质以及物质运动的客观性；经济统计规律以近似性形式出现的客观性，归根到底，在于经济统计规律赖以产生的基础——实践这种物质的客观性。实践是人们有意识、有目的地变革现实的物质活动，是作为主体的人和作为客体的外部物质对象之间的相互作用和物质变换的过程。实践作为能动地反映客观世界的过程与认识相统一，但作为改造客观世界（也包括改造主观世界）的过程，又与认识相对立。实践具有目的性、物质性、社会性和客观性。它是主体、客体、物质手段融为一体的特质活动。生产活动是社会实践中最基本的形式。经济现象之间的变化、发展与人类的生产斗争不可分割。经济统计规律离开人类实践活动就不复存在了。实践既然是经济统计规律赖以产生、存在的物质，那么它的特性必然会影响到经济统计规律的性质。这主要表现在两方面。

　　1. 实践的主体对经济统计规律的影响

　　马克思主义在考察实践的时候，是以作为主体的人同作为客体的外部现实对象之间的关系为出发点的。经济统计规律揭示了实践主体有意识的活动与其活动产生的结果之间的联系。一方面，这个联系是客观

---

① 马克思：《资本论》，第 3 卷，165 页，北京，人民出版社，1963。

的，因为它不是某一个人的意志所能改变的，而是受所有人意志的合力作用产生的；这些人动机的产生不是随意的，归根到底是受物质条件——主要是受人们无法自由选择的既成的生产力条件——制约和决定的。正因为如此，这个联系具有必然性，它成为人们对经济活动进行预测和计划的客观基础。另一方面，这个联系又具有某种程度的不确定性。互相联系的因素之间的变化不是完全成比例的，不是一一对应的，许多人的意志合成为总的力不是瞬间完成的，既成的生产力对每个人的制约情况又复杂到无法一一描述，自变量变化引起因变量变化要经过动荡、起伏、曲折的过程，这就使得统计量不可避免地带有许多无法消除的偶然因素，也就导致经济统计规律产生了不同于确定性函数关系的不确定性的相关关系。

2. 实践的客体对经济统计规律的影响

所谓实践的客体，是客观存在的外部物质世界的现实对象，归根到底是社会物质生活条件。社会物质生活条件使经济统计规律产生了基本的确定性和程度有别的不确定性。这里所说的确定性，是指经济统计规律随一定的经济条件的产生而产生，随一定经济条件的消失而失去效力。有什么样的经济条件必然产生相应的经济统计规律，因而使得经济统计规律中的因变量和自变量之间具有确定关系。所谓不确定性，是指由于经济条件以动态存在于时间和空间之中，经济条件本身在不断发生着量变，因而使得在一定经济条件下产生的经济统计规律有了多种形式，虽然这些形式是很接近的。另外，同质经济条件的非本质差别也会影响经济统计规律。经济统计规律中一些自变量与因变量之间的关系，由于受到各种因时因地而异的客观因素（包括随机因素）的影响，因而表现出同类经济统计规律的差异性，即经济统计规律的不确定性。

还应指出，经济规律之间的相互作用对经济统计规律的近似性也有影响。在社会经济中，经济规律组成为一个体系。各个经济规律在经济体系中所处的位置和层次，有主有次，有深有浅，时间上有长有短。经济统计规律作为抽象化程度比较低的规律，受到抽象化程度较高或很高的一般经济规律的制约。因此，经济统计规律就更明显地表现出近似性的特点。恩格斯在给康·施米特的信中，就曾批评施米特在利润率问题上的看法绝对化，指出由于经济规律的相互作用，经济规律表现为近似值、平均数，是一种倾向。①

我们提出经济统计规律的近似性，可能有人误把它当作认识和表述规律时难免出现的局限性，即自觉不自觉地从认识论角度理解近似性；而不认为近似性是规律本身存在方式的特性，即不是从本体论角度理解近似性。从认识论角度谈经济统计规律的近似性，实际上是指随机性经济数学模型在反映、表述现实时的近似性。我们不应该把这种认识论上的近似性与本文强调的经济统计规律本身存在的近似性混为一谈。

三、利用经济统计规律为"四化"建设服务

要想利用经济统计规律，必须认识经济统计规律，怎样才能正确认识经济统计规律呢？

首先，要在马克思主义经济理论、尤其是马克思主义已经揭示出来的科学经济规律的指导下，去分析经济生活中的现象。经济过程是复杂的，它包括了生产、交换、分配、消费各环节和国民经济各部门的运动；经济因素也是复杂的，它包括了生产力的物的要素和人的要素，自然的因素和社会、历史的因素等。在这种情况下，如果离开了正确的理论指导，离开了社会主义一般经济规律的指导，就不能够正确地分析、处理各种经济量的关系，就不能认识经济统计规律，也就不能为重大经济决策提供具体的量的变化规律的依据。那种认为经济统计规律只需要经验，不需要科学规律指导的想法是错误的。与此同时，我们还要在马克思主义经济理论指导下，批判地借鉴西方资产阶级经济学在这方面取得的某些成果。

其次，我们要在总结30年的经验教训以及对当前的经济状况进行调查研究的基础上，认识经济统计规律。从一定意义上来说，我国30年经济建设的经验，反映在大量的经济数据中。我们应当按照当前经济研究的需要，对30年的经济数据加以科学分析，找出具体的经济量运动的规律，认识存在于各经济领域、经济环节的经济统计规律。例如，国家现在每年负担的农产品价格补贴和其他物价补贴已达320亿元，财政压力很大。要解决这个问题，就必须找到价格补贴的合理数量界限。

---

① 《马克思恩格斯选集》，第4卷，516页。

为此，我们就要分析新中国成立以来我国有关价格补贴的各类数据，找出各类经济量之间的相关关系，以便得到若干具体的经济统计规律，提高我们分析和解决问题的科学性。当然，还应指出，由于我国社会主义建设几起几落，且统计工作一直很落后，因此，在对有关经济数据进行分析、处理时，还必须对数据的可靠性程度进行分析。不仅要进行量的分析，还必须进行质的分析。

经济统计规律的利用机制具有与一般经济规律利用机制不同的特点。主要表现有以下几方面。

（1）随机性经济数学模型，是经济统计规律理论研究和实际利用的中间环节。

所谓实际利用，就是根据大量经济数据，通过一定的数学模型求出答案。这个答案表现为具体的数量。从复杂的经济现象中，经过科学抽象，进行一系列简化，提炼出合适的数学模型，这是一种创造性的劳动。首先，要依据有关的科学理论确定几个基本量，以反映被处理对象的基本规定性。其次，要从抓主要矛盾入手，建立最基本的公式；然后，逐步加入必要的次要因素，逐次修正基本关系式。经过第一级近似，第二级近似，第三级近似……，使研究和计算结果逐步逼近实际情况。再次，要对有关量进行适当简化，以形成待解的数学问题。简化应使数学模式能上电子计算机进行计算。

（2）经济统计规律利用机制中人的主观能动性体现得更为突出。

这表现在人们对经济发展过程的选择和控制上。一般经济规律具有确定性，其表现形式具有唯一性。人们或者违反经济规律，或者按照经济规律办事。至于人们在办事的时候对经济规律符合到什么程度，就不可能涉及了。经济统计规律具有近似性，它所揭示的经济联系不是一个，而是具有共同性质的一类；它作为一种有幅度变化的客观趋势，以错综复杂的近似状态存在，因而它本身提供了人们活动选择的基础。比如，当我们在计划规律的指导下，运用统计资料，通过数学方法找出借用数学模型表示的具体的经济统计规律时，它可以产生近似程度不同的多种方案供我们选择。这种选择的基础或合理性，正在于经济统计规律的基本确定性下的不确定性（表现为非唯一性）。

经济统计规律涉及在经济条件基本不变的情况下，人们对经济过程的控制问题。我们知道，人们所预期的目标与人们所采取的手段之间，存在一种规律性的联系。人们按这种规律去行动，就可以使经济活动向预定目标发展，其结果表现出人们控制经济过程；反之，人们不按这种规律行动，就不能使经济活动向预定目标发展，其结果表现为人们未能控制经济过程。经济规律是不以人们的意志为转移的。按照经济规律办事，就表现为改变或创造经济条件，使某一经济规律的作用或几个经济规律的共同作用发生变化，以此决定经济的发展过程。这里，人们对经济过程的控制，只能体现在改变经济条件上。经济条件，主要是生产方式，而生产方式不是可以随意改变的。在生产方式这个经济条件基本不变的情况下，或在各种经济条件已经确定的情况下，人们对经济过程是否无力控制呢？不然。根据经济统计规律的近似性，人们可以在经济统计规律所允许的限度内，作出各种计划、决策，以控制经济的发展。这是因为，经济统计规律的近似性，一方面，承认经济活动具有基本确定性，即必然性的特点，因而经济发展趋势是有方向的，可以预测的；另一方面，又承认经济活动中多种随机因素（主观的、客观的）造成了经济统计规律的不确定性，这种不确定性使规律有一定的存在范围，有合理的波动幅度，因而为人的主观努力提供了活动余地，人们可以在一定的经济条件上实现控制（有限度控制）的作用。这种控制作用主要表现在对多个可行方案的选择上，表现在实行某种方案的过程中不断地根据新情况对原方案进行修改、变动上。在正常情况下，这个控制过程的可行性、合理性正基于经济统计规律的近似性。

（3）经济统计规律利用机制中存在着利用程度问题。

经济统计规律既然具有近似性，可以在规律所允许的范围内进行选择和控制，那么，同一经济统计规律通过程度有别的随机性数学模型起作用的情况就有不同。为了区别作用的不同情况，可以引入"利用度"这个概念。所谓利用度，就是表示利用经济统计规律的程度。利用度等于实际利用与最优利用的比值。实际利用情况可以通过实际经济效果来反映，实际经济效果可以选择一些经济指标加以描述。最优利用应当通过最优经济效果来反映。当实际效果和理论上的最优效果一致或基本一致时，利用度就达到最大值"壹"，但这种情况在现实中是很少见的。实际效果等于零时，当然利用度也是零，这也少见。不言而喻，与衡量一般经济规律利用机制不同，这里不只有肯定（符合规律）与否定（违反规律）两个尺度，而且在零到壹之间，还有一系列的利用度的数值。

这样，在对经济统计规律的利用过程中，人的主观能动性将不仅表现在创造各种不同条件，改变各种经济规律共同作用的方式上，而且表现在经济条件基本不变的情况下，尽量提高经济统计规律的利用度，使它趋近于壹。这样一种认识，将有助于克服在按经济规律办事上的绝对化的思想方法，防止夸大主观意志作用或否认主观能动性这两种倾向，使我们能够更有成效地运用经济规律为"四化"建设服务。

作者说明

这篇文章发表于中国社会科学院研究生院学报《学习与思考》1984年第1期上。这是我对经济规律几年思考的小结。在大学时，曾写过一篇《经济规律的近似性》的论文，获学校组织的科学论文评比一等奖。为什么会对这样一个问题感兴趣呢？在刚恢复高考的年代里，在当时政治经济学教学中，都是讲规律的性质或者给规律下一个定性的定义。记得一本苏联逻辑学教材上讲，定义就是种类加上属差。比如，人是会制造工具的高等动物。人是一种动物，这是类别；而"会制造工具的动物"又是有一种本质性的属性，加在一起，就对"人"下了个定义。这种逻辑方法在我们生活中和教学中，成了最常用的方法。尤其是在马克思主义的概念中，本质分析思路和方法是最常见的。抛开现象看本质，也是最流行的思维方式。但在现实生活中，经常遇到的是现象。对现象的分类和比较，也是重要的。一些西方经济学著作，正是将经济现象归纳和数理方法处理作为主要分析工具的。比如，提出什么恩格尔系数，什么价格弹性系数，什么要素贡献度等，许多就是现象的归纳，或是现象的规律，或说是比本质分析浅一层次的现象规律。在社会主义经济中，这种规律分析也有实用价值。比如，到底经济增长多少是符合规律的？计划指标在多大程度上是符合规律的？消费和积累的比例究竟多少才符合规律？等等。这些问题在理论上没有明确的说法，但在现实中又是经常遇到的问题，引起我较长时间的思考。正是在这种情况下，我力图对经济规律数量化问题，进行一些探讨。在攻读硕士研究生后，这个课题仍经常在我脑中盘旋。这里所收的这篇文章，就是从一个新的更容易被人接受的角度，论述了经济规律的分类、近似性和数量化问题。

这篇文章，在两个方面打上了时代的烙印。一是当时正在兴起经济理论的数量化热潮，经济数学和数量经济学正在成为热门的学科，这对我们有很大影响。二是运用马克思的理论来论证合理性的倾向。当时，若不用马克思主义理论来论证新的想法，是不容易被接受的。因此，虽然本论题已不是马克思主义关注的中心，但也要用马克思的论断，为这种研究争取合法的地位。这是从本文中可以看出来的一种时代特点。

现在看这篇文章，有两个明显的不足，一是论证的方法以演绎为主，过于偏重于哲学的思考，因此，比较空泛，表现了对现实情况有一定认识，但还不熟悉，过于书卷化了。二是论证的是经济统计规律存在的特点，但对这个规律本身内容，或说到底有哪些具体的经济统计规律，还缺乏更具体化的归纳，因此，不能使人们从经验感受中印证这个理论的可接受性，去体会某种清晰、释疑的概念。

按边际成本定价的思考——
与汪祥春教授商榷

汪祥春教授在《价格在资源合理分配中的作用》①（下面简称《价》文）中，提出按边际成本定价以合理分配资源这样一个问题。这个问题提得好。合理分配资源作为一项目标，对价格体系改革具有特别重大的意义。应该承认，多年来从理论和实践上都未能很好地解决这个问题。现在到了解决这个问题的时候了。按边际成本定价能否解决这个问题呢？显然应加以考察。据我所知，国内提出这种主张的人不多，在老一辈经济学家中提出这种主张的就更少了。因此，我对汪教授勇于探索的精神表示钦佩。拜读原文之后，感到有必要就两个问题进行讨论，一是《价》文把按边际成本定价理解为一种具体可行的定价方法是否正确？二是《价》文所设想的按边际成本定价方法是否有实用价值？由于本人学识浅薄，所论不妥之处，谨请汪教授和对按边际成本定价有兴趣的同志，多多指教。

---

① 汪祥春：《价格在资源合理分配中的作用》，载《南开经济研究所季刊》，1982（2）。

一、在完全竞争条件下，按边际成本定价，是理论分析的原则，还是具体的定价方法

汪教授在《价》文中，把按边际成本定价看做一种具体可行的定价方法，对此我有不同看法。

《价》文提供了关于按边际成本定价的图示，这个图是指完全竞争条件下的情况，所以本文限于讨论在完全竞争条件下的按边际成本定价。

根据我的理解，为了解释供给和需求如何决定价格，以及供求均衡价格的优越性，西方微观经济学分析了供给曲线背后的边际成本曲线和需求曲线背后的边际效用曲线，提出了 MC＝MR＝P 对合理分配资源的作用（MC 表示边际成本，MR 表示边际效用，P 表示价格）。理由是，在完全竞争条件下，厂商无力影响市场上的价格，而是在价格（部门均衡价格）已定条件下，来调整产品供给量，以取得最大利润。资产阶级新古典综合派认为，厂商达到最大利润的条件是，要把产品生产量控制在产品边际成本等于市场价格的水平上，即产量决定于边际成本。这里可以加以求证：厂商赚取最大利润的条件是

$$MC＝MR＝P \quad 证明：T_\rho＝TR－TC$$

（ρ 表示利润。公式意思是：总利润＝总收入－总成本）

公式两边对产量求异：$\dfrac{dT_\rho}{dQ}＝\dfrac{dTR}{dQ}－\dfrac{dTC}{dQ}$

若 T_ρ 最大，则其一阶导数必为零，

所以，$\dfrac{dTR}{dQ}－\dfrac{dTC}{dQ}＝0$

$$\frac{dTR}{dQ}＝\frac{dTC}{dQ}$$

$$MC＝MR＝P$$

所以 MR＝MC

又因在完全竞争条件下 MR＝AR＝P

所以，完全竞争条件下厂商利润最大化的条件是：MC＝P

其经济学含义就是：只要厂商生产的最后一个单位所能带来的总收入增加量(MR)还超过由于制造该单位产品所必需的总成本的增加量(MC)，

这就表示应继续扩大产量，扩大的每单位产品都可以获得一点利润，因而扩大产（销）量可以增加总利润。反之，假如他的产（销）量已扩大到这样程度，即：最后那个单位的产品引起的总收入的增加量（边际收入）小于提供单位产品所费成本（边际成本），这表示他增产该单位产品还带来亏损，因而减少产（销）量反而可使总利润增加。因此，该厂商赚得总利润为极大值的条件是：他把产（销）量调整到一定数量，这个数量的最后一个单位的产品所提供的总收入的增加量（边际收入MR），恰好等于增加这最后一个单位的产品总成本增加量（边际成本MC）。又因为在完全竞争条件下，边际收入等于平均收入等于售卖价格，所以完全竞争条件下厂商利润极大化的条件是：MC（边际成本）＝P（售出价格）。

由上可知，厂商不是按边际成本定价，而是按边际成本等于部门均衡价格的原则确定产量。也就是说，在完全竞争条件下，厂商无力决定产品价格，此时产品价格是由社会供求决定的部门均衡价格。厂商不过是按照已形成的部门均衡价格，去决定产量，以达到最大利润。所以说，《价》文中的图示和解释把问题搞反了（这一点在下面还将详细谈到）。

从资本主义国家的现实看，边际成本也不是厂商制定价格的具体依据或说实际指标。由于边际成本一直未列入会计账目中，因而多次引起关于边际分析在现实中是否存在和厂商是否以边际成本等于价格去组织生产的争论。例如，牛津大学哈罗德教授（R. F. Harrod）主持调查 38家厂商后，在 1939 年《牛津大学经济学报》上著文指出：厂商不知道需求曲线，不知道边际收益线，更谈不上按照 MC＝MR＝P 去组织生产。20 世纪 50 年代夏克尔（G. L. Shackle）在苏格兰调查 170 家厂商，1955 年发表调查结果，亦发现厂商未用边际方法来决定价格。美国的赖斯特（R. A. Lester）1945 年对美国南部 58 家厂商调查后说：边际分析不符合厂商生产中的实际情况，同年 9 月，马克洛（F. Machlup）于《美国经济评论》上著文进行反驳，认为经济学家和工商人士所用名词不能沟通，工商人士在决定价格与产量的思维过程中，实际上是以边际计算为基础的。据说，美国经济学界评价这两人的争论："马克洛赢得战斗，赖斯特赢得战争"。[①]

---

① 以上所引，请参阅侯家驹《边际分析与平均分析》一书。

萨缪尔森教授并不否认这一事实，即厂商并不用边际分析方法。但他认为："即使厂商自己不有意识地使用经济理论中的具体的边际工具来解决最大利润问题，就厂商能够相当准确地猜测到他在什么情况下可以实现最大利润而论，他实际上是在使边际收益和边际成本大致相等。他做到这一点，并不使用曲线，而是通过试着干的办法摸索到最优状态。"① 但他也不得不叹息："实际上，很少有经济学者自始至终地拥护按照边际成本规定价格的理论。"②

美国著名经济学家西蒙（H. A. Simon）对按 MC＝P 原则的前提——厂商组织生产是以追求最大利润为唯一目标提出异议。他认为企业家只企求满足性利润，因为企业家除货币报酬外，还希求精神所得，而这有可能会牺牲部分利润；现代企业中所有者与管理者经常是分开的，实际管理者并不追求最大利润；边际理论所谓追求最大利润，是没分清长期利润还是短期利润等。

综上所述，西方经济学界在边际理论能否成功地解释经济现象上存在严重分歧，在解释厂商是否按边际成本等于价格原则组织生产上也存在严重分歧，这就更谈不上把按边际成本定价变成为一种制定价格的方法了。把按边际成本定价，作为具体定价方法，既不符合实际的厂商行为，也不是对西方经济学价格理论的正确理解。

二、《价》文所述制定价格方法，就是供求决定价格，边际成本在这里没起作用

《价》文提出："资源的合理分配，对于提高整个社会的经济效益，关系十分重要，为了促进资源的合理分配，不妨考虑采用按边际成本定价的原则。""所谓按边际成本定价，就是物价部门按照与一定的计划总产量相适应的部门边际成本定价，如果这个价格偏高或偏低，以致产品积压或脱销，那么就要对总产量和价格同时逐步进行调整，一直到价格既等于与总产量（调整后的总产量）相适应的边际成本，又能使产品供求达到平衡为止。"

这两段话是《价》文对按边际成本定价方法和意义的扼要介绍。但

①② ［美］萨缪尔森：《经济学》，中册，178、206 页，北京，商务印书馆，1981。

是，《价》文所述的按边际成本定价是不能成立的。我们知道，确定产品产量就意味着要把多少社会劳动、资金和自然资源投入某种产品的生产。因此，分配资源就是确定产量问题。先计划总产量，然后适应于这个总产量去定价，这就不是利用价格来分配资源，而是把资源分配当成确定价格的前提了。好比解一道几何题，把所要求证的命题当作证题的已知条件了。为了更直观地说明这一点，我们不妨借用《价》文中的图示。下面两个图示的区别十分清楚，甲图中箭头方向是从 P 到 Q，即指在价格已定的情况下，借助边际成本线找到生产量，使厂商利润最大。乙图中箭头方向恰好相反，是从 Q 到 P，即在计划产量下，借助边际生产线去寻找价格。乙图就是《价》文的观点图解。

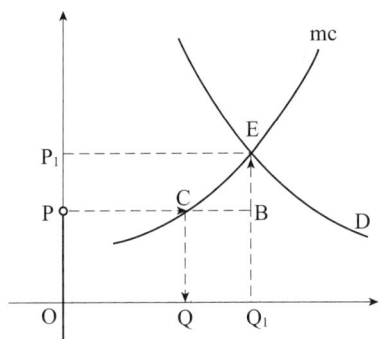
甲图

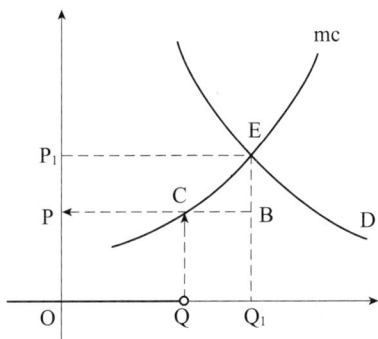
乙图

现在又提出一个新问题，用西方经济学中微观价格理论来衡量《价》文的主张是否合适？《价》文是否是对解决社会主义宏观价格问题的突破？本文是否回避了《价》文所述按边际成本定价方法中的不断"调整"的思想因而曲解了《价》文原意？

为进一步说明问题，我把《价》文的按边际成本定价方法用一个公式表示出来：

$$Q\cdots\longrightarrow MC_Q \longrightarrow p \longrightarrow \left[\begin{array}{c} p \\ \updownarrow \\ Q \end{array}\right] \begin{array}{c} Q' \\ < \\ p'=MC_{Q'} \end{array}$$

这个公式就是说，"计划总产量"Q 是出发点，是前提条件，按照与 Q 相适应的部门边际成本 MC_Q 定价得到价格 P，然后"同时调整"P 和 Q，达到所要求的价格 P′，和产量 Q′，此时，P′＝MC_Q，且 P′能使供求平衡。

我们不妨逐段分析一下这个公式，看看这个公式是否是对社会主义条件下按边际成本定价的科学解释。

公式的起点是 Q，这意味着，计划部门已初次分配了资源，已作出了总产量的计划（至于计划部门根据什么得出计划总产量，《价》文没有介绍，我这里也不予深究）。但 Q 必然是不合理的，否则，公式的起点也就成了终点，没有必要再借助物价部门通过价格机制来修正 Q 了。

$Q\cdots\cdots\rightarrow MC_Q \rightarrow P$ 这是本公式由起点的发展（这里，我们假定生产此产品的各个企业账目上都设边际成本一项，假定各企业的边际成本曲线用平移相加的方法可得出一个部门的边际成本曲线）。公式告诉我们，物价部门根据 Q，借助相应的 MC 曲线，找到了 P（请回忆一下上面的乙图）。在这一步里，P 是被寻求的对象，是 Q 的"产"物，因此，物价部门制定的初次价格 P 对资源初次分配（Q）没起作用。可见，使 P 得以产生的 MC_Q 对资源初次分配也没作出什么贡献。

$$P \longrightarrow \begin{bmatrix} p \\ \updownarrow \\ Q \end{bmatrix}$$

《价》文指出，"产品积压或脱销"的情况发生了，资源初次分配不合理的信号反馈回来，要求进行调整。这时，计划部门把调整 Q 的任务交由物价部门利用价格机制去完成。物价部门通过"积压和脱销"意识到不仅 Q，而且初次价格 P 也不合理，也要调整。虽然，P 对 Q 的不合理不负任何责任，但现在却不能不发挥主动精神了。这表现在 $\begin{bmatrix} p \\ \updownarrow \\ Q \end{bmatrix}$ 这一段十分关键，因为这是 P 不断发挥杠杆作用，对 Q 施加影响，P 和 Q 在相互作用下趋向理想值 P′和 Q′的过程。调整 P 与 Q 是同时进行的，那么以什么为调整的根据呢？《价》文指出一条线索："如果这个价格偏高或偏低，以致产品积压或脱销……"，即产品积压则价格偏高，产品脱销则价格偏低。这样一来，调整的根据有了，根据产品的销售情况进行调整。调整到什么程度呢？以"供求达到平衡为止"。我们怎样才能知道供求平衡呢？从价格和产量本身是无法得知的，还是只能从市场上产品的销售情况去判断。当产品既不脱销也不积压时，我们就说是供求平衡。此时，价格和产量就可以不调整了，$\begin{cases} Q' \\ p' = MC_{Q'} \end{cases}$ 出现了。可见，在这里起作用的是供求情况，而不是边际成本。因为边际成本 MC 本身也随 Q 在变动，而 Q 和 P 在"同时调整"。我们通过供求平衡找到 P′时，才能确定与之相应的产量 Q′和 $MC_{Q'}$。反之也成立，我们通过供求平衡找到 Q′时，才能假定此时 $P=MC_{Q'}$。

综上分析，我认为：《价》文告诉我们的只是根据供求决定价格，而没阐明什么是按边际成本定价。我们看到的只是，整个公式从 Q 开始，到 Q′和 P′同时登台为止，供和求在台上表演，价格和产量在不断波动，MC 忽而是价格的影子，忽而成了产量的尾巴。而物价部门与其说是在制定价格，不如说是在力图反映市场变化，在不断地调整价格。

最后，我想对《价》文提点建议，为适合我国国情非完全竞争条件下探讨按边际成本定价问题，是否能把一般均衡情况考虑进来。

作者说明

1983 年年底，南开大学经济研究所孔敏教授前来北京开会，向我约稿，我就把这篇已完成但尚未决定投向的稿子交给他。当时有一种担心，这种学生与老师商榷的文章，估计杂志不会用的。但后来全文发表在《南开经济研究所》季刊 1984 年第 3 期《争鸣》栏目上，使我很高兴。

20 世纪 80 年代初，西方经济学刚刚被介绍进来，为中国经济学界吹过一阵新鲜的季风，引起各方面尤其是年轻人的强烈反响，也有不少老教授在认真研究和分析西方经济理论。汪祥春教授就是这种可贵的老教授。他在价格学界最早开始对边际成本问题进行了研究，并发表了一些文章，被价格学界视为这方面的先行者。我的《也谈按边际成本定价》，是受汪教授启发写成的。虽然说是"与汪教授商榷"，但内心里充满着敬意。文章对汪教授两个观点提出不同意见，一个是"按边际成本定价"是否是一种具体可行的定价方法？汪教授持肯定态度，我则持否定态度。我认为"按边际成本定价"是价格形成理论的一条原则，不是具体定价方法。二是汪教授提出的"按边际成本定价"方法是否有独立形态。汪教授认为有，我则认为不过是供求规律决定价格的具体化。这两个观点都是重要的观点，需要进一步搞清楚。随着实践和时间推移，我感到当时我提出的不同观点，是能站住脚的。汪教授对我的这篇文章，表示了非常的宽厚。记得在文章发表后的一次价格理论研讨会上，汪教授非常亲切地主动给我打招呼，说："杜厦不久前的毕业答辩，很出色。你们这一批年轻人不简单，功底很好，大有前途。"这一下打消了我的一个担心。我怕汪教授会不高兴，会不再理睬我这个冒失的研究生。此时，老教授的鼓励，使我感动至深，十几年过去了，这段细节仍难忘怀。

这篇文章从侧面反映了 20 世纪 80 年代初，我国价格改革兴起高潮的前夕，价格学理论界对如何定价更科学、更合理的探讨情况，对不同见解的讨论，对正确认识西方经济学理论，对运用西方经济理论于改革实践，还是有一定意义的。当时，我正在中国社会科学院研究生院攻读价格专业的硕士学位，向价格学界一位颇有建树的老教授提出不同意见，确也是初生牛犊不怕虎。这种劲头，现在越来越少了。

"劣等地"分析

一、劣等地和劣等自然条件

近年来，一些学者提出制订农产品价格要以劣等地的成本为依据。如胡昌暖提出，"对于农产品收购价格，原则上也应根据社会生产价格（即由劣等地产品的个别生产价格所决定的社会生产价格）来制订。"[①] 刘家声提出，"农产品价格形成应以劣等地合理经营的成本为主要依据。"[②] 在制订农产品价格上以劣等地农奉为依据和以劣等自然条件为依据这两种提法有没有区别呢？

我认为，这两种提法既基本一致又不一致，关键在于如何理解"土地"的概念。狭义的"土地"概念与"自然条件"概念差别较大，广义的"土地"概念则与"自然条件"概念比较一致。

狭义的"土地"概念是把土地等同于土壤，而不包括气候、河流、生物等自然条件。也就是

---

① 胡昌暖：《价格学》，221 页，北京，中国人民大学出版社。
② 载《价格理论与实践》，1982（2）。

说，两个概念的外延上有很大差别。既然如此，劣等地与劣等自然条件也就不能相提并论了。马克思在论述土地肥力时，也曾从狭义上来运用土地概念，他说道，随着文明的进步，人们不得不耕种越来越坏的土地。显然，这里的"土地"就是指土壤，因为只有土壤才可以"耕种"。

当我们从广义的角度理解"土地"这一概念时，劣等地与劣等自然条件两个概念比较一致。马克思曾指出："经济学上所指的土地是指未经人的协助而自然存在的一切劳动对象。"[①] 在马克思的一些论述中，土地概念的外延还包括原始森林、草原、矿产，甚至气候等。

随着对土地研究的深入，越来越多的人倾向于把土地与土壤区分开来，趋向于从广义上来把握土地概念。如联合国粮农组织 1972 年在瓦格宁根召开的土地评价专家会议上认为：土地包含地球特定地域表面以及以上和以下的大气、土壤及基础地质、水文和植物，它还包含这一地域范围内过去和目前的人类活动的种种结果，以及动物就它对目前和未来人类利用土地所施加的重要影响。国内外不少学者撰文论证土地本身是一个大系统，土壤、生物、气候、水文都是土地系统的子系统。

当然，必须指出，广义的土地概念与自然条件只是相近，而不是完全等同。如光、热来自太阳，是自然条件，归于土地概念似欠妥。据了解，把土地作为一个大系统来分等评级，土壤学、地理学等学科迄今为止亦未能解决。因此，从实际出发，本文所论的"土地"是以狭义概念为研究对象的。

顺便指出一个与此相关的概念——生产条件。我认为，劣等自然条件与劣等生产条件差别较大。就农业而言，其生产条件不仅包括自然条件，而且包括非自然条件，如农业机械化水平，耕作技术水平，生产管理水平，交通运用条件，等等。在运用这两个概念时，应有所区别。

二、劣等地概念的两重意义

"劣等地"是政治经济学的概念，还是土壤学的概念，或者是兼有这两门学科意义上的概念？

我认为，从经济学（主要指政治经济学）与土壤学的结合上去把握

---

① 《资本论》，第 1 卷，668 页。

"劣等地"较为有理，也较为有益。

让我们首先从认识"土地"概念入手。土地的研究在政治经济学中占有重要地位。马克思曾说过："劳动并不是它所生产的使用价值即物质财富的唯一源泉，正像威廉·配第所说，劳动是财富之父，土地是财富之母。"① 很清楚，土地是人们创造物质财富重要的物质条件，是社会生产力中主要的物的因素。自亚当·斯密的《国富论》问世后，政治经济学一直十分重视研究财富问题。既然如此，作为"财富之母"的土地当然也是政治经济学不可回避的研究对象。

农业土地在土地研究中具有重要的意义。农业土地有一个重要的特点，即它不仅参与自然的再生产，也参与经济的再生产。马克思说："经济的再生产过程，不论它的独特的社会性质如何，总会在这个范围（农业）之内，同一个自然的再生产过程密切联系在一起。"② 这个论断非常正确。在农业再生产中，土地正集中体现着经济的再生产过程与自然的再生产过程的紧密结合。土地作为农作物生长的自然基础参与农业的自然再生产，作为经济要素又参与农业的经济再生产。土地的这种双重地位，决定了土地具有双重特点。在经济再生产过程中，土地的优劣之分与某一农作物的市场供求状况紧密相关，与土地的收益水平紧密相关；在自然的再生产过程中，土地的优劣之分与土地产品的数量紧密相关，与土地的自然肥力的差别紧密相关。

"劣等地"概念更明显地体现出农业土地的这种双重性。一方面，"劣等地"概念是经济学对土地利用的评价；另一方面，"劣等地"概念又是土壤学对土地自然属性的评价。"劣等地"作为"边际"土地，体现着经济属性；作为"贫瘠"土地，又体现出自然属性。马克思说："较好土地所以被人看中，是因为这种土地包含着只待利用的含有大量的肥力的自然要素，最有希望为投在它上面的资本生利。"③ 这段话体现了土地的两重意义之间的联系。"较好土地"是对土地自然要素的评价，"好"在土地"含有大量的肥力的自然要素"；之所以"被人看中"是因为在"较好土地"上面"资本生利""最有希望"，即经济评价也较高。按理，应先有不同肥力等级土地的客观存在，后有各等土地被人的

① 《资本论》，第1卷，57页。
② 《资本论》，第2卷，387页。
③ 《资本论》，第3卷，766页。

选择利用，自然要素存在在前，经济要素产生在后，自然要素评价为经济评价的基础。

对"劣等地"的专门研究，是"土地经济学"的任务之一。"土地经济学"开拓者之一的当代美国经济学家伊利（1894—1943年）认为，土地经济学是由于土地利用所引起的人与人之间的关系的一门社会科学，他指出土地经济学研究对象包括土地利用、土地分类、土地规划、土地价格、土地转让、土地收益及课税、土地信用、土地政策、土地的社会控制等。当然，作为一门新开创的边缘科学，"土地经济学"必须吸收政治经济学、农业经济学、农业技术经济学、经济地理、地理学、土壤学等科学的研究成果，才可能发展。

探讨"劣等地"概念的两重性是为使我们的理论能付诸于实践，是为利于用实践来检验我们的理论。如果我们弄不清"劣等地"的技术属性，不能从技术上解决和确定什么是"劣等地"，那么，按劣等地定价的原则不论理论上是否完善，终归只能束之高阁。

三、劣等地与土壤肥力

马克思在论证级差地租时，提到了根据土壤肥力差别对土地进行分等。他指出等量资本在等面积的各级土地上使用时所产生的不同结果有两个与资本无关的一般原因：①肥力，②土地的位置。马克思在"肥力"两字后面，特意加注道：关于这一点，应当说明一下，土地的自然肥力是指什么，其中又包括哪些不同的要素。如前所述，本文是在狭义上运用土地概念，即把土地与土壤作为同一含义的概念，因此需对土壤进行一番研究。

所谓土壤，是陆地上能够生长植物的疏松表层，是植物生长的基础。我们讲劣等地，实际上指土壤劣等的农业土地。

限于土地科学的发展水平和对农业土地的管理水平，我们划分土地等级主要以土壤等级为根据。土壤肥力是土壤的基本属性和本质特征，所以划分土壤又主要以土壤肥力等级为根据。所谓土壤肥力，是指土壤在天然植物或栽培作物的生长发育过程中，能够同时地和不断地供应和协调水分、养分、空气和热量的能力。通常将水分、养料、土壤空气、土壤温度（即水、养、气、热）称为土地（壤）因素。

　　土壤肥力是土壤自然肥力和人工肥力的综合。亚当·斯密曾提出土地自然肥力和人工自然肥力的假设。马克思曾指出过，土地的自然肥力和人工肥力是两个不同的范畴：自然肥力是指土地不依赖于人的生产活动，而由自然过程赋予土地的肥力，它是自然历史过程的产物；人工肥力是通过人的生产活动赋予土地的肥力。马克思还说："如果土地改良的效果比较持久，……人工增进的土地的不同肥力就会和土地的自然的不同肥力合在一起……"[①] 这种合在一起的土壤肥力，即为土壤的经济肥力。从其形成和作用看，土壤经济肥力不仅是一个自然范畴，同时又是一个经济范畴（土壤经济肥力的两重意义对我们理解劣等地概念的两重意义有直接帮助）。评定土壤肥力，主要是对其经济肥力的评价，至于处女地，可以认为其经济肥力与自然肥力等量，人工肥力为零。

　　依据土壤肥力来评定等级，不仅要充分利用土壤学的成果，而且要尊重和吸收我国劳动人民丰富的经验。

　　我国早在 6000 年前的夏代，古人就根据肥力高低把土地分为三等九级。所谓"禹别九州，随山浚川，任土作贡"，即指禹把全国划为九州，把土地分成等级，按等贡赋。所谓"庶土交正""三壤成赋"是指把全部土地分成三等以贡赋。[②]

　　春秋时代，《管子·地员篇》按土壤肥力高低，将土地概括为三等九十种。

　　上述这两篇文章是世界上有关土地按肥力高低分等、分类的最早文献。

　　1961 年，我国农业部全国土壤普查办公室主持编制的《全国农业土壤肥力类型图》，总结了农民群众评土分级的经验，并适当结合各种土壤的平常产量，根据中国农业土壤的肥力状况，把土地区分为油土、肥土、熟土、瘦土四种。油土的特征是：水、养、气、热协调，抗逆性强，稳产高产。肥土的特征是：土温适宜，肥足劲长，土壤潮润，适种面广，产量高且较稳。熟土的特征是：水、热气不够协调，供肥不严衡，产量中等。瘦土的特征是：水、养、气、热均差，非燥即凉，供肥少，适种面窄，作物生长不良，产量低而不稳。

---

① 《资本论》，第 3 卷，760～761 页。
② 《尚书》，"禹贡"篇。

近几年来，土地分等深为各方重视。为了合理开发和利用自然资源，全国大规模开展的农业区划和土壤普查工作对土地进行了有科学根据的质量评价。在农业生产责任制的改革中，农民在土地分等基础上进行了土地以户为单位的承包。去年我先后去河北省新城县和甘肃省酒泉县对农业土地分等问题进行了调查。新城县农业区划委员会土壤组把该县土地划为五个等级。新城县泗庄公社宋辛庄伙大队张炳生大队长在回答土地分等问题时说："我们把土地分为五等。一等地出两茬没问题，一茬小麦，一茬秋。二等地出两茬差一点，三等、四等地是沙土地，不能种麦子。五等地土质差，地远，浇水条件差。有的二等地比一等地打粮多，这一看管理，二看地块碎不碎，太碎了不够人踏的。"酒泉县泉湖公社春光大队书记对我说："我们这全是黄土地，分等只看产量，我们把土地分为三个等。"

综上所述，可以看到，古人和现在农民主要根据土壤肥力和产量来评定土地，有时还考虑土地宜种面。我认为，这种土地分类方法不仅简便易行，而且很有道理。是否能这样从理论上归纳：土壤肥力是土地分等的内在尺度，产量是土地分等的外在尺度，土地宜种面是土地分等的辅助尺度。

随之产生两个问题，第一，农民心目中的土壤肥力指标与科学工作者使用的土壤肥力指标之间的关系。第二，如何评价这种土地分等方法：①这种方法与其他土地分等方法的不同点；②土地分等的内在尺度与外在尺度、辅助尺度之间的关系；③这种土地分等方法是对土地价值还是对土地使用价值的评价。

先谈第一个问题。农民是从农作物生长的要求来对土壤肥力进行评价，比如说：土地有劲无劲，保不保墒，土热土凉，口松口紧（即作物生长发育所需的土壤物理条件），盐（碱）大不大，底气足不足，适种面宽不宽等。这些都是讲土壤的生产性能。土壤生产性能是土壤有机质矿物质的质和量，土壤质地和结构，土壤胶体性能、土壤酸碱性、土壤水分等基本理化特性和生物特性的综合反映，包括了土壤水、养、气、热要素。因此，农民常用的肥力指标与科学工作者采用的肥力指标在本质上是相同的，只有层次的区别，即后者比前者深一层。

再谈第二个问题。以土壤肥力为主要依据划分土地等级，是一种主导性原则分级方法，即把肥力作为唯一因素进行评定。为避免土地分等中对各因素关系和动态变化重视不够，国外有的科学家提出了土地的生态学评价方法。我国土壤工作者正在摸索土地质量评价中的等差指数方法。这后两种方法实际上是一种综合性原则分级方法。我认为，伴随土地概念的扩大，主导性原则分级方法向综合性原则分级方法过渡将是不可避免的。

就农业土地而言，我难以同意把"土地的适宜性及相对应的限制性作为土地评级的主要依据"的观点。从理论和实践上看，为弥补产量作为外在尺度的不稳定性，土地适宜性作为土地分等的辅助尺度较为妥当。

土地分等的内在尺度与外在尺度之间，一般可认为是正比关系，即产量高低与土壤肥力高低是一致的。如马克思所说："对实际的耕种来说，较高的土地肥力和这种肥力的可以立即利用的较大可能性是一回事。"①

其实，在现实中，土壤肥力与农作物产量关系是相关关系，而不是确定性函数关系。这种相关关系要借助于数理统计方法进行分析。

产量与肥力的相关关系，反映了两种尺度基本一致情况下仍存在不一致。这要求我们在土地分等中，一要以内在尺度为主，二要把作物多年平均产量作为外在尺度，三要辅之以土壤适宜性尺度、生物学参考尺度。

本文所述的土地分等方法，是以土地自然属性评价为基础的经济评价。它既有对土地使用价值的评价，又有对土地价值的评价。下面试加分析。

对农作物来说，土地起生产工具的作用，土地的有用性就在于它给人们提供农产品。土地优、中、劣的区别，也就是土地使用价值——对人们有用性大小的区别。其使用价值大小主要表现在土地产品的数量上。

具有经济肥力的土地有价值。因为经济肥力中包括人工肥力，这是人类劳动投入的结果。马克思说："在社会发展的进程中，地租的量（从而土地的价值）作为社会总劳动的结果而发展起来。一方面，随着社会的发展，土地产品的市场和需求会增大；另一方面，对土地本身的

---

① 《资本论》，第 3 卷，757 页。

直接需求也会增大，因为土地本身对一切可能的甚至非农业的生产部门来说，都是生产竞争的条件。"[①] 马克思这里所讲的土地价值，是与人类社会总劳动相联的，与社会需求相联的，也就是从第二种含义上的社会必要劳动时间谈土地价值。土地具有价值是土地分等方法对土地进行价值评价的前提。

四、土地分等与土壤分类的关系

土壤分类就是将客观存在的不同土壤，按照一定的分类标准和系统，把它们划分归类。

目前国际上还没有统一的土壤分类标准、分类系统。苏联的土壤分类是根据历史进化过程中各个发育阶段的特点，或者根据土壤形成因素与土壤内部性质相互作用的总特征来划分，因此称为土壤的发生分类。美国则运用诊断土层进行土壤分类。所谓诊断土层，是指经过一定的成土过程，在剖面上发育而成的具有特征标志层次，它能反映出一些具体土壤属性，可以直接感知和定量测定。据"禹贡"所述，我国古人主要根据土壤颜色、质地、植被和水文分类。新中国成立初，我国土壤分类受苏联影响较大，主要是根据土壤发生发展的规律分类。1978 年拟订了分类草案，采用六级制，即土纲、土类、亚类、土属、土种、变种。计 12 个土纲，45 个土类。

土壤分类与土地分等是不同的两件事，但又有一定的内在联系。土壤分类是对土地的一种研究方法。形形色色、千差万别的土壤只有通过分类，才能条理化、系统化，才便于科学研究。科学的土地分类，不仅是土地因素资料存取系统，也是对土地发生发展规律、各类土壤因素相互关系规律性认识的一个总结系统。一方面，土地分等则是对土壤按肥力这一分类标准进行分类的评价，是对土地进行科学研究的结论而不是前提，是为经济发展服务的。因此，一般讲土壤分类是土地分等的基础。以前对土壤分类与土地分等区别不太清楚。如美国在 1920 年以前，还把作物的收获量作为划分土壤类型的依据。但另一方面，这两者又有内在联系。两者面对同一客体，都运用着"分类"这一逻辑方法。土壤

---

① 《资本论》，第 3 卷，717～718 页。

分类的自然结果之一是同类土壤有相近的肥力，肥力又是土地分等的内在尺度，这就是两者的内在联系。正是由于两者既区别又联系的特点，使有些土类之间在肥力上可比，有些土类在肥力上不可比。比如，我国45个土类中十几个宜农，这十几个土类比其余土类具有较优的肥力。十几个土类之间在肥力上有的可比，如盐渍土比其余土类为劣；有的之间无法比，如红壤与黄壤。因此，在土地分等中，就必须既考虑到不同土类的评价，又要考虑到同一土类各级肥力的评价。

五、土地分等与农业区划的关系

马克思说："尽管一个地带的土地从整体来说属于比较肥沃的一类，但是从局部来看，仍然会有较好土地和较坏土地夹杂在一起的情况，……"① 由这句话可以推想到，在全国范围内，尽管土类有优劣可分的情况，但土类在地域分布上却往往交错夹杂在一起。这是土地分布中的条条与块块问题。这里的块块，指农业区划，即按照农业生产的地域性特点划分全国土地为若干区。农业区划是以自然条件地域组合为基础的。

土地分等必须解决从条条还是从块块入手的问题。我认为应从块块入手，应把农业区划看作全国范围内土地分等的前提。理由有两条。

（1）这是土地分等系统化的要求。土地分等总是在一定的时空中进行，时空的变化直接影响土地分等。农业区划关系到如何从空间角度进行土地分等。我国农业土地达15亿亩，各类土地错综复杂，构成一个庞大的土地系统。经过全国土壤普查，统计资料逐级汇总，形成一个有层次有区划的资料系统。土地分等工作必须适应分层次分区划的系统性要求。农业区划正是土地分等处理系统中最重要的一个层次。从可靠性上讲，在土地分等中，我们应立足于普查，辅之以重点调查和抽样调查。

（2）这是土地分等灵活性的要求。如前所述，土地分等尺度是统一性与灵活性的结合。所谓灵活性，指具体情况具体分析，即不以统一性抹杀特殊性。按农业区划进行土地分等是以分等尺度的统一性与灵活性

---

① 《资本论》，第3卷，754页。

结合为前提的。单纯强调尺度的统一性，试图以同一不变尺度去度量全国土地是简单化的想法。这是忽视了各地域土地的差异性和尺度本身某种程度的模糊性。土地分等的灵活性要求根据不同情况适当调整评等的尺度，其合理性在于：土地优、中、劣概念本身具有一定的模糊程度；肥力尺度和产量尺度组成一个内含多因素的指标体系，而不是单一定量指标，因此在度量评价土地时本身具有一定模糊性；被度量的客体本身也是多指标的综合系统，具有某种模糊性，因此，衡量过程中的尺度适当调整和衡量结果的一定程度的摆幅，是完全合理的、必要的。

六、土地分等的相对性

以上强调了土地分等中确定性的一面，肯定了土地客观上存在优劣之分，探索了通过什么途径，借助什么标准判断土地优劣。下面，简述一下土地分等相对性的一面。

第一，市场对农产品的需求变化会引起土地优劣划分的变化。马克思在《资本论》第3卷中假定有A、B、C、D从劣到优四等土地。当供过于求时，农产品价格下跌，A地将退出农业生产，这时原来中等的B地就变成劣等地。反之亦然。

第二，相对于不同作物品种，土地优劣概念在变化。如沙土地对花生是好地，对小麦则是劣地。

第三，土壤肥力的变化会造成土地优劣的变化。马克思指出过："随着自然科学和农艺学的发展，土地的肥力在变化，因为各种能使土地要素立即被人们利用的手段在发生变化。"[1] 甚至耕作制度都影响土壤肥力变化。如北方三麦一豆的轮作，使土壤优劣在一定程度上表现出一种循环性。土壤改良使土壤肥力也在不断变化。

第四，在不同时间、不同范围，土地优、劣划分也会有变化。

作者说明

《论劣等地》一文发表在国务院价格研究中心办公室和国家物价局物价研究所合办的内部刊物《价格研究资料》1984年第2期上。

---

[1] 《资本论》，第3卷，867页。

当时，我正在研究农产品价格改革问题，这篇文章是对农价改革的思考之一。写这篇文章的本意，是对农产品价格改革中提出的"按劣等地定价"的观点进行一番研究，看到底行还是不行？要搞清楚这个问题，第一步是搞清楚什么是"劣等地"，第二步才可能搞清楚什么是和如何"按劣等地定价"。本文是想回答第一个问题。原计划在第二篇中回答第二个问题，后来由于时间紧张和精力有限，第二篇没写出来。

此文表达出这样一种意思：从自然科学角度看，劣等地分等是有可能的，即使分等中有很大的相对性；但如果回到市场上，加入供求因素，相对性就更大了，致使按劣等地定价已不可行了。仔细的读者可以从我这篇文章中品味出我的这种倾向性。

两年后发表在《成本与价格资料》上的《农产品价格改革的回顾与思考》一文中，有一节专门论述按劣等地定价是否可行、合理，其观点是：按劣等地定价在实践上是根本行不通的。只要我们主张并坚持按市场价格，在市场价格的形成背后会有一个按劣等地成本与价格相逼近的过程，但这不是具体的定价方法，是对价格形成的理论分析方法。文中还写道：按劣等地定价的思路是从成本角度出发的，以为按成本就可以定价。但是，价格是供求两个因素决定的，因此，还是离不开需求因素，还需要回到市场价格上来。仅仅从生产角度、生产因素投放角度判断价格形成的合理性是不够的，甚至是不行的。这篇文章与"也谈按边际成本定价"一文中所持的观点是一致的，即不同意这样一个思路：把价格形成的理论分析方法，视之为或混同于具体定价办法。

不少同志对这篇文章给予了高度评价，尤其是本文在收集资料、掌握事实以及运用马克思经济理论的工夫上。我们研究生班的班长、现中国社会科学院经济所副所长王振中博士在当时以及若干年后，还多次对我说："那才是真正的论文！"应当说，这是一篇下了很多时间和工夫的研究报告，古今中外，自然人文，参阅了大量资料，还在两个省的农村进行了调查，因此，花了好几个月时间，才完成写作。回想起研究生院的那段难忘的学习生活，那段已成为历史的时空，我心中不由自主地产生了人生短促的感叹。

近似均衡分析

经济均衡的理论在近百年的发展中，取得了巨大的成功。它的一套理论经数理经济学的帮助，获得完美的形式；均衡分析方法更为诸多经济问题提供了有说服力的解答。非均衡从现实矛盾出发，从不确定性出发，创造了一个非对称的美的世界，这个美在这些学者心目中，是"真实性"的美。但是，在今天，对均衡与非均衡关系的理解上，存在重大的分歧。这种情况预示着，均衡与非均衡理论都面临着挑战和发展的机会。

介绍、赞美和批判均衡与非均衡的论著已汗牛充栋，我这里仅想通过对均衡与非均衡各自的不足方面及其关系的分析，提出我的补充的或不同的论点。

一、均衡与非均衡论都有较大的局限性

瓦尔拉斯均衡论把握住了经济系统的一个最重要的规律，但太理想化；非均衡论认识到经济系统的重要的现象，但太偏重非均衡的现象。对

于瓦尔拉斯均衡论的局限性，非瓦尔拉斯均衡论者是最有发言权的。他们认为，不存在促成均衡价格形成的"叫价者"，价格唯一调节供求是不可能的，价格不是完全具有弹性的，经济人只对价格信号起反应的假定是片面的。他们还认为瓦尔拉斯均衡以经济的确定性和经济信息的完全性为前提来构造均衡是与现实不符合的。

但是，尽管非均衡论者不断地发现和批评均衡论的局限性，一般均衡论通过不断地自我完善和数量化的证明，坚持和发展着均衡论。这可以看作对非均衡批评的间接回答。实际上，非均衡论也并非十全十美，也有很大的局限性，它作为一种与瓦尔拉斯均衡论抗衡的理论还是不成熟的。在非均衡论前有一些陷阱，搞不好就会使这个理论难以自圆其说。比如，这个理论不能过于强调与瓦尔拉斯均衡的对立，否则就走向了反均衡，这条路是不通的；非均衡在解释现实时，对经济现象的描述较充分，但作为一种理论的抽象，还是不如均衡论有力；非均衡作为非瓦尔拉斯均衡的代名词，只是一种有特定含义和限定的非均衡，还难说是真正的非均衡理论。

二、否定均衡的"反均衡"不能成立

科尔奈曾是对一般均衡论批判最为强烈的一位经济学家。他以《反均衡》为题，对均衡论进行了批驳。但对均衡论的过度否定是不正确的，科尔奈以后对他的极端的反均衡论观点作出了反省。在《短缺经济学》中，他说，"一方面，我对广义的均衡，并没有叙述得很清楚。读者可能已经形成了本人正在否定它的印象。但是，否定它几乎说等于否认了这样的思想：每种体制的深处都存在着内部规律性，而正是这些规律不断地再生产着这种体制本身的基本属性。另一方面，我个人多少混淆了广义和狭义、一般和特殊含义均衡的错误。例如，我把挤压和吸纳作为持久的非均衡状态。这就意味着'真正'的均衡只能是瓦尔拉斯均衡了"。科尔奈的这段话，再清楚不过地表明了他对自己反均衡观点的再认识。

朱嘉明博士认为非瓦尔拉斯均衡理论不能成为改革的经济理论基础，他诘问道："非均衡理论很容易使人们产生这样一种误会，在当代世界上并存着两种经济制度和两种市场现象，一种是过剩，一种是短缺，前者与后者都是正常的。那么，改革的必然性在哪里呢?"朱嘉明博士在其《论非均衡增长》一书中，力图证明非均衡是增长的本质。他说，"均衡理论所反映的是一种机械论世界观。现在，确实到了革新经济学传统观念和方法的时候了"，"探讨非均衡增长理论的根本意义就在于：彻底改革均衡经济学对人们所产生的几乎是根深蒂固的影响"。

朱嘉明博士的观点可以说是一种极端的反均衡观点。但其基本的结论，我是不同意的。①根据朱的意见，如果按非瓦尔拉斯均衡，过剩与短缺都是常态而使改革失去意义，那么，改革是否要追求不过剩也不短缺的状态。若是，岂不承认了均衡的合理性；若非，岂不也在主张过剩或不足的合理性。可见，如果说非瓦尔拉斯均衡对改革无益，同理，反均衡的非均衡论也难以成为改革的理论基础。②非均衡若是增长的本质，那就在肯定，人们追求社会生产按一定比例的努力是徒劳的，是违反规律的。人们在非均衡增长面前，不是去力求实现均衡增长，而是去实现没有一个边界的非均衡增长，这个目标之空洞和漫无边际，岂不比均衡目标更难把握。

三、瓦尔拉斯均衡与非瓦尔拉斯均衡应在差异中获得统一

非均衡也是一种均衡，不过是一种广义的均衡，一种不确定条件下的均衡。我们可以认为均衡与非均衡不过是存在差异的均衡，是有相容性的。

下面，我以贝纳西的《市场非均衡经济学》中提出的非均衡的三个主要特征，来说明均衡与非均衡的相容性。贝纳西认为，他提出的市场非均衡与市场均衡的主要区别有三点：非均衡认为某些市场不是处于均衡之中的，而市场均衡论认为一切市场都是供求均衡的；非均衡认为达到市场均衡的调整不仅可以通过价格进行，而且可以通过数量进行，而均衡论只认定调整是通过价格进行的；非均衡认为行为人不仅对价格信号作出反应，而且也对数量信号作出反应，而均衡论认定行为人只对价格信号作出反应。我们看到，在这三点上，就市场而言，均衡与非均衡并不是对立的。首先，非均衡说有些市场不是处于均衡之中，就承认有些市场处于均衡之中；其次，非均衡并没有否定价格对达到市场均衡的

作用，只是认为这个作用不是唯一的；再次，非均衡并没有否定行为人对价格信号作出反应，而是主张加一条，即行为人对数量信号也会作出反应。由此可见，非均衡是扩大而不是推翻了均衡论的基本观点。

更严格地说，非均衡论不过是补充了均衡理论。

四、近似均衡论的基本内容

非瓦尔拉斯均衡这种提法确实有不清楚之处。针对这个问题，我提出一种准均衡的理论——近似均衡论。这接近于对非瓦尔拉斯均衡含义的正面解释，但又不完全等同于非瓦尔拉斯均衡或非均衡。如果说，帕累托最优和瓦尔拉斯均衡是一种理想的不可及的状态，近似均衡论就是力图描述出一种现实中存在的"最优态"。

近似均衡论的基本点主要有：

（1）这种均衡是瓦尔拉斯均衡与非瓦尔拉斯均衡的结合，是均衡与非均衡的对立统一。结合的基础是它们之间存在着相容性。

（2）这种均衡是以一般均衡为基础，以非瓦尔拉斯均衡为补充形成的均衡。近似均衡在差别统一中强调重点。

（3）近似均衡是对经济系统的抽象，它不仅是一种现象，更是一种本质。近似均衡比均衡更接近于经济系统的本质，非均衡则更接近于现象。

（4）经济运行中，人们的努力是使非均衡在不断向近似均衡靠近。纯均衡是无法实现的。

（5）近似均衡是经济规律中的一种实存，而不是人们意识对存在反映产生的误差。经济近似系统不是一个概念系统，而是一个真实系统。

（6）在一般情况下，失衡是指非均衡在近似均衡中的比重长期过大，非均衡成为主导的运行态而不能解决从而出现的一种结果。经济系统中暂时的局部的失衡是常态，短期失衡只要可控并向近似均衡收敛，经济系统就仍然是正常的。

（7）均衡与非均衡都源于经济系统内在的结构。均衡是经济系统结构比例性的要求，非均衡则是由于经济系统结构比例的不严格、动态和多因素而导致的。

（8）非均衡不是对均衡的扰动。非均衡与均衡的矛盾意味着均衡的变化、发展，向新均衡、向新的近似均衡的过渡。

（9）作为瓦尔拉斯均衡与非瓦尔拉斯均衡统一的近似均衡论是低层次的差别统一，而一般均衡论与真正的非均衡论的对立统一是更深层次的近似均衡状态。

五、对几个问题的讨论

近似均衡论的想法，是很不成熟的，有许多问题应作详尽的论证。限于篇幅，这里仅对几个比较重要的问题进行初步的讨论。

（1）均衡与非均衡的统一性问题。近似均衡论肯定了均衡与非均衡的可统一性，但对这个问题尚应进一步论证。比如，要均衡，又要非均衡，这是否可能？二者之统一，不是变成为一个东西，而是构成一个系统。均衡与非均衡，统一于经济系统之中。均衡与非均衡的统一，不是二者择一的问题，而是二者合二为一的问题。对均衡与非均衡的分析，正是在经济的大系统中进行的，这就使我们有理由从系统的角度来将二者统一起来。

（2）近似均衡论与不确定性均衡的关系问题。近似均衡论容易给人一种误解，似乎这只是不确定性均衡问题的不同提法而已。但是，我以为这二者有很大的区别。首先，不确定性均衡主要指条件的不确定，而近似均衡强调的是经济规律存在状态的近似性，或者说在一定条件下的存在状态中具有程度不同的不确定性。其次，不确定条件下的均衡问题，不能包括不确定条件下的不均衡问题，也不能包括确定条件下的均衡问题；而近似均衡论包括了条件的确定与不确定两种情况，同时强调了无论什么条件下均衡与非均衡都是并存的（只是两者之间主、辅关系上不同）。

（3）近似均衡论与均衡的稳定性关系。还有一种看法，认为近似均衡论所论述的问题，就是均衡论中关于稳定性的问题。我认为这也是一种误解。例如，碗底的小球在左右滚动后，在碗底稳定下来，这个过程中先有不稳定的动态存在，后出现一种稳定的静态。有人将此过程归纳为，先有非均衡态，后有均衡态；二者的统一就是一个由非均衡向均衡过渡的全过程。但是，近似均衡论主要讨论的不是这个过程，而是这个"碗底"的状态。它认为，"碗底"不是一个点，而是一个面；小球停在碗底有必然性，但停在哪一点上有随机性。近似均衡论把"碗底"视为均衡为主的状态，将由碗边向碗底运动的过程视为另一种近似均衡的状态，不过此时以非均衡为主，非均衡在一定限度内，将向均衡为主的近似均衡状态转变；而非均衡超过一定限度，就会使经济系统走向失衡。显然，近似均衡论与古典的均衡论在分析均衡稳定性问题时不同，它不认为非均衡是暂时的、过渡的、附带的，而认为非均衡的存在是常态的、长期的、与均衡并存的；认为非均衡不是因"行为不确定"而出现的动荡，而认为即使在经济行为确定时，也存在非均衡。

六、近似均衡论的运用

（1）对"短边原则"的说明。供求不等时的交易是以"短边"成交的，处于长线的一方（有时是供方，有时是需方），其实现交换的愿望受到配给的限制，不能完全实现期望的交易量，因此，市场的实际交换同特定的配给方式相联系。

按近似均衡论来解释，在交易中，短边均衡是整个交易中的一个部分，如果短边均衡的交易量在整个交易量中占大部分比重，我们就可以说市场交换还是以供求均衡为主，非均衡为次。若短边均衡只占小的比重，而没有实现的交易是大部分，这就出现了暂时的以非均衡为主以均衡为辅的状况，即出现了失衡。若失衡是局部的，就整个经济系统而言，仍然处于近似均衡之中；若失衡是全局性的，但不是持续的、发散的，而是暂时的、收敛的，那么，我们仍然认为经济处于长期的近似均衡之中，仍然处于长期的正常态中。在近似均衡论看来，长期的失衡必然使原有的经济系统瓦解。从近似均衡论角度看，不能低估经济系统的存在能力。

（2）对马歇尔局部均衡的扩展。利用近似均衡论可以对马歇尔局部供求均衡图进行改造。首先，我们承认马歇尔局部供求均衡图的基本合理性，均衡是基本成立的。但价格形成不是唯一的，不可能只是一个点。需要把 S 和 D 曲线变成为一个带形，是 S 带和 D 带。均衡点变成了均衡区，价格不是唯一被确定的，而是由一些相近的价格组成了一个价格的集合。

（3）计量分析中可信度的判断。近似均衡就是要对计量经济分析的结论，给出一个合理的范围。近似均衡论最大的实际用途将是在计量经济学上。计量经济学家树立一种近似均衡观是很重要的。这种观念使他对经济系统的可知性、可测性产生一种信心，同时，又对所有的方法和技巧的有限度的可靠性有一个深刻的理解。

（4）近似均衡论有助于树立一种更为现实主义的经济哲学观。近似均衡论对经济分析具有一种方法论的作用或哲学观的作用。它使人对精确的（如边际分析）分析方法和对绝对化的、一元化的因果分析产生一定的怀疑并加以补充。因此，它对一些现实化的经济分析更有作用或解释力。如，它对经济分析中的"次优理论"（如西蒙的"满意而非最大化的利润率"观点，施蒂格勒的不完全信息的观点）等，有更为接近的一面。它不是推翻主流经济学的传统，而是从对立统一的角度来丰富传统；它不是一种具体的分析工具，但它将会成为近似分析方法的基础。

作者说明

"近似均衡"是我心中最感兴趣的题目。早在上大学时，我就被"近似性"这个问题所迷惑。我常想，人们讲的供求均衡点不应是一个点，而应是个区间。经济规律本身应有两类，一类是确定性的，一类是按大数定律形式存在的，后者就是规律本身的近似性。本文是把近似性与均衡、非均衡结合起来，均衡问题是经济学中最有魅力的部分。因此，近似均衡分析也会成为重要的分析方法而引人注目的。本文是这种设想的阶段性概括，发表在《数量技术经济研究》1991年第12期上。遗憾的是因时间和精力所限，这个问题一直没有继续进行。希望能有一大块时间让我自由支配，力争做出点成果。

本文和《预期与通货膨胀》一文，均是该杂志编辑朱长虹女士约的稿。在此向为我学术研究提供方便和支持的所有朋友表示衷心的感谢！

预期与通货膨胀

把预期与通货膨胀联系起来分析，这在中国，仅仅是开始；在国外，也不过十几年的历史。不少西方经济学家认为，预期理论已成为20世纪80年代宏观经济学理论；通货膨胀理论是否包含理性预期理论，已成为传统的通货膨胀理论与当代通货膨胀理论一个主要区别点。世界著名的货币主义学派代表人物，通货膨胀理论专家，奥地利维也纳技术大学的赫尔姆特·弗里希（Helmnt Frisch）指出，"近15年发展起来的通货膨胀理论和传统的通货膨胀理论的主要不同点在于是否认识到通货膨胀预期的作用"。

预期理论到底对通货膨胀分析有什么实质性的影响，如何认识预期在中国通货膨胀中起到的作用，我们有必要对预期理论进行一些研究。

一、什么是预期

"预期（在经济学中）从本质上来说就是对与目前决策有关的经济变量的未来值的预测"。

我们不妨通过讨论以加深对预期的理解。首

先一个问题，"预期"是谁做出的？仅仅是私人主体吗？如果是，那么为什么说预期理论是对宏观经济学的突破？似乎预期主体应包括"政府"在内，在中国，政府的专门机构的预期活动是相当重要的，对中央政府决策起很大作用。其实，这种理解是表面化的。进一步分析，会看到预期理论对宏观经济学的突破的实际含义，并非指政府预期使宏观经济政策更为有效，恰恰相反，是指私人经济主体的经济预期使政府的需求管理政策失效。在这个意义上，正是非政府的经济主体预期成为预期研究的主体。其实，早在 60 年前，凯恩斯开创宏观经济理论时，其倡导的预期概念就是厂商的预期。他认为就业水平、货币需求、投资水平以及贸易周期都与预期相关。

另一方面，又不能不指出预期主体问题，在非既定的条件下，不能绝对地否定其重要性。不同身份、地位的经济人，其预期有区别。如生产者、消费者、经营者的预期就有很大区别。同一类型的经济人，其对信息的掌握也有很大区别。这实际上具体化了前面讲的预期定义中的具体内容，什么样的经济人选择着什么样的经济变量。或许，政府预期问题会成为一个新的理论热点，尤其在社会主义国家中，预期理论与博弈论挂上钩，使预期理论研究本身出现了一个新的阶段。

必须承认，迄今为止，我们仍未能把预期与预测作出严格的区分。预测是对未来的经济变量所做出的估计和推断。预期含有期待和希望的意思，预测更偏重于测定，利用技术手段的测定。区分这两者的困难，是与两者相互的密切关系甚至交融关系分不开的。预期要利用预测的手段，预测也要利用预期的理论。因此，在很多场合，对预期定义是在预测前加若干的限定，反过来，对预测的定义也可以在预期前加若干形容词。当然，多数情况下出现的是"预期是什么什么样的预测"这种命题。既然如此，我们对预期的定义和实质的确切的把握，将以对其理论的全面阐述为基础，尤其以"理性预期"的概念为预期理论主要的中心的内容去与"预测"加以区分。

需要特别指出的是，在理性预期假说提出来之前的很长时间里，预期的概念早已被使用。诺贝尔经济学奖获得者希克斯教授（J. R. Hicks）在其 1946 年出版的名著《价值与资本》中，不仅系统论述了价格预期的问题，而且创造了"预期弹性"这一概念。

当然，希克斯的预期弹性概念，是均衡稳定性分析的工具，他要证明，当预期弹性小于 1 时，经济系统是可以均衡的；当预期弹性大于 1 时，则不能实现均衡。希克斯没有进一步专门去阐明预期是怎样形成和变化的问题。

下面，我们对预期的种类加以比较研究，重点对理性预期进行介绍和评价。

二、通货膨胀的适应性预期

预期的种类很多，在我们熟悉的蛛网理论基础上形成了蛛网预期模型，我们在数理统计的外推式预测基础上形成了外推式的预期模型。这里，我们先简介一下这两种模型，而把研究重点放在适应性预期模型和理性预期模型上。

蛛网预期模型，是以经济主体（如农场主）对未来价格的预期作为当期产量决策的依据而形成的一种模型。它假定，农场主因上期农作物价格上升而扩大产量，这导致了下期产量过剩而价格下跌；于是，农场主又因价格下跌而缩小产量，这又导致再下期产量短缺而价格上升这样一种周而复始的循环，直至收敛到一个均衡点上。

我们假定，在这个均衡点 E 上，供求平衡，即在 t 时期的供应量 Q_t^s，与 t 时需求量才相等，$Q_t^d = Q_t^s$。设需求曲线 D 为直线，且需求曲线斜率为负（即由左上往右下倾斜）的一条线，有线性需求函数为：$Q_t^d = \alpha - \beta P_t$，其含义是：时期 t 的需求取决于时期 t 的价格。同理，设供给曲线 S 为直线，且其斜率为正（即在坐标中由右上往左下倾斜）则有线性供给函数：$Q_t^s = \gamma + \delta P_{t-1}$，含义是：时期 t 的供给取决于时期 t-1 时的价格，由此可推导出：

$$P_t = \frac{\alpha - \gamma}{\beta} - \frac{\delta}{\beta} P_{t-1}$$

这就是蛛网模型的基本式，预期价格 P_t 为前期价格 P_{t-1} 的函数。

蛛网模型预期的不足在于，经济主体的预期不考虑其他经济主体，而且缺乏吃一堑长一智的学习功能，此模型过于简单。

下面还要简介的是另一种预期模型即外推法预期模型，其公式是：

$$P_t^* = P_{t-1} + \sum (P_{t-1} - P_{t-2})$$

P_t^* 是 t 时期的预期价格。$\sum$ 是预期系数。公式的经济含义是，任何时期的外推法预期价格不仅以前期价格水平为基础，还要考虑价格变量的变化方向。$\sum$ 称为预期系数，若 $\varepsilon > 0$ 则预期价格高于前期价格；若 $\varepsilon < 0$ 则预期价格会低于前期价格，这样一来，就出现了预期价格与前期价格的变化方向的异同问题。那么 t−1 期价格与 t−2 时价格的大小对比又起什么作用呢？这显然有作用，$P_{t-1} - P_{t-2} > 0$，且 $\sum > 0$ 时经济变量是按原方向变化；$P_{t-1} - P_{t-2} < 0$，且 $\sum < 0$ 时，经济变量也按原方向变化。但与 $P_{t-1} - P_{t-2}$ 与 $\sum$ 符号相反时，预期价格就发生了反向的变化。

那么，预期系数 $\sum$ 的数值由什么决定呢？这取决于模型所依据的经济结构。

推而广之，可以用某经济变量取代价格变量，此式仍成立。外推法预期大约是 20 世纪 40 年代初提出来的。

下面我们进入正题，重点研究一下适应性预期（Adaptire expectation）。

与外推法预期相比，适应性预期有两个更为明显的优点：一是它已突破了外推法预期中仅限于两个时期 t−1 和 t−2 的数据处理，而包括了全部的过去数据处理；二是它特别强调了预测中对误差的不断修改以适应实际情况。

我们先来看看适应性预期的模型。

为更接近我们对通货膨胀率的研究，我们直接设 π 为通货膨胀率：

$$\pi_t^* - \pi_{t-1}^* = \theta (\pi_{t-1} - \pi_{t-1}^*), \quad 0 < \theta < 1 \tag{1}$$

其中，π_t^* 为预期的 t 期通货膨胀率，π_{t-1}^* 为预期的 t−1 期的通货膨胀率，θ 为适应系数，$\pi_{t-1} - \pi_{t-1}^*$ 即为前期实际通货膨胀率与预期的通货膨胀率的误差。这个模型的含义是一目了然的：预期通货膨胀率的变化与上期的预期误差（即上期实际通货膨胀率与上期预期通货膨胀率之间的误差）成比例。θ 作为适应系数，决定了预期通货膨胀率与预期误差的比例关系或说决定了消除误差的调整速度。假若上期预期的通货膨胀率完全正确，即与实际达到的通货膨胀率一致，则调整系数 θ 为 1，其含义是：不影响或不调整预期与实际通货膨胀率的关系。而 $\pi_{t-1} - \pi_{t-1}^* = 0$，此时会得到：$\pi_t^* = \pi_{t-1}^* = \pi_{t-1}$，这意味着被预期的通货膨胀率 π_t^* 直接由上期预期的或实际的通货膨胀率得到，不用调整。这是预期十分成功的一种情况。假若 t-1 期的实际通货膨胀率高于或低于 t-1 期的预期通货膨胀率，从模型可得知 t 期的预期通货膨胀率将会根据预期误差被调整。

我们可以再去探求适应性预期模型的更为一般的形式，并从中得到更多的启示。

已知：$\pi_t^* - \pi_{t-1}^* = \theta\,(\pi_{t-1} - \pi_{t-1}^*)$，$0 < \theta < 1$

移项：$\pi_t^* = \pi_{t-1}^* + \theta\pi_{t-1} - \theta\pi_{t-1}^*$

$$\pi_t^* = \theta\pi_{t-1} + (1-\theta)\,\pi_{t-1}^* \tag{2}$$

这个式子可视为适应性预期的第二种形式。

又因为 π_{t-1}^* 作为 t-2 时期形成的对 t-1 时期的通货膨胀率预期，依据公式（2）的原理，

可得：$\pi_{t-1}^* = \theta\pi_{t-2} + (1-\theta)\,\pi_{t-2}^*$

将此式代入公式（2）得：

$$\pi_t^* = \theta\pi_{t-1} + (1-\theta)\,[\theta\pi_{t-2} + (1-\theta)\,\pi_{t-2}^*]$$
$$= \theta\pi_{t-1} + \theta\,(1-\theta)\,\pi_{t-2} + (1-\theta)^2\pi_{t-2}^* \tag{3}$$

同理：$\pi_{t-2}^* = \theta\pi_{t-3} + (1-\theta)\,\pi_{t-3}^*$ 代入（3）式后得：

$$\pi_t^* = \theta\pi_{t-1} + \theta\,(1-\theta)\,\pi_{t-2} + \theta\,(1-\theta)^2\pi_{t-3} + (1-\theta)^3\pi_{t-3}^* \tag{4}$$

这个用前一时期相关值来表示该时期的预期的代入过程可无限进行下去，又得出 π_t^* 等于一系列过去通货膨胀率加权总和，权数为几何级数且趋向于 0，由此可得到一个表示几何级数的一般式：

$$\pi_t^* = \theta\sum_{i=1}^{\infty} (1-\theta)^{i-1}\pi_{t-i} \tag{5}$$

这个公式仅反映出一个重要事实，即对预期的影响是：时间相隔越远的通货膨胀率对预期通货膨胀率的影响越小。这是经济生活中常见的权数滞后分布情况反映。

我们还可以推导出更为一般的模型：

$$\because \sum_{i=1}^{\infty} (1-\theta)^{i-1} = \frac{1}{1 - (1-\theta)} = \frac{1}{\theta}$$

$$\therefore \theta\sum_{i=1}^{\infty} (1-\theta)^{i-1} = 1$$

设 $\omega_i = 1$ 代表总和收敛为 1 的权数总和，

则有：
$$\pi_t^* = \sum_{i=1}^{\infty} \omega_i\pi_{t-i} \tag{6}$$

在这个式子中，可以推出外推性模型：

设：$\omega_1 = 1 + \varepsilon$　　$\omega_2 = -\varepsilon$

则有：$\pi_t^* = (1 + \varepsilon)\pi_{t-1} - \varepsilon\pi_{t-2} = \pi_{t-1} + \theta(\pi_{t-1} - \pi_{t-2})$

若用价格 P 代替通货膨胀率 π，则得到了外推法预期模型：

$$P_t^* = P_{t-1} + \theta(P_{t-1} - P_{t-2})$$

由此可知，外推法预期模型乃为适应性模型的一种特例，是以前两期的通货膨胀率信息为预期依据的一种模型。

两位诺贝尔经济学奖得主索罗（Solow）和克莱因（Klein）对适应系数 θ 的研究还得出一个有价值的结论：

时期（t）	长回忆期（$\theta = 0.1$）	短回忆期（$\theta = 0.9$）
1	0.1	0.9
2	0.09	0.09
3	0.081	0.009
4	0.0729	0.0009
5	0.0656	0.00009
6	0.0590	0.000009
...	...	...

他们提出若适应系数接近于 0，权数逐渐下降且经济人有长的回忆期（Long memory），这就意味着，权数对预期影响随回忆期推远逐渐减少，但仍不可忽视；若适应系数接近于 1，有短的回忆期（short memory），就意味着权数对预期的影响随回忆期推远在迅速下降，远期的权数影响已可以忽略不计了。[①]

下面举例来说明这一原理。

从上例可看出，在 t=6 时期，长回忆期权数为 0.059，而短回忆期权数为 0.000 009，前者权数尚不可忽视，后者权数已为十万分之九，很小，可不计。由此例子可看出在适应性预期中，适应系数值大小的理

① Solow. R. M., *Price Expectation and the Behavior of the Price Level*, Manchester University Press, Manchester, 1969. Klein. L. R., The Treatment of Expectations in Econometrics, in: C. F. Carter, *Uncertainty and Expectations in Economics*, Blackwell Publisher, Oxford, 1972, pp. 175-190.

论含义。

三、通货膨胀的理性预期模型

适应性预期在 20 世纪五六十年代十分流行，但后来逐渐为理性预期所取代，为什么呢？

首先分析一下适应性预期的缺陷：

（1）适应性预期只是依据对被预期的变量的过去数值来进行预测，不能充分利用与预测变量相关的其他变量提供的有用信息。

（2）适应性预期在经济均衡发展中不可能较为有用，因为此时可以视其他因素为基本不变，但在经济发生大的动荡下，往往失灵。可想而知，对我国正在改革转轨中的通货膨胀预测，适应性预期显然难以胜任。

（3）适应性预期模型的局限性还在于，其权数的几何级数递减滞后分布有时不能反映客观情况。

（4）从公式上讲，适应性预期的通货膨胀率是作为所有过去的通货膨胀率的几何权数加权的总和，因此，预期值实际上被框定在以前变量的最大值之下，换句话讲，预期值不可能超过此变量的过去最大值。这有时不符合实际情况。

1961 年，经济学家约翰·穆思（John Muth）发表了一篇题为《理论预期与价格变动理论》的论文，首次提出了"理性预期"概念。穆思认为预期形成取决于经济模型的结构这一点，是有特别重要的意义，这就大大减少了预期的技术性特色而加重了理论性特点。在穆思发表该文章后大约 12 年，另两位理性预期学派的代表人物萨尔特（Sargent）和华莱士（Wallace）更简明地指出："理性预期等于经济理论基础上的公众猜测。"[1]

理性预期模型正处于探索阶段，尚未形成一般形式。由于它是对过去的全部可用信息的处理，因而难度很大。理性预期模型现在呈现预期值多元化求解趋势，如涉及收入预期、就业预期、产量预期、价格预期等多方面，因而增加了获得一般形式的困难。

---

[1] Sargent. T. J. , Wallace. N. , Rational Expectations and the Dynamics of Hyperlnflation, *IER*, 1973, 14 (2), pp. 328-350.

迄今为止，理性预期模式的检验尚未取得成功，因此理性预期模型尚在不断地反馈修改之中。尽管仍在探索过程中，还是取得了不少重大的副产品，例如，得出关于宏观需求政策无效性的重大结论，使西方经济学家为之震动，但理性预期想要在其既定目标上获得重大突破，尚待时日。

当然，这并不是说，对我们通货膨胀预期这个题目讲，理性预期是难以理解的。恰恰相反，在这个方面，在价格理论预期方面，理性预期的进展是比较突出的。尤其是价格理性预期的一个中心定义或一个重要假设现已被普及化和广泛接受。

下面，我们以这个重要假设为基本条件，从穆思的一个轰动一时的例证入手，来看看理性预期给价格预期和通货膨胀预期带来过什么样的令人感兴趣的结论，看看理性预期到底是一种什么样的新的经济思维方式。

理性预期的最重要假定是，任何时期的预期价格（或代换为通货膨胀率）等于前一时期可得信息基础上而定的数学期望。注意，这里的信息已不仅仅是价格信息，而包括了广泛的全面的有关预期的信息，可写为：

$$E\left(\pi_t / I_{t-1}\right) = \pi_t^*$$

再重复一下，这表明理性预期的通货膨胀率有赖于可获得的前一时期（$t-1$）的有关信息 I_{t-1}。如果从价格预期角度，我们可写成：

$$P_t^* = E_{t-1}\left[P_t\right]$$

E_{t-1} 是取决于时期 $t-1$ 可获得的信息的数学期望。通常可写作 $E\left[X_t; I_{t-1}\right]$，简写为 E_{t-1}。

现在我们引入穆思的例证。

穆思在蛛网模型中为供给函数增加了一个随机项 u_t，

得：
$$Q_t^s = \gamma + \delta P_t^* + u_t$$

其含义是：这是一个线性函数，供给量 Q 是预期价格 δP_t^* 和随机变量 u_t 的函数。

需求函数为：$Q_t^d = \alpha - \beta P_t$，其含义与我们在适应性预期中讲的一样。

设供求平衡时供给函数和需求函数均成等式，再加上我们的理性预期假设，得出的整个模型是：

$$Q_t^d = \alpha - \beta P_t \tag{1}$$

$$Q_t^s = \gamma + \delta P_t^* + u_t \tag{2}$$

$$Q_t^d = Q_t^s = Q_t \tag{3}$$

$$P_t^* = E_{t-1}[P_t] \tag{4}$$

我们整理此模型，求出变量时 P 的表达式：

$\because Q_t^d = Q_t^s$

$\therefore \alpha - \beta P_t = \gamma + \delta P_t^* + u_t$

移项：$P_t = (\alpha - \gamma)/\beta - (\delta/\beta) P_t^* - (1/\beta) u_t$

又 $\because P_t^* = E_{t-1}[P_t]$

$\therefore P_t^* = E_{t-1}[(\alpha - \gamma)/\beta - (\delta/\beta) P_t^* - (1/\beta) u_t]$

$\qquad = E_{t-1}[(\alpha - \gamma)/\beta] - E_{t-1}[(\delta/\beta) P_t^*] - E_{t-1}[(1/\beta) u_t]$

$\qquad = (\alpha - \gamma)/\beta - (\delta/\beta) E_{t-1}[P_t^*] - (1/\beta) E_{t-1}[u_t]$

注：常数项数学期望仍为常数。

整理得：

$$P_t^* = (\alpha - \gamma)/(\beta + \delta) - 1/(\beta + \delta) \times E_{t-1}[u_t] \tag{5}$$

设： $\qquad \overline{P} = (\alpha - \gamma)/(\beta + \delta)$

则有： $\qquad P_t^* = \overline{P} - 1/(\beta/\delta) \times E_{t-1}[u_t] \tag{6}$

当 $u_t = 0$ 时，即在供求相等若无随机因素影响供给，有 $P_t^* = \overline{P}$，这时 $\overline{P}$ 即为市场均衡价格而预期价格等于市场均衡价格。

从（5）、（6）式中，我们体会到了均衡价格和理性预期某些重要特征：首先，（6）式意味着，在任何时期，预期价格等于均衡价格加上供给方面随机变量的数学预期乘上供给、需求函数的参数 β 与 δ 之和的倒数。当 $[u_t]$ 中随机变量不相关时，其数学期望为 0，每一时期的价格的理性预期就是均衡价格。反过来，任何时期的均衡价格水平就是对实际价格的理性预期。这是一个多么重要、多么惊人的结论，把均衡价格与预期价格内在地沟通起来，意味着理性预期价格被置于均衡理论的深厚理论基础之上。其次，理性预期价格中的基本部分 P（在上面讲的情况下是市场均衡价格）是由供给函数和需求函数的四个参数决定的，这意味着穆思所称的理性预期形成的方式是内在地决定于模型的结论是深刻的、有道理的。

当然，这个例证的推导尚未完成，对 u_t 作为相关的随机过程的推导这里没有展开，尽管这是非常重要的。我们已经从例证中看到了理性预期的最基本的特征。我们希望有可能在另外的场合对此问题进行更深入的考察。还应该指出的一点是，在穆思的例证中，随机因素只进入了供给函数，这使结论的普遍性受到影响。后来，纳尔逊对此作了改进。[①]

四、再从菲利普斯曲线的争论中，看预期与通货膨胀的关系

菲利普斯教授对通货膨胀率与失业率的研究是富有成果的。他从1861—1957 年的英国失业率与货币工资变动率的统计分析中，得出了一条经验性规律：失业率的变动与货币工资率或物价变动率两者之间存在一种互相替换的关系。失业率较低时，货币工资率或通货膨胀率就较高；反之，失业率较高时，货币工资率或通货膨胀率的增长就变得较低。这个菲利普斯关系给西方国家政府的政策目标和政策手段选择提供了简明有力的根据。但是，西方政府为解决失业而采取通货膨胀政策时，也给经济发展制造了隐患。

20 世纪 70 年代以来的高失业率和高通货膨胀率并存的情况向菲利普斯曲线关系提出了强有力的挑战，理性预期理论的出现，为否定这种关系提供了新的论点和依据，受到了否认菲利普斯关系的货币主义的欢迎。弗里德曼利用预期理论对菲利普斯曲线作了极为有力的驳斥，并阐发了预期在通货膨胀中的作用。弗里德曼得出一句妙言："减少失业的唯一途径是通过未预期的通货膨胀"。[②]

进一步分析，我们可以推论出，在政府的扩大就业的需求政策与工会的补偿实际工资的矛盾力量中，价格水平的上升成为一种持续的状态。这符合我们严格定义下的通货膨胀概念。因此，我们可以理解一些西方学者如下的看法：政府通过反复不断地扩张总需求，使产量和就业永远保持在"自然率"之上的政策，唯一的代价就是持续的通货膨胀。换言之，在价格可变的情况下，持续的通货膨胀是政府扩大需求的经济政策的必然结果。工会的名义工资的估价将以他们预计的在即将到来的

---

① Nelson. C. R., Rational Expectations and the Predictive Efficiency of Economic Models, *Journal of Business*, 1975, 48, pp. 33-343.

② ［美］米尔顿·弗里德曼：《失业还是通货膨胀?》，张丹丹等译，27～29 页，北京，商务印书馆，1982。

时期内占支配地位的价格为基础，而不是以前阶段占支配地位的价格为基础。这对于通货膨胀是有深远的影响的。①

五、我国的通货膨胀预期研究

我国通货膨胀预期研究是近两年才开始的。为什么中国在通货膨胀预期方面起步很晚呢？我想有三个原因。一是传统计划经济体制对社会主义条件下的通货膨胀尚持不承认态度，根本不可能开展在此基础上的通货膨胀预期研究。改革十年以来的前一段时间内，人们主要关心的是物价上升的问题，对物价全面、持续上升的发展趋势估计不足。因此，对通货膨胀的研究也是不足的，通货膨胀预期研究就更为薄弱。1985年后物价上升势头越来越猛，且难以在短期内克服，使实践部门和经济学界的不少人越来越重视对通货膨胀的研究。这就为通货膨胀预期研究打下了基础。二是1988年的抢购、挤兑风潮，使人们对消费者的"看涨"心理有了深刻的印象。1988年通货膨胀的成因分析中，通货膨胀预期的作用已被提到相当重要的地位。三是一批有关预期理论的书籍的翻译出版，和不少留学生的回国、访问等，使人们对国际经济学界作为理论前沿的理性预期研究有了了解，产生了兴趣。这种理论的传播适应了中国当前反通货膨胀的现实需求，因此，在中国出现了这方面的研究热。

现在，我想先评价一下前不久李拉亚博士等人写的《我国通货膨胀预期研究》一文。②

给人印象最深刻的结论是，他们认为，1988年社会零售物价指数18.5％中，其中8％是由于通货膨胀预期所引致的。换言之，若没有预期的影响，1988年的通货膨胀率只应为10.5％。这显然是一个重大的结论，是对1988年通货膨胀成因的一个重要贡献。

他们对1988年通货膨胀预期测定采用了一种"剩余测定法"。他们说："剩余测定法的理论依据是，设在经济系统中有 N 种因素在起作

---

① ［澳］迈克尔·卡特、罗德尼·麦道克：《理性预期，八十年的宏观经济学》，杨鲁军译，72～73页，上海，上海译文出版社，1988。

② 李拉亚等：《我国通货膨胀预期研究》，载《经济日报》，1989-03-10。发表时模型已被删去。

用，若我们用其中的 R（R＜N）种因素来解释经济系统的变动，那么余下的那(N−R)种因素对经济系统的作用就不会包括在解释之中，因之所作的解释与实际情况就会有误差。而这一误差正是余下的那(N−R)种因素对经济系统作用的结果。……本文中，我们则把通货膨胀的预期作用作为剩余因素加以测定。即我们把主要的经济变量对通货膨胀的影响去掉后，剩余的通货膨胀率便主要是通货膨胀预期作用的结果。"这实际上是假定，主要经济变量外的其他变量，即剩余变量中，通货膨胀预期这一变量的影响十分大，以致可忽略其他剩余变量对通货膨胀率的影响。

显然，作者这一方法，不同于我们在上面介绍的预期方法，我们介绍的都是直接测定法，而这是间接测定法。直接测定预期是从 t−1 期预测 t 期，而这是从 t 期仅回头估算 t−1 期中的通货膨胀预期作用；预期模型是为经济主体在下一步经济活动计划直接提供依据，"剩余测定法"则是从总结过去经济结果的成因中寻求经验教训。因此严格地讲，"剩余测定法"不是预期的方法，而是估算曾发生过的预期作用的方法。因为这种方法是已知 π_{t-1}（t − 1 时的实际通货膨胀率）求 π_{t-1}^{*}（t−1 时的通货膨胀预期），因此，无法应用于通货膨胀预期，只适用于已发生的通货膨胀预期的作用估算。

但是，在"剩余测定法"中，必须借用一个通货膨胀的模拟模型。该文作者曾依据 1977 年至 1986 年的历史数据，构造出一个通货膨胀模型，简称 IM-Inflation Model。这个模型可否用来预期通货膨胀率？如果可以，这个模型具有什么特点？

我认为这个模型（IM）有符合理性预期的理论特点的基本方面。就是说，它不单纯从过去的通货膨胀率去推导未来的通货膨胀率，或从过去的通货膨胀率的误差调整中预期未来的通货膨胀率，而是从经济结构本身去推导通货膨胀率。如用了国民收入、财政支出、银行贷款、生产量、进出口额、利率、市场货币流通量等变量，这就使这个模型把预期置于经济内在结构之上，置于经济理论之上，超越了外推预期和适应性预期的框架，而成为一种理性预期的模型。

在一定意义上讲，IM 的模拟结果是相当不错的。1977 年到 1986 年的物价变动情况，模拟值与实际值的最大误差为 1.4％，其中 7 个年份的误差不足 1％。因此，这个模型应当是具有直接预测功能的。但实际情况是，其预期值在 1987 年和 1988 年出现了很大误差，1988 年误差为 8%。显然，如果把 IM 用于预测，这个结论就值得研究了。因为这里出现一个矛盾：按理说模拟值是一种预期值（比如 1988 年模拟值为 11%），然而，这里的误差（比如 1988 年的 8%）却成了预期作用值。

其实，这里的误差值相当于随机变量 u 的数值。误差值相当于本文第三部分公式（5）中的 $1/(\beta+\delta) \times E_{t-1}[u_t]$。

公式（5）是不严密的，因为如前所述这是从一个供给方面加入了随机变量，而需求方面没加入随机变量的一个例证得出的公式，因而这里只是借用来大略地说明一下问题。

尽管如此，我们从中还可以发现一个新问题，通货膨胀预期与通货膨胀预期的作用不是一回事。

现在我们已陷入一种两难困境之中，如果我们相信这个 IM 的预测能力，那么，其对 1988 年预测误差就不可取；如果我们相信 IM 在"剩余测定法"中的作用，相信 1988 年 8% 为通货膨胀预期的作用，那么，IM 模型对通货膨胀预期的能力就不可取。但是，如果 IM 模型缺乏通货膨胀预测的能力，那么，基于此得出的通货膨胀预期的作用（即误差）也就不成立。如果 IM 模型具有通货膨胀预期能力，那么，又怎么能得出通货膨胀预期的作用的数值？

作者对这个两难的解决是采用了一种假定，即 1986 年前通货膨胀预期作用小，其后两年通货膨胀预期作用出现飞跃。因此，用 1977—1986 年的预测误差小证明 IM 模型有良好的预期能力，用其后两年的预测误差大显示预期对通货膨胀的作用。用同一模型承担两个显然不同功能，其前提有着逻辑矛盾，其说明是不够清楚的。

综合我们对预期理论的介绍和评价，我想对在改革中的通货膨胀预期问题提出以下几点看法。

第一，在经济改革中，通货膨胀预期起的作用不可低估。不同方向的预期有不同的影响，各种主体的预期的合力将产生实质性的影响。但预期是可以引导的。我们必须重视利用预期的有利作用，避免和防止预期对经济改革和发展的不利作用，以较顺利地实现改革和发展经济。

第二，我国大部分消费者的通货膨胀预期是非理性的，价格预期弹性值极不稳定。这是因为，他们无法得到充分的信息，也缺乏处理大量信息的手段和能力。盲目"追随"和"趋同"的倾向，在近几年中时常发生。一条不真实的消息，就可以掀起一场抢购风波。看见别人排队就排队的现象比比皆是。

第三，我国生产者也存在着通货膨胀预期。就农村而言，农民一般存在着蛛网式预期。这种预期使农业生产出现周期性波动。更严重的是农村政策变动带来的预期，这造成的不规则波动影响更大。稳定农村改革的政策是极端重要的。就我国大部分企业而言，其通货膨胀预期属于简单的外推式预期，即根据前两年的价格变化大小和方向来预测下一步。少数企业可能在向适应性预期阶段发展，即开始根据预期误差，来不断调整预期。通货膨胀预期往往造成企业的非生产的投机行为，如囤积原材料和产品，追求通过涨价谋利，通过双轨制获取汇差、利率差等。

第四，理性预期尚处于研究阶段。在改革阶段，由于经济结构变动较大，理性预期的形成也是困难的。但我们应当借鉴理性预期的成果，研究生产者、消费者的预期心理、方式，研究改革、发展的不同阶段对经济的影响，为制定比较客观、合理的政策服务，使政策的效果更好一些。

第五，在反通货膨胀中，预期的作用很大。长期的通货膨胀环境会造成持久的"看涨"预期，造成"惯性"的通货膨胀。这极不利于遏制通货膨胀。政府应以坚定的、鲜明的反通货膨胀态度和适当的反通货膨胀政策，消除人们的通货膨胀预期，这是取得改革深化和经济发展的必要前提。

作者说明

从严格的意义上讲，本文是对西方最新的预期理论的学习体会，并不是自己新颖的见解。我在英国当访问学者时购得奥地利维也纳技术大学的赫尔姆特·弗里希（Helmnt Frisch）《Theories of Inflation》一书，对写博士论文及完成本文，帮助甚大。本文中的数学推导部分，是我根据对该书理解后的简化和再整理，据一些研究计量经济学的人讲，我的理解是正确的，有深度的。但愿如此。

中国经济学界对预期理论的研究和运用，可能要以当时国家信息中心研究人员为较早。文中对他们首次运用这种预期理论并得出事关重大的结论表示钦佩，但同时对他们运用预期理论的方法持怀疑态度。

这几年，对理性预期理论的兴趣似乎有所下降了，很少有人再运用这种理论作现实经济分析了。但愿我自己能保持对这种理论的兴趣。

本文主要内容构成我博士论文中的一章。由于我涉及计量经济学的文章数量很少，也有幸在《数量技术经济研究》杂志上发表，因此，将本文（发表在 1990 年第 2 期上）收入本书，作为愿意不断扩大学习领域的一种激励吧。

转轨过程中的结构性通货膨胀

社会零售物价指数超过 8％的年份，从我国经济改革以来，已出现过三轮。1985 年达 8.8％，1988 年和 1989 年，分别为 18.5％和 17.8％。现在，又进入了新一轮价格指数大幅上涨的时期，在 1993 年 13.2％的基础上，1994 年前 8 个月零售物价总水平比去年同期上升 20％。对新一轮的通货膨胀，用传统的分析方法或西方经济学现成的模式分析，都有一定困难。本文提出转轨中的结构性通货膨胀模式，试图对当前通货膨胀成因加以分析。

一、认识当前通货膨胀成因，"结构分析方法"日益重要

对当前中国通货膨胀成因有多种解释。有的学者认为，是需求拉上（主要是投资需求拉上）；有的学者认为，主要是成本推上（尤其是农产品成本上升推上来的）；有的学者认为，既有需求拉上也有成本推上，还有其他成因，因此，是一种综合性的通货膨胀。

这三种解释都有一些论据和道理，但对当前通货膨胀解释还不能令人满意。首先，我国很多产品供给能力（包括潜在供给能力）大于需求已成事实，一些商品市场已经疲软。这显然与1988年的消费需求过旺是不同的，是与"需求拉动说"矛盾的现象。而从当前的投资需求看，应当承认，投资需求扩张是一个事实。但其中既有正常的扩张，也有过度的扩张。正常扩张与货币经济性发行是一致的，对通货膨胀并不产生真正的压力，或严格地讲，不会使价格总水平持续上升。只有过度的扩张，低效和无效的投资，才对通货膨胀形成起作用。这就需要对需求作进一步的结构分析。要分析通货膨胀的需求拉上过程中，是什么样的需求、哪一部分的需求在拉上，笼统地讲总需求膨胀已不能很好地解释当前的现象。其次，当前通货膨胀存在成本推进因素，这一点，也没有分歧。尤其是当一些产品成本明显地上升，而我们从紧的货币政策并没能控制住通货膨胀时，认为目前通货膨胀是成本推动性的看法就更为普遍了。但是，用成本推进来定义当前通货膨胀也不够深入。是什么成本上升？成本上升的压力又源于何处？须进一步寻源分析。我们会发现，在成本推动方面，不同时期、不同产品作用是相当不同的。比如，我们发现去年是生产资料价格上升的成本推动，今年农产品的推动作用很大，这些都必须涉及结构分析。事实上，这种更深入的分析将使我们得出一个更贴近当前通货膨胀实际的结论——结构性通货膨胀，从中找到对成本上升压力的解释。再次，大家都承认，通货膨胀是多因素造成的，现时的通货膨胀是综合性的通货膨胀。但没有主导因素的综合性通货膨胀，很难使我们的认识向前推进。综合性通货膨胀分类对解决长期通货膨胀问题是有帮助的，但对短期内控制通货膨胀则意义不大。因为，治理不同通货膨胀的措施，会产生互相抵消的作用，如提高利率可控制需求拉上的通货膨胀，但却加大成本性通货膨胀压力。面对当前的通货膨胀，我们还需在通货膨胀各种成因中找到一种主导性成因。结构性通货膨胀则是一种既综合又带主导因素的通货膨胀类型。

二、什么是结构性通货膨胀

我们不能从"结构"的字面上来理解结构性通货膨胀，而是应首先看看西方结构性通货膨胀的基本论点是什么。西方早在20世纪60年代就提出了结构性通货膨胀理论，其代表人物有保罗·斯特里坦（Paul Streeten），久里奥·奥里维拉（Julio H. Golirera），威廉·鲍莫尔（William J. Baumol）。到了20世纪70年代，结构性通货膨胀理论得到进一步发展，在这方面影响较大的有约翰·希克斯（John R. Hicks）和托宾（Tobin J.），以及斯堪的纳维亚经济学派的奥德·奥克鲁斯特（Odd Aukrust），耶斯塔·埃德格伦（Gosta Edgren）等。

鲍莫尔提出了非均衡的结构性通货膨胀理论，他把经济活动分为两个部门：劳动生产率保持不变的服务部门和劳动生产率不断增长的工业部门。他认为，这两个部门的生产增长率不同，但货币工资率却趋向一致。结论是，价格总水平的上升是由服务部门产品价格上升决定的，服务部门产品价格上升是结构性通货膨胀的主要原因。鲍莫尔模型是理解西方结构性通货膨胀的基础。奥德·奥克鲁斯特等创立了斯堪的纳维亚模型。他们假定开放型小国经济可分为两大部门，一是开放部门，二是封闭部门。前者参与国际竞争，劳动生产率提高很快；后者不参与世界市场竞争和贸易，如大部分的服务业、建筑业等，因此，劳动生产率提高慢，但是其工资增长率则向开放部门不断趋近。其结论是，国内的通货膨胀将是由世界市场的通货膨胀和两大部门的劳动生产率的差异来决定的。此模型被西方理论界称之为典型的结构性通货膨胀模型。希克斯和托宾则论证了结构性通货膨胀模型的关键假设：不同劳动生产率增长率的部门有一致的工资增长率。

显然，西方结构性通货膨胀理论有以下几个要点。

（1）从部门关系或说部门结构上（或是生产部门的供给关系，或是生产部门的需求关系）来分析通货膨胀，而不是从个人的消费结构、商品的比价结构、企业的产品结构或地区的产业结构等方面来认识结构性通货膨胀。我们经常提出的比价结构调整对通货膨胀的影响，其实可归于部门关系中，指部门的产品间的比价关系，而不是离开部门来讲价格。地区结构的分析，如认为地区间会竞相变相增加收入等，应归于需求拉上型而不是结构型通货膨胀。

（2）必须具有若干常量指标，如部门的劳动生产率，部门的工资增长率，以及若干假设或前提。常量指标是构成结构性通货膨胀一般特征的最重要的因素，没有这些因素，结构性通货膨胀就没有较稳定的框架，就会成为一种难以捉摸的、不定形的类型，最后也就因没有基本特征而消失了。我国前几年对通货膨胀结构性成因分析中就存在这个问题，因此，没有形成一种较为固定的模式。

（3）结构性通货膨胀形成的机制是，因部门间劳动生产率增长率不同，但工资却倾向一致，劳动生产率低的部门会导致价格总水平上升，尤其是其劳动成本上升而导致工资成本上升。

（4）结构性通货膨胀之所以成为一种相对独立的分类，就在于它一方面突破了成本结构的局限，论述了成本尤其是工资成本与劳动生产率的关系，强调了投入与产出的关系，因而没有划入成本推动型通货膨胀；另一方面，它不仅涉及总量失衡时存在通货膨胀，而且是对总量平衡条件下的通货膨胀的一种解释，因而，具有了超出需求拉上通货膨胀类型的新的解释力。

三、转轨中的结构性通货膨胀：按国有与非国有部门来划分结构

结构性通货膨胀既有其一般规定性，也有特殊性。因其一般规定性，存在这种通货膨胀类型；因有其特殊性，而出现了一些各有特点的结构性通货膨胀。

中国的结构性通货膨胀，在保持结构性通货膨胀一般特征前提下，又有不同于西方结构性通货膨胀的特点。共性与个性是这样体现出来的：首先，作为结构性通货膨胀，中国结构性通货膨胀必须是部门经济结构，而不是其他的结构，如比价结构、消费结构、地区结构等。但是，中国正处于经济转轨时期，其最值得关注的部门结构，是国有部门与非国有部门的关系。国有经济与非国有经济的关系，构成了中国转轨中结构性通货膨胀的主体部分。这种分类，意味着这是一种不同于西方的新的结构性通货膨胀类型。

在从计划经济向社会主义市场经济转轨中，原有的国有部门、国有经济仍然存在，并通过艰难的改革，在一步步转换其经营机制和产权关系；与此同时，非国有经济迅速发展，对国内经济的影响在急剧提高。因此，这两大部门的关系对整个社会经济影响也成为关键的因素。到目前为止，我国经济的基础实质上也是一种混合型经济。这种条件下出现的通货膨胀，其结构性的成因已发生了巨大变化。不是外向型与非外向

型经济结构的差异，也不简单是工业部门与服务业部门生产率增长差异和工资差异以及工资攀比造成的结构性通货膨胀，而主要是国有经济与非国有经济之间的结构矛盾运动。这具体表现在两个问题上面：国有企业的"资金陷阱"和向非国有企业收入的攀比。

一方面，经济学原理告诉我们，如果货币供给的增长，不能带来有效供给的增长，就会形成通货膨胀压力，或表现为通货膨胀；而如果有效供给的增加，大于投入的资金的增长，产品的销售和交易就会吸收了增加的货币，就不会出现通货膨胀，或减弱通货膨胀压力。在转轨中面临种种困难的国有部门和国有企业，正是不断得到政策性的倾斜贷款。那些为维持和解决国有企业生存问题比如发工资的大量贷款，其贷款质量和资金使用效益是相当低的，风险是很大的。这种不能相应形成市场所需产品的贷款，会使通货膨胀压力增大。这就是理论界比较强调的国有企业"资金陷阱"问题。

另一方面，是收入攀比问题。在市场经济条件下，企业收入越来越靠市场获得。非国有经济没有历史包袱，经济效益增长很快，员工收入水平高，增长也快，加之其收入中含有对住房的补贴，工资收入更大大高于国有经济中的就业人员。这对国有经济的部门和企业形成了很大的压力，迫使国有企业千方百计提高本企业职工收入水平，因而出现了不少一面亏损一面提高工资收入的国有企业。从1990年到1993年，国有部门的职工名义工资平均递增15%，国有企业全员劳动生产率年均递增8%。今年上半年，由于机关工资高升的影响，国有部门与机关和非国有部门的攀比更为严重，国有部门职工工资同比增长30%，是历年增长最快的。更值得注意的是，国有部门工资外收入增长更快，有的企业工资外收入已超过工资。据调查，现在工资外收入已相当于工资的1/3，因此，国有部门职工收入增长肯定大大高于而不是低于企业经济效益和劳动生产率的增长速度。国有企业工资刚性，收入增加软约束，已成为当前一个突出的问题。

当然，这不是说通货膨胀只是国有经济的问题。我国市场体系不完善、价格信号有扭曲，非国有经济的发展盲目性也是很大的，也存在投资失控、失效的问题，存在低效益和负效益的问题，因此，短期中对通货膨胀也形成推动力。正如大家都看到的，在以私有制为基础的发达国家照样出现通货膨胀。但是，非国有经济增长过快出现的通货膨胀往往带有短期的需求拉上特点，是一种循轨型的通货膨胀，不是转轨型的通货膨胀。因此，不是分析的重点。

四、"转轨"阶段上的一个转折点：对目前结构性通货膨胀的进一步解释

近几年中，货币发行一直居高不下，但并没有引发通货膨胀，为什么会在今年引发通货膨胀？显然，仅用转轨的一般性特点来分析当前通货膨胀，是不够的。还需要对体制转轨阶段中的特殊时点上的特征进行分析。现在，一个明显的新特点是：转轨中的市场化过程与货币化过程出现了结构性矛盾，这对结构性通货膨胀有相当大的影响。

首先，让我们分析一下关于资源充分就业问题。

据有关数据的分析，1992年以前各层次货币供应量增长与通货膨胀相关度很低，这是因为，体制转轨中商品领域扩大而被货币大大吸纳了，货币的供求实现了基本的平衡。但从1993年起，零售价格指数连续18个月出现高于8%（与去年同期相比）的增长。这是什么原因？原因之一是，资源在货币化进程中实现了相对的充分"就业"。之所以是相对的充分就业，是因为我国资源是在行政控制的格局下达到充分就业的。以资源的充分就业为背景加以分析，这是源自凯恩斯的办法。充分就业前，货币供给增加，使资源更多参与生产领域，使供给增加。而在实现了充分就业后，货币增加就不再拉动产量，而是开始拉动价格上升了。正是由于这个原因，近4年来，尽管货币投放年年都在增加，而我国价格总水平只是近一年多来才开始大幅上升。

我们现在进一步分析货币化进程与市场化进程的矛盾冲突。

据有关的研究成果，1992年M2/GNP已超过105%，货币化过程已完成（谢平，1994）。这是一个非常重要的结论，对我们认识现时通货膨胀有意义。我们知道，现在我国经济市场化进程并没有结束，一个最明显的事实是，利率就没有市场化。这就提出一个新的问题，是否我国货币化进程比市场化进程完成得要早，这一点对我们分析通货膨胀成因又会有什么影响？

货币化进程，使本应是商品的物和劳务、服务等，进入了通过货币为媒介的交易之中，由产品变成为商品。而市场化进程，则要求市场

价格的普遍化，要求非国有经济进一步的发展，但这方面还正在进行之中，远没有结束。货币化进程之所以快于市场化进程，其中重要的一个原因是货币化进程中巨额的货币发行收入在支撑着改革的需求，缓解了利益冲突。同时，有助于中央的宏观控制。货币化进程中有两个重要方面已实现了，一是货币发行的巨大扩张，二是商品范围的普遍化，如房地产业兴起、证券市场的发展等。而这是得到政策肯定才能实现的。市场化进程最本质的特点，是通过市场供求形成价格。在一定程度上，在由计划经济向市场经济的转轨期内，对价格形成机制的变动和相应的价格上升，会对宏观稳定带来一定的冲击。因此，受到来自行政方面的控制是可以理解的。

货币化和市场化的进程差别，对通货膨胀是有影响的。当市场化过程滞后，货币化进程过快，货币供给就会过大，就会产生通货膨胀压力或出现通货膨胀；当货币化进程滞后，市场化进程过快，则不可能产生全面的价格上涨。以当前的通货膨胀为例，近18个月零售价格指数同比均超过8%，从体制上看，其原因在于货币化进程快，而市场化进程时快时慢，在一些重要的新的领域（如证券市场、房地产市场等）甚至出现了停滞，货币就从这些领域中被挤出，对零售价格指数产生了巨大压力。

前两年，我们讲，通过开拓多种资产选择方式，对通货膨胀"减压分流"，这也被事实证明是有可能性的。现在看来，这种分流过程，其实质是货币化进程，是将更多的商品、服务等卷入了货币作为媒介的交换中。近一年多，由于我们对房地产市场、证券市场等的控制，使市场化自发势头受阻，已投入这些领域的资金开始被挤出，这就使社会零售价格受到的压力加大，换言之，资产多元化带来的对通货膨胀"分流减压"作用下降。进一步讲，货币化对应的是货币的经济发行，这时，货币供给的增加是由于货币需求增加而导致的，因此，对价格没有拉动的作用。而市场化进程，促使经济结构巨大变动，投资主体巨大变化，供求关系的巨大变化，因此，市场化过程，作为一种体制性的改革，对通货膨胀则是有影响的。

五、从结构性通货膨胀分析中得出的几点启示

（1）结构性通货膨胀理论，帮助我们从商品供给和需求结构，再从

资金供给与需求结构本身的扭曲，来分析资金向各种资源的分配机制存在的重大问题。据此，提出一个重要结论，现在不是总需求过大，而是结构性的供需失衡，是在利率等重要传导机制还不能发挥作用下出现的各种供求关系的结构性失衡。

（2）结构性通货膨胀特别强调了部门和企业在通货膨胀加剧中的作用。因此，加快国有企业改革，控制国有企业在贷款上和内部收入分配上的软约束，是相当重要的。

当前的通货膨胀是典型的转轨型通货膨胀，是体制性的。不能只在需求上搞紧缩，也要在提高有效供给上下功夫。把通货膨胀看成是货币供给量的函数，认为控制住货币就能控制住通货膨胀，显然有片面性，或说是不准确的。用紧缩货币发行和贷款的办法来控制通货膨胀，其作用是有限的。因为，对结构性通货膨胀，如果紧缩了有市场效益的企业和部门，就降低了供给，产品的供求关系就会拉上价格；如果紧缩的是低效或无效的企业和部门，则有助于减少货币的低质量发行，从而减轻通货膨胀。正因为现在通货膨胀中结构性矛盾突出，投资结构中的合理与不合理的投资都存在，因此，在对待投资上要有紧有松，银行要从效益角度来处理好每一笔贷款，以保证贷款质量和资金的运营效益。

（3）转轨中结构性通货膨胀强调了部门的投入产出关系，强调了从不同部门来分析经济增长影响。由此出发，我认为，把通货膨胀看成是经济增长过快的函数，认为控制住经济速度，就能控制住通货膨胀是不够的，或不准确的。事实上，经济增长快与慢，对通货膨胀并没有直接影响。增长速度高，就不会产生通货膨胀压力；反之，增加了有效供给，对缺乏预算硬约束的国有经济，既没有高的增长，又有高的无约束的货币需求，这对通货膨胀就会产生很大推力。我们主要需解决的是由于经济"过热因素"或说"泡沫化因素"带来的通货膨胀，而不是压抑经济正常的高速增长。

作者说明

结构性通货膨胀是 20 世纪 70 年代西方经济理论界提出的通货膨胀新类型。这种理论是从"劳动生产增长率不同的部门却有一致的工资增长率"出发，分析了通货膨胀成因。所谓不同的部门，一种是劳动生产率保持不变的服务部门，一种是劳动生产率不断增长的工业部门，这两种构成第一种关系；第二种关系指劳动生产率增长快的开放部门与劳动生产率增长慢的封闭部门。《转轨过程中的结构性通货膨胀》，从结构性通货膨胀类型一般原理出发，结合中国实际，提出了转轨经济中的结构性通货膨胀类型。本文分类是比较大胆的，提出了国有部门与非国有部门的经济关系，而不是服务部门与工业部门，也不是开放部门与内向部门，可以说，这是转轨经济中比较突出的一种关系，也是对形成通货膨胀极有影响的部类关系。文中提出的观点中有五个比较值得注意：一是国有企业的"资金陷阱"和工资攀比问题；二是货币化进程与市场化进程矛盾问题，文章分析了资源充分就业还是非充分就业两种不同情况下，货币量增加对价格总水平的不同影响，其中涉及资产选择对通货膨胀的"分流减压"作用；三是论述了如何利用转轨中的结构性通货膨胀的理论，分析供求总量基本平衡条件下通货膨胀的成因，这对认识宏观形势有一定参考价值；四是从商品供求结构与资金供求结构均衡中，论证结构性通货膨胀的本质；五是对把通货膨胀视为货币供给量函数的流行看法，提出了异议，这是我对货币供给与价格总水平关系进行数量分析后的结论，曾有文章发表在 1992 年《经济研究》上。

本文观点与极力推崇货币主义观点的个别学者有分歧，作者曾认真地研究过不同观点，听取过不同观点学者的发言，发现分歧点没定格在最主要的观点上，因此，理由不充分。

本文发表在《经济研究》1994 年第 3 期上。

"封闭贷款"的制度经济学分析

中国经济体制改革过程中，出现了很多既不是计划经济又不是市场经济的政策，可以称之为经济转轨过程中的特别政策。这些政策有些是解决当前问题而出台的，有些是解决过渡问题而采取的。其中有些政策反映了经济体制转轨中的深层次矛盾，涉及经济体制和制度建设中的重要内容，具有历史性价值，为制度经济学研究之不可多得、转瞬即逝的宝贵资料。本文选取的"封闭贷款"政策，就是转轨过程中一个典型的政策案例。从 1997 年到 1999 年，有关部门为此连发三个文件进行规范，充分反映了转轨时期过渡性制度形成的过程，很值得研究。

一、封闭贷款政策形成、内容及效果

1. "封闭贷款"政策的由来

"封闭贷款"最初是银行与企业在地方政府支持下自发搞起来的。早在 1996 年天津就有 180户企业获得了封闭贷款，实行结果，银企都认为比较成功。1997 年上半年，各地自发组织有关工业部门或企业去天津取经，随之在全国一些地方开始自发的试点。由于封闭贷款对解决特定条件下特定对象的融资困难，有一定作用，为促进这一自发性的创新事物规范发展，1997 年 9 月 1 日，中国人民银行和国家经贸委联合下发了一份文件，题目是"关于支持国有亏损工业企业有销路、有效益产品生产的通知"，即银发（1997）385 号文件。文件要求中国人民银行各省、自治区、直辖市、深圳经济特区分行，国有独资商业银行，各省、自治区、直辖市经贸委以及承担经贸委职责的地方经委和计经委，支持国有亏损工业企业有销路、有效益产品的生产，促使这些企业扭亏增盈。1998 年 5 月，国家经贸委和人民银行，在上海、天津分别召开了南、北片封闭贷款经济运行座谈会，交流经验，进一步推行封闭贷款。1998 年 6 月，中国人民银行、国家经贸委与国家税务总局又联合发出了《关于进一步支持国有亏损工业企业有销路、有效益产品生产的补充通知》（银发 265 号）。补充通知指出：封闭贷款工作有进展，但也存在一些问题，如有的企业未严格执行封闭贷款的规定，将销货款挪作他用，致使贷款不能归位；有的银行对此项工作不够重视，没有作出具体部署；一些有关部门在办理贷款抵押时手续过于繁杂、收费偏高等等。这在一定程度上影响了对国有亏损企业的支持。补充通知主要内容有四条，一是重申 385 号文件，要各地加大支持力度；二是要求银行要积极帮助国有企业，同时要确保还贷；三是要求实行封闭贷款的企业要进一步深化改革，提高生产经营管理水平；四是有关部门提高办理抵押手续的效率，坚决杜绝乱收费。1999 年 8 月，中国人民银行、国家经贸委、国家计委、财政部、国家税务总局又联合下发了《封闭贷款管理暂行办法》，对封闭贷款的条件、审核程序、管理方式等作出了统一规定。这个办法中，进一步明确了封闭贷款不是政策性贷款，是按商业性贷款方式操作的特殊的商业性贷款，由商业银行自主审核发放。与以往几个文件相比，这个《办法》有两点新内容。

一是对有关部门的配套政策要求。主要有税务、电力、法院、资产评估等部门，要求不要扣收封闭贷款专户的资金补交所欠税收和电费，遇涉及资产的法律诉讼时不要冻结封闭贷款的专户资金，减免封闭贷款企业在办理抵押、评估等手续时所涉及的各项费用等。二是提出了外贸企业实行封闭贷款由中国人民银行另行规定。央行制定了《外经贸企业封闭贷款管理暂行办法》（以下简称《办法》），贷款将与企业出口创汇率及产品出口收汇率挂钩。

从以上可以看到，封闭贷款这项政策是由下而上发展、规范起来的。它反映出经济生活中存在着某种需要、某种潜在市场、某种制度供给的可能性；反映了政府部门对新出现的经济关系的某种敏感和共同兴趣。

2."封闭贷款"最基本的要求及其改进

什么是"封闭贷款"？"封闭贷款"是指对企业部分有销路、有效益的产品，在资金投入、生产、产品销售的全过程中，实行封闭管理的一种贷款管理方式。实行产品"封闭贷款"的企业要对这类产品单独进行成本核算，并在银行设立专户，保证产品的回笼款单独收支。

什么样的企业才能得到封闭贷款？换言之，此类企业应具有什么条件？中国人民银行和国家经贸委的 1997 年规定提出了五个条件：①该产品符合国家产业发展政策，确实有销路、有效益，产销率和现款回款率都在 95％以上；②企业必须提供银行认可的还款保证；③该产品销货款要有一定比例用于归还老货款本息；④企业负债率一般不高于 90％；⑤企业领导班子坚强有力，在改进经营管理方面已采取实际措施。这五个条件是很合理的、必要的，是保证借款能还的基本条件。如果企业符合这五个条件，银行可以通过提供票据贴现、买方信贷、信用证抵押贷款和封闭贷款等多种办法予以支持。1999 年《办法》中也提出五条，但与上面五条相比已有较大改进。①企业亏损严重，按《贷款通则》规定的条件难以获得贷款，但政府已决定救助并有贷款人认可的具体救助方案的（本办法所指政府为县级及县以上人民政府）。这一条进一步明确了发贷款对象。②企业部分产品有市场、有效益、有订单。这一条以前也有规定，但这里规定更原则些，以适应不同地区的不同情况。③该企业对这部分产品能够实行封闭核算，做到供、产、销单独记账，成本费用单独核算，效益利润单独反映。增加这一条很重要，是从前一段工作中总结出来的一条重要经验。④产品符合"购货鉴证"要求，具有购货方银行签发的信用证、承兑汇票或贷款人认可的其他付款承诺。⑤能够提供贷款人认可的担保等条件。这④、⑤两条，对产品和企业的信用问题，进行了专门规定。相比之下，比原来的五条更扎实了。

关于实施封闭贷款的程序，可归纳为五步。一是企业提出贷款申请，提交书面申请和相关资料。规定有 6 方面资料，很具体翔实。二是贷款人对企业的资格审查，对企业贷款实施封闭运行的可行性进行评估。原则上应在受理贷款申请之日起 15 个工作日内正式答复。经贸委推荐，商业银行自主审查。三是对获得贷款承诺的企业，政府有关部门要帮助落实评估审定阶段的各项条件。四是贷款人与企业签订"封闭贷款协议书"。五是贷款人对企业进行贷款。同时，按央行规定的流动资金贷款利率执行。

其中第三步很重要。企业在办理资料评估、抵押和担保等手续的费用时，当地政府有关部门如经贸委，要帮助企业落实有关优惠政策，如减半收费；不重视评估和收费政策，可能发生的土地登记费、房屋所有权登记费等行政性收费，均免收。当然，有关部门还要督促企业设专户管理，并做到供、产、销单独记账，成本费用单独核算，收入、利润单独反映。要督促企业不要用这笔贷款去支付拖欠的工资，也防止其他部门在封闭运行期间，用专户的贷款扣取老的欠税、各种费用，即使银行也不能在这个账户上扣收老的欠款和欠息，切实做到对企业所欠的"税、费、贷"一律不在专户中扣缴。

3. 省市执行情况

385 号文件下达一年后，据国家经贸委初步统计，只有一半的省市落实了实际贷款企业，数额也是不大的。请看表 1。

表 1　封闭贷款情况表　　截至 1998 年 8 月 30 日

省 份	实际贷款户数	贷款金额（亿）	省 份	实际贷款户数	贷款金额（亿）
江苏	57	2.15	江西	9	0.3
黑龙江	44	4.62	吉林	8	1.62
天津	31	2.10	湖南	5	0.87
安徽	30	0.93	辽宁	5	0.47
河北	22	0.59	贵州	4	0.12
宁夏	20	0.72	北京	2	0.35
河南	11	0.65	内蒙	1	0.04
海南	10	2.64	四川		0.34
			合计	259	18.51

从各方反映看，封闭贷款已取得一定效果，但总体上推进速度不快。相当多的省市，还处于调查评估阶段。据了解，本表中的承贷大户

是工商银行。

既然封闭贷款产生是有内在冲动的，中央有关部门已明确给予支持，为什么发展不快？其实，进展不快并不表明地方政府、部门和企业不积极，而是因为其他原因。首先我们来看看省一级政府的态度。

应当说，省政府是积极的，但对封闭贷款不是很熟悉，不仅需要一段时间去调研，更需要一个环节一个环节去落实。下面主要以江苏和湖南为例分析。

江苏省于 1997 年 10 月 24 日，即 385 号文件下发近两个月后，发出了苏银发（1997）591 号文件。本文件除转发了 385 号文件外，还提出了具体落实措施。在文件中，提出五点实施意见，一是明确发行封闭贷款的金融机构是国有独资商业银行，有贷款业务的其他商业银行、城市合作银行和非银行金融机构可参照执行。封闭贷款用于国有亏损工业企业有销路、有效益的产品生产，促使这些企业扭亏增盈。二是明确了申请封闭贷款的条件：要符合 385 号文件提出的条件，此外还特别指出，对该产品销货款用于归还老货款本息的比例，具体规定为不得低于20％，即把 385 号文件中五个条件中的第三条更具体化了。三是提出了封闭贷款的申请、发放程序。具体是：国有亏损工业企业经当地经委（计经委）认可或由当地经委（计经委）推荐后向其基本开户银行提出书面申请，经基本开户银行审查通过。取得封闭贷款需要以抵押、担保、商业票据贴现、国内信用证议付、出口信用证打包贷款等方式，确保贷款的封闭运行和到期回收。省上还具体规定了封闭贷款期限，最长不超过一年，利率按短期贷款法定利率执行，原则上不上浮。四是规定了封闭贷款的管理、监督与检查。这一条款，比 385 号文件规定具体得多，细致得多。它要求对封闭贷款资金做到"专户专用、专款专用"，企业要对实施封闭贷款的产品单独设账核算，并在银行开立专户；凡一家银行对企业已发放封闭贷款的，其他银行不得接收该企业、该产品的销货回笼款，否则，视同扰乱金融秩序；封闭贷款资金不能作为长期资金使用，不能用于固定资产投资，不能用于缴纳税款、发放工资或弥补亏损；企业要定期将封闭贷款的使用情况报送封闭贷款的银行；经委（计经委）要帮助、督促企业用好封闭贷款。五是要求各地人民银行和经委加强对此项工作的领导，及时向省有关部门反映和汇报。

1998 年 6 月，中国人民银行江苏省分行、江苏省计划与经济委员会，又发出了《关于实施封闭贷款，支持有市场、有效益产品生产的意见》，即苏银发（1998）258 号文件。这一文件是在近一年的调研基础上搞出来的，更深入，更具体，更有针对性。文件对实施封闭贷款提出八条意见，并附了三份重要操作规程，一是"封闭贷款操作办法"，二是"实行封闭贷款企业还款承诺书（样本）"，三是"封闭贷款申请表"。这个文件很有价值，这里将其八条意见的要点简介一下。一是进一步统一对实施封闭贷款工作的认识。二是严格筛选封闭贷款的企业和产品。有新意的是，所选企业不能是救而不活者，产品不能是有销无长者；对逃避银行债务的企业，濒临破产或已申请破产的企业，不能发放封闭贷款，对兼并及减员增效企业在原贷款债权债务落实情况下可以发放封闭贷款。三是申请封闭贷款的企业内部必须实行有效封闭运行。四是金融部门要严格实行专户管理。五是各部门要协助搞好封闭贷款管理。为了确保封闭贷款专户只承担使用封闭贷款生产产品部分的相关费用，对企业原欠有关部门的水电气费、往来款、货款等，不能从封闭贷款专用账户中扣收，水电气部门不得借故停水、停电、停气；各地法院在办理有关经济纠纷中不能查封此专户，税务部门不得从封闭账户中扣收企业原欠税款等。六是封闭贷款必须实行有效抵押担保。各市县政府应筹集资金建立担保基金，有条件的可成立独立法人的担保基金公司；或采用有效资产抵押担保和企业信用担保；已清产核资过的企业进行资产抵押，不再进行资产评估，有关部门在办理登记手续时，只能收取基本工本费。七是简化审批程序，加强资金调度。各国有商业银行、其他商业银行和城乡信用社，不论是对国有集体企业还是乡镇、联营、股份制企业，只要具备封闭贷款条件，均可提供封闭贷款支持，适当简化审批手续，省各商业银行要加强资金调剂调度。封闭贷款不纳入基层银行存贷比例考核。八是加强领导和组织协调。"封闭贷款操作办法"主要是对申请者条件、抵押和担保、申请程序和报送材料、银行支持办法、专户管理和封闭运行、监督检查与考核等，进行了更为细致的规定。

湖南省经委和人民银行湖南省分行于 1997 年 12 月发出关于印发《湖南省国有亏损工业企业有销路、有效益产品生产和销售"封闭贷款"管理试行办法》的通知的文件，即湘银发（1997）305 号文件。在通知中，要求各国有商业银行省分行在开户企业中挑选 1 到 2 户符合条件的企业，按照"双方推荐、共同考察、加强管理、逐步探索"的原则进行试点。作为通知附件的《管理试行办法》，共分5章22条。其与苏银发591号文件有许多不同之处。对有销路、有效益产品要求更高了，要求是该企业的主导产品；对产品销货款收入归还老贷款本息的比例，要求不低于10％，而江苏规定是20％；在申请封闭贷款的企业条件上，还加了一条——企业无多头开户现象；对贷款申请程序上，有更具体化的要求——要向开户银行提供申请封闭贷款产品的销售合同、产品单独成本核算情况、合法有效的担保、抵押手续和企业改进经营管理的措施等；而在贷款发放上，要先经省分行同意后，才由开户银行与企业签订封闭贷款合同，办理有关手续。但是湖南没有规定封闭贷款的期限，只是说，不允许人为缩短贷款期限或提高贷款利率。湖南对专户资金管理规定更严格，比如有这样一条，专户资金的使用除工资性支出外，一律采用转账结算，不得提取现金。尤其值得一提的是，湖南专门列出了"罚则"，对企业有以下八种行为之一者即要惩罚：产销率和销货款回收率未达到95％的；产品经营不善出现亏损的；拖欠"封闭贷款"利息的；未按要求对封闭产品进行单独成本核算的；该产品销货款及其他收入包括现金收入未进入专户核算的；编造用途，从专户开支与封闭产品无关费用的；挤占挪用"封闭贷款"资金的；在"封闭贷款"运作期间，未经开户银行同意进行租赁、兼并、分立、破产等形式改制的。对开户银行有下列行为之一者也要惩罚：试行封闭贷款的开户银行违反封闭贷款管理办法或封闭贷款管理不严的；违反信贷政策规定的；在计收规定贷款利息之外收取其他任何费用的。显然，与江苏省规定相比，湖南省的规定对企业是比较严格的，对银行要求是比较高的。

　　试点企业效果如何？试点单位反应如何呢？总的看，封闭贷款的效果是比较明显的。使用了封闭贷款企业的生产、经营状况均有了不同程度的好转。截至1998年6月底，南京有12户正在进行封闭贷款，已落实了7户，到位资金是3 200万元，主要是工商银行和交通银行的试点单位。江苏南通棉纺厂得到了对其32支细纱生产的封闭贷款，在不到一年时间里，贷款投入的资金已经转了几圈，不仅及时还了本付了息，还改善了企业的经营状况，效果很好。湖南湘潭锰矿厂和省建筑陶瓷厂依靠封闭贷款起死复生。湘潭锰矿厂在已经全部停产并亏损16 000万元的情况下，将5 000万封闭贷款用到企业龙头5号锰铁炉上。一年后企业扭亏，不仅补发了企业24 000名员工的工资，还偿还了银行的部分本息。齐齐哈尔市，1997 年就有 10 家企业进行了封闭贷款，当年完成工业产值和销售收入分别增长 19％和 17％，亏损额减少 60％。其中三户军工企业年底除按期偿还全部本息外，还偿还了长期拖欠的利息 918 万。河北省 17 户获得"封闭贷款"的企业，到 1998 年 9 月底，已有 10 户扭亏为盈。

由于这项工作开始时间还不长，全面的效果评价还难以作出。但从试点企业反映看，多数认为封闭贷款政策对企业很有帮助。当然，这种有效性的评价还主要限于对亏损企业经营转变的角度，还不是封闭贷款的全（社会）投入与全（社会）收益的比较，因此，对此还需要进一步研究。

二、三个典型案例分析

（一）案例一：江苏省、市封闭贷款情况

在此案例中，我们用两个具体附件来深入一步说明情况。一是江苏省实行封闭贷款企业还款承诺书（样本），其中有与无锡市的比较；二是 1998 年上半年苏州市推行封闭贷款企业一览表。

附件一：

实行封闭贷款企业还款承诺书（样本）

根据封闭贷款的实施意见，为支持有市场、有订单、有效益产品的生产，经申请贷款企业、企业主管部门、经委、承贷银行、担保单位五方共同商量，特签订借、还款承诺书：

银行同意贷款额度　　万元，贷款利率　　‰月。

贷款时间 199　年　　月　　日

还款时间 199　年　　月　　日

借款企业承诺按实施意见的各项规定执行，并将贷款额 3％的个人风险抵押金上缴企业主管部门（注：无锡市将此处改为"企业法人将　　万元的个人风险抵押金存入承贷银行"），到期不能归还贷款，愿将个人风险抵押金用于冲减贷款余额。

贷款企业主管部门承诺按实施意见的有关规定实施，对企业生产、经营的全过程进行指导、监督，并在借款企业无法如期足额归还贷款时，在贷款到期 15 天内负责协调企业归还贷款。（注：无锡市在归还贷

款后加上了"本息"后注"不计算逾期利息"。)

市经委承诺在封闭贷款期内，对企业、企业主管部门实行建档、立卡，协助企业主管部门实施全过程跟踪管理，并在贷款逾期一个月内及时协调解决。〔注：此段后，无锡市加上了"贷款本息的归还（不计算逾期利息）"一句。〕

担保单位承诺，在贷款企业不能按期还本付息，企业主管部门和市经委协调无效后，代贷款企业偿还贷款余额及本息。（注：这第五条是无锡市自己定的。）

　　　承贷银行代表（签字）　　　申请贷款企业法人代表（签字）

　　　贷款企业主管单位代表（签字）　　担保单位法人代表（签字）

　　　市经委代表（签字）

　　　一九九　年　月　日

注：此"承诺书"（样本）系中国人民银行江苏省分行、江苏省计划与经济委员会下发的苏银发（1998）258号文件（1998年6月印发）中提供的。无锡市执行的也是这个承诺书，但有所改动。我把几点有实质影响的改动注标在行文里了。

简短的评语。研究这份承诺书（样本），比较省与市在"承诺书"行文上的差别，可以看到这样几个特点：一是省市政府对封闭贷款这项工作做得很细，越来越细，对封闭贷款主要涉及的方面已经有了基本的把握，本承诺书明确提出了五方签字，这是对封闭贷款中关键当事人和权责关系有了明确把握后才得出的肯定性结论，反映了落实政策的认识和研究第一阶段宣告结束了。二是本承诺书反映出，作为牵头部门的银行和经委，对借贷方应协商、确定的主要内容条款有了基本的把握，主要是对承贷银行的要求，对借款企业的要求，以及对担保单位的要求，都要非常明确地用文字表达出来，才能使各方同意签字。三是无锡市在使用这张承诺书时，又根据自己情况作了改动。这几处改动，反映出具体执行中，问题越来越细，越来越具体。比如，将贷款额的3％作为个人风险抵押金交主管部门，这一条承贷银行肯定很不放心。从承贷银行贷的钱中拿出风险抵押，又交给企业主管部门，这不行。必须让企业法人将几万元的个人风险抵押金存入承贷银行来，这才叫个人风险抵押。显然，这一改动，充分照顾了承贷银行的想法。又比如，担保单位不仅是信用担保，而且是万一情况下要代为还贷。这一条很厉害，肯定是承贷银行对担保方的一种要求，市经委通过做工作，才使担保方同意写入这一条。而无锡市加上逾期贷款不再算息，则是企业方提出来的。这个想法也很细致了。从中可看到，承贷银行和借款企业达成这个协议，是互有妥协的，也是坚持各自基本利益的。

附件二：

表2 1998年上半年苏州市推行封闭贷款企业一览表

单位：万元

企业名称	符合条件产品	1998年合同金额	需要银行贷款额	周转时间	销售收入	基本结算行	企业累计短期借款	担保单位
苏州化工机械厂	钢体多功能存放车	907	300	8个月	75	工行虎丘办	1 784	机械控股公司
起重机械厂	自动化立体仓库及设备	2 022	200	8个月	891	工行闾办	2 072	机械控股公司
仪表厂	电度表、煤气表	4 690	500	8个月	500	工行闾办	1 839	机械控股公司
肥皂厂	皂片	2 000	100	12个月	2 000	工行观办	1 167	雪子洗涤有限公司
船用机械厂	舵浆、推进器	2 550	100	12个月	1 000	工行观办	166	印刷总厂
钟表元件厂	防震器、宝石轴承、磁钢	900	100	12个月	400	工行平江办	283	房产抵押
孔雀集团协力公司	显示器塑料外壳	2 000	200	8个月	2 000	华夏三香办	519	孔雀集团公司
胜利无线电厂	RF调制器	2 800	200	8个月	982	工行观办	1 393	孔雀集团公司
第四制药厂	克林霉素、醇化物	4 320	700	8个月	3 620	工行	3 469	医药集团公司
第二制药厂	乙酰螺旋霉素	5 000	200	8个月	1 555	工行	2 636	医药集团公司
印染总厂	特阔印染布	1 000	200	8个月	855	中信银行	2 518	热电厂

注：本表为1998年上半年情况。

简短的评语。从这张由苏州经委提供的很细、很具体的数据表上可以看出以下几点：一是苏州市在省上 591 号文件下达后的八个月时间里，做了大量工作，已落实了 11 家企业进行封闭贷款，这个进度应当说是比较快的；二是企业借款一般 8 个月左右，顶多一年即还，是非常明确的短期贷款，这符合中央和省上文件的要求；三是这类贷款是面向某种具体的且有订单的产品，这是通过细致的工作才精选出来的，也符合文件要求；四是贷款数量通常不大，多在 200 万元到 300 万元，最多才 700 万元，少则 100 万元；五是借款数量均大大低于该企业此产品的已定合同金额和销售收入，个别企业如两家制药厂甚至是利润大大超过贷款额，这些都显示了还款有较大保证；六是承贷银行 9 家为工商银行支行，占 11 家的绝大多数，与全国情况类似；七是担保主要是总公司或集团公司，其次有两家是请其他企业做信用担保，一家企业自己出房产担保，尚没有担保基金。这反映了当前担保中较为普遍的一种现实。

（二）案例二：湖南省建筑陶瓷总公司"封闭式贷款"情况

该企业为国有大型二类企业，是湖南省建材工业系统中以卫生洁具为主导产品的综合性建材生产骨干企业。现有职工 1 017 人，固定资产 1.3 亿元。企业 1996 年处于半停产状态，1997 年上半年全停产。欠建设银行贷款本金 2 812 万元，利息 1 232 万元，其中 90％为不良贷款，累计亏损 1 100 多万元。1997 年 7 月，在省、市政府的帮助下，调整了领导班子，争取到建设银行贷款 400 万元启动生产。到 1998 年 3 月底，公司完成工业总产值 1 023 万元，完成销售收入 1 289 万元，资产负债率由 83％下降到 71％。经省经贸委和人民银行省分行推荐，该企业列入湖南省"封闭贷款"试点单位。在建行基本账户下，设立专户，专款专用，封闭管理。对卫生洁具产品封闭贷款 800 万元，其中：承兑汇票 100 万元，贷款 700 万元，已于 6 月 1 日到位。动用专户资金，要经建行驻厂信贷员逐笔审查批准后才能使用。专户资金主要用于购买原材料，交纳水电费和应支付的贷款利息。除生活费和必要的差旅费需使用少量现金外，经济往来一律转账结算。为确保"封闭贷款"有效使用，湘潭市市长率领市直属有关部门以及银行、税务、财政、劳动局、电业局、自来水公司等负责人在公司召开现场办公会，对企业的历史欠账（包括欠银行利息、水电费、税、各种事业性收费以及企业所欠各种原材料欠款、职工工资等）进行了硬性规定，一律予以挂账缓交，确保封闭贷款只用于企业产品生产。市政府派出了三人驻厂工作队，配合企业管理，协调各方关系。资金注入后，外销扩大，新产品增加。截至1998 年 8 月，企业已归还逾期贷款 140 万元，承兑汇票贴现贷款 50 万元，600 多名下岗职工重新上岗。企业对封闭贷款非常感激，对驻厂信贷员非常欢迎。

附件：

关于对省建陶"封闭贷款"实行有效管理的协议书

湖南省建筑陶瓷总公司是湘潭市建行重点扶持企业，多年来一直保持着良好的银企合作关系，特别是 1997 年 7 月建行注入 400 万元流动资金，并在驻厂信贷员监督和指导下，实施"封闭式管理"以来，企业的生产经营已逐步走上良性发展的轨道。为了进一步加强企业内部管理，调整产品结构，提高企业整体效益，并继续不断探索新型的银企合作模式，确保银行信贷资产的安全和企业完全摆脱困境，经银企双方共同协商，特对驻厂信贷员的权利和义务，签订如下协议：

有权参加企业组织召开的职工代表大会、生产调度会、总经理办公会议、党政联席会议以及各种经济活动分析会议。

有权参与重大经济合同的审定工作，参与财务制度的制订与修改。

负责对依照产品生产经营计划、产品购销合同所提出的用款申请逐笔审查，经批准后方可使用。

负责对企业财务工作实行监督管理，有权规定企业所有贷款收入（包括回收的旧欠款以及其他方式所获得的资金等），全额进入企业在建行设立的账户进行管理。

在驻厂信贷员的监督下，企业对新发放贷款所生产的产品，实行单独成本核算。

若省建陶有资金支出未经驻厂信贷员签字或资金收入未进建行账户的行为，每次应付建行违约金为所发生金额的 20%。

未尽事宜，双方协商解决。

银行：（公章）（中国建设银行湘潭市板塘支行）　企业：（公章）湖南省建筑陶瓷总公司

负责人签字：（手迹）　　　　负责人签字：　　　印

1997 年 7 月 1 日

简短的评语。从上面简介中，可以感受到，湖南省建筑陶瓷总公司与建设银行通过封闭贷款进行的合作是很成功的。双方建立了互信关系，互相支持，换来了共同的利益。

（三）案例三：1998 年上半年中国银行办理封闭贷款情况

根据（1997）385 号和（1998）265 号文件要求，根据国务院领导和人民银行指示，中国银行试办了封闭贷款。1998 年上半年，中行湖北、湖南、甘肃、广西、天津、河南等十三家分行共向 90 家国有亏损企业发放了 230 笔、金额约 12 亿元的封闭贷款，其中外贸企业 51 家，贷款 179 笔，金额折合人民币 9.55 亿元；生产企业 34 家，贷款 42 笔，金额折合人民币 1.39 亿元；三资企业 5 家，贷款 7 笔，金额折合人民币 3 148 万元。

中国银行制定了"中国银行对国有外贸亏损企业发放封闭贷款的暂行规定"。在企业选择上，主要考虑在中行开立基本账户，且未在他行多头开户，银企关系好，有积极还款意愿的，没有逃避银行监督，没有逃避银行债务行为的，单笔业务测算有效益的国有工业和外贸亏损企业。在具体做法上，逐笔核贷，跟踪检查，期限管理，收贷挂钩；在资金支持上采用打包放贷、承兑、贴现等多种融资方式，以付款凭证作为跟踪管理的主线。

效果：中行从各分行选了十个封闭贷款案例进行交流。比如，天门市支行对该市第一机械厂封闭贷款。信贷员会同该厂人员调查全国烟机市场，认为此单项产品可获利，签订了"银企合作协议"。内容主要有专户管理、单独核算；专款专用，跟踪监督，信贷员出入账双把关；销售贷款及时回笼，前清后贷；银行按生产实际足额贷款，实行国家基准率；银行选派驻厂信贷员，实行工效挂钩的奖惩制度；企业销售利润的 50％用于偿还银行逾期贷款利息；银行不得随意扣收企业逾期贷款本息等。据此协议，先后四次给一机厂贷款 220 万元。该厂首季实现销售额为 1997 年 1.15 倍。五个月后，已收回贷款的本息 82 万元，收回老贷款利息 23 万元，盘活逾期贷款 1 000 多万元。青岛土畜产进出口公司作为一家外贸企业，因中行封闭贷款而出现转机。

中行反映的问题：国家对外贸企业的封闭贷款，尚未明确不扣税、费，中行操作有难度。

中行建议：维护银行封闭贷款的自主权；有关职能部门在银行办理贷款抵押登记手续时，简化有关程序并降低收费标准；对违反封闭贷款协议的企业，要对企业负责人和直接责任人给予必要处罚。

简短的评语。一是中国银行 1998 年上半年封闭贷款 12 亿元，其中外贸企业近 10 个亿。由此联想到本文前面所列"进度表"中，1998 年上半年全部封闭贷款 18.5 亿元，应是工业企业的封闭贷款额，不包括外贸企业，因工业企业是国家经贸委管理和统计的对象。二是中国银行为五家三资企业封闭贷款，这是一个独创。是否有这种必要，效果如何？中行下一步是否还有此打算？这些都值得调研。三是中行对封闭贷款是持积极态度，进展也较快。外贸企业的封闭贷款，确实有必要作出更明确的规定，便于执行。四是中行反映扩大驻厂信贷员困难一事，对各家专业银行可能是共同的问题。

三、政策执行中遇到什么困难

1. 经委（计经委）选择、推荐企业难

经委（计经委）在选择推荐企业时，面临的第一个问题就是，要把一个亏损企业推荐给商业银行。这些企业资信多在 2B 以下，按银行规定，是不能给予贷款的企业。根据封闭贷款有关文件，当地政府考虑的是，如何通过封闭贷款先救产品，而后救企业。经委将在众多企业中挑选产品有效益、有市场的亏损企业，要说服银行接受，说服担保单位愿意，说服政府各相关部门同意配合的企业，这是最初的难题。

接下来是如何确定产品是有市场、有效益的产品，确定产品信用等级，这也是很困难的事。企业总会显示出信心，但这种表现中含有主观的成分。

2. 企业封闭式管理上存在困难

企业在操作封闭运行上确有难度。一是纵向封闭的困难，即欠账还账在时间环上难封闭。目前，亏损企业大多存在贷款的相互拖欠。以前欠人，别人收到新贷后，要求先还旧账；以前人欠，发出货物，人家还的是旧款而不是新货款。二是横向封闭难。企业实行封闭运行，能否封闭住，与相关部门关系很大。如税务、法院、工商等管理部门，是否了解或承认这个封闭运行。你欠了税，有了回款，税务要来收，不管你是什么贷款出来的；因欠款发生经济纠纷，对方诉诸法院，法院有权查封账户、扣划贷款；水电费欠交，你有了回款，水电部门就要来讨，有钱不给，就只好停水停电。诸如此类，与资金款项发生的横向关系相当之多。三是自我封闭难。企业欠职工工资，有了回款，职工欠发工资不补很难。无锡自行车厂将3 000万元封闭贷款发了工资，结果市场丢了，企业不得不破产，银行也蒙受了巨大损失。多个产品生产企业，成本核算单列有困难，管理费用包括打官司的钱，如何分摊，与其他车间经济往来如何支付？也要有个说法。更棘手的是，只发部分干部和职工工资能否行得通？四是回笼货款封闭也有难处。企业需要用钱，开户银行往往不止一家。回笼货款能否完全回到承贷银行专户上，就有斗争，有争执。

3. 银行"封闭贷款"管理成本很高

一是审核难。亏损企业搞封闭贷款，其风险明显高于正常贷款风险。银行审核的不仅是企业情况，而且是产品情况，还要审核担保单位情况，还要考虑下一步企业管理情况。总之，比一般贷款审核工作量大。二是自主决策难。银行贷款，应当是自己决策。但封闭贷款是特殊的情况和政策，决策要与经委等政府部门商量。意见一致时好办一些，尽管时间和精力还是要投入；意见不一致时，就要用较多时间和精力去沟通，而地方政府与银行对企业看法不同的情况也不在少数。现在封闭贷款都是基层银行在搞，但它们贷款权很有限，在总行没有正式行文授权前，还要与总行沟通，需要逐级请示，操作起来不容易。三是对企业监控难。凡能监控者，均是企业有合作诚意和有信用者。若企业无诚意，监控就难了。贷款封闭运行要求信贷人员对企业产、供、销全面了解，对贷款全程跟踪，相当于进入一个新的工作领域，很不容易。如果企业有意逃避银行监督，就更难办了。据反映，确有个别企业在得到封闭贷款后，有意封而不闭，加大无关费用摊入，或将贷款用于其他开支。银行本身人力紧张，如中行上海分行一个信贷员要联系80户企业，要求银行向每一个实行封闭贷款的企业派2～3人，银行实在无法承受。

4. 担保难

按《货款通则》要求，企业要获取贷款须有担保或抵押。实行封闭贷款的企业多年来靠银行贷款负债经营，财产早已抵押在银行，再没有资产可抵押，需要担保。有的企业尚有资产可抵押，但资产评估收费不低，企业难以承受。而符合担保资格的企业，往往不愿给亏损企业提供担保。总之，企业感到抵押、担保难。

另一方面，在抵押担保中，还存在着执行规章不严的问题。比如，有关部门反映，在经济纠纷案件中，发现抵押担保无法律效力。抵押物没办理登记手续，或抵押贷款延期未办理抵押展期协议，担保企业无资格问题，比如，有即将破产企业为担保人；有的是国家机关作为担保人，担保人均无效；还有违背企业意愿的行政命令强迫施行担保，法庭判无效；还有抵押物过高评估形成风险，发生纠纷，有关方面有失察的责任。现在正在进一步严格抵押、担保的规章，因此，企业希望放松有关条件，理由合理与否值得研究，但企业难度更大则是肯定的。

存在困难，但各方仍然在克服困难前进，这就需要进一步分析一下各方的行为特征，分析一下各种行为背后的制度因素。

四、有关各方行为及心态

不少已成文但尚属探索中的规定，反映着各方协商形成的"规则"，是非常宝贵的资料。三五年后，其中那些用打字机或复写纸形成的"纸片"，可能永远地消失了。从这些"规定"中可以看到，一项政策的形成和执行，是多么困难。政策制定和执行者们花费了心血和大量的智慧，"规则"充满了选择、妥协、约束、激励等多种因子，都物化在这些纸片中。从中我们已有发现，已获启示，但还不够。现在需要进一步去分析有关各方行为特征以及发生这些行为的心态。

（1）政府行为及心态。

政策制定和执行，政府行为是关键的一环。从封闭贷款政策的制定和执行中，我们发现政策行为有哪些最重要的特征呢？我想有这样几点：第一，中央政府是认真的，国家经贸委是努力的，中国人民银行也是配合的。省政府以至于市一级政府，对此项工作也是重视的，具体操作中，是先试点，多方征询意见，逐步地探索着前进的。这一点，是我得到的一个表面上的印象，也是一个真实的印象。第二，中央政府有关文件，在确定基本规则的同时，给了地方政府进一步按实际操作的空间。而省、市政府在按照中央有关文件执行时，确实根据自己情况，做出了更具体的规定。第三，地方执行政策中，与有关方面既有协商，又借助中央文件，给予一定的压力，让其参与，让其负一定责任。但地方经委（计经委）在执行此项政策中，普遍感到投入的精力和时间相当大，涉及面很广，确定企业不易，办成一两家封闭贷款更不易。

政策中体现出的政府心态是什么呢？一是政府在寻找支持国有企业减亏增效的途径，立足于保护国有资产的保值和增值。不能让国家多年投资，一朝化为乌有，要设法救活这部分企业。转轨中国有企业遇到很大困难，但破产只是少数，破产难度也很大；兼并合并的也只是一部分。相当多的企业效益不好，信用等级低，根本贷不上款，这个数量相当大，需要解决。不能全部坐以待毙。如何支持呢？支持的入手点是什么呢？最后找到这一支点，就是企业中有些产品尚有市场、有效益，可限制在对这些产品予以信贷支持。"封闭贷款"就是在这种背景下产生的。这个过程反映了政府国有资产所有者的心态。二是立足于社会稳定。政府不仅是国有资产所有者代表，还是社会的管理者。作为社会管理者，他要努力去管理好社会。其中一个重要的管理目标，是减少失业，致力于社会的稳定。这一重要职责使政府力求减少企业的破产，力求使企业转亏为盈，减少职工的下岗和失业。这就可以明白，为什么政府不敢放手让亏损企业去破产，让亏损企业和破产企业职工失业。为什么要花很大精力去促成封闭贷款。这反映了政府社会管理者心态。三是立足于既不损害银行商业化改革，不干预银行的信贷；但又希望银行支持企业一把，帮助政府一把，为此还不能不给银行一定压力，让银行在可接受范围内考虑政府推荐的企业，给予封闭贷款。封闭贷款虽说面向亏损企业，但毕竟指有市场、有效益的产品，正是在封闭贷款这种形式上，我们看到确实有一个政府与银行的结合点。这反映了政府作为经济改革领导者的心态。

在封闭贷款过程中，政府部门与商业银行的关系是极重要的一环，是分析政府行为和心态的重点。政府对国有商业银行有什么看法呢？①作为国家的独资商业银行，应当负有一定社会责任。②在转轨中，商业化银行也不能不有一些变通的非完全市场经济的办法。③封闭贷款需要担保甚至需要政府有关部门的签字，但不等于银行一点风险都不负，正常的贷款风险还是要负的。不能因此把风险全推给政府和担保单位。不能把正常贷款也按封闭贷款办法去搞。④应在现行的存贷比例和增量存贷比例中切出一块，专门用于有市场、有效益的封闭贷款，便于下面银行操作。⑤封闭贷款毕竟是对不符合贷款条件企业的特定产品发放的特类贷款，其贷款条件、审核程序、管理方式等，与正常贷款有许多不同之处。国有商业银行总行应及时下达具体规定，指导并授权基层行实施封闭贷款。

(2) 国家商业银行行为及心态。

全国正处在防范和化解金融风险的关键时候，国家商业银行首当其冲。目前商业银行不良资产比例已相当高，银行不敢也不愿再冒风险。据国家工商银行反映，1998 年 1 至 6 月该行向 3b 级以下企业新增贷款为 107 亿元，因市场持续低迷，企业效益未见好转，形成了新的不良贷款。据统计，新增贷款中不良贷款比例甚高，主要发生在 b 级和 2b 级企业，本息难以收回。现在商业银行正在实行资产负债管理，中国人民银行要求商业银行每年压缩不良资产贷款 2% ～ 3%。商业银行正在强化内部管理，推行第一贷款人责任制度。正是在这样一个背景下，要求国家商业银行对亏损企业贷款，使国有商业银行颇感为难。

各银行总行在（1997）385 号文件下达一年后，尚没有制定贯彻落实的具体措施，这显然表明银行总行对此一没有多大的内在积极性，二还把握不准。银行关注的重点，还是在优势企业身上，而不是亏损企业身上，这当然是可以理解的。虽然现在公布了《贷款通则》，规定了政府不得干预银行贷款，但银行不能也不敢以此为理由不执行国家政策，因为国有商业银行毕竟是国有资产使用者，而政府是国有资产所有者的代表。另一方面，银行对通过封闭贷款回收一部分欠债也还抱有一定希望。现在试点企业，多是在某国有银行开户且欠债较多的企业，银行确实想借此帮助一下企业，同时逐步回收老债息。总之，国有商业银行表现出来的行为，一方面是准备办好这件事，要服从政府的安排；另一方面，推一推，走一走，看一看，不愿太快，担心搞出一大堆不良贷款来。

据了解，工商银行封闭贷款数量最大，压力最大。工商银行转发了 385 号文件，提出积极、慎重的要求，拟先试点，逐步推开。同时希望政府部门如经委公正的推荐，政府帮助搞好担保和贴息，要求企业不要把封闭贷款当成长期贷款等等。建设银行本来要搞一个封闭贷款实施细则，但研究来讨论去，发现与其他部门的关系很多，难以制定，就下达一个原则性支持的转发文件。中国银行的态度，上面案例中已有较详细的介绍。经过一段思考，银行同志现在都认为，封闭贷款不仅是国家、企业的需要，也是银行盘活自身不良资产的需要。

但顾虑并没有完全消除。国有商业银行还有什么担心呢？①有效益产品是很难判断，因为未来市场难判断。②企业不是在一家银行开户，封闭贷款能否保证回到我的账户上？回笼款项分期到，银行难以监督。③有的企业一方面申请封闭贷款，另一方面申请破产或兼并，明显是要把银行拉下水。④担心实施中，各方配合出现新纠纷，难以落实最初协议。比如，间接费用合理分摊，税费上交等问题，都不是银行和企业两家能定的。因此，银行把封闭贷款列入了高风险贷款类型中。⑤银行最大的担心是，现在《会计准则》和《贷款通则》刚下达，封闭贷款很多做法与之不一致。若要封闭管理，企业工资、奖金、新支出项目以及成本利润等，按什么标准核算和监督？进一步讲，银行还有更深一层担心是，封闭贷款实施是否会破坏了商业银行的改革进程？

（3）担保单位行为及心态。

现在，担保主要是靠有资格的国有企业承担。这些企业对担保是迫不得已。他们心里也有想法。一是为什么要为亏损企业封闭贷款担保，因为自己也是国有企业。今天有实力、有担保资格，在很大程度上是因为政府支持，现在政府让帮忙做担保，自己没法推。这就是这些作担保企业的心思。二是考虑，进行担保是政府部门让做的，经委主任要先签字，如果出了事，政府首先要负责。我这个企业如果垮了，责任在政府。如果不担保，得罪政府，企业难办了。三是银行给予贷款，又是有效益产品，成功的可能性还是比较大的。担保也算是我们对国有企业兄弟的一次帮助吧。没准哪一天我也需要人家的帮助。

有些地方正在尝试建立担保基金。比如，无锡市政府计划搞1亿元的担保资金。计划是由市三电办（节电、计划用电、安全用电）、劳动局、社会保障局各拿2 000万元。1998年6月时到位1 300万元，其中劳动局出了700万元，三电办出了500万元。这样组织起来的担保基金，资金来源是地方政府某些部门，因此，其担保行为也是服从政府的要求。

担保形式是多样化的。有些地方是让地方信托投资公司来做担保公司。这些公司账面上钱不少，但家底如何，就难说了。但其起家，全靠地方政府的支持，因此，现在硬着头皮也要承担担保责任。还有一种担保类型是母公司为子公司担保，或控股公司为其下属公司担保。不管什么形式，担保单位行为的背后，总是与政府作为国有资产所有者身份相关的。

（4）各类相关机构行为及心态。

与封闭贷款相关的机构不少，有税务部门，各种中介组织，其中仅办理抵押机构就有国资局财产登记机构、房产办房产登记机构、土地局地产登记机构，还有电力部门、供水部门，以及解决经济纠纷的法院。各类相关机构对封闭贷款持什么态度呢？一是支持。要按中央有关文件办事。因为这些机构，均为国家行政机构或事业机构，离不开为国家办事这一条。因此，企业所欠税、费，暂不从封闭贷款的回笼款中提取，这一条一般都可以同意。二是有关新发生的收费，应按规定办理，不能特殊，但有灵活性。比如，一个企业办理抵押贷款的登记，要花去贷款额 8‰的费用。但是，这些亏损企业，如何有能力承担这笔钱呢？于是行政首长要出面干预，让减免此类收费。这又是一场讨价还价。若有大首长的批示，收费减免多一些，甚至全免的也有；小首长的说情，减的少一点。总之，相关机构，只要有文件，均会遵守。1999 年《办法》出台后，这种情况就有了明确的规程了。

五、最新进展及评论

2000 年年中，工商银行对几年来进行封闭贷款的情况做了个总结，为我们进一步认识封闭贷款有很大启发意义。

1997 年到 1999 年年底，工商银行封闭贷款余额达 40 多亿元，涉及贷款企业 441 户，发放封闭贷款额度高者近 3 个亿。工商银行总结认为，从调查情况看，封闭贷款对帮助国有亏损企业启动生产、改善经营状况和维护社会稳定起到了一定作用。据不完全统计，工商银行发放封闭贷款的企业已实现减亏额 8.2 亿元，其中 120 户企业扭亏为盈，占封闭贷款户的 27%；174 户企业减亏，占 40%。

但是，由于多种原因，多数企业仍然经营困难，不能按期还贷付息，封闭贷款风险很大。截至 1999 年年底，企业欠工商银行封闭贷款利息已达 2 000 多万元。据对 12 个封闭贷款余额超亿元分行的调查统计，在 268 户封闭贷款企业中，仅有 29 户能够按期还贷，占 14%。不能按期还本付息原因不同。一是封闭贷款企业多为亏损企业，整体经营状况差。二是封闭贷款支持的产品因多种原因没有实现预期效益，主要是国内外市场变化的原因。三是"以物抵物"现象严重。由于企业之间相互拖欠严重，即使封闭贷款支持的是有市场、有销路的产品，也有相当一部分销货款因购货方资金紧张收不回货款，不少是用购货方的产品充抵。四是贷款"封闭运行"困难。在采购环节，由于企业生产经营过程中购进的物资品种、规格、型号繁多，采购支出是否合理，是否购买的是封闭贷款支持产品所需原料，银行难以监控；在生产环节，由于封闭贷款支持的产品在生产过程中难以与企业原有的工艺、动力等系统彻底分开，很难保证专户资金不用作支付整个企业的动力和工资费用；在库存环节，由于封闭贷款支持的产品与其他同类产品、关联产品混用原材料现象普遍，银行难以监控专户资金购置的原材料专项用于封闭产品生产，无法核算其真实成本；在销售环节，因为企业多头开户，销售货款是否回到封闭贷款专户，银行无法监督。

工商银行建议：一是进一步严格掌握封闭贷款对象；二是合理确定封闭贷款期限。采取切实措施防止企业转移销售货款。各级政府在推荐企业申请封闭贷款时，政府和企业均应出具保证销售货款进入封闭贷款专户的承诺，并以此作为贷款条件之一。

简评。由于工商银行是工商企业主要的贷款行，因此，其对封闭贷款的看法很具代表性。从工商银行总结中我们可以得出这样几条看法：一是封闭贷款起到了一定作用，工商银行所支持的封闭贷款企业的60%出现了扭减亏损作用；二是封闭贷款的风险很大，能还本付息的企业数很少；三是贷款"封闭运行"的困难仍然很大，也不可能完全解决；四是封闭运行离开企业的真正诚意配合，只靠银行监督是不行的；五是在转轨特殊情况下，封闭贷款还会做下去，只是进展会很艰难。总之，新的情况与前几年出现的问题没有什么区别，也全在预料之中。

六、封闭贷款前景分析

封闭贷款是我国经济转型时期，通过银行支持亏损企业渡过难关的一种过渡性政策。这种办法不符合市场经济一般规则，但对于解决特殊情况下的特殊问题，确有一定效果，因此，可以说是一种不得已的办法。这种办法能维持多久呢？分析这个问题，制度经济学的理论是最合适的认识和分析工具。诺思说得好，制度变迁的成本与收益之比对于促进或推迟制度变迁起关键作用。只有在预期收益大于预期成本的前提下，行为主体才会推动，直到最终实现制度变迁，反之则相反，这就是制度变迁的原则。[①] 我们现在根据这一原则尝试对封闭贷款政策前景作出分析。

首先是要明确封闭贷款政策的成本是什么？有多大？收益是什么？有多大？然后在成本与收益比较中，判断"封闭贷款"政策的前景。

科斯找到了企业存在的理由，即企业交易成本小于市场交易成本。这个经典思考给我们的启发是，研究交易成本不是就事论事，而是与企业本身的规模相关的，与社会整体效益相关的。由此，我们也面临一个重大问题：经济转轨中政策能存在的理由是什么？

在封闭贷款中，交易成本概念成为一个最常用的概念。一个普遍的感觉是，封闭贷款交易成本高。事实确实如此。主要表现在这样 3 个方面。①借贷交易成本高于正常贷款交易成本。正常借贷也有交易成本，但比较简单。这里作为市场主体双方的交易成本，不论是银行还是企业，精力、时间的投入，都已超过正常市场条件下的投入。②管理者之间交易成本高。正常贷款关系，银企以外的管理者交易是不需要的。但在封闭贷款中，这一块相当重要，是达到封闭贷款的基本条件。从国家经贸委、中国人民银行算起，地方政府的经委，人民银行的省市分行，有关企业的主管部门，中央和地方的财政部门、税务部门、土地管理部门、房地产管理部门、企业供水管理部门、企业用电管理部门，甚至相关法院，都要涉及。有的是要协商，有的是要知会，有的是要订立规则，有的是要条块再协调。总之，管理者之间交易路线很长，还有反复。这里面自然有管理者们投入的精力和时间，有管理者工资和其他待遇的等价物投入，加上停止其他工作而发生的机会成本，相信这一块是很大的。③管理者、各类当事者之间交叉交易成本高，交易过程复杂，交易链条长。以苏州为例，封闭贷款企业是如何定的呢？首先是经委与主管部门协调，通知企业申请，主管局筛选，经委再选后推荐，交人民银行协商，再筛选一次，基本通过；再请商业银行对多家企业清单审核，报人民银行分行；人行分行对企业与哪家银行合作有一个初步意见

---

① 参见侯书森等：《诺贝尔经济学奖获得者学术传记全书》，450 页，北京，改革出版社，1998。

后，再退交商业银行，由商业银行 3 至 7 天选择后确认。由于初期阶段，选择的企业数不多，所以淘汰率不高，一般在 20% 左右。最后进入签协议。此时要加入若干个担保关系，要加入某些相关机构对封闭贷款保护的承诺，还要经过一番交易。如果财政要贴利息，财政还要再考核。以上所述，只是交易链条中主要部门，仅此就可知交易成本是很高的。各方在达到协议后，后期的交易开始了。这里既有银企的封闭运行投入的管理成本，还有相关部门的监管成本等等。因此，封闭贷款交易成本很高。以上 3 方面成本，越来越高。设第一项借贷交易成本属正常的科斯成本，那么，我们看到，管理者交易成本和管理者、各类当事人交叉交易成本就是超出科斯成本部分。由此可见，维持封闭贷款政策的交易成本远高于科斯成本。

封闭贷款的收益如何计算？假定封闭运行成功，则收益情况有两种。第一是经济效益，包括①企业收益。由于产品是有市场、有效益的，因此，封闭贷款能使企业通过产品产销，得到销售收入，得到利润。如果是主导产品，可能会逐步使企业扭亏为盈，重新焕发活力。如果产品是非主要产品，也可部分缓解企业压力，为企业逐步调整产品结构打下基础。②银行收益。承贷银行可收回贷款和旧债利息的 20%，如果市场看好，银行可以继续贷款，一步步收回企业欠的利息，并适时收回封闭贷款。③中介机构可获得一定比例的管理费用。④税收、水、电等部门对欠税费的回收有了一定预期。担保单位从封闭贷款中没有直接收益，但在成功的封闭贷款项目上，一是免去了风险，二是预期以后政府会有更进一步的支持。第二是社会效益或说政府收益。企业运转，减少破产压力，减少职工失业和下岗压力，则减少了作为国有企业主管的政府的压力，减轻了作为维护社会稳定的社会管理者的压力。这一块是相当重要的，是不可缺少的。

现在我们将成本与收益相比，发现得出肯定的结论将是困难的。成本和效益都是复杂的，要比较大小需要按同一指标度量化，这里难度较大。比如，国家关于封闭贷款的规范形成的交易成本，如何摊在企业上？将会有多少企业？现在都说不清。如果粗略地进行比较，我们似乎可以说，封闭贷款交易成本比科斯正常成本多出两种成本，而收益中的经济收益高于科斯经济效益，同时还多一个社会效益。如果社会效益很重要，封闭贷款就值得做。在正常市场经济条件下，封闭贷款有高成本，但没有社会效益，甚至是对市场平等环境的干扰。成本大大高于收益，封闭贷款不能做。而在转轨条件下，在非正常情况下，封闭贷款成本与收益比，或许收益更大一些，因此值得做。

这种比较使我们感到封闭贷款暂有前景，但前景不明。如果要使此政策保持较长生命力，将需要有四个条件。一是降低交易成本，这是可能的。因为中央有关部门的政策投入不需要更多成本，而且地方政府对此工作已有了规程，有了经验，下一步进行要容易得多了。因为各方面工作都有改进余地，各方面对此已提出了很多政策建议。二是封闭贷款所达到的目标，近期没有其他政策可替代。如果金融改革使金融环境有较大变化，将来可能会有成本低而效益高的政策来取代之。三是政府对社会稳定的目标仍然迫切，社会大环境没有很大改善。因此，封闭贷款的社会效益重要性居高不下。四是国有企业改革进展困难，仍然需要政府在金融方面对此类政策予以支持。这四个条件在相当一段时间仍然存在，因此，封闭贷款政策会有较长的生命力。

但即使如此，封闭贷款本身性质决定了它不可能成为大规模推行的贷款方式，毕竟交易成本很高；毕竟面有限，量有限，作用有限；毕竟银行动力不足。因此，推一推，走一走；走得动，走不快；少则行，多有阻，将是封闭贷款发展的基本格局。

七、进一步的思考

在中国，在由计划体制向市场体制的转轨中，对政府行为影响最大的是这样一句话，"正确处理改革、发展与稳定的关系"。这句话概括得非常精彩，确实道出了关键和要害。我们来剖析一下这句话。"改革"，经济体制改革，说到底，就是经济"制度创新"或"制度变迁"的同义语。但要指出，这又不同于循轨条件下或说大框架基本不变条件下讲制度变迁或制度创新。现在是在转轨条件下进行制度创新的，因此，有一些大框架在变化，大规范在变化，而不仅仅是小规范、小框架的变化。换言之，关系社会经济运作的大规则的变化多一些。与此同时，小框架、小规则的变化更多。在转轨中的制度变迁中，会多一些突变，多一些质变，而不仅仅是量变和渐变。如果以上分析有道理的话，我们就得出进一步的结论，处理好改革、发展与稳定关系这一思路，用制度经济学的说法就是：现阶段在中国进行制度创新和变迁，要在保证社会稳定条件下进行，是为了实现经济的发展目标。循此思路，我们发现了与科斯、诺思的不同之处：中国制度变迁多了一个社会稳定条件的制约。社会稳定条件是每一项政策或制度安排都面临的问题，都要考虑的因素，因此，这个条件在多数情况下，也就成为政策制定的另一个目标。由此我们得出一个相当重要的结论：在经济转轨中，制度创新或变迁，将同时要达到两个目标，而不是交易成本最低的一个目标。进一步的推论是：①某一经济政策制定、执行以及得到效果的全部交易成本，小于维持社会稳定和企业生存的双重收益。②某一政策制定、执行以及得到效果的全部交易成本，小于维持社会稳定和企业生存的同类其他政策的交易成本。这就是经济转轨中某一政策存在的理由，第一条为收益大于交易成本；第二条即为同类政策中的成本最小者。

至此可以说，本文对封闭贷款的分析，完全是立足于经济转轨的特殊情况，立足于中国实际情况出发，而不是国外同类问题的某种理论。比如说，对中国封闭贷款的实际而言，最缺乏的是信用问题，而不是信息问题。因此，从国际上通行的信息不对称角度来看待封闭贷款是否合理，是难以解释清楚的。封闭贷款也不是对应该破产企业的保护措施，而是在社会无法接受大量破产企业同时破产的时候，如何使一些处于破产边缘的企业，有可能被支持一下就救过来或尽量多维持一段时间，力争扭亏为盈，至少不要形成全社会同时性大破产高峰。因此，对政府而言，封闭贷款是集中破产还是逐步消化社会不稳定因素的选择；对银行而言，是对贷款回收与再贷款风险的选择，而不是信贷资产投资效益选择的产物。如果说，发达国家也有类似封闭贷款的情况，那么其产生原因和理由，以及由此的种种理论不同于中国封闭贷款的解释，是不言而喻的。照搬和套用肯定是会出笑话的。

在经济体制转轨中，政府身份具有两面性。政府既是社会管理者，又是国有资产所有者。这种情况，对相当多的国家来讲，也是存在的。只是国有资产比如土地、森林、大江大河的所有者代表，可能不是在政府，而在国会；国有企业的资产所有者，可能是国有资产运作的管理者，而不直接是政府或国家。但这个问题还不是此案例中得出的新观点。此案例中新的发现是：政府要达到社会目标如"稳定"，离不开用国有资产者身份去推动；反之，要达到国有资产保值增值目标，又要借助社会管理者身份去推动。这方面可举众多事例来说明。这里只需指出两种最重要关系的处理为例：一是政府与银行关系。政府要求国有银行给国有企业封闭贷款，表面上是以社会管理者身份出面的，实质上是以国有银行所有者的身份来行使权力的。国有商业银行之所以服从，就是因为自身是国有的，虽然商业化，但国有所有者的指令还是不能违背的。二是政府与企业关系。政府的部门经委，可以在为企业的协议上签字承担责任，这里体现了政府与国有企业之间的一体性关系。

如果这样，封闭贷款之所以限于亏损的国有企业，就不是偶然的。如果三资或个体、私营企业亏损，但也有可盈利产品，是否能得到封闭贷款呢？实际生活中，确实存在对封闭贷款对象的不同理解。有理解是亏损企业，有理解是中间状态企业；有理解是国有大中型企业，有理解是中小企业；有理解是工业企业，也有理解包括外贸企业，还有理解包括三资企业和个私企业。但我认为，封闭贷款不可能成为亏损的三资企业、个私企业的保护性政策。在这些企业面前，国有商业银行强调的是商业化运作规则，强调的是让市场法则来行使否决权。尽管有些地方政府要求银行对各集体、乡镇或股份制企业，都要实行封闭贷款。但在实际上，这些国有商业银行不会就范的。基层行是不会得到总行授权给各类企业封闭贷款的。道理很简单，国有商业银行总行在执行中央政府的政策时，明白自己是国有独资的商业银行，当所有者下令时，对亏损国有企业支持咬牙也要干，万一以后出了亏损，也有一个到所有者处报账的责任问题。而对非国有企业情况就不同了，国家也不会硬压国有银行去保非国有企业。

这两种情况都说明了政府制定、推行政策时具有的身份两面性，这也导致政策执行中出现两种权威的交叉使用。这会带来一个新问题，就是当政府用所有者身份帮助推行政策时，又加深了执行者政企不分的问题；当用社会管理者身份帮助国有经济增值、保值时，又加深了作为所有者兼管理职责而造成的政资难分的内在矛盾。这是现在经济体制改革中实施制度创新的深层矛盾，也是为什么说我国经济体制改革越来越困难的深层原因之一。从这一矛盾中，我们可以看到，转轨型的制度创新不能等同于循轨型自然演变中的制度创新，前者是在产权基础不很清晰条件下的制度创新，产权基础也在创造中。于是，这一矛盾在一个怪圈中运动，运动中又在套圈。需要在适当时候果断地打破这一怪圈，使之出现一个起始点，而不是无止境的反复循环。

作者说明

1997 年和 1998 年，企业面临着很困难的局面。当时我在国务院研究室工作，根据领导要求，对此问题进行了一番调研。记得是 1998 年 6 月，我带着丁源同志在江苏、湖南两省调查投资情况，并在这两个省对国有亏损工业企业有销路、有效益产品进行封闭贷款的情况进行了深入调查。在调研中，我对封闭贷款政策产生了浓厚兴趣。国家经贸委和人民银行总行 1997 年 9 月下发了《关于支持国有亏损工业企业有销路、有效益产品生产的通知》，要求相关银行对亏损企业有销路、有效益的产品，进行封闭贷款。虽然，这是一种过渡办法，不得已的办法。但在解决企业困难中确实发挥了作用。调研中，我们发现尽管封闭贷款在实际运行中尚存在一些困难和问题，但使用封闭贷款企业的生产、经营状况均有了不同程度的好转。全国许多省市都在积极试点、探索经验。那么，应如何看这种贷款形式，并从中理解中国经济转轨中的种种特点，是非常有价值的。调查回来后，丁源起草了一个汇报建议的初稿。在我印象中，建议稿没有被室领导批准上报。正在此时，天则所邀请我完成一个关于转轨经济中的案例分析，我就在大量调研资料基础上，进行了加工和挖掘。1999 年 3 月，即调研后半年时间，我才完成了第一稿。2000 年 2 月完成了第二稿，直到 2000 年 7 月才完成第三稿，可以说，这个案例研究花费的时间不少了。天则所非常认真地组织了学者们对诸多案例进行讨论。本稿是由易纲教授、平新乔教授和张杰教授审评的。三位教授对本文提出很中肯的评论和修改意见。平新乔教授写了"关于对'封闭贷款'的评论"，张杰教授写了"窥探中国国有银行制度的内在矛盾与演进逻辑——评李晓西'试析封闭贷款'的制度经济学分析"，均对本稿给予较高评价。本稿除全文收录在天则所编辑的《中国制度变迁的案例研究》第二集中，还摘要在《改革内参》2000 年第 18 期发表过。

后 记

　　本书是我花甲之年的文章汇编了，因此，免不了勾起陈年的回忆。我时常能想起 50 年前在成都实验小学的老师与同学，想起 40 年前在敦煌石油子弟中学和甘肃酒泉中学的老师与同学，想起 30 年前在兰州大学经济系的老师与同学，想起 20 年前在中国社会科学院研究生院的老师与同学，也不断地浮现出北京师范大学老师与同学的身影。如果说现在想说什么话，那就是感谢所有培养过我的老师，感谢共同成长的同学，也感谢我所有的学生。在本书结稿之际，我的一批学生参与了本书最后的校对，加快了出版的进程。他们是：范丽娜、王颖、赵峥、任苒、丛雅静、姜欣、侯蕊、吴文施、徐妍、吴迪、冯睿、宋涛、王溪薇、肖怀洋，荣婷婷是个小组织者。他们似乎要让我把感谢的心情持续到最近的时段。

　　我前后出版了几本文集，出版过不少的报告与专著。正是出版社的关心与支持，使我在研究生涯的各个时段，都及时地反映着、汇总着自己的成果。出版论文集类的主要有经济科学出版社、中国经济出版社、广东经济出版社、北京师范大学出版社等。至于中国社会科学出版社、人民出版社、中国人民大学出版社、中国商务出版社、大百科出版社等，更出版了我不少的专著、报告与教材。在此，要向所有出版过我成果的出版社表示衷心的感谢。在本书的出版过程中，北京师范大学出版集团的杨耕总编、叶子副总编对专家文库的热情与眼光使我钦佩，马洪立老师、陈婧思老师等编辑们的敬业精神再次让我感动。

　　谢谢老师们，谢谢出版工作者，谢谢我的同学与学生！

李晓西

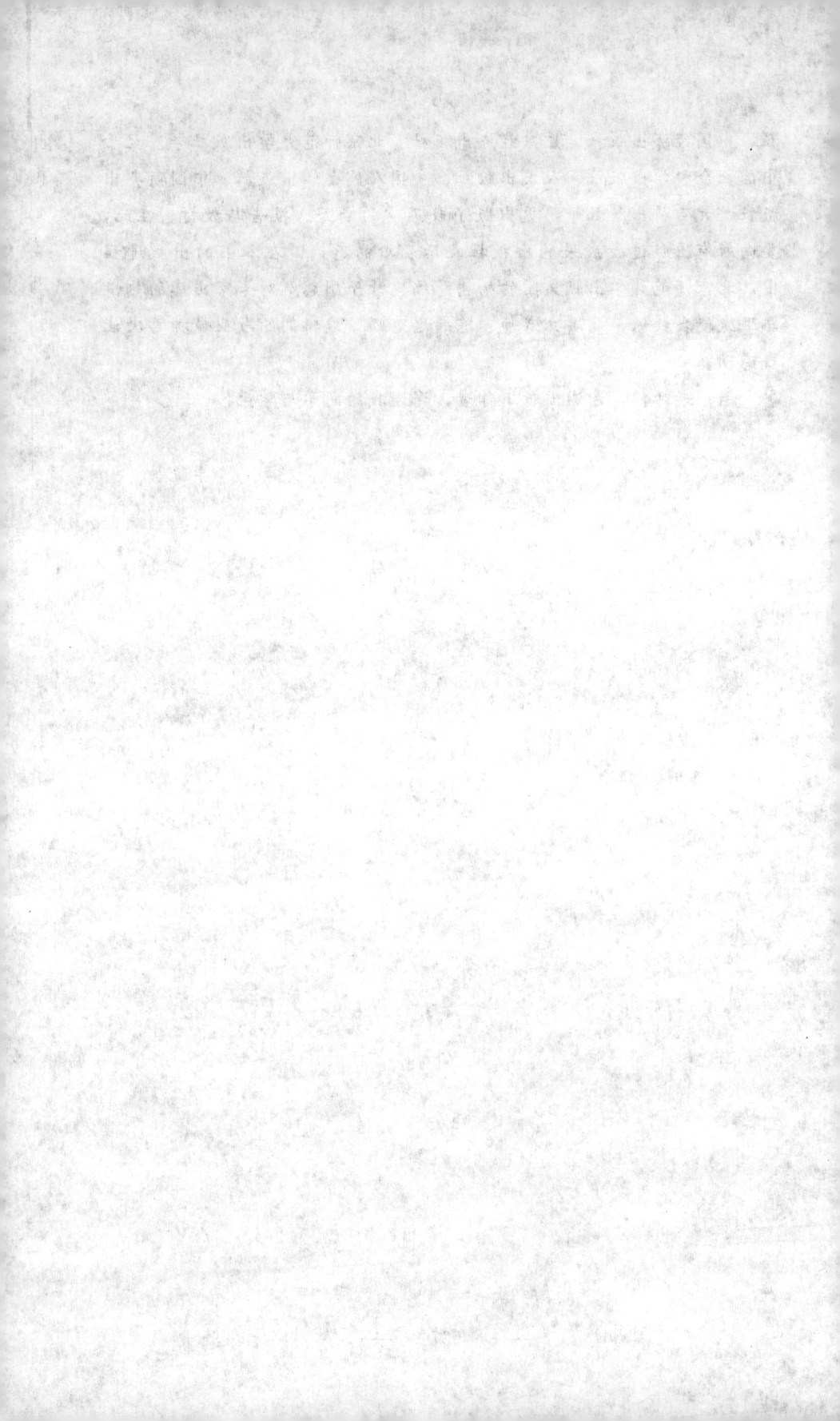